KB212546

앙굿따라 니까야

숫자별로 모은 경[增支部]

제1권

하나의 모음

둘의 모음

셋의 모음

앙굿따라 니까야

Aṅguttara nikāya

숫자별로 모은 경

제1권
하나의 모음
둘의 모음
셋의 모음

초기불전연구원

그분
부처님
공양 올려 마땅한 분
바르게 깨달으신 분께 귀의합니다.

Namo tassa Bhagavato Arahato Sammāsambuddhassa

제1권 목차

약어

A.   Aṅguttara Nikāya(증지부)
AA.   Aṅguttara Nikāya Aṭṭhakathā = Manorathapūranī(증지부 주석서)
AAṬ.   Aṅguttara Nikāya Aṭṭhakathā Ṭīkā(증지부 복주서)

BG.   Bhagavadgītā(바가왓 기따)
BHD   Buddhist Hybrid Sanskrit Dictionary
BPS   Buddhist Publication Society
BvA.   Buddhavaṁsa Aṭṭhakathā

D.   Dīgha Nikāya(장부)
DA.   Dīgha Nikāya Aṭṭhakathā = Sumaṅgalavilāsinī(장부 주석서)
DAṬ.   Dīgha Nikāya Aṭṭhakathā Ṭīkā(장부 복주서)
Dhp.   Dhammapada(법구경)
DhpA.   Dhammapada Aṭṭhakathā(법구경 주석서)
Dhs.   Dhammasaṅgaṇi(法集論)
DhsA.   Dhammasaṅgaṇi Aṭṭhakathā = Aṭṭhasālinī(법집론 주석서)
DPPN.   G. P. Malalasekera's Dictionary of Pali Proper Names
Dv.   Dīpavaṁsa(島史), edited by Oldenberg

It.   Itivuttaka(如是語)
ItA.   Itivuttaka Aṭṭhakathā(여시어 주석서)

Jā.   Jātaka(本生譚)
JāA   Jātaka Aṭṭhakathā(본생담 주석서)

KhpA. Khuddakapātha Aṭṭhakathā(小誦經 주석서)

M.   Majjhima Nikāya(중부)
MA.   Majjhima Nikāya Aṭṭhakathā(중부 주석서)
Miln. Milindapañha(밀린다왕문경)
Mtu.   Mahāvastu(Edited by Senart)
Mhv.   Mahāvaṁsa(大史), edited by Geiger

Nd1.   Mahā Niddesa(大義釋)
Nd2.   Cūla Niddesa(소의석)
Netti. Nettippakaraṇa(指道論)
NMD   Ven. Ñāamoli's *Pali-English Glossary of Buddhist Terms*

Pe.   Peṭakopadesa(藏釋論)
PED   *Pāli-English Dictionary*(PTS)
Pm.   Paramatthamañjūsā = Visuddhimagga Mahāṭīkā(청정도론 복주서)
Ps.   Paṭisambhidāmagga(무애해도)
Ptn.   Paṭṭhāna(發趣論)
PTS   Pāli Text Society
Pug.   Puggalapaññatti(人施設論)
PugA. Puggalapaññatti Aṭṭhakathā(인시설론 주석서)
Pv.   Petavatthu(아귀사)

Rv.   Ṛgveda(리그베다)

S.   Saṃyutta Nikāya(상응부)
SA.   Saṃyutta Nikāya Aṭṭhakathā = Sāratthappakāsinī(상응부 주석서)
SAṬ.   Saṃyutta Nikāya Aṭṭhakathā Ṭīkā(상응부 복주서)
Sn.   Suttanipāta(經集)
SnA.   Suttanipāta Aṭṭhakathā(경집 주석서)

Thag.   Theragāthā(장로게)
ThagA. Theragāthā Aṭṭhakathā(장로게 주석서)
Thig.   Therīgāthā (장로니게)
ThigA. Ther gāthā Aṭṭhakathā(장로니게 주석서)

Ud.   Udāna(감흥어)
UdA.   Udāna Aṭṭhakathā(감흥어 주석서)

Vbh.   Vibhaṅga(分別論)
VbhA.   Vibhaṅga Aṭṭhakathā = Sammohavinodanī(분별론 주석서)
Vin.   Vinaya Piṭaka(율장)
VinA.   Vinaya Piṭaka Aṭṭhakathā = Samantapāsādikā(율장 주석서)
Vis.   Visuddhimagga(청정도론)
VṬ   Abhidhammaṭṭha Vibhavinī Ṭīkā(위바위니 띠까)
Vv.   Vimānavatthu(천궁사)
VvA.   Vimānavatthu Aṭṭhakathā(천궁사 주석서)

Yam.   Yamaka(쌍론)
YamA.   Yamaka Aṭṭhakathā = Pañcappakaraṇa(야마까 주석서)

냐나몰리   *The Middele Length Discourses of the Buddha.*
우드워드   *The Book of the Gradual Sayings*
육차결집본 *Vipassana Research Institute* 간행 육차결집 본
청정도론   대림 스님 옮김, 초기불전연구원, 2004.

⊙ 일러두기

(1) 삼장(Tipitaka)과 주석서(Aṭṭhakathā)들과 『디가 니까야 복주서』(DAṬ)는 별다른 언급이 없는 한 모두 PTS본임. 그 외의 복주서(Ṭīkā)들은 미얀마 육차결집본(인도 Vipassana Research Institute 간행)이고 『청정도론』은 HOS본임.
   A1:14:1은 『앙굿따라 니까야』「하나의 모음」14번째 품 첫 번째 경을 뜻하고 A3:65는 『앙굿따라 니까야』「셋의 모음」65번째 경을 뜻한다. A.ii.234는 PTS본 『앙굿따라 니까야』 제2권 234쪽을 뜻하고, D16/ii.145는 『디가 니까야』 16번 경으로 『디가 니까야』 제2권 145쪽을 나타냄.

(2) 본문의 단락번호는 PTS본의 단락번호를 따랐고 PTS본에 없는 것은 역자가 임의로 붙인 것임.

(3) 『숫따니빠따』 『법구경』 『장로게』 『장로니게』 등은 PTS본의 게송번호이고 『청정도론 복주서』(Pm)의 숫자는 미얀마 6차결집본의 단락번호임.

역자 서문

1. 들어가는 말 — 법을 의지하여 머물리라

"아무도 존중할 사람이 없고 의지할 사람이 없이 머문다는 것은 괴로움이다. 참으로 나는 어떤 사문이나 바라문을 존경하고 존중하고 의지하여 머물러야 하는가?"(A4:21)

본서 제2권 「우루웰라 경」1(A4:21)에 나타나는 세존의 성찰이다. 세존께서는 깨달음을 성취하신 뒤 아직 아무에게도 자신의 깨달음을 드러내지 않으셨을 때에[1] 우루웰라의 네란자라 강둑에 있는 염소치기의 니그로다 나무 아래에 앉아서 과연 나는 누구를 의지할 것인가를 두고 진지하게 사유하셨다. 경에 의하면 세존께서는 자신이 의지할 자를 찾아서 신들을 포함하고 마라를 포함하고 사문 · 바라문을 포함한 하늘과 인간의 모든 세상 모든 존재를 다 살펴보셨지만 세존께서 구족한 계(戒)와 삼매[定]와 통찰지[慧]와 해탈보다 더 잘 구족한 자를 그 누구도 그 어디에서도 보지 못했다고 한다. 그래서 마침내 세존께서는 이 문제에 대해서 이렇게 결론지으신다.

"참으로 나는 내가 바르게 깨달은 바로 이 법을 존경하고 존중하고

---

[1]   주석서에 의하면 세존께서 깨달음을 성취하신 뒤 다섯 번째 7일이라고 한다.(AA.iii.24)

의지하여 머물리라.”(A4:21)

그리고 “법을 의지하여 머물리라.”는 이러한 부처님의 태도는 부처님이 전법과 교화를 하신 45년간 내내 “법을 의지처로 삼괴[法歸依] 법을 섬으로 삼아라[法燈明].”는 가르침과 “자신을 의지처로 삼괴[自歸依] 자신을 섬으로 삼아라[自燈明].”는 가르침으로 이어지고 있음을 잘 알고 있다. 우리는 또한 세존께서 반열반하시기 직전에 남기신 첫 번째 유훈도 바로 법과 율이 그대들의 스승이 될 것이라는 것도 잘 알고 있다.2) 세존께서는 말씀하셨다.

“아난다여, 아마 그대들에게 ‘스승의 가르침은 이제 끝나버렸다. 이제 스승은 계시지 않는다.’라는 이런 생각이 들지도 모른다. 아난다여, 그러나 그렇게 생각해선 안 된다. 아난다여, 내가 가고 난 후에는 내가 그대들에게 가르치고 천명한 법과 율이 그대들의 스승이 될 것이다.”(「대반열반경」(D16) §6.1)

이처럼 세존께서는 깨달음을 성취하신 직후에도 스스로 깨달은 법을 의지해서 머물리라고 하셨고, 45년간 제자들에게 설법하실 때에도 법을 강조하셨으며 영원히 사바세계에서 자취를 감추시는 반열반의 마지막 자리에서도 법이 그대들의 스승이 될 것이라 유훈하셨다. 그러므로 세존께서 반열반하고 계시지 않는 지금에 사는 우리가 뼈가 시리고 가슴이 사무치게 존중하면서 배우고 궁구하고 이해하고 실천해야 할 것은 바로 이 법(dhamma)이 아니고 그 무엇이겠는가?

---

2)   아난다 존자도 세존께서 반열반하신지 얼마 뒤에 고빠까 목갈라나 바라문과 나눈 대화에서, 비구들은 법을 의지처로 한다고(dhamma-paṭisaraṇa) 바라문에게 분명하게 밝히고 있다.(M109/iii.9)

2. 일차합송과 니까야들

"법과 율이 그대들의 스승이 될 것이다."라는 부처님의 유훈을 가슴 깊이 새긴 부처님의 직계제자들은 부처님의 입멸이라는 가슴이 무너지는 슬픔을 뒤로하고 부처님의 존체(尊體, sarīra, 舍利)요 부처님의 진정한 몸[法身]이며 부처님의 화현(아와따라, avatāra)인 세존의 가르침을 결집하는 일에 몰입하였다. 그들은 장장 일곱 달 동안 합송에 몰두하여 세존이 남기신 법과 율을 결집하였던 것이다.

부처님께서는 "법과 율이 그대들의 스승이 될 것이다."라고 하셨다. 그래서 그들은 일단 법의 바구니(Dhamma-Pitaka = Sutta-Pitaka, 經藏)와 율의 바구니(Vinaya-Pitaka, 律藏)라는 두 개의 바구니를 먼저 설정하였다. 그 가운데서 율의 바구니부터 먼저 채우기로 결의하였는데 합송에 참석한 아라한들은 "마하깟사빠 존자시여, 율은 부처님 교법의 생명(āyu)입니다. 율이 확립될 때 교법도 확립됩니다. 그러므로 율을 첫 번째로 합송해야 합니다."(DA.i.11)라고 결정하였기 때문이다.

그런 다음 법의 바구니를 채우기 시작하였는데 법의 바구니는 다시 다섯 개의 니까야(Nikāya)로 나누어서 합송하였다. 일차합송에 참여한 아라한들이 부처님 가르침을 정리하는 제일 첫 번째 기준은 길이와 주제와 숫자의 세 가지였다. 그들은 부처님 가르침을 연대기적으로 정리하는 데는 큰 관심을 보이지 않았다. 그래서 그들은 부처님의 가르침이나 직계제자들의 설법들 가운데서 그 길이가 긴 경들 34개를 모아서 『디가 니까야』(長部)에 담았고 중간 길이로 설하신 가르침들 152개를 합송해서 『맛지마 니까야』(中部)에 담았다. 그다음에는 설법의 주제별로 56개의 주제를 설정한 뒤 그 주제에 해당하는 경들을 함께 모아서(saṁyutta) 『상윳따 니까야』(相應部)를 완성하였다. 그리고 경들에 나타나는 가르침의 숫자[法數]에 주목하여 모두 하나부터 열하나까지의 법수를 가진 모음을 분류한 뒤 경들을 숫자별로 모아서 『앙굿따라 니까야』(增支部)에 합창으로 노래를 불러[合誦] 채워 넣었다.

이런 방법으로 『디가 니까야』 등 네 가지 니까야를 완성한 뒤에 그 외에 남은 부처님 말씀이나 여러 스님들의 설법이나 일화나 게송 등은 『쿳다까 니까야』(小部)에 채워 넣었다.

이렇게 합송하여 공인된 『디가 니까야』(장부)에는 모두 34개의 경들이 포함되어 있고 그 분량은 64바나와라3)이며 아난다 존자의 제자들에게 부촉해서 그분들이 계승해 가도록 하였다. 『맛지마 니까야』(중부)에는 모두 152개의 경들이 포함되어 있고 분량은 80바나와라이며 사리뿟따 존자의 제자들이 계승하도록 결의하였다. 『상윳따 니까야』(상응부)에는 모두 7762개의 경들이 포함되어 있고 분량은 100바나와이며 마하깟사빠 존자의 제자들에게 부촉하여 전승하도록 하였다. 『앙굿따라 니까야』(증지부)에는 모두 9557개의 경들이 포함되어 있고 120바나와라 분량이며 아누룻다 존자의 제자들에게 부촉해서 전승하도록 하였다 한다.4)

---

3) '바나와라(bhāṇavārā)'란 '쉬지 않고 계속해서 외울 수 있는 만큼의 분량'을 말한다. 바나와라는 문자 그대로 '암송(bhāṇā)의 전환점(vāra)'이라는 말인데 경전을 외워 내려가다가 한 바나와라가 끝나면 쉬었다가 다시 외우는 것이 반복되고 그다음 바나와라가 끝나면 또 다시 쉬었다가 시작한다. 한 바나와라는 8음절로 된 사구게(四句偈)로 250게송의 분량이라 한다. 그래서 총 4×8×250=8,000음절이 된다.
그러므로 『디가 니까야』는 모두 64×250=16000송이 되며 『맛지마 니까야』는 2만 송, 『상윳따 니까야』는 2만 5천 송, 『앙굿따라 니까야』는 모두 3만 송의 분량이며 4부 니까야 전체는 모두 9만 1천 송으로 구성되어 있다.
한편 삼장은 모두 2,547개에 해당되는 바나와라를 가진다고 한다.(『청정도론』3권 427쪽 주해에서 재인용)

3. 주제와 숫자가 중복될 경우의 결집 원칙

한편 가르침의 주제와 그 주제의 법수는 중복이 되는 경우가 많다. 예를 들면 사성제는 진리[諦, sacca]라는 주제와도 관련이 있고 넷이라는 숫자와도 관련이 있다. 그러므로 『상윳따 니까야』의 「진리 상응」(S56)과도 관련이 있고 『앙굿따라 니까야』의 「넷의 모음」(A4)과도 관련이 있다. 마찬가지로 네 가지 마음챙김의 확립(사념처)은 마음챙김의 확립이라는 주제와도 관련이 있고 넷이라는 숫자와도 관련이 있다. 그러므로 『상윳따 니까야』의 「염처 상응」(S47)으로 결집할 수도 있었고 『앙굿따라 니까야』의 「넷의 모음」에도 포함시킬 가능성이 있었다.

그러나 이런 경우에는 『상윳따 니까야』를 먼저 결집하였기 때문에 『상윳따 니까야』에서 설정한 56개의 주제에 해당되는 주제를 담고 있는 경들은 『상윳따 니까야』로 먼저 결집을 하였고 『상윳따 니까야』에서 설정한 56개의 주제와 관련 없는 주제를 담고 있는 경들은 그 주제의 법수에 따라서 『앙굿따라 니까야』에 포함시켰다. 그래서 사성제에 관한 경들은 거의 모두 『상윳따 니까야』의 「진리 상응」에 포함되어 있고 『앙굿따라 니까야』의 「넷의 모음」에는 거의 나타나지 않으며, 사념처나 사정근이나 사여의족 등도 마찬가지이다.

그러나 『상윳따 니까야』에는 탐·진·치에 관한 상응이 따로 존재하지 않기 때문에 탐·진·치에 관계된 가르침은 『앙굿따라 니까야』의 「셋의 모음」에 포함되어 결집되었다.

그 외 법과 율을 율장과 경장과 논장의 삼장(三藏, Tipiṭaka)으로 조직한 상세한 내용은 초기불전연구원에서 역출한 『디가 니까야』 제3권의

---

4)   여기에 대해서는 『디가 니까야』 제3권의 부록인 『디가니까야 주석서』 서문 §39를, 『쿳다까 니까야』(소부)에 대해서는 §40을 참조할 것.

부록으로 번역해서 소개하고 있는 『디가 니까야 주석서』서문의 §§30
~48에 잘 나타나 있으니 참조하기 바란다. 이 부분은 상좌부 전통에서
본 삼장의 조직체계를 분명하게 밝히고 있기 때문에 역자의 보충 설명
은 더 이상 필요하지 않을 것이다. 그리고 『디가 니까야』제1권 역자
서문에서도 법과 율의 결집에 대해서 상세하게 논하였는데 그곳을 참조
하기 바란다.

4. 『앙굿따라 니까야』(증지부)란 무엇인가

주석서에 의하면 『앙굿따라 니까야』는 4부 니까야 가운데 맨 마지막
에 결집한 것이다. 문자적으로 앙굿따라(aṅguttara)는 앙가(aṅga)와 웃따
라(uttara)가 합성된 단어로 '구성요소(aṅga)가 [하나씩] 더 높아지는 것
(uttara)'이라는 뜻이다. 그래서 『디가니까야 주석서』에서는 "어떤 것
이 『앙굿따라 니까야』인가? [주요 주제의 숫자가] 하나씩, 하나씩 증가
하면서 설해진 「마음의 유혹에 대한 경」(A1:1:1) 등의 9557개의 경들이
다."(DA.i.15)라고 정의하고 있으며 다시 "「하나의 모음」(Eka-nipāta)
과 「둘의 모음」(Dukka-nipāta) 등의 모음에 의한 결집"(DA.i.25)이라고
정의하고 있다. 그래서 『앙굿따라 니까야』를 일본에서는 증지부(增支部)
로 옮겼다.

『앙굿따라 니까야』에서는 같은 법수를 포함하고 있는 경들을 모은
것을 니빠따(Nipāta)라는 술어로 표현하고 있다. 니빠따는 ni(아래로)+√
pat(*to fall*)에서 파생된 명사로 '아래로 떨어뜨린 것'이라는 일차적인 의
미에서 유사한 것끼리 모은 것이라는 의미를 나타내고 있다. 역자는 '모
음'으로 옮겼다.

이처럼 『앙굿따라 니까야』(증지부)는 하나와 관련된 가르침부터 열하

나와 관련된 가르침까지 그 숫자가 뒤의 모음으로 갈수록 하나씩 증가하는 방법으로 모아서 모두 11개의 모음으로 분리해서 결집하였다. 그래서 『앙굿따라 니까야 주석서』도 『앙굿따라 나까야』는 「하나의 모음」(A1), 「둘의 모음」(A2), … 「열하나의 모음」(A11)이라는 11개의 모음이 있고 9557개의 경들이 포함되어 있다고 설명하고 있다.(AA.i.3) 그래서 초기불전연구원에서는 본서를 출간하면서 "숫자별로 모은 경"이라는 부제를 달았다.

한편 숫자가 증가하는 방식의 모음은 이미 『디가 니까야』 「합송경」(D33)과 「십상경」(D34)에도 채용되었다. 「합송경」은 하나의 주제부터 열의 주제까지 모두 230개의 가르침을 숫자별로 모아서 사리뿟따 존자가 비구대중들에게 설한 가르침이며, 「십상경」도 역시 사리뿟따 존자가 설한 것인데 각각의 숫자별로 10개의 주제를 설정한 뒤 (1×10) + (2×10) + … + (10×10)하여 모두 550개의 가르침이 10가지 주제 하에 일목요연하게 정리되어 설해지고 있다.

그리고 이러한 숫자별 모음은 이미 인도의 여러 종교계 혹은 사상계에서 일반적으로 통용되던 교설의 분류방법이기도 하다.

부처님 말년에 이를수록 부처님의 가르침은 다 기억하기 힘들 정도로 방대해졌다. 이러한 많은 가르침을 어떻게 모아서 노래하고 기억하여 후대로 전승해 줄 것인가는 직계제자들에게는 중요한 문제가 아닐 수 없었을 것이다. 그러면 어떻게 방대한 부처님 가르침을 체계적으로 모아서 전승시킬 것인가? 그것은 기존의 인도 종교의 전통에서 찾을 수밖에 없었을 것이다.

우리가 잘 알고 있듯이 불교가 생기기 이전에 이미 인도의 여러 바라문 가문들은 각 가문이 속하는 문파에 따라서 베다 본집(本集, Saṁhitā)과 제의서(祭儀書, Brāhmaṇa)와 삼림서(森林書, Āraṇyaka)와 비의서(秘義

書, Upaniṣad)를 모아서 노래의 형태로 전승해 오는 전통이 튼튼하게 뿌리내리고 있었다. 예를 들면 전체 10장(만달라, Maṇḍala)으로 구성되어 있는 『리그베다』의 2장부터 7장까지는 『리그베다』파에 속하는 바라문 가문들에서 전승되어 오는 찬미가를 각각 가문별로 모은 것이다. 예를 들면 『디가 니까야』 제1권 「암밧타 경」(D3 §2.8)에서 언급되고 있는 유명한 바라문 가문들 가운데 웻사미따(Sk. Viśvāmitra)는 『리그베다』 3장을 전승해온 가문의 이름이며, 와마데와(Sk. Vāmadeva)는 4장을, 바라드와자(Bharadvāja)는 6장을, 와셋타(Sk. Vasiṣṭha)는 7장을 전승해온 가문의 이름이다. 그리고 8장은 깐와와 앙기라스 두 가문의 전승을 모은 것이며, 9장은 제사에서 아주 중요한 소마(Soma) 즙에 관계된 찬미가들을 모은 것이다. 여기에다 1장과 10장은 일종의 잡장인데 가문과 관계없는 시대적으로 늦은 찬미가들을 모아서 구성한 만달라이다.

그리고 『리그베다』의 각 장은 모두 다시 주제별로 모아져 있는데 먼저 바라문들의 신인 아그니에 관계된 찬미가를 모으고, 다음은 인드라, 그다음은 다른 여러 신들의 순서로 모았다. 이처럼 이미 불교가 생기기 이전부터 바라문들은 체계적으로 그들의 찬미가를 모아서 노래로 전승하고 있었다.

그리고 이 방식은 자이나교에도 그대로 적용되어 자이나의 앙가(Aṅga, 앙굿따라(앙가+웃따라)의 앙가와 같은 단어임)들도 다양한 방법론으로 결집되어 전승되어 온다. 물론 정통 자이나교라고 자처하는 공의파(空衣派, Digambara)에서는 마하위라 혹은 니따뿟따의 가르침은 이미 자이나 교단 초기에 인도 중원에 큰 기근이 들어서 자이나 수행자들이 탁발을 쉽게 할 수 있는 남쪽으로 내려가는 와중에 모두 잃어버렸다고 주장한다. 그러나 내려가지 않고 흰 옷을 입고 덜 엄한 고행으로 교단 체제를 바꾼 백의파(白衣派, Śvetāmbara)에서는 지금까지 그들이 전승해 오고 있는 앙가(Aṅga)들을 정전으로 인정하고 있다. 물론 이런 앙가들을 모두 마하위라나 초기 자이나 교단 수행자들의 가르침이라 보기에는 무리가 따르지만 『아야랑가』(Āyaraṅga, Ācāraṅga Sūtra), 『수야가당가』(Sūyagaḍaṅga, Sūtrakṛtaṅga Sūtra), 불교의 『숫따니빠따』와 같은 성격을 가진 『웃따라댜야나수뜨라』(Uttarādhyayana Sūtra) 등은 언어학적으로나 문헌학적으로도 아주 오래된 것이라고 여러 학자들이 공히 인정한다.

이런 자이나교의 성전인 앙가들 가운데서 세 번째인 『타낭가』(Thā-ṇaṅga, Stānaṅga)와 네 번째인 『사마와양가』(Samavāyaṅga)는 『앙굿따라 니까야』와 같이 숫자별로 정리되어 있는데, 『타낭가』는 하나부터 10까지, 『사마와양가』는 하나부터 백만까지의 숫자와 관계된 가르침을 숫자별로 모은 것이다.

한편 인도의 고대 서사시인 『마하바라따』(Mahābhārata)에도 숫자별로 정리를 하고 있는 부분이 있는데 예를 들면 「우도가 권」(Udyoga-parvan)의 「위두라니띠 와꺄」(Viduraniitivākya)를 들 수 있다.[5]

인도 종교계의 사정이 이러하였기 때문에 불교교단도 부처님 말씀을 체계적으로 정리하기 위해서 자연스럽게 이러한 방법론을 그대로 받아들였으며 특히 사리뿟따 존자와 마하깟사빠 존자와 같은 바라문 가문 출신들에게는 자연스런 추세였을 것이다.

5. 『앙굿따라 니까야』의 구성

이처럼 『앙굿따라 니까야』는 니빠따(nipāta, 모음)라 불리는 숫자별로 분류한 11개의 모음으로 구성되어 있다. 각 모음은 많은 경들을 포함하고 있는데 주석서에 의하면 모두 9557개의 경들을 포함하고 있다고 설

---

5)   Hinüber, 40.

명하고 있으며 니까야들 가운데 가장 많은 경들을 포함하고 있다. 모음별로 분류된 경들은 다시 50개씩의 경들로 묶어서 분류하고 있는데 이것을 '50개 경들의 묶음(Paṇṇāsaka)'이라 부르고 있다. 빤나사까는 문자 그대로 '50개로 된 것'이라는 의미이다. 이러한 50개의 묶음은 『맛지마 니까야』와 『상윳따 니까야』에도 나타나고 있다.

이처럼 한 묶음에 포함된 50개의 경들은 다시 5개의 '품(Vagga)'으로 분류가 되는데 하나의 품은 기본적으로 10개씩의 경들을 포함하고 있다. 이렇게 조직하여 전체 9557개의 경들을 일목요연하게 정리한 것이 『앙굿따라 니까야』이다.

이러한 분류법은 물론 『맛지마 니까야』와 『상윳따 니까야』에도 적용되는 공통적인 방법이다. 『맛지마 니까야』의 152개의 경들은 모두 50개씩 세 개의 묶음으로 분류가 되고 이러한 묶음에는 다시 각각 다섯 개의 품으로 분류가 되며 각 품은 10개씩의 경을 포함하고 있다.

『상윳따 니까야』에 포함된 7762개의 경들은 모두 56개 주제별로 함께 모아서(saṁyutta) 분류하였으며 각각의 상응들 가운데 많은 경을 포함한 상응은 다시 50개씩의 묶음과 품으로 분류하여 편집하였다. 『디가 니까야』에 포함된 경들은 34개뿐이라서 50개의 묶음은 존재하지 않으며 품별로 3개의 품으로 나누어서 각각을 계온품(13개의 경들이 포함됨), 대품(10개의 경들), 빠띠까 품(11개의 경들)이라 부르고 있다. 이처럼 모든 니까야에서 많은 경들을 배열하는 데는 이것이 기본 원칙이다.

그러면 같은 모음 안에서 경들의 순서를 정하는 정해진 원칙이 있는가? 원칙을 찾으려고 노력한 흔적은 많지만 모든 묶음들과 품들이 반드시 정해진 원칙에 의해서 결집된 것은 아닌 듯하다. 물론 각 모음 별로 나름대로의 원칙이 없는 것은 아니다. 예를 들면 본서 제2권의 「넷의 모음」에 포함된 271개의 경들은 먼저 다섯 개의 50개 경들의 묶음으로 나누었고 경들 가운데 게송을 포함하고 있는 경들 70개는 제일 앞에 배열하였다. 그리고 그 나머지 경들 가운데서 긴 경들은 「큰 50개 경들의 묶음」으로 모아서 네 번째 묶음으로 편집했다. 본서 제1권의 「셋의 모음」에 포함된 163개의 경들도 먼저 세 개의 묶음으로 나누고 긴 경들 50개는 두 번째 묶음으로 편집하고 아주 짧은 경들은 세 번째 묶음으로 편집하여 각각 「큰 50개 경들의 묶음」과 「작은 50개 경들의 묶음」이라 칭하였다. 그리고 품들 가운데서도 공통된 경들을 모은 품들이 다수 발견된다. 예를 들면 본서의 「둘의 모음」의 두 번째 50개 경들의 묶음에 포함된 5개의 품들은 모두 각 품에 공통되는 것을 중심으로 모았다.

6. 『앙굿따라 니까야』의 경은 모두 몇 개인가?

『앙굿따라 니까야 주석서』(AA.i.3)와 『디가 니까야 주석서』 등에 의하면 『앙굿따라 니까야』에는 모두 9557개의 경이 포함되어 있는 것으로 확정되어 있다. 육차결집본에 의하면 모두 7231개경으로 편집되어 있다. PTS본을 통해서는 정확하게 몇 개의 경이 있는지를 알기 힘들다. 우드워드의 영역본을 참조하고 히뉘버 교수의 제안을 받아들이고[6] 육차결집본과 비교해서 도표로 나타내어 보면 다음 페이지의 도표와 같다.

그러면 PTS본과 육차결집본의 경의 개수가 왜 이렇게 차이가 나는가? 먼저 분명히 밝히고 싶은 것은 내용에는 하나도 다른 부분이 없다는 것이다. 두 판본뿐만 아니라 다른 스리랑카나 태국의 여러 공식 판본과 필사본까지도 단어의 철자법이 다른 부분은 적지 않게 있고 혹 문장이 생략된 부분이 나타나기도 하지만, 내용이 다른 경이 새로 첨가된다거나 특정한 경이 생략된다거나 하는 경우는 없는 것으로 보인다.

---

6)   Hinüber, 39.

번호	모 음	PTS본	육차본	PTS권별	본서권별
A1	하나의 모음	575	611	제1권	제1권
A2	둘의 모음	283	246	제1권	제1권
A3	셋의 모음	163	184	제1권	제1권
A4	넷의 모음	271	783	제2권	제2권
A5	다섯의 모음	365	1151	제3권	제3권
A6	여섯의 모음	156	649	제3권	제4권
A7	일곱의 모음	96	1132	제4권	제4권
A8	여덟의 모음	96	626	제4권	제5권
A9	아홉의 모음	95	432	제4권	제5권
A10	열의 모음	219	746	제5권	제6권
A11	열하나의 모음	25	671	제5권	제6권
합계	11개 모음	2344	7231	전5권	전6권

* 육차본은 육차결집본(인도 Vipassanā Research Institute 간행)을 뜻함.

그런데도 불구하고 두 판본에 나타나는 경의 개수가 왜 이렇게 차이
가 나는가? 그것은 후대에 경을 편집하는 편집자들 혹은 결집회의의 주
재자들이 경을 어떻게 편집하여 개수를 정했는가 하는 차이이다. 그래
서 판본에 따라서 어떤 경은 앞 경에 포함된 것으로 편집되어 나타나기
도 하고 어떤 부분은 한 경에서 독립된 경으로 편집되기도 한 것이다.
예를 들면 본서 제1권 「아난다 경」(A3:32) §2의 주해와 「사대천왕 경」
2(A3:37)의 주해를 참조하기 바란다. 이런 차이일 뿐이지 경의 내용이 첨
가되거나 생략된 부분은 없다.

그런데 경의 숫자의 차이가 배 이상이 되는 모음이 아주 많다. 예를
들면 PTS본의 「넷의 모음」은 271개의 경들로 번호가 매겨져 있지만
육차결집본에는 783개의 경들로 번호가 매겨져 있다. 어떻게 해서 이렇
게 큰 차이를 보일 수가 있을까? 먼저 살펴봐야 할 점은 제28장 「탐욕

의 반복 품」 이전의 부분들에서 PTS는 270개의 경으로 편집을 하였고 육차결집본은 273개의 경으로 편집을 하여 큰 차이가 없다.

「넷의 모음」에 포함된 경들의 숫자가 배 이상 차이가 나는 것은 오직 한 부분, 즉 「넷의 모음」의 맨 마지막 부분인 제28장 「탐욕의 반복 품」(Rāga-peyyāla, A4:271)을 어떻게 편집했느냐 하는 것에서 비롯된다. PTS본은 이 28장 「탐욕의 반복 품」을 모두 하나의 경으로 취급하여 편집하였다. 그러나 육차결집본은 이 부분에 무려 510개의 경 번호를 매겼다. 이렇게 해서 전체적으로 모두 783개의 경이 된 것이다.

좀 더 자세히 살펴보면 「탐욕의 반복 품」에 나타나는 기본 내용은 '탐욕·성냄·어리석음부터 허영과 방일까지의 17개의 불선법을, 최상의 지혜로 앎과 철저히 앎부터 방기함까지의 10가지 방법으로 해결하기 위해서는, 사념처와 사정근과 사여의족의 3가지를 닦아야 한다.'는 것이다. 이렇게 해서 육차결집본은 17(탐, 진, 치, 분노 등) × 10(최상의 지혜로 앎, 철저히 앎 등) × 3(사념처+사정근+사여의족) = 510 개의 경들이 「탐욕의 반복 품」에 포함되어 있는 것으로 편집하고 있다. 그러나 역자의 저본인 PTS본에는 하나의 경으로 묶었다. 이렇게 해서 무려 510개의 차이가 나는 것이다.

거듭 밝히지만, 이렇게 PTS본에서 하나의 경으로 편집된 것이 육차결집본에는 510개의 경의 번호를 매겨서 편집하였지만 그 내용은 한 부분도 차이가 없다. 편집자가 경 번호를 어떻게 매겼냐 하는 차이뿐이다.

그런데 이 「탐욕의 반복」은 「셋의 모음」부터 「열하나의 모음」까지 『앙굿따라 니까야』의 모든 모음의 마지막에 항상 나타나고 있다. 육차결집본은 이것을 모두 그 문맥에 맞추어서 많은 경들의 번호를 매기고 있고 PTS본은 하나 혹은 몇 개의 경들로 취급하고 있다. 이런 차이 때문에 두 판본의 경의 개수는 세 배 이상이 차이가 나는 것이다.

그러면 육차결집본은 왜 이렇게 편집하였을까? 이것이 승가의 전통적인 태도이기 때문이다. 거듭 밝히지만 상좌부에서는 전통적으로 『앙굿따라 니까야』에는 모두 9557개의 경들이 있다고 간주한다. 육차결집본은 이러한 전통을 그대로 계승하고 있기 때문에 이렇게 경의 개수를 매기는 것이다. 이렇게 해서 육차결집본의 편집에 따르면 모두 7231개의 경이 존재하게 되는데 붓다고사 스님이 밝힌 9557보다 2326개가 부족하다. 그러나 육차결집본에 한 개의 경으로 편집되어 있는 「셋의 모음」의 마지막인 「탐욕의 반복」을 육차결집본의 「넷의 모음」의 「탐욕의 반복」과 같은 방법으로 17(탐, 진, 치, 분노 등) × 10(최상의 지혜로 앎, 철저히 앎 등) = 170개의 경들로 편집하고, 같은 방법으로 「다섯의 모음」 등도 이렇게 편집한다면 육차결집본의 경의 개수는 9557개에 상당히 근접하게 될 것이다. 그래서 육차결집본은 9557이라는 숫자에 근접하기 위해서 이러한 편집을 하였다고 여겨진다. 그러나 이러한 전통에 별 관심이 없는 서양학자들은 그들 기준으로 경을 편집하였다.

육차결집본은 1957년에 미안먀 양곤에서 마무리된 6차결집에서 공식으로 승인된 것이기 때문에 승가의 전통을 가장 잘 보존하고 있다고 생각된다. 그러나 초기불전연구원은 세계 학계에서 기본 판본으로 자리매김한 PTS본을 저본으로 할 수 밖에 없었으며 두 판본의 편집 차이는 가급적 모두 주해에서 밝히려 하고 있다. 이하 본 해제에서도 별다른 언급이 없는 한 경의 번호나 경의 언급은 모두 PTS본에 근거한 것임을 밝힌다.

7. 『앙굿따라 니까야』에 포함된 경들의 편집 방법

첫째, "이와 같이 니는 들었다.(evaṁ me sutaṁ)"를 생략해서 편집하고 있다.

불교 경전에 조금 익숙한 독자들은 『앙굿따라 니까야』에 나타나는 경들을 보고 의아해하게 될 것이다. 왜냐하면 A1, A2 등, 각 모음 (nipāta)의 첫 번째 경을 제외한 모든 경들에서 "이와 같이 나는 들었다." 는 정형구가 나타나지 않기 때문이다. 이 문장은 대승경들을 포함한 모든 불교 경전에서 경의 권위를 확보하기 위해서 반드시 나타나는 문장인데 『앙굿따라 니까야』에서는 대부분 생략되어 있다. 그 이유가 무엇인가? 다른 특별한 이유는 없다. 『앙굿따라 니까야』의 경들은 숫자가 너무 많고 특히 그 길이가 짧기 때문에 경을 편집한 옛 스승들이 이 문장을 모두 생략해서 편집했을 뿐이다.

둘째, 급고독원에서 설하신 경들도 설법처(說法處)가 생략되었다.

그리고 급고독원에서 설하신 모든 경들에 나타나는 두 번째 정형구인 "한때 세존께서는 사왓티에서 제따 숲의 급고독원에 머무셨다."는 부분도 나타나지 않는 경들이 대부분이다. 이것은 어떻게 이해해야 할 것인가? 『앙굿따라 니까야』 경들의 대부분은 사왓티에 있는 제따 숲의 급고독원에서 설하신 것이다. 그래서 각 모음의 제일 처음 경(A1:1:1; A2:1:1; A3:1; A4:1 등)만 모든 정형구를 다 갖추어 편집하고 나머지 경들에서는 이 부분도 모두 생략해서 편집하였다. 물론 급고독원에서 설하지 않은 경들이나 세존께서 설하시지 않은 경들은 그 설법처와 설법자와 청법자 등을 분명하게 밝히고 있다. 예를 들면 본서 「족쇄 경」(A2:4:5)과 「살하 경」(A3:66) 등이다.

그러므로 사왓티의 급고독원에서 세존께서 설하신 경들의 경우에는 "이와 같이 나는 들었다. 한때 세존께서는 사왓티에서 제따 숲의 급고독원에 머무셨다."는 기본 정형구를 생략하고 있으며 이와 다른 경들은 모두 설법처와 설법자와 청법자를 분명하게 밝히고 있다. 그러므로 이러한 정형구가 나타나지 않는 경들은 모두 사왓티의 급고독원에서 세존께서 설하신 것이다.

그리고 이러한 편집은 이미 오래된 필사본들에서부터 전승되어 오며 스리랑카, 미얀마, 태국, 그리고 PTS본까지 모든 판본에서 한결같다는 점을 알아야 한다. 초기불전연구원에서 이렇게 생략해서 번역한 것이 결코 아님을 밝힌다.

8. 경의 이름

전통적으로 빠알리 문헌에서는 품의 명칭과 경의 이름은 그 품이나 그 경의 맨 마지막에 "어떤 품이 끝났다."라거나 "어떤 경이 끝났다."는 방법으로 언급되고 있다. 특히 PTS본 『앙굿따라 니까야』는 전부 이렇게 편집되어 있다. 이것은 어떤 글의 제목을 맨 처음에 드러내는 현대식 방법과는 완전히 반대이다. 그러나 우리는 이미 현대식 방법에 많이 익숙해 있기 때문에 초기불전연구원의 모든 번역서는 현대식 방법에 따라 품이나 경의 이름을 모두 먼저 밝히고 이를 번역해 내고 있다.

PTS본에 의하면 본서 제1권의 경우 품의 명칭은 각 품이 끝나는 곳에 나타나고 있으며 경의 이름은 제1권 맨 마지막에 「하나의 모음」과 「둘의 모음」과 「셋의 모음」의 경의 이름을 모두 모아놓았다.(이것을 uddāna라 하는데 역자는 '권말 목록'으로 옮겼다.) 이것을 토대로 역자는 각 경의 맨 처음에 경의 이름을 넣었다.

그리고 권말 목록(uddāna)은 모두 게송으로 되어 있기 때문에 '경(sutta)'이라는 단어가 모두 나타나지 않는다. 그러다 보니 PTS의 영역본을 위시한 대부분의 서양 번역에는 제목에 대부분 경(sutta)이라는 단어가 나타나지 않는다. 그러나 권말 목록은 게송의 형식으로 경의 이름만을 나열하고 있기 때문에 경(sutta)이라는 표기를 하지 않았을 뿐

이것은 엄연한 경이다. 주석서들에도 별다른 예외가 없는 한 경(sutta)이라는 단어를 명기하고 있으며 DPPN에도 반드시 경으로 표기하고 있다.

그리고 육차결집본은 짧은 경들의 경우에도 극히 짧은「하나의 모음」만 제외하고「둘의 모음」부터는 예외 없이 모두 경(sutta)이라고 표기하고 있다. 초기불전연구원에서도 이를 살려서「둘의 모음」부터는 경을 넣어서 "허물 경," "노력 경" 등으로 표기하고 있다. 경이란 부처님 말씀으로 공인되었다는 의미를 내포하고 있기 때문이다.

경이라는 단어를 넣어서 경의 이름을 적다보니「나무껍질로 만든 옷 경」(A3:97)이라든지「화장터 나무토막 경」(A4:95)이라든지 하는 어색한 경우가 종종 발견된다. 그러나 부처님 말씀으로 공인되었다는 의미의 경이라는 단어를 넣어야 하는 것이 부처님 제자 된 도리라 생각하여「하나의 모음」만 제외하고 나머지는 모두 경이라는 단어를 넣어서 표기하였다. 경은 부처님 말씀이요 부처님 말씀은 단순한 성인의 전기나 역사서가 아니기 때문이다. 부처님의 말씀으로 공인된 경은 도를 추구하고 해탈·열반을 실현하고자 하는 수행자들의 목숨과도 같은 것이고, 모든 인류의 영원한 지남이 되는 금구성언이기 때문이다.

9. 경의 번호

역자가 경의 번호를 매긴 원칙은 다음과 같다.

『앙굿따라 니까야』의 모든 경들은 A로 시작한다. A는 Aṅguttara Nikāya(앙굿따라 니까야)를 뜻한다. A1은『앙굿따라 니까야』「하나의 모음」을 뜻하고, A2는「둘의 모음」을, A3은「셋의 모음」을, A4는「넷의 모음」을 뜻하며, 같이하여 A11은「열하나의 모음」을 뜻한다.

그리고「하나의 모음」과「둘의 모음」은 품의 번호를 중심으로 하여 경의 번호를 매겼다. 그러므로 A1:12:2는『앙굿따라 니까야』「하나의 모음」의 제12품의 두 번째 경이라는 의미이며, A2:10:4는 『앙굿따라 니까야』「둘의 모음」의 제10품의 네 번째 경이라는 의미이다.

「셋의 모음」과「넷의 모음」이하는 품을 표기하지 않고 경의 순서를 중시하여 경의 번호를 매겼다. 예를 들면 A3:74는 『앙굿따라 니까야』「셋의 모음」의 74번째 경이라는 의미이고, A4:100은 『앙굿따라 니까야』「넷의 모음」100번째 경이라는 의미이다.

이렇게「하나의 모음」과「둘의 모음」은 품을 중심으로 번호를 매기고,「셋의 모음」과「넷의 모음」이하「열하나의 모음」까지는 경을 중심으로 번호를 매긴 것은 PTS본의 쪽 번호에 이렇게 나타나고 있기 때문이다. 육차결집본은「하나의 모음」과「둘의 모음」도 모두 경을 중심으로 하여 일련번호를 매기고 있지만 본 번역의 저본인 PTS본이 합리적이라 생각하여 이를 따랐다.

10. 번역에 임한 태도

이미 초기불전연구원에서 역출한 다른 책들의 서문 등에서 밝혔지만 역자를 위시한 초기불전연구원의 역경승들은 경을 옮김에 있어서 몇 가지 원칙을 중시하고 있다. 이미 『디가 니까야』 서문에서 밝혔지만 다시 간추리면 다음과 같다.

첫째, 주석서를 중시하였다.

경은 단순한 전기가 아니라 부처님의 말씀이다. 이것은 해탈·열반을 실현하는 체계를 고스란히 담고 있는 정전(正典)이다. 경에 대한 이해는 단순한 언어학적 소양만으로는 결코 성취되지 않는다. 경은 부처님의 직계제자들이 이해하고 받아들였던 그분들의 안목을 빌지 않고서는 결코 심도 깊게 이해될 수 없다. 그러면 어떻게 부처님 말씀을 이해해야 할 것인가? 경에 나타나는 특정한 술어와 특정한 구문과 특정한 배경과 특정한 문맥은 어떻게 이해해야 할 것인가?

이 문제를 철저하게 고민한 것이 바로 주석서 문헌(Aṭṭhakathā)이다. 그러므로 주석서는 삼장(Tipiṭaka)에 대한 가장 오래된 권위이다.

둘째, 『청정도론』을 중시하였다.

이미 『청정도론』 해제에서 밝혔듯이 『청정도론』은 그 성격상 4부 니까야 전체에 대한 주석서이다. 그러므로 4부 니까야 전체에 나타나는 중요한 술어와 개념은 거의 대부분 『청정도론』에 설명되어 있다. 그리고 이러한 중요한 술어들은 『청정도론』에서 설명되었기 때문에 각 니까야의 주석서들에서는 더 이상 설명하지 않고 "『청정도론』에서 상세하게 설명하였다."라고만 할 뿐이다. 그런 만큼 『청정도론』 없는 주석서는 생각할 수 없으며 『청정도론』을 이해하지 못하고서는 초기경의 체계를 제대로 이해할 수 없다.

혹자는 주석서나 『청정도론』을 단순히 붓다고사(Buddhagosa)라는 뛰어난 주석가의 견해 정도로 치부하려 한다. 그러나 『청정도론』 서문에서 정리하였듯이 주석서나 『청정도론』은 결코 붓다고사 스님의 개인 작품이 아니라 상좌부에서 전승되어 오던 정통견해를 정리해서 빠알리어로 옮긴 것이다. 붓다고사 스님은 각 주석서의 서시와 후기 등에서 이러한 사실을 누차 강조하고 있다.

셋째, 『아비담마 길라잡이』를 중시하였다.

『청정도론』은 다시 『아비담맛타 상가하』(『아비담마 길라잡이』)가 없이는 그 핵심이 되는 술어와 가르침을 파악하기가 결코 쉽지 않다. 이런 이유로 초기불전연구원에서는 먼저 『아비담마 길라잡이』를 상·하로 출간하였고 이를 토대로 『청정도론』을 세 권으로 출간한 것이다. 이미 많은 분들이 『아비담마 길라잡이』를 읽고 호평을 해주셨듯이 『아비담마 길라잡이』는 교학에 대한 정확한 이해가 결여된 한국 땅에서 부처님 가르침의 정확한 길라잡이가 되리라 확신한다.

그러므로 본서를 번역 출간하면서『청정도론』과『아비담마 길라잡이』를 토대로 하였으며 주해에서『청정도론』과『아비담마 길라잡이』의 해당 부분을 지적하여 참고하도록 하였다.

넷째, 술어를 한글화하였다

이미『청정도론』해제와『아비담마 길라잡이』서문 및『디가 니까야』역자서문에서도 밝혔듯이 초기불전연구원에서는 모든 술어들을 가급적이면 한글로 풀어 적는다는 원칙을 세웠다. 그 원칙은『앙굿따라 니까야』의 번역에서도 철저하게 유지되고 있다.

물론 이렇게 하다보면 한문 용어에 익숙한 분들은 당황스럽고 짜증나기 마련일 것이다. 그래서 한문 불교 용어에 익숙한 분들을 위해서 많은 곳에서 눈의 알음알이[眼識], 무더기[蘊], 기능[根] 등으로 한문을 병기했다. 그리고 무리하게 한글식 표기만을 고집하지는 않았다. 오히려 지금 절집에서 통용되는 한자말들은 그대로 사용하려 노력하였다.

다섯째, 존칭에 대한 원칙을 정하였다

이미『디가 니까야』역자서문에서 밝혔듯이 존칭은 다음과 같은 원칙을 정하였다.

① 모든 사람들(신들 포함)이 부처님께 말씀을 드릴 때는 모두 경어체로 표기한다.

② 부처님이 아주 연장자임이 분명한 사람에게 말씀하실 때는 존칭어로 옮긴다.

③ 그 외 부처님의 말씀은 모두 평어체로 옮긴다.

④ 그 외 비구가 비구들에게, 비구가 재가자들에게, 재가자가 재가자들에게 등의 경우에는 상호 존칭어로 옮긴다.

④ 부처님과 유력한 신들이나 왕들과의 대화는 상호 경어체로 했다.

11. 맺는 말

빠알리 삼장의 한글완역을 표방하고 초기불전연구원이 개원한지 4년이 되었다. 초기불전연구원은 2002년 10월에 개원하면서 바로 『아비담맛타 상가하』를 『아비담마 길라잡이』(상·하)로 번역해 냈는데 지금까지 4판이 거의 매진될 정도로 꾸준히 독자들의 관심을 끌고 있다. 이를 바탕으로 2004년에는 초기불전을 이해하는 노둣돌인 『청정도론』을 전3권으로 번역하여 교계의 큰 호평을 받았다. 그리고 초기불교 수행의 지침서가 되는 「대념처경」과 그 주석서를 『네 가지 마음챙기는 공부』로 엮어 내었고 「출입식념경」과 「염신경」과 이에 관계되는 주석서 문헌들을 발췌하여 『들숨날숨에 마음챙기는 공부』를 출간하고 이 두 책은 개정판까지 내면서 수행에 관심있는 분들에게 사랑을 받고 있다.

그리고 올 초에는 마침내 빠알리 경장의 첫 번째 니까야인 『디가 니까야』(길게 설하신 경)를 전3권으로 역출해내면서 이제 본격적으로 빠알리 삼장의 역경작업에 매진하고 있다.

이러한 성과를 바탕으로 이제 『앙굿따라 니까야』의 제1권과 제2권을 역출해내게 되었다. 순서상 『디가 니까야』 다음에는 『맛지마 니까야』가 출간되어야 하겠으나 여러 관심 있는 분들의 부탁과 조언을 바탕으로 『앙굿따라 니까야』부터 먼저 간행하게 되었으며 『앙굿따라 니까야』는 그 분량이 많기 때문에 먼저 제1권과 제2권을 출간하고 나머지 책들은 연이어서 간행할 예정이다. 독자 여러분들의 많은 성원과 후원과 관심을 부탁드린다.

이제 『앙굿따라 니까야』 제1권과 제2권을 역출해낸다. 경의 출판에 정재를 희사해주시고 교정과 편집에 동참해주시고 여러 가지 잡다한 일들을 부처님 일이라는 거룩한 마음으로 기꺼이 감내해주신 모든 분들께 엎드려 절을 올리며 감사의 마음을 전한다. 그분들의 존함은 『앙굿따라 니까야』 마지막 권에서 일일이 밝히도록 하겠다.

책을 출판하면서 역경불사를 한다는 환희심보다는 금구의 말씀을 혹시 잘못 번역하지는 않았는지 두려운 마음이 더 크다. 만일 잘못된 부분이 있다면 그것은 모두 역자의 역량이 부족한 탓이다. 이상하거나 애매한 부분을 발견하신 독자들께서는 언제든지 연락 주시어 다음 번 출간에서 바로 잡을 수 있도록 도와주시기를 기원한다.

『앙굿따라 니까야』 제1권과 제2권을 삼보님 전에 봉헌하면서 역자 서문을 접는다.

이 세상에 부처님 가르침이 오래오래 머물기를!

앙굿따라 니까야 제1권 해제(解題)

1. 들어가는 말

『앙굿따라 니까야』는 부처님이 남기신 가르침 가운데서 그 주제의 법수가 분명한 말씀들을 숫자별로 모아서 결집한 것이다. 『앙굿따라 니까야』는 이러한 주제를 하나부터(A1) 열하나까지(A11) 모두 11개의 모음(Nipāta)으로 분류하여 결집하였다.

『앙굿따라 니까야』 제1권에는 「하나의 모음」(Eka-nipāta, A1)과 「둘의 모음」(Dukka-nipāta, A2)과 「셋의 모음」(Tikka-nipāta, A3)의 세 가지 모음이 수록되어 있다. 「하나의 모음」은 부처님 말씀 가운데 하나의 주제를 담고 있는 경들을 모은 것이며, 「둘의 모음」은 두 개의 주제를 담고 있는 경들을, 「셋의 모음」은 세 개의 주제를 담고 있는 경들을 모은 것으로, 각각 575개의 경들과 283개의 경들과 163개의 경들을 포함하고 있다.

「하나의 모음」과 「둘의 모음」은 대부분 『법집론』(Dhs)의 앞부분에 나타나는 「둘의 논모」(Dukka-mātikā)들처럼 짧은 문장의 경들로 구성되어 있지만7) 「셋의 모음」부터는 일반적인 경의 형식을 갖춘 경들이

---

7)   『법집론』의 모두에 나타나는 "유익한 법들과 해로운 법들과 판단할 수 없는 법들(kusalā dhammā akusalā dhammā abyākatā dhammā)"(Dhs.1)과 같은 셋으로 구성된 논모 22개와 "조건을 가진 법들과 조건을 가지지 않은 법들(sappaccayā dhammā appaccayā dhammā)"(Dhs. 3)과 같이 둘로 구성된 논모 142개를 말한다. 본서의 「하나의 모음」과

주종을 이루고 있다.

「하나의 모음」에 포함된 575개의 경들은 단 하나의 주제를 설명 없이 나열하고 있는 경들이 대부분이기 때문에 그 길이가 극히 짧다. 그래서 독립된 경으로 간주하기가 힘들다. 그리고 이 가르침들을 모두 경이라는 이름을 붙이면 지면이 너무 많아지게 되므로 역자는 단순히 경의 번호만을 표기하고 있다. 「둘의 모음」부터는 경의 이름과 경의 번호를 표기하여도 될 만큼 분명한 주제를 담고 있어서 경의 이름과 번호를 표기하여 옮겼다. 그러나 「둘의 모음」 제15장 「증득 품」과 제16장 「분노 품」의 117개 경들은 짝이 되는 두 가지 법수만을 나열하고 있는 극히 짧은 것이라서 지면상 경의 이름을 명기하지 않았다. 「셋의 모음」은 독립된 경으로 간주할 수 있을 만큼 내용과 길이를 갖춘 경들이 대부분이다.

2. 「하나의 모음」

『앙굿따라 니까야』 「하나의 모음」에는 모두 575개 경들이 포함되어 있다. 경이지만 서언 부분을 뺀 본문은 대부분 한 개나 몇 개의 간단한 문장으로 구성되어 있는 지극히 짧은 가르침이 거의 전부이다. 그렇다고 해서 「하나의 모음」을 소홀히 여기면 곤란하다. 이들은 비록 짧지만 초기불교의 중요한 법수들을 일목요연하게 나열하고 있는 경들이기 때문이다. 이 경들을 모두 21개의 품(Vagga)으로 나누어서 각 품마다 기본적으로 대략 10개씩의 경들을 배당하고 있다. 각 품을 중심으로 그 특징과 내용을 간단하게 살펴보는 것으로 「하나의 모음」에 대한 해제

「둘의 모음」에도 서언 부분이 생략되고 이와 같은 논모 형태로 편집되어 나타나는 경들이 상당수가 들어 있다.

논모(論母, 마띠까)에 대해서는 본서 제2권 「선서의 율 경」(A4:160) §5의 주해를 참조할 것.

에 대신하고자 한다.

제1장 「형상 등의 품」(A1:1:1~10)

본 품은 남자가 여자에게 어떻게 유혹되며 반대로 여자가 남자에게 어떻게 유혹되는가를 적나라하게 밝히고 있다. 본 품에서 부처님께서는 남녀가 각각에게 유혹되는 것은 다름 아니라 각각이 가진 형상, 소리, 향기, 맛, 감촉(색·성·향·미·촉)의 다섯 가지 대상임을 설하고 계신다. 유혹은 갑자기 이유 없이 생기는 것이 아니라 모두 감각기능-감각대상-알음알이(근·경·식)의 연기구조 속에서 일어나고 사라지는 것이라고 설하고 계신다.

제2장 「장애의 극복 품」(A1:2:1~10)

본 품은 다섯 가지 장애[五蓋]가 어떻게 일어나는가를 밝히고(§§1~5), 다시 이 다섯 가지 장애를 어떻게 극복하는 가를 밝히는(§§6~10) 중요한 품이다.

제3장 「다루기 힘듦 품」(A1:3:1~10)
제4장 「제어되지 않음 품」(A1:4:1~10)

이 두 품의 20가지 경들은 마음을 쌍으로 살펴보고 있다. 주석서는 이것을 윤회하는 마음과 윤회를 벗어나는 마음의 쌍으로 다음과 같이 설명한다.

"여기 [본 품에 쌍으로 나타나는 경들]에서 첫 번째로 [경에서 언급되는] 마음은 윤회하는(vaṭṭa) 마음이고 두 번째로 [경에서 언급되는] 마음은 윤회를 벗어나는(vivaṭṭa) 마음이다.

여기서 먼저 윤회(vaṭṭa)와 윤회의 발판(vaṭṭa-pāda)과 윤회를 벗어남 (vivaṭṭa)과 윤회를 벗어나는 발판(vivaṭṭapāda)을 구분해서 알아야 한다. 윤회란 삼계윤회(tebhūmaka-vaṭṭa)를 말한다. 윤회의 발판이란 윤회를 하게 하는 업(kamma)을 말한다. 윤회를 벗어남이란 9가지 출세간법을 말한다. 윤회를 벗어나는 발판이란 윤회에서 벗어나게 하는 업을 말한다. 그러나 [본 품에 나타나는] 이 경들에서는 오직 윤회와 윤회에서 벗어남만을 설하고 있다."(AA.i.52)

제5장 「바르게 놓이지 않음 품」(A1:5:1~10)

본 품도 마음을 여러 측면에서 고찰하고 있다. 특히 8번째 경은 마음의 찰나성을 드러내고 있으며 9번째 경은 "비구들이여, 이 마음은 빛난다. 그러나 그 마음은 객으로 온 오염원들에 의해 오염되었다."라고 하여 마음의 청정함과 객진번뇌(客塵煩惱)를 설명하고 있다.

이 가르침은 대승불교에서 『능가경』이나 대승 『열반경』 등 여러 경과 논서들을 통해서 객진번뇌로 정착이 되었다. 특히 『능가경』에서 "以如來藏是淸淨相 客塵煩惱垢染不淨(여래장은 본래 청정한 것이지만 객으로 온 번뇌에 오염되어서 깨끗하지 못하다.)"이라고 하였듯이 특히 여래장 사상에 지대한 영향을 주었다. 흥미로운 것은 한역 『아함부』 경들에서는 이러한 가르침이 나타나지 않는다는 사실이다.

우리가 유념해야 할 것은 초기불교에서 오직 이 곳에만 나타나는 이런 본자청정 객진번뇌의 가르침을 두고 부처님께서는 본자청정하고 더군다나 '영원불멸한' 마음을 설하신 것으로 확대해석하는 것은 참으로 곤란하다는 점이다.

초기경들 전반에서 예외 없이 마음은 항상 연기적 존재이고 대상 없이는 일어나지 않는다. 그래서 조건생·조건멸이고 찰나생·찰나멸인 마음에 대해 바로 앞의 8번째 경에서는 마음은 너무나 빨리 변하기 때문에 어떤 비유로도 설명할 수 없다고 강조하고 있다. 마음을 불변하는 그 무엇으로 상정해버리면 그것은 즉시에 외도의 자아이론과 같아지고 만다는 것을 명심해야 할 것이다.

제6장 「**손가락 튀기기 품**」(A1:6:1~10)

제7장 「**열심히 정진함 등의 품**」(A1:7:1~10)

제8장 「**선우 등의 품**」(A1:8:1~10)

제9장 「**방일 등의 품**」(A1:9:1~17)

제10장 「**비법 등의 품**」(A1:10:1~42)

앞부분인 제3품부터 제5품까지의 경들에서는 30가지 측면에서 마음의 여러 가지 성질을 고찰해보았으며 이하 제6품부터 제10품까지의 경들의 대부분은 이러한 마음을 닦고 개발하는 것을 간략하게 설하고 있다. 그 방법으로 객진번뇌의 이해, 자애의 마음을 닦음 등을 들고 있으며 선법과 불선법을 일어나게 하는 것들을 여러 가지 들고 있다.(1:6:6~1:8:3) 그리고 제9품의 마지막까지 계속해서 유익한 심리현상들과 해로운 심리현상들에 관계된 여러 가지를 나열하고 있다.

제11장 「**비법 품**」(A1:11:1~10)

제10품 33번 경부터 본 품까지는 법과 비법(非法), 율과 비율(非律)에 대해서 언급하고 있다.

제12장 「**범계가 아님 등의 품**」(A1:12:1~20)

위 제11품의 율과 비율의 언급을 더 발전시켜서 여기서는 여러 가지 범계와 범계 아님에 대해서 살펴보고 있는데 율장의 중요한 전문술어들이 나타나고 있다.

제13장 「**한 사람 품**」(A1:13:1~7)

부처님의 존귀성을 일곱 가지 측면에서 고찰하고 있는 품이다.

제14장 「**으뜸 품**」(A1:14:1~80)

본 품은 부처님 제자들 가운데 각 분야에서 으뜸가는 분 80명을 들고 있다. 본 품은 다시 7개의 부분으로 구성되어 있다. 이 가운데 첫 번째부터 네 번째까지는 각 방면에서 으뜸인 비구 47분들을 모은 품이고, 다섯 번째는 비구니 13분을, 여섯 번째는 청신사 10분을, 일곱 번째는 청신녀 10분을 모은 것이다. 이렇게 해서 각 방면에서 으뜸가는 80분의 부처님 제자들이 거명되고 있다. 물론 중복되어 나타나는 경우도 있는데 예를 들면 아난다 존자는 4-1~4-5까지 다문 제일, 마음챙김 제일, 총명 제일, 활력 제일, 시자들 중 으뜸으로 다섯 번이 언급되고 있다.

주석서는 이 80분의 으뜸가는 분들의 설명에 무려 335쪽을 할애하여 상세하게 설명을 하고 있다. 역자는 이를 참조해서 간략하게 주를 달아서 독자들의 이해를 도왔다.

제15장 「불가능 품」(A1:15:1~28)
불가능한 일과 가능한 일, 즉 있을 수 없는 경우와 있을 수 있는 경우를 모두 한 경 안에 쌍으로 설하여서 모두 28가지 불가능한 일과 가능한 일을 들고 있다.

제16장 「한 가지 법 품」(A1:16:1~10)
10가지 계속해서 생각함의 명상주제를 들고 있다.

제17장 「씨앗 품」(A1:17:1~10)
본 품과 다음 품의 네 번째 경까지는 삿된 견해와 바른 견해를 중심으로 10가지를 살펴보고 있다.

제18장 「막칼리 품」(A1:18:1~17)
본 품의 다섯 번째 경부터 마지막까지는 법과 율이 잘 설해진 경우와 법과 율이 잘못 설해진 경우에 생기는 현상들을 살펴보고 있다.

제19장 「잠부 섬 품」(A1:19:1~2)
본 품은 순차적으로 수많은 중생들 가운데 법과 율을 만나서 법의 맛과 해탈의 맛을 아는 중생들이 적음을 설하고 있다.

제20장 「손가락 튀기기의 연속 품」(A1:20:1~182)

손가락 튀기는 순간만큼이라도 본 품에 있는 182가지 법을 닦는 자라야 그를 일러 비구라 한다는 아주 귀중한 말씀들이 나열되고 있다. 특히 37보리분법과 8가지 지배와 8가지 해탈과 10가지 계속해서 생각함과 여러 가지 인식과 네 가지 禪과 사무량심 등의 명상주제들이 언급되고 있는 중요한 품이다.

제21장 「몸에 대한 마음챙김 품」(A1:21:1~70)

본 품에서는 몸에 대한 마음챙김의 공덕을 70가지 측면에서 살펴보고 있다.

이처럼 「하나의 모음」에 포함된 575개의 경들은 초기불교의 중요한 법수들, 특히 수행과 관계된 중요한 가르침들을 총망라하고 있다. 역자는 가급적이면 상세한 주해를 달려고 노력하였다.

3. 「둘의 모음」

「둘의 모음」에는 283개의 경이 포함되어 있다. 각 경들의 주제가 둘에 관한 것이기 때문에 「둘의 모음」에 실려 있는 대부분의 경들도 대부분 그 길이가 짧은 것들이다. 「둘의 모음」은 모두 3개의 '50개 경들의 묶음(paṇṇāsaka)'으로 편집되어 있다. 그러나 한 묶음에 50개의 경만 포함되어 있는 것이 아니라 각각 50개의 경, 66개의 경, 167개의 경이 포함되어 있다. 이렇게 하여 모두 세 개의 경들의 묶음과 17개의 품들로 구성되어 있다.

그럼 각 묶음 별로 간단하게 「둘의 모음」의 전체 구성을 살펴보자.

(1) 「**첫 번째 50개 경들의 묶음**」

「첫 번째 50개 경들의 묶음」은 다음과 같이 다섯 개 품들로 구성되어 있다.

제1장「형벌 품」(A2:1:1~10)

제2장「대중공사[諍事] 품」(A2:2:1~10)

제3장「어리석은 자 품」(A2:3:1~10)

제4장「평등한 마음 품」(A2:4:1~10)

제5장「회중 품」(A2:5:1~10)

한 품에 열 개씩의 경들이 포함되어 있어서 전체적으로는 50개의 경들이 포함되어 있다. 첫 번째 경들의 묶음에는 「둘의 모음」 가운데 비교적 긴 경들이 포함되어 있다. 그러나 각 품에 들어있는 경들은 서로 관련성이나 통일성을 발견하기 힘들다.

(2) 「**두 번째 50개 경들의 묶음**」

「두 번째 50개 경들의 묶음」은 다음과 같이 다섯 개의 품들로 구성되어 있으며 모두 66개의 짧은 경들이 포함되어 있다.

제6장「사람 품」(A2:6:1~12)

제7장「행복 품」(A2:7:1~13)

제8장「표상 품」(A2:8:1~10)

제9장「법 품」(A2:9:1~11)

제10장「어리석은 자 품」(A2:10:1~20)

두 번째 묶음은 대부분 주제별로 잘 정리되어 있다. 제6장「사람 품」에는 사람들에 관계된 경들을 모았으며 특히 제7장「행복 품」의 13개의 경들은 다양한 행복들을 쌍으로 모아서 정리하고 있다. 제8장「표상 품」에 포함된 10개의 경들은 선법과 불선법이 일어나는 것은 그 표상, 농기, 원인, 의도적 행위, 조건, 물질, 느낌, 인식, 알음알이, 형성된 것이 있기 때문이라고 그 이유를 밝히고 있다. 제9장 「법 품」은 쌍으로 된 법을 포함하는 11개의 경들로 이루어져 있다. 제10장 「어리석은 자 품」은 어리석은 자에 해당하는 경우와 현명한 자에 해당하는 경우를 번 갈아가며 다루는 경들 20가지로 구성되어 있다.

이처럼 「두 번째 50개 경들의 묶음」은 서로 관련된 경들을 각 품에 서 주제별로 잘 묶어 놓았다.

(3) 「세 번째 50개 경들의 묶음」

「세 번째 50개 경들의 묶음」은 다음과 같다.

제11장 「희망 품」(A2:11:1~12)

제12장 「발원 품」(A2:12:1~11)

제13장 「보시 품」(A2:13:1~10)

제14장 「환영(歡迎) 품」(A2:14:1~12)

제15장 「증득 품」(A2:15:1~17)

제16장 「분노 품」(A2:16:1~100)

제17장 「율 등의 품」(A2:17:1~5)

이것은 7개의 품들로 구성되어 있으며 모두 167개의 짧은 경들이 포 함되어 있다. 특히 제16장 「분노 품」에는 100개의 경들이 「하나의 모 음」(A1)의 제20장 「손가락 튀기기의 연속 품」(A1:20:1~182)에서처럼 반복해서 나열되고 있다.

이 가운데 제13장 「보시 품」은 보시나 관대함과 같은 남에 대해서 가지는 호의적이고 좋은 법수들로 구성된 경들 10개를 모은 것이다. 그 러나 전체적으로는 서로 유사하거나 서로 반대가 되는 법수들을 간략하 게 나열하고 있는 아주 짧은 경들 167개로 구성되어 있어서 일종의 잡 다한 경들의 묶음의 성격이 강하다.

4. 「둘의 모음」에서 관심을 가져야 할 경들

「둘의 모음」에서 우리가 꼭 주목해야 할 경들을 몇 가지 살펴보도록 하자.

(1) 「뜻을 알아내어야 함 경」 1/2(A2:3:5~6)

세존께서는 45년 동안 여러 부류의 사람들에게 아주 다양하게 많은 가르침을 주셨다. 우리는 그것을 대기설법(對機說法, pariyāya-desana)이라 부른다. 듣는 사람의 처한 상황이나 문제의식이나 이해 정도나 수행 정도나 기질이나 성향에 따라서 다양한 방법을 동원해서 설법을 하셨다는 말이다. 그러다보니 자기 깜냥만큼 부처님 말씀을 이해하여 세존의 근본 가르침과는 다르게 의미를 해석하는 경우가 발생하게 되었다. 그런 자들을 두고 세존께서는 본경을 말씀하신 것이다. 세존께서는 본경에서 다음과 같이 말씀하신다.

"비구들이여, 두 부류의 사람은 여래를 사실과 다르게 이야기 한다. 어떤 것이 둘인가?

[숨은] 뜻을 알아내어야 할 가르침에 대해서 이미 [그 뜻이] 확정된 가르침이라고 하는 자와 [이미 그 뜻이] 확정된 가르침에 대해서 [숨은] 뜻을 알아내어야 할 가르침이라고 말하는 자이다. 비구들이여, 이러한 두 부류의 사람은 여래를 사실과 다르게 이야기 한다."

숨은 뜻을 알아내어야 할 가르침에 대해서 이미 그 뜻이 확정된 가르침이라고 하는 자에 대해서 주석서는 이렇게 설명하고 있다.

"예를 들면 '비구들이여, 한 사람, 두 사람, 세 사람, 네 사람이 있다.'[8] 라는 가르침은 그 [숨은 뜻을] 알아내어야 하는 가르침(neyyattha suttanta)'이다. 왜냐하면 비록 정등각께서 '한 사람이 있다.'라는 식으로

---

8) 본서 제2권 「사문 경」(A4:239)과 『디가 니까야』 제2권 「대반열반경」 (D16) §5.27을 참조할 것.

말씀을 하셨더라도 '궁극적 의미에서는 사람(puggala)이라는 [개념은] 존재하지 않는다.'고 그 숨은 뜻을 알아내어야 하기 때문이다. 그러나 어리석은 자는 이런 가르침을 두고 '이미 그 뜻이 확정된 가르침(nītattha suttanta)'이라고 우긴다. '만약 궁극적 의미에서 사람이라는 것이 존재하지 않는다면 세존께서 '비구들이여, 한 사람이 있다.'라는 식으로 설하지 않으셨을 것이다. 그러나 이미 세존께서 그렇게 설하셨기 때문에 궁극적 의미에서 사람이라는 것이 존재한다.'고 잘못 이해하면서 숨은 뜻을 알아내어야 할 가르침에 대해서 이미 그 뜻이 확정된 가르침이라고 우긴다."(AA.ii.118)

그리고 이미 그 뜻이 확정된 가르침에 대해서 숨은 뜻을 알아내어야 할 가르침이라고 말하는 자에 대해서 주석서는 이렇게 설명하고 있다.

"예를 들면 '무상이요 괴로움이요 무아다.'라는 말씀이 있다. 여기서 오직 무상이요 오직 괴로움이요 오직 무아라는 것이 그 뜻이다. 그러나 자신의 어리석음 때문에 '이것은 [숨은 뜻을] 알아내어야 할 가르침이다. 나는 그 뜻을 밝힐 것이다.'라고 하면서 '참으로 항상한 것이 있다. 참으로 행복이 있다. 참으로 자아가 있다.'라고 거머쥐면서 [이미 그 뜻이] 확정된 가르침에 대해서 [숨은 뜻을] 알아내어야 할 가르침이라고 우기는 것이다."(Ibid)

우리 주위에도 잘못된 견해를 가진 이런 사람을 종종 만난다. '부처님은 브라흐마[9]가 된다고 말씀하셨다. 그러므로 부처님은 범아일여를 말씀하셨다. 그리고 부처님은 초기경 도처에서 참된 사람(참사람, 眞人)을 말씀하셨다. 그러므로 자아나 개아는 실재한다. 그리고 부처님은 본자청정 객진번뇌를 말씀하셨다. 그러므로 마음은 영원하다.'라고. 이런 사람은 특히 이 말씀을 잘 음미해볼 필요가 있으리라.

---

9)   초기경에 나타나는 브라흐마(brahma)라는 술어의 두 가지 의미에 대해서는 본서 제2권 「무외 경」(A4:8) §1의 주해를 참조할 것.

(2) 「영지(靈知)의 일부 경」(A2:3:10)

초기경의 여러 곳에서 사마타와 위빳사나라는 술어가 나타난다. 그러
나 무엇이 사마타고 무엇이 위빳사나인지를 설명하신 경은 드물다. 그
런 의미에서 사마타와 위빳사나를 정의하고 있는 본경은 아주 중요하다.
본경에서 세존께서는 말씀하신다.

"비구들이여, 사마타를 닦으면 어떤 이로움을 경험하는가? 마음이 개
발된다. 마음이 개발되면 어떤 이로움을 경험하는가? 욕망(rāga)이 제거
된다.

비구들이여, 위빳사나를 닦으면 어떤 이로움을 경험하는가? 통찰지
가 개발된다. 통찰지가 개발되면 어떤 이로움을 경험하는가? 무명이 제
거된다.

탐욕에 오염된 마음은 해탈하지 못하고 무명에 오염된 통찰지는 개발
되지 못한다. 비구들이여, 탐욕이 제거되어 마음의 해탈[心解脫]10)이 있
고, 무명이 제거되어 통찰지를 통한 해탈[慧解脫]이 있다."

이처럼 본경에서 부처님께서는 분명히 사마타를 마음과 마음의 해탈
(심해탈) 즉 삼매[定, 사마디]와 연결 지으시고 위빳사나를 통찰지와 통찰
지를 통한 해탈(혜해탈) 즉 통찰지[慧, 빤냐]와 연결 지으신다. 그리고 삼
매는 욕망을 극복하는 수행이고 통찰지는 무명을 극복하는 수행이라고
밝히신다.

그리고 본서 제2권의 「삼매 경」1/2/3(A4:92~94)도 사마타 수행과
위빳사나 수행에 대한 귀중한 말씀을 하신다. 본서 제2권의 해제 §5의
(6)과 (7)을 참조할 것.

─────────────

10)   마음의 해탈[心解脫, ceto-vimutti]과 통찰지를 통한 해탈[慧解脫,
      paññā-vimutti]에 대해서는 본서 제2권 「흐름을 따름 경」(A4:5) §1의
      주해를 참조할 것.

(3) 「**무슨 교설 경**」(A2:4:3)

어떤 바라문이 세존께 와서 "고따마 존자시여, 당신은 어떤 교설을 가졌으며 무엇을 말씀하십니까?"라고 질문을 드리자 세존께서는 이렇게 대답하신다.

"바라문이여, 나는 지음에 대한 교설과 짓지 않음에 대한 교설을 가르친다."

여기서 '지음에 대한 교설'과 '짓지 않음에 대한 교설'로 옮긴 원어는 각각 kiriya-vāda와 akiriya-vāda이다. 이 두 술어는 일반적으로 각각 업지음에 대한 교설과 업을 짓지 않음에 대한 교설로 옮겨진다. 전자는 도덕적 행위를 긍정하는 도덕긍정론이고 후자는 도덕적 행위를 부정하는 도덕부정론이다. 도덕부정론자로는 뿌라나 깟사빠와 막칼리 고살라 등이 잘 알려져 있다.[11] 그래서 본서 「하나의 모음」「막칼리 품」(A1:18)의 네 번째 경에서 세존께서는 막칼리 고살라를 엄하게 나무라신다. 그러나 본경을 잘못 이해하면 부처님께서는 도덕긍정도 가르치시고 도덕의 부정도 가르치시는 것처럼 잘못 이해할 수가 있다.

그러나 본경에서는 이런 양 극단에 해당하는 두 술어를 사용하여 부처님 교설의 특징을 분명하게 드러내 보이고 있다. 그래서 본경에서는 이 두 술어를 도덕긍정론과 도덕부정론의 의미로 옮기지 않고 문자적인 의미를 존중하여 각각 '지음에 대한 교설'과 '짓지 않음에 대한 교설'로 옮겼다. 본경에서 세존께서는 말씀하신다.

"바라문이여, 나는 짓지 않음에 대한 교설을 가르친다. 몸으로 나쁜 행위를 저지르고 말로 나쁜 행위를 저지르고 마음으로 나쁜 행위를 저지르는 자에게 여러 가지 나쁜 불선법들을 짓지 말 것을 가르친다.

바라문이여, 나는 지음에 대한 교설을 가르친다. 몸으로 좋은 행위를

---

11)   본서 「하나의 모음」「막칼리 품」(A1:18:1~17) §4의 주해를 참조할 것.

하고 말로 좋은 행위를 하고 마음으로 좋은 행위를 하는 자에게 여러 가지 선법들을 지을 것을 가르친다.

바라문이여, 나는 이와 같이 지음에 대한 교설과 짓지 않음에 대한 교설을 가르친다."

(4) 「족쇄 경」(A2:4:5)

본경은 사리뿟따 존자가 안의 족쇄에 채인 자와 밖의 족쇄에 채인 자를 멋지게 설명하고 있는 경이다. 본경에서 존자는 금생에 계를 잘 지니고 수행하지만 죽어서 다시 인간으로 태어나는 자를 안의 족쇄에 채인 자라 설명하고, 금생에 계를 잘 지니고 수행하지만 죽어서 여러 천상의 신으로 태어나는 자를 밖의 족쇄에 채인 자라고 설명하고 있다.12) 아무리 수승한 경지의 신들일지라도 그들은 모두 족쇄에 채인 자들일 뿐이라는 사리뿟따 존자의 사자후이다.

존자의 이러한 대사자후를 들은 신들이 환희심이 생겨서 세존께 가서 그 사실을 말씀드리고 세존께서는 그곳으로 가셔서 "사리뿟따여, 외도들은 이 교법을 듣지 못하여 파멸한다."고 하시면서 그의 설법을 크게 인정하고 계시는 경이다.

5. 「셋의 모음」

「셋의 모음」에는 모두 163개의 경들이 포함되어 있다. 「셋의 모음」에는 우리에게 잘 알려진 경들도 포함되어 있고 그 길이가 장부에 넣어도 될 만큼 긴 경도 포함되어 있다.

그래서 PTS본에서도 「셋의 모음」부터 경의 번호를 I.x.8이나 II.v.4 등으로 품의 번호에 따라서 매기지 않고 처음부터 끝까지 III.1부터

---

12)   족쇄에 대해서는 본서 제2권 「족쇄 경」(A4:131) §1의 주해들을 참조할 것.

III.163까지 일련번호로 매기고 있다. 이러한 방법은 「셋의 모음」부터 「열하나의 모음」까지 나머지 모음 전체에 다 적용시키고 있다. 그래서 역자도 「셋의 모음」부터는 경의 번호를 A3:1부터 A3:163까지로 매기고 있다.

그럼 각 묶음 별로 간단하게 「셋의 모음」의 전체 구성을 살펴보자.

(1) 「첫 번째 50개 경들의 묶음」

「첫 번째 50개 경들의 묶음」은 제1장 「어리석은 자 품」, 제2장 「마차공 품」, 제3장 「사람 품」, 제4장 「저승사자 품」, 제5장 「소품」까지 모두 다섯 품으로 구성되어 있으며 각 품에 10개씩의 경들이 포함되어 모두 50개의 경들이 수록되어 있다. 「둘의 모음」에 비하면 상당히 긴 경들이고 각 주제에 대해서 심도 깊은 논의를 하고 있는 경들이 많다.

(2) 「큰 50개 경들의 묶음」

「큰 50개 경들의 묶음」이라는 제목이 보여주듯이 「셋의 모음」 가운데 가장 긴 경들로 구성되어 있다. 본 묶음에는 제6장 「바라문 품」, 제7장 「대품」, 제8장 「아난다 품」, 제9장 「사문 품」, 제10장 「소금덩이 품」까지 모두 다섯 품으로 구성되어 있으며 각 품에 10개씩의 경들이 포함되어 모두 50개의 경들이 수록되어 있다.

여기에 나타나는 경들은 대부분이 『맛지마 니까야』에 포함되어 있는 경들 정도의 길이가 되는 것들로 이루어져 있고 이 가운데서도 다시 제7장 「대품」의 경들의 길이는 더욱 길다. 그 가운데서도 「팔관재계경」(A3:70)은 『디가 니까야』의 웬만한 경들에 필적하는 길이이다.

본 묶음에 포함되어 있는 경들은 그 길이가 긴만큼 각 주제에 대해서 자세하고 심도 깊은 설법을 포함하고 있는 경들이 대부분이다. 그 가운데서도 「웨나가뿌라 경」(A3:63)과 「깔라마 경」(A3:65)과 「팔관재계

경」(A3:70) 등은 주목할 만하다. 그리고 제8장 「아난다 품」에 포함되어
있는 여러 경들은 아난다 존자와 여러 사람들의 대화를 기록한 경들이
라서 관심이 가는 부분이다. 특히 아난다 존자가 세존께 여쭙고 세존이
대답하신 「아비부 경」(A3:80)에는 소천세계, 중천세계, 삼천대천세계의
설명이 상세하게 나타난다. 그리고 「소금 덩이 경」(A4:99)도 업에 대한
과보가 왜 다르고 다양한지를 이해할 수 있는 좋은 경이다. 「불순물 제
거하는 자 경」(A3:100)도 주목할 만하다. 자세한 것은 아래의 관심을 가
져야 할 경들 부분을 참조하기 바란다.

(3) 「작은 50개 경들의 묶음」

본 묶음에는 제11장 「바른 깨달음 품」, 제12장 「악처로 향하는 자
품」, 제13장 「꾸시나라 품」, 제14장 「무사 품」, 제15장 「길상 품」, 제
16장 「나체수행자 품」까지 모두 6개의 품이 포함되어 있다. 제15장까
지는 각 품에 10개의 경들이 포함되어 있고 제16장에는 13개의 경들이
포함되어서 모두 63개의 경들이 여기에 포함되어 있다. 「첫 번째 50개
경들의 묶음」에 포함된 경들 정도의 길이로 된 경들이 대부분이다.

전체적으로 볼 때 「셋의 모음」에 포함된 경들 가운데 긴 경들을 「큰
50개 경들의 묶음」으로 모아서 편집하였으며 그 가운데서도 더 긴 것들
은 「대품」으로 모았다. 그리고 법수만 나열하고 있는 짧은 경들을 본
「작은 50개 경들의 묶음」으로 모았다.

6. 「셋의 모음」에 나타나는 주제들

「셋의 모음」에는 다양한 주제들이 포함되어 있지만 그 가운데서도
특히 많이 나타나고 있는 주제들을 살펴볼 필요가 있다.

먼저 업(業, kamma) 특히 신·구·의 삼업에 관계된 경들을 들 수 있

다. 「셋의 모음」에 포함되어 있는 163개 경들 가운데 34개 정도의 많은 경들이 업을 주제로 하고 있다. 그것도 대부분 몸과 말과 마음[身·口·意]으로 짓는 삼업(三業)을 기본 주제로 삼고 있다. 인간은 몸을 문으로 하고 말을 문으로 하고 마음을 문으로 하여 다양한 업을 짓고 이러한 업의 과보에 계박되어서 선처와 악처로 생사윤회를 거듭한다. 「셋의 모음」에는 이러한 삼업에 관련된 가르침이 가장 많이 모아져 있다.

그리고 셋에 관한 부처님의 가르침 가운데는 우리에게 삼독(三毒)으로 잘 알려진 탐욕·성냄·어리석음[貪·瞋·癡]에 관한 것이 많다. 그래서 「셋의 모음」에서도 「원인 경」(A3:33)과 「왓지의 후예 경」(A3:83) 등 대략 17개 정도의 경들은 탐욕, 성냄, 어리석음의 세 가지를 주제로 하고 있다.

셋에 관한 부처님 말씀 가운데는 계와 삼매와 통찰지[戒·定·慧]의 삼학(三學)이 들어있다. 계·정·혜 삼학은 『디가 니까야』제1권의 13개의 경들 가운데 10개 정도 긴 경들의 주제이기도 하다. 본서의 「셋의 모음」에서도 이러한 삼학을 주제로 하고 있는 경이 대략 10개 정도 나타나고 있다.

「셋의 모음」에는 사람들을 세 가지 부류로 나누어서 설명하는 경들이 다수 나타난다. 제3장 「사람 품」의 10개의 경들을 포함한 14개 정도의 경들은 세 부류의 사람을 여러 측면에서 분류하고 있다. 그리고 제1장 「어리석은 자 품」에 포함된 「특징 경」(A3:2)부터 「나쁜 행위 경」(A3:9)까지 8개의 경들은 어리석은 자와 현명한 자의 특질을 각각 세 가지씩을 들면서 비교해서 설명하고 있는데 이러한 경들도 결국은 사람을 설하시는 경으로 분류할 수 있겠다.

부처님은 인간을 길들이는 분(조어장부)이라 불리는 분이다. 인간을 분류하고 있는 이러한 경들은 조어장부로서의 세존의 진면목을 유감없이 드러내고 있다. 여기에 대해서는 본서 제2권 해제 §4 등을 참조하기 바란다.

그러나 셋에 관계된 중요한 가르침인 무상·고·무아의 삼특상(ti-lakkhaṇa)을 주제로 한 경들은 「셋의 모음」에서는 찾아보기 힘들다. 이 삼특상은 유위법의 보편적인 성질[共相, sāmañña-lakkhaṇa]인데 『상윳따 니까야』의 「온 상응」(Khandha-saṁyutta, S22)이나 「육처 상응」(Saḷāyatana-saṁyutta, S35) 등에서 무더기·감각장소·요소[蘊·處·界]의 보편적 성질로 아주 많이 나타나고 있기 때문에 본서의 「셋의 모음」에서는 무상·고·무아를 기본주제로 한 경들로 묶어내지는 않은 것으로 보인다.

그리고 셋에 관계된 중요한 법수인 불·법·승 삼보를 주제로 한 경들도 나타나지 않는데 이것은 다른 니까야의 경우도 마찬가지이다.

7. 「셋의 모음」에서 관심을 가져야 할 경들

우선 「셋의 모음」 제7장 「대품」의 경들을 주목해야 할 필요가 있을 것 같다. 「대품」이라는 명칭이 보여주듯이 「셋의 모음」 가운데서 가장 긴 경들이 여기에 포함되어 있으며 긴만큼 심도 깊은 논의가 진행되기 때문이다.

(1) 「깔라마 경」(A3:65)

세상에는 서로 다른 여러 종교가 있고 서로 다른 여러 철학이 있고 서로 다른 여러 계율 규범이나 생활 규범이 있고 또 서로 다른 여러 관습이 있다. 세상에 테이나시 하나의 종교나 철학이나 규범이나 관습만을 평생 접하고 산다면 어쩌면 인간에게 큰 혼란이 없을 수도 있을 것이다. (물론 더 큰 미망에 빠져 지낼 가능성도 배제할 수는 없지만 말이다.) 그러나 인터넷이나 미디어나 고도로 발달된 교통수단과 통신수단의 영향 하에 살아가야 하는 현대인들은 다양한 종교, 다양한 철학, 다양한 규범, 다양한 관습을 접할 수밖에 없다. 그러면 이러한 다양한 체계를 접하여 그것을 받아들이고 거부하는 가장 중요한 척도는 무엇일까? 무엇에 근거해서 어떤 체계는 받아들여야 하고 무엇에 바탕해서 어떤 체계는 거부해야 하는 것일까?

이것을 설명하고 있는 것이 바로 「깔라마 경」이다. 이런 의미에서 「셋의 모음」에서 가장 잘 알려진 경은 뭐라 해도 「깔라마 경」일 것이다. 다양한 종교인들이 서로 극단적으로 다른 가르침을 설하자 그것을 접하여 혼란스러웠던 께사뿟따의 깔라마 인들은 세존께서 그들의 마을에 도착하시자 바로 이러한 문제를 단도직입적으로 제기하고 있다.

여기에 대해서 세존께서는 이렇게 분명하게 말씀하신다.

"소문으로 들었다 해서, 대대로 전승되어 온다고 해서, '그렇다 하더라.'고 해서, [우리의] 성전에 써 있다고 해서, 논리적이라고 해서, 추론에 의해서, 이유가 적절하다고 해서, 우리가 사색하여 얻은 견해와 일치한다고 해서, 유력한 사람이 한 말이라 해서, 혹은 '이 사문은 우리의 스승이시다.'라는 생각 때문에 그대로 따르지는 말라. 깔라마들이여, 그대들은 참으로 스스로가 '이러한 법들은 해로운 것이고, 이러한 법들은 비난받아 마땅하고, 이런 법들은 지자들의 비난을 받을 것이고, 이러한 법들을 많이 받들어 행하면 손해와 괴로움이 있게 된다.'라고 알게 되면 그때 그것들을 버리도록 하라."

이렇게 말씀하신 뒤에 하나하나 문답을 통해서 어떤 가르침이 나의 탐욕과 성냄과 어리석음을 증장시키는가 감소시키는가를 가지고 그 가르침을 판단하라고 말씀하신다. 어떤 가르침을 듣고 그대로 행해서 나의 탐욕이나 성냄이나 어리석음이 증장한다면 그 가르침은 따르지 말라고 하시고 반대로 해소가 된다면 그런 가르침은 따르라는 말씀이시다.

그리고 마지막으로 세존께서는 이렇게 실천하는 사람에게는 네 가지 위안이 있다고 말씀하신다. 세존의 말씀을 인용해본다.

"만약 다음 세상이 있고, 선행과 악행의 업들에 대한 결실과 과보가 있다면 나는 몸이 무너져 죽은 뒤 좋은 곳[善處], 천상세계에 태어날 것이다.

만약 다음 세상도 없고 선행과 악행의 업들에 대한 결실과 과보도 없다면 나는 금생에 원한 없고 악의 없고 고통 없이 행복하게 살 것이다.

만약 어떤 이가 행하면서 나쁜 행을 하더라도 내가 다른 이에게 악을 저지르도록 교사하지 않았고 내 스스로도 악업을 짓지 않았거늘 어떻게 내가 고통과 마주치겠는가?

만약 어떤 이가 행하면서 나쁜 행을 하지 않으면 나는 양면으로 청정한 나를 볼 것이다."

네 번째 위안에 대해서 주석서는 이렇게 설명한다. "양면으로 청정하다는 것은 내가 악을 저지르지 않고 또 어떤 이가 행하면서 악을 행하지 않기 때문에 양면으로 청정하다."(AA.ii.306)

한편 이러한 세존의 가르침은 본서 제2권 「밧디야 경」(A4:193)에도 나타나는데 세존의 이러한 말씀을 들은 밧디야는 이것이야말로 최고의 '개종시키는 요술'이라고 경탄해마지 않는다.

(2) 「몸으로 체험한 자 경」(A3:21)

해탈은 어떻게 이루어지는가? 해탈을 성취하기 위한 가장 중요한 바탕은 무엇인가? 왜 다 같이 해탈한 사람인데 그 경지는 다른 듯이 보이고 성향도 다른 듯이 보이는가? 그 이유는 무엇인가?

여기에 대한 답이 본경에 들어있다. 본경은 이런 문세를 두고 사윗타 존자와 마하꼿팃따 존자와 사리뿟따 존자의 대화로 구성되어 있다. 본경에서는 해탈한 사람 가운데 세 부류인 몸으로 체험한 자, 견해를 얻은 자, 신심으로 해탈한 자를 든 뒤에 첫 번째는 삼매와, 두 번째는 통찰지와, 세 번째는 믿음(초기경에서 믿음은 항상 계와 연결이 되고 있다)과 연결 지으신다.

이처럼 본경은 수행에 있어서 믿음과 삼매와 통찰지 즉 계·정·혜의 역할을 잘 보여주고 있으며 사윗타 존자와 마하꼿팃따 존자와 사리뿟따 존자는 각각 신심으로 해탈한 분, 몸으로 체험하여 해탈한 분, 견해를 얻음을 통해서 해탈한 분이었음을 알 수 있으며 그래서 각각 믿음과 삼매와 통찰지의 기능이 강한 분들이었음을 알 수 있다.

본경이 중요한 이유는 개인의 기질이나 성향에 따라서 믿음이 더 강하기도 하고, 삼매나 선정이 더 강하기도 하고, 통찰지나 위빳사나가 더 강하기도 하다는 것을 보여주기 때문이다. 그런 것이지 모든 사람들에게 천편일률적으로 적용되는 가르침이란 이론적으로는 가능할지 모르나 현실적으로는 존재하지 않는다. 그래서 세존께서도 본경에서 "이러한 세 부류의 사람들 가운데 누가 가장 훌륭하고 고결한지를 결정적으로 말하는 것은 쉬운 일이 아니다."라고 말씀하신다. 그러나 어떤 경우에도 사성제를 통찰하지 못하면 그것은 깨달음이라 할 수 없다.

(3) 「거꾸로 놓은 항아리 경」(A3:30)

본경은 통찰지를 토대로 하여 불자들을 "통찰지가 거꾸로 놓인 항아리와 같은 사람, 통찰지가 허리에 달린 주머니와 같은 사람, 통찰지가 큰 사람"의 셋으로 분류하고 있다.

첫 번째 유형의 불자는 지속적으로 절에 가지만 법을 들을 때도, 듣고 집으로 돌아왔을 때도 그 가르침을 전혀 음미하지 않고 이해하지 못하는 경우이다. 이는 거꾸로 놓인 항아리에 물을 붓는 것과 같은 것이다.

두 번째 유형의 불자는 절에 가서 법을 들을 때는 잘 이해하지만 집에 돌아가면 다 잊어버리고 실천하지 않는 자이다. 이런 불자는 허리에 달린 주머니에 맛있는 사탕 등을 잔뜩 넣었지만 일어나면서 주머니에 사탕이 든 줄을 잊어버려서 쏟아버리는 것과 같다. 세 번째 유형의 불자는 들을 때도 잘 이해하고 집에 가서도 잘 실천하는 자이다. 이런 불자는 바로 놓인 항아리에 물을 붓는 것과 같이 통찰지가 큰 사람이다.

본경은 제자들로 하여금 자신은 이 셋 가운데 어떤 부류의 불자인지 스스로를 점검하도록 하는 가르침이다.

(4) 「**알라와까 경**」(A3:34)

세존께서 알라위에서 고막가에 있는 심사빠 숲 속에 떨어진 나뭇잎 더미 위에 머무시는 것을 보고 핫타까 왕자가 세존께 "세존이시여, 안녕히 주무셨습니까?"라고 안부를 묻자 세존께서 핫타까에게 말씀하신 경이다.

세존께서는 탐욕으로 인한 육체적인 열기와 정신적인 열기가 생겨 그러한 탐욕에서 생긴 열기로 불탈 때 그는 잠을 제대로 이루지 못할 것이며 그렇다면 호화로운 저택과 잠자리도 행복을 가져다주지 못한다고 말씀하신다. 그러나 이러한 탐욕의 열기가 가라앉은 사람에게는 머무는 모든 곳이 훌륭한 집이요 좋은 잠자리라고 강조하신다. 수행자에게는 탐욕과 성냄과 어리석음을 해소하는 것이 중요하지 머무는 거처가 중요한 것은 아니라는 것을 일깨워주시는 가르침이다.

(5) 「**유행승 경**」(A3:54)과 「**열반 경**」(A3:55)

이 두 경들은 각각 법과 열반은 "스스로 보아 알 수 있고, 시간이 걸리지 않고, 와서 보라는 것이고, 향상으로 인도하고, 지자들이 각자 알아야 하는 것이다."라는 부처님 말씀의 의미에 대한 설명을 담고 있는 가르침이다.

탐욕과 성냄과 어리석음에 빠진 사람은 자기와 타인을 해치는 생각을 하고 육체적 고통과 정신적 고통을 경험하며, 몸과 말과 마음으로 나쁜 행위를 저지르며, 자기와 타인에게 이로운 것을 있는 그대로 꿰뚫어 알지 못한다. 그러나 탐욕과 성냄과 어리석음에 빠지지 않은 사람은 이와는 반대이다.

이처럼 탐욕과 성냄과 어리석음이 다함은 스스로 보아 알 수 있고, 시간이 걸리지 않고, 와서 보라는 것이고, 향상으로 인도하고, 지자들이 각자 알아야 하는 것이라고 선언하시며 이것을 「유행승 경」에서는 법으로 표현하고 있고 「열반 경」에서는 열반으로 설명하고 있다. 참으로 부처님 법은 탐·진·치의 소멸을 근본으로 하며 이러한 탐·진·치가 소멸된 경지가 바로 열반이다.

(6) 「외도의 주장 경」 (A3:61)

본경에서 부처님께서는 외도의 주장을 다음과 같이 크게 셋으로 정리하고 계신다.

첫째는 '모든 것은 전생의 행위에 기인한다.'는 것이고, 둘째는 '모든 것은 신이 창조했기 때문이다.'는 것이고, 셋째는 '어떤 것에도 원인도 없고 조건도 없다.'는 것이다.

이것은 지금도 대부분의 인류가 가지고 있는 대표적인 세 종류의 믿음이다. 모든 것을 전생의 탓으로 돌리는 것은 일종의 운명론이며 힌두교가 대표적이다. 모든 것을 신의 피조물로 여기는 것도 일종의 운명론이며 기독교가 대표적이다. 원인도 조건도 없다는 것은 도덕부정론이며 유물론적인 사고방식이다.

부처님께서는 이러한 사고방식을 위험하다고 지적하신다. 왜? 이러한 사상에 물들게 되면 스스로의 향상을 위한 노력을 포기해버리기 때문이다. 그래서 방일하게 되고 모든 것을 운명이나 남의 탓으로 돌리게 되기 때문이다. 그래서 세존께서는 이렇게 정리하신다.

"[이러한 셋을] 진심으로 믿는 자들에게는 해야 할 것과 하지 말아야 할 것에 대해 [하려는] 열의와 노력과 [하지 않으려는] 열의와 노력이 없다. 해야 할 것과 하지 말아야 할 것에 대해 진실함과 확고함을 얻지 못하고 마음챙김을 놓아버리고 [여섯 가지 감각기능의 문을] 보호하지 않고 머물기 때문에 그들은 자기들 스스로 정당하게 사문이라고 주장하지 못한다."

이렇게 말씀하신 뒤 세존께서는 여섯 가지 요소[界], 여섯 가지 감각 접촉의 장소[處], 18가지 마음의 움직임, 네 가지 성스러운 진리[四聖諦]를 말씀하신 뒤 "내가 설한 이러한 법들은 현명한 사문·바라문들에게 논박될 수 없고 오염될 수 없고 비난받지 않고 책망듣지 않는다."고 선언하신다. 그리고 이들을 연기법적인 고찰을 바탕으로 자세하게 설명하신다. 본경은 외도의 가르침에 대비되는 부처님 가르침의 특징을 잘 드러내는 경이다.

(7) 「웨나가뿌라 경」(A3:63)

본경은 웨나가뿌라의 바라문 장자들이 세존께 와서 "고따마 존자께서는 여러 종류의 높고 넓은 침상들을 원하기만 하면 얻을 수 있고 어려움 없이 얻을 수 있고 많이 얻을 수 있지 않습니까?"라고 말씀드리자 세존께서 대답하시는 경이다.

그들의 물음에 대해서 세존께서는 세 종류의 넓고 높은 침상에 대해 말씀하신다. 즉 천상의 넓고 높은 침상과 범천의 넓고 높은 침상과 성자(ariya)의 넓고 높은 침상이다. "나는 지금 바로 그것을 원하기만 하면 얻을 수 있고 어려움 없이 얻을 수 있고 많이 얻을 수 있다."고 대답하신다. 그런 뒤에 수행자에게 있어서 세 가지의 높고 넓은 침상이란 바로 네 가지 선[四禪], 네 가지 거룩한 마음가짐[四梵住], 탐·진·치의 멸절이라고 설명하고 계신다.

본경에는 수행자가 사용하고 머물러야 할 곳은 호화로운 침상이나 저택이 아니라 선정과 거룩한 마음가짐과 탐·진·치의 해소라는 세존의 가르침이 담겨있다.

(8) 「**팔관재계 경**」(A3:70)

본경은 「셋의 모음」 가운데서 가장 긴 경이다. 미가라마따(녹자모) 위사카가 포살일에 승원에 오자 세존께서 그녀에게 설하신 가르침인데 특히 재가신도가 지켜야 할 포살과 8계를 설명하고 있는 중요한 경이다.

본경에서 세존께서는 포살을 목동의 포살, 니간타의 포살, 성자의 포살로 상세하게 설명하신다. 포살을 준수하면서 내일은 맛있는 것을 먹어야지 하는 등의 생각에 빠져 있는 자는 마치 목동이 내일은 소들을 어디어디에서 방목하고 물을 먹여야지 하는 생각으로 밤을 지새는 것과 같으며 이것을 목동의 포살이라 한다.

니간타의 제자들은 포살일에 무소유를 선언하더라도 포살이 끝나면 다시 이전대로 모든 것을 소유하게 된다. 그러므로 포살일에만 무소유를 선언하는 것은 거짓말을 하는 것이며 이러한 것을 니간타의 포살이라 한다.

이렇게 설명하신 뒤에 성자들의 포살 즉 불자가 지키는 포살을 상세하게 설명하신다. 요약하자면 불자는 포살일에 불·법·승·계·천신을 계속해서 생각하면서 오염된 마음을 바른 방법으로 청정하게 한다. 그리고 포살일에는 재가자도 아라한의 삶의 기본이 되는 여덟 가지 계를 지키는 것으로 성자들의 포살을 설명하신다. 여덟 가지 계는 다음과 같다.

① 생명을 죽이지 않는다.
② 주지 않은 것을 가지지 않는다.

③ 성행위를 하지 않는다.

④ 거짓말을 하지 않는다.

⑤ 방일하는 근본이 되는 술과 중독성 물질을 섭취하지 않는다.

⑥ 하루 한 끼만 먹는다.

⑦ 춤, 노래, 음악, 연극을 관람하지 않고 화환을 두르고 향과 화장품을 바르고 장신구로 꾸미는 것을 하지 않는다.

⑧ 높고 큰 침상을 사용하지 않는다.

(9) 「**아비부 경**」(A3:80)

아난다 존자가 세존께 여쭙고 세존이 대답하신 「아비부 경」에는 소천세계, 중천세계, 삼천대천세계의 설명이 상세하게 나타나는데 이러한 가르침은 4부 니까야에서는 이곳에 밖에 나타나지 않는 가르침인 듯하다. 그리고 전체 초기경들 가운데서도 『의석』(義釋, Niddesa)을 제외하고는 이곳 밖에 나타나지 않는 것으로 보인다. 그러므로 본경은 주석서나 부파불교와 특히 대승불교에서 전개하고 있는 우주관의 출발이 되는 경이라 할 수 있다.

하나의 세계는 각각 하나씩의 달과 태양과 산의 왕인 수미산과 잠부디빠와 아빠라고야나와 웃따라꾸루와 뿝바위데하와 큰 바다와 사대왕천과 삼십삼천과 야마천과 도솔천과 자재천과 타화자재천과 범천이 있다. 이러한 세계가 1000이 모인 것을 소천세계라 하고 이러한 소천세계가 1000이 모인 것을 중천세계라 하고 이러한 중천세계가 1000이 모인 것을 삼천대천세계라 한다. 즉 중천세계에는 모두 100만의 세계가 있고 삼천대천세계에는 모두 10억의 세계가 있는 셈이다.

(10) 「**마하나마 경**」(A3:73)

본경은 삼매가 먼저냐 통찰지가 먼저냐를 묻고 있는 관심을 끄는 경이다.

삭까족 마하나마가 세존께 "세존이시여, 그러면 삼매가 먼저 있고 지혜가 뒤에 있습니까? 아니면 지혜가 먼저 있고 삼매가 뒤에 있습니까?"라고 묻고 세존이 병환에서 회복하신지 얼마 지나지 않았기 때문에 아난다 존자가 이에 대답하는 경이다.

마하나마가 삼매[定]가 먼저냐 통찰지[慧]가 먼저냐고 질문한데 대해서 아난다 존자는 이 둘의 선후를 대답하는 대신 유학의 삼매와 통찰지는 무학의 삼매와 통찰지보다 먼저인 것이 분명하지만 같은 유학 안에서나 같은 무학 안에서 정과 혜는 선후를 말할 수 없다고 대답하고 있다. 그래서 복주서는 "먼저 유학의 계·정·혜를 설하고 뒤에 무학의 계 등을 설하면서 이 뜻을 드러내는 것이다."(AAT.ii.164)라고만 간략하게 설명하고 있다.

그리고 삼매가 먼저냐 통찰지가 먼저냐 혹은 사마타가 먼저냐 위빳사나가 먼저냐에 대한 답은 오히려 본서 제2권 「삼매 경」1/2/3(A4:92~94)의 세 개의 경에 있다고 본다. 이 경들을 통해서 살펴보면 삼매가 먼저냐 통찰지가 먼저냐 하는 것은 수행자 개인의 기질이나 성향에 달린 것이지 무엇이 먼저라고는 말할 수 없다는 것이 분명하다. 여기에 대해서는 제2권 해제 §5의 (7)과 「삼매 경」1/2/3(A4:92~94)과 「쌍 경」(A4:170)을 참조할 것.

⑾ 「**사문 경**」(A3:81)
출가란 말 그대로 집을 떠나는 행위이다. 집을 떠난다 함은 집으로 표현되는 세상의 모든 의무나 권리나 욕망이나 희망을 모두 접는다는 뜻이다. 그러면 이러한 세속의 모든 의무나 권리나 욕망이나 희망을 접고 출가를 한 자는 무엇을 해야 하는가? 본경은 이것을 분명하게 밝히고 있다.

본경에서 세존께서는 비구들에게 출가자가 해야 할 일은 높은 계를 공부짓고[增上戒學, adhisīla-sikkhā] 높은 마음을 공부짓고[增上心學, adhi-citta-sikkhā] 높은 통찰지를 공부짓는 것[增上慧學, adhipaññā-sikkhā]이라고 천명하신다.

만일 출가자가 이러한 계·정·혜 삼학을 공부짓지 않는다면 그는 마치 '나는 소다.'라고 하면서 소의 무리를 따르는 당나귀와 같은 사문이어서 진정한 출가자라 할 수 없다고 준엄하게 말씀하신다. 참으로 출가자들이 깊이 명심해야 할 세존의 고구정녕하신 말씀을 담고 있는 귀중한 경이다.

⑿「외움 경」1/2/3(A3:85~87)

본경도 수행자에게는 중요한 경이다. 본경은 사소한 계율[小小戒]에 얽매이기 보다는 계·정·혜 삼학을 균등하게 닦아서 예류자, 일래자, 불환자, 아라한으로 정리되어 설명되고 있는 성자의 과위를 성취하는 것이 중요하다고 설하고 있다. 왜냐하면 높은 계를 공부짓고 높은 마음을 공부짓고 높은 통찰지를 공부짓는 삼학 속에 모든 학습계목은 포함되기 때문이라고 세존께서는 설명하신다.

사소한 계율에 얽매이지 말라 하셨다고 해서 만일 계율은 신경 쓰지 않아도 된다고 받아들인다면 그것은 세존의 금구성언을 잘못 이해하는 것이다. 본경은 절대로 파계자들과 파계를 꿈꾸는 자들에게 깃발이 되어주는 경이 아니기 때문이다.

⒀「소금 덩이 경」(A3:99)

본경에서 세존께서는 먼저 "'그 사람이 어떤 업을 지었건 그대로 그것을 겪게 된다.'라고 한다면 청정범행을 닦음도 없고 바르게 괴로움을 종식시킬 기회도 없다."고 말씀하시고, "'그 사람이 어떤 형태로 겪어야 할 업을 지었건 그것의 과보를 겪게 된다.'라고 한다면 청정범행을 닦음도 있고 바르게 괴로움을 종식시킬 기회도 있다."고 말씀하신 뒤에, 같은 업을 짓는데 왜 어떤 자에는 무거운 과보를 가져오고 어떤 자에게는 가벼운 과보를 가져오는가를 설명하고 계신다.

세존께서는 소금 덩이를 작은 물 잔에 넣으면 그 물은 엄청나게 짜게 되지만 큰 강에 넣으면 아무런 영향을 주지 못하는 비유와 동전 반개를 훔쳐서 감옥을 가기도 하고 동전 백 개를 훔쳐도 감옥에 가지 않는 등의 비유를 들어서 설명하고 계신다.

본경은 이처럼 왜 같은 업이지만 이렇게 다르고 다양한지를 이해할 수 있는 좋은 경이다. 이런 경들이 바탕이 되어서 아비담마와 주석서에서 업을 16가지 측면에서 설명한다고 여겨진다.13)

⑭ 「불순물 제거하는 자 경」(A3:100)

본경은 수행의 과정을 금이 든 광석을 채취하여 순금으로 만드는 여러 공정에다 비유하고 있는 중요한 경이다. 높은 마음을 닦는 비구는 먼저 몸과 말과 마음의 삼업을 맑히고 두 번째로는 감각적 욕망에 대한 생각, 악의에 대한 생각, 해코지에 대한 생각을 맑히고 세 번째로는 친지들에 대한 생각, 지역에 대한 생각, 불명예에 대한 생각을 떨쳐내고 네 번째는 법에 대한 생각을 정화한다. 여기서 법에 대한 생각이란 열 가지 위빳사나의 경계(오염원)에 대한 생각이라고 주석서에서 설명한다.

법에 대한 생각이 정화될 때 그는 최상의 지혜로 실현시킬 수 있는 법이라면 그것이 어떤 것이든지 간에 마음을 기울이면 언제든지 그것을 실현하는 능력을 얻게 된다. 이러한 능력을 바탕으로 신통변화[神足通], 신성한 귀의 요소[天耳界, 天耳通], 다른 중생들의 마음을 꿰뚫어 앎[他心通], 수많은 전생의 갖가지 삶들을 기억함[宿命通], 신성한 눈으로 중생들이 지은 바 업에 따라가는 것을 꿰뚫어 앎[天眼通], 마음의 해탈과 통찰지를 통한 해탈의 실현[漏盡通]이라는 여섯 가지 신통지(초월지)를 얻게

---

13)   업의 16가지 측면에 대해서는 『청정도론』XIX §§14~16과 『아비담마 길라잡이』5장 §§18~20을 참조할 것.

된다.

이렇게 말씀하신 뒤에 다음과 같은 수행에 요긴한 말씀을 하신다.

"높은 마음을 닦는 비구는 때때로 다음의 세 가지 표상을 마음에 잡도리해야 한다. 그는 때때로 삼매의 표상을 마음에 잡도리해야 하고, 때때로 정진의 표상을 마음에 잡도리해야 하고, 때때로 평온의 표상을 마음에 잡도리해야 한다."

그리고는 이 셋을 조화롭게 닦을 것을 자세하게 말씀하신 뒤에 금세공인이나 그의 도제가 정제되지 않은 금을 잘 제련하여서 무엇이든 원하는 장신구를 만드는 비유를 들어서 설명하시고 경을 끝맺으신다.

이처럼 본경은 수행자가 삼업을 청정히 하는 것에서부터 시작하여 사성제를 관통하고 마음의 해탈과 통찰지를 통한 해탈을 구족하는 최종 단계인 누진통을 포함한 여섯 가지 신통지를 실현하는 수행의 전 과정을 금이 든 광석을 채취하여 순금을 만들어 원하는 장신구를 마음대로 만들어내는 금의 제련과정에 비유해서 설하고 있다.

특히 세 가지 표상에 관한 말씀과 금세공인의 비유가 들어있는 본경의 §§11~15(마지막)까지는 『청정도론』 VIII.74~76에 인용될 만큼 중요하게 취급되었던 가르침이기도 하다. 『청정도론』에 인용된 부분은 본경의 삼분의 일 정도에 해당하는 많은 부분이다.

8. 맺는 말

본서에는 『앙굿따라 니까야』의 「하나의 모음」(A1)과 「둘의 모음」(A2)과 「셋의 모음」(A3)에 포함된 1021개의 경들이 수록되어 있다. 비록 경의 길이로는 『디가 니까야』의 경들의 길이에 필적하는 「팔관재계경」(A3:70)과 같은 긴 경들도 포함되어 있고 하나의 문장으로 구성된 극히 짧은 경들도 있지만 "모든 부처님 가르침은 해탈의 맛으로는 하나이다."(DA.i.16)라는 『디가 니까야 주석서』의 설명처럼 본서에 포함된 경들은 단 하나의 예외도 없이 모든 중생들로 하여금 악도를 여의고 향상하여 해탈·열반이라는 최고의 가치를 실현하게 하시려는 자애와 연민이 가득한 말씀들이다.

부처님의 육성을 만난 것 같은 이러한 경들을 읽는 독자 모두 해탈·열반의 길로 함께 나아가는 좋은 친구[善友, kalyāna-mitta]가 되기를 기원해본다.

앙굿따라 니까야

하나의 모음

Eka-nipāta

앙굿따라 니까야
하나의 모음
Eka-nipāta

제1장 형상 등의 품(A1:1:1~10)
Rupādi-vagga

1. 이와 같이 나는 들었다.14) 한때 세존15)께서는 사왓티16)에서

---

14) 주석서에서는 '이와 같이 나는 들었다.'의 의미를 여러 측면에서 상세하게 설명하고 있다. 여기서 '나는'이란 일차결집에서 경을 암송한 아난다 존자를 말하며, '이와 같이(evaṁ)'란 본경에서 설해진 것과 같은 형태(ākāra)대로라는 뜻이다. 그러므로 제일 기본이 되는 뜻은 '본경에서 설해진 이러한 형태의 세존의 말씀을 아난다 존자가 직접 들었다.'는 것이다.

15) '세존'으로 옮긴 원어는 Bhagavan이다. 원어의 의미는 바가(bhaga)를 가진 분(-vat)이다. 여기서 바가란 '복, 행운'을 뜻하는데 베다에서부터 사용되던 말이다. 중국의 역경사들은 世尊으로 옮기고 있는데 원의미는 복자(福者)로 이해하면 좋을 듯하다. 세존에 대한 상세한 설명은 『청정도론』 VII.53 이하를 참조하기 바란다.

16) 사왓티(Sāvatthi)는 꼬살라(Kosala) 국의 수도였다. 꼬살라는 부처님 재세 시에 인도에 있었던 16개국(16국은 본서 「팔관재계 경」(A3:70) §17을 참조할 것) 가운데 하나였으며 16국은 점점 서로 병합되어 나중에는 마가다(Magadha)와 꼬살라 두 나라로 통일되었다. 부처님 재세 시에는 빠세나디(Pasenadi) 왕이 꼬살라를 통치하였고, 그의 아들 위두다바(Viḍūḍabha)가 계승하였다. 부처님께서 말년에 24년 정도를 이곳 사왓티의 제따와나 급고독원에 머무시는 등 부처님과 아주 인연이 많았던 곳

제따 숲17)의 급고독원18)에 머무셨다. 거기서 세존께서는 "비구들이

이다.

주석서에 의하면 사왓티라는 이름은 두 가지에서 유래했다고 한다. 첫째는 사왓타(Savattha)라는 선인(仙人, isi)의 거처가 있던 곳이었기 때문에 붙인 이름이라 한다. 마치 꾸삼바 선인의 거처가 있던 곳을 꼬삼비라하는 것과 같다. 둘째는 이곳에서 대상(隊商, sattha)들이 모여들어서 '어떤 상품이 있어요?'라고 물으면 '모든 게 다 있습니다.(sabbam atthi)라고 대답했다고 해서 sāvatthi라 했다고 한다.(SnA.i.300; UdA.55, PsA.iii.532 등) 주석서들에서 사왓티를 당시 인도의 가장 큰 6대도시 가운데 하나라고 했을 정도로 사왓티는 번창한 곳인데 이런 사정을 보여주는 설명이라 할 수 있겠다.

17) 제따(Jetā)는 사왓티(Sk. 슈라와스띠)를 수도로 한 꼬살라의 빠세나디 왕의 왕자 이름으로 √ji(to win)에서 파생되었으며 '승리자'라는 뜻이다.
아나타삔디까(Anāthapiṇḍika, 급고독) 장자가 자신의 고향인 사왓티에다 승원을 만들려고 이 땅을 구입하기 위해서 수많은 수레 가득히 황금을 가져와서 땅에 깔았고(이 일화는 인도와 남방불교와 북방불교에 그림과 조각으로 많이 남아 있다.) 그 신심에 감격한 왕자가 공동으로 기증해서 원림(ārama)을 만들었다는 감동적인 이야기는 불자들이 잘 알고 있다. 주석서에 의하면 아나타삔디까 장자는 이 땅을 구입하기 위해서 1억 8천만의 돈을 지불했다고 하며 제따 왕자는 이 돈을 모두 대문을 짓는데 사용했다고 한다.(MA.i.50; UdA.56)

18) 원문은 Anāthapiṇḍikassa ārāma이다. Anāthapiṇḍika는 급고독(給孤獨)으로 한역되었으며 '무의탁자에게 음식을 베푸는 사람'이라는 뜻이다. 부처님 재세 시 재가신도 가운데서 제일가는 이름으로 우리에게 잘 알려져 있다. 급고독 장자에 대해서는 본서 제2권 「수닷따 경」(A4:58) §1의 주해를 참조할 것.
이 제따 숲[祇園]의 아나타삔디까 원림 즉 급고독원은 우리나라에서는 기원정사(祇園精舍)로 잘 알려진 곳이고 세존께서 말년 19년간을 여기서 보내셨다고 한다.(DhA.i.3; BuA.3; AA.i.314) 사왓티의 동쪽 원림[東園林]에 있는 미가라마따(녹자모)의 강당(본서 「족쇄 경」(A2:4:5) §1의 주해 참조)에 머무신 것을 합치면 세존께서는 사왓티에서만 24년 정도를 보내셨다. 세존께서 아난다 존자를 시자로 삼으신 것도 여기 계시기 시작할 무렵이었다.
깨달으신 후 보내신 세존의 45년간의 삶은 크게 두 부분으로 나누어 볼 수

여."라고 비구들을 부르셨다. "세존이시여."라고 비구들은 세존께 응답했다. 세존께서는 이렇게 말씀하셨다.

"비구들이여, 이 형상[19] 이외에 다른 어떤 것도 이렇듯 남자들의 마음을 유혹하는(사로잡는) 것을 나는 보지 못하나니, 그것은 바로 여자의 형상이다. 비구들이여, 여자의 형상은 남자의 마음을 유혹한다."

2.[20] "비구들이여, 이 소리 이외에 다른 어떤 것도 이렇듯 남자들

있다. 전반부 20여 년은 인도중원을 다니면서 법의 전도에 역점을 두셨고 나머지 25년 가까운 세월은 이 아늑하고 편안한 기원정사에 머무시면서 사리뿟따 존자를 위시한 제자들과 교법을 체계화하는 데 중점을 두셨다. 물론 해제 때에는 제자들과 여러 곳으로 유행을 하셨지만 후반부 24년을 사왓티 한 곳에서만 머무셨다는 것은 법체계화와 깊은 관련이 있다고 밖에 볼 수 없을 것이다.

그렇기 때문에 『앙굿따라 니까야』의 대부분의 경들이 이곳에서 설해진 것으로 나타나는 것도 우연은 아니다. 사왓티의 급고독원은 법체계화에 중점을 둔 부처님 후반부의 삶과 깊은 관계가 있는 곳이기 때문이다.

19) '형상'으로 옮긴 원어는 rūpa(色)이다. 초기경에서 rūpa는 크게 두 가지 의미로 사용된다. 하나는 물질을 뜻하고 다른 하나는 색깔 혹은 형상을 뜻한다. 전자는 오온의 첫 번째에 해당하고 후자는 12처나 18계에서 눈의 대상이 되는 색깔 혹은 형상을 뜻한다. 후자의 rūpa는 문맥에 따라서 색깔의 의미가 강할 경우도 있고 형상의 의미가 강할 경우도 있다. 주석서에서는 대부분 색깔의 의미로 해석하고 있다. 중국에서도 색(色)이라 옮겨서 색깔 쪽을 강조한 듯하다.

여기서는 눈의 대상으로 쓰이기 때문에 형상으로 옮겼다.

20) 거듭 밝히지만 「하나의 모음」에 나타나는 숫자는 경의 번호이다. 그러므로 엄격히 말하자면 '이와 같이 나는 들었다. 한때 세존께서는 사왓티에서 …'라는 위 1번 경에 나타난 경의 정형구가 모든 경에 들어가야 한다. 그러나 경이 너무 많기 때문에 이런 것을 다 생략하고 『앙굿따라 니까야』에서는 대부분 경의 본론 부분[正宗分]만을 밝히고 있다.

『앙굿따라 니까야』에서 특별한 언급이 없으면 그것은 모두 사왓티에서 그것도 제따 숲의 급고독원에서 비구들을 대상으로 하신 말씀임을 잊어서

의 마음을 유혹하는 것을 나는 보지 못하나니, 그것은 바로 여자의 소리이다. 비구들이여, 여자의 소리는 남자의 마음을 유혹한다."

3. "비구들이여, 이 향기 이외에 다른 어떤 것도 이렇듯 남자들의 마음을 유혹하는 것을 나는 보지 못하나니, 그것은 바로 여자의 향기이다. 비구들이여, 여자의 향기는 남자의 마음을 유혹한다."

4. "비구들이여, 이 맛 이외에 다른 어떤 것도 이렇듯 남자들의 마음을 유혹하는 것을 나는 보지 못하나니, 그것은 바로 여자의 맛이다. 비구들이여, 여자의 맛은 남자의 마음을 유혹한다."

5. "비구들이여, 이 감촉 이외에 다른 어떤 것도 이렇듯 남자들의 마음을 유혹하는 것을 나는 보지 못하나니, 그것은 바로 여자의 감촉이다. 비구들이여, 여자의 감촉은 남자의 마음을 유혹한다."

6. "비구들이여, 이 형상 이외에 다른 어떤 것도 이렇듯 여자들의 마음을 유혹하는 것을 나는 보지 못하나니, 그것은 바로 남자의 형상이다. 비구들이여, 남자의 형상은 여자의 마음을 유혹한다."

7. "비구들이여, 이 소리 이외에 다른 어떤 것도 이렇듯 여자들의 마음을 유혹하는 것을 나는 보지 못하나니, 그것은 바로 남자의 소리이다. 비구들이여, 남자의 소리는 여자의 마음을 유혹한다."

8. "비구들이여, 이 향기 이외에 다른 어떤 것도 이렇듯 여자들의 마음을 유혹하는 것을 나는 보지 못하나니, 그것은 바로 남자의 향기

는 안 된다. 그러므로 『앙굿따라 니까야』 전체에서 별다른 언급이 없는 한 경들은 모두 사왓티의 제따 숲 급고독원에서 설해진 것이다.

이다. 비구들이여, 남자의 향기는 여자의 마음을 유혹한다."

9. "비구들이여, 이 맛 이외에 다른 어떤 것도 이렇듯 여자들의 마음을 유혹하는 것을 나는 보지 못하나니, 그것은 바로 남자의 맛이다. 비구들이여, 남자의 맛은 여자의 마음을 유혹한다."

10. "비구들이여, 이 감촉 이외에 다른 어떤 것도 이렇듯 여자들의 마음을 유혹하는 것을 나는 보지 못하나니, 그것은 바로 남자의 감촉이다. 비구들이여, 남자의 감촉은 여자의 마음을 유혹한다."

제1장 형상 등의 품이 끝났다.

제2장 장애의 극복 품(A1:2:1~10)[21]
Nīvaraṇapahāna-vagga

1. "비구들이여, 이것 이외에 다른 어떤 법에 의해서도 아직 일어나지 않은 감각적 욕망[22]이 일어나고, 또 이미 일어난 감각적 욕망

---

21) 본 품은 다섯 가지 장애[五蓋]가 어떻게 일어나는가를 밝히고(§§1~5), 다시 이 다섯 가지 장애를 어떻게 극복하는 가를 밝히는(§§6~10) 중요한 품이다. 다섯 가지 장애는 『네 가지 마음챙기는 공부』 214쪽 이하와 『아비담마 길라잡이』 2장 §4의 해로운 마음부수법들에 잘 설명되어 있으므로 참조할 것.

22) 여기서 '감각적 욕망'이라 옮긴 원어는 kāmacchanda이다. 이 단어는 거의 대부분 다섯 가지 장애[五蓋]의 문맥에서 사용되고 있다. 문자대로 옮기면 감각적 욕망(kāma)에 대한 의욕(chanda)이며 이것은 감각적 욕망에 대한 애욕(kāma-rāga), 감각적 욕망을 즐김(kāma-nandī), 감각적 욕망에 대한 갈애(kāma-taṇhā)와 동의어이다.(Dhs.195) 초기불전연구원에서는 특별한 경우를 제외하고는 감각적 욕망으로 옮긴다.

은 증장하고 드세어지는 것을 나는 보지 못하나니, 그것은 바로 아름다운 표상[23]이다.

비구들이여, 아름다운 표상을 지혜 없이 마음에 잡도리하여[24] 아직 일어나지 않은 감각적 욕망이 일어나고, 또 이미 일어난 감각적 욕망은 증장하고 드세어진다."

2. "비구들이여, 이것 이외에 다른 어떤 법에 의해서도 아직 일어나지 않은 악의가 일어나고, 또 이미 일어난 악의가 증장하고 드세어지는 것을 나는 보지 못하나니, 그것은 바로 적의의 표상[25]이다.

---

23) "'아름다운 표상(subha-nimitta)'이란 욕망이 깃드는(rāgaṭṭhāniya) 대상이다.
[경에서 표상은 주로 다음과 같은 의미로 쓰인다.] "비구들이여, 표상이 있기 때문에 나쁜 불선법들이 일어난다. 표상 없이는 나쁜 불선법들이 일어나지 않는다."(A2:8:1/i.82)는 말씀에서 표상은 조건(paccaya)의 이름이다. "비구들이여, 고결한 마음[增上心]에 몰두하는 비구는 다섯 가지 [마음의] 표상을 시간 나는 대로 마음에 잡도리해야 한다."(M20/i.119)라는 말씀에서는 이유(kāraṇa)를 뜻한다. "그는 그 표상을 받들어 행하고 닦는다."(A.iv. 419)는 말씀에서는 삼매(samādhi)를 뜻한다. "그 표상을 근거로 하고 그 표상을 마음에 잡도리하여 즉시에 번뇌들의 소멸이 있는"(A.iii.319)이라는 말씀에서는 위빳사나를 뜻한다.
그러나 여기 [본경]에서는 욕망이 깃드는 원하는 대상(ārammaṇa)이라는 법이 바로 아름다운 표상의 의미이다."(AA.i.32)

24) '지혜 없이 마음에 잡도리함(ayoniso-manasikarota)'을 『위방가』에서는 이렇게 설명한다.
"여기서 어떤 것이 지혜 없이 마음에 잡도리함인가? 무상에서 항상하다고, 괴로움에서 즐거움이라고, 무아에서 자아라고, 부정함에서 깨끗하다고 지혜 없이 마음에 잡도리하고 길을 벗어나서 마음에 잡도리한다. 사실(sacca)에 어긋나게 마음이 향하고 기울고 관심을 기울이고 경도되는 것을 말한다."(Vbh.373)

25) "'적의의 표상(paṭigha-nimitta)'이란 원하지 않는 표상이다. 이것은 적

비구들이여, 적의의 표상을 지혜 없이 마음에 잡도리하여 아직 일어나지 않은 악의가 일어나고, 또 이미 일어난 악의는 증장하고 드세어진다."

3. "비구들이여, 이것 이외에 다른 어떤 법에 의해서도 아직 일어나지 않은 해태와 혼침이 일어나고, 또 이미 일어난 해태와 혼침은 증장하고 드세어지는 것을 나는 보지 못하나니, 그것은 바로 지루함, 졸음, 하품, 식곤증, 정신적인 태만이다.

비구들이여, 마음이 태만한 자에게 아직 일어나지 않은 해태와 혼침이 일어나고, 또 이미 일어난 해태와 혼침은 증장하고 드세어진다."

4. "비구들이여, 이것 이외에 다른 어떤 법에 의해서도 아직 일어나지 않은 들뜸과 후회가 일어나고, 또 이미 일어난 들뜸과 후회는 증장하고 드세어지는 것을 나는 보지 못하나니, 그것은 바로 마음이 고요하지 않음이다.

비구들이여, 마음이 고요하지 않은 자에게 아직 일어나지 않은 들뜸과 후회가 일어나고, 또 이미 일어난 들뜸과 후회는 증장하고 드세어진다."

5. "비구들이여, 이것 이외에 다른 어떤 법에 의해서도 아직 일어나지 않은 의심이 일어나고, 또 이미 일어난 의심은 증장하고 드세어지는 것을 나는 보지 못하나니, 그것은 바로 지혜 없이 마음에 잡도리함이다.

의와 적의의 대상과 같은 말이다. 그래서 고주석서에서는 "적의도 적의의 표상이고 적의의 대상이 되는 법도 역시 적의의 표상이다."라고 하였다."(AA.i.33)

비구들이여, 지혜 없이 마음에 잡도리하는 자에게 아직 일어나지 않은 의심이 일어나고, 또 이미 일어난 의심은 증장하고 드세어진다."

6. "비구들이여, 이것 이외에 다른 어떤 법에 의해서도 아직 일어나지 않은 감각적 욕망은 일어나지 않고, 또 이미 일어난 감각적 욕망은 버려지는 것을 나는 보지 못하나니, 그것은 바로 부정(不淨)의 표상26)이다.

비구들이여, 부정의 표상을 지혜롭게 마음에 잡도리하여 아직 일어나지 않은 감각적 욕망은 일어나지 않고, 또 이미 일어난 감각적 욕망은 버려진다."

7. "비구들이여, 이것 이외에 다른 어떤 법에 의해서도 아직 일어나지 않은 악의는 일어나지 않고, 또 이미 일어난 악의는 버려지는 것을 나는 보지 못하나니, 그것은 바로 자애와 함께하는 마음의 해탈 [慈心解脫]27)이다.

---

26)   "'부정의 표상(asubha-nimitta)'이란 열 가지 부정함을 대상으로 하여 일어난 초선(初禪)을 뜻한다. 그래서 [고주석서에서는] "부정함도 부정의 표상이고 부정한 대상이라는 법도 역시 부정의 표상이다."라고 하였다."(AA.i.46)
열 가지 부정함은 『청정도론』 VI장 부정(不淨)의 명상주제(asubha-kammaṭṭhāna)에서 상세하게 설명되어 있다.

27)   "'자애와 함께하는 마음의 해탈(mettā cetovimutti)'에서, 일체 중생들에게 이익을 펼치는 것(hita-pharaṇakā)이 자애다. 이러한 자애와 함께하는 마음은 다섯 가지 장애 등의 반대되는 법들로부터 해탈한다. 그래서 그것을 일러 마음의 해탈이라 한다. 혹은 특별히 일체 악의에 얽매이는 것(vyāpāda-pariyuṭṭhana)에서 해탈하였기 때문에 마음의 해탈이라고 알아야 한다. 여기서 자애는 앞의 부분에도 역시 있다. 그러나 여기서는 마

비구들이여, 자애와 함께하는 마음의 해탈을 지혜롭게 마음에 잡도리하여 아직 일어나지 않은 악의는 일어나지 않고, 또 이미 일어난 악의는 버려진다."

8. "비구들이여, 이것 이외에 다른 어떤 법에 의해서도 아직 일어나지 않은 해태와 혼침은 일어나지 않고, 또 이미 일어난 해태와 혼침은 버려지는 것을 나는 보지 못하나니, 그것은 바로 [정진을] 시작하는 요소와 벗어나는 요소와 분발하는 요소28)이다.

비구들이여, 정진을 시작한 자에게 아직 일어나지 않은 해태와 혼침은 일어나지 않고, 또 이미 일어난 해태와 혼침은 버려진다."

9. "비구들이여, 이것 이외에 다른 어떤 법에 의해서도 아직 일어나지 않은 들뜸과 후회는 일어나지 않고, 또 이미 일어난 들뜸과 후회는 버려지는 것을 나는 보지 못하나니, 그것은 바로 마음이 고요함이다.

비구들이여, 마음이 고요한 자에게 아직 일어나지 않은 들뜸과 후회는 일어나지 않고, 또 이미 일어난 들뜸과 후회는 버려진다."

음의 해탈을 설하였기 때문에 이것은 세 번째와 네 번째 禪을 통한 본삼매에 적용된다."(AA.i.47)
"자애는 본삼매에도 있고 근접삼매에도 있다. 그래서 공통된다고 해서 '앞의 부분에도 역시 있다.'고 하였다. '역시'라는 말은 본삼매에도 적용된다는 뜻이다."(AAṬ.i.84)

28) "여기서 '시작하는 요소(ārambha-dhātu, 發勤界)'라는 것은 처음 시작한 정진이다. '벗어나는 요소(nikkama-dhātu, 出離界)'라는 것은 게으름에서 빠져나오는 것이기 때문에 그보다 더 강하다. '분발하는 요소(parakkama-dhātu, 勇猛界)'라는 것은 더욱더 높은 경지로 나아가기 때문에 그보다 더 강하다."(Vis.IV.53)

10. "비구들이여, 이것 이외에 다른 어떤 법에 의해서도 아직 일어나지 않은 의심은 일어나지 않고, 또 이미 일어난 의심은 버려지는 것을 나는 보지 못하나니, 그것은 바로 지혜롭게 마음에 잡도리함이다.

비구들이여, 지혜롭게 마음에 잡도리하는 자에게 아직 일어나지 않은 의심은 일어나지 않고, 또 이미 일어난 의심은 버려진다."

제2장 장애의 극복 품이 끝났다.

제3장 다루기 힘듦 품(A1:3:1~10)
Akammanīya-vagga

1. "비구들이여, 이것과 다른 어떤 단 하나의 법도 이렇듯 개발되지 않고 다루기 힘든 것을 나는 보지 못하나니, 그것은 바로 마음29)이다.30)

---

29) '마음(citta)'에 대한 정의나 설명은 경장의 주석서에서는 찾아보기가 힘들다. 마음에 대한 가장 잘 알려진 정의는 『법집론 주석서』에 나타나는 "대상을 안다고 해서 마음이라 한다.(ārammaṇaṁ cintetīti cittaṁ)" (DhsA.63)이다. 이것은 초기경의 여러 곳에서 "눈과 형상을 반연하여 눈의 알음알이가 일어난다. 귀와 소리를 반연하여 …"(S.ii.72 등)는 등의 말씀과 일맥상통한다. 그리고 상좌부의 모든 주석서는 한결같이 마음[心, citta]과 마노[意, mano]와 알음알이[識, viññāṇa]를 동의어로 취급한다. 특히 마음과 알음알이는 더욱더 그러하다. 물론 정교한 아비담마의 인식과정(vīthi-citta)을 통해서 매 순간 일어나는 이러한 심·의·식은 그 역할이 다르다.
    마음에 대한 여러 가지 정의와 설명은 『아비담마 길라잡이』 1장 §3의 해설을 참조할 것.

30) "여기 [본 품에 쌍으로 나타나는 경들]에서 첫 번째 [경에서 언급되는] 마음은 윤회(vaṭṭa)를 통해서 일어나는 마음이고 두 번째 [경에서 언급되는] 마음은 윤회를 벗어남(vivaṭṭa)을 통해서 일어나는 마음이다.

비구들이여, 마음은 개발되지 않고 다루기 힘들다."

2. "비구들이여, 이것과 다른 어떤 단 하나의 법도 이렇듯 개발되고 유순한 것을 나는 보지 못하나니, 그것은 바로 마음이다.
비구들이여, 마음은 개발되고 유순하다."

3. "비구들이여, 이것과 다른 어떤 단 하나의 법도 이렇듯 개발되지 않아 큰 해로움(anattha)으로 인도하는31) 것을 나는 보지 못하나니, 그것은 바로 마음이다.
비구들이여, 개발되지 않은 마음은 큰 해로움으로 인도한다."

4. "비구들이여, 이것과 다른 어떤 단 하나의 법도 이렇듯 개발되어 큰 이로움(attha)을 가져오는 것을 나는 보지 못하나니, 그것은 바로 마음이다.
비구들이여, 개발된 마음은 큰 이로움으로 인도한다."

5. "비구들이여, 이것과 다른 어떤 단 하나의 법도 이렇듯 개발되

여기서 먼저 윤회와 윤회의 발판(vaṭṭa-pāda)과 윤회를 벗어남과 윤회를 벗어나는 발판(vivaṭṭa-pāda)을 구분해서 알아야 한다. 윤회란 삼계윤회(tebhūmaka-vaṭṭa)를 말한다. 윤회의 발판이란 윤회를 하게 하는 업(kamma)을 말한다. 윤회를 벗어남이란 9가지 출세간법을 말한다. 윤회를 벗어나는 발판이란 윤회에서 벗어나게 하는 업을 말한다.
[본 품에 나타나는] 이 경들에서는 오직 윤회와 윤회에서 벗어남만을 설하고 있다."(AA.i.52)

31) "신과 인간의 번영과 마라와 범천의 지배력을 준다 하더라도 계속해서 태어남, 병듦, 늙음, 죽음, 근심, 탄식, 육체적 고통, 정신적 고통, 절망과 온, 처, 계, 연기의 전개를 주어서 전적으로 괴로움의 무더기를 줄뿐이라고 해서 '큰 해로움을 가져온다.(mahato anatthāya saṁvattati)'고 하는 것이다."(AA.i.52)

지 않고 분명하지 않아 큰 해로움을 가져오는 것을 나는 보지 못하나니, 그것은 바로 마음이다.

비구들이여, 개발되지 않고 분명하지 않은 마음은 큰 해로움으로 인도한다."

6. "비구들이여, 이것과 다른 어떤 단 하나의 법도 이렇듯 개발되고 분명하여 큰 이로움을 가져오는 것을 나는 보지 못하나니, 그것은 바로 마음이다.

비구들이여, 개발되고 분명한 마음은 큰 이로움으로 인도한다."

7. "비구들이여, 이것과 다른 어떤 단 하나의 법도 이렇듯 개발되지 않고 많이 [공부]짓지 않아32) 큰 해로움을 가져오는 것을 나는 보지 못하나니, 그것은 바로 마음이다.

비구들이여, 개발되지 않은 마음은 큰 해로움으로 인도한다."

8. "비구들이여, 이것과 다른 어떤 단 하나의 법도 이렇듯 개발되고 많이 [공부]지어 큰 이로움을 가져오는 것을 나는 보지 못하나니, 그것은 바로 마음이다.

비구들이여, 개발된 마음은 큰 이로움으로 인도한다."

9. "비구들이여, 이것과 다른 어떤 단 하나의 법도 이렇듯 개발되지 않고 많이 [공부]짓지 않아 괴로움을 초래하는 것을 나는 보지 못하나니, 그것은 바로 마음이다.

비구들이여, 개발되지 않고 많이 [공부]짓지 않은 마음은 괴로움

---

32) "'많이 공부짓지 않이(abahulīkata)'라는 것은 거듭거듭(punappunaṁ) [공부]짓지 않는다는 말이다."(A.i.53)

을 초래한다."

10. "비구들이여, 이것과 다른 어떤 단 하나의 법도 이렇듯 개발되고 많이 [공부]지어 행복을 가져오는 것을 나는 보지 못하나니, 그것은 바로 마음이다.

비구들이여, 개발되고 많이 [공부]지은 마음은 행복을 가져온다."

제3장 다루기 힘듦 품이 끝났다.

제4장 제어되지 않음 품(A1:4:1~10)
Adanta-vagga

1. "비구들이여, 이것과 다른 어떤 단 하나의 법도 이렇듯 제어되지 않아 큰 해로움을 가져오는 것을 나는 보지 못하나니, 그것은 바로 마음이다.

비구들이여, 제어되지 않은 마음은 큰 해로움으로 인도한다."

2. " 비구들이여, 이것과 다른 어떤 단 하나의 법도 이렇듯 제어되어 큰 이로움을 가져오는 것을 나는 보지 못하나니, 그것은 바로 마음이다.

비구들이여, 제어된 마음은 큰 이로움으로 인도한다."

3. "비구들이여, 이것과 다른 어떤 단 하나의 법도 이렇듯 보호되지 않아 큰 해로움을 가져오는 것을 나는 보지 못하나니, 그것은 바로 마음이다.

비구들이여, 보호되지 않은 마음은 큰 해로움으로 인도한다."

4. "비구들이여, 이것과 다른 어떤 단 하나의 법도 이렇듯 보호되어 큰 이로움을 가져오는 것을 나는 보지 못하나니, 그것은 바로 마음이다.

비구들이여, 보호된 마음은 큰 이로움으로 인도한다."

5. "비구들이여, 이것과 다른 어떤 단 하나의 법도 이렇듯 지켜지지 않아 큰 해로움을 가져오는 것을 나는 보지 못하나니, 그것은 바로 마음이다.

비구들이여, 지켜지지 않은 마음은 큰 해로움으로 인도한다."

6. "비구들이여, 이것과 다른 어떤 단 하나의 법도 이렇듯 지켜져서 큰 이로움을 가져오는 것을 나는 보지 못하나니, 그것은 바로 마음이다.

비구들이여, 지켜진 마음은 큰 이로움으로 인도한다."

7. "비구들이여, 이것과 다른 어떤 단 하나의 법도 이렇듯 단속되지 않아 큰 해로움을 가져오는 것을 나는 보지 못하나니, 그것은 바로 마음이다.

비구들이여, 단속되지 않은 마음은 큰 해로움으로 인도한다."

8. "비구들이여, 이것과 다른 어떤 단 하나의 법도 이렇듯 단속되어 큰 이로움을 가져오는 것을 나는 보지 못하나니, 그것은 바로 마음이다.

비구들이여, 단속된 마음은 큰 이로움으로 인도한다."

9. "비구들이여, 이것과 다른 어떤 단 하나의 법도 이렇듯 제어되지 않고 보호되지 않고 지켜지지 않고 단속되지 않아 큰 해로움을 가

져오는 것을 나는 보지 못하나니, 그것은 바로 마음이다.

비구들이여, 제어되지 않고 보호되지 않고 지켜지지 않고 단속되지 않은 마음은 큰 해로움으로 인도한다."

10. "비구들이여, 이것과 다른 어떤 단 하나의 법도 이렇듯 제어되고 보호되고 지켜지고 단속되어 큰 이로움을 가져오는 것을 나는 보지 못하나니, 그것은 바로 마음이다.

비구들이여, 제어되고 보호되고 지켜지고 단속된 마음은 큰 이로움으로 인도한다."

제4장 제어되지 않음 품이 끝났다.

제5장 바르게 놓이지 않음 품(A1:5:1~10)
Paṇihita-acchanna-vagga

1. "비구들이여, 만약 밭벼나 보리의 꺼끄러기가 [위로 향하지 않고 다른 방향으로] 잘못 놓여있을 때 손이나 발에 밟히면 손이나 발을 찔러 손이나 발에 피를 내게 한다고 하면 그것은 불가능한 일이다. 그것은 무슨 까닭인가? 비구들이여, 꺼끄러기가 있는 벼가 잘못 놓여있기 때문이다.

비구들이여, 그와 마찬가지로 마음을 잘못 쓰는 비구가 무명을 꿰찔러 영지(靈知)33)를 일으켜 열반을 실현한다고 한다면 그것은 불가능한 일이다. 무슨 까닭인가? 비구들이여, 마음을 잘못 쓰기 때문이다."

---

33) "'영지(vijjā)'는 아라한도의 지혜(arahatta-magga-ñāṇa)이다."(AA.i.55) 영지에 대한 더 자세한 설명은 본서 제2권 「우빠와나 경」(A4:175) §1의 주해를 참조할 것.

2. "비구들이여, 만약 밭벼나 보리의 꺼끄러기가 바르게 놓여있을 때 손이나 발에 밟히면 손이나 발을 찔러 손이나 발에 피를 내게 한다고 하면 그것은 가능한 일이다. 그것은 무슨 까닭인가? 비구들이여, 꺼끄러기가 있는 벼가 바르게 놓여있기 때문이다.

비구들이여, 그와 마찬가지로 마음을 바르게 쓰는 비구가 무명을 꿰찔러 영지(靈知)를 일으켜 열반을 실현한다고 하면 그것은 가능한 일이다. 무슨 까닭인가? 비구들이여, 마음을 바르게 쓰기 때문이다."

3. "비구들이여, 나는 마음으로 그의 마음을 대하여 마음이 타락한 어떤 사람을 안다. 만약 그가 바로 이 시간에 죽는다면 그는 마치 누가 그를 데려가서 놓는 것처럼 [반드시] 지옥에 떨어진다.34) 그것은 무슨 까닭인가? 비구들이여, 그의 마음이 타락했기 때문이다.

비구들이여, 마음이 타락했기 때문에 이와 같이 여기 어떤 중생들은 몸이 무너져 죽은 뒤 처참한 곳[苦界],35) 불행한 곳[惡處], 파멸처, 지옥에 태어난다."

---

34) "'마치 누가 그를 데려가서 놓는 것처럼 [반드시] 지옥에 떨어진다.'는 것은 마치 지옥지기들이 [죄지은 자를] 인도해 와서(āharitvā, ānetvā) 지옥에 가두는 것처럼 반드시 지옥에 떨어진다는 의미라고 알아야 한다."(MA.ii.32. Cf. AA.i.56; ii.163.)

35) "'처참한 곳(apāya)' 등은 모두 지옥(niraya)의 동의어이다. 지옥은 기쁨(aya)이라 불리는 행복에서 벗어났기 때문에(apetattā) '처참한 곳(apāya)'이라 하고, 고통(dukkhassa)이 의지하는 곳(paṭisaraṇa)이기 때문에 '불행한 곳(duggati, 惡處)'이라 하고, 나쁜 행위를 저지른 자들이 따로 분리되어(vivasā) 이곳에 떨어지기(nipatanti) 때문에 '파멸처(vinipāta)'라 한다. 달콤함이 없다(nirassāda)는 뜻에서 '지옥(niraya)'이다."(AA.i.57)
더 자세한 설명은 『청정도론』 XIII.92를 참조할 것.

4. "비구들이여, 나는 마음으로 그의 마음을 대하여 마음이 깨끗한 어떤 사람을 안다. 만약 그가 바로 이 시간에 죽는다면 마치 누가 그를 데려가서 놓는 것처럼 [반드시] 천상에 태어난다. 그것은 무슨 까닭인가? 비구들이여, 그의 마음이 깨끗하기 때문이다.

비구들이여, 마음이 깨끗하기 때문에 이와 같이 여기 어떤 중생들은 몸이 무너져 죽은 뒤 좋은 곳[善處],36) 천상세계에 태어난다."

5. "비구들이여, 만약 호수가 있어 그 물이 탁하고 더럽고 진흙탕물이다 치자. 눈을 가진 어떤 자가 강둑에 서서 굴과 조가비 그리고 자갈과 조약돌이 놓인 것과, 또 물고기 떼들이 움직이는 것과 가만히 있는 것을 [보려 하나] 볼 수 없을 것이다. 그것은 무슨 까닭인가? 비구들이여, 물이 탁하기 때문이다.

비구들이여, 그와 마찬가지로 혼탁한 마음으로 자신에게 이로운 것을 알고 다른 사람에게 이로운 것을 알고 둘 모두에게 이로운 것을 알고 [열 가지 유익한 업의 길[十善業道]이라 불리는] 인간의 법을 초월했고,37) 성자들에게 적합한 지와 견의 특별함38)을 증득한다고 하

---

36) "행복(sukhassa)의 행처(gati)이기 때문에 '좋은 곳(sugati, 善處)'이다. 형상 등 대상들에서 가장(suṭṭhu) 으뜸가는(agga) 세상이기 때문에 '천상세계(sagga loka)'이다."(*Ibid*)
비슷한 설명이 『청정도론』 XIII.94에 있다.

37) "'인간의 법을 초월했고(uttariṁ manussadhammā)'라는 것은 열 가지 유익한 업의 길[十善業道, dasa-kusala-kammapatha]이라 불리는 인간의 법을 초월했다는 뜻이다. 이 열 가지 법은 이것을 갖추도록 고무하는 다른 자가 없어도 무기(武器)의 중간겁(satthantara-kappa, D26.§21의 주해 참조)이 끝날 때에 급박함이 생긴 인간들이 스스로 갖추게 되기 때문에 인간의 법이라 한다. 여기서 인간의 법을 초월한 것은 禪과 위빳사나와 도(道, magga)와 과(果, phala)라고 알아야 한다."(DA.i.58)

면 그것은 있을 수 없는 것이다. 그것은 무슨 까닭인가? 비구들이여, 마음이 혼탁하기 때문이다."

6. "비구들이여, 만약 호수가 있어 그 물이 투명하고 맑고 깨끗하다 치자. 눈을 가진 어떤 자가 강둑에 서서 여러 조개류와 자갈과 조약돌이 놓인 것과, 또 물고기 떼들이 움직이는 것과 가만히 있는 것을 [보려 하면] 볼 수 있을 것이다. 그것은 무슨 까닭인가? 비구들이여, 물이 깨끗하기 때문이다.

비구들이여, 그와 마찬가지로 깨끗한 마음으로 자신에게 이로운 것을 알고 다른 사람에게 이로운 것을 알고 둘 모두에게 이로운 것을 알고 [열 가지 선업도라 불리는] 인간의 법을 초월했고, 성스러운 자들에게 적합한 지와 견의 특별함을 증득한다고 하면 그것은 가능한 일이다. 그것은 무슨 까닭인가? 비구들이여, 마음이 깨끗하기 때문이다."

7. "비구들이여, 여러 가지 나무 가운데서 유연성과 적응성으로써는 전단 나무가 으뜸이듯이, 비구들이여, 이것과 다른 어떤 단 하나의 법도 이렇듯 개발되고 많이 공부지어 유연함과 적응함을 가져오는 것을 나는 보지 못하나니, 그것은 바로 마음이다. 비구들이여, 개발되고 많이 공부지은 마음은 유연함과 적응함을 가져온다."

---

38) "'성자들에게 적합한 지와 견의 특별함(alam-ariya-ñāṇa-dassana-visesa)'이란 성자들에게 적합하거나(yutta) 성자가 되기에 충분한 지와 견이라 불리는 특별함이다. 신성한 눈[天眼]의 지혜, 위빳사나의 지혜, 도의 지혜, 과의 지혜, 반조의 지혜가 지와 견의 동의어이다."(AA.i.58)
위빳사나의 지혜 등에 대해서는 『아비담마 길라잡이』 9장 §25 이하를 참조할 것.

8. "비구들이여, 이것과 다른 어떤 단 하나의 법도 이렇듯 빨리 변하는 것39)을 나는 보지 못하나니, 그것은 바로 마음40)이다. 비구들이여, 마음이 얼마나 빨리 변하는지 그 비유를 드는 것조차 쉽지 않다."

9. "비구들이여, 이 마음은 빛난다.41) 그러나 그 마음42)은 객으로 온43) 오염원들에 의해 오염되었다.44)"45)

---

39) "'이렇듯 빨리 변하는 것(evaṁ lahuparivatta)'이란 이렇듯 빨리 일어났다가 빨리 사라지는 것이다."(AA.i.59)

40) "어떤 스승들은 [본경의] 마음(citta)을 바왕가의 마음(bhavaṅga-citta, 잠재의식)이라고 말하지만 그렇지는 않다. 여기서 마음이라는 것은 어떤 마음이든 즉 눈의 알음알이까지도 다 해당된다."(*Ibid*) 즉 마음은 어떤 마음이든 모두 빨리 변한다는 뜻이며 아비담마에서는 이런 가르침을 계승하여 마음은 모두 찰나생 · 찰나멸이라고 정의하는 것이다.

41) "'빛난다(pabhassara)'는 것은 창백하다(paṇḍara), 깨끗하다(parisuddha)는 뜻이다."(AA.i.60)

42) "여기서 마음이라는 것은 바왕가의 마음이다. 그러면 마음의 색깔이 있는가? 없다. 푸른 것 등에는 어떤 색깔이 있겠지만 색깔이 없는 것은 깨끗하기 때문에 빛난다고 설하셨다. 그리고 이것은 오염원이 없기(nirupakkilesa) 때문에 깨끗하다고 해서 빛난다고 하신 것이다."(*Ibid*)

43) "'객으로 온 것들(āgantukā)'이란 함께 생기지 않고(asahajāta) 나중에 속행의 순간(javanakkhaṇa)에 생긴 것들이다."(*Ibid*)

44) "'오염원(upakkilesa)들'이란 욕망 등에 의해서 오염되었기 때문에 오염된 것이라 불린다. 어떻게? 마치 계를 지키고 바른 행실을 갖춘 부모나 스승이나 은사가 계행이 나쁘고 행실이 나쁘고 서계를 갖추지 못한 아들이나 제자나 상좌들로 인해서 '자신의 아들이나 제자나 상좌들을 꾸짖지도 않고 공부시키지도 않고 훈계하지도 않고 교계하지도 않는다.'라는 비난과 불명예를 얻게 되는 것과 같다.
여기서 바왕가의 마음(잠재의식)은 계를 지키고 바른 행실을 갖춘 부모나 스승이나 은사와 같이 보아야 한다. 아들 등으로 인해서 이분들이 불명예를 얻는 것처럼 속행의 순간에 탐하고 포악하고 미혹한 고유성질을 가진 탐욕 등과 함께한 마음들로 인하여 일어난 객으로 온 오염원들에 의해서

10. "비구들이여, 이 마음은 빛난다. 그 마음은 객으로 온 오염원들로부터 벗어났다.46)"

제5장 바르게 놓이지 않음 품이 끝났다.

천성이 깨끗한 바왕가의 마음은 오염되는 것이다."(AA.i.60~61)
속행과 바왕가 등에 대해서는 『아비담마 길라잡이』 3장 §7의 해설을 참조할 것.

45) 이 가르침은 대승불교에서 『능가경』이나 대승 『열반경』 등 여러 경과 논서들을 통해서 객진번뇌(客塵煩惱)로 정착이 되었다. 특히 『능가경』에서 "以如來藏是淸淨相 客塵煩惱垢染不淨(여래장은 청정한 것이지만 객으로 온 번뇌에 오염되어서 깨끗하지 못하다.)"이라고 하였듯이 특히 여래장 사상에 지대한 영향을 준 것이다.

그리고 흥미로운 것은 赤沼智善(아까누마 치젠)의 『한파사부사아함호조록』(漢巴四部四阿含互照錄)에 의하면 한역 아함부 경들에는 객진번뇌를 말하고 있는 경들은 나타나지 않는다는 사실이다.

그러나 이런 본자청정 객진번뇌의 가르침이 초기불교의 빠알리 삼장 가운데는 오직 본서의 이 부분에서만 나타나고 있다. 그렇지만 이것을 두고 초기경들에서도 부처님께서는 본자청정한 '영원불멸하는' 마음을 설하신 것으로 확대해석하는 것은 참으로 곤란하다.

초기경들 전반에서 예외 없이 마음은 항상 연기적 존재이고 조건발생이고 연이생(緣以生)일 뿐이라서 이러한 마음은 대상 없이는 일어나지 못하는 조건생·조건멸이고, 찰나생·찰나멸이다. 그래서 바로 위의 경에서 마음은 너무나 빨리 변하기 때문에 비유를 들 수조차 없다고 하셨다. 마음을 불변하는 그 무엇으로 상정해버리면 그것은 즉시에 외도의 자아이론과 같아진다는 것을 명심해야 할 것이다.

46) "'벗어났다(vippamutta)'는 것은 속행의 순간에 욕망이 없고 포악하지 않고 미혹하지 않은 [불탐·부진·불치의] 세 가지 원인을 가진 지혜와 함께한 유익한 마음이 일어날 때 [바왕가의] 마음은 객으로 온 오염원들로부터 벗어났다는 뜻이다. 마치 계를 지키고 바른 행실을 갖춘 아들 등 때문에 어머니 등이 잘 공부시키고 훈계하고 교계했다고 명성을 얻는 것과 같다. 즉 속행이 순간에 일어난 유익한 마음으로 인해 이 바왕가의 마음은 객으로 온 오염원들로부터 벗어났다고 설하시는 것이다."(AA.i.61)

제6장 손가락 튀기기 품(A1:6:1~10)

Accharāsaṅghāta-vagga

1. "비구들이여, 이 마음은 빛난다. 그러나 그 마음은 객으로 온 오염원들에 의해 오염되었다. 배우지 못한 범부는 그것을 있는 그대로 알지 못한다. 그리하여 마음을 닦지 않는다고 나는 말한다."

2. "비구들이여, 이 마음은 빛난다. 그 마음은 객으로 온 오염원들로부터 벗어났다. 잘 배운 성스러운 제자는 그것을 있는 그대로 안다. 그러므로 마음을 닦는다고 나는 말한다."

3. "비구들이여, 만약 비구가 손가락을 튀기는 순간만큼이라도 자애의 마음을 받들어 행하면 그를 일러 비구라 한다. 그의 선(禪)은 헛되지 않으며, 위의로써 머물고, 스승의 교법을 받들고, 교훈을 받아들이며, 백성들이 주는 보람된 공양을47) 먹는다. 그러니 자애의 마음을48) 많이 공부짓는 자들에 대해서야 말해 무엇 하겠는가?"

4. "비구들이여, 만약 비구가 손가락을 튀기는 순간만큼이라도 자애의 마음을 닦으면 그를 일러 비구라 한다. 그의 선(禪)은 헛되지 않으며, 위의로써 머물고, 스승의 교법을 받들고, 교훈을 받아들이며,

---

47) "친지들로부터 탁발공양을 받는 것이 아니고 다른 사람들의 집에서 얻은 공양을 '백성들이 주는 공양(raṭṭha-piṇḍa)'이라 한다."(A.i.71)

48) "원문의 naṁ(그것을)은 자애의 마음을 뜻한다. 자애의 마음을 받들어 행하고 닦고 거듭거듭 하는 자들은 백성들이 주는 보람된 공양을 먹는다고 말해야 한다. 무슨 까닭인가? 이와 같은 비구는 백성들이 주는 공양의 주인이고, 빚이 없고, [부처님의] 상속자가 되어 먹기 때문이다."(*Ibid*)

백성들이 주는 보람된 공양을 먹는다. 그러니 자애의 마음을 많이 공부짓는 자들에 대해서야 말해 무엇 하겠는가?"

5. "비구들이여, 만약 비구가 손가락을 튀기는 순간만큼이라도 자애의 마음을 마음에 잡도리하면 그를 일러 비구라 한다. 그의 선(禪)은 헛되지 않으며, 위의로써 머물고, 스승의 교법을 받들고, 교훈을 받아들이며, 백성들이 주는 보람된 공양을 먹는다. 그러니 자애의 마음을 많이 공부짓는 자들에 대해서야 말해 무엇 하겠는가?"

6. "비구들이여, 불선법(不善法)49)과 불선법에 동참하는 것과 불선

---

49) 초기불전연구원에서는 초기경에서 아주 많이 등장하는 akusala-dhamma를 '해로운 법[不善法]'이라 옮기고 kusala-dhamma를 '유익한 법[善法]'이라고 옮기고 있다. 그러나 본서의 「하나의 모음」과 「둘의 모음」에는 이 akusala-dhamma와 kusala-dhamma가 아주 많이 나타나고 있기 때문에 이를 일일이 해로운 법과 유익한 법으로 옮기는 것은 문장의 흐름을 느리게 만들 우려가 많다. 그래서 이런 경우에는 우리에게 익숙한 불선법과 선법을 그대로 살려서 옮기고 있음을 밝힌다.
그러면 먼저 주석서에서는 선(kusala)과 불선(akusala)을 어떻게 정의하고 있는지부터 살펴보자.
"해로운 법이란 능숙하지 못함에서 생긴 탐욕 등의 법이다."(AA,i,44)
"유익함(kusala)이란 능숙함에서 생겼으며(kosalla-sambhūta) 비난받을 일이 없는 행복한 과보를 가져오는 것이다. 해로움(akusala)이란 능숙하지 못함에서 생겼으며 비난받을 괴로운 과보를 가져오는 것이다."(SAiii.141 등)
"능숙함(kosalla)은 통찰지(paññā)를 말한다."(SAṬ.ii.126)
"능숙함은 지혜(ñāṇa)를 말한다. 이것과 결합된 것을 유익함이라 한다. 그래서 유익함은 지혜를 갖춘 것이다."(DAṬ.ii.223)
그러면 불선법에는 구체적으로 어떤 것이 있는가? 주석서는 ① 십불선업도(DA.ii.644, MA.i.197 등) ② 12가지 해로운 마음과 함께 일어난 [14가지 해로운 마음부수]법들(DA.iii.843)로 설명하고 있다. 물론 다섯 가지 장애(MA.iii.145) 등도 모두 14가지 해로운 마음부수법들에 포함된다.

법의 편에 있는 것은 그 무엇이든 모두 마음이 그들을 선행한다.50)
마음이 그 법들 가운데서 첫 번째로 일어나고 그다음에 불선법들이
일어난다."51)

7. "비구들이여, 선법과 선법에 동참하는 것과 선법의 편에 있는
것은 그 무엇이든 모두 마음이 그들을 선행한다. 마음이 그 법들 가
운데서 첫 번째로 일어나고 그다음에 선법들이 일어난다."

8. "비구들이여, 이것 이외에 다른 어떤 법에 의해서도 아직 일어
나지 않은 불선법들이 일어나고, 또 이미 일어난 선법들이 버려지는
것을 나는 보지 못하나니, 그것은 바로 방일(放逸)52)이다.

한편 선법은 D28.§3 등에서 37조도품 등으로 설명하고 있다. 결론적으로
비난받을 일이 없는 행복한 과보를 가져오며, 궁극적 행복[至福, parama
-sukha]인 해탈·열반에 도움이 되는 [37조도품 등]은 선법이고 그렇지
못한 것은 불선법이다.

50) "'모두 마음이 그들을 선행한다(sabbete manopubbaṅgamā)'는 것은 마
     노(mano, 意)가 이들[여기서는 불선법들]의 앞에 제일 먼저 일어난다는
     뜻이다. 사실 이 [불선법]들은 모두 마노와 함께 일어나고 동일한 토대를
     가지고 함께 멸하고 같은 대상을 가진다.(설명은 『아비담마 길라잡이』 2
     장 §1의 해설 참조) 그러나 이들 가운데서 마노는 일어나게 하고 생기게
     하고 발생하게 하고 존재하게 하기 때문에 마음이 그들을 선행한다고 하
     는 것이다."(AA.i.73)

51) 주석서는 마음과 마음부수법[心所法, cetasika-dhamma, 여기서는 불
     선법]들의 관계를 왕과 그 수행원들의 관계와 비교해서 설명하고 있다. 사
     람들이 비록 '왕이 온다.'고 말하지만 왕은 결코 혼자 오지 않는다. 그는 항
     상 수행원들과 함께 온다. 그와 같이 마음이 일어날 때는 결코 혼자 일어
     나지 않고 항상 마음부수라는 수행원들과 함께 일어난다. 그러나 마음은
     이러한 마음부수법들을 일어나게 하고 존재하게 하기 때문에 선행하는 것
     이다.(Ibid)

52) "여기서 어떤 것이 '방일(pamāda)'인가? 몸으로 짓는 나쁜 행위나 말로

비구들이여, 방일한 비구에게 아직 일어나지 않은 불선법들이 일어나고, 또 이미 일어난 선법들은 버려진다."

9. "비구들이여, 이것 이외에 다른 어떤 법에 의해서도 아직 일어나지 않은 선법들이 일어나고, 또 이미 일어난 불선법들이 버려지는 것을 나는 보지 못하나니, 그것은 바로 불방일(不放逸)이다.
비구들이여, 불방일한 비구에게 아직 일어나지 않은 선법들이 일어나고, 또 이미 일어난 불선법들은 버려진다."

10. "비구들이여, 이것 이외에 다른 어떤 법에 의해서도 아직 일어나지 않은 불선법들이 일어나고, 또 이미 일어난 선법들이 버려지는 것을 나는 보지 못하나니, 그것은 바로 게으름이다.
비구들이여, 게으른 비구에게 아직 일어나지 않은 불선법들이 일어나고, 또 이미 일어난 선법들은 버려진다."

제6장 손가락 튀기기 품이 끝났다.

제7장 열심히 정진함 등의 품(A1:7:1~10)
Viriyārambhādi-vagga

1. "비구들이여, 이것 이외에 다른 어떤 법에 의해서도 아직 일어

───────────────

짓는 나쁜 행위나 마음으로 짓는 나쁜 행위나 다섯 가닥의 감각적 욕망에 마음을 주어버림이다. 계속해서 마음을 주면서 유익한 법들을 닦기 위해서 신중하게 수행하지 않고 지속적으로 수행하지 않고 굳게 수행하지 않고 [세속적인 것에] 빠져들고 의욕을 내팽개쳐버리고 용기를 내팽개쳐버리고 [유익한 행위에] 확립되지 않고 몰입하지 않고 [선법들을] 받들어 행하지 않고 수행하지 않고 거듭하지 않는 것을 말한다."(Vbh.370)

나지 않은 선법들이 일어나고, 또 이미 일어난 불선법들이 버려지는 것을 나는 보지 못하나니, 그것은 바로 부지런히 정진함53)이다.

비구들이여, 부지런히 정진하는 비구에게 아직 일어나지 않은 선법들이 일어나고, 또 이미 일어난 불선법들은 버려진다."

2. "비구들이여, 이것 이외에 다른 어떤 법에 의해서도 아직 일어나지 않은 불선법들이 일어나고, 또 이미 일어난 선법들이 버려지는 것을 나는 보지 못하나니, 그것은 바로 크나큰 욕구이다.

비구들이여, 크나큰 욕구를 가진 비구에게 아직 일어나지 않은 불선법들이 일어나고, 또 이미 일어난 선법들은 버려진다."

3. "비구들이여, 이것 이외에 다른 어떤 법에 의해서도 아직 일어나지 않은 선법들이 일어나고, 또 이미 일어난 불선법들이 버려지는 것을 나는 보지 못하나니, 그것은 바로 소욕(少慾)54)이다.

비구들이여, 욕심이 적은 자에게 아직 일어나지 않은 선법들이 일어나고, 또 이미 일어난 불선법들은 버려진다."

4. "비구들이여, 이것 이외에 다른 어떤 법에 의해서도 아직 일어나지 않은 불선법들이 일어나고, 또 이미 일어난 선법들이 버려지는

---

53) "'부지런히 정진함(viriyārambha)'이란 네 가지로 실천해야 하는 바른 노력[四正勤, sammappadhāna]을 시작한 것으로 정진(viriya)을 시도하고 다잡고 성취한다는 뜻이다."(AA.i.74)

54) "'소욕(appicchatā)'이란 탐욕 없음(alobha)이다. 소욕이란 바람이 없는 것(aniccha)이다. 여기서 소욕이라 하면 문자적으로는 [욕망이] 아직 남아 있는 것 같지만 뜻으로는 남은 것이 없다. 조금이라도 바라는 것이 있으면 그것은 소욕이라고 할 수 없기 때문이다. 바람이 없어 조금도 받들어 행하지 않는, 탐욕 없음의 상태를 소욕이라 한다."(AA.i.75)

것을 나는 보지 못하나니, 그것은 바로 만족하지 않음이다.

비구들이여, 만족하지 않는 자에게 아직 일어나지 않은 불선법들이 일어나고, 또 이미 일어난 선법들은 버려진다."

5. "비구들이여, 이것 이외에 다른 어떤 법에 의해서도 아직 일어나지 않은 선법들이 일어나고, 또 이미 일어난 불선법들이 버려지는 것을 나는 보지 못하나니, 그것은 바로 만족함[知足]을 아는 것이다.

비구들이여, 만족함을 아는 자에게 아직 일어나지 않은 선법들이 일어나고, 또 이미 일어난 불선법들은 버려진다."

6. "비구들이여, 이것 이외에 다른 어떤 법에 의해서도 아직 일어나지 않은 불선법들이 일어나고, 또 이미 일어난 선법들이 버려지는 것을 나는 보지 못하나니, 그것은 바로 지혜 없이 마음에 잡도리함이다.

비구들이여, 지혜 없이 마음에 잡도리하는 자에게 아직 일어나지 않은 불선법들이 일어나고, 또 이미 일어난 선법들은 버려진다."

7. "비구들이여, 이것 이외에 다른 어떤 법에 의해서도 아직 일어나지 않은 선법들이 일어나고, 또 이미 일어난 불선법들이 버려지는 것을 나는 보지 못하나니, 그것은 바로 지혜롭게 마음에 잡도리함55)이다.

비구들이여, 지혜롭게 마음에 잡도리하는 자에게 아직 일어나지 않은 선법들이 일어나고, 또 이미 일어난 불선법들은 버려진다."

---

55) '지혜롭게 마음에 잡도리함[如理作意]'은 본서 제2권 「통찰지의 증장경」(A4:246)의 주해를 참조할 것.

8. "비구들이여, 이것 이외에 다른 어떤 법에 의해서도 아직 일어나지 않은 불선법들이 일어나고, 또 이미 일어난 선법들이 버려지는 것을 나는 보지 못하나니, 그것은 바로 알아차리지 못함[56]이다.

비구들이여, 알아차리지 못하는 자에게 아직 일어나지 않은 불선법들이 일어나고, 또 이미 일어난 선법들은 버려진다."

9. "비구들이여, 이것 이외에 다른 어떤 법에 의해서도 아직 일어나지 않은 선법들이 일어나고, 또 이미 일어난 불선법들이 버려지는 것을 나는 보지 못하나니, 그것은 바로 알아차림이다.

비구들이여, 알아차리는 자에게 아직 일어나지 않은 선법들이 일어나고, 또 이미 일어난 불선법들은 버려진다."

10. "비구들이여, 이것 이외에 다른 어떤 법에 의해서도 아직 일어나지 않은 불선법들이 일어나고, 또 이미 일어난 선법들이 버려지는 것을 나는 보지 못하나니, 그것은 바로 나쁜 친구를 가지는 것이다.[57]

비구들이여, 나쁜 친구를 가진 자에게 아직 일어나지 않은 불선법들이 일어나고, 또 이미 일어난 선법들은 버려진다."

제7장 열심히 정진함 등의 품이 끝났다.

---

56) "'알아차리지 못함(asampajañña)'이란 알아차리지 못하는 상태이며 어리석음(moha)의 동의어이다."(AA.i.80)

57) "어떤 것이 '나쁜 친구를 가짐(pāpa-mittatā)'인가? 믿음이 없고 계행이 나쁘고 배운 것이 적고 인색하고 나쁜 통찰지를 가진 사람들을 의지하고 섬기고 받들고 경배하고 예배하는 것을 말한다."(Vbh.358)

제8장 선우 등의 품(A1:8:1~10)

Kalyāṇamittādi-vagga

1. "비구들이여, 이것 이외에 다른 어떤 법에 의해서도 아직 일어나지 않은 선법들이 일어나고, 또 이미 일어난 불선법들이 버려지는 것을 나는 보지 못하나니, 그것은 바로 선우(善友)를 가짐이다.

비구들이여, 선우를 가진 자에게 아직 일어나지 않은 선법들이 일어나고, 또 이미 일어난 불선법들은 버려진다."

2. "비구들이여, 이것 이외에 다른 어떤 법에 의해서도 아직 일어나지 않은 불선법들이 일어나고, 또 이미 일어난 선법들이 버려지는 것을 나는 보지 못하나니, 그것은 바로 불선법들에 전념하고 선법들에 전념하지 않는 것이다.

비구들이여, 불선법들에 전념하고 선법들에 전념하지 않기 때문에 아직 일어나지 않은 불선법들이 일어나고, 또 이미 일어난 선법들은 버려진다."

3. "비구들이여, 이것 이외에 다른 어떤 법에 의해서도 아직 일어나지 않은 선법들이 일어나고, 또 이미 일어난 불선법들이 버려지는 것을 나는 보지 못하나니, 그것은 바로 선법들에 전념하고 불선법들에 전념하지 않는 것이다.

비구들이여, 선법들에 전념하고 불선법들에 전념하지 않기 때문에 아직 일어나지 않은 선법들이 일어나고, 또 이미 일어난 불선법들은 버려진다."

4. "비구들이여, 이것 이외에 다른 어떤 법에 의해서도 아직 일어나지 않은 깨달음의 구성요소[七覺支]58)들은 일어나지 않고, 또 이미 일어난 깨달음의 구성요소들은 닦아서 완성에 이르지 못하는 것을 나는 보지 못하나니, 그것은 바로 지혜 없이 마음에 잡도리함이다.

비구들이여, 지혜 없이 마음에 잡도리하기 때문에 아직 일어나지 않은 깨달음의 구성요소들은 일어나지 않고, 또 이미 일어난 깨달음의 구성요소들은 닦아서 완성에 이르지 못한다."

5. "비구들이여, 이것 이외에 다른 어떤 법에 의해서도 아직 일어나지 않은 깨달음의 구성요소들은 일어나고, 또 이미 일어난 깨달음의 구성요소들은 닦아서 완성에 이르는 것을 나는 보지 못하나니, 그것은 바로 지혜롭게 마음에 잡도리함이다.

비구들이여, 지혜롭게 마음에 잡도리하기 때문에 아직 일어나지 않은 깨달음의 구성요소들은 일어나고, 또 이미 일어난 깨달음의 구성요소들은 닦아서 완성에 이른다."

6. "비구들이여, 친척을 잃는 것은 작은 것이다. 잃는 것 중에서 가장 나쁜 것은 통찰지를 잃는 것이다."

7. "비구들이여, 친척이 불어나는 것은 작은 것이다. 불어나는 것 중에서 가장 으뜸가는 것은 통찰지가 불어나는 것이다. 비구들이여, 그러므로 통찰지가 불어나도록 증장시킬 것이다라고 공부지어야 한다."

---

58) 일곱 가지 깨달음의 구성요소[七覺支]에 대한 상세한 설명은 『네 가지 마음챙기는 공부』 235~257쪽을 참조할 것.

8. "비구들이여, 재산을 잃는 것은 작은 것이다. 잃는 것 중에서 가장 나쁜 것은 통찰지를 잃는 것이다."

9. "비구들이여, 재산이 불어나는 것은 작은 것이다. 불어나는 것 중에서 가장 으뜸가는 것은 통찰지가 불어나는 것이다. 비구들이여, 그러므로 통찰지가 불어나도록 증장시킬 것이다라고 공부지어야 한다."

10. "비구들이여, 명성을 잃는 것은 작은 것이다. 잃는 것 중에서 가장 나쁜 것은 통찰지를 잃는 것이다."

제8장 선우 등의 품이 끝났다.

제9장 방일 등의 품(A1:9:1~17)
Pamādādi-vagga

1. "비구들이여, 명성이 불어나는 것은 작은 것이다. 불어나는 것 중에서 가장 으뜸가는 것은 통찰지가 불어나는 것이다. 비구들이여, 그러므로 통찰지가 불어나도록 키울 것이다라고 공부지어야 한다."

2. "비구들이여, 이것과 다른 어떤 단 하나의 법도 이렇듯 큰 해로움을 가져오는 것을 나는 보지 못하나니, 그것은 바로 방일이다. 비구들이여, 방일은 큰 해로움을 가져온다."

3. "비구들이여, 이것과 다른 어떤 단 하나의 법도 이렇듯 큰 이로움을 가져오는 것을 나는 보지 못하나니, 그것은 바로 불방일이다.

비구들이여, 불방일은 큰 이로움을 가져온다."

4~5. "나태함은 … 열심히 정진함은 …"

6~7. "크나큰 욕구는 … 욕심이 적음은 …"

8~9. "만족하지 않음은 … 만족함은 …"

10~11. "지혜 없이 마음에 잡도리함은 … 지혜롭게 마음에 잡도리함은 …"

12~13. "바르게 알아차리지 못함은 … 바르게 알아차림은 …"

14~15. "나쁜 친구를 가짐은 … 선우를 가짐은 …"

16. "불선법들에 전념하고 선법들에 전념하지 않음은 …"

17. "비구들이여, 이것과 다른 어떤 단 하나의 법도 이렇듯 큰 이로움을 가져오는 것을 나는 보지 못하나니, 그것은 바로 선법들에 전념하고 불선법들에 전념하지 않는 것이다.
비구들이여, 선법들에 전념하고 불선법들에 전념하지 않는 것은 큰 이로움을 가져온다."

제9장 방일 등의 품이 끝났다.

제10장 비법(非法) 등의 품(A1:10:1~42)[59]

Adhammādi-vagga

1. "비구들이여, 내 안의[60] 조건[61]에 관해서는 이것과 다른 어떤 단 하나의 조건도 이렇듯 큰 해로움을 가져오는 것을 나는 보지 못하나니, 그것은 바로 방일이다.

비구들이여, 방일은 큰 해로움을 가져온다."

2. "비구들이여, 내 안의 조건에 관해서는 이것과 다른 어떤 단 하나의 조건도 이렇듯 큰 이로움을 가져오는 것을 나는 보지 못하나니, 그것은 바로 불방일이다.

비구들이여, 불방일은 큰 이로움을 가져온다."

3~4. "나태함은 … 열심히 정진함은 …"

5~6. "크나큰 욕구는 … 욕심이 적음은 …"

7~8. "만족하지 않음은 … 만족함은 …"

9~10. "지혜 없이 마음에 잡도리함은 … 지혜롭게 마음에 잡도리함은 …"

11~12. "바르게 알아차리지 못함은 … 바르게 알아차림은 …"

---

59) 육차결집본 품의 명칭은 방일 등의 품 2(Dutiya-pamādādi-vagga)이다.

60) "'안의(ajjhattikaṁ)'라는 것은 자신의 안을 말한다."(AA.i.84)

61) 원문에는 aṅga(구성요소)로 나타나는데 주석서에서 조건(kāraṇa)이라고 설명하고 있어서(*Ibid*) 이렇게 옮겼다.

13. "비구들이여, 밖의 조건에 관해서는 이것과 다른 어떤 단 하나의 조건도 이렇듯 큰 해로움을 가져오는 것을 나는 보지 못하나니, 그것은 바로 나쁜 친구를 가지는 것이다.

비구들이여, 나쁜 친구를 가짐은 큰 해로움을 가져온다."

14. "비구들이여, 밖의 조건에 관해서는 이것과 다른 어떤 단 하나의 조건도 이렇듯 큰 이로움을 가져오는 것을 나는 보지 못하나니, 그것은 바로 선우(善友)를 가지는 것이다.

비구들이여, 선우를 가짐은 큰 이로움을 가져온다."

15. "비구들이여, 내 안의 조건에 관해서는 이것과 다른 어떤 단 하나의 조건도 이렇듯 큰 해로움을 가져오는 것을 나는 보지 못하나니, 그것은 바로 불선법들에 전념하고 선법들에 전념하지 않는 것이다.

비구들이여, 불선법들에 전념하고 선법들에 전념하지 않는 것은 큰 해로움을 가져온다."

16. "비구들이여, 내 안의 조건에 관해서는 이것과 다른 어떤 단 하나의 조건도 이렇듯 큰 이로움을 가져오는 것을 나는 보지 못하나니, 그것은 바로 선법들에 전념하고 불선법들에 전념하지 않는 것이다.

비구들이여, 선법들에 전념하고 불선법들에 전념하지 않는 것은 큰 이로움을 가져온다."

17. "비구들이여, 이것과 다른 어떤 단 하나의 법도 이렇듯 정법을 어지럽히고 사라지게 하는 것을 나는 보지 못하나니, 그것은 바로 방일이다.

비구들이여, 방일은 정법을 어지럽히고 사라지게 한다."

18. "비구들이여, 이것과 다른 어떤 단 하나의 법도 이렇듯 정법을 굳건히 머물게 하고 어지럽히지 않고 사라지지 않게 하는 것을 나는 보지 못하나니, 그것은 바로 불방일이다.

비구들이여, 불방일은 정법을 굳건히 머물게 하고 어지럽히지 않고 사라지지 않게 한다."

19~20. "나태함은 … 열심히 정진함은 …"

21~22. "크나큰 욕구는 … 욕심이 적음은 …"

23~24. "만족하지 않음은 … 만족함은 …"

25~26. "지혜 없이 마음에 잡도리함은 … 지혜롭게 마음에 잡도리함은 …"

27~28. "바르게 알아차리지 못함은 … 바르게 알아차림은 …"

29~30. "나쁜 친구를 가짐은 … 선우를 가짐은 …"

31~32. "불선법들에 전념하고 선법들에 전념하지 않음 … 선법들에 전념하고 불선법들에 전념하지 않음 …"

33. "비구들이여, 비구들이 있어 그들은 법이 아닌 것(비법)을 법이라고 말한다.62) 그들은 많은 사람들에게 손해63)가 되고 많은 사람들

---

62) "열 가지 유익한 업의 길[十善業道]이 '법(dhamma)'이고 열 가지 해로운 업의 길[十不善業道]이 '비법(adhamma)'이다. 그와 같이 사념처, 사

에게 불행이 되고 많은 신과 인간들에게 해로움이 되고 손해가 되고 괴로움이 되게 한다. 또한 그들은 많은 악덕(惡德)을 쌓고 정법을 사라지게 한다."

34. "비구들이여, 비구들이 있어 그들은 법을 법이 아니라고 말한다. …"

35. "비구들이여, 비구들이 있어 그들은 율이 아닌 것을 율이라고 말한다. …"

36. "비구들이여, 비구들이 있어 그들은 율을 율이 아니라고 말한다. …"

37. "비구들이여, 비구들이 있어 그들은 여래가 설하지 않은 것과 선언하지 않은 것을 여래가 설했고 선언했다고 말한다. …"

정근, 사여의족, 오근, 오력, 칠각지, 팔정도로 구성된 37가지 보리분법이 법이다. … 네 가지 취착, 다섯 가지 장애, 7가지 잠재성향, 8가지 삿됨(바르지 못한 도)은 비법이다."(AA.i.85)

63) 본서에서 뿐만이 아니라 빠알리어 정형구 전체에서 서로 대가 되어 많이 나타나는 단어로는 attha - anattha, hita - ahita, sukha - dukkha, kalyāṇa - pāpa, kusala - akusala, lābha - alābha 등을 들 수 있다. 본서에서는 attha - anattha는 각각 이로움과 해로움으로, hita - ahita는 각각 이익과 손해로, sukha - dukkha는 각각 즐거움(때로는 행복)과 괴로움으로, kalyāṇa - pāpa는 선함(혹은 선행)과 악함(나쁨, 사악함)으로, kusala - akusala는 법의 문맥에서 쓰이면 선법과 불선법으로 그렇지 않으면 유익함과 해로움으로, lābha - alābha는 득과 손실로 옮기고 있음을 밝힌다. 물론 문맥에 따라서 조금 다르게 옮긴 곳도 없지는 않지만 이 원칙을 본서 전체에서 유지하고 있다.

38. "비구들이여, 비구들이 있어 그들은 여래가 설했고 선언한 것을 여래가 설하지 않았고 선언하지 않았다고 말한다. …"

39. "비구들이여, 비구들이 있어 그들은 여래가 익히지 않은 것을 여래가 익혔다고 말한다. …"

40. "비구들이여, 비구들이 있어 그들은 여래가 익힌 것을 여래가 익히지 않았다고 말한다. …"

41. "비구들이여, 비구들이 있어 그들은 여래가 제정하지 않은 것을 여래가 제정했다고 말한다. …"

42. "비구들이여, 비구들이 있어 그들은 여래가 제정한 것을 여래가 제정하지 않았다고 말한다. 그들은 많은 사람들에게 손해가 되고 많은 사람들에게 불행이 되고 많은 신과 인간들에게 해로움이 되고 손해가 되고 괴로움이 되게 한다. 또한 그들은 많은 악덕을 쌓고 정법을 사라지게 한다."

제10장 비법 등의 품이 끝났다.

제11장 비법 품(A1:11:1~10)[64]
Adhamma-vagga

1. "비구들이여, 비구들이 있어 그들은 법이 아닌 것을 법이 아니라고 말한다. 그들은 많은 사람에게 이익이 되도록 행동하고 많은 사

---

64)   PTS본에는 품의 명칭이 없다. 육차결집본의 명칭을 따랐다.

람들에게 행복이 되도록 하고 많은 신과 인간들에게 이로움이 되고
이익이 되고 행복이 되도록 한다. 또한 그들은 많은 복덕을 쌓고 정
법을 굳건히 머물게 한다."

2. "비구들이여, 비구들이 있어 그들은 법을 법이라고 말한다. …"

3. "비구들이여, 비구들이 있어 그들은 율이 아닌 것을 율이 아니
라고 말한다. …"

4. "비구들이여, 비구들이 있어 그들은 율을 율이라고 말한다. …"

5. "비구들이여, 비구들이 있어 그들은 여래가 설하지 않은 것과
선언하지 않은 것을 여래가 설하지 않았고 선언하지 않았다고 말한
다. …"

6. "비구들이여, 비구들이 있어 그들은 여래가 설했고 선언한 것을
여래가 설했고 선언했다고 말한다. …"

7. "비구들이여, 비구들이 있어 그들은 여래가 익히지 않은 것을
여래가 익히지 않았다고 말한다. …"

8. "비구들이여, 비구들이 있어 그들은 여래가 익힌 것을 여래가
익혔다고 말한다. …"

9. "비구들이여, 비구들이 있어 그들은 여래가 제정하지 않은 것을
여래가 제정하지 않았다고 말한다. …"

10. "비구들이여, 비구들이 있어 그들은 여래가 제정한 것을 여래

가 제정했다고 말한다. 그들은 많은 사람에게 이익이 되도록 행동하고 많은 사람들에게 행복이 되도록 하고 많은 신과 인간들에게 이로움이 되고 이익이 되고 행복이 되도록 한다. 또한 그들은 많은 복덕을 쌓고 정법을 굳건히 머물게 한다."

제11장 비법 품이 끝났다.

제12장 범계가 아님 등의 품(A1:12:1~20)
Anāpattādi-vagga

1. "비구들이여, 비구들이 있어 그들은 범계가 아닌 것(계를 범하지 않은 것)을 범계(犯戒, 계를 범함)65)라고 말한다. 비구들이여, 그들은 많은 사람들에게 손해가 되고 많은 사람들에게 불행이 되고 많은 신과 인간들에게 해로움이 되고 손해가 되고 괴로움이 되게 한다. 또한 그들은 많은 악덕(惡德)을 쌓고 정법을 사라지게 한다."

2. "범계를 범계가 아니라고 말한다. …"

3. "가벼운 범계를 무거운 범계라고 말한다. …66)"

---

65) '범계(āpatti)'란 말 그대로 계를 범하는 것이다. 율장에서는 일곱 가지로 범계의 무더기(satta āpattikkhandha)를 정하고 있다.(Vin.v.91~92) 일곱 가지란 ① 바라이죄(波羅夷罪, pārājika) ② 승잔죄(僧殘罪, saṅghādisesa) ③ 조죄(粗罪, 중한 죄, thullaccaya) ④ 단타죄(單墮罪, pācittiya) ⑤ 회과죄(悔過罪, pāṭidesanīya) ⑥ 악작죄(惡作罪, dukkaṭa) ⑦ 악설(惡說, dubbhāsita, 더 사소한 것으로 문자 그대로 나쁜 말, 잘못 설해진 말)이다.(이들에 대한 설명은 『청정도론』 I.60의 주해를 참조할 것.)

66) 주석서는 여기서 언급되는 술어들을 다음과 같이 설명하고 있다.

4. "무거운 범계를 가벼운 범계라고 말한다. …"

5. "추악한 범계를 추악한 범계가 아니라고 말한다. …"

6. "추악한 범계가 아닌 것을 추악한 범계라고 말한다. …"

7. "구제할 수 있는 범계를 구제할 수 없는 범계라고 말한다. …"

8. "구제할 수 없는 범계를 구제할 수 있는 범계라고 말한다. …"

9. "참회하여 면제받을 수 있는 범계를 면제받을 수 없는 범계라고 말한다. …"

10. "참회하여 면제받을 수 없는 범계를 면제받을 수 있는 범계라고 말한다. … 그들은 정법을 사라지게 한다."

11. "비구들이여, 여기 비구들이 있어 그들은 범계가 아닌 것을 범계가 아니라고 말한다. 비구들이여, 그들은 많은 사람에게 이익이 되

"[앞 주해에서 나열한 일곱 가지 범계의 무더기 가운데] [뒤의] 다섯은 '가벼운 범계'(lahukāpatti)라 하고 [처음의] 둘은 '무거운 범계(garuk-āpatti)'라 한다.
[처음의] 둘은 '추악한 범계(duṭṭhullāpatti)'라 하고 [뒤의] 다섯은 '추악하지 않은 범계(aduṭṭhullāpatti)'라 한다.
[뒤의] 여섯은 '구제할 수 있는 범계(sāvasesāpatti)'라 하고 [처음의] 하나 즉 빠라지까(바라이죄) 범계의 무더기는 '구제할 수 없는 범계(anavasesāpatti)'라 한다.
구제할 수 있는 범계는 '참회하여 면제받을 수 있는 범계(sappaṭikamm-āpatti)'이고 구제할 수 없는 범계는 '참회하여 면제받을 수 없는 범계(appaṭikammāpatti)'이다.(AA.i.94)

도록 행동하고 많은 사람들에게 행복이 되도록 하고 많은 신과 인간들에게 이로움이 되고 이익이 되고 행복이 되도록 한다. 또한 그들은 많은 복덕을 쌓고 정법을 굳건히 머물게 한다."

12. "범계를 범계라고 말한다. …"

13. "가벼운 범계를 가벼운 범계라고 말한다. …"

14. "무거운 범계를 무거운 범계라고 말한다. …"

15. "추악한 범계를 추악한 범계라고 말한다. …"

16. "추악한 범계가 아닌 것을 추악한 범계가 아니라고 말한다. …"

17. "구제할 수 있는 범계를 구제할 수 있는 범계라고 말한다. …"

18. "구제할 수 없는 범계를 구제할 수 없는 범계라고 말한다. …"

19. "참회하여 면제받을 수 있는 범계를 면제받을 수 있는 범계라고 말한다. …"

20. "참회하여 면제받을 수 없는 범계를 면제받을 수 없는 범계라고 말한다. … 그들은 정법을 굳건히 머물게 한다."

제12장 범계가 아님 등의 품이 끝났다.

제13장 한 사람 품(A1:13:1~7)

Ekapuggala-vagga

1. "비구들이여, 한 사람이 세상에 태어날 때, 그는 많은 사람들에게 이익이 되고, 많은 사람들에게 행복이 되고, 세상을 연민하고 많은 신과 인간들에게 이로움이 되고 이익이 되고 행복이 되기 위해 태어난다. 누가 그 한 사람인가? 여래·아라한·정등각이시다.

비구들이여, 이 분은 많은 사람들에게 이익이 되고, 많은 사람들에게 행복이 되고, 세상을 연민하고 많은 신과 인간들에게 이로움이 되고 이익이 되고 행복이 되기 위해 태어난다."

2. "비구들이여, 한 사람의 출현은 세상에서 아주 얻기 어렵다. 어떤 한 사람인가? 여래·아라한·정등각이시다.

비구들이여, 참으로 이 한 사람의 출현은 세상에서 아주 얻기 어렵다."

3. "비구들이여, 한 사람이 세상에 태어날 때 그는 비범한 사람으로 태어난다.67) 누가 그 한 사람인가? 여래·아라한·정등각이시다.

비구들이여, 참으로 이 한 사람이 세상에 태어날 때 그는 비범한 사람으로 태어난다."

4. "비구들이여, 한 사람이 죽을 때 많은 사람들이 슬퍼한다.68) 어

---

67) 여래의 비범한 태어남에 대해서는 D28.§5와 D14.§§17~31을 참조할 것.

68) "전륜성왕이 죽으면 하나의 우주에서 신과 인간들이 슬퍼하고, 부처님들이 입멸하면 만 우주에서 신과 인간들이 슬퍼한다. 그래서 많은 사람들이 슬퍼한다고 했다."(AA.i.115)

떤 한 사람인가? 여래 · 아라한 · 정등각이시다.

비구들이여, 참으로 이 한 사람이 죽을 때 많은 사람들이 슬퍼한다."

5. "비구들이여, 한 사람이 세상에 태어날 때 그는 유일하고,[69] 동등한 자가 없으며, 대등한 자가 없고, 닮은 자가 없으며, 상대가 없고, 필적할 자가 없으며, 같은 자가 없고, 비길 자가 없으며 두 발을 가진 자 가운데서 최상이다. 누가 그 한 사람인가? 여래 · 아라한 · 정등각이시다.

비구들이여, 참으로 이 한 사람이 세상에 태어날 때 그는 유일하고 … 두 발을 가진 자 가운데서 최상이다."

6. "비구들이여, 한 사람의 출현으로 큰 눈이 나타났고,[70] 큰 빛이

---

69) "'유일하다(adutiyo)'는 것은 두 번째 부처님이란 존재하지 않는다는 의미이다. 네 가지 부처님이 있다. 문불(聞佛, suta-buddha), 사제불(四諦佛, catusacca-buddha), 연각불(緣覺佛, pacceka-buddha), 일체지불(一切知佛, sabbaññu-buddha)이다.
이 가운데 많이 배운 비구가 문불(배운 부처)이다. 번뇌 다한 [아라한이] 사제불(사성제를 통찰한 부처)이다. 2십만이 넘는 아승지겁(asaṅkhye-yya kappa)을 바라밀을 완성하여 자기 스스로(sāmaṁ) 연각의 깨달음의 지혜를 꿰뚫은 자를 연각불이라 한다. 4십만, 8십만, 백육십만이 넘는 아승지겁 동안을 바라밀을 완성하여 세 가지 마라의 머리를 쳐부수고 일체지의 지혜를 꿰뚫은 분이 일체지 부처이다. 이런 네 부처님들 가운데서 일체지 부처님이 유일한 분이다. 이러한 일체지 부처님과 함께 다른 일체지 부처님은 출현할 수 없다."(*Ibid*)

70) "오직 한 사람인 아라한, 정등각이신 여래가 출현함으로써 큰 눈이 나타난 것이다. 여래의 출현 이외에 달리 큰 눈이 나타난 것이 아니다. 그러면 큰 눈은 어떤 것인가? 통찰지의 눈이다. 어떤 형태의 것인가? 사리뿟따이 위빳사나를 통한 통찰지의 눈과 같고 목갈라나의 삼매를 통한 통찰지의 눈과 같은 것이다."(AA.i.117)

나타났으며, 큰 광명이 나타났고, 여섯 가지 위없는 것[71]이 나타났으며, 네 가지 무애해[72]를 실현했고, 여러 가지 요소[73]를 통찰했고, 갖가지 요소[74]를 통찰했으며, 영지와 해탈의 과를 실현했고, 예류과를 실현했으며, 일래과를 실현했고, 불환과를 실현했고, 아라한과를 실현했다. 어떤 한 사람인가? 여래·아라한·정등각이시다.

비구들이여, 참으로 이 한 사람의 출현으로 큰 눈이 나타났고 …
아라한과를 실현했다."

7. "비구들이여, 이 사람 이외에 어떤 사람도 여래가 굴린 위없는
법의 바퀴를 이렇듯 완전하게 굴리는 사람을 나는 보지 못하나니, 그
사람은 바로 사리뿟따[75]이다.

---

71) "보는 것(dassana)들 가운데서 위없음, 듣는 것(savana)들 가운데서 위
없음, 얻는 것(lābha)들 가운데서 위없음, 공부지음(sikkhā)들 가운데서
위없음, 섬기는 것(pāricariya)들 가운데서 위없음, 계속해서 생각하는 것
(anussata)들 가운데서 위없음이 '여섯 가지 위없는 것(anuttariya)'이
다."(*Ibid*)
이들에 대한 설명은 『디가 니까야』 제3권 「합송경」(D33) §2.2(18)의
주해를 참조할 것.

72) 네 가지 무애해[四無碍解, paṭisambhidā]는 본서 제2권 「논사 경」
(A4:140) §1의 주해를 참조할 것.

73) "'여러 가지 요소[界, dhātu]'란 눈의 요소[眼界], 형상의 요소[色界], 눈
의 알음알이의 요소[眼識界] 등 18 가지 요소(18界)를 말한다."(AA.i.
119)

74) "이 18가지 요소들이 갖가지 고유성질[自性]을 갖고 있기 때문에 갖가지
요소들이라 했다."(AA.i.120)

75) 사리뿟따(Sāriputta) 존자는 부처님의 상수제자요 일찍부터 법의 사령관
(dhamma-senāpati)이라고 불렸으며(Thg.96 등, 그리고 모든 주석서)
우리에게 잘 알려진 분이다. 초기경을 바탕으로 정리한 사리뿟따 존자의
일대기는 『사리뿟따 이야기』(고요한소리 번역)에 상세하게 소개되어 있

비구들이여, 사리뿟따는 여래가 굴린 위없는 법의 바퀴를 완전하
게 굴린다."

제13장 한 사람 품이 끝났다.

제14장 으뜸 품(A1:14:1~80)[76]
Etadagga-vagga

(1) 첫 번째[77]

1-1. "비구들이여, 나의 구참(久參) 비구 제자들 가운데서 안냐꼰
단냐[78]가 으뜸이다."

으므로 참조할 것.

76) 본 품은 다시 7개의 부분으로 구성되어 있다. 이 가운데 첫 번째부터 네
번째까지는 각 방면에서 으뜸인 비구 47분들을 모은 품이고, 다섯 번째는
비구니 13분을, 여섯 번째는 남자 신도 10분을, 일곱 번째는 여자 신도 10
분을 모은 것이다. 이렇게 해서 각 방면에서 으뜸가는 80분의 부처님 제자
들이 거명되고 있다.(중복되어 나타나는 경우도 있음) 주석서는 이 80분
의 으뜸가는 분들의 설명에 무려 335쪽을 할애하여 상세하게 설명하고 있
다. 역자는 이를 참조해서 간략하게 주를 달았다. 이하 주해들에서 별다른
출처를 밝히지 않은 것은 모두 본서의 해당부분에 상응하는 『앙굿따라 니
까야 주석서』에서 발췌하고 DPPN을 참조해서 옮긴 것임을 밝힌다.

77) 이하 (4)까지는 장로들 가운데서 으뜸가는 47분을 들고 있다.

78) 안냐꼰단냐(Aññā-Koṇḍañña 혹은 Aññāta-Koṇḍañña) 존자는 고따
마 싯닷타 태자(세존)가 태어났을 때 관상을 보기 위해서 온 8명의 바라문
가운데 한 명이었다고 한다. 관상학의 대가였던 그는 태자가 깨달은 분이
될 것을 예견하고 출가하기를 기다렸다가 다른 네 명과 함께 출가하였으
며 그래서 이들은 오비구(五比丘, Pañcavaggiyā bhikkhū)로 우리에게
잘 알려져 있다. 그는 인산들 가운데서는 제일 먼저 법에 눈을 뜬 사람이
며 그래서 부처님께서는 그 기쁨을 "꼰단냐는 완전하게 알았다.(aññasi

1-2. "큰 통찰지를 가진 자들 가운데서 사리뿟따(사리불)79)가 으뜸
이다."

1-3. "신통을 가진 자들 가운데서 마하목갈라나(대목련)80)가 으뜸

---

vata bho Koṇḍañño)"(Vin.i.12 등)라고 두 번이나 외치셨다. 그래서 그
는 안냐꼰단냐(완전하게 안 꼰단냐)로 불리게 되었다. 그래서 미얀마 본에
는 Aññasi-Koṇḍañña로 나타난다. 그런지 5일 뒤에 그는 「무아상경」
(Anattalakkhaṇa Sutta, S.iii.66f)을 듣고 아라한이 되었다.(Vin.i.13~
14.)

그는 "ehi, bhikkhu(오라, 비구여.)" 정형구로 구족계를 받은 첫 번째 비
구이며 전체 비구 가운데서도 첫 번째로 구족계를 받은 분이다. 그래서 그
는 가장 구참(rattaññu)인 비구로 불리는 것이다.

그는 부처님의 허락을 받고 히말라야의 찻단따 숲(Chaddanta-vana)에
있는 만다끼니(Mandākinī)로 들어가서 12년을 머물렀으며 산을 나와 부
처님의 허락을 받고 다시 그곳으로 들어가서 반열반하였다고 한다.

79) 사리뿟따(Sāriputta) 존자는 날란다 지방의 큰 바라문 가문에 태어났으며
경에서 우빠띳사(Upatissa)라고 불리기도 하는데 그의 이름임에 분명하
다.(M.i.150; V.i.42 등) 어머니의 이름이 사리(Sārī)였기 때문에 사리뿟
따(Sāriputta, 사리의 아들)로 불리게 된 것이다. 그는 불가지론자였던 산
자야 벨랏티뿟따(Sañjaya Belaṭṭhiputta)의 제자였는데 오비구 가운데
한 분이었던 앗사지(Assaji) 존자가 읊는 게송의 첫 번째 두 구절을 듣고
예류과를 얻었다고 한다. 그는 부처님의 상수제자였다. 사리뿟따 존자에
대한 자세한 것은 『사리뿟따 이야기』를 참조할 것. 북방에서도 사리뿟따
존자는 지혜제일로 꼽힌다.

80) 마하목갈라나(Mahā-Moggallāna) 존자는 라자가하의 꼴리따 마을
(Kolitagāma)의 바라문 가문에서 태어났으며 마을 이름을 따서 꼴리따
라 불리었다. 어머니의 이름이 목갈리(Moggalī 혹은 Moggalinī)였기 때
문에 목갈라나로 불리게 되었다. 어릴 적부터 사리뿟따와 절친한 친구였
으며 같이 산자야 문하에서 수학하다가 사리뿟따 존자와 함께 부처님의
제자가 되었다. 사리뿟따 존자와 함께 부처님의 두 상수제자(agga
sāvaka-yuga)로 불린다. 북방에서도 마하목갈라나 존자는 신통제일이
라 불린다.

이다."

1-4. "두타행을 하는 자들 가운데서 마하깟사빠(대가섭)[81]가 으뜸
이다."

1-5. "천안을 가진 자들 가운데서 아누룻다(아나율)[82]가 으뜸이다."

1-6. "고귀한 가문 출신인 자들 가운데서 깔리고다야의 아들 밧디
야[83]가 으뜸이다."

---

81) 마하깟사빠(Mahā-Kassapa) 존자는 마가다의 마하띳타(Mahātittha)
에서 바라문으로 태어났으며 이름은 삡빨리(Pippali)였다. 그는 일찍 결혼
하였으나 아내(Bhaddā)와 논의하여 둘 다 출가하였다.(아래 A1:14:5-10
의 밧다 까삘라니 주해 참조)『상윳따 니까야』「깟사빠 상응」(S16)의
여러 경들은 그의 출중한 경지를 잘 드러내어 주고 있으며 부처님이 반열
반하신 후 교단을 이끌었던 분이다. 북방에서도 마하깟사빠 존자는 두타
제일로 꼽힌다.

82) 아누룻다(Anuruddha) 존자는 세존의 사촌 동생이다. 아누룻다 존자에
대해서는 본서「아누룻다 경」1(A3:127)의 주해를 참조할 것. 북방에서
도 아누룻다 존자는 천안제일로 꼽힌다.

83) 깔리고다야의 아들 밧디야(Bhaddiya Kāligodhāyaputta) 존자는 사꺄
족 왕자였으며 성도 후에 까삘라왓투를 방문하신 부처님을 따라서 사꺄의
아누삐야(Anupiya)에서 아누룻다(Anuruddha), 아난다(Ānanda), 바구
(Bhagu), 낌빌라(Kimbila), 데와닷따(Devadatta) 같은 왕자와 이발사
우빨리(Upāli)를 비롯한 많은 사꺄의 청년들과 함께 출가하였으며 오래지
않아 아라한이 되었다. 아누룻다와는 둘도 없는 친구였으며, 아누룻다의
어머니는 밧디야가 같이 간다면 출가를 허락하겠다 하여 아누룻다는 밧디
야를 설득하여 함께 출가하였다고 한다.
그는 500생을 왕이었다고 하며 그래서 세존께서는 그를 고귀한 가문 출신
인 자(uccā kulika)들 가운데서 으뜸으로 꼽으셨다고 주석서는 설명한
다.(AA.i.193)

1-7. "감미로운 목소리를 가진 자들 가운데서 라꾼따까(키 작은) 밧디야84)가 으뜸이다."

1-8. "사자후를 토하는 자들 가운데서 삔돌라(식탐 많았던) 바라드와자85)가 으뜸이다."

1-9. "법을 설하는 자들 가운데서 만따니의 아들 뿐나(부루나)86)가

---

84) 라꾼따까 밧디야(Lakuṇṭaka-Bhaddiya) 존자는 사왓티의 장자 가문에서 태어났으며 키가 아주 작았기 때문에 라꾼따까(난장이)라 불리었다고 한다. 그는 감미로운 목소리(mañjussara)를 가졌으며 그의 감미로운 목소리를 듣고 달려온 여인이 웃을 때 드러낸 이빨을 보고 그것을 명상주제로 삼아 수행하여 불환자가 되었고 뒤에 사리뿟따 존자의 가르침으로 아라한이 되었다 한다.

85) 삔돌라 바라드와자(Piṇḍola-Bhāradvāja) 존자는 꼬삼비 우데나(Udena) 왕의 궁중제관의 아들이며 바라드와자 바라문 가문 출신이다. 그는 삼베다에 능통하였으며 500명의 바라문 학도들을 가르치다가 그것이 무의미함을 느끼고 출가하였다고 한다.
그는 식탐이 아주 많은 자였는데 부처님의 조언으로 그것을 극복하고 아라한이 되었다 한다. 아라한이 되던 날에 각 승원을 다니면서 도든 과든 의문이 되는 것은 다 물어보라고 외쳤으며 다시 부처님의 면전에서 어느 비구의 의문이든 모두 해결해 주겠다고 사자후(sīhanāda)를 토했다고 한다. 그래서 세존께서는 그를 사자후를 토하는 자(sīha-nādika)들 가운데 으뜸으로 꼽으신 것이다. 그가 삔돌라(piṇḍola, 식탐이 많은 자)라고 불리는 이유는 재가자였을 때 먹는 것(piṇḍa)을 아주 좋아하였기 때문이라고 한다.(AA.i.198)

86) 만따니의 아들 뿐나(Puṇṇa Mantāṇiputta) 존자는 까뻴라왓투에서 가까운 도나왓투(Donavatthu)의 바라문 가문에서 태어났다. 그의 어머니 만따니는 안냐꼰단냐 존자의 여동생이었다. 꼰단냐 존자가 아라한이 된 후 그를 출가시켰다. 그는 까뻴라왓투에서 머물면서 수행하여 아라한이 되었다. 그는 그의 동향 사람 500명을 출가하게 하여 열 가지 설법의 기본(dasa kathāvatthūni)을 가르쳤다 하며 그들은 모두 아라한이 되었다고 한다.

으뜸이다."

1-10. "간략하게 설한 것에 대해 상세하게 그 뜻을 설명하는 자들 가운데서 마하깟짜나(대가전연)87)가 으뜸이다."

그는 세존을 뵙기 위해서 사왓티로 왔으며 사리뿟따 존자가 그의 명성을 듣고 그를 시험한 것이 그 유명한 『맛지마 니까야』의 「역마차 경」(M24) 이다. 이 경에서 그는 부처님 가르침을 일곱 가지 청정으로 요약 설명하여 사리뿟따 존자의 감탄을 자아내게 하였으며 이것은 『청정도론』 등에서 상좌부 수행의 핵심으로 정착이 되었다.(칠청정은 『아비담마 길라잡이』 9 장 §22 이하를 참조할 것) 이런 이유로 세존께서는 그를 법을 설하는 자 (dhamma-kathika)들 가운데서 으뜸이라고 칭찬하시는 것이다.

그런데 『맛지마 니까야』의 「교계 뿐나 경」(M145)에 나타나는 뿐나 존 자는 만따니의 아들 뿐나 존자와는 다른 사람이다. 그는 수나빠란따 (Sunāparanta, 지금의 마하라쉬뜨라 주)의 숩빠라까(Suppāraka)에서 장자의 아들로 태어났으며 사업차 사왓티에 왔다가 부처님의 가르침을 듣 고 출가하였다. 「교계 뿐나 경」에는 그가 세존의 허락을 받고 고향인 수 나빠란따로 전법을 떠나는 것이 묘사되어 있다. 그는 수나빠란따 지방에 서 크게 전법활동을 하다가 순교하였다. 북방에서는 이 뿐나 존자를 설법 제일로 여기는 듯하다.

87) 마하깟짜나(Mahā-Kaccāna) 혹은 마하깟짜야나(Mahā-Kacāyana, 본 서에는 두 가지 표현이 다 나타난다.) 존자는 웃제니(Ujjeni, 지금 맛댜쁘 라데쉬의 우자인 지방)의 짠다빳조따(Caṇḍappajjota) 왕의 궁중제관의 아들로 태어났으며 바라문 가문 출신이다. 깟짜나는 그의 족성이다. 그는 베다에 능통했으며 그의 부친이 죽은 뒤 대를 이어 궁중제관이 되었다. 그 는 짠다빳조따 왕의 명으로 일곱 명의 친구들과 함께 부처님을 웃제니로 초대하기 위해서 부처님께 갔다가 설법을 듣고 무애해를 갖춘 아라한이 되어 출가하였다.

주석서는 깟짜나 존자가 간략하게 설한 것에 대해 상세하게 그 뜻을 설명 하는 자들 가운데서 으뜸인 보기로 『맛지마 니까야』 「꿀 덩어리 경」 (Madhupiṇḍika Sutta, M18)과 「깟짜나 뻬얄라」(M133인 듯)와 「도 피안 경」(Pārāyana Sutta)을 들고 있다.(AA.i.209) 이 가운데 특히 『맛지마 니까야』의 두 경은 멋진 보기가 된다. 북방에서도 깟짜나 존자 는 논의제일로 꼽힌다.

(2) 두 번째

2-1. "비구들이여, 마음으로 만들어진 몸을 창조하는 나의 비구
제자들 가운데서 쭐라빤타까88)가 으뜸이다."

2-2. "마음의 전개에 능숙한 자들 가운데서 쭐라빤타까가 으뜸
이다."89)

2-3. "인식의 전개에 능숙한 자들 가운데서 마하빤타까90)가 으뜸
이다."

---

88)   쭐라빤타까(Culla-Panthaka) 존자는 라자가하의 부유한 상인의 딸에게
       서 태어났다. 그의 어머니는 하인과 눈이 맞아서 라자가하를 도망 나가서
       살았다고 한다. 그의 형은 마하빤타까라 불린다. 두 형제는 길(pantha)에
       서 태어났기 때문에(jātattā) 빤타까(Panthaka)라는 이름을 얻었다고 한
       다. 그의 어머니와 하인이 도망 다니면서 길에서 태어났기 때문일 것이다.
       그는 후에 형과 함께 외갓집으로 보내져서 양육되었다. 그의 형은 외할아
       버지를 따라 부처님을 뵈러 다녔기 때문에 먼저 출가하여 아라한이 되었
       다. 그도 형의 권유로 출가하여 형이 준 게송(A.iii.239)을 넉 달이나 외웠
       지만 외울 수 없었다. 그는 승단에서 바보 빤타까로 알려질 정도였다. 그
       러나 부처님께서는 그에게 천 조각을 주시면서 '먼지 닦기(rajo-haraṇa),
       먼지 닦기'라고 반복해서 외우라 하셨고 그런 방법을 통해서 무애해와 육
       신통을 갖춘 아라한이 되었다고 한다. 그가 왜 마음으로 만들어진 몸을 창
       조하는 자(manomayaṁ kāyam abhinimminanta)들 가운데서 으뜸인
       지는 『청정도론』 XII장 §§60~67에 잘 나타나 있다.

89)   주석서는 쭐라빤타까 존자는 네 가지 색계 禪(rūpāvacara-jjhāna)을 얻
       었기 때문에 마음의 전개에 능숙(ceto-vivaṭṭa-kusala)하다고 하고 마
       하빤따까 존자는 네 가지 무색계 禪을 얻었기 때문에 인식(saññā)의 전
       개에 능숙하다고 한다고 설명하고 있다.(AA.i.210)

90)   마하빤타까(Mahā-Pantaka) 존자는 쭐라빤타까 존자의 형이다. 위 쭐라
       빤타까 주해를 참조할 것.

2-4. "평화롭게 머무는 자91)들 가운데서 수부띠(수보리)92)가 으뜸
이다."

2-5. "공양받을 만한 자들 가운데서 수부띠가 으뜸이다."93)

2-6. "숲 속에 머무는 자들 가운데서 아카시아 숲에 머무는 레와
따94)가 으뜸이다."

---

91) "'평화롭게 머무는 자(araṇa-vihāri)'란 오염원이 없이 머무는 자이다. 싸
움(raṇa)이란 욕망(rāga) 등의 오염원(kilesa)들을 말한다. 이런 것들이
없기 때문에 오염원이 없이 머문다, 평화롭게 머문다고 한다."(AA.ii.220)

92) 수부띠(Subhūti) 존자는 수마나 상인(Sumana-seṭṭhi)의 아들이자 급고
독(아나타삔디까, Anāthapiṇḍika) 장자의 동생이다. 급고독원의 개원식
때 부처님의 설법을 듣고 출가하였으며 자애와 함께하는 禪(mettā-
jhāna)을 닦아서 아라한이 되었다. 그는 주로 숲에서 머물면서 평화롭게
지냈다고 한다. 그래서 세존께서는 평화롭게 머무는 자(araṇa-vihāri)들
가운데서 으뜸이라고 하시는 것이다. 『맛지마 니까야』「무쟁의 분석
경」(Araṇavibhaṅga Sutta, M139)에서도 부처님께서는 수부띠 존자를
이렇게 칭송하고 계신다.
한편 대승의 『금강경』(제9품)에서도 수부띠 존자를 평화롭게 머무는 자
들 가운데 으뜸이라고 밝히고 있다.(得無諍三昧人中 最爲第一 是第一
離欲阿羅漢) 구마라즙 스님은 무쟁삼매(無諍三昧)와 아란나행자(阿蘭
那行者)라고 옮겼고 현장 스님은 무쟁주(無諍住)라고 직역하고 있다. 그
러나 북방에서 수부띠 존자는 해공(解空)제일이라 불리는데 이것은 아마
공의 이치를 잘 드러낸다는 『금강경』이 세존과 수부띠 존자와의 대화로
이루어져 있기 때문일 것이다. 그러나 『금강경』과 여기서 보듯이 수부띠
존자는 무쟁제일이다.

93) 수부띠 존자는 탁발할 때 집집마다 자애와 함께하는 禪(mettā-jhāna)에
들었다가 여기서 출정하여 공양을 받았기 때문에 이렇게 불린다고 주석서
는 설명하고 있다.(AA.i.221)

94) 아카시아 숲에 머무는 레와따(Revata Khadiravaniya) 존자는 법의 사
령관인 사리뿟따 존자의 막내 동생이다. 그의 어머니는 그의 자녀들이 하
나 둘 출가하는 것을 보고 막내 출가를 못하게 하기 위해서 그를 일곱

2-7. "禪을 얻은 자들 가운데서 깡카레와따[95]가 으뜸이다."

2-8. "열심히 정진하는 자들 가운데서 소나 꼴리위사[96]가 으뜸이다."

살에 결혼을 시켰다고 한다. 결혼식에서 하객들이 신부에게 할머니 나이
만큼 살라라고 축복의 말을 하는 것을 듣고 120살이 된 신부 할머니의 늙
은 모습을 보고 저 예쁜 신부도 그와 같이 될 것이라고 깨닫고 결혼 행렬
에서 빠져나와 출가를 하였다고 한다.

다른 숲 속 거주를 하는(āraññika) 비구들은 나무숲도 있고 물도 있고 걸
식도 할 수 있는 숲에서 머물렀지만 그는 모래와 자갈과 바위로 된 험한
아카시아 숲에 머물렀기 때문에 세존께서 이렇게 칭송하시는 것이라고 주
석서는 밝히고 있다.(AA.i.223~224)

그리고 사리뿟따 존자에게는 세 명의 남동생 즉 쭌다(Cunda), 우빠세나
(Upasena), 레와따(Revata)와 세 명의 여동생 즉 짤라(Cālā), 우빠짤라
(Upacālā), 시수빠짤라(Sīsūpacālā)가 있었는데 모두 출가하였다고 한
다.(DhpA.ii.188)

95) 깡카레와따(Kaṅkhā-Revata) 존자는 사왓티의 아주 부유한 집안 출신
     이었다. 그는 출가하여 禪의 증득(jhāna-samāpatti)을 통해서 십력(十
     力, dasa-bala, M12와 『청정도론』 XII.76 주해 참조)을 갖춘 아라한이
     되었다고 한다. 그래서 세존께서는 그를 禪을 얻은 자(jhāyī)들 가운데 으
     뜸이라고 칭찬하시는 것이다. 그는 아라한이 되기 전에 [율장에서] 무엇이
     허용되고 무엇은 허용되지 않았는가를 두고 고심을 많이 하였다고 한다.
     그래서 주석서는 이렇게 적고 있다.
     "후회하는 성품을 지녔기 때문에 깡카레와따(Kaṅkhā-Revata)라고 부
     른다. 여기서 깡카(kaṅkhā)는 후회를 말하고 후회하는 자란 뜻이다. 물론
     다른 사람들도 후회를 하지만 이 장로는 옳은 일에 조차도 후회를 하였다.
     이 장로의 후회하는 성품이 너무 잘 알려져 있기 때문에 깡카레와따라고
     불리게 되었다."(AA.i.230)

96) 소나 꼴리위사(Soṇa Koḷivisa) 존자는 짬빠(Campā)의 부유한 상인의
     아들로 태어났다. 소나는 이름이고 꼴리위사는 족성이다. 그가 입태했을
     때부터 집안의 재산이 엄청나게 불기 시작했으며 태어나서 그는 아주 호
     화로운 삶을 살았다고 한다. 그는 수쿠말라 소나(Sukhumāla Soṇa)라고
     도 불리는데 태어나면서부터 그의 손과 발 등이 아주 섬세하였기(su-

2-9. "감미로운 목소리로 말하는 자들 가운데서 소나 꾸띠깐내97)
가 으뜸이다."

2-10. "공양을 얻는 자들 가운데서 시왈리98)가 으뜸이다."

---

khumāla) 때문이라고 한다. 그를 만나고 싶어 한 빔비사라 왕의 초청으
로 라자가하에 갔다가 부처님의 가르침을 듣고 출가하였다.
열심히 정진하였지만 아라한과를 얻지 못해서 실망하여 환속할 생각을 하
고 있는 그에게 부처님께서는 류트(거문고)를 켜는 비유를 들어서 바른
정진을 일깨워 주셨으며 그래서 그는 아라한이 되었다.(A.iii.374*f*) 이 일
화는 우리에게 거문고의 비유로 잘 알려져 있다. 그래서 세존께서는 그를
열심히 정진하는 자(āraddha-viriya)들 가운데서 으뜸이라고 칭찬하시
는 것이다.

97) 소나 꾸띠깐내(Soṇa Kuṭikaṇṇa) 존자는 아완띠(Avanti)의 꾸라라가라
(Kuraraghara) 출신이다. 그는 꾸라라가라에서 마하깟짜나 존자 문하로
출가를 하였다. 그 후 세존을 뵈었는데 세존께서 그가 배운 것을 읊어보라
하시자 그는 깟짜나 존자께 배운 『숫따니빠따』의 「앗타까 왁가」
(Aṭṭhaka-vagga, 제4장 여덟 편의 시 품)를 낭랑하게 외워 부처님을 크
게 기쁘게 하였다고 한다. 그래서 그는 감미로운 목소리로 말하는 자
(kalyāṇa-vākkaraṇa)들 가운데서 으뜸이라 불리는 것이다.
한편 주석서는 꾸띠깐나에 대해서 이렇게 설명하고 있다. "소나는 그의 이
름이고 꾸띠깐나는 수식어인데 그가 [재가자였을 때 ― AAṬ] 천만 냥
(koṭi) 값어치의 귀걸이(kaṇṇa)를 하고 다녔기 때문에 그렇게 불렸
다."(AA.i.237)

98) 시왈리(Sīvali) 존자는 꼴리야(Koliya) 왕의 딸인 숩빠와사(Suppavāsā,
본서 제2권 「숩빠와사 경」(A4:57) §1의 주해 참조)의 아들이다. 그는 어
머니의 뱃속에 7년 7일을 있었다고 하는 신비한 인물이다. 그래서 나자마
자 바로 말을 하였고 태어나는 날 바로 사리뿟따 존자가 데리고 가서 출가
를 시켰는데 머리를 깎으면서 첫 번째 머리칼이 떨어질 때 예류과를 얻었
고 두 번째 머리칼이 떨어질 때 일래과를 얻었다고 한다. 그는 신들의 공
양[天供]을 많이 받는 등 세존을 제외하고는 비구들 가운데 가장 많은 공
양을 받았기 때문에 세존께서는 그를 공양을 얻는 자(lābhi)들 가운데 으
뜸이라고 하시는 것이다.

2-11. "신심이 깊은 자들 가운데서 왁깔리[99]가 으뜸이다."

(3) 세 번째

3-1. "비구들이여, 배우기를 좋아하는 나의 비구 제자들 가운데서 라홀라[100]가 으뜸이다."

---

99) 왁깔리(Vakkali) 존자는 사왓티의 바라문 가문 출신이다. 그는 삼베다에 능통했는데 처음 부처님을 보자 그분에게서 눈을 뗄 수가 없었다고 한다. 세존 가까이 있기 위해서 출가하였다고 하며 먹고 씻고 하는 때를 제외하고는 온통 부처님만 생각하였다고 한다. 세존께서 왁깔리에게 하신 "법을 보는 자는 나를 보고 나를 보는 자는 법을 본다(yo kho dhammaṁ passati so maṁ passati; yo maṁ passati so dhammaṁ passati)"는 말씀은 아주 유명하다.
그의 아라한과의 증득과 죽음에 대해서는 경들과 주석서마다 조금씩 다르다. 본경에 해당하는 주석서에 의하면 그가 세존 곁에 있는 것을 너무 좋아하였기 때문에 안거를 마치던 날 세존께서 이제 떠나라는 말씀을 하시자 슬퍼서 독수리봉 산의 절벽에서 떨어졌는데 세존께서 "오라, 왁깔리여."라고 부르는 말씀을 듣고 환희하여 허공을 날아오르면서 아라한과를 얻었다고 적고 있다.(AA.i.250~251) 그러나 『상윳따 니까야』에는 마지막 병상에서 세존의 말씀을 들은 뒤 자결하면서 아라한과를 얻었다고 나타난다.(S.iii.119ff) 여러 주석서들은 그가 신심 깊은 자(saddhādhi-mutta)들 가운데 으뜸이라고 부처님께서 인정하셨다고 적고 있다.

100) 라훌라(Rāhula) 존자는 세존의 외아들이다. 라훌라 존자는 세존이 출가하시던 날 태어났다. 세존께서는 깨달음을 증득하신 지 2~3년 뒤에 부친 숫도다나(Suddhodana, 淨飯) 왕의 간청으로 고향 까삘라왓투를 방문하셨는데 그때 부처님의 아내였던 야소다라(Yasodhāra, 아래 A1:14:5-11 밧다 깟짜나 주해 참조)는 라훌라를 세존께 보내어서 상속물을 달라 하라고 시켰다. 라훌라의 말을 듣고 세존께서는 사리뿟따 존자에게 라훌라를 출가시키게 하셨다. 무소유의 삶을 사시는 부처님이 아들에게 상속물로 줄 것은 출가밖에 없었을 것이다. 라훌라 존자를 출가시키면서 세존께서는 라훌라 존자에게 "다시는 세상에 태어나지 말라(mā lokaṁ punar-āgami — Sn.339)"라는 간곡한 말씀을 하셨다.
부처님께서 라훌라를 가르치신 여러 경들이 초기경전군에 전승되어 온다.

3-2. "믿음으로 출가한 자들 가운데서 랏타빨라[101]가 으뜸이다."

3-3. "가장 처음으로 식권[102]을 받은 자들 가운데서 꾼다다나[103)

그 가운데서 라훌라 존자를 가르치신 최초의 경은 『맛지마 니까야』「암 발랏티까 라훌라 교계경」(M61)인데 여기서 부처님께서는 발 씻는 세숫 대야의 비유로 그를 엄하게 가르치신다. 이 가르침은 아쇼까 대왕에게도 큰 감명을 주어서 그의 명령으로 바위에 새긴 아쇼까 대왕의 칙령에서도 이 경의 일부를 언급하고 있다. 라훌라 존자는「짧은 라훌라 교계 경」 (M147)을 통해서 아라한이 되었다. 그 외에도 라훌라를 교계하신 (Rāhulovāda) 경이 몇 개 더 전해온다.(M62; S.iii.105; A.iii.152 등) 이 런 라훌라 존자였기에 세존께서는 그를 배우기를 좋아하는(sikkhā-kāma) 비구 가운데서 으뜸이라고 하셨다. 북방에서는 밀행(密行)제일이 라 부른다.

101) 랏타빨라(Raṭṭhapāla) 존자는 꾸루(Kuru)의 툴라꼿티따(Thullakoṭṭhi-ta)의 유명한 가문 출신이다. 그의 간절한 출가 이야기와 출가 후 자기 집 에 가서 가족들을 교화한 이야기는 『맛지마 니까야』「랏타빨라 경」 (M82)에 상세히 전해온다. 이런 이유로 세존께서는 믿음으로 출가한 자 (saddhā-pabbajita)들 가운데 으뜸이라고 칭찬하신 것이다.

102) '식권(salāka)'은 승가 전체를 위해서 받은 대중공양을 배분하는 차례나 투표의 순서 등을 정하기 위해서 나무로 만든 표식을 말한다.(PED)

103) 꾼다다나(Kuṇḍadhāna) 존자는 사왓티의 바라문 가문에서 태어났으며 베다에 능통했다고 한다. 그의 이름은 원래 다나(Dhāna)였다. 그가 꾼다 다나 혹은 꼰다다나라고 불리게 된 데는 이상한 인연이 있다. 그는 부처님 의 가르침을 듣고 출가하였는데 그때부터 이상한 일이 벌어졌다. 자신은 모르지만 젊은 여인의 모습이 항상 그를 따라다녔다. 탁발을 가면 여인네 들은 그에게 두 사람분의 음식을 주면서 '하나는 당신 여자 친구의 것입니 다.'하면서 놀렸고 비구들도 그를 '우리 존자는 참 꼬부라지기도(꾼다, kuṇḍa/koṇḍa)하지.'라면서 놀렸다고 한다. 그래서 그의 이름이 꾼다다나 혹은 꼰다다나가 되었다 한다. 그는 상심하여 탁발을 갈 수도 없었고 제대 로 수행을 할 수도 없었다고 한다.
꼬살라의 빠세나디 왕이 이 소문을 듣고 그에게 늘 공양을 베풀기로 약속 을 하여 탁발을 가지 않고도 수행에 전념할 수 있었으며 그래서 아라한이 되었다고 한다. 그러자 그 여인의 모습은 없어졌다고 한다.

가 으뜸이다."

3-4. "영감을 가진 자들 가운데서 왕기사104)가 으뜸이다."

3-5. "모든 면에서 청정한 믿음을 내게 하는 자들 가운데서 왕간따의 아들 우빠세나105)가 으뜸이다."

그는 세존을 상수로 여러 비구대중이 욱가나가라의 마하수밧다(Mahā-Subhaddā)와 사께따(Sāketa)의 쭐라수밧다와 수나빠란따(Sunāparanta)로 유행을 갔을 때 늘 제일 먼저 식권을 받았다고 한다. 그래서 그는 식권을 처음 받는 비구들 가운데 으뜸이라고 불리게 된 것이다.

104) 왕기사(Vaṅgīsa) 존자는 바라문 가문에 태어나서 베다에 능통한 자였다. 특히 그는 죽은 사람의 머리(sīsa)를 손톱(nakha)으로 쳐서 그가 죽어서 어디에 태어났는지를 알아맞히는 재주가 있어서 많은 돈을 벌었다고 한다. 3년간 큰돈을 번 뒤에 부처님을 뵈러 갔다. 부처님께서는 아라한의 해골을 주시면서 알아맞히게 하였지만 그는 아무 것도 알 수가 없었다. 그래서 그는 니그로다깝빠(Nigrodhakappa) 존자를 은사로 출가하였으며 몸의 32가지 부위에 대한 혐오를 수행해서 아라한이 되었다고 한다.
그는 시를 잘 짓기로 유명하였다. 『장로게』에는 그가 지은 많은 시가 전해오며(Thag.1208~1279) 『상윳따 니까야』의 「왕기사 상응」(S8)은 모두 그와 관계된 경을 모은 것이다. 이런 이유로 세존께서는 그를 영감을 가진 자(paṭibhānavanta)들 가운데 으뜸이라고 하신 것이다.

105) 왕간따의 아들 우빠세나(Upasena Vaṅgantaputta) 존자는 날라까(Nālaka)에서 루빠사리(Rūpasārī)의 아들로 태어났으며 왕간따는 그의 아버지이다. 베다에 통달했지만 출가하여 부처님 제자가 되었다. 그는 출가한 지 1년 만에 출가자의 수를 늘리기 위해 상좌를 두어서 그를 데리고 부처님께 갔다. 세존께서는 그의 성급함을 나무라셨고 그는 세존으로부터 모든 면에서 신뢰받는 제자가 되려고 결심하고 정진에 몰두하여 아라한이 되었다고 한다. 그 후 존자는 여러 가지 두타행을 닦았으며 많은 회중을 거느렸다고 한다.
그는 설법을 잘하기로 유명하였으며 그래서 많은 사람들이 부처님의 신도가 되었다고 한다. 그래서 세존께서는 그를 모든 면에서 청정한 믿음을 내게 하는 자(samanta-pāsādika)들 가운데서 으뜸이라고 하신 것이다.

3-6. "거처를 배당하는 자들 가운데서 말라의 후예 답바[106])가 으뜸이다."

3-7. "신들이 좋아하고 마음에 들어 하는 자들 가운데서 삘린다왓차[107])가 으뜸이다."

3-8. "빠르게 최상의 지혜를 얻은 자들 가운데서 나무껍질로 만든 옷을 입은 바히야[108])가 으뜸이다."

---

106) 말라의 후예 답바(Dabba Mallaputta) 존자는 아누삐야(Anupiya) 혹은 꾸시나라(Ap.473)에서 말라 족의 가문에 태어났다. 그가 태속에 있을 때 그의 어머니가 죽었다고 한다. 그래서 화장을 하였는데 그는 나무 장작 (dabba-tthambha) 안에서 발견되었으며 그래서 답바라고 불리게 되었다고 한다.
그는 일곱 살에 부처님을 뵙고 할머니에게 출가하겠다고 하여 출가하였는데 머리를 깎는 순간에 아라한이 되었다고 한다. 그는 세존을 따라 라자가하로 갔으며 객스님들이나 신도들의 방을 배정하는 소임을 맡았다고 한다. 일곱 살의 아라한이 소임을 잘 본다는 소문을 듣고 각처에서 일부러 그를 보기 위해서 찾아오기도 하였다고 한다. 그래서 세존께서는 거처를 배당하는 자(senāsana-paññāpaka)들 가운데 으뜸이라고 그를 칭찬하시는 것이다.

107) 삘린다왓차(Pilinda-Vaccha) 존자는 사왓티의 바라문 가문에 태어났다. 삘린다는 그의 이름이고 왓차는 족성이다. 그는 쭐라간다라 주문 (Cūla-Gandhāra-vijjā, D11. §5의 주해 참조)에 능통하였는데 세존께서 정각을 이루신 날부터 그 주문이 효력이 없었다. 그는 마하간다라 (Mahā-Gandhāra) 주문이 쭐라간다라 주문을 무력화시킨다는 말을 듣고 부처님이 그 주문을 아실 것이라 여기고 부처님 문하로 출가하였다고 한다. 그는 부처님이 가르치신 대로 수행하여 아라한이 되었다고 한다.
전생에 그의 지도로 수행하여 천상에 태어나게 된 신들이 그에게 고마움을 표하기 위해서 아침저녁으로 그의 시중을 들었다고 한다. 그래서 그는 신들이 좋아하고 마음에 들어 하는 자(devatānaṁ piyamanāpa)들 가운데 으뜸이라고 불리게 되었다 한다.

108) 나무껍질로 만든 옷을 입은 바히야(Bāhiya Dārucīriya) 존자는 바히야

3-9. "다양하게 설법하는 자들 가운데서 꾸마라깟사빠109)가 으뜸

혹은 바루깟차(Bhārukaccha, Ap.476)의 상인이었다고 한다. 그는 일곱
번을 배를 타고 교역을 하여 크게 성공을 하였는데 여덟 번째에는 수완나
부미(Suvaṇṇabhūmi)로 향하던 중 배가 풍랑에 가라앉아 수빠라까
(Suppāraka) 부근에 아무 것도 걸치지 않은 채 떠밀려 왔다고 한다. 그래
서 그는 나무껍질로 옷을 삼아 음식 구걸을 다녔는데 그 후 그는 누가 옷
을 주어도 입지 않고 나무껍질로 만든 옷을 입고 검소하게 탁발하는 수행
자가 되었다고 한다. 그래서 그를 나무껍질로 만든 옷을 입는 자(dāru-
cīriya)라고 부른다.
그는 그렇게 살면서 자신이 아라한이 되었다고 믿었다고 하는데 인연 있
는 어떤 신이 그를 사왓티의 부처님께로 인도해서 법을 듣도록 하였다고
한다. 그는 탁발하시는 세존을 뒤따르면서 법을 설해주시기를 간청하였지
만 부처님은 바른 시간이 아니라고 거절하셨다. 언제 죽을지 모르니 법을
설해달라는 그의 간청에 부처님께서는 법을 설하셨고 그는 법을 듣고 바
로 아라한이 되었다고 한다. 그런 다음 바로 그는 송아지를 가진 암소에
받혀서 죽었다. 소똥에 범벅이 되어 있는 그의 시신을 부처님께서는 잘 수
습하여 화장을 하게 하시고 그의 탑을 세우게 하셨다고 한다.
그는 탁발하시는 부처님으로부터 법을 듣고 그 자리에서 바로 아라한과를
증득하였기 때문에 빠르게 최상의 지혜(초월지)를 얻은 자(khippa-
abhiñña)들 가운데서 으뜸이라고 부처님의 칭찬을 받게 된 것이다. 빠르
게 최상의 지혜를 얻는 자에 대해서는 본서 제2권「상세하게 경」
(A4:162)과「흐름을 따름 경」(A4:5) §1의 최상의 지혜에 대한 주해를
참조할 것.

109) 꾸마라깟사빠(Kumāra-Kassapa) 존자의 어머니는 라자가하 출신이라
고 한다. 그녀는 출가하고자 하였으나 부모가 허락하지 않았다. 결혼한 뒤
에 남편의 동의를 받아 비구니가 되어 사왓티에 머물렀다. 출가하고 보니
그녀는 임신을 하고 있었고 그래서 승가에서 큰 문제가 되었다. 세존께서
는 우빨리 존자에게 사태 해결을 위임하셨고 상세한 조사 끝에 그녀는 결
백한 것으로 판명되었으며 우빨리 존자는 세존으로부터 큰 칭찬을 들었다
고 한다. 아이가 태어나자 빠세나디 왕이 깟사빠라는 이름을 지어 아이를
키웠으며 일곱 살에 출가하였다고 한다.
그는 어린애(kumāra)였을 때 승가에 들어왔고 왕이 키웠기 때문에
(kumāra는 왕자 즉 rājakumāra라는 뜻도 됨) 꾸마라깟사빠라는 이름을

이다."

3-10. "무애해를 얻은 자들 가운데서 마하꼿티따110)가 으뜸이다."

(4) 네 번째

4-1. "비구들이여, 많이 들은[多聞] 나의 비구 제자들 가운데서 아난다111)가 으뜸이다."

4-2. "마음챙김을 가진 자들 가운데서 아난다가 으뜸이다."112)

4-3. "총명한 자들 가운데서 아난다가 으뜸이다."113)

가졌다. 그는 『맛지마 니까야』 「왐미까 경」(Vammika Sutta, M.i.143) 을 통해서 아라한이 되었다. 그가 왜 다양하게 설법하는 자(citta-kathika)들 가운데서 으뜸이라고 세존의 칭찬을 받는가 하는 것은 『디가 니까야』 제2권 「빠야시 경」(D23)이 좋은 보기가 된다. 「빠야시 경」에 서 그는 대략 14개 정도의 상세하고 다양한 비유를 들면서 빠야시 태수에게 설법하고 있다.

110) 마하꼿티따(Mahā-Koṭṭhita) 존자에 대해서는 본서 제2권 「마하꼿티따 경」(A4:174) §1의 주해를 참조할 것. 무애해에 대해서는 본서 제2권 「논 사 경」(A4:140) §1의 주해를 참조할 것.

111) 아난다(Ānanda) 존자는 부처님의 사촌 동생이고, 부처님의 후반부 25년 동안 시자로 있으면서 부처님의 가르침을 가장 많이 듣고 외운 분이며, 경의 결집에서 경을 암송하는 역할을 맡아서 불법의 체계화에 지대한 역할을 한 분이라는 것은 잘 알려져 있다. 그래서 북방에서는 아난다 존자를 다문제일로 간주하여 10대 제자에 포함시키고 있다. 아난다 존자에 대해서는 『디가 니까야』 제1권 역자 서문 §3의 후반부를 참조할 것.

112) "아난다 장로는 부처님 말씀을 수지한 뒤에 그것을 호지하는 마음챙김 (dhāraṇaka-sati)이 다른 장로들보다 더 강했기 때문에 마음챙김을 가진 자(satimā)들 가운데서 으뜸이리 한다."(AA.i.286)

113) "한 구절(eka-pada)을 통해서 6천의 구절을 수지하면서 스승이 말씀하

4-4. "활력을 가진 자들 가운데서 아난다가 으뜸이다."114)

4-5. "시자들 가운데서 아난다가 으뜸이다."

4-6. "큰 회중을 가진 자들 가운데서 우루웰라깟사빠115)가 으뜸
이다."

4-7. "자기 가문에게 청정한 믿음을 가지게 하는 자들 가운데서

신 방법대로 모든 구절들을 알기 때문에 총명한 자(gatimā)들 가운데서
으뜸이라 한다."(AA.i.287)
"아주 큰 지혜를 가진 자(atisayā ñāṇa-gati)를 '총명한 자(gatimā)'라
한다."(MAṬ.ii.237)

114) "부처님 말씀을 파악하는 노력(ugganhana-viriya)과 반복해서 익히는
(sajjhāyana) 노력과 호지하는(dhāraṇa) 노력과 스승을 시봉하는
(upaṭṭhāna) 노력에 관한 한 그와 비견할 다른 자들이 없기 때문에 활력
을 가진 자(dhitimā)들 가운데서 으뜸이라 한다."(AA.i.287)

115) 우루웰라깟사빠(Uruvela-Kassapa) 존자는 우리에게 가섭 삼형제
(Tebhātika-Jaṭila, 직역하면 엉킨 머리 삼형제)로 알려진 세 명의 외도
수행자 가운데 맏형이다. 그들은 부처님께서 6년 고행을 하신 우루웰라의
네란자라(Nerañjarā) 강의 언덕에 살고 있었다. 맏형인 우루웰라 깟사빠
는 500명의 제자를 거느리고 제일 상류에, 둘째인 나디깟사빠(Nadī-
Kassapa)는 300명의 무리와 함께 중류에, 셋째인 가야깟사빠(Gayā-
Kassapa)는 200명의 무리와 함께하류에 살고 있었다고 한다. 그들은 불
을 섬기는 자들이었다. 부처님께서는 우루웰라의 거처로 가서 그가 섬기
던 사나운 용(Nāga)을 조복 받고 그들을 모두 제자로 받아들이셨다. 이
사건을 계기로 부처님께서는 천 명의 제자를 얻게 되었으며 라자가하에서
부처님의 명성이 크게 퍼지게 되었다. 그 후에 가야시사(Gayāsīsa)에서
그들에게 하신 부처님의 불의 설법(Āditta-sutta, S35/iv.19f)을 듣고 모
두 아라한이 되었다고 한다.
우루웰라 깟사빠는 500명의 회중을 거느렸기 때문에 큰 회중을 가진 자
(mahā-parisa)들 가운데서 으뜸이라고 세존께서는 말씀하시는 것이다.

깔루다이116)가 으뜸이다."

4-8. "병 없이 [장수하는] 자들 가운데서 박꿀라117)가 으뜸이다."

---

116) 깔루다이(Kāḷudāyī) 존자는 까삘라왓투의 숫도다나(Sudhodhāna, 정반, 부처님의 부친) 왕의 대신의 아들로 태어났다. 그는 부처님과 같은 날에 태어나서 어릴 적부터 친구였다고 한다. 그를 우다이라 부르는 것은 그는 사람들의 마음이 기쁨으로 고무된 날에 태어났기 때문이라고 하며 (udaggacittadivase jātattā) 깔라(Kāḷa)라고 부르는 것은 그는 조금 검었기 때문이라고 한다. 세존이 출가하신 뒤 정반왕은 그를 요직에 임명하였다고 한다.
세존이 성도했다는 소식을 들은 정반왕은 사람들을 보내서 세존을 까삘라왓투로 초청하려 했는데 그들은 가는 족족 부처님 말씀을 듣고 아라한이 되어 그들의 임무와는 상관없는 자들이 되고 말았다. 그래서 정반왕은 깔루다이를 보냈다. 그도 세존의 말씀을 듣고 아라한이 되어 출가를 했지만 정반왕의 부탁을 잊지 않고 있었다. 그래서 부처님께 간청을 하여 까삘라왓투를 방문하시게 하였다. 그는 먼저 본국으로 향하여 그의 집을 방문하였는데 그의 가족들은 모두 세존께 대한 청정한 믿음을 가지고 있었다고 한다. 그래서 세존께서는 그를 자기 가문이 청정한 믿음을 가지게 하는 자(kula-ppasādaka)들 가운데서 으뜸이라고 하신 것이다.

117) 박꿀라(Bakkula/Bākula) 존자는 꼬삼비(Kosambi)의 부유한 상인의 집안에 태어났다. 그가 갓난애였을 때 보모가 야무나 강에서 목욕을 시키다가 떨어뜨려 큰 고기가 삼켜버렸다고 한다. 그 고기는 잡혀서 바라나시의 상인의 집에 팔려갔는데 아이는 하나도 다치지 않고 산 채로 뱃속에서 발견되었다고 한다. 그래서 상인의 아내는 자신의 아이로 삼고 키우겠다고 우겼고 왕은 두 가문에서 공동으로 그를 자식으로 삼으라고 판정을 하였다고 한다. 그래서 그는 박꿀라(ba-kkula, 두 가문에 속하는 자)라고 불리게 되었다고 한다.
그는 80살에 부처님 가르침을 듣고 출가하였으며 출가한 지 8일째 되던 새벽에 아라한이 되었다고 한다. 그는 교단에서 장수한 인물로 꼽히며 120살까지 살았다고 한다. 그래서 세존께서는 그를 병 없이 [장수하는] 자(appābādha)들 가운데서 으뜸이라고 꼽으신 것이다. 주석서는 초기교단에서 장수한 인물로 미히깟시빠 존자, 박꿀라 존자, 아난다 존자를 들고 있는데 모두 120세까지 사신 분들로 알려져 있다.(AA.iii.243~244)

4-9. "전생을 기억하는 자들 가운데서 소비따118)가 으뜸이다."

4-10. "율을 호지하는 자들 가운데서 우빨리119)가 으뜸이다."

4-11. "비구니들을 교계하는 자들 가운데서 난다까가 으뜸이다."120)

4-12. "감각기능들의 문을 잘 보호하는 자들 가운데서 난다121)가

---

118) 소비따(Sobhita) 존자는 사왓티의 바라문 가문에 태어났으며 부처님 설법을 듣고 출가하여 아라한이 되었다 한다. 그는 전생을 기억하여 500겁 이전의 일을 무의식 상태에서 파악하여 마치 허공에 발을 드러내 보이듯이 보일 수 있었다고 한다. 그래서 부처님께서는 그를 전생을 기억하는 자 (pubbenivāsaṁ anussaranta)들 가운데서 으뜸이라고 하시는 것이다. 『담마상가니 주석서』에 의하면 그는 아비담마의 대가였던 것 같다. (DhsA.32)

119) 우빨리(Upāli) 존자는 까삘라왓투의 이발사 가문(kappaka-geha)에 태어났다. 그는 사꺄의 아누삐야(Anupiya)에서 밧디야(Bhaddiya), 아누룻다(Anuruddha), 아난다(Ānanda), 바구(Bhagu), 낌빌라(Kimbila), 데와닷따(Devadatta) 같은 사꺄 족의 왕자들과 함께 출가하였으며 세존으로부터 명상주제를 받아 수행하여 아라한이 되었다.
율장에 의하면 부처님 생전에도 비구들은 그에게서 율을 배우고 싶어 할 정도로 그는 율에 관한 한 최고의 전문가로 추앙을 받았으며 개인적인 어려움을 우빨리 존자와 상의하는 비구들도 많았다고 한다. 잘 알려진 대로 그는 율장의 결집을 주도한 사람이며 북방에서도 지계제일로 부처님의 10대 제자에 포함된 분이다. 본경에서도 세존께서는 그를 율을 호지하는 자 (vinaya-dhara)들 가운데 으뜸이라고 칭찬하고 계신다.

120) 난다까(Nandaka) 존자는 본서 「살하 경」(A3:66) §1의 주해를 참조할 것.

121) 난다(Nanda) 존자는 세존의 이복동생으로 숫도다나(정반) 왕과 마하빠자빠띠(Māhapajāpatī) 왕비 사이에서 태어났다. 부처님이 까삘라를 방문하시던 삼일 째 되던 날은 난다가 태자의 대관식 겸 자나빠다깔랴니 난다(Janapadakalyāṇī Nandā, 절세미인 난다라는 뜻)와 결혼식을 올리던 날이었다. 세존께서는 난다를 데리고 와서 출가하게 하였다. 세존의 말씀

으뜸이다."

4-13. "비구들을 교계하는 자들 가운데서 마하깝삐나122)가 으뜸
이다."

을 거절하지 못한 난다는 출가는 하였지만 아내 생각 때문에 몸도 상하고
의기소침하게 되었다. 그러자 세존께서는 신통력으로 난다를 데리고 히말
라야로 가서 암 원숭이를 가리키시면서 저 원숭이와 그의 아내 중에서 누
가 더 예쁘냐고 하시자 당연히 난다는 그의 아내 자나빠다깔랴니가 훨씬
예쁘다고 대답한다. 그러자 세존께서는 그를 삼십삼천으로 데리고 가셔서
신들의 왕 인드라가 요정들과 노는 것을 보여주시면서 저 요정들과 아내
중에 누가 더 예쁘냐고 물으신다. 난다가 요정들이 훨씬 아름답다고 대답
하자 세존께서는 중노릇을 잘하면 저 요정들 가운데 한 사람을 아내로 맞
을 수 있다고 하신다. 그래서 난다는 다시 활력을 되찾았다고 한다.
제따 숲으로 돌아온 세존께서 장로 비구들에게 이 이야기를 알려주셨고
장로 비구들이 난다에게 사실이냐고 묻자 그는 부끄러워하는 마음으로 가
득하게 된다. 그래서 열심히 정진하여 아라한이 되었다고 한다. 그 후 난
다 존자는 스스로를 잘 제어하고 육근을 잘 방호하고 단속하였기 때문에
세존께서는 그를 감각기능들의 문을 잘 보호하는 자(indriyesu gutta-
dvāra)들 가운데 으뜸이라고 칭찬하신 것이다.

122)   마하깝삐나(Mahā-Kappina) 존자는 꾹꾸따와띠(Kukkuṭavatī)라는 변
방에 있는 나라의 왕가에 태어났다. 그의 아버지가 죽자 마하깝삐나라는
이름의 왕이 되었다. 그는 세존보다 나이가 많았다고 한다. 세존이 정각을
이루신 뒤에 사왓티에서 온 상인들로부터 부처님이 출현하셨다는 말을 듣
고 전율을 느낀 그는 왕위를 버리고 그의 대신들과 함께 세존을 찾아와서
출가하여 모두 아라한이 되었다고 한다. 그의 아내 아노자(Anojā)도 왕이
대신들과 함께 출가하였다는 말을 듣고 대신들의 아내들과 함께 역시 출
가하여 예류과를 얻었다고 한다.
마하깝삐나 존자는 홀로 禪을 닦는 것에만 치중하였다고 하는데 이를 아
신 부처님께서 설법을 하라고 권하셨고 그는 단 한 번의 설법으로 천 명의
비구들을 아라한이 되게 하였다고 한다. 그래서 세존께서는 그를 두고 비
구들을 교계하는 자(bhikkhu-ovādaka)들 가운데 으뜸이라고 칭찬하신
것이다.

4-14. "불의 요소에 능숙한 자들 가운데서 사가따123)가 으뜸이다."

4-15. "[스승으로 하여금 법을 설함] 영감을 일으키게 하는 자124)
들 가운데서 라다125)가 으뜸이다."

---

123) 사가따(Sāgata) 존자는 소나 꼴리위사(위 A1:14:2-8 주해 참조)가 빔비
사라 왕을 만나러 왔을 때 부처님의 시자로 있었다고 한다. 그는 신통이
뛰어났다고 한다. 그는 밧다와띠까(Bhaddavatikā)에서 암바띳타(Amba
-tittha)라는 용의 맹렬한 화염(tejo)을 화염으로 제압하여 그를 굴복시켜
서 신도들로부터 크게 칭송을 들었다. 그 뒤 세존을 모시고 꼬삼비를 가자
그의 소문을 들은 신도들이 육군비구(六群比丘)들의 선동으로 술을 공양
했고 그는 크게 취해서 인사불성이 되어버렸다. 이를 계기로 해서 술을 마
시지 말라는 비구계목이 제정되었다고 한다.(Vin.iv.108f) 다음날 자신의
잘못을 안 그는 세존께 참회를 하였고 세존의 용서를 받은 그는 수행에 몰
입하여 아라한이 되었다고 한다. 그는 용을 화염(불)으로 제압하였기 때문
에 불의 요소에 능숙한 자(tejodhātu-kusala)들 가운데서 으뜸이라고 불
리게 되었다.

124) '[스승으로 하여금 법을 설함] 영감을 일으키게 하는 자'는 paṭibhāne-
yyaka를 옮긴 것인데 주석서는 "스승으로 하여금 법을 설할 영감
(paṭibhāna)을 가지게 하는 조건이 되는(paccaya-bhūta) 영감을 촉발
시키는 비구"(AA.i.327)라고 설명하고 있어서 이렇게 옮겼다. 즉 스승이
법을 설할 때 대중들이 알고자 하는 것을 잘 설해주시도록 인연을 만들어
주는 질문이나 행동을 하는 재능이나 재치를 가진 사람이라는 뜻이다.

125) 라다(Rādha) 존자는 라자가하의 바라문이었다. 나이가 들어 아들들로부
터 천대를 받자 출가를 하였다. 비구들은 나이가 많다고 거절을 하였지만
세존께서 사리뿟따의 제자로 출가를 하게 하셨다. 그는 출가한지 오래지
않아 아라한이 되었다고 한다.
세존께서는 라다 존자를 보면 설법의 주제를 다루는 방법이나 그것을 드
러내 보이는 여러 가지 비유가 잘 떠올랐다고 하는데 그것은 라다의 견해
가 풍부하였고(diṭṭhi-samudācāra) 그가 세존께 확고한 믿음(okappa-
niya-saddhā)이 있었기 때문이라고 한다. 그래서 그는 [스승으로 하여금
법을 설함] 영감을 일으키게 하는 자들 가운데서 으뜸이라고 칭송되는 것
이다. 라다 존자는 잠시 부처님의 시자가 되기도 하였다.

4-16. "남루한 옷을 입는 자들 가운데서 모가라자126)가 으뜸이다."

(5) 다섯 번째127)

5-1. "비구들이여, 나의 구참 비구니 제자들 가운데서 마하빠자빠띠 고따미128)가 으뜸이다."

---

126) 모가라자(Mogharāja) 존자는 『숫따니빠따』 제5장 「도피안 품」에 나타나는 연로한 바와리(Bāvarī) 바라문의 16명의 제자 가운데 한 사람으로 바라문 출신이었다. 그는 그가 「도피안 품」에서 세존께 드린 질문에 대한 세존의 답변을 듣고 아라한이 되었다고 한다. 그래서 모가라자 존자는 검증(vīṁsā)만으로 아라한이 된 사람의 본보기로 언급되기도 한다. (SA.iii.256)
그 후 그는 대상이나 염색공이나 옷 만드는 사람들이 버린 거친 천을 거칠게 자르고 거칠게 꿰매고 거칠게 물들여 분소의를 만들어 입었다고 한다. 그래서 세존께서는 그를 남루한 옷을 입는 자(lūkha-cīvara-dhara)들 가운데서 으뜸이라고 칭찬하시는 것이다.

127) 장로니들 가운데서 으뜸가는 13분을 들고 있다.

128) 마하빠자빠띠 고따미(Mahāpajāpati Gotami) 장로니는 데와다하(Devdaha)의 숩빠붓다(Suppabuddha)의 딸이며 부처님의 어머니인 마하마야(Mahāmāyā) 부인의 동생이기도 하다. 마하마야 부인이 세존을 낳은 지 7일 만에 돌아가시자 세존을 양육하였으며 세존의 아버지인 숫도다나 왕과 결혼하여 세존의 계모가 되었다. 숫도다나 왕 사이에서 난다(Nanda, 위 A1:14:4-12 주해 참조)를 낳았는데 난다는 유모에게 맡기고 자신은 세존을 돌봤다고 한다.
세존께서 사꺄 족과 꼴리야 족 사이에 로히니 강물 때문에 일어난 분쟁을 중재하러 오셨을 때 500명의 사꺄 족 남자들이 출가하였다. 마하빠자빠띠는 그들의 아내들과 함께 세존께 여인들도 출가하게 해달라고 간청을 하였지만 세존께서는 거절하셨다. 세존께서 웨살리로 가시자 그녀는 500명의 여인들과 함께 맨발로 웨살리까지 가서 간청을 하였지만 세존께서는 역시 거절하셨다. 아난다 존자가 그녀의 편을 들어서 팔경계법으로 중재를 하여 마침내 비구니 교단이 성립되게 되었다.(Vin.ii.253ff; A.iv.274ff) 그래서 마하빠자빠띠 장로니는 비구니들 가운데서 가장 구참(rattaññū)

5-2. "큰 통찰지를 가진 자들 가운데서 케마129)가 으뜸이다."

5-3. "신통력을 가진 자들 가운데서 웁빨라완나130)가 으뜸이다."

5-4. "율을 호지하는 자들 가운데서 빠따짜라131)가 으뜸이다."

이 된다.

129) 케마(Khemā) 장로니는 맛다(Madda) 지방에 있는 사갈라(Sāgala)의
왕족 출신이다. 그녀는 뛰어난 외모를 가졌으며 빔비사라 왕의 첫째 왕비
였다. 세존께서 라자가하의 대나무 숲(Veluvana)에 머무실 때 세존께서
는 형상의 덧없음을 말씀하신다는 말을 듣고 자신의 외모도 덧없다고 말
씀하실 거라 여기고 세존을 뵈러 가지 않았다고 한다. 빔비사라 왕의 설득
으로 세존을 뵈러갔는데 세존은 그녀의 면전에 그녀보다 훨씬 아름다운
천상의 요정을 만들어서 그 요정이 점점 늙어서 형편없이 되어 쓰러져 죽
는 모습을 보이게 하셨다. 그것을 본 그녀는 낙담에 빠졌고 부처님께서는
그녀에게 형상의 덧없음을 설하셨다. 세존의 설법을 듣고 그녀는 아라한
이 되었다고 하며 왕의 허락을 받아서 출가하였다고 한다. 케마 장로니는
여러 곳에서 비구니들 가운데서 제일로 칭송되었으며 여기서도 세존께서
는 지혜제일이라 칭찬하신다.

130) 웁빨라완나(Uppalavaṇṇā) 장로니는 사왓티에서 상인의 딸로 태어났다.
그녀의 피부가 청련(uppala)과 같아서 지은 이름이라고 한다. 그녀는 아
름다워서 많은 왕들로부터 청혼을 받았지만 그녀의 아버지는 출가하기를
원했고 그녀도 그것을 당연한 것으로 받아들였다.
출가하여 포살일에 등불을 켜고 집회소를 청소하면서 그 등불의 불꽃을
광명의 까시나(tejo-kasiṇa)로 하여 禪을 증득하였고 무애해를 갖춘 아
라한이 되었다 한다. 웁빨라완나 장로니는 특히 변형의 신통(iddhi-
vikubbana, 『청정도론』 XII.22~24 참조)에 능했다고 한다. 사리뿟따
장로와 마하목갈라나 장로가 부처님의 두 비구 상수제자이듯이 경에서 케
마 장로니와 웁빨라완나 장로니는 부처님의 두 비구니 상수제자로 거명된
다.

131) 빠따짜라(Paṭācārā) 장로니는 사왓티의 상인의 딸로 태어났다. 그녀는 하
인과 눈이 맞아서 도망을 쳐서 살았는데 해산일이 가까워지자 집으로 돌
아가기를 원했다. 그러나 집으로 가는 도중에 아이를 낳았기 때문에 다시

5-5. "법을 설하는 자들 가운데서 담마딘나[132]가 으뜸이다."

5-6. "禪을 얻은 자들 가운데서 난다[133]가 으뜸이다."

되돌아갔고 두 번째 아이를 낳을 때도 마찬가지였다. 그 뒤 남편은 산에
나무하러 갔다가 뱀에 물려 죽고 그녀는 두 아이를 데리고 친정으로 가다
가 강에서 두 아이를 다 잃어버렸으며 겨우 사왓티로 갔을 때 바로 전날
밤에 불이 나서 아버지도 형제도 모두 죽었다는 소식을 들었다. 마침내 그
녀는 미쳐서 돌아다니느라 옷도 모두 벗겨져버렸다. 사람들이 외투를 주
어도 입지 않았다. 그래서 옷(paṭa)도 걸치지 않고 다닌다(paṭaparihara-
ṇaṁ vinā carati)고 해서 빠따짜라라고 불리게 되었다 한다.
미쳐서 이리저리 다니다 마침내 그녀는 제따 숲으로 오게 되었고 사람들
의 제지에도 불구하고 세존께로 다가갔다. 세존은 연민 가득한 마음으로
그녀에게 말씀을 건넸고 세존의 자비심에 감복되어 그녀는 정신이 들어서
땅에 쓰러졌다. 깨어나서 사람들이 준 외투를 걸친 뒤 세존이 하신 말씀을
듣고 예류자가 되어 출가하였다. 어느 날 물에 손을 씻다가 세존의 말씀을
듣고 아라한이 되었다. 그 후 빠따짜라 장로니는 많은 여인들에게 훌륭한
스승이 되었으며 세존으로부터 율을 호지하는(vinaya-dhara) 비구니들
가운데서 으뜸이라고 칭찬을 받게 된 것이다.

132) 담마딘나(Dhammadinnā) 장로니는 라자가하의 거부 위사카(Visākha)
      장자의 아내였다.(사왓티에 사는 녹자모의 남편 위사카가 아님) 그녀는 부
      처님의 설법을 듣고 불환자가 되어 남편의 동의를 받아 출가하였다. 남편
      은 그녀를 황금 가마에 태워서 출가시켰다고 한다. 출가하여 숲 속에서 홀
      로 거주하며 수행을 하여 무애해를 갖춘 아라한이 되었다.
      아라한이 되어 라자가하로 세존을 뵈러갔다가 남편을 만나서 나눈 대화가
      『맛지마 니까야』「짧은 방등경」(M44)이다. 비구니의 설법이 경으로
      남은 경우는 드문데「짧은 방등경」은 담마딘나 장로니의 깊은 통찰지를
      유감없이 보여주는 멋진 경이다. 이 경을 통해서 왜 세존께서는 담마딘나
      장로니가 설법제일이라고 칭찬하셨는지 충분히 알 수 있다.

133) 난다(Nandā) 장로니는 숫도다나(정반) 왕과 마하빠자빠띠 왕비 사이에
      서 난 딸이었다. 그래서 난다 존자(위 A1:14:4-12 주해 참조)의 여동생이
      며 세존의 이복 여동생이기도 하다. 그녀가 자신의 미모에 자부심을 가지
      고 있는 것을 아신 부처님이 그녀를 위해서 하신 설법을 듣고 외모의 헛됨

5-7. "열심히 정진하는 자들 가운데서 소나[134]가 으뜸이다."

5-8. "천안을 가진 자들 가운데서 사꿀라[135]가 으뜸이다."

5-9. "빠르게 최상의 지혜(초월지)를 얻은 자들 가운데서 곱슬머리 밧다[136]가 으뜸이다."

을 깨닫고 아라한이 되었다고 한다. 그래서 난다 장로니는 루빠난다 (Rūpanandā)라고도 불린다. 아라한이 된 후 禪에 들기를 좋아하였다고 한다. 그래서 세존께서는 난다 장로니를 禪을 얻은(jhāyī) 비구니들 가운데 으뜸이라고 칭찬하시는 것이다.

마하빠자빠띠 왕비가 출가할 때 함께 출가한 여인들 가운데 세 명의 난다가 있었는데, 이를 구분하기 위해서 본문의 난다 장로니는 순다리 (Sundari)난다 혹은 루빠난다라 불렀고 난다 존자의 아내였던 난다는 자나빠다깔랴니 난다라 불렀고 사꺄족 케마의 딸인 난다는 아비루빠 (Abhirūpa)난다라고 불렀다. 전부 뛰어난 미인이라는 의미이다.

134) 소나(Sonā) 장로니는 사왓티의 덕망 있는 가문에 태어났는데 결혼하여 많은 아들과 딸을 낳았다. 그래서 바후뿟띠까(Bahuputtikā, 많은 아들을 가진) 소나라고 불리게 되었다. 그녀는 나이 들어서 재산을 모두 아들들에게 나누어주었지만 아들들의 무시를 당하자 늦은 나이에 출가하였다 한다. 낮에는 비구니들을 시봉하고 밤에는 열심히 정진하여 아라한이 되었다 한다. 그래서 그녀는 열심히 정진하는 자(āraddha-viriya)들 가운데 으뜸이라고 불리는 것이다.

135) 사꿀라(Sakulā) 장로니는 사왓티의 바라문 가문에서 태어났다. 부처님이 설법하시는 것을 듣고 출가하여 오래지 않아서 아라한이 되었다. 그 후 사꿀라 장로니에게는 천안이 생겼으며 세존께서는 천안을 가진(dibba-cakkhukā) 비구니들 가운데 으뜸이라고 하셨다.

136) 곱슬머리 밧다(Bhaddā Kuṇḍalakesā) 장로니는 라자가하의 부유한 상인의 집에 태어났다. 그녀가 태어나던 날 라자가하의 궁중제관에게도 사내아이가 태어났는데 이름을 삿뚜까(Sattuka)라 하였다. 그 아이는 커서 손버릇이 좋지 않아 늘 도적질을 하다가 마침내 잡혀서 라자가하 성 밖에서 교수형에 처하기 위해서 끌려 나가게 되었다. 그런 그를 보고 밧다는

5-10. "전생을 기억하는 자들 가운데서 밧다 까삘라니137)가 으뜸이다."

5-11. "위대한 최상의 지혜(초월지)를 얻은 자들 가운데서 밧다 깟짜나138)가 으뜸이다."

첫눈에 반해서 아버지에게 간청을 하였고 아버지는 뇌물을 써서 삿뚜까를 구출해서 그녀에게 데리고 왔다. 그녀는 사랑에 빠졌지만 그 남자는 밧다의 장신구가 탐이 나서 밧다를 꼬드겨 절벽으로 데리고 갔다. 삿뚜까가 그녀를 죽이려 하자 밧다는 마지막으로 그를 한번 안아보고 싶다고 하고는 그의 뒤로 가서 그를 밀어 절벽에서 떨어뜨려 죽인 뒤 니간타 교단으로 출가했다. 그래서 고행으로 머리를 모두 다 뽑아버렸는데 나중에 곱슬머리가 다시 생겼다고 한다. 그래서 곱슬머리 밧다라 불리게 되었다. 그녀는 니간타의 가르침에 만족하지 못하고 각지를 다니면서 여러 수행자들을 만나 토론하여 그들을 모두 논파할 정도로 출중하였다.

그러나 후에 사리뿟따 존자를 만나서 사리뿟따 존자에게 논파당한 뒤 사리뿟따 존자의 제자가 되고자 하였으나 존자는 그녀를 부처님께로 인도하였다. 부처님의 설법을 들은 그녀는 즉시에 아라한이 되었으며 부처님께서 직접 구족계를 주셨다. 세존의 말씀을 즉시에 알아듣고 아라한이 되었기 때문에 빠르게 최상의 지혜를 얻는(khippa-abhiññā) 비구니들 가운데 으뜸이라고 세존께서는 칭찬하신 것이다.

137) 밧다 까삘라니(Bhaddā-Kapilānī) 장로니는 사갈라의 꼬시야곳따(Ko-siyagotta) 바라문의 딸이면서 마하깟사빠 존자의 재가시절 아내이기도 하다. 마하깟사빠 존자는 재가시절에 삡팔리 바라문 학도(Pipphali māṇava)라 불렸는데 결혼을 하지 않기 위해서 일부러 그림을 그려 이렇게 생긴 여인과 결혼하겠다고 하였는데 사람들이 밧다 까삘라니를 찾아냈다고 한다. 그들은 결혼하여 함께 살았지만 부부관계를 맺지 않았으며 깟사빠 존자가 출가하자 그녀도 따라서 출가하였다고 한다. 그 당시는 아직 비구니 승가가 형성되지 않았을 때라서 그녀는 제따 숲 근처의 띳티야 원림(Titthiyārāma)에서 5년을 머문 뒤에 비구니 교단이 성립되자 비구니계를 받고 출가하여 곧 아라한이 되었으며 아라한이 된 뒤에 전생을 기억하는 지혜가 생겼다고 한다.

5-12. "남루한 옷을 입는 자들 가운데서 끼사고따미139)가 으뜸이다."

5-13. "신심이 깊은 자들 가운데서 시갈라마따140)가 으뜸이다."

---

138) 밧다 깟짜나(Bhaddā Kaccānā) 장로니는 다름 아닌 세존의 아내였고 라
      훌라 존자의 어머니였다. 장로니는 경과 주석서에서 밧다 깟짜나라는 이
      름보다는 라훌라의 어머니(Rāhulamatā)라는 이름으로 더 많이 나타나고
      있다. 장로니는 야소다라(Yasodharā), 빔바데위(Bimbādevī), 빔바순다
      리(Bimbāsundarī) 등으로도 나타나며 북방 문헌에는 야소다라로 많이
      나타나고 있다.
      그녀는 세존과 같은 날에 태어났다고 하며 몸이 황금(kaccana) 빛이었기
      때문에 밧다 깟짜나로 불리었다고 한다.(바라문 족성인 깟짜나 가문과는
      아무 관련이 없음) 16살에 세존과 결혼을 하였고 라훌라를 낳은 날에 세
      존은 출가를 하였다. 그녀는 숫도다나 왕이 서거한 뒤 마하빠자빠띠 고따
      미와 500명의 사꺄 여인들과 함께 출가하였다. 출가한 뒤에 아라한이 되
      었고 최상의 지혜(초월지)를 얻어 한 자리에 앉아서 수백 수천 겁 이전을
      기억할 수 있었다고 한다. 그래서 위대한 최상의 지혜를 얻은(mahā-
      bhiññappattā) 비구니들 가운데서 으뜸이라고 세존께서 칭찬하시는 것
      이다.

139) 끼사고따미(Kisāgotamī) 장로니는 사왓티의 가난한 집안 출신이다. 그
      녀는 아주 말랐기 때문에 끼사(kisā)라고 불리었고 고따미는 이름이었다.
      그녀는 부잣집에 시집가서 구박을 받았지만 사내아이를 낳자 대접을 받았
      다. 그러나 막 걸을만했을 때 아이는 죽어버렸다. 그녀는 죽은 아이를 허
      리에 끼고 거의 미쳐서 아들을 살리려 이리저리 뛰어다녔다. 그녀를 불쌍
      히 여긴 사람들이 세존께로 보내었고 세존께서는 아직 사람이 죽은 적이
      없는 집안에서 겨자씨를 구해오면 아들을 살려주겠노라고 하셨다. 그녀는
      하루 종일 그런 겨자씨를 구하러 다녔지만 헛수고였다.
      그녀는 마침내 죽음은 필연적이라는 사실을 깨닫고 아이를 공동묘지에 내
      려놓고 세존께 와서 출가하도록 허락해달라고 하였다. 그때 그녀는 예류
      과를 얻었다. 출가한 뒤 어느 날 그녀가 깊게 위빳사나를 닦고 있는데 세
      존께서 광휘로운 모습으로 오셔서 설법하셨고 그래서 아라한이 되었다.
      그 후 그녀는 항상 남루한 옷만을 입고(lūkha-cīvara-dhara) 다녔기 때
      문에 세존께서는 이렇게 선언하신 것이다.

140) 시갈라마따(Sigālamātā) 장로니는 라자가하의 상인의 집안에서 태어났

(6) 여섯 번째141)

6-1. "먼저 나의 가르침에 귀의한 남자 신도[淸信士] 제자들 가운데서 따빳수와 발리까142) 상인이 으뜸이다."

6-2. "보시자들 가운데서 수닷따 급고독 장자143)가 으뜸이다."

6-3. "법을 설하는 자들 가운데서 맛치까산다의 찟따 장자144)가

다. 결혼하여 시갈라(Sigāla 혹은 Sigālaka)라는 아이를 낳았다. 그래서 승단에서도 시갈라마따(시갈라의 어머니)라 불리게 되었다. 그녀는 세존의 가르침을 듣고 출가하였다. 세존에 대한 지극한 믿음을 가졌는데 부처님께서는 그것을 아시고 그 믿음을 깨달음으로 승화시키도록 가르침을 베푸셔서 그녀는 마침내 아라한이 되었다고 한다. 그래서 시갈라마따 장로니는 신심이 깊은 자(saddhādhimutta)들 가운데서 으뜸이라고 불리는 것이다.

141) 남자 신도들 가운데서 으뜸가는 열 사람을 들고 있다.

142) 따빳수(Tapassu)와 발리까(Bhallika)는 욱깔라(Ukkala) 지방의 상인이었는데 세존께서 깨달으신 후 8주째에 녹야원을 향하고 계실 때 라자가하를 향하다가 라자야따나(Rājāyatana) 나무 아래서 쉬고 계시는 세존을 뵙고 세존께 떡과 꿀을 공양올린 뒤 첫 번째 재가신도가 되었다.

143) 수닷따 급고독 장자(Sudatta gahapati Anāthapiṇḍika)에 대해서는 본서 제2권 「수닷따 경」(A4:58) §1의 주해를 참조할 것.

144) 맛치까산다의 찟따 장자(Citta gahapati Macchikasaṇḍika)는 까시(Kāsi)에 있는 맛치까산다의 상인이다. 그가 태어나는 날 여러 가지(citta) 꽃비가 흩날렸다고 해서 붙인 이름이라 한다. 그는 5비구 가운데 한 분인 마하나마 장로(아래 나타나는 삭까의 왕인 마하나마가 아님)를 뵙고 자신의 망고 원림(Ambāṭakārāma)에 정사를 짓고 머물게 하였으며 마하나마 장로로부터 법을 듣고 불환과를 얻었다.
그 후 많은 비구들이 망고 원림을 방문하여 그의 환대를 받았다. 그가 여러 장로 비구들과 나눈 대화가 『상윳따 니까야』의 「찟따 상응」(S41)

으뜸이다."

6-4. "네 가지 섭수하는 행위[四攝事]로 회중을 잘 섭수하는 자들 가운데서 알라위의 핫타까145)가 으뜸이다."

6-5. "뛰어난 보시를 하는 자 가운데서 사꺄 족의 마하나마146)가 으뜸이다."

6-6. "마음에 흡족한 보시를 하는 자들 가운데서 웨살리의 욱가 장자147)가 으뜸이다."

6-7. "승가를 시봉하는 자들 가운데서 욱가따 장자148)가 으뜸이다."

에 전해오는데 여기에 포함되어 있는 경들은 왜 부처님께서 그를 두고 법을 설하는 자(dhamma-kathika)들 가운데서 으뜸이라고 칭찬하셨는지를 보여주는 좋은 보기가 된다.
쩟따와 다음의 핫타까는 본서 「발원 경」3(A2:12:3)과 본서 제2권 「포부 경」(A4:176) §3에서 본받아야 할 대표적인 남자 신도로 거명되고 있다.

145) 네 가지 섭수하는 행위(saṅgaha-vatthu, 四攝事)와 알라위의 핫타까에 대해서는 본서 「알라와까 경」(A3:34) §1의 주해를 참조할 것.

146) 마하나마(Mahānāma)는 사꺄의 왕이었으며 아누룻다 존자의 형이기도 하다. 그에 대해서는 본서 「마하나마 경」(A3:73) §1의 주해를 참조할 것.

147) 웨살리의 욱가 장자(Ugga gahapati Vesālika)의 원래 이름은 알려지지 않았다. 그는 키가 크고 덕스러운 성품을 가졌기 때문에 욱가(ugga, 고상한) 상인이라고 불리었다 한다. 그는 세존을 처음 뵙고 예류과를 얻었고 뒤에는 불환과를 얻었다고 한다. 본서 제3권 「마음에 흡족한 공양을 올리는 자 경」은(A.iii.49~51)은 왜 그가 마음에 흡족한 공양을 올리는 자(manāpa-dāyaka)들 가운데 으뜸인지를 보여주는 좋은 보기이다.

148) 욱가따 장자(Uggata gahapati)는 왓지(Vajji)에 있는 핫티가마(Hatthi-gāma)의 장자이다. 한번은 세존께서 유행을 하시다가 핫티가마의 나가와누야나(Nāgavanuyyāna)에 머무셨는데 그는 7일 동안 계속되는 그

6-8. "흔들림 없는 청정한 믿음을 가진 자들 가운데서 수라 암밧
타149)가 으뜸이다."

6-9. "사람들을 신뢰하는 자들 가운데서 지와까 꼬마라밧짜150)가

지방의 축제에서 흥청망청 마시며 무희들과 놀다가 부처님의 모습을 뵙고
정신이 들어 자신을 크게 부끄러워하였으며 세존의 설법을 듣고 바로 불
환과를 얻었다. 그 뒤로는 무희들을 멀리하고 승가를 시봉하는 일에 몰두
하였다고 한다. 그래서 세존께서는 그를 승가를 시봉하는 자(saṅgh-
upaṭṭhāka)들 가운데 으뜸이라고 칭찬하시는 것이다.

149) 수라 암밧타(Sūra Ambaṭṭha)는 사왓티의 상인이었다. 그는 외도를 섬
기고 있었는데 부처님께서 그의 집에 탁발을 오시자 공양을 올리고 설법
을 듣고 예류과를 얻었다고 한다. 세존이 떠나시고 나서 마라가 세존의 모
습을 하고 그에게 와서 말하기를, 아까 모든 형성된 것은 무상하고 고통스
럽고 무아라고 했는데 그것은 형성된 것 가운데 어떤 특정한 것만이 그러
하지 모든 형성된 것이 무상하고 고통스럽고 무아인 것은 아니라고 했다.
그는 세존에게 흔들림 없는 청정한 믿음이 있었기 때문에 그가 마라라는
것을 알고 물리쳤다고 한다. 그래서 세존께서는 그를 흔들림 없는 청정한
믿음을 가진 자(avecca-ppasanna)들 가운데 으뜸이라고 칭찬하신 것
이다.

150) 지와까(Jīvaka Komārabhacca)는 부처님의 주치의로 잘 알려진 부처님
당시의 명의(名醫)이다. 중국에서는 지와까를 기구(耆舊)로 음역하기도
하였고 꼬마라밧짜를 수명(壽命)이나 수명동자(壽命童子)로 의역하기도
하였다.
그는 라자가하의 기녀였던 살라와띠(Sālavati)의 아들로 태어났으며 나
자마자 광주리에 담아서 쓰레기 더미 위에 버려졌다고 한다. 빔비사라
(Bimbisāra) 왕의 아들이며 아자따삿뚜와는 이복형제인 아바야(Abhaya)
왕자가 이를 발견하고 사람들에게 살아 있는가 묻자, '그는 아직 살아 있
습니다(jīvati)'라고 대답하여서 그의 이름이 지와까가 되었으며, 왕자
(kumāra)에 의해서 양육되었다(posāpita)고 해서 꼬마라밧짜라고 불리
게 되었다고 한다. 다른 설명에 의하면 그는 소아과 전문의(Kaumāra-
bhṛtya)였다고도 한다.(VT.ii.174)
그는 자라서 그의 출신에 대해서 알게 되자 아바야 왕자 몰래 딱까실라

으뜸이다."

6-10. "[나와] 친근한 자들 가운데서 나꿀라삐따 장자[151]가 으뜸
이다."

(7) 일곱 번째[152]

7-1. "먼저 나의 가르침에 귀의한 여자 신도[清信女] 제자들 가운
데서 세나니의 딸 수자따[153]가 으뜸이다."

(Takkasilā)로 가서 7년 동안 의술을 배웠다고 한다. 공부를 마치고 라자
가하로 돌아와서는 빔비사라왕의 고질병을 치료하여 유명해졌다고 한다.
그래서 왕과 궁중의 주치의로 임명이 되었고 부처님과 승가의 주치의 역
할도 하였다. 아버지 빔비사라왕을 시해하고 왕위를 찬탈한 아자따삿뚜도
지와까를 주치의로 삼아서 가까이에 두었다.

151) 나꿀라삐따 장자(Nakulapitā gahapati, 나꿀라의 아버지)에 대해서는 본
서 제2권 「어울리는 삶 경」1(A4:55) §1의 주해를 참조할 것.

152) 여자 신도들 가운데서 으뜸가는 열 사람을 들고 있다.

153) 세나니의 딸 수자따(Sujātā Senānidhītā)는 고행을 버리신 세존께 우유
죽을 공양 올린 바로 그 수자따이다. 그녀는 우루웰라(Uruvella) 세나니
마을의 땅주인의 딸로 태어났다. 그녀는 마을 주위에 있는 보리수나무의
목신에게 만일 아들을 낳게 해주면 우유죽을 바치겠다고 빌었고 마침내
아들을 낳자 하녀를 시켜서 목신에게 우유죽을 바치게 했다. 그날 세존께
서는 고행을 버린 뒤 그 나무 아래 앉아 계셨는데 하녀는 그분이 목신의
화현이라 믿고 기뻐하며 수자따에게 일렀다. 수자따는 황금 그릇에 우유
죽을 담아서 공양을 올렸으며 세존께서는 49일 만에 처음으로 음식을 드
시고 그날 저녁(정확히 다음날 새벽)에 깨달음을 증득하신 것이다.
본경에 해당하는 주석서는 야사(Yasa) 존자(오비구를 제외한 첫 번째 출
가제자)가 수자따의 아들이었다고 한다. 야사 존자는 부처님의 설법을 듣
고 아라한이 되었는데 그를 찾아서 달려온 그의 아버지의 초청으로 세존
께서는 야사 존자와 함께 그의 집에 가서 공양을 받고 법을 설하셔서 부부
는 예류과를 얻었다고 한다. 그때 수자따는 여자 신도로는 처음으로 불·

7-2. "보시자들 가운데서 미가라마따(녹자모) 위사카[154)가 으뜸이다."

7-3. "많이 들은 자[多聞]들 가운데서 쿳줏따라155)가 으뜸이다."

7-4. "자애가 가득한 마음으로 머무는 자들 가운데서 사마와띠156)

법·승 모두에 귀의하는 삼귀의를 할 수 있었기 때문에 수자따를 첫 번째 여자신도로 말씀하시는 것이라고 주석서는 밝히고 있다.

154) 미가라마따 위사카(Visākhā Migāramātā)에 대해서는 본서「족쇄 경」 (A2:4:5)의 주해를 참조할 것.

155) 쿳줏따라(Khujjuttarā)는 꼬삼비(Kosambī)의 고시따(Gosita, 고시따 원림을 지어 승가에 보시한 자) 장자의 보모로 있다가 뒤에는 꼬삼비의 우 데나 왕의 첫째 왕비인 사마와띠(Sāmāvati, 아래 주해 참조)의 하녀가 되었다. 세존이 꼬삼비에 오셨을 때 가르침을 듣고 예류과를 얻었다. 환희 로 가득한 그녀를 보고 사마와띠가 전말을 묻자 모두 이야기 해주었으며 사마와띠는 그녀로부터 부처님의 가르침을 들었으며, 그날부터 그녀를 자 신의 어머니처럼 대했다고 한다. 사마와띠는 환희심이 생겨서 매일 그녀 가 법을 듣고 와서 자신과 측근들에게 설해주도록 하였다. 그들은 쿳줏따 라가 들려주는 부처님 가르침을 듣고 모두 예류과를 얻었다고 한다.

이런 연유로 세존께서는 그녀를 많이 들은(bahussutā) 여자 신도들 가운 데 으뜸이라고 칭찬하시는 것이며 본서「발원 경」4(A2:12:4)과 본서 제2 권「포부 경」(A4:176) §4에서 본받아야 할 대표적인 여자 신도로 쿳줏 따라와 난다마따(난다의 어머니)를 거명하고 계신다.

156) 사마와띠(Sāmāvati)는 꼬삼비의 우데나 왕의 첫째 왕비였다. 그녀는 밧 다와띠(Bhaddavatī)의 밧다와띠야 장자의 딸이었는데 그곳에 질병이 돌 자 장자는 가족을 데리고 친구인 고시따(Ghosita 혹은 Ghosaka)가 살고 있는 꼬삼비로 피난을 왔다고 한다. 난민 수용소에 있던 첫날에 아버지가 돌아가시고 둘째 날에 어머니가 돌아가셨는데 그녀를 불쌍히 여긴 밋따 (Mitta)의 양녀가 되었다고 한다.

후에 우데나 왕이 그녀에게 반해서 결혼을 하였으며 첫째 왕비가 되었다. 그녀는 쿳줏따라를 통해서 부처님 가르침을 듣고 환희심이 생겼으며, 이 를 안 둘째 왕비이자 부처님을 싫어한 마간디야(Māgandiya, 그녀의 아 버지가 세존께 마간디야를 시집보내려 하였으나 세존이 거절하여 그녀는

가 으뜸이다."

7-5. "禪을 얻은 자들 가운데서 웃따라 난다마따(난다의 어머니)[157]

세존께 앙심을 품고 있었다고 함)의 모함과 계략에 휘말려 끝내 그녀와
500명의 측근들은 모두 불에 타 죽고 말았다고 한다. 뒤늦게 이를 안 우데
나 왕이 부처님께 그들에 대해서 묻자 세존께서는 그들은 모두 예류과 이
상을 얻은 자들이라고 하셨다.
사마와띠는 마간디야가 쏜 화살을 자애의 마음으로 무력하게 만들기도 하
였으며 그녀의 계략으로 끝내 죽음을 맞았지만 끝까지 그녀에 대해서 증
오심을 내지 않고 자애의 마음을 가졌다고 한다. 그래서 세존께서는 사마
와띠를 자애가 가득한 마음으로 머무는 자(mettā-vihārī)들 가운데서 으
뜸이라 칭찬하신 것이다.

157) 웃따라 난다마따(Uttarā Nandamātā)는 라자가하의 뿐나시하(Puṇṇa-
sīha 혹은 Puṇṇaka) 장자의 딸이었다. 그녀의 남편은 수마나(Sumana)
장자의 아들이었는데 방탕한 삶을 살았다고 한다. 그녀는 시리마(Sirimā)
라는 기녀를 남편에게 딸려주고 자신은 부처님 가르침에 충실하였다. 한
번은 포살일에 그녀가 승원에서 열심히 자원봉사를 하고 있었는데 그때
그녀의 남편과 시리마가 원림으로 놀러 나왔다. 그녀가 남편을 보고 미소
짓는 것을 보고 질투가 난 시리마는 끓는 기름 대야를 그녀의 머리에 부었
다. 웃따라는 그 순간에 자애의 [삼매에] 들어있었기 때문에 기름은 연잎
의 물방울처럼 흘러내렸다고 한다. 이런 일화 때문에 세존께서는 그녀를
禪을 얻은 자(jhāyī)들 가운데 으뜸이라고 하셨다. 『청정도론』(XII.34)
에도 그녀는 삼매가 충만함에 의한 신통을 얻은 자의 보기로 나타나고 있
다. 그런데 주석서는 왜 웃따라가 난다의 어머니(난다마따)인지에 대해서
는 전혀 언급이 없다.
한편 본서 「발원 경」4(A2:12:4)에서는 본받아야 할 대표적인 여자 신도
로 쿳줏따라와 함께 웰루깐따끼 마을의 난다마따(Veḷukaṇṭakiyā
Nandamātā)가 거명되고 있으며, 본서 제2권 「포부 경」(A4:176) §4에
도 웃따라 난다마따 대신에 웰루깐따끼 마을의 난다마따로 나타나고 있다.
이 두 사람은 다른 사람이다.
주석서에 의하면 웰루깐따끼 마을의 난다마따는 아완띠(Avanti)의 웰루
깐따(혹은 웰루깐다)에 살고 있었으며 그녀는 사리뿟따와 목갈라나 존자
에게 큰 믿음을 가진 사람이었다. 그녀의 아들 난다가 왕의 사람들에게 잡
혀서 죽어도 그는 동요하지 않았다고 하며 네 가지 禪을 증득했고 불환과

가 으뜸이다."

7-6. "뛰어난 보시를 하는 자들 가운데서 꼴리야의 딸 숩빠와
사158)가 으뜸이다."

7-7. "병자를 돌보는 자들 가운데서 숩삐야159)가 으뜸이다."

7-8. "흔들림 없는 청정한 믿음을 가진 자들 가운데서 까띠야
니160)가 으뜸이다."

를 얻었다고 한다. 이렇게 볼 때 오히려 난다의 어머니로는 웃따라 대신에
웰루깐따끼 마을의 난다마따가 더 타당한 듯하다. 그러나 두 사람 모두 禪
의 증득에 뛰어났던 것은 분명하다.

158) 숩빠와사(Suppavāsā)에 대해서는 본서 제2권 「숩빠와사 경」(A4:57)
§1의 주해를 참조할 것.

159) 숩삐야(Suppiyā)는 바라나시에 살고 있었다. 그녀는 승원에 가는 도중에
고기 죽을 먹어야 하는 중병에 걸린 비구를 보고 집에 와서 하인을 시켜
고기를 구해오라 했지만 구할 수가 없자 자신의 허벅지 살을 도려내어서
고기 죽을 끓여 비구를 공양하게 하였다. 이런 이유로 세존께서는 그녀를
병자를 돌보는 자(gilānūpaṭṭhāki)들 가운데서 으뜸이라고 칭찬하신 것
이다.
세존께서는 그 사실을 알고 그녀를 위로하셨으며 세존의 말씀을 들은 그
녀의 상처는 깨끗하게 아물었다고 한다. 이런 사건을 계기로 세존께서는
비구는 어떤 경우에도, 비록 상대방이 자발적으로 바친다 하더라도 사람
의 고기를 먹어서는 안 된다는 율의 조목을 정하셨다.(Vin.i.216f)

160) 까띠야니(Kātiyānī)는 아완띠의 꾸라라가라(Kuraraghara) 사람이었다.
어느 날 그녀는 친구 깔리(Kāḷī, 아래 주해 참조)와 함께 소나 꾸띠깐나
(Soṇa Kuṭikaṇṇa) 존자(A1:14:2-9 주해 참조)가 하는 설법을 들으러
갔다. 그새 집에 도둑이 들었는데 하녀가 이를 알려주었지만 그녀는 동요
하지 않고 끝까지 설법을 들어서 예류과를 얻었다. 이런 광경을 지켜보던
도둑의 두목은 그녀에게 감탄을 하여 물건을 도로 가져다 두게 하였으며
다음날 찾아가서 그녀에게 사과를 하였다. 그녀는 그들을 소나 존자에게
인도하였으며 그들은 모두 출가하였다고 한다. 이런 사실 때문에 그녀는

7-9. "[나와] 친근한 자들 가운데서 나꿀라마따161)가 으뜸이다."

7-10. "소문을 통해서도 청정한 믿음을 일으키는 자들 가운데서 꾸라라가라의 깔리162)가 으뜸이다."

제14장 으뜸 품이 끝났다.

흔들리지 않는 청정한 믿음을 가진(aveccappasannā) 여자 신도들 가운데서 으뜸이라고 칭송되는 것이다.

161) 나꿀라마따(Nakulamātā, 나꿀라의 어머니)에 대해서는 본서 제2권 「어울리는 삶 경」1(A4:55) §1의 주해를 참조할 것.

162) 꾸라라가라의 깔리(Kālī Kuraragharikā)는 소나 꾸띠깐나 존자(A1:14: 2-9)의 어머니이다. 그녀는 임신을 했을 때 라자가하에 갔는데 거기서 사따기라(Sātāgira) 약카와 헤마와따(Hemavata) 약카가 부처님과 그분의 가르침의 탁월함을 이야기하는 것(Sn. 27쪽 이하)을 듣고 큰 환희심이 생겼으며 예류과를 얻었다고 한다. 바로 그날 밤에 그녀는 아이를 낳았는데 그가 바로 소나 꾸띠깐나 존자이다.
이런 인연 때문에 그녀는 소문을 통해서 청정한 믿음을 일으킨 자(anu-ssava-ppasanna)들 가운데서 으뜸이라고 불리게 된 것이다. 그녀는 꾸라라가라로 돌아와서 깟짜나 존자의 신도가 되었으며 소나는 깟짜나 존자의 제자로 출가를 하였다.

제15장 불가능 품(A1:15:1~28)

Aṭṭhāna-vagga

(1) 첫 번째

1. "비구들이여, 이것은 있을 수 없고 불가능한 일이다. 바른 견해를 가진 사람163)이 형성된 것[行, saṅkhāra]은 어떤 것이건 그것을 영원하다고 하는 것은 있을 수 없는 일이다. 그러나 비구들이여, 이것은 가능한 일이다. 범부가 형성된 것은 어떤 것이건 그것을 영원하다고 하는 것은 가능한 일이다."

2. "비구들이여, 이것은 있을 수 없고 불가능한 일이다. 바른 견해를 가진 사람이 형성된 것[行]은 어떤 것이건 그것을 행복하다고 하는 것은 있을 수 없는 일이다. 그러나 비구들이여, 이것은 가능한 일이다. 범부가 어떠한 형성된 것이든 그것을 행복하다고 하는 것은 가능한 일이다."

3. "비구들이여, 이것은 있을 수 없고 불가능한 일이다. 바른 견해를 가진 사람이 어떤 법(法)에 대해서 그것을 자아라고 하는 것은 있을 수 없는 일이다. 그러나 비구들이여, 이것은 가능한 일이다. 범부가 어떤 법(法)에 대해서 그것을 자아라고 하는 것은 가능한 일이다.164)"

---

163) "예류도를 얻은 성스러운 제자를 뜻한다. 그는 견해를 구족한 자, 봄[見]을 구족한 자 등의 여러 이름으로 불린다."(AA.ii.1)

164) §§1~3을 통해서 부처님께서는 무상·고·무아를 천명하고 계신다. 바른 견해를 가진 자, 즉 예류도를 얻은 자는 그 어떤 방편으로도 모든 형성된 것들[諸行]을 영원하다, 행복하다, 자아다라고 천명하지 않는다. 이미 모

4~9. "비구들이여, 이것은 있을 수 없고 불가능한 일이다. 바른 견해를 가진 사람이 어머니를 살해하는 것은 … 아버지를 살해하는 것은 … 아라한을 살해하는 것은 … 나쁜 마음으로 여래의 몸에 피를 내는 것은 … 승가를 분열하는 165)은 … 다른 자를 스승으로 지목하는 것은 있을 수 없는 일이다. 그러나 비구들이여, 이것은 가능한 일이다. 범부가 어머니를 살해하는 것은 … 아버지를 살해하는 것은 … 아라한을 살해하는 것은 … 나쁜 마음으로 여래의 몸에 피를 내는 것은 … 승가를 분열하는 것은 … 다른 자를 스승으로 지목하는 것은 가능한 일이다."

10. "비구들이여, 이것은 있을 수 없고 불가능한 일이다. 하나의 우주에서 동시에 두 분의 아라한 정등각이 출현하신다는 것은 있을 수 없는 일이다. 그러나 비구들이여, 이것은 가능한 일이다. 하나의 우주에 한 분의 아라한 정등각이 출현한다는 것은 가능한 일이다."

(2) 두 번째

11. "비구들이여, 이것은 있을 수 없고 불가능한 일이다. 하나의 우주에서 동시에 두 분의 전륜성왕이 태어난다는 것은 있을 수 없는 일이다. 그러나 비구들이여, 이것은 가능한 일이다. 하나의 우주에 한 분의 전륜성왕이 태어난다는 것은 가능한 일이다."

든 형성된 것들의 무상, 고, 무아를 보기 때문이다.

165) 이상 다섯 가지는 오무간업(無間業, ānantariya-kamma)이라 한다. 이것은 무거운 업이기 때문에 반드시 악도에 떨어진다고 한다. 『아비담마 길라잡이』 5장 §19의 1번 해설을 참조할 것.

12. "비구들이여, 이것은 있을 수 없고 불가능한 일이다. 여자의 몸으로 아라한 정등각이 된다는 것은 있을 수 없는 일이다. 그러나 비구들이여, 이것은 가능한 일이다. 남자가 아라한 정등각이 된다는 것은 가능한 일이다."

13. "비구들이여, 이것은 있을 수 없고 불가능한 일이다. 여자의 몸으로 전륜성왕이 된다는 것은 있을 수 없는 일이다. 그러나 비구들이여, 이것은 가능한 일이다. 남자가 전륜성왕이 된다는 것은 가능한 일이다."

14~16. "비구들이여, 이것은 있을 수 없고 불가능한 일이다. 여자의 몸으로 삭까(인드라)166)가 되고, 마라167)가 되고, 범천168)이 된다는 것은 있을 수 없는 일이다. 그러나 비구들이여, 이것은 가능한 일이다. 남자가 삭까가 되고, 마라가 되고, 범천이 된다는 것은 가능한 일이다."

17. "비구들이여, 이것은 있을 수 없고 불가능한 일이다. 몸으로 나쁜 행위를 저지른 자가 원하고 사랑스럽고 마음에 드는 과보를 가져온다는 것은 있을 수 없는 일이다. 그러나 비구들이여, 이것은 가능한 일이다. 몸으로 나쁜 행위를 저지른 자가 원하지 않고 사랑스럽

---

166) 삭까(Sakka, 인드라)는 신들의 왕이다. 삭까에 대해서는 본서 「사대천왕 경」2(A3:37) §1의 주해를 참조할 것.

167) 마라(Māra)에 대해서는 본서 제2권 「노력 경」(A4:13) §2의 주해를 참 조할 것.

168) 범천(Brahma)에 대해서는 본서 제2권 「무외 경」(A4:8) §1의 주해를 참 조할 것.

지 않고 마음에 들지 않는 과보를 가져온다는 것은 가능한 일이다."

18~19. "말로 나쁜 행위를 저지른 자가 … 마음으로 나쁜 행위를 저지른 자가 원하고 사랑스럽고 마음에 드는 과보를 가져온다는 것은 있을 수 없고 불가능한 일이다. 그러나 비구들이여, 이것은 가능한 일이다. 말로 나쁜 행위를 저지른 자가 … 마음으로 나쁜 행위를 저지른 자가 원하지 않고 사랑스럽지 않고 마음에 들지 않는 과보를 가져온다는 것은 가능한 일이다."

(3) 세 번째

20~22. "몸으로 선한 행위를 한 자가 … 말로 선한 행위를 한 자가 … 마음으로 선한 행위를 한 자가 원하지 않고 사랑스럽지 않고 마음에 들지 않는 과보를 가져온다는 것은 있을 수 없고 불가능한 일이다. 그러나 비구들이여, 몸으로 선한 행위를 한 자가 … 말로 선한 행위를 한 자가 … 마음으로 선한 행위를 한 자가 원하고 사랑스럽고 마음에 드는 과보를 가져온다는 것은 가능한 일이다."

23~25. "몸으로 나쁜 행위를 저지르는 것에 탐닉한 자가 … 말로 나쁜 행위를 저지르는 것에 탐닉한 자가 … 마음으로 나쁜 행위를 저지르는 것에 탐닉한 자가 그 때문에 그것을 조건으로 몸이 무너져 죽은 뒤 좋은 곳[善處], 천상세계에 태어난다는 것은 있을 수 없고 불가능한 일이다. 그러나 비구들이여, 이것은 가능한 일이다. 몸으로 나쁜 행위를 저지르는 것에 탐닉한 자가 … 말로 나쁜 행위를 저지르는 것에 탐닉한 자가 … 마음으로 나쁜 행위를 저지르는 것에 탐닉한 자가 그 때문에 그것을 조건으로 몸이 무너져 죽은 뒤 처참한

곳, 불행한 곳, 파멸처, 지옥에 태어난다는 것은 가능한 일이다."

26~28. "몸으로 좋은 행위를 하는 것에 전념한 자가 … 말로 좋은 행위를 하는 것에 전념한 자가 … 마음으로 좋은 행위를 하는 것에 전념한 자가 그 때문에 그것을 조건으로 몸이 무너져 죽은 뒤 처참한 곳[苦界], 불행한 곳[惡處], 파멸처, 지옥에 태어난다는 것은 있을 수 없고 불가능한 일이다. 그러나 비구들이여, 이것은 가능한 일이다. 몸으로 좋은 행위를 하는 것에 전념한 자가 … 말로 좋은 행위를 하는 것에 전념한 자가 … 마음으로 좋은 행위를 하는 것에 전념한 자가 그 때문에 그것을 조건으로 몸이 무너져 죽은 뒤 좋은 곳[善處], 천상세계에 태어난다는 것은 가능한 일이다."

제15장 불가능 품이 끝났다.

제16장 한 가지 법 품(A1:16:1~10)[169]

Ekadhamma-vagga

1. "비구들이여, 하나의 법이 있어, 그것을 닦고 많이 공부 지으면 절대적인 역겨움, 탐욕이 빛바램, 소멸, 고요함, 최상의 지혜,[170] 깨달음, 열반을 얻게 한다. 무엇이 그 하나의 법인가? 부처님을 계속해

---

169) 본 품에서는 열 가지 계속해서 생각함[隨念, anussati]이 나열된다. 계속해서 생각함은 40가지 명상주제(kammaṭṭhāna)에 포함되어 있는 중요한 수행 방법이며 『청정도론』Ⅶ장과 Ⅷ장에서 상세하게 설명되어 있으므로 일독을 권한다.
PTS본에는 품의 명칭이 나타나지 않아 육차결집본의 명칭을 따랐다.

170) 최상의 지혜(abhiññā)에 대해서는 본서 제2권 「흐름을 따름 경」(A4:5) §1의 주해를 참조할 것.

서 생각함이다.

비구들이여, 이 하나의 법을 닦고 많이 공부 지으면 절대적인 역겨움, 탐욕이 빛바램, 소멸, 고요함, 최상의 지혜, 깨달음, 열반을 얻게 된다."

2~10. "비구들이여, 하나의 법이 있어, 그것을 닦고 많이 공부 지으면 [윤회에 대한] 절대적인 역겨움, 탐욕이 빛바램, [탐욕 등의] 소멸, [오염원들의] 고요함, 최상의 지혜, 깨달음, 열반을 얻게 된다. 무엇이 그 하나의 법인가?

법을 계속해서 생각함이다. …"

"… 승가를 계속해서 생각함이다. …"

"… 계를 계속해서 생각함이다. …"

"… 보시를 계속해서 생각함이다. …"

"… 신들을 계속해서 생각함이다. …"

"… 들숨날숨에 대한 마음챙김이다. …"

"… 죽음에 대한 마음챙김이다. …"

"… 몸에 대한 마음챙김이다. …"

"… 고요함을 계속해서 생각함이다.

비구들이여, 이 하나의 법을 닦고 많이 공부 지으면 절대적인 역겨움, 탐욕이 빛바램, 소멸, 고요함, 최상의 지혜, 깨달음, 열반을 얻게 된다."

제16장 한 가지 법 품이 끝났다.

제17장 씨앗 품(A1:17:1~10)

Bīja-vagga

1. "비구들이여, 이것 이외에 다른 어떤 법에 의해서도 아직 일어나지 않은 불선법이 일어나고, 또 이미 일어난 불선법은 증장하고 드세어지는 것을 나는 보지 못하나니, 그것은 바로 삿된 견해[邪見]이다.

비구들이여, 삿된 견해를 가진 자에게 아직 일어나지 않은 불선법이 일어나고, 또 이미 일어난 불선법은 증장하고 드세어진다."

2. "비구들이여, 이것 이외에 다른 어떤 법에 의해서도 아직 일어나지 않은 선법들이 일어나고, 또 이미 일어난 선법들은 증장하고 충만해지는 것을 나는 보지 못하나니, 그것은 바로 바른 견해[正見]이다.

비구들이여, 바른 견해를 가진 자에게 아직 일어나지 않은 선법들이 일어나고, 또 이미 일어난 선법들은 증장하고 충만해진다."

3. "비구들이여, 이것 이외에 다른 어떤 법에 의해서도 아직 일어나지 않은 선법은 일어나지 않고, 또 이미 일어난 선법은 버려지는 것을 나는 보지 못하나니, 그것은 바로 삿된 견해이다.

비구들이여, 삿된 견해를 가진 자에게 아직 일어나지 않은 선법은 일어나지 않고, 또 이미 일어난 선법은 버려진다."

4. " 비구들이여, 이것 이외에 다른 어떤 법에 의해서도 아직 일어나지 않은 불선법은 일어나지 않고, 또 이미 일어난 불선법은 버려지는 것을 나는 보지 못하나니, 그것은 바로 바른 견해이다.

비구들이여, 바른 견해를 가진 자에게 아직 일어나지 않은 불선법은 일어나지 않고, 또 이미 일어난 불선법은 버려진다."

5. "비구들이여, 이것 이외에 다른 어떤 법에 의해서도 아직 일어나지 않은 삿된 견해는 일어나고, 또 이미 일어난 삿된 견해는 굳세어지는 것을 나는 보지 못하나니, 그것은 바로 지혜 없이 마음에 잡도리함이다.

비구들이여, 지혜 없이 마음에 잡도리하는 자에게 아직 일어나지 않은 삿된 견해는 일어나고, 또 이미 일어난 삿된 견해는 굳세어진다."

6. "비구들이여, 이것 이외에 다른 어떤 법에 의해서도 아직 일어나지 않은 바른 견해는 일어나고, 또 이미 일어난 바른 견해는 굳세어지는 것을 나는 보지 못하나니, 그것은 바로 지혜롭게 마음에 잡도리함이다.

비구들이여, 지혜롭게 마음에 잡도리하는 자에게 아직 일어나지 않은 바른 견해는 일어나고, 또 이미 일어난 바른 견해는 굳세어진다."

7. "비구들이여, 이것 이외에 다른 어떤 법에 의해서도 이렇듯 중생들이 몸이 무너져 죽은 뒤 처참한 곳, 불행한 곳, 파멸처, 지옥에 태어나는 것을 나는 보지 못하나니, 그것은 바로 삿된 견해이다.

비구들이여, 삿된 견해를 가진 중생들은 몸이 무너져 죽은 뒤 처참한 곳, 불행한 곳, 파멸처, 지옥에 태어난다."

8. "비구들이여, 이것 이외에 다른 어떤 법에 의해서도 이렇듯 중생들이 몸이 무너져 죽은 뒤 좋은 곳[善處], 천상세계에 태어나는 것을 나는 보지 못하나니, 그것은 바로 바른 견해이다.

비구들이여, 바른 견해를 가진 중생들은 몸이 무너져 죽은 뒤 좋은 곳[善處], 천상세계에 태어난다."

9. "비구들이여, 삿된 견해를 가진 사람의 경우 자기의 삿된 견해에 따라 몸으로 행한 업, 그 견해에 따라 말로 행한 업, 그 견해에 따라 마음으로 행한 업, [삿된 견해와 함께 생긴] 의도, [삿된 견해와 함께 생긴] 소망, [이러한 의도와 소망에 의해서 마음이 확고해진] 염원, [의도 등과 함께한 감각접촉 등의]171) 심리현상들[行]과 같은 이 모든 법들은 [아무도] 원하지 않고 사랑스럽지도 않고 마음에 들지도 않고 이롭지도 않은 괴로움으로 인도한다. 그것은 무슨 까닭인가? 비구들이여, 견해가 삿되기 때문이다.

마치 님바 나무의 씨앗이나 혹은 꼬사따끼 넝쿨의 씨앗이나 혹은 쓰디쓴 박의 씨앗을 촉촉한 땅에다 심었다 치자. 땅에서 영양소를 섭취하고 물에서 영양소를 섭취할 것이다. 그러나 그것은 모두 쓰고 아주 호되게 쓰고 불쾌하다. 그것은 무슨 까닭인가? 씨앗이 나쁘기 때문이다.

그와 마찬가지로 삿된 견해를 가진 사람의 경우 … 괴로움으로 인도한다. 그것은 무슨 까닭인가? 비구들이여, 견해가 삿되기 때문이다."

10. "비구들이여, 바른 견해를 가진 사람의 경우 자기의 바른 견해에 따라 몸으로 행한 업, 그 견해에 따라 말로 행한 업, 그 견해에 따라 마음으로 행한 업, [바른 견해와 함께 생긴] 의도, [바른 견해와 함께 생긴] 소망, [이러한 의도와 소망에 의해서 마음이 확고해진] 소원, [의도 등과 함께한 감각접촉 등의] 심리현상들[行]과 같은 이

---

171) [ ] 안은 주석서를 참조해서(AA.ii.25) 넣은 것이다.

모든 법들은 [모두가] 원하고 사랑스럽고 마음에 들고 이로운 행복으로 인도한다. 그것은 무슨 까닭인가? 비구들이여, 견해가 훌륭하기 때문이다.

마치 사탕수수의 씨앗이나 혹은 볍씨나 혹은 포도의 씨앗을 촉촉한 땅에다 심었다 치자. 땅에서 영양소를 섭취하고 물에서 영양소를 섭취할 것이다. 그러나 그것은 모두 달고 상큼하고 맛있다. 그것은 무슨 까닭인가? 씨앗이 좋기 때문이다.

그와 마찬가지로 바른 견해를 가진 사람의 경우 … 행복으로 인도한다. 그것은 무슨 까닭인가? 비구들이여, 견해가 훌륭하기 때문이다."

제17장 씨앗 품이 끝났다.

제18장 막칼리 품(A1:18:1~17)[172]
Makkhali-vagga

1. "비구들이여, 한 사람이 세상에 태어날 때, 그는 많은 사람들에게 손해가 되고 많은 사람들에게 불행이 되고 많은 신과 인간들에게 해로움이 되고 손해가 되고 괴로움이 되기 위해 태어난다. 누가 그 한 사람인가? 삿된 견해를 가진 사람이다. 전도된 견해를 가진 그는 많은 사람들을 정법에서 물러나서 삿된 법에 머물게 한다.

비구들이여, 이 한 사람이 세상에 태어날 때, 그는 … 괴로움이 되기 위해 태어난다."

---

172) PTS본에는 품의 명칭이 나타나지 않지만 주에 막칼리 품(Makkhali-vagga)이라는 필사본을 인용하고 있으므로 이를 품의 명칭으로 채택했다. 육차결집본에도 품의 명칭은 나타나지 않는다.

2. "비구들이여, 한 사람이 세상에 태어날 때, 그는 많은 사람들에게 이익이 되고, 많은 사람들에게 행복이 되고, 많은 신과 인간들에게 이로움이 되고 이익이 되고 행복이 되기 위해 태어난다. 누가 그 한 사람인가? 바른 견해를 가진 사람이다. 바른 견해를 가진 그는 많은 사람들을 삿된 법에서 물러나 정법에 머물게 한다.

비구들이여, 이 한 사람이 세상에 태어날 때, 그는 … 행복이 되기 위해 태어난다."

3. "비구들이여, 이것과 다른 어떤 단 하나의 법도 이렇듯 크게 비난받는 것을 나는 보지 못하나니, 그것은 바로 삿된 견해이다.

비구들이여, 삿된 견해는 가장 크게 비난받는 것이다."

4. "비구들이여, 이 사람과 다른 어떤 단 한 사람도 이렇듯 많은 사람들에게 손해가 되고 많은 사람들에게 불행이 되고 많은 신과 인간들에게 해로움이 되고 손해가 되고 괴로움이 되는 사람을 나는 보지 못하나니, 그것은 바로 쓸모없는 인간 막칼리[173]이다.

---

173) 막칼리 고살라(Makkhali Gosāla)의 사상은 한마디로 운명론(niyati)으로 정리할 수 있다. 『디가 니까야』 제1권 「사문과경」(D2) §20에 정리되어 있는 그의 사상은 '모든 것은 이미 운명으로 결정되어 있기 때문에 어떤 노력으로도 이를 바꿀 수 없다. 그렇기 때문에 어떤 선행이나 악행을 저질러도 그것 때문에 운명이 바뀌지 않는다.'는 것이다.
그리고 『디가 니까야 주석서』는 "이 가운데서 뿌라나 깟사빠는 '행해도 죄악을 범한 것이 아니다.'라고 주장하여 업(kamma)을 부정한다(paṭi-bāhati). 아지따 께사깜발리는 '몸이 무너지면 단멸한다.'고 주장하여 과보(vipāka)를 부정한다. 막칼리 고살라는 '원인도 없다.'고 주장하여 둘 다를 부정한다. 여기서 업을 부정하면 과보도 부정하는 것이고 과보를 부정하면 업도 부정하는 것이다. 그러므로 이들 모두는 뜻으로는 둘 다를 부정하므로 무인론자(ahetuka-vada)이고, 도덕 부정론자(akiriya-vāda)이고, 허무론자(natthika-vāda)이다."(DA.i.166)라고 평하고 있는데 이

마치 어떤 자가 강어귀에서 그물을 치면 많은 물고기들을 불편함과 괴로움과 재난과 파멸로 인도하는 것과 같다. 그와 마찬가지로 비구들이여, 쓸모없는 인간 막칼리는 세상에 태어나 사람을 낚는 그물로 많은 중생들을 손해와 괴로움과 재난과 파멸로 인도한다."

5. "비구들이여, 잘못 설해진[174] 법과 율[175]을 선동하는 스승과 그것을 따르도록 선동을 받은 제자와 그의 말대로 실제 행하는 제자는 모두 같은 상태를 얻게 되나니, 그들 모두는 많은 악덕을 쌓게 된다. 그것은 무슨 까닭인가? 비구들이여, 법이 잘못 설해졌기 때문이다."

6. "비구들이여, 잘 설해진 법과 율을 고무하는 스승과 그것을 따르도록 격려를 받은 제자와 그의 말대로 실제 행하는 제자는 모두 같

처럼 막칼리는 업과 과보 둘 다를 부정하는 것으로 설명하고 있다. 그래서 세존께서는 본경에서 막칼리를 가장 나쁜 사람으로 간주하시는 것이다.

그리고 다시 본서 「머리칼로 만든 옷감 경」(A3:135)에서도 "비구들이여, '업이란 것도 없고, [업]지음(도덕적 행위)이란 것도 없고, 정진이란 것도 없다.'는 이러한 교설과 이러한 견해를 가진 막칼리는 쓸모없는 인간이다."(A.i.286)라고 업지음(kiriya)도 정진(viriya)도 업의 결과(vipāka)도 모두 부정하는 그의 사상이 가장 위험하고 가장 천박하다고 꾸짖고 계신다.

막칼리의 교설에 대해서는 『디가 니까야』 제1권 「사문과경」(D2) §19 이하와 주해를 참조할 것.

174) "외도의 가르침을 말한다. 잘못된 가르침과 율을 펴는 스승, 그것을 제자에게 따르도록 하는 자, 그것을 따르는 자, 이 셋은 모두 많은 악덕을 쌓는다. 왜냐하면 가르침을 잘못 설했기 때문이다."(AA.ii.29)

175) 부처님께서는 마지막 유훈 가운데 제일 처음으로 "내가 그대들에게 가르치고 천명한 법과 율이 그대들의 스승이 될 것이다."(D16.6.1)라고 하셨다. 이 중요한 법(dhamma)과 율(vinaya)이 구체적으로 무엇인지에 대한 주석서의 견해는 『디가 니까야』 제1권 「대반열반경」(D16) §6.1의 주해를 참조하기 바란다.

은 상태를 얻게 되나니, 그들 모두는 많은 공덕을 쌓게 된다. 그것은 무슨 까닭인가? 비구들이여, 법이 잘 설해졌기 때문이다."

7. "비구들이여, 법과 율이 잘못 설해졌을 때 보시자가 [그 보시할] 양을 알아야 한다. 보시 받을 자가 양을 결정하는 것이 아니다. 그것은 무슨 까닭인가? 법이 잘못 설해졌기 때문이다."

8. "비구들이여, 법과 율이 잘 설해졌을 때 보시 받을 자가 그 양을 알아야 한다. 보시자가 양을 결정하는 것이 아니다. 그것은 무슨 까닭인가? 법이 잘 설해졌기 때문이다."

9. "비구들이여, 법과 율이 잘못 설해졌을 때 정진을 시작한 자는 고통스럽게 산다. 그것은 무슨 까닭인가? 법이 잘못 설해졌기 때문이다."

10. "비구들이여, 법과 율이 잘 설해졌을 때 게으름을 피우는 자는 고통스럽게 산다. 그것은 무슨 까닭인가? 법이 잘 설해졌기 때문이다."

11. "비구들이여, 법과 율이 잘못 설해졌을 때 게으름을 피우는 자는 행복하게 산다. 그것은 무슨 까닭인가? 법이 잘못 설해졌기 때문이다."

12. "비구들이여, 법과 율이 잘 설해졌을 때 정진을 시작한 자는 행복하게 산다. 그것은 무슨 까닭인가? 법이 잘 설해졌기 때문이다."

13. "비구들이여, 아무리 적은 양의 똥일지라도 그것은 악취를 풍긴다. 나는 아무리 짧은 기간일지라도 존재[有, bhava]로 태어나는 것

을 칭송하지 않나니,176) 하다못해 손가락을 튀기는 기간만큼이라도 [존재로 태어나는 것을] 칭송하지 않는다."177)

14~17. "비구들이여, 아무리 적은 양의 오줌일지라도 … 침일지라도 … 고름일지라도 … 피일지라도 그것은 악취를 풍긴다. 나는 아무리 짧은 기간일지라도 존재로 태어나는 것을 칭송하지 않나니, 하다못해 손가락을 튀기는 기간만큼이라도 [존재로 태어나는 것을] 칭송하지 않는다."

제18장 막칼리 품이 끝났다.

제19장 잠부 섬 품(A1:19:1~2)178)

Jambudīpa-vagga

1. "비구들이여, 이 잠부 섬179)에 아름다운 공원, 아름다운 숲, 아

---

176) 원문은 appamattakampi bhavaṁ na vaṇṇemi(조금이라도 존재를 칭송하지 않는다.)인데 주석서에서 "짧은 기간(kāla)일지라도 존재에 재생 연결하는 것(paṭisandhi)을 칭송하지 않는다."(AA.ii.34)로 해석하고 있어서 이렇게 옮겼다.

177) 아무리 짧은 기간일지라도 존재한다는 것은 괴로움이다. 마치 아무리 적은 양의 똥이라도 악취가 나듯이. 그러니 결코 존재하지 말라는 부처님의 간곡한 말씀이다. 당신의 외아들 라훌라를 출가시키면서 간곡하게 하신 말씀, "다시는 이 세상에 태어나지 말라"(Sn.339)와 일맥상통한다. 존재하지 말라. 아니 존재를 칭송하지 말라. 부처님은 단 한순간이라도 존재를 칭송하지 않노라고 단언하시지 않는가!

178) PTS본에는 품의 명칭이 나타나지 않지만 주에서 잠부 섬의 반복(Jambudīpa-peyyala)이라는 다른 필사본의 품의 명칭을 소개하고 있어서 이를 채택했다.

름다운 땅, 아름다운 호수는 얼마 안 되는 반면 가파른 곳, 건널 수 없는 강, 나무 그루터기와 가시가 가득 찬 수풀, 울퉁불퉁한 산은 많다.

그와 마찬가지로 비구들이여, 육지에 태어난 중생들은 적고 물에 태어난 중생들은 많다.

그와 마찬가지로 비구들이여, 인간으로 태어난 중생들은 적고 비인간으로 태어난 중생들은 많다.

그와 마찬가지로 비구들이여, 지역의 중심[中國]180)에 인간으로 태어난 중생들은 적고 변방에서 무지몽매한 멸려차(蔑戾車)181)로 태어난 중생들은 많다.

그와 마찬가지로 비구들이여, 통찰력이 있고 재치가 있고 귀머거

---

179) '잠부 섬(Jambudīpa)'은 jambu(잠부)-dīpa(섬)로 나누어지는데 인도를 나타내는 말로 쓰인다. 주석서에서는 "잠부 나무가 있으며 유명한 섬"(AA.ii.34)이라고 설명한다. 주석서에서는 히말라야 산에 일 겁을 머무는 큰 잠부(Mahājambu) 나무가 있기 때문이라고 설명하기도 하고 이 섬에는 잠부 나무(jamburukkha)가 번성하기 때문이라고도 설명하고 있다.(Ibid) 그리고 인도의 지형이 마치 잠부 열매처럼 생겼기 때문에 붙여진 이름이라고도 한다. 잠부디빠는 중국에서 염부제(閻浮提)로 음역되었으며 대승불교에서는 우리 인간이 사는 세계를 통칭하는 것으로 이해하고 있다.

180) '지역의 중심'으로 옮긴 원어는 majjhimesu janapadesu인데 '중심지'로 직역할 수 있으며 중국(中國)으로 한역할 수 있다.

181) '멸려차(蔑戾車)'로 옮긴 milakkha는 산스끄리뜨 mleccha의 빠알리어인데 이방인을 뜻한다. 브라흐마나(제의서)에 의하면 이방인들은 산스끄리뜨 발음을 정확히 못하고 믈레믈레(우물우물)하기 때문에 믈레차라고 부른다고 한다. 그러므로 아리야족이 아닌 모든 사람들은 믈레차이고 인도인들의 입장에서 보면 미개인이다. 불교 산스끄리뜨에도 많이 나타나는 표현이며 이를 중국에서는 멸려차(蔑戾車)나 미려차(彌戾車) 등으로 음역하였다. 『화엄경』 등 대승경전에도 변지하천 멸려차(邊地下賤 蔑戾車)라는 표현이 등장한다.

리와 벙어리가 아니고 잘 설한 것과 잘못 설한 것의 뜻을 판단할 능력이 있는 중생들은 적고 어리석고 둔하고 귀먹고 말 못하고 잘 설한 것과 잘못 설한 것의 뜻을 판단할 능력이 없는 중생들은 많다.

그와 마찬가지로 비구들이여, 성스러운 혜안을 구족한 중생들은 적고 무명에 휩싸인 우둔한 중생들은 많다.

그와 마찬가지로 비구들이여, 여래가 출현하는 것을 만나는 중생들은 적고 여래가 출현하는 것을 만나지 못하는 중생들은 많다.

그와 마찬가지로 비구들이여, 여래가 설해놓은 법과 율을 들을 수 있는 기회를 얻는 중생들은 적고 여래가 설해놓은 법과 율을 들을 기회를 얻지 못하는 중생들은 많다.

그와 마찬가지로 비구들이여, 법을 듣고는 그것을 호지하는 중생들은 적고 들었지만 그 법을 호지하지 못하는 중생들은 많다.

그와 마찬가지로 비구들이여, 호지하고 있는 법들의 뜻을 면밀히 조사하는 중생들은 적고 면밀히 조사하지 않는 중생들은 많다.

그와 마찬가지로 비구들이여, 뜻을 알고 법을 알아 그것에 걸맞게 실천하는182) 중생들은 적고 실천하지 못하는 중생들은 많다.

그와 마찬가지로 비구들이여, 절박함을 일으키는 원인183)에 대해

---

182) "'뜻을 안다.'는 것은 주석서를 안다는 뜻이고, '법을 안다.'는 것은 성전 (pāḷi, 삼장)을 안다는 뜻이다. '그것에 걸맞게 실천한다.'는 것은 [열반에] 수순하는 도를 완성한다는 뜻이다."(AA.ii.38)

183) '절박함을 일으키는 원인'은 saṁvejanīya ṭhāna의 역어이고 '절박함'은 saṁvega의 역어이다. saṁvejanīya ṭhāna는 '절박함을 일으켜야 하는 장소'로 직역할 수 있지만 본경에 해당하는 주석서에서 "절박함을 만드는 (saṁvega-janaka) 원인(kāraṇa)"(AA.ii.38)이라고 해석하고 있어서 이렇게 옮겼다.

『디가 니까야 주석서』에서는 생, 노, 병, 사에 대한 두려움(bhaya)이 절박함(saṁvega)이라고 설명하고 있고(DA.iii.984) 『여시어경 주석서』에

절박함을 일으키는 중생들은 적고 절박함을 일으키지 못하는 중생들은 많다.

그와 마찬가지로 비구들이여, 절박함을 일으켜서 바른 방법으로184) 애를 쓰는 중생들은 적고 절박함을 일으키고서도 바른 방법으로 애를 쓰지 않는 중생들은 많다.

그와 마찬가지로 비구들이여, 놓아버림185)을 대상으로 삼아 삼매를 얻고 마음이 하나됨을 얻는 중생들은 적고 삼매를 얻지 못하고 마음이 하나됨을 얻지 못하는 중생들은 많다.

그와 마찬가지로 비구들이여, 최고의 음식과 최고의 맛을 얻는 중생들은 적고 그것을 얻지 못하여 [숲 속의 나무뿌리나 열매 등을] 줍거나 먹다 남은 음식으로 연명하는 중생들은 많다.

그와 마찬가지로 비구들이여, 뜻의 맛과 법의 맛과 해탈의 맛186)을 얻는 중생들은 적고 얻지 못하는 중생들은 많다. 그러므로 비구들이여, 뜻의 맛과 법의 맛과 해탈의 맛을 얻으리라고 공부지어야 한다. 비구들이여, 이처럼 공부지어야 한다."

서는 "생, 노, 병, 사 등의 여덟 가지 괴로움(八苦)이 절박함을 일으키는 원인이다."(ItA.i.115)라고 설명하고 있다.
한편 본서 제2권 「절박함을 일으킴 경」(A4:118)에서는 부처님이 태어나시고 깨달으시고 처음 법을 설하시고 반열반하신 네 곳을 절박함을 일으켜야 하는 장소(samvejanīya ṭhāna)로 들고 있다.

184) 원문은 yoniso(근원적으로, 지혜롭게)인데 이 뜻을 주석서에서는 바른 방법으로(upāyena) 라고 해석하고 있어서(AA.ii.38) 이렇게 옮겼다.

185) "'놓아버림(vavassagga)'이란 열반(nibbāna)이다."(Ibid)

186) "'뜻의 맛(attha-rasa)'은 네 가지 사문의 과를 뜻하고, '법의 맛(dhamma-rasa)'은 네 가지 도를 뜻하고, '해탈의 맛(vimutti-rasa)'은 불사(不死)인 열반을 뜻한다."(AA.ii.39)

2. "비구들이여, 이 잠부 섬에 아름다운 공원, 아름다운 숲, 아름다운 땅, 아름다운 호수는 얼마 안 되는 반면 가파른 곳, 건널 수 없는 강, 나무 그루터기와 가시가 가득 찬 수풀, 울퉁불퉁한 산은 많다.

그와 마찬가지로 비구들이여, 인간으로 죽어 인간으로 태어나는 중생들은 적고 인간으로 죽어 지옥에 태어나고 동물로 태어나고 아귀의 세계에 태어나는 중생들은 많다.

그와 마찬가지로 비구들이여, 인간으로 죽어 신들 가운데 태어나는 중생들은 적고 … 신으로 죽어 신들 가운데 태어나는 중생들은 적고 … 신으로 죽어 인간으로 태어나는 중생들은 적고 … 지옥에서 죽어 인간으로 태어나는 중생들은 적고 … 지옥에서 죽어 신들 가운데 태어나는 중생들은 적고 … 동물로 죽어 인간으로 태어나는 중생들은 적고 … 동물로 죽어 신들 가운데 태어나는 중생들은 적고 … 아귀의 세계에서 죽어 인간으로 태어나는 중생들은 적고 … 아귀의 세계에서 죽어 신들 가운데 태어나는 중생들은 적고 아귀의 세계에서 죽어 지옥에 태어나고 동물로 태어나고 아귀의 세계에 태어나는 중생들은 많다."

제19장 잠부 섬 품이 끝났다.

제20장 손가락 튀기기의 연속 품(A1:20:1~182)[187]
Apara-accharāsaṅghāta-vagga

1. "비구들이여, 다음과 같은 것은 공양받을 확실한 이유이다. 숲

---

187) 본 품에서는 수행에 관한 법수를 모두 182가지로 정리하고 있는데 음미해 봐야 할 부분이다. PTS본에는 품의 명칭이 나타나지 않아 육차결집본을 따랐다.

속에 머묾, 탁발음식만 수용함, 분소의를 입음, 삼의만 수용함, 법을
설함, 율을 호지함, 많이 배움, 승랍이 높음, 품행이 단정함, 지지자를
얻음, 많은 지지자를 거느림, 좋은 가문의 후손, 준수한 용모, 고운
말, 욕구가 적음, 병 없음이다."188)

2. "비구들이여, 만약 비구가 손가락을 튀기는 순간만큼이라도 초
선(初禪)을 닦는다면 그를 일러 비구라 부른다. 그의 선(禪)은 헛되지
않으며, 위의(威儀)로써 머물고, 스승의 교법을 받들고, 교훈을 받아
들이며, 백성들이 주는 보람된 공양을 먹는다. 그것을 많이 닦는 자
에 대해서야 말해 무엇하겠는가?"189)

3. "비구들이여, 만약 비구가 손가락을 튀기는 순간만큼이라도 제2
선(二禪)을 닦는다면 그를 비구라 부른다. …"

4. "비구들이여, 만약 비구가 손가락을 튀기는 순간만큼이라도 제3
선(三禪)을 닦는다면 그를 비구라 부른다. …"

5. "비구들이여, 만약 비구가 손가락을 튀기는 순간만큼이라도 제4
선(四禪)을 닦는다면 그를 비구라 부른다. …"

---

188) 육차결집본은 §1의 이 부분을 청정한 믿음을 내게 하는 법 품(Pasāda-
      karadhamma-vagga)으로 독립된 품으로 편집하고 있다. 즉 본경에 나
      타나는 16가지를 각각 다른 경으로 이해해서 청정한 믿음을 내게 하는 법
      품에 16개의 경들이 있는 것으로 편집하고 있는데 본경이 「하나의 모
      음」(Ekanipāta)에 속하므로 이렇게 16개 각각을 독립된 경으로 취급하
      는 육차결집본의 편집이 옳다고 여겨진다.

189) §§2~5는 네 가지 禪을 닦을 것을 설하신다. 네 가지 禪의 정형구는 본서
      「선(禪) 경」(A2:2:3) 등에 나타나며 이 정형구에 대한 상세한 설명은
      『청정도론』 IV장 §§74~202에 상세하게 설명되어 있으므로 참조할 것.

6. "비구들이여, 만약 비구가 손가락을 튀기는 순간만큼이라도 자애와 함께하는 마음의 해탈[慈心解脫]을 닦는다면 그를 비구라 부른다. …"190)

7. "비구들이여, 만약 비구가 손가락을 튀기는 순간만큼이라도 연민과 함께하는 마음의 해탈[悲心解脫]을 닦는다면 그를 비구라 부른다. …"

8. "비구들이여, 만약 비구가 손가락을 튀기는 순간만큼이라도 더불어 기뻐함과 함께하는 마음의 해탈[喜心解脫]을 닦는다면 그를 비구라 부른다. …"

9. "비구들이여, 만약 비구가 손가락을 튀기는 순간만큼이라도 평온과 함께하는 마음의 해탈[捨心解脫]을 닦는다면 그를 비구라 부른다. …"

10. "비구들이여, 만약 비구가 세상에 대한 욕심과 싫어하는 마음을 버리고 근면하게, 분명히 알아차리고 마음챙기면서, 몸에서 몸을 관찰하며 머문다면 … "191)

11. "… 느낌에서 느낌을 관찰하며 머문다면 …"

---

190) §§6~9는 네 가지 거룩한 마음가짐[四梵住, 四無量心, brahama-vihāra]을 통한 심해탈을 설하고 있다. 네 가지 거룩한 마음가짐을 닦는 자세한 방법은 『청정도론』 IX장 전체에서 상세하게 설명되고 있으므로 참조할 것.

191) §§10~13은 네 가지 마음챙김의 확립[四念處]을 설하고 있다. 『네 가지 마음챙기는 공부』를 참조할 것.

12. "… 마음에서 마음을 관찰하며 머문다면 …"
13. "… 법에서 법을 관찰하며 머문다면 …"

14~17. "… 아직 일어나지 않은 불선법들을 일어나지 않게 하기 위해 열의를 일으키고 애쓰고 정진을 시작하고 마음을 분발하고 노력한다면 …"192)
"… 이미 일어난 불선법들을 버리기 위해 열의를 일으키고 애쓰고 정진을 시작하고 마음을 분발하고 노력한다면 …"
"… 아직 일어나지 않은 선법들을 일어나게 하기 위해 열의를 일으키고 애쓰고 정진을 시작하고 마음을 분발하고 노력한다면 …"
"… 이미 일어난 선법들이 머물고 혼란스럽지 않고 증장하고 충만하고 세련되고 완성되기 위해 열의를 일으키고 애쓰고 정진을 시작하고 마음을 분발하고 노력한다면 …"

18~21. "… 열의를 [주로 한] 삼매와 정근의 의도적 행위[行, saṅkhāra]를 갖춘 성취수단을 닦는다면 …
"… 정진을 [주로 한] 삼매와 정근의 의도적 행위를 갖춘 성취수단을 닦는다면 …
"… 마음을 [주로 한] 삼매와 정근의 의도적 행위를 갖춘 성취수단을 닦는다면 …
"… 검증을 [주로 한] 삼매와 정근의 의도적 행위를 갖춘 성취수단을 닦는다면 …"193)

---

192) §§14~17은 네 가지 바른 노력[四正勤]을 설하고 있다. 본서 제2권 「노력 경」(A4:13) 등에도 강조되고 있다.

193) 이것을 네 가지 성취수단[四如意足, 四神足, iddhipāda]이라 부른다. 이들에 대한 설명은 『아비담마 길라잡이』 7장 §26의 네 가지 성취수단(如

22~26. "… 믿음의 기능을 닦는다면 …"

"… 정진의 기능을 닦는다면 …"

"… 마음챙김의 기능을 닦는다면 …"

"… 삼매의 기능을 닦는다면 …"

"… 통찰지의 기능을 닦는다면 …"

27~31. "… 믿음의 힘을 닦는다면 …"

"… 정진의 힘을 닦는다면 …"

"… 마음챙김의 힘을 닦는다면 …"

"… 삼매의 힘을 닦는다면 …"

"… 통찰지의 힘을 닦는다면 …"194)

32~38. "… 마음챙김의 깨달음의 구성요소를 닦는다면 …"

"… 법을 간택하는 깨달음의 구성요소를 닦는다면 …"

"… 정진의 깨달음의 구성요소를 닦는다면 …"

"… 희열의 깨달음의 구성요소를 닦는다면 …"

"… 경안의 깨달음의 구성요소를 닦는다면 …"

"… 삼매의 깨달음의 구성요소를 닦는다면 …"

"… 평온의 깨달음의 구성요소를 닦는다면 …"195)

意足)과 『청정도론』 XXII.36을 참조할 것.

194) §§22~31은 다섯 가지 기능[五根, indriya]과 다섯 가지 힘[五力, bala]
    이라 부른다. 기능과 힘과 이 둘의 차이점은 본서 제2권 「기능 경」
    (A4:151) 이하의 주해를 참조할 것. 그리고 실제 수행에 있어서 다섯 가
    지 기능을 조화롭게 하는 중요한 설명은 『청정도론』 IV장 45~49를 참
    조할 것.

195) 이것은 일곱 가지 깨달음의 구성요소[七覺支]라 부른다. 칠각지에 대한

39~46. "… 바른 견해를 닦는다면 …"

"… 바른 사유를 닦는다면 …"

"… 바른 말을 닦는다면 …"

"… 바른 행위를 닦는다면 …"

"… 바른 생계를 닦는다면 …"

"… 바른 정진을 닦는다면 …"

"… 바른 마음챙김을 닦는다면 …"

"… 바른 삼매를 닦는다면 …"196)

47~54. "… 안으로 색깔을 인식하면서197) 밖으로198) 색깔들을

설명은 『네 가지 마음챙기는 공부』 235~257쪽을 참조할 것.

196) 팔정도이다. 팔정도의 8가지에 대한 설명은 『네 가지 마음챙기는 공부』
277~287쪽을 참조할 것. 그리고 위 §10부터 여기(§46)까지의 37가지를
37가지 깨달음의 편에 있는 법[菩提分法, 助道品法, bodhipakkhiya-
dhamma]이라 부른다.

197) §§47~54는 '여덟 가지 지배의 경지[八勝處, abhibhāyatanāni]'이다.
'지배의 경지'로 옮긴 원어는 abhibhāyatana인데 이는 abhibhu +
āyatana의 합성어이다. 복주서에서 "지배의 경지란 禪이다."라고 설명하
듯이 이것은 여덟 단계의 삼매의 경지를 뜻한다.
"이들을 '여덟 가지 지배의 경지[八勝處, abhibhāyatanāni]'라 부른다.
왜냐하면 이들은 반대가 되는 법(paccanīka-dhamma)들과 대상(āram
-maṇa)들을 지배하기 때문이다. 반대되는 법들은 그에 상응하는 적절한
해독제로써, 대상들은 사람의 더 높은 지혜로써 지배한다.
안으로 물질을 인식한다는 것은 안의 물질에 대해 준비를 짓는 것이다. 즉
안으로 푸른색의 준비를 지을 때 머리털이나 담즙이나 눈동자에서 하고,
노란색의 준비를 지을 때 지방이나 피부나 손발바닥이나 눈의 노란 부분
에서 하고, 빨간색의 준비를 지을 때 살점이나 피나 혀나 눈의 빨간 부분
에서 하고, 흰색의 준비를 지을 때 뼈나 이빨이나 손톱이나 눈의 흰 부분
에서 하기 때문이다. 그러나 그것은 아주 푸르지 않고 아주 노랗지 않고

본다. 그 색깔들은 제한되고 곱거나 혹은 흉한 것이다. 그들을 지배하면서 나는 알고 본다고 인식한다면…"199)

"… 안으로 색깔을 인식하면서 밖으로 색깔들을 본다. 그 색깔들은 무량하고 곱거나 혹은 흉한 것이다. 그들을 지배하면서 나는 알고 본다고 인식한다면 …"

"… 안으로 색깔을 인식하지 않고서 밖으로 색깔들을 본다. 그 색깔들은 제한되고 곱거나 혹은 흉한 것이다. 그들을 지배하면서 나는 알고 본다고 인식한다면 …"

"… 안으로 색깔을 인식하지 않고서 밖으로 색깔들을 본다. 그 색깔들은 무량하고 곱거나 혹은 흉한 것이다. 그들을 지배하면서 나는 알고 본다고 인식한다면 …"

"… 안으로 색깔을 인식하지 않고서 밖으로 색깔들을 본다. 그것은 푸르고 푸른색이며 푸르게 보이고, 푸른빛을 발하고 있다. 그들을

아주 빨갛지 않고 아주 희지 않다. 흠이 있다."(AA.ii.73)

198) "안으로 준비가 일어난 자에게 표상은 밖에서 일어난다."(*Ibid*)

199) "여기서 '지배한다.'는 것은 뛰어난 통찰지를 가진 사람이 '내가 왜 이 한정된 대상에서 증득에 들어야 하는가? 이것은 나의 직무가 아니다.'라고 생각하면서 그 색깔들을 지배하면서 증득에 든다. 즉 표상을 일으킴과 동시에 본삼매에 든다는 뜻이다.
'나는 알고 본다.'는 것은 주의를 기울임인데 이것은 증득[等至, 초선부터 비상비비상처까지와 상수멸의 9가지 삼매를 말함]에서 출정(出定)한 다음에 일어난다. 증득에 들어 있을 때 일어나는 것이 아니다.
'인식한다.'는 것은 주의를 기울임의 인식으로서, 禪의 인식으로서 인식하는 것이다.
지배의 인식은 수행자가 증득에 들어있을 때 있고, 주의를 기울임의 인식은 증득에서 깨어난 뒤에 있다."(AA.ii.73~74)
더 자세한 설명은 『디가 니까야』 제2권 「대반열반경」(D16) §§3.24~3.32의 주해들을 참조할 것.

지배하면서 나는 알고 본다고 인식한다면 …"

"… 안으로 색깔을 인식하지 않고서 밖으로 색깔들을 본다. 그것은 노랗고 노란색이며 노랗게 보이고, 노란빛을 발하고 있다. 그들을 지배하면서 나는 알고 본다고 인식한다면 …"

"… 안으로 색깔을 인식하지 않고서 밖으로 색깔들을 본다. 그것은 빨갛고 빨간색이며 빨갛게 보이고, 빨간빛을 발하고 있다. 그들을 지배하면서 나는 알고 본다고 인식한다면 …"

"… 안으로 색깔을 인식하지 않고서 밖으로 색깔들을 본다. 그것은 희고 흰색이며 희게 보이고, 흰빛을 발하고 있다. 그들을 지배하면서 나는 알고 본다고 인식한다면 …"

55~62. "… [안으로] 색계[禪]에 들어 밖으로 색깔들을 본다면 …"[200]

"… 안으로는 색깔을 인식하지 않고서 밖으로 색깔들을 본다면 …"

"… 깨끗하다고 생각하면서 해탈한다면 …"

"… 물질의 인식을 완전히 초월하고 부딪힘의 인식이 사라지고 갖가지 인식을 마음에 잡도리하지 않기 때문에 '끝없는 허공'이라고 하면서 공무변처에 들어 머문다면 …"

"… 공무변처를 완전히 초월했기 때문에 '끝없는 알음알이'라고 하면서 식무변처에 들어 머문다면 …"

"… 식무변처를 완전히 초월했기 때문에 '아무 것도 없다.'고 하면

---

200) "머리털 등에서 푸른색의 까시나를 가지고 일어난 색계 선정을 얻은 자가 밖으로도 푸른색 까시나 등의 색깔을 선정의 눈으로 본다는 뜻이다."(AA. ii.75)

서 무소유처에 들어 머문다면 …"

"… 무소유처를 완전히 초월했기 때문에 비상비비상처에 들어 머문다면 …"

"… 비상비비상처를 완전히 초월했기 때문에 상수멸정에 들어 머문다면 …"201)

63~72. "… 땅의 까시나를 닦는다면 …"

"… 물의 까시나를 닦는다면 …"

"… 불의 까시나를 닦는다면 …"

"… 바람의 까시나를 닦는다면 …"

"… 푸른색의 까시나를 닦는다면 …"

"… 노란색의 까시나를 닦는다면 …"

"… 빨간색의 까시나를 닦는다면 …"

"… 흰색의 까시나를 닦는다면 …"

"… 허공의 까시나를 닦는다면 …"

"… 알음알이의 까시나를 닦는다면 …"202)

---

201) 이것은 여덟 가지 해탈[八解脫, vimokha]이다. 팔해탈에 대한 설명은 『디가 니까야』 제2권 「대연기경」(D15) §35의 주해들을 참조할 것.

202) 여기서는 10가지 까시나(kasiṇa) 수행을 설하고 있다. 10가지 까시나 수행은 『청정도론』 IV장과 V장에 상세하게 설명되어 있다. 그런데 본경에 나타나는 알음알이의 까시나는 『청정도론』에는 나타나지 않고 대신에 광명의 까시나(āloka-kasiṇa)가 나타나고 있다.
알음알이의 까시나(viññāṇakasiṇa)에 대해서 주석서는 다음과 같이 설명하고 있다.
"알음알이의 까시나는 뜻으로는 허공의 까시나에 대해서 생긴 알음알이를 말한다. 그리고 이것은 대상으로 설하신 것이지 [본삼매인] 증득[等至]으로 말씀하신 것이 아니다. 이 알음알이를 '무한한 알음알이'라고 대상으로 삼아서 공무변처의 증득을 닦기 때문에 알음알이의 까시나를 닦는다고 한

73~92. "… 부정(不淨)의 인식을 닦는다면 …"

"… 죽음의 인식을 닦는다면 …"

"… 음식에 대해 혐오하는 인식을 닦는다면 …"

"… 온 세상에 대해 기쁨이 없다는 인식을 닦는다면 …"

"… 무상의 인식을 닦는다면 … "

"… 무상한 것에서 괴로움이라는 인식을 닦는다면 …"

"… 괴로움에서 무아라는 인식을 닦는다면 …"

"… 버림의 인식을 닦는다면 …"

"… 탐욕 없음의 인식을 닦는다면 …"

"… 소멸의 인식을 닦는다면 …"

"… 무상의 인식을 닦는다면 …"

"… 무아의 인식을 닦는다면 …"

"… 죽음의 인식을 닦는다면 …"203)

"… 음식에 대해 혐오하는 인식을 닦는다면 …"

"… 온 세상에 대해 기쁨이 없다는 인식을 닦는다면 …"

"… 해골이 된 것의 인식을 닦는다면 … "204)

다."(AA.ii.77)

한편 본경의 열 가지 까시나는 『디가 니까야』 제3권 「합송경」(D33) §3.3(2)에도 나타나고 있다. 『디가 니까야 주석서』는 다음과 같이 알음알이의 까시나를 설명하고 있다. "여기서 '알음알이의 까시나'라는 것은 까시나를 제거한(ugghāṭi) 허공에 대해서 생긴 알음알이이다."(DA.iii.10 48) 까시나를 제거한 허공에 대해서는 『청정도론』 X.8 이하를 참조할 것.

203) 죽음의 인식과 음식에 대해 혐오하는 인식과 세상에 대해 기쁨이 없다는 인식의 세 가지는 위 §§74~76과 같다. 왜 같은 것이 반복되어 나타나는지 주석서는 설명하지 않는다. 육차결집본도 역시 반복되어 나타난다.

204) 본경에는 이하 다섯 가지 부정(不淨)의 관찰이 나타난다. 한편 『청정도

"… 벌레가 버글거리는 것의 인식을 닦는다면 …"

"… 검푸른 것의 인식을 닦는다면 …"

"… 끊어진 것의 인식을 닦는다면 …"

"… 부푼 것의 인식을 닦는다면 …"

93~102. "… 부처님을 계속해서 생각함을 닦는다면 … "

"… 법을 계속해서 생각함을 닦는다면 …"

"… 승가를 계속해서 생각함을 닦는다면 …"

"… 계를 계속해서 생각함을 닦는다면 …"

"… 보시를 계속해서 생각함을 닦는다면 …"

"… 신을 계속해서 생각함을 닦는다면 …"

"… 들숨날숨에 대한 마음챙김을 닦는다면 …"

"… 죽음에 대한 마음챙김을 닦는다면 …"

"… 몸에 대한 마음챙김을 닦는다면 …"

"… 고요함을 계속해서 생각함을 닦는다면 …"205)

103~112. "… 초선과 함께한 믿음의 기능을 닦는다면 …"206)

론』Ⅵ장에는 부정(不淨)의 명상주제(asubha-kammaṭṭhāna)로 열 가
지 부정관의 대상을 설명하고 있다. 『청정도론』Ⅵ장과 본서 제2권 「부
정 경」(A4:163) §3의 주해를 참조할 것.

205) 이것은 열 가지 계속해서 생각함[隨念, anussati]이다. 계속해서 생각함
은 『청정도론』 Ⅶ장과 Ⅷ장에서 상세하게 설명되어 있으므로 참조할 것.

206) 이하 182까지는 4禪과 4범주(梵住, 무량)와 함께하는 오근·오력의 조합
으로 모두 (4+4)×(5+5)=80개의 경들이 나열되고 있다. 주목할 점은 오
근·오력만이 4선과 4무량과 함께하고 있다는 점이다. 『청정도론』에서
도 기능[根]의 조화는 삼매를 얻기 위해서 갖추어야 할 중요한 요소로 들
고 있다.(Vis.Ⅳ.45~49 참조)

"… 초선과 함께한 정진의 기능을 닦는다면 …"
"… 초선과 함께한 마음챙김의 기능을 닦는다면 …"
"… 초선과 함께한 삼매의 기능을 닦는다면 …"
"… 초선과 함께한 통찰지의 기능을 닦는다면 …"
"… 초선과 함께한 믿음의 힘을 닦는다면 …"
"… 초선과 함께한 정진의 힘을 닦는다면 …"
"… 초선과 함께한 마음챙김의 힘을 닦는다면 …"
"… 초선과 함께한 삼매의 힘을 닦는다면 …"
"… 초선과 함께한 통찰지의 힘을 닦는다면 …"

113~122. "… 제2선과 함께한 …"

123~132. "… 제3선과 함께한 …"

133~142. "… 제4선과 함께한 …"

143~152. "… 자애와 함께한 …"

153~162. "… 연민과 함께한 …"

163~172. "… 더불어 기뻐함과 함께한 …"

173~181. "… 평온과 함께한 믿음의 기능을 닦는다면 …"
"… 평온과 함께한 정진의 기능을 닦는다면 …"
"… 평온과 함께한 마음챙김의 기능을 닦는다면 …"
"… 평온과 함께한 삼매의 기능을 닦는다면 …"
"… 평온과 함께한 통찰지의 기능을 닦는다면 …"

"… 평온과 함께한 믿음의 힘을 닦는다면 …"

"… 평온과 함께한 정진의 힘을 닦는다면 …"

"… 평온과 함께한 마음챙김의 힘을 닦는다면 …"

"… 평온과 함께한 삼매의 힘을 닦는다면 …"

182. "비구들이여, 만약 비구가 평온과 함께한 통찰지의 힘을 닦는다면 그를 일러 비구라 부른다. 그의 선(禪)은 헛되지 않으며, 위로써 머물고, 스승의 교법을 받들고, 교훈을 받아들이며, 백성들이 주는 보람된 공양을 먹는다. 그것을 많이 닦는 자에 대해서야 말해 무엇하겠는가?"

제20장 손가락 튀기기의 연속 품이 끝났다.

제21장 몸에 대한 마음챙김 품(A1:21:1~70)[207]
Kāyagatāsati-vagga

1. "비구들이여, 마음으로 큰 바다에 닿은[208] 자는 바다로 흘러들어가는 작은 강들을 모두 포함한다. 그와 마찬가지로 몸에 대한 마음챙김[209]을 닦고 많이많이 [공부]지은 자는 영지에 동참하는 모든 선

---

207) PTS본에는 품의 명칭이 나타나지 않으나 주에서 몸에 대한 마음챙김 품 (Kāyagatāsati-vagga)이 나타나는 필사본을 소개하고 있고 육차결집 본에도 이렇게 나타나고 있어서 본 품의 명칭으로 택했다.

208) "두 종류의 '닿음(phuṭa)'이 있다. 하나는 물로 닿음이고 하나는 천안으로 닿음이다. 즉 물의 까시나로 禪에 들어 물로 닿는 것과 광명을 확장시켜 천안으로 모든 바다를 보는 것의 두 종류이다."(AA.ii.78)

209) 몸에 대한 마음챙김[向身念, kāyagatā-sati]은 『청정도론』 VIII장 §§ 42~144에 상세하게 설명되어 있다. 관심 있는 분들의 일독을 권한다.

법들을 포함한다.

2~8. "비구들이여, 하나의 법이 있어 그것을 닦고 많이많이 [공부]지으면 크게 절박함으로 인도한다. … 큰 이익으로 인도한다. … 큰 유가안은210)으로 인도한다. … 마음챙기고 알아차리게 한다. … 지견을 얻게 한다. … 금생에서 행복하게 머물게 한다. … 영지와 해탈의 과를 실현하도록 한다.211)

어떤 것이 그 하나의 법인가? 몸에 대한 마음챙김이다. 비구들이여, 실로 이 하나의 법을 닦고 많이많이 [공부]지으면 … 영지와 해탈의 과를 실현하도록 한다."

9~12. "비구들이여, 하나의 법이 있어 그것을 닦으면 몸이 편안해진다. … 마음도 편안해진다. … 일으킨 생각과 지속적인 고찰도 가라앉는다. … 영지에 동참하는 모든 법들은 그 닦음이 완성에 이른다. 어떤 것이 그 하나의 법인가? 몸에 대한 마음챙김이다.

비구들이여, 이 하나의 법을 닦고 많이많이 [공부]지으면 … 영지에 동참하는 모든 법들은 그 닦음이 완성에 이른다."

13~14. "비구들이여, 하나의 법이 있어 그것을 닦고 많이많이

---

210) '유가안은(瑜伽安隱)'은 yogakkhema(요가케마)를 옮긴 것이다. 중국에서 유가안은(瑜伽安隱)으로 한역하였는데 유가(瑜伽)는 yoga의 음역이고 안은(安隱)은 khema의 의역이다. 유가안은에 대해서는 본서 제2권 「속박 경」(A4:10) §2의 주해를 참조할 것.

211) '크게 절박함(saṁvega)'이란 위빳사나를 말하고, '큰 이익(attha)'이란 네 가지 도를, '큰 유가안은'이란 네 가지 사문의 과를 말한다. 혹은 '크게 절박함'이란 위빳사나와 함께한 도를, '큰 이익'이란 네 가지 사문의 과를, '큰 유가안은'이란 열반을 말한다.(AA.ii.79)

[공부]지으면 아직 일어나지 않은 불선법들은 일어나지 않는다. …
이미 일어난 불선법들은 버려진다. 어떤 것이 그 하나의 법인가? 몸
에 대한 마음챙김이다.

비구들이여, 이 하나의 법을 닦고 많이많이 [공부]지으면 … 이미
일어난 불선법들은 버려진다."

15~16. "비구들이여, 하나의 법이 있어 그것을 닦고 많이많이
[공부]지으면 아직 일어나지 않은 선법들이 일어난다. … 이미 일어
난 선법들은 증장하고 충만해진다. 어떤 것이 그 하나의 법인가? 몸
에 대한 마음챙김이다.

비구들이여, 이 하나의 법을 닦고 많이많이 [공부]지으면 … 증장
하고 충만해진다."

17~21. "비구들이여, 하나의 법이 있어 그것을 닦고 많이많이
[공부]지으면 무명이 버려진다. … 영지(靈知)가 생긴다. … 내가 존
재한다는 자아의식212)이 버려진다. … 잠재성향213)이 뿌리 뽑힌다.
… 족쇄214)가 버려진다. 어떤 것이 그 하나의 법인가? 몸에 대한 마
음챙김이다.

비구들이여, 이 하나의 법을 닦고 많이많이 [공부]지으면 … 족쇄
가 버려진다."

---

212) '내가 존재한다는 자아의식(asmimāna)'에 대해서는 본서 제2권 「초연함
경」(A4:38) §4의 주해를 참조할 것.

213) 잠재성향(anusaya)은 본서 제2권 「쌍 경」(A4:170) §2의 주해를 참조
할 것.

214) 족쇄(saṁyojana)는 본서 제2권 「족쇄 경」(A4:131) §1의 주해들을 참
조할 것.

22~23. "비구들이여, 하나의 법이 있어 그것을 닦고 많이많이 [공부]지으면 통찰지가 열리게 된다. ··· 취착 없는 완전한 열반215) 으로 인도한다. 어떤 것이 그 하나의 법인가? 몸에 대한 마음챙김이다.

비구들이여, 이 하나의 법을 닦고 많이많이 [공부]지으면 ··· 취착 없는 완전한 열반으로 인도한다."

24~26. "비구들이여, 하나의 법이 있어 그것을 닦고 많이많이 [공부]지으면 여러 가지 요소[界]들을 통찰한다. ··· 갖가지 요소들을 통찰한다. ··· 여러 가지 요소들에 대한 무애해가 생긴다. 어떤 것이 그 하나의 법인가? 몸에 대한 마음챙김이다.

비구들이여, 이 하나의 법을 닦고 많이많이 [공부]지으면 ··· 무애 해가 생긴다."

---

215) "'취착 없는 완전한 열반(anupādā-parinibbāna)'이란 [다시 태어날]조 건이 모두 없어진 완전한 열반(appaccaya-parinibbāna)을 말한다.
두 가지 취착이 있다. 움켜쥠의 취착(gahaṇūpādāna)과 조건의 취착 (paccayūpādāna)이다. 움켜쥠의 취착은 감각적 욕망에 대한 취착 등 네 가지이다. 조건의 취착은 무명을 조건으로 의도적 행위들이 있다고 설하 신 조건들(즉 12연기)이다.
이 두 가지 가운데서 [취착이란] '움켜쥠의 취착'이라고 주장하는 스승들 은 취착 없는 열반이란 네 가지 취착 가운데 어떤 것에 의해서도 법을 움 켜쥐지 않고 얻은 아라한과라고 설명한다. 왜냐하면 그것은 어떤 법도 움 켜쥐지 않고 또 오염원(kilesa)들이 완전히 소멸하고 난 뒤에 생겼기 때문 에 완전한 열반(parinibbāna)이라고 말하는 것이다.
[취착이란] '조건의 취착'이라고 설하는 [스승들은] 취착 없는 완전한 열반 이란 [다시 태어날] 조건이 없어진 완전한 열반을 뜻한다고 한다. 그들은 조건을 통해서 생기지 않았고 만들어지지 않은(無爲, asaṅkhata) 불사 (不死, amata)의 요소를 두고 취착 없는 완전한 열반이라고 실명한다. 이 것이 끝이고, 이것이 마지막이고, 이것이 완성이다. 조건이 없어진 완전한 열반을 얻은 자는 청정범행의 절정에 달한 자라 한다."(MA.ii.156)

27~30. "비구들이여, 하나의 법이 있어 그것을 닦고 많이많이 [공부]지으면 예류과216)를 실현하게 된다. … 일래과를 실현하게 된다. … 불환과를 실현하게 된다. … 아라한과를 실현하게 된다. 어떤 것이 그 하나의 법인가? 몸에 대한 마음챙김이다.

비구들이여, 이 하나의 법을 닦고 많이많이 [공부]지으면 … 아라한과를 실현하게 된다."

31~46. "비구들이여, 하나의 법이 있어 그것을 닦고 많이많이 [공부]지으면 통찰지를 얻게 된다.217) … 통찰지의 증장을 얻게 된다. … 통찰지의 충만을 얻게 된다. … 큰 통찰지를 얻게 된다. … 광활한 통찰지를 얻게 된다. … 풍부한 통찰지를 얻게 된다. … 심오한 통찰지를 얻게 된다. … 비견할 수 없는 통찰지를 얻게 된다. … 광대한 통찰지를 얻게 된다. … 많은 통찰지를 얻게 된다. … 빠른 통찰지를 얻게 된다. … 신속한 통찰지를 얻게 된다. … 미소짓는 통찰지를 얻게 된다. … 전광석화와 같은 통찰지를 얻게 된다. … 예리한 통찰지를 얻게 된다. … 역겨워하는 통찰지를 얻게 된다.218)

---

216)   여기에서 언급되고 있는 4과(果)는 본서 제2권 「족쇄 경」(A4:131)의 여러 주해들을 참조할 것.

217)   "즉 네 가지 도의 지혜, 네 가지 과의 지혜, 네 가지 무애해, 여섯 가지 초월지 등을 얻는 것이다."(AA.ii.82)

218)   주석서는 여기서 언급되는 16가지 통찰지에 대해서 『무애해도』의 긴 나열식 설명을 인용하고 있다. 관심 있는 분들은 『무애해도』(Ps.ii.189 이하)를 참조하기 바란다.
그리고 주석서는 이 통찰지들을 16가지 큰 통찰지(soḷasa mahāpaññā) 라고 부르고 있으며 이들은 세간적인 것이기도 하고 출세간적인 것이기도 하고 혼합된 것이기도 하다고 설명한다.(AA.ii.86)

어떤 것이 그 하나의 법인가? 몸에 대한 마음챙김이다. 비구들이여, 이 하나의 법을 닦고 많이많이 [공부]지으면 … 역겨워하는 통찰지를 얻게 된다."

47~48.[219] 비구들이여, 몸에 대한 마음챙김을 맛보지 못하는 자는 불사(不死)를 맛보지 못한다. 비구들이여, 몸에 대한 마음챙김을 맛보는 자는 불사를 맛본다."[220]

49~50. "비구들이여, 몸에 대한 마음챙김을 맛보지 못했던 자는 불사를 맛보지 못했다. 비구들이여, 몸에 대한 마음챙김을 맛보았던 자는 불사를 맛보았다."

51~52. "비구들이여, 몸에 대한 마음챙김이 줄어드는 자에게 불사는 줄어든다. 몸에 대한 마음챙김이 줄어들지 않는 자에게 불사는 줄어들지 않는다."

53~54. "비구들이여, 몸에 대한 마음챙김이 증장하는 자는 불사

---

219) 육차결집본에는 이 이하를 불사 품(Amata-vagga)이라 하여 독립된 품으로 정리하고 있다.

220) "'불사를 맛보지 못한다.(amataṁ na paribhuñjanti)'는 것은 죽음이 없는 열반을 맛보지 못한다는 뜻이다. 그런데 '열반은 출세간(lokuttara)이고 몸에 대한 마음챙김(kāyagatāsati)은 세간적(lokiya)이다. 그런데 어떻게 이것을 맛보면 불사를 맛본다고 하는가?'라고 질문할지도 모른다. '이것을 닦은 뒤에(bhāvetvā) 불사를 체득하기 때문이다.'라고 대답할 수 있다. 몸에 대한 마음챙김을 닦으면 불사를 체득하고(adhigacchati) 닦지 않으면 체득하지 못한다. 그래서 이렇게 말씀하시는 것이다."(*Ibid*)
여기서 나타나는 불사를 맛본다는 표현의 영향 때문인지 불사는 여러 수석서에서 불사의 물(amata-pāna)로 설명이 되고 있으며(AA.iii.40 등) 중국에서 감로수(甘露水)로 옮겨 우리에게도 익숙한 표현이다.

를 증장한다. 몸에 대한 마음챙김을 시작하는 자에게 불사는 시작된다."

55~56. "비구들이여, 몸에 대한 마음챙김을 게을리 하는 자는 불사를 게을리 한다. 몸에 대한 마음챙김을 게을리 하지 않는 자는 불사를 게을리 하지 않는다."

57~58. "비구들이여, 몸에 대한 마음챙김을 잊어버리는 자는 불사를 잊어버린다. 몸에 대한 마음챙김을 잊어버리지 않는 자는 불사를 잊어버리지 않는다."

59~60. "비구들이여, 몸에 대한 마음챙김을 실행하지 않는 자는 불사를 실행하지 않는다. 몸에 대한 마음챙김을 실행하는 자는 불사를 실행한다."

61~62. "비구들이여, 몸에 대한 마음챙김을 닦지 않는 자는 불사를 닦지 않는다. 몸에 대한 마음챙김을 닦는 자는 불사를 닦는다."

63~64. "비구들이여, 몸에 대한 마음챙김을 많이많이 [공부]짓지 않는 자는 불사를 많이많이 [공부]짓지 않는다. 몸에 대한 마음챙김을 많이많이 [공부]짓는 자는 불사를 많이많이 [공부]짓는다."

65~66. "비구들이여, 몸에 대한 마음챙김을 완전히 알지 못하는 자는 불사를 완전히 알지 못한다. 몸에 대한 마음챙김을 완전히 아는221) 자는 불사를 완전히 안다."

---

221) '완전히 알다'는 abhiññāta를 옮긴 것이다. 이것의 명사인 abhiññā는 본서에서 최상의 지혜로 옮기고 있다. 최상의 지혜에 대해서는 본서 제2권

67~68. "비구들이여, 몸에 대한 마음챙김을 철저하게 알지 못하는 자는 불사를 철저하게 알지 못한다. 몸에 대한 마음챙김을 철저하게 아는222) 자는 불사를 철저하게 안다."

69. "비구들이여, 몸에 대한 마음챙김을 실현하지 못하는 자는 불사를 실현하지 못한다."

70. "비구들이여, 몸에 대한 마음챙김을 실현하는 자는 불사를 실현한다."

제21장 몸에 대한 마음챙김 품이 끝났다.

하나의 모음이 끝났다.

「흐름을 따름 경」(A4:5) §1의 주해를 참조할 것.

222) '철저하게 알다'는 pariññāta를 옮긴 것이다. 이것의 명사인 pariññā는 통달지로 옮기고 있다. 통달지에 내해서는 『청정도론』 XX.3~5를 참조할 것.

앙굿따라 니까야

둘의 모음

Duka-nipāta

앙굿따라 니까야

둘의 모음

Duka-nipāta

I. 첫 번째 50개 경들의 묶음

Paṭhama-paṇṇāsaka

제1장 형벌 품(A2:1:1~10)

Kammakaraṇa-vagga

허물 경(A2:1:1)

Vajja-sutta

1. 이와 같이 나는 들었다. 한때 세존께서는 사왓티에서 제따 숲의 급고독원에 머무셨다. 거기서 세존께서는 "비구들이여."라고 비구들을 부르셨다. "세존이시여."라고 비구들은 세존께 응답했다. 세존께서는 다음과 같이 말씀하셨다.

"비구들이여, 두 가지 허물이 있다. 어떤 것이 둘인가?

금생에 [과보를] 받는223) 허물과 내생에 [과보를] 받는 허물이다."

---

223) '금생에 [과보를] 받는'으로 옮긴 원어는 diṭṭha-dhammika이다. 주석서 에서 "지금여기(금생)의 자신(attabhāva)에게 생긴 결실(phala)"(AA.ii.

2.　"비구들이여, 그러면 어떤 것이 금생에 [과보를] 받는 허물인가? 비구들이여, 여기 어떤 자는 왕들이 나쁜 짓을 한 도둑을 잡아 여러 가지 형벌을 가하는 것을 볼 것이다. 채찍으로 때리고 회초리로 때리고 곤봉으로 치고, 손을 자르고 발을 자르고 손발을 다 자르고, 귀를 자르고 코를 자르고 귀와 코를 다 자르고, 죽 끓이는 가마솥에 처박고, 소라 고동처럼 까까머리를 만들고, 라후가 입에다 해를 삼킨 것처럼 만들고,224) [몸에 기름을 끼얹어] 불붙은 화환으로 만들고, 손을 불로 지지고, 목 아래로부터 피부를 깎아 발목에다 꼬아 붙여 그것에 거꾸로 매달고, 피부를 잘라 옷에다 매달고, 두 팔꿈치와 무릎에 쇠말뚝을 박아 쇠막대기로 때리고는 땅에다 던져놓고 불을 지르고, 양쪽에 구멍이 있는 낚싯바늘로 피부를 깎아내리고, 칼로 온몸을 동전 크기만큼으로 자르고, 온 몸을 막대기로 두들겨놓고는 그곳에다 솔로 독한 가성수를 뿌리고, 한쪽으로 눕힌 다음 귀를 꿰어 몸을 땅에다 박고 발을 잡아 빙빙 돌리며, 피부를 벗겨내고 위에서 가는 맷돌로 뼈를 갈아 건초 무더기처럼 만들어 괴롭히고, 뜨거운 기름을 뿌리고, 개가 물도록 놓아두고, 산 채로 무시무시한 쇠꼬챙이로 찌르고, 칼로 머리를 자르는 것을 볼 것이다.

그는 이와 같이 생각할 것이다. '이와 같은 나쁜 행위를 저질렀기 때문에 왕들이 나쁜 짓을 한 도둑을 잡아 채찍으로 때리고 … 칼로

---

88)이라고 설명하고 있어서 이렇게 옮겼다.

224)　"즉 꼬챙이로 입을 벌려 입 속에다 불을 지른다는 말이다."(AA.ii.0089) 인도신화에서 라후(Rāhu)는 일식과 월식을 의인화한 것이다. 그래서 태양과 달을 삼키는 라후는 인도신화에서 아수라의 왕으로 취급된다.(A4: 15)

머리를 자르는 등 여러 가지 형벌을 가하듯이 나도 이와 같은 나쁜 행위를 저지르면 왕들이 나를 잡아 채찍으로 때리고 … 칼로 머리를 자르는 등 여러 가지 형벌을 가할 것이다.'라고.

그는 금생에 과보를 가져오는 허물에 대해 두려워하여 다른 사람의 재물을 훔치지 않는다. 비구들이여, 이를 일러 금생에 [과보를] 받는 허물이라 한다."

3. "비구들이여, 그러면 어떤 것이 내생에 [과보를] 받는 허물인가?

비구들이여, 여기 어떤 자는 이렇게 숙고할 것이다. 몸으로 나쁜 행위를 저지르면 내생에 악한 과보가 있다. 말로 나쁜 행위를 저지르면 내생에 악한 과보가 있다. 마음으로 나쁜 행위를 저지르면 내생에 악한 과보가 있다. 내가 만약 몸과 말과 마음으로 나쁜 행위를 저지른다면 몸이 무너져 죽은 뒤 그 때문에 처참한 곳, 불행한 곳, 파멸처, 지옥에 태어나지 않겠는가?

그는 내생에 과보를 가져오는 허물에 대해 두려워하여 몸으로 나쁜 행위를 저지르지 않고 좋은 행위를 닦고, 말과 마음으로도 나쁜 행위를 저지르지 않고 좋은 행위를 닦아서 자신을 청정하게 만든다. 비구들이여, 이를 일러 내생에 [과보를] 받는 허물이라 한다.

비구들이여, 이것이 두 가지 허물이다. 비구들이여, 그러므로 이와 같이 공부지어야 한다. 금생에 [과보를] 받는 허물을 두려워하고 내생에 [과보를] 받는 허물을 두려워하며, 허물에 겁을 내고, 허물에 공포를 보리라고 공부지어야 한다. 허물에 겁을 내고 허물에 공포를 보는 자는 반드시225) 모든 허물에서 벗어날 것이다."

---

225) '반드시'로 옮긴 원어는 etaṁ pāṭikaṅkhaṁ(이런 것이 기대된다)인데 주

노력 경(A2:1:2)
Padhāna-sutta

"비구들이여, 세상에서 해내기 힘든 두 가지 노력이 있다. 무엇이 둘인가?

집에 머무는 재가자가 의복, 음식, 거처, 병구완을 위한 약품을 공양하려는 노력과, 집을 나와 출가한 자가 모든 [재생의] 근거에 대한 집착을 포기하려는 노력226)이다. 비구들이여, 이것이 세상에 해내기 힘든 두 가지 노력이다. 이러한 두 가지 노력 가운데 모든 [재생의] 근거에 대한 집착을 포기하려는 노력이 더 수승하다. 비구들이여, 그러므로 이와 같이 공부지어야 한다. '모든 [재생의] 근거에 대한 집착을 포기하기 위해 노력하리라.'라고 공부지어야 한다."

태움 경(A2:1:3)
Tapanīya-sutta

"비구들이여, 두 가지 태움이 있다. 무엇이 둘인가?

석서에서 "반드시(avassaṁ) 이렇게 된다."(AA.ii.92)라고 설명하고 있어서 이렇게 의역을 하였다.

226) "'모든 재생의 근거(upadhi)에 대한 집착을 포기하려는 노력 (sabb-ūpadhi-paṭinissaggatthāya padhāna)'이란 무더기[五蘊]라는 재생의 근거, 오염원이라는 재생의 근거, 업형성(abhisaṅkhāra)이라는 재생의 근거라 불리는 모든 재생의 근거에 대한 집착을 포기함인 열반을 위하여 위빳사나와 도와 함께 생긴 정진을 말한다."(AA.ii.92)
"네 가지 재생의 근거가 있다. 감각적 욕망이라는 재생의 근거 (kāma-upadhi), 무더기라는 재생의 근거(khandha-upadhi), 오염원이라는 재생의 근거(kilesa-upadhi), 입형성이라는 재생의 근거(abhi-saṅkhāra-upadhi)이다."(AAṬ.ii.3)

비구들이여, 여기 어떤 자는 몸으로 나쁜 행위를 저지르고 몸으로 좋은 행위를 하지 않는다. 말로 나쁜 행위를 저지르고 말로 좋은 행위를 하지 않는다. 마음으로 나쁜 행위를 저지르고 마음으로 좋은 행위를 하지 않는다. 그는 '나는 몸으로 나쁜 행위를 저질렀다, 나는 몸으로 좋은 행위를 하지 않았다.'라고 생각하면서 태운다.227) '나는 말로 나쁜 행위를 저질렀다, 나는 말로 좋은 행위를 하지 않았다.'라고 생각하면서 태운다. '나는 마음으로 나쁜 행위를 저질렀다, 나는 마음으로 좋은 행위를 하지 않았다.'라고 생각하면서 태운다.

비구들이여, 이것이 두 가지 태움이다."

태우지 않음 경(A2:1:4)
Atapanīya-sutta

"비구들이여, 두 가지 태우지 않음이 있다. 무엇이 둘인가?

비구들이여, 여기 어떤 자는 몸으로 좋은 행위를 하고 몸으로 나쁜 행위를 저지르지 않는다. 말로 좋은 행위를 하고 말로 나쁜 행위를 저지르지 않는다. 마음으로 좋은 행위를 하고 마음으로 나쁜 행위를 저지르지 않는다. 그는 '나는 몸으로 좋은 행위를 했다, 나는 몸으로 나쁜 행위를 저지르지 않았다.'라고 생각하면서 태우지 않는다. '나는 말로 좋은 행위를 했다, 나는 말로 나쁜 행위를 저지르지 않았다.'라고 생각하면서 태우지 않는다. '나는 마음으로 좋은 행위를 했다, 나는 마음으로 나쁜 행위를 저지르지 않았다.'라고 생각하면서 태우지 않는다.

---

227) "'태운다(tappati)'는 것은 마음의 열뇌(熱惱, santāpa)로 태우고 비탄한다(anusocati)는 뜻이다."(AA.ii.93)

비구들이여, 이것이 두 가지 태우지 않음이다."

통찰했음 경(A2:1:5)
Upaññāsiṁ-sutta

"비구들이여, 나는 두 가지를 통찰했나니,228) 그것은 바로 선법들에서 만족하지 않은 것229)과 굴하지 않는230) 노력이다. 비구들이여, 나는 불굴의 노력을 하였다. '피부와 힘줄과 뼈가 쇠약해지고 몸에 살점과 피가 마르더라도 남자다운 근력과 남자다운 노력과 남자다운 분발로써 얻어야 하는 것을 얻을 때까지 정진을 계속하리라.'라고. 비구들이여, 불굴의 노력으로 나는 깨달음을 얻었고 위없는 유가안은을 얻었다.

비구들이여, 그대들도 불굴의 의지로 노력하라. '피부와 힘줄과 뼈가 쇠약해지고 몸에 살점과 피가 마르더라도 남자다운 근력과 남자다운 노력과 남자다운 분발로써 얻어야 하는 것을 얻을 때까지 정진

---

228) "'통찰했다(upaññāsiṁ)'는 것은 가까이 가서 덕을 완전히 알았다, 알았다, 꿰뚫었다(paṭivijjhiṁ)는 뜻이다. 스승께서는 이 두 가지 법을 바탕으로 일체지를 얻으셨다. 그러므로 그의 경험을 보이시면서 이렇게 말씀하신 것이다."(*Ibid*)

229) '선법들에서 만족하지 않음'에 대한 설명은 본경에는 나타나지 않고 있다. 주석서는 다음과 같이 설명한다.
"선법들에서 만족하지 않음이란 '나는 단지 禪만으로, 단지 광명의 표상만으로 만족하지 않고 아라한 도를 일으켰다. 그것이 일어나기 전에는 만족하지 않았다.'라는 뜻을 나타낸다."(*Ibid*)

230) '굴하지 않는'으로 옮긴 원어는 appaṭivānitā인데 주석서에서 되돌아가지 않음(appaṭikkamanā)과 물러서지 않음(anosakkanā)이라고 설명하고 있어서 이렇게 옮겼다.(*Ibid*)

을 계속하리라.'라고, 비구들이여, 좋은 가문의 아들들이 집을 떠나 바르게 출가함은 위없는 청정범행을 완성하기 위함인 바, 그 위없는 청정범행의 완성을 그대들도 머지않아 금생에 스스로 최상의 지혜로 알고 실현하고 구족하여 머물 것이다.

그러므로 비구들이여, 이와 같이 공부지어야 한다. '나는 불굴의 의지로 노력하리라. 피부와 힘줄과 뼈가 쇠약해지고 몸에 살점과 피가 마르더라도 남자다운 근력과 남자다운 노력과 남자다운 분발로써 얻어야 하는 것을 얻을 때까지 정진을 계속하리라.'라고 공부지어 야 한다."

족쇄 경(A2:1:6)
Saṁyojana-sutta

1. "비구들이여, 이러한 두 가지 법이 있다. 무엇이 둘인가?
족쇄에 묶이게 될 법들에서[231] 달콤함을 보는 것과 족쇄에 묶이게 될 법들에서 역겨움[厭惡]을 보는 것이다. 비구들이여, 족쇄에 묶이게 될 법들에서 달콤함을 보면서 머무는 자는 탐욕을 버리지 않고 성냄을 버리지 않고 어리석음을 버리지 않는다. 그는 탐욕과 성냄과 어리석음을 버리지 않아 태어남과 늙음과 죽음과 근심·탄식·육체적 고통·정신적 고통·절망에서 벗어나지 못한다. 즉 괴로움에서 벗어나지 못한다고 나는 말한다."

---

231) "'족쇄에 묶이게 될 법들(saṁyojaniya dhamma)'이란 열 가지 족쇄의 조건인 삼계에 속하는(tebhūmaka) 법들이다."(AA.ii.95) 열 가지 족쇄에 대해서는 본서 제2권 「족쇄 경」(A4:131) §1의 주해를 참조할 것.

2. "족쇄에 묶이게 될 법들에서 역겨움을 보면서 머무는 자는 탐욕을 버리고 성냄을 버리고 어리석음을 버린다. 탐욕과 성냄과 어리석음을 버리고서는 태어남과 늙음과 죽음과 근심·탄식·육체적 고통·정신적 고통·절망에서 벗어난다. 즉 괴로움에서 벗어난다고 나는 말한다."

검음 경(A2:1:7)
Kaṇha-sutta

"비구들이여, 두 가지 검은232) 법이 있다. 무엇이 둘인가?
양심 없음과 수치심 없음233)이다. 비구들이여, 이것이 두 가지 검은 법이다."

흼 경(A2:1:8)
Sukka-sutta

"비구들이여, 두 가지 흰 법이 있다. 무엇이 둘인가?
양심과 수치심234)이다. 비구들이여, 이것이 두 가지 흰 법이다."

---

232) "검은 색깔이기 때문에 검은 것이 아니다. 그러나 검은 상태로 인도하고, 결과가 검기 때문에 검다. 역할로서는 모든 불선법은 오직 검다. 그것이 일어날 때 마음은 빛나지 않기 때문이다."(AA.ii.96)

233) 양심 없음(ahirika)과 수치심 없음(anottappa)은 『아비담마 길라잡이』 2장 §4의 주해를 참조할 것.

234) 『청정도론』은 이 둘을 이렇게 설명한다.
"몸으로 짓는 나쁜 행위 등에 대해 부끄러워한다고 해서 '양심(hirī)'이라 한다. 이것은 부끄러움(lajjā)의 동의어이다. 오직 그것에 대해 두려워한다

부인 경(A2:1:9)[235]

Bhariyā-sutta

"비구들이여, 두 가지 밝은 법이 있으니, 그것은 세상을 보호한다. 무엇이 둘인가?

양심과 수치심이다. 비구들이여, 만약 이러한 두 가지 밝은 법이 세상을 보호하지 않았더라면 [나의] 어머니라고 혹은 이모, 외숙모, 스승의 부인, 존경하는 분의 부인이라고 [존경심으로 대하는 것을] 보지 못했을 것이다. 세상이 뒤범벅이 되었을 것이다. 마치 염소, 양, 닭, 돼지, 개, 자칼처럼.[236] 비구들이여, 이러한 두 가지 밝은 법이 세상을 보호하기 때문에 [나의] 어머니라고 혹은 이모, 외숙모, 스승의 부인, 존경하는 분의 부인이라고 [존경심으로 대하는 것을] 본다."

고 해서 '수치심(ottappa)'이라 한다. 이것은 악행에 대한 불안의 동의어이다.

이 가운데서 양심은 악행에 대해 진저리를 내는 것이 특징이다. 수치심은 두려워함이 특징이다. 양심은 부끄러움 때문에 악행을 짓지 않는 역할을 하고, 수치심은 두려움 때문에 악행을 짓지 않는 역할을 한다. 이들은 이미 말한 방법대로 악행을 피하는 것으로 나타난다.

가까운 원인은 각각 자기를 중히 여김(gārava)과 타인을 중히 여김이다. 자신을 중히 여겨 양심상 악행을 버린다. 마치 좋은 가문의 규수처럼. 타인을 중히 여겨 수치심으로 악행을 버린다. 마치 궁녀처럼. 이 두 가지 법은 세상의 보호자라고 알아야 한다."(Vis.XIV.142)

235) 육차결집본의 경 이름은 행위(Cariya-sutta)이다.

236) "이런 중생들은 '이분이 나의 어머니이다.'라고 존경심으로 대하지 않는다."(AA.ii.96)

안거에 들어감 경(A2:1:10)

Vassūpanāyika-sutta

"비구들이여, 안거(vassa)[237]에 들어가는 기간은 두 가지가 있다.
무엇이 둘인가?

먼저 들어가는 것과 나중에 들어가는 것이다.[238] 비구들이여, 이

---

237) "부처님께서 성도하신 후 처음 20년 동안은 비구들에게 안거에 대한 제도
를 선언하지 않으셨다. 그리하여 비구들은 여름이건 겨울이건 우기이건
마음대로 돌아다녔다. 사람들은 성가셔했고 중얼거렸고 화를 내었다. '어
떻게 삭까의 아들 사문들은 여름이건 겨울이건 우기이건 가리지 않고 마
음대로 돌아다니는가? 그 사문들은 나무와 넝쿨들을 해치고 채소를 해치
고 많은 작은 생명들의 목숨을 빼앗는다. 교리가 잘못 설해진 외도들도 우
기에는 스스로 거처를 마련하여 안거를 하고, 새들도 나무 꼭대기에 둥지
를 틀어 우기에는 스스로 거처를 마련하여 안거를 하는데 어떻게 삭까의
아들 사문들은 여름이건 겨울이건 우기이건 가리지 않고 마음대로 돌아다
니고, 또 나무와 넝쿨들을 해치고 채소를 해치고 많은 작은 생명들의 목숨
을 빼앗는가?'라고 불평들을 했다. 비구들이 그 사실을 세존께 아뢰었다.
그래서 세존께서는 '비구들이여, 안거에 들어가는 것을 선언하노라.'라고
하셨다.(Mhv.137) 그때 비구들에게 '언제 안거에 들어가야 하는가?'라는
생각이 일어났다. 그것을 아시고 '우기 동안에 안거를 하라.'고 하셨다. 그
때 비구들에게는 '얼마 동안 안거에 들어가는가?'라는 생각이 들었고 그래
서 세존께 아뢰었다. 세존께서는 그것을 듣고 이 경을 설하셨다. '비구들이
여, 안거에 들어가는 기간은 두 가지가 있다.'라고."(AA.ii.97)

238) "아살하(Āsāḷha, 음력 6월) 보름날의 다음 날에 시작하여 앞의 깟띠까
(Purima-kattika 혹은 앗사유자, Assayuja, 음력 9월) 달의 보름날까지
의 석 달 동안이 먼저 안거에 들어가는 기간이고, 아살하 보름날로부터 한
달이 지나고, 즉 사와나(Sāvaṇa, 음력 7월)의 보름 다음날에 시작하여 뒤
의 깟띠까(Pacchimakattika, 음력 10월) 달의 보름날까지의 석 달 동안
이 나중의 안거 기간이다."(AA.ii.97)
지금도 남방에서는 우리의 음력 6월 보름에 해당하는 아살하 달의 보름에
안거에 들어간다. 그리고 예부터 시금까지 인도를 비롯한 남방에서는 우
리의 음력 3월에 해당하는 쩻따 달을 한 해의 시작으로 간주한다. 12달의

것이 안거에 들어가는 두 가지의 기간이다."

제2장 대중공사[諍事] 품(A2:2:1~10)
Adhikaraṇa-vagga

힘 경(A2:2:1)
Bala-sutta

1. "비구들이여, 두 가지 힘이 있다. 무엇이 둘인가?
숙고(paṭisaṅkhāna)의 힘과 수행(bhāvanā)의 힘이다.
비구들이여, 그러면 무엇이 숙고의 힘인가?
비구들이여, 여기 어떤 자는 이렇게 숙고한다. 몸과 말과 마음으로
짓는 나쁜 행위의 악한 과보는 금생에 받는 것과 내생에 받는 것이
있다. 그는 이와 같이 숙고하면서 몸으로 나쁜 행위를 저지르지 않고
좋은 행위를 닦고, 말과 마음으로도 나쁜 행위를 저지르지 않고 좋은
행위를 닦아서 자신을 청정하게 만든다. 비구들이여, 이를 일러 숙고
의 힘이라 한다."

2. "비구들이여, 그러면 무엇이 수행의 힘인가?
여기서 수행의 힘이란 [일곱 단계의] 유학(有學)들의 [지혜의] 힘을
말한다.239) 왜냐하면 비구들이여, 유학의 힘을 얻어 탐욕을 버리고

이름은 다음과 같다. 찟따(Citta, Citra, 음3월), 웨사카(Vesākha), 젯타
(Jeṭṭha), 아살하(Āsāḷha, 음6월), 사와나(Sāvaṇa), 뿟타빠다(Poṭṭha-
pāda), 앗사유자(Assayuja, 음9월), 깟띠까(Kattika), 마가시라(Māga-
sira), 풋사(Phussa, 음12월), 마가(Māgha, 음1월), 팍구나(Phagguna,
음2월).

성냄을 버리고 어리석음을 버리며, 탐욕과 성냄과 어리석음을 버리고나서는 불선법을 행하지 않고 악을 행하지 않기 때문이다. 비구들이여, 이를 일러 수행의 힘이라 한다. 비구들이여, 이것이 두 가지 힘이다."

깨달음의 구성요소 경(A2:2:2)
Bojjhaṅga-sutta

1. "비구들이여, 두 가지 힘이 있다. 무엇이 둘인가?
숙고의 힘과 수행의 힘이다.
비구들이여, 그러면 무엇이 숙고의 힘인가?
비구들이여, 여기 어떤 자는 이렇게 숙고한다. 몸과 말과 마음으로 짓는 나쁜 행위의 악한 과보는 금생에 받는 것과 내생에 받는 것이 있다. … <위 1번 경과 같음> … 비구들이여, 이를 일러 숙고의 힘이라 한다."

2. "비구들이여, 그러면 무엇이 수행의 힘인가?
비구들이여, 여기 비구는 마음챙김의 깨달음의 구성요소[覺支]를 닦는다. 그것은 떨쳐버림을 의지하고 [탐욕의] 빛바램을 의지하고 소멸을 의지하고 철저한 버림으로 기우는 것이다. 법을 간택하는 깨달음의 구성요소를 닦는다. … 정진의 깨달음의 구성요소를 닦는다. …

---

239) "'유학들의 힘(sekhānaṁ bala)'이란 일곱 단계의 유학들의 지혜(ñāṇa)의 힘이다."(AA.ii.98)
유학을 일곱 단계라고 부르는 것은 예류도, 예류과, 일래도, 일래과, 불환도, 불환과, 아라한도의 일곱 단계를 유학이라 하기 때문이다. 아라한과만이 무학(無學, asekha)이다.

희열의 깨달음의 구성요소를 닦는다. … 경안의 깨달음의 구성요소를 닦는다. … 삼매의 깨달음의 구성요소를 닦는다. … 평온의 깨달음의 구성요소를 닦는다. … 비구들이여, 이를 일러 수행의 힘이라한다. 이것이 두 가지 힘이다."

선(禪) 경(A2:2:3)
Jhāna-sutta

1. "비구들이여, 두 가지 힘이 있다. 무엇이 둘인가?

숙고의 힘과 수행의 힘이다.

비구들이여, 그러면 무엇이 숙고의 힘인가?

비구들이여, 여기 어떤 자는 이렇게 숙고한다. 몸과 말과 마음으로 짓는 나쁜 행위의 악한 과보는 금생에 받는 것과 내생에 받는 것이 있다. … <위 1번 경과 같음> … 비구들이여, 이를 일러 숙고의 힘이라한다."

2. "비구들이여, 그러면 무엇이 수행의 힘인가?

비구들이여, 여기 비구는 감각적 욕망들을 완전히 떨쳐버리고 해로운 법[不善法]들을 떨쳐버린 뒤, 일으킨 생각[尋]과 지속적인 고찰[伺]이 있고, 떨쳐버렸음에서 생겼고, 희열[喜]과 행복[樂]240)이 있는

---

240) 본서에서 '행복'으로 옮긴 원어는 아주 드문 경우를 제외하고 모두 sukha이다. 이 단어는 일반적으로 '즐거움'으로도 옮겨지고 있다. 특히 sukha-vedanā로 나타날 때는 거의 예외 없이 '즐거운 느낌'으로 옮기고 있다. 그러나 禪의 구성요소로 나타나는 sukha는 모두 행복으로 옮기고 있다. 일반적인 즐거움과 구분하기 위해서다. 그러나 adukkhamasukha(不苦不樂)로 나타날 때는 선의 구성요소라 하더라도 '괴롭지도 즐겁지도 않음'으로 옮긴다.

초선(初禪)에 들어 머문다.

일으킨 생각과 지속적인 고찰을 가라앉혔기 때문에 자기 내면의 것이고, 확신이 있으며, 마음의 단일한 상태이고, 일으킨 생각과 지속적인 고찰은 없고, 삼매에서 생긴 희열과 행복이 있는 제2선(二禪)에 들어 머문다.

희열이 빛바랬기 때문에 평온하게 머문다. 마음챙기고 알아차리며 몸으로 행복을 경험한다. 이 [禪 때문에] '평온하고 마음챙기며 행복하게 머문다.'고 성자들이 묘사하는 제3선(三禪)에 들어 머문다.

행복도 버리고 괴로움도 버리고, 아울러 그 이전에 이미 기쁨과 슬픔을 소멸하였으므로 괴롭지도·즐겁지도 않으며, 평온으로 인해 마음챙김이 청정한 제4선(四禪)에 들어 머문다.

비구들이여, 이를 일러 수행의 힘이라 한다. 이것이 두 가지 힘이다."

설법 경(A2:2:4)
Desanā-sutta

"비구들이여, 여래는 두 가지 방법으로 법을 설하신다. 어떤 것이 둘인가?

간략하게 설하는 것과 상세하게 설하는 것241)이다. 비구들이여, 이러한 두 가지 방법으로 여래는 법을 설하신다."

---

241) 간략하게 설하신 경우와 상세하게 설하신 경우의 보기로 본서 「행하지 않음 경」(A2:2:7)을 들 수 있다.

대중공사 경(A2:2:5)

Adhikaraṇa-sutta

1. "비구들이여, 어떤 대중공사[諍事]242)에서건 계를 범한[犯戒] 비구와 훈계하는 비구 둘 모두 자신을 잘 반조하지 않는다면 그것은 오래 끌게 되고 험악하게 되고 투쟁적이 되어 비구들이 편안히 지낼 수 없을 것이다.

비구들이여, 어떤 분쟁에서건 계를 범한 비구와 훈계하는 비구 둘 모두 자신을 잘 반조한다면 그것은 오래 끌지 않고 험악하지 않고 투쟁적이지 않아서 비구들이 편안히 지낼 것이다."

2. "비구들이여, 그럼 어떻게 계를 범한 비구가 자신을 잘 반조하는가?

비구들이여, 계를 범한 비구는 이렇게 자신을 잘 반조한다. '나에게 해로운 생각이 일어나서 어떤 점에 대해서 몸으로 잘못을 범했다. 그런데 저 비구가 내가 해로운 생각이 생겨서 어떤 점에 대해서 몸으로 잘못을 범하는 것을 보았다. 만일 내가 잘못을 범하지 않았다면 저 비구가 보지 않았을 것이다. 내가 잘못을 범했기 때문에 저 비구

---

242) '대중공사(大衆公事)'로 옮긴 원어는 adhikaraṇa이다. 중국에서는 諍事로 옮겼다. 그러나 현재의 한국 승가에서 쟁사라는 술어는 일상 생활에서 전혀 사용하지 않고 대중공사라는 술어를 사용한다. 그래서 역자도 대중공사로 옮겼다. 대중공사란 승가의 중요한 일을 대중이 모여서 확정하는 회합을 말한다.

율장에 의하면 네 종류의 대중공사가 있다. 그것은 쟁론에 대한 대중공사(vivāda-adhikaraṇa), 교계(敎誡)를 위한 대중공사(anuvāda-adhikaraṇa), 범계(犯戒)에 대한 대중공사(āpatti-adhikaraṇa), 소임에 대한 대중공사(kicca-adhikaraṇa)이다.(Vin.iii.164 등) 이 네 가지에 대해서는 『초기불교 교단과 계율』 103~108을 참조할 것.

가 본 것이다. 내가 잘못을 범한 것을 보고 저 비구는 마음으로 언짢
아했다. 저 비구는 마음이 언짢아서 나에게 언짢은 말을 하였다. 저
비구가 언짢은 말을 하자 나도 마음이 언짢아졌다. 그래서 언짢아하
면서 나는 남들에게 그 사실을 드러내었다. 그러므로 마치 세금을
내어야 하는 사람이 죄를 범한 것처럼 내가 잘못을 범했다.'243)라고.
 비구들이여, 계를 범한 비구는 이와 같이 자신을 잘 반조한다."

3.   "비구들이여, 그러면 훈계하는 비구는 어떻게 자신을 잘 반
조하는가?

비구들이여, 여기 훈계하는 비구는 이렇게 자신을 잘 반조한다.
'이 비구에게 해로운 생각이 일어나서 어떤 점에 대해서 몸으로 잘못
을 범했다. 그런데 내가 그것을 보았다. 만일 이 비구가 잘못을 범하
지 않았다면 내가 보지 않았을 것이다. 이 비구가 잘못을 범했기 때
문에 내가 본 것이다. 이 비구가 잘못을 범한 것을 보고 나는 마음으
로 언짢아했다. 나는 마음이 언짢아서 이 비구에게 언짢은 말을 하였

---

243)   "마치 세관 검사대(suṅkaṭṭhāna)를 피하여 숨겨서(pariharitvā) 가져온
물품(bhaṇḍa)에 대해서는 세금을 물어야 하는 자에게 잘못이 있는 것과
같다. 이 경우에는 그가 잘못을 범한 것이지 왕이나 왕의 사람들이 잘못을
범한 것이 아니라는 뜻이다.
이것은 다음과 같은 뜻이다. 어떤 사람이 왕이 놓아둔 세관 검사대를 피하
여 숨겨서 물건을 가져간다. 그러면 [왕의 사람들이] 물건을 실은 마차와
함께 그를 잡아 왕에게 보인다. 그때 허물은 세관 검사대에 있는 것도 아
니고, 왕에게 있는 것도 아니고, 왕의 사람들에게 있는 것도 아니다. 오직
숨기고 가져간 사람에게 잘못이 있다. 그와 마찬가지로 그 비구가 죄를 범
했을 때 허물이 훈계하는 자에게 있는 것이 아니다. 바로 그 비구에게 허
물이 있다. 그 비구에게는 세 가지 허물이 있다. 즉 죄를 범한 허물, 훈계
하는 자에게 언짢이힌 허물, 언짢아하면서 남에게 그를 언짢아하는 사실
을 드러낸 허물이다."(AA.ii.102)

다. 내가 언짢은 말을 하자 이 비구도 마음이 언짢아졌다. 그래서 언짢아하면서 이 비구는 남들에게 그 사실을 드러내었다. 그러므로 마치 세금을 내어야 하는 사람이 죄를 범한 것처럼 내가 잘못을 범했다.'244)라고.

비구들이여, 훈계하는 비구는 이와 같이 자신을 잘 반조한다.

비구들이여, 어떤 분쟁에서건 계를 범한 비구와 훈계하는 비구 둘모두 자신을 잘 반조하지 않는다면 그것은 오래 끌게 되고 험악하게 되고 투쟁적이 되어 비구들이 편안히 지낼 수 없을 것이다.

비구들이여, 어떤 분쟁에서건 계를 범한 비구와 훈계하는 비구 둘모두 자신을 잘 반조한다면 그것은 오래 끌지 않고 험악하지 않고 투쟁적이지 않아서 비구들이 편안히 지낼 것이다."

법답지 못한 행위 경(A2:2:6)
Adhammacariyā-sutta

1. 그때 어떤 바라문이 세존께 다가갔다. 가서는 세존과 함께 환담을 나누었다. 유쾌하고 기억할 만한 이야기로 서로 담소를 한 뒤한 곁에 앉았다. 한 곁에 앉아서 그 바라문은 세존께 이렇게 여쭈었다.

"고따마 존자시여, 여기 어떤 중생들은 몸이 무너져 죽은 뒤 처참한 곳, 불행한 곳, 파멸처, 지옥에 태어납니다. 그것은 무슨 원인과무슨 조건 때문입니까?"

"바라문이여, 그것은 법답지 못한 행위인 비뚤어진 행위245) 때문

---

244) 훈계하는 비구의 경우 언짢아한 허물과 언짢아하면서 훈계한 두 가지 허물이 있다고 주석서는 설명하고 있다.(AA.ii.103)

245) "'법답지 못한 행위(adhamma-cariyā)'인 '비뚤어진 행위(visama-

이다."

"고따마 존자시여, 여기 어떤 중생들은 몸이 무너져 죽은 뒤 좋은 곳[善處], 천상세계에 태어납니다. 그것은 무슨 원인과 무슨 조건 때문입니까?"

"바라문이여, 그것은 법다운 행위인 곧은 행위 때문이다."

2. "경이롭습니다, 고따마 존자시여. 경이롭습니다, 고따마 존자시여. 마치 넘어진 자를 일으켜 세우시듯, 덮여있는 것을 걷어내 보이시듯, [방향을] 잃어버린 자에게 길을 가리켜주시듯, 눈 있는 자 형상을 보라고 어둠 속에서 등불을 비춰주시듯, 고따마 존자께서는 여러 가지 방편으로 법을 설해주셨습니다. 저는 이제 고따마 존자께 귀의하옵고 법과 비구승가에 귀의합니다. 고따마 존자께서는 저를 재가신자로 받아주소서. 오늘부터 목숨이 붙어 있는 그날까지 귀의하옵니다."

행하지 않음 경(A2:2:7)
Akatatta-sutta

1. 그때 자눗소니 바라문246)이 세존께 다가갔다. 가서는 세존과 함께 환담을 나누었다. 유쾌하고 기억할 만한 이야기로 서로 담소를 한 뒤 한 곁에 앉았다. 한 곁에 앉은 바라문 자눗소니는 세존께 이렇게 말씀드렸다.

---

cariyā)'란 열 가지 불선업도를 말한다. 법답지 못한 행위가 바로 비뚤어진 행위이다."(AA.ii.105)

246) 본서 제2권 「무외 경」(A4:184)의 주해를 참조할 것.

"고따마 존자시여, 여기 어떤 중생들은 몸이 무너져 죽은 뒤 처참한 곳, 불행한 곳, 파멸처, 지옥에 태어납니다. 그것은 무슨 원인과 무슨 조건 때문입니까?"

"바라문이여, 그것은 행한 것과 행하지 않은 것 때문이다."

"고따마 존자시여, 여기 어떤 중생들은 몸이 무너져 죽은 뒤 좋은 곳[善處], 천상세계에 태어납니다. 그것은 무슨 원인과 무슨 조건 때문입니까?"

"바라문이여, 그것은 행한 것과 행하지 않은 것 때문이다."

"고따마 존자께서 뜻을 상세하게 설하지 않고 간략하게 설하시면 저는 그 뜻을 상세하게 알지 못합니다. 고따마 존자께서 간략하게 설한 그 뜻을 상세하게 알 수 있도록 법을 설해주시면 고맙겠습니다."

"바라문이여, 그렇다면 잘 듣고 마음에 잡도리하라. 이제 설하리라."

"그러겠습니다."라고 자눗소니 바라문은 세존께 대답했다. 세존께서는 이렇게 말씀하셨다.

2. "바라문이여, 여기 어떤 중생들은 몸으로 나쁜 행위를 저질렀고 몸으로 좋은 행위를 하지 않았다. 말로 나쁜 행위를 저질렀고 좋은 행위를 하지 않았고, 마음으로 나쁜 행위를 저질렀고 좋은 행위를 하지 않았다. 바라문이여, 이와 같이 [나쁜 행위를] 저질렀고, 또한 [좋은 행위를] 하지 않았기 때문에 어떤 중생들은 몸이 무너져 죽은 뒤 처참한 곳, 불행한 곳, 파멸처, 지옥에 태어난다.

바라문이여, 그러나 여기 어떤 중생들은 몸으로 좋은 행위를 했고 몸으로 나쁜 행위를 저지르지 않았다. 말로 좋은 행위를 했고 말로 나쁜 행위를 저지르지 않았으며, 마음으로 좋은 행위를 했고 마음으로 나쁜 행위를 저지르지 않았다. 바라문이여, 이와 같이 [좋은 행위

를] 했고, 또한 [나쁜 행위를] 저지르지 않았기 때문에 어떤 중생들
은 몸이 무너져 죽은 뒤 좋은 곳[善處], 천상세계에 태어난다."

"경이롭습니다, 고따마 존자시여. 경이롭습니다, 고따마 존자시여.
마치 넘어진 자를 일으켜 세우시듯, 덮여있는 것을 걷어내 보이시듯,
[방향을] 잃어버린 자에게 길을 가리켜주시듯, 눈 있는 자 형상을 보
라고 어둠 속에서 등불을 비춰주시듯, 고따마 존자께서는 여러 가지
방편으로 법을 설해주셨습니다. 저는 이제 고따마 존자께 귀의하옵
고 법과 비구승가에 귀의합니다. 고따마 존자께서는 저를 재가신자
로 받아주소서. 오늘부터 목숨이 붙어 있는 그날까지 귀의하옵니다."

분명함 경(A2:2:8)
Ekaṁsaṁ-sutta

1. 그때 아난다 존자가 세존께 다가갔다. 가서는 세존께 절을
올린 뒤 한 곁에 앉았다. 한 곁에 앉은 아난다 존자에게 세존께서는
이렇게 말씀하셨다.

"아난다여, 분명하게 말하노니 몸과 말과 마음으로 나쁜 행위를
해서는 안 된다."

"세존이시여, 세존께서는 몸과 말과 마음으로 나쁜 행위를 해서는
안 된다고 분명하게 말씀하셨습니다. 만약 그것을 저질렀을 때에는
어떤 위험이 예상됩니까?"

"아난다여, 그것을 저질렀을 때에는 이런 위험이 예상된다. 자책하
게 되고, 현자들이 그것을 보고 비난하며, 오명이 널리 퍼지고, 혼미
한 채로 죽고, 몸이 무너져 죽은 뒤 처참한 곳, 불행한 곳, 파멸처, 지
옥에 태어난다. 아난다여, 나는 몸과 말과 마음으로 나쁜 행위를 해

서는 안 된다고 분명하게 말했다. 만약 그것을 저질렀을 때에는 이런 위험이 예상된다.

아난다여, 분명하게 말하노니 몸과 말과 마음으로 좋은 행위를 해야 한다."

2. "세존이시여, 세존께서는 몸과 말과 마음으로 좋은 행위를 해야 한다고 분명하게 말씀하셨습니다. 만약 그것을 실행했을 때에는 어떤 이익이 예상됩니까?"

"아난다여, 그것을 실행했을 때에는 이런 이익이 예상된다. 자책하지 않고, 현자들이 그것을 보고 칭찬하며, 명성이 널리 퍼지고, 성성한 채로 죽고, 몸이 무너져 죽은 뒤 좋은 곳[善處], 천상세계에 태어난다. 아난다여, 나는 몸과 말과 마음으로 좋은 행위를 해야 한다고 분명하게 말했다. 만약 그것을 실행했을 때에는 이런 이익이 예상된다."

불선법 경(A2:2:9)
Akusala-sutta

1. "비구들이여, 불선법을 버려라. 비구들이여, 그것은 버릴 수 있다. 비구들이여, 만약 불선법을 버릴 수 없다면 '불선법을 버려라.'고 말하지 않을 것이다. 비구들이여, 불선법은 버릴 수 있기 때문에 '불선법을 버려라.'고 말한다.

비구들이여, 불선법을 버려 손해와 고통으로 인도한다면 '불선법을 버려라.'고 말하지 않을 것이다. 비구들이여, 불선법을 버려 이익과 행복으로 인도하기 때문에 '불선법을 버려라.'고 말한다."

2. "비구들이여, 선법을 닦아라. 비구들이여, 선법은 닦을 수 있다. 비구들이여, 만약 선법을 닦을 수 없다면 '선법을 닦아라.'고 말하지 않을 것이다. 비구들이여, 선법을 닦을 수 있기 때문에 '선법을 닦아라.'고 말한다.

비구들이여, 선법을 닦아 손해와 고통으로 인도한다면 '선법을 닦아라.'고 말하지 않을 것이다. 비구들이여, 선법을 닦아 이익과 행복으로 인도하기 때문에 '선법을 닦아라.'고 말한다."

어지럽힘 경(A2:2:10)
Sammosa-sutta

1. "비구들이여, 두 가지 법이 있어, 그것은 정법을 어지럽히고 사라지게 한다. 무엇이 둘인가?

단어와 문장들이 잘못 구성된 것과 뜻이 잘못 전달된 것이다. 비구들이여, 단어와 문장들이 잘못 구성될 때 뜻도 바르게 전달되지 않는다. 비구들이여, 이러한 두 가지 법이 정법을 어지럽히고 사라지게 한다."

2. "비구들이여, 두 가지 법이 있어, 그것은 정법을 굳건히 머물게 하고 어지럽히지 않고 사라지지 않게 한다. 무엇이 둘인가?

단어와 문장들이 바르게 구성된 것과 뜻이 바르게 전달된 것이다. 비구들이여, 단어와 문장들이 바르게 구성될 때 뜻도 바르게 전달된다. 비구들이여, 이러한 두 가지 법이 정법을 굳건히 머물게 하고 어지럽히지 않고 사라지지 않게 한다."

제3장 어리석은 자 품(A2:3:1~10)

Bāla-vagga

어리석은 자 경(A2:3:1)

Bāla-sutta

1. "비구들이여, 두 부류의 어리석은 자가 있다. 어떤 것이 둘인가?

잘못을 범하고도 잘못을 범한 줄 알지 못하는 자와 잘못을 인정하면서 용서를 구하는 자를 받아들이지 않는 자이다. 비구들이여, 이러한 두 부류의 어리석은 자가 있다."

2. "비구들이여, 두 부류의 현자가 있다. 어떤 것이 둘인가?

잘못을 범하고는 잘못을 범한 줄 아는 자와 잘못을 인정하면서 용서를 구하는 자를 받아들이는 자이다. 비구들이여, 이러한 두 부류의 현자가 있다."

사악한 자 경(A2:3:2)

Duṭṭha-sutta

"비구들이여, 두 부류의 사람은 여래를 사실과 다르게247) 이야기

---

247) 원어는 비난하다(abbhācikkhanti)이다. "비하하여 말한다(abhibhavi-tvā ācikkhanti), 사실과 다르게 말한다(abhūtena vadanti)라는 뜻이다. 여기서 '안이 성냄으로 가득한 타락한 자'는 '사문 고따마는 인간을 능가하는 어떤 법도 없다.'라고 말하는 수낙캇따(D24 §1.2 이하 참조)처럼 여래를 비하한다. '잘못 알고서 믿는 자'는 지혜가 없기 때문에 믿음이 지나치

한다. 어떤 것이 둘인가?

　안이 성냄으로 가득한 타락한 자와 여래에 대해 잘못 알고서 믿는 자이다. 비구들이여, 이러한 두 부류의 사람은 여래를 사실과 다르게 이야기 한다."

말씀 경1(A2:3:3)
Bāsita-sutta

　"비구들이여, 두 부류의 사람은 여래를 사실과 다르게 이야기 한다. 어떤 것이 둘인가?

　여래가 말하지 않았고 이야기 하지 않은 것을 말했다 하고 이야기 했다 하는 자와, 여래가 말했고 이야기 한 것을 말하지 않았다 하고 이야기 하지 않았다 하는 자이다. 비구들이여, 이러한 두 부류의 사람은 여래를 사실과 다르게 이야기 한다."

말씀 경2(A2:3:4)

　"비구들이여, 두 부류의 사람은 여래를 사실과 다르게 이야기 하지 않는다. 어떤 것이 둘인가?

　여래가 말하지 않았고 이야기 하지 않은 것을 말하지 않았다 하고 이야기 하지 않았다 하는 자와, 여래가 말했고 이야기 한 것을 말했다 하고 이야기 했다 하는 자이다. 비구들이여, 이러한 두 부류의 사

　고 어리석게 믿는다. 그는 '머리털 등 부처님의 서른두 가지 몸의 부분도 전부 출세간에 해당한다.'라는 식으로 잘못 이해하여 여래를 비하한다." (AA.ii.117)

람은 여래를 사실과 다르게 이야기 하지 않는다."

뜻을 알아내어야 함 경1(A2:3:5)
Neyyattha-sutta

"비구들이여, 두 부류의 사람은 여래를 사실과 다르게 이야기 한다. 어떤 것이 둘인가?

[숨은] 뜻을 알아내어야 할 경(經, suttanata)에 대해서 이미 [그 뜻이] 확정된 경이라고 하는 자248)와 [이미 그 뜻이] 확정된 경에 대해서 [숨은] 뜻을 알아내어야 할 경이라고 말하는 자249)이다. 비구들이여, 이러한 두 부류의 사람은 여래를 사실과 다르게 이야기 한다."

---

248) "예를 들면 '비구들이여, 한 사람, 두 사람, 세 사람, 네 사람이 있다.'(*Cf.* D16 §5.27)라는 가르침은 그 '[숨은 뜻을] 알아내어야 하는 가르침 (neyyattha suttanta)'이다. 왜냐하면 비록 정등각께서 '한 사람이 있다.' 라는 식으로 말씀을 하셨더라도 '궁극적 의미에서는(paramatthato) 사람 (puggala)이라는 [개념은] 존재하지 않는다.'고 그 숨은 뜻을 알아내어야 하기 때문이다. 그러나 어리석은 자는 이런 가르침을 두고 '이미 그 뜻이 확정된 경(nītattha suttanta)'이라고 우긴다. '만약 궁극적 의미에서 사람이라는 것이 존재하지 않는다면 세존께서 '비구들이여, 한 사람이 있다.' 라는 식으로 설하지 않으셨을 것이다. 그러나 이미 세존께서 그렇게 설하셨기 때문에 궁극적 의미에서 사람이라는 것이 존재한다.'고 잘못 이해하면서 숨은 뜻을 알아내어야 할 경에 대해서 이미 그 뜻이 확정된 경이라고 우긴다."(AA.ii.118)

249) "예를 들면 '무상하고 괴로움이고 무아다.'라는 말씀이 있다. 여기서 오직 무상하고 오직 괴로움이고 오직 무아라는 것이 그 뜻이다. 그러나 자신의 어리석음 때문에 '이것은 [숨은 뜻을] 알아내어야 할 경이다. 나는 그 뜻을 밝힐 것이다.'라고 하면서 '참으로 항상한 것이 있다. 참으로 행복이 있다. 참으로 자아가 있다.'라고 거머쥐면서 [이미 그 뜻이] 확정된 경에 대해서 [숨은 뜻을] 알아내어야 할 경이라고 우기는 것이다."(*Ibid*)

뜻을 알아내어야 함 경2(A2:3:6)

"비구들이여, 두 부류의 사람은 여래를 사실과 다르게 이야기 하지 않는다. 어떤 것이 둘인가?

[숨은] 뜻을 알아내어야 할 경에 대해서 [숨은] 뜻을 알아내어야 할 경이라 말하는 자와 [이미 그 뜻이] 확정된 경에 대해서 [이미 그 뜻이 확정된] 경이라 말하는 자이다. 비구들이여, 이러한 두 부류의 사람은 여래를 사실과 다르게 이야기 하지 않는다."

숨기는 자 경(A2:3:7)
Paṭichanna-sutta

"비구들이여, 자신의 행위를 숨기는 자에게는 두 가지 운명, 즉 지옥이나 축생 중 하나가 예상된다. 비구들이여, 자신의 행위를 숨기지 않는 자에게는 두 가지 운명, 즉 천상이나 인간이 예상된다."

견해 경(A2:3:8)
Diṭṭhi-sutta

"비구들이여, 삿된 견해[邪見]를 가진 자에게는 다음의 두 가지 운명, 즉 지옥이나 축생 중 하나가 예상된다. 비구들이여, 바른 견해[正見]를 가진 자에게는 다음의 두 가지 운명, 즉 천상이나 인간이 예상된다.

비구들이여, 계를 파한 자에게는 다음의 두 가지 운명, 즉 지옥이나 축생 중 하나가 예상된다. 비구들이여, 계를 잘 지키는 자에게는 다음의 두 가지 운명, 즉 천상이나 인간이 예상된다.”

이유 경(A2:3:9)[250]
Atthavasa-sutta

“비구들이여, 나는 두 가지 이유를 숙고하면서 밀림의 멀리 떨어진 외딴곳에 머물렀다. 어떤 것이 둘인가?

내가 금생에 행복하게 머무는 것을 숙고하고 후손들에 대한 동정심을 숙고한 것이다. 비구들이여, 나는 이러한 두 가지 이유를 숙고하면서 밀림의 멀리 떨어진 외딴곳에 머물렀다.”[251]

영지(靈知)의 일부 경(A2:3:10)[252]
Vijjābhāgiya-sutta

---

250) PTS본의 권말 목록(uddāna)에는 sila라고 언급되었는데 의미가 없어서 역자가 본문을 참조하여 이렇게 정했다.

251) 주석서는 “'금생에 행복하게 머무는 것'이란 세간법과 출세간법을 증득하여 행복하게 머무는 것이다.”(AA.ii.119)라고 설명하고 있다.
복주서는 “'후손들에 대한 동정심(pacchimañ ca janataṁ anukampamāno)'이란 나의 미래의 제자들이 '세존께서도 이렇게 숲 속에서 수행했거늘 나도 그렇게 해야겠다.'고 다짐하면서 빨리 괴로움을 종식시킬 것이다.'라고 숙고하면서 숲 속에서 수행하셨다.”(AAṬ.ii.24)고 설명한다.

252) 본경은 초기경(니까야)에 나타나는 사마타와 위빳사나에 대한 정의를 보여주신 것으로 유명하다. 본경에서 부처님께서는 분명히 사마타를 마음과 마음의 해탈(심해탈) 즉 삼매[定]와 연결 짓고, 위빳사나를 통찰지와 통찰지를 통한 해탈(혜해탈) 즉 통찰지[慧]와 연결 지으신다. 그리고 삼매는 욕망을 극복하는 수행이고 통찰지는 무명을 극복하는 수행이라고 밝히고 계신다.

1. "비구들이여, 두 가지 법은 영지(靈知)의 일부이다. 무엇이 둘인가?

사마타와 위빳사나253)이다.

비구들이여, 사마타를 닦으면 어떤 이로움을 경험하는가? 마음이 개발된다. 마음이 개발되면 어떤 이로움을 경험하는가? 욕망이 제거된다.

비구들이여, 위빳사나를 닦으면 어떤 이로움을 경험하는가? 통찰지가 개발된다. 통찰지가 개발되면 어떤 이로움을 경험하는가? 무명이 제거된다."

2. "탐욕에 오염된 마음은 해탈하지 못하고 무명에 오염된 통찰지는 개발되지 못한다. 비구들이여, 탐욕이 제거되어 마음의 해탈[心解脫]254)이 있고, 무명이 제거되어 통찰지를 통한 해탈[慧解脫]이 있다."

---

253) "'사마타[止, samatha]는 마음이 하나로 된 상태(cittekaggatā)이고 위빳사나[觀, vipassanā]는 형성된 것들을 [무상·고·무아라고] 파악하는 지혜(saṅkhāra-pariggāhaka-ñāṇa)이다."(AA.ii.119) 한편 『디가 니까야·주석서』는 "사마타는 삼매[定]이고 위빳사나는 통찰지[慧]이다(samatho samādhi, vipassanā paññā)."(DA.iii.983)라고 정의한다.
사마타와 위빳사나에 대한 설명은 『아비담마 길라잡이』 9장 §1의 해설을 참조할 것.

254) 마음의 해탈[心解脫, ceto-vimutti]과 통찰지를 통한 해탈[慧解脫, paññā-vimutti]에 대해서는 본서 제2권 「흐름을 따름 경」(A4:5) §1의 주해를 참조할 것.

제4장 평등한 마음 품(A2:4:1~10)

Samacitta-vagga

바탕 경(A2:4:1)

Bhūmi-sutta

1. "비구들이여, 참되지 못한 사람이 되는 바탕과 참된 사람이 되는 바탕을 설하리라. 잘 듣고 마음에 잡도리하라. 설하리라." "그러겠습니다. 세존이시여."라고 비구들은 세존께 응답했다. 세존께서는 이렇게 말씀하셨다.

2. "비구들이여, 어떤 것이 참되지 못한 사람이 되는 바탕인가?

비구들이여, 참되지 못한 사람은 은혜를 알지 못하고 은혜에 보답할 줄 모른다. 비구들이여, 은혜를 알지 못하고 은혜에 보답할 줄 모르는 것을 참되지 못한 사람은 칭찬한다.255) 비구들이여, 은혜를 알지 못하고 은혜에 보답할 줄 모르는 것이 참되지 못한 사람의 바탕이다.

비구들이여, 참된 사람은 은혜를 알고 은혜에 보답한다. 비구들이여, 은혜를 알고 은혜에 보답할 줄 아는 것을 참된 사람은 칭찬한다. 비구들이여, 은혜를 알고 은혜에 보답할 줄 아는 것이 참된 사람의 바탕이다."

---

255) "'칭찬하다'는 upaññāta의 역어이다. 대부분 '발견하다, 알게 되다'의 뜻으로 사용되나 이 문맥에서는 칭찬하다, 찬탄하다(vaṇṇitaṁ thomitaṁ pasatthaṁ)의 뜻이라고 주석서는 설명하고 있다."(AA.ii.121)

은혜에 보답하지 못함 경(A2:4:2)

Duppaṭikāra-sutta

1. "비구들이여, 두 사람의 은혜에 대해서는 쉽게 보답할 수 없다고 나는 말한다. 어떤 사람이 둘인가? 부모님이다.

비구들이여, 수명이 백 년인 때에 태어나 백 년 동안 살면서 내내 한쪽 어깨에 어머니를 태우고 다른 한쪽 어깨에 아버지를 태워드리더라도, 향을 뿌리고 안마를 해 드리고 목욕시켜드리고 몸을 문질러 드리면서 봉양을 하더라도, 대소변을 받아내더라도, 그들은 부모님의 은혜에 보답하지 못한다. 비구들이여, 어떤 사람이 그의 부모님을 비록 칠보가 가득한 큰 대지를 통치하는 최고의 왕위에 모시더라도 부모님의 은혜에 보답하지 못한다. 그것은 무슨 이유 때문인가? 비구들이여, 부모는 참으로 자식들에게 많은 것을 하나니, 자식들을 키워주고 먹여주고 이 세상을 가르쳐주기 때문이다."

2. "비구들이여, 어떤 사람은 신심이 없는 부모로 하여금 스스로 [삼보에] 신심을 가지게 하고, 신심에 머물게 하고, 확고하게 굳히도록 한다. 계를 파한 부모로 하여금 스스로 계를 가지게 하고, 계에 머물게 하고, 계를 확고하게 굳히도록 한다. 인색한 부모로 하여금 스스로 보시하게 하고, 보시하는 것에 머물게 하고, 보시하는 것을 확고하게 굳히도록 한다. 통찰지가 없는 부모로 하여금 스스로 통찰지를 가지게 하고, 통찰지에 머물게 하고, 통찰지를 확고하게 굳히도록 한다. 비구들이여, 이렇게 함으로써 그는 참으로 부모의 은혜에 보답하는 것이다."

무슨 교설 경(A2:4:3)

Kiṁvādi-sutta

1. 그때 어떤 바라문이 세존께 다가갔다. 가서는 세존과 함께 환담을 나누었다. 유쾌하고 기억할 만한 이야기로 서로 담소를 나누고 한 곁에 앉았다. 한 곁에 앉은 바라문은 세존께 이렇게 말씀드렸다.

"고따마 존자시여, 당신은 어떤 교설을 가졌으며 무엇을 말씀하십니까?"

"바라문이여, 나는 지음에 대한 교설과 짓지 않음에 대한 교설을 가르친다."256)

"고따마 존자께서는 어떻게 지음에 대한 교설을 가르치시며 또한 짓지 않음에 대한 교설을 가르치십니까?"

"바라문이여, 나는 짓지 않음에 대한 교설을 가르친다. 몸으로 나쁜 행위를 저지르고 말로 나쁜 행위를 저지르고 마음으로 나쁜 행위를 저지르는 자에게 여러 가지 나쁜 불선법들을 짓지 말 것을 가르친다. 바라문이여, 나는 지음에 대한 교설을 가르친다. 몸으로 좋은 행위를 하고 말로 좋은 행위를 하고 마음으로 좋은 행위를 하는 자에게 여러 가지 선법들을 지을 것을 가르친다. 바라문이여, 나는 이와 같

---

256) 여기서 '지음에 대한 교설'과 '짓지 않음에 대한 교설'로 옮긴 원어는 각각 kiriya-vāda와 akiriya-vāda이다. 이 두 술어는 일반적으로 각각 업지음에 대한 교설과 업을 짓지 않음에 대한 교설로 옮겨진다. 전자는 도덕적 행위를 긍정하는 도덕긍정론이고 후자는 도덕적 행위를 부정하는 도덕부정론이다. 도덕부정론자로는 뿌라나 깟사빠가 잘 알려져 있다.(D2 §16을 참조할 것.)

본경에서는 이런 양 극단에 해당하는 두 술어를 사용하여 부처님 교설의 특징을 분명하게 드러내 보이고 있다. 그래서 본경에서는 이 두 술어를 도덕 긍정론과 도덕 부정론의 의미로 옮기지 않고 문자적인 의미를 존중하여 각각 지음에 대한 교설과 짓지 않음에 대한 교설로 옮겼다.

이 지음에 대한 교설과 짓지 않음에 대한 교설을 가르친다.”

2. “경이롭습니다, 고따마 존자시여. 경이롭습니다, 고따마 존자시여. 마치 넘어진 자를 일으켜 세우시듯, 덮여있는 것을 걷어내 보이시듯, [방향을] 잃어버린 자에게 길을 가리켜주시듯, 눈 있는 자 형상을 보라고 어둠 속에서 등불을 비춰주시듯, 고따마 존자께서는 여러 가지 방편으로 법을 설해주셨습니다. 저는 이제 고따마 존자께 귀의하옵고 법과 비구승가에 귀의합니다. 고따마 존자께서는 저를 재가신자로 받아주소서. 오늘부터 목숨이 붙어 있는 그날까지 귀의하옵니다.”

공양받아 마땅함 경(A2:4:4)
Dakkhiṇeyya-sutta

1. 그때 급고독 장자가 세존께 다가갔다. 가서는 세존께 절을 올리고 한 곁에 앉았다. 한 곁에 앉은 급고독 장자는 세존께 이렇게 말씀드렸다.

“세존이시여, 공양받아 마땅한 분들이 세상에 얼마나 있으며 누구에게 공양을 올려야 합니까?”

“장자여, 세상에서 공양받아 마땅한 자들은 다음의 두 부류이니 유학(有學)257)과 무학(無學)이다. 장자여, 이러한 두 부류가 세상에서 공양받아 마땅한 사람들이고 여기에 공양을 올려야 한다.”

세존께서는 이렇게 말씀하셨다. 선서께서는 이렇게 말씀하신 뒤

---

257) “일곱 종류의 유학을 보이셨다. 그리고 여기에다 계를 잘 지니는 범부도 예류자에 포함된다.”(AA.ii.123)

다시 [게송으로] 이와 같이 설하셨다.

2.   "이 세상에 유학과 무학이 있어
그들은 시주자의 공양을 받기에 족하네.
몸과 말과 뜻이 올곧아서 시주자의 복밭이 되고
여기 올린 공양은 큰 결실을 가져오네."

족쇄 경(A2:4:5)
Saṁyojana-sutta

1.   이와 같이 나는 들었다. 한때 세존께서는 사왓티에서 제따
숲의 급고독원에 머무셨다. 그때 사리뿟따 존자는 사왓티의 동쪽 원
림[東園林]258)에 있는 미가라마따(녹자모)259)의 강당에 머물고 있었다.

---

258)   동쪽 원림[東園林, Pubbārāma]은 사왓티의 동쪽 대문 밖에 있는 원림이
다. 바로 이곳에 위사카(Visākhā) 즉 미가라마따가 세존과 승단을 위해
서 본경의 미가라마따(녹자모)의 강당(Migāramātu-pāsāda)을 건립하
였다.
미가라마따(녹자모)의 강당(Migāramātupāsāda)은 미가라마따(鹿子
母)라고 불렸던 위사카(Visākhā)가 동원림을 9천만의 돈을 들여 구입하
고 다시 9천만의 돈을 들여 지은 이층으로 된 큰 건물이었다. 각층에는 각
각 500개씩의 방이 있었다고 한다. 부처님께서 후반부 20여 년을 사왓티
에 머무실 때 이곳과 급고독원을 번갈아가면서 머무셨다고 한다. 그러므
로 많은 경들이 이곳에서 설해진 것으로 나타난다.

259)   "여신도 위사카를 뜻한다."(AA.ii.124)
위사카(Visākhā)는 앙가(Aṅga)의 밧디야(Bhaddiya)에서 다난자야라
는 아주 부유한 장자의 딸로 태어났다. 그녀는 어렸을 때 자기 고장으로
오신 부처님의 법문을 듣고 예류과를 얻었다고 한다. 뒤에 아버지가 꼬살
라의 사께따로 이사를 가게 되어 사께따에 정착해서 살았으며 그래서 사
왓티의 미가라(Migāra)와 결혼하였다고 한다. 위사카는 본서 「하나의 모
음」(A1:14:7-2)에서 보시하는 여신도들 가운데 최상이라고 부처님께서

그때 사리뿟따 존자는 "도반 비구들이여"라고 비구들을 불렀다. "도 반이시여"라고 비구들은 사리뿟따 존자에게 응답했다. 사리뿟따 존 자는 이렇게 말했다.

"도반들이여, 안의 족쇄에 채인 사람과 밖의 족쇄에 채인 사람260) 에 대해서 설하겠습니다. 잘 듣고 마음에 잡도리하십시오. 이제 설하 겠습니다."

"그러겠습니다, 도반이시여."라고 비구들은 사리뿟따 존자에게 응 답했다. 사리뿟따 존자는 이렇게 말했다.

칭송하신 여신도이다.
위사카는 미가라의 아내였다. 그런데도 위사카가 미가라마따(Migāra-mātā) 즉 미가라의 어머니(鹿子母)라고 불린 데는 재미있는 일화가 있 다. 그녀의 남편 미가라는 니간타(Nigaṇṭha)의 열렬 신도였는데 나중에 위사카의 설득으로 휘장 뒤에서나마 부처님의 설법을 듣고 예류과를 얻었 다고 한다. 그래서 그의 아내에게 너무도 감사하여 '당신은 오늘부터 나의 어머니요.'라고 하였다고 한다. 그래서 그녀는 위사카라는 이름보다 미가 라의 어머니(미가라마따)로 더 알려지게 되었다고 한다.(AA.i.417)

260) "욕계 존재를 안이라 하고, 색계 존재와 무색계 존재를 밖이라 한다. 안이 라 불리는 욕계 존재에 대한 강한 욕망이 '안의 족쇄(ajjhatta-saṁyoja-na)'이다. 밖이라 불리는 색계와 무색계 존재에 대한 강한 욕망이 '밖의 족 쇄(bahiddhā-saṁyojana)'이다. 혹은 다섯 가지 낮은 단계(orambhāgi-ya)의 족쇄[下分結]가 안의 족쇄이고 다섯 가지 높은 단계 (uddhambhāgiya)의 족쇄[上分結]가 밖의 족쇄이다. 여기서 이 뜻은 다 음과 같다. 낮은 것(oraṁ)이란 욕계를 말한다. 여기에 태어나게 하기 때 문에 이러한 낮은 것을 가까이 한다. 그러므로 낮은 단계(orambhāgiya) 이다. 높은 것(uddhaṁ)이란 색계와 무색계를 말한다. 여기에 태어나게 하기 때문에 이러한 높은 것을 가까이 한다. 그러므로 높은 단계 (uddhambhāgiya)라 한다."(AA.ii.130)
열 가지 족쇄에 대해서는 본서 제2권 「족쇄 경」(A4:131) §1의 주해들을 참조할 것.

2.   "도반들이여, 어떤 자가 안의 족쇄에 채인 사람입니까? 도반들이여, 여기 비구가 계를 잘 지킵니다. 그는 빠띠목카(계목)의 단속으로 단속하면서 머물고,[261] 바른 행실과 행동의 영역을 갖추며, 작은 허물에 대해서도 두려움을 보고, 학습계목을 받아 지닙니다. 그는 몸이 무너져 죽은 뒤 천상의 무리에 태어납니다. 그는 그곳에서 죽어 다시 [이 인간 세상에] 돌아옵니다. 그는 이러한 상태로 다시 돌아오는 자입니다. 도반들이여, 이 사람을 일러 안의 족쇄에 채인 자라 합니다. 그는 다시 돌아오는 자가 되어 이러한 상태로 되돌아옵니다."

3.   "도반들이여, 어떤 자가 밖의 족쇄에 채인 사람입니까? 도반들이여, 여기 비구가 계를 잘 지킵니다. 그는 계목의 단속으로 단속하면서 머물고, 바른 행실과 행동의 영역을 갖추며, 작은 허물에 대해서도 두려움을 보고, 학습계목을 받아 지닙니다. 그는 평화로운 마음의 해탈[心解脫] 가운데 하나[262]를 성취하여 머뭅니다. 그는 몸이 무너져 죽은 뒤 천상의 무리에 태어납니다. 그는 그곳에서 죽어 다시 [이 인간 세상에] 돌아오지 않습니다. 그는 다시 돌아오지 않는 자입니다. 도반들이여, 이 사람을 일러 밖의 족쇄에 채인 자라 합니다. 그

---

261) 본경에 나타나는 계목의 단속에 관한 용어들은 본서 제2권 「계 경」(A4:12)의 주해들을 참조할 것.

262) "여덟 가지 증득[等至, samāpatti] 가운데 하나인 제4선의 증득을 말한다. 이것은 [이 禪의 구성요소들과] 반대가 되는 오염원(paccanīka-kilesa)들을 고요하게 하였기 때문에 평화롭다(santa)고 한다. 그리고 이러한 오염원들로부터 마음이 해탈했기 때문에 마음의 해탈이라고 불린다."(AA.ii.134)

는 다시는 돌아오지 않는 자(불환자)가 되어 이러한 상태로 되돌아오지 않습니다.

도반들이여, 다시 어떤 비구가 계를 잘 지킵니다. 그는 빠띠목카(계목)의 단속으로 단속하면서 머물고, 바른 행실과 행동의 영역을 갖추며, 작은 허물에 대해서도 두려움을 보고, 학습계목을 받아 지닙니다. 그는 감각적 욕망을 역겨워하고 빛바래게 하고 소멸하기 위하여 수행합니다. 그는 존재를 역겨워하고 빛바래게 하고 소멸하기 위하여 수행합니다. 그는 갈애를 부수기 위해 수행합니다. 그는 탐욕을 부수기 위해 수행합니다. 그는 몸이 무너져 죽은 뒤 천상의 무리에 태어납니다. 그는 그곳에서 죽어 다시 [이 인간 세상에] 태어나지 않습니다. 그는 다시 돌아오지 않는 자입니다. 도반들이여, 이 사람을 일러 다시 [이 세상에] 태어나지 않고, 돌아오지 않는 자라 불리는 밖의 족쇄에 채인 자라 합니다."

4. 그때 평등한 마음을 가진 많은 신들263)이 세존께 다가갔다.

---

263) "'평등한 마음을 가진 신들(sama-cittā devatā)'이란 마음의 미세한 상태가 동등하기 때문에 마음이 평등하다. 왜냐하면 이 모든 신들은 자신의 몸에서 미세한 닮은 마음을 만들었기 때문이다. 그래서 평등한 마음이라는 이름이 생긴 것이다.

다른 이유 때문에도 평등한 마음이라 한다. '[사리뿟따] 장로께서 증득(等至, samāpatti, 초선부터 비상비비상처까지와 상수멸의 9가지 삼매)에 대해서는 설명을 하셨지만 증득의 굳건함(samāpatti-thāma)에 대해서는 설명하지 않았다. 그래서 우리는 십력을 갖추신 부처님께 간청을 하여서 증득의 굳건함에 대해서 설명해달라고 말씀드리리라.'라고 모두가 한 마음(eka-citta)이 되었다. 그래서 평등한 마음이라 한다.

또 다른 이유가 있다. '장로께서는 하나의 방법(방편, pariyāya)으로 증득과 증득의 굳건함을 말씀하셨다. 그러나 누가 여기에 도달했고 누가 도달하지 못했는지에 대해서 보이시면서 여래께서 [증득에] 들어 계신 것을 보지 못했다. '우리는 여래께 간청을 하여서 회중이 모두 완전하게 되도록 가서는 세존께 절을 올리고 한 곁에 섰다. 한 곁에 서서 신들은 세존께 이렇게 말씀드렸다.

"세존이시여, 사리뿟따 존자가 사왓티의 동쪽 원림에 있는 미가라마따의 강당에 머물면서 비구들에게 안의 족쇄에 채인 사람과 밖의 족쇄에 채인 사람에 대해서 설하고 있습니다. 세존이시여, 대중들도 기뻐하고 있습니다. 세존이시여, 부디 세존께서 애민하게 여기시어 사리뿟따 존자를 방문해주십시오."

세존께서 침묵으로 승낙하셨다. 그때 세존께서는 마치 힘센 사람이 구부린 팔을 펴고 편 팔을 구부리듯이 제따 숲에서 사라져 사왓티의 동쪽 원림에 있는 미가라마따의 강당에 있는 사리뿟따 존자의 면전에 나타나셔서 마련된 자리에 앉으셨다. 사리뿟따 존자도 세존께 절을 올리고 한 곁에 앉았다. 한 곁에 앉은 사리뿟따 존자에게 세존께서는 이렇게 말씀하셨다.

5. "사리뿟따여, 여기 평등한 마음을 가진 많은 신들이 내게 왔다. 와서는 나에게 절을 하고 한 곁에 섰다. 사리뿟따여, 한 곁에 서서 신들은 나에게 이렇게 말했다. '세존이시여, 사리뿟따 존자가

해야겠다.'라고 모두가 한 마음(eka-citta)이 되었다. 그래서 평등한 마음이라 한다.
또 다른 이유가 있다. '미래에 어떤 비구나 비구니나 신이나 인간이 '이 가르침은 [부처님] 제자(즉 사리뿟따 존자)가 설한 것이다.'라고 하면서 중요하게 여기지 않을 것이다. 그러므로 정등각께 간청을 하여서 이 가르침이 일체지자께서 설하신 것으로 만들어야겠다. 그리하면 미래에 존중받을 것이다.'라고 모두가 한 마음(eka-citta)이 되었다. 그래서 평등한 마음이라 한다.
또 다른 이유가 있다. 그 신들은 모두 동일한 증득을 얻은 자들이었고 동일한 대상(ārammaṇa)을 가진 자들이었다고 해서 평등한 마음이라 한다."(AA.ii.135~136)

사왓티의 동쪽 원림에 있는 미가라마따의 강당에 머물면서 비구들에게 안의 족쇄에 채인 사람과 밖의 족쇄에 채인 사람에 대해서 설하고 있습니다. 세존이시여, 대중들도 기뻐하고 있습니다. 세존이시여, 부디 세존께서 애민하게 여기시어 사리뿟따 존자를 방문해주십시오.'라고. 사리뿟따여, 그 신들은 열 명, 스무 명, 서른 명, 마흔 명, 오십 명, 육십 명이 송곳 끝 하나 겨우 떨어질 정도의 좁은 곳에서 서로에게 닿지도 않은 채 서 있다.

사리뿟따여, '이 신들은 천상에서 마음을 닦았기 때문에 열 명, 스무 명, 서른 명, 마흔 명, 오십 명, 육십 명이 함께 송곳 끝 하나 겨우 떨어질 정도의 좁은 곳에서 서로에게 닿지도 않은 채 서 있다.'라는 이런 생각이 들지도 모른다. 사리뿟따여, 그렇게 여겨서는 안 된다. 사리뿟따여, 그 신들이 열 명, 스무 명, 서른 명, 마흔 명, 오십 명, 육십 명이 함께 송곳 끝 하나 겨우 떨어질 정도의 좁은 곳에서 서로에게 닿지도 않은 채 서 있는 것은 오직 여기서264) 마음을 닦았기 때문이다."

6. "사리뿟따여, 그러므로 이와 같이 공부지어야 한다. 감각기능들을 고요히 하고 마음을 고요히 하리라. 감각기능들이 고요하고 마음이 고요한 자들은 몸으로 짓는 행위도 고요하고, 말로 짓는 행위도 고요하고, 마음으로 짓는 행위도 고요하다. 청정범행을 닦는 동료 수행자들에게 고요함의 선물을 선사하리라고 이와 같이 공부지어야 한다. 사리뿟따여, 외도들은 이 교법을 듣지 못하여 파멸한다."

---

264) "'여기에서(idh'eva)'란 부처님 교법(sāsana) 혹은 인긴 세상(manussa
-loka)에서라는 말이다."(AA.ii.128)

아라마단다 경(A2:4:6)

Āramadaṇḍa-sutta

1. 이와 같이 나는 들었다. 한때 마하깟짜야나 존자는 와라나[265]에 있는 깟다마다하의 강둑에 머물고 있었다.

그때 아라마단다[266]라는 바라문이 마하깟짜야나 존자께 다가갔다. 가서는 마하깟짜야나 존자와 함께 환담을 나누었다. 유쾌하고 기억할 만한 이야기로 서로 담소를 한 뒤 한 곁에 앉았다. 한 곁에 앉아서 바라문 아라마단다는 마하깟짜야나 존자에게 이렇게 말했다.

2. "깟짜야나 존자시여, 무슨 이유와 무슨 조건 때문에 끄샤뜨리야가 끄샤뜨리야와 싸우고, 바라문이 바라문과 싸우고, 재가자가 재가자와 싸웁니까?"

"바라문이여, 그들은 감각적 욕망의 집착에 노예가 되고, 감각적 욕망의 집착에 묶여있고, 감각적 욕망의 집착에 빠져있고, 감각적 욕망의 집착에 사로잡혀있고, 감각적 욕망의 집착에 얽매여있기 때문입니다. 그래서 끄샤뜨리야가 끄샤뜨리야와 싸우고, 바라문이 바라문과 싸우고, 재가자가 재가자와 싸웁니다."

"깟짜야나 존자여, 그렇다면 무슨 이유와 무슨 조건 때문에 사문이 사문과 싸웁니까?"

"바라문이여, 그들은 삿된 견해의 집착에 노예가 되어 있고, 삿된

---

265) 주석서는 "와라나는 어떤 도시이다."(AA.ii.139)라고만 언급할 뿐 자세한 설명은 없다.

266) 아라마단다(Āramadaṇḍa)는 본경에만 나타나는데 주석서와 복주서는 아무런 언급이 없다.

견해의 집착에 묶여있고, 삿된 견해의 집착에 빠져있고, 삿된 견해의 집착에 사로잡혀있고, 삿된 견해의 집착에 얽매여있기 때문입니다. 그래서 사문이 사문과 싸웁니다."

3. "깟짜야나 존자여, 그렇다면 이 세상에서 감각적 욕망의 집착에 노예가 됨과 감각적 욕망의 집착에 묶임과 감각적 욕망의 집착에 빠짐과 감각적 욕망의 집착에 사로잡힘과 감각적 욕망의 집착에 얽매임을 극복한 자가 있습니까? 견해의 집착에 노예가 됨과 견해의 집착에 묶임과 견해의 집착에 빠짐과 견해의 집착에 사로잡힘과 견해의 집착에 얽매임을 극복한 사람이 있습니까?"

"바라문이여, 이 세상에서 감각적 욕망의 집착에 노예가 됨과 감각적 욕망의 집착에 묶임과 감각적 욕망의 집착에 빠짐과 감각적 욕망의 집착에 사로잡힘과 감각적 욕망의 집착에 얽매임을 극복한 자가 있습니다. 견해의 집착에 노예가 됨과 견해의 집착에 묶임과 견해의 집착에 빠짐과 견해의 집착에 사로잡힘과 견해의 집착에 얽매임을 극복한 사람이 있습니다."

4. "깟짜야나 존자여, 그렇다면 이 세상에서 감각적 욕망의 집착에 노예가 됨, 감각적 욕망의 집착에 묶임, 감각적 욕망의 집착에 빠짐, 감각적 욕망의 집착에 사로잡힘, 감각적 욕망의 집착에 얽매임을 극복하고, 또 견해의 집착에 노예가 됨, 견해의 집착에 묶임, 견해의 집착에 빠짐, 견해의 집착에 사로잡힘, 견해의 집착에 얽매임을 극복한 사람은 누구입니까?"

"바라문이여, 동쪽 지역에 사왓티라는 도시가 있습니다. 그곳에는 지금 그분 세존 아라한 정등각께서 머물고 계십니다. 바라문이여, 그분 세존께서는 감각적 욕망의 집착에 노예가 됨, 감각적 욕망의 집착에 묶임, 감각적 욕망의 집착에 빠짐, 감각적 욕망의 집착에 사로잡힘, 감각적 욕망의 집착에 얽매임을 극복하셨고, 또 견해의 집착에 노예가 됨, 견해의 집착에 묶임, 견해의 집착에 빠짐, 견해의 집착에 사로잡힘, 견해의 집착에 얽매임을 극복하셨습니다."

5. 이와 같이 말했을 때 바라문 아라마단다는 자리에서 일어나 한쪽 어깨가 드러나게 윗옷을 입고 땅에 오른쪽 무릎을 꿇은 뒤 세존을 향해 합장을 하고 세 번 감흥어를 읊었다.

"그분 세존 아라한 정등각께 귀의합니다.

그분 세존 아라한 정등각께 귀의합니다.

그분 세존 아라한 정등각께 귀의합니다.

참으로 그분 세존께서는 감각적 욕망의 집착에 노예가 됨, 감각적 욕망의 집착에 묶임, 감각적 욕망의 집착에 빠짐, 감각적 욕망의 집착에 사로잡힘, 감각적 욕망의 집착에 얽매임을 극복하셨고, 견해의 집착에 노예가 됨, 견해의 집착에 묶임, 견해의 집착에 빠짐, 견해의 집착에 사로잡힘, 견해의 집착에 얽매임을 극복하셨습니다.

경이롭습니다, 깟짜야나 존자시여. 경이롭습니다, 깟짜야나 존자시여. 마치 넘어진 자를 일으켜 세우시듯, 덮여있는 것을 걷어내 보이시듯, [방향을] 잃어버린 자에게 길을 가리켜주시듯, 눈 있는 자 형상을 보라고 어둠 속에서 등불을 비춰주시듯, 깟짜야나 존자께서는 여러 가지 방편으로 법을 설해주셨습니다. 저는 이제 세존께 귀의하옵고 법과 비구승가에 귀의합니다. 깟짜야나 존자께서는 저를 재가신자로 받아주소서. 오늘부터 목숨이 붙어 있는 그날까지 귀의하옵니다."

깐다라야나 경(A2:4:7)

Kaṇḍarāyana-sutta

1. 한때 마하깟짜야나 존자가 마두라에 있는 군다 숲에 머물고 있었다. 그때 깐다라야나267)라는 바라문이 마하깟짜야나 존자께 다가갔다. 가서는 마하깟짜야나 존자와 함께 환담을 나누었다. 유쾌하고 기억할 만한 이야기로 서로 담소를 한 뒤 한 곁에 앉았다. 한 곁에 앉아서 바라문 깐다라야나는 마하깟짜야나 존자께 이렇게 말했다.

"이와 같이 나는 들었습니다. 깟짜야나 존자여, 사문 깟짜야나는 늙고, 나이 들고, 태어난 지 오래 되었고, 오래 살았고, 생의 마지막에 이른 바라문들에게 인사를 하지도 않고 반기지도 않고 자리를 권하지도 않는다고 합니다. 깟짜야나 존자여, 깟짜야나 존자가 그렇게 늙고, 나이 들고, 태어난 지 오래 되었고, 오래 살았고, 생의 마지막에 이른 바라문들에게 인사를 하지도 않고 반기지도 않고 자리를 권하지도 않는 것은 온당하지가 않습니다."

2. "바라문이여, 그분 세존, 아시는 분, 보시는 분, 아라한, 정등각께서는 나이 든 자의 입장과 젊은 자의 입장에 대해서 말씀하셨습니다.

바라문이여, 사람이 비록 나이가 들어 여든, 아흔, 백 세가 되더라도 만약 그가 감각적 욕망을 즐기고 감각적 욕망 가운데 머물러 있고 감각적 욕망의 불에 불타고 감각적 욕망의 생각에 휩싸이고 감각적 욕망을 찾아 헤매는 것에 열정적이라면 그는 어리석은 장로라 불립니다.

---

267) 깐다라야나(Kaṇḍarāyana)도 본경에만 나타나는데 주석서는 별다른 설명이 없다.

바라문이여, 사람이 비록 젊어 인생의 초반이고 머리카락이 검고 혈기가 왕성하더라도 만약 그가 감각적 욕망을 즐기지 않고 감각적 욕망 가운데 머물러 있지 않고 감각적 욕망의 불에 불타지 않고 감각적 욕망의 생각에 휩싸이지 않고 감각적 욕망을 찾아 헤매는 것에 열정적이지 않다면 그는 현명한 장로라 불립니다."

3. 이와 같이 말했을 때 바라문 깐다라야나는 자리에서 일어나 한쪽 어깨가 드러나게 옷을 입고 젊은 비구들의 발에 머리를 대고 절을 하였다.

"존자께서는 나이 든 어른이시고 나이 든 어른의 입장에 서 계십니다. 저는 젊은 사람이고 성숙되지 않은 자의 입장에 서 있습니다.

경이롭습니다, 깟짜야나 존자여. 경이롭습니다, 깟짜야나 존자여. 마치 넘어진 자를 일으켜 세우시듯, 덮여있는 것을 걷어내 보이시듯, [방향을] 잃어버린 자에게 길을 가리켜주시듯, 눈 있는 자 형상을 보라고 어둠 속에서 등불을 비춰주시듯, 깟짜야나 존자께서는 여러 가지 방편으로 법을 설해주셨습니다. 저는 이제 세존께 귀의하옵고 법과 비구승가에 귀의합니다. 깟짜야나 존자께서는 저를 재가신자로 받아주소서. 오늘부터 목숨이 붙어 있는 그날까지 귀의하옵니다."

도둑 경(A2:4:8)
Cora-sutta

1. "비구들이여, 도둑들이 힘이 세고 왕이 힘이 약할 때, 그때 왕이 도시 [밖에서] 안으로 들어오거나 도시 [안에서] 밖으로 나가거나 혹은 변방의 지역들을 둘러보는 것은 쉽지 않다. 그때 바라문들과

장자들도 또한 도시 안으로 들어오거나 밖으로 나가거나 밖에서 [농사짓는] 일들을 점검하는 것이 쉽지 않다.

비구들이여, 그와 마찬가지로 타락한 비구들이 힘이 세고 계를 잘 지키는 비구들이 힘이 약할 때, 그때 계를 잘 지키는 비구들은 침묵하고 승가 내에서도 침묵을 지키며 변방에서 머문다. 비구들이여, 이것은 많은 사람들에게 손해가 되고 많은 사람들에게 불행이 되고 많은 신과 인간들에게 해로움이 되고 손해가 되고 괴로움이 되게 한다."

2. "비구들이여, 왕이 힘이 세고 도둑들이 힘이 약할 때, 그때 왕이 도시 [밖에서] 안으로 들어오거나 도시 [안에서] 밖으로 나가거나 혹은 변방의 지역들을 둘러보는 것은 쉽다. 그때 바라문들과 장자들도 또한 도시 안으로 들어오거나 밖으로 나가거나 밖에서 [농사짓는] 일들을 점검하는 것이 쉽다.

비구들이여, 그와 마찬가지로 계를 잘 지키는 비구들이 힘이 세고 타락한 비구들이 힘이 약할 때, 그때 타락한 비구들은 침묵하고 승가 내에서도 침묵을 지키며 변방에서 머문다. 비구들이여, 이것은 많은 사람들에게 이익이 되고, 많은 사람들에게 행복이 되고, 많은 신과 인간들에게 이로움이 되고 이익이 되고 행복이 된다."

도닦음 경(A2:4:9)
Paṭipatti-sutta

1. "비구들이여, 삿된 도닦음은 재가자가 하건 출가자가 하건 둘 다 나는 칭찬하지 않는다. 삿되게 도닦으면 재가자건 출가자건 삿된 도닦음으로 인해 올바르고 유익한 법268)을 얻지 못한다."

2. "비구들이여, 바른 도닦음은 재가자가 하건 출가자가 하건 둘 다 나는 칭찬한다. 바르게 도닦으면 재가자건 출가자건 바른 도닦음으로 인해 올바르고 유익한 법을 얻는다."

자구(字句) **경**(A2:4:10)
Vyañjana-sutta

1. "비구들이여, [어떤] 비구들은 경의 자구(字句)들을 잘못 파악하여 의미(주석서)와 법(삼장)을 거스른다.269) 비구들이여, 이런 비구들은 많은 사람들에게 손해가 되고 많은 사람들에게 불행이 되고 많은 신과 인간들에게 해로움이 되고 손해가 되고 괴로움이 되게 한다. 이런 비구들은 악덕(惡德)을 쌓고 또한 정법을 사라지게 한다."

2. "비구들이여, [어떤] 비구들은 경의 자구(字句)들을 바르게 파악하여 의미와 법에 따른다. 비구들이여, 이런 비구들은 많은 사람들에게 이익이 되고, 많은 사람들에게 행복이 되고, 많은 신과 인간들에게 이로움이 되고 이익이 되고 행복이 된다. 이런 비구들은 덕을 쌓고 또한 정법을 머물게 한다."

---

268) "'올바르고 유익한 법(ñāya dhamma kusala)'이란 본경에서는 위빳사나를 겸한 도를 뜻한다."(AA.ii.143)

269) "'잘못 파악한다.'는 것은 [단어와 문장의] 순서를 잘못 배치한다는 뜻이다. '의미와 법을 거스른다(atthañ ca dhammañ ca paṭibāhanti)'는 것은 [문장이] 잘 구성되어 취해 온 주석서와 삼장(pāḷi, 성전)을 거스르고 자신이 잘못 구성하여 취한 주석서와 삼장을 더 높은 것으로 여기면서 설하는 것이다. 이것은 깨끗한 것이 전도된 경우라고 알아야 한다."(*Ibid*)

제5장 회중 품(A2:5:1~10)

Parisā-vagga

들뜸 경(A2:5:1)
Uttāna-sutta

1. "비구들이여, 두 가지 회중270)이 있다. 어떤 것이 둘인가?
들뜬 회중과 차분한 회중이다.

비구들이여, 어떤 것이 들뜬 회중인가?

어떤 회중에서 비구들이 경솔하고 거들먹거리고 촐랑대고 수다스
럽고 산만하게 말하고 마음챙김을 놓아버리고 분명하게 알아차림[正
知]이 없고 집중되지 못하며 마음이 산란하고 감각기능이 제어되어
있지 않다. 비구들이여, 이를 일러 들뜬 회중이라 한다."

2. "비구들이여, 어떤 것이 차분한 회중인가?

어떤 회중에서 비구들이 경솔하지 않고 거만하지 않고 촐랑대지
않고 수다스럽지 않고 산만하게 말하지 않고 마음챙김을 확립하며
분명하게 알아차리고 집중하며 일념이 되고 감각기능이 제어되어
있다. 비구들이여, 이를 일러 차분한 회중이라 한다.

비구들이여, 이러한 두 가지 회중이 있다. 비구들이여, 이 두 가지
회중 가운데 차분한 회중이 뛰어나다."

---

270)   회중(會衆)으로 옮긴 parisā는 pari(수위에)+√sad(to sit)에서 파생된
       여성명사로 '대중, 무리, 모임'을 뜻한다. 본서에서는 주로 회중으로 옮겼다.

파당지음 경(A2:5:2)
Vagga-sutta

1. "비구들이여, 두 가지 회중이 있다. 어떤 것이 둘인가?
파당을 짓는 회중과 화합하는 회중이다.
비구들이여, 어떤 것이 파당을 짓는 회중인가?
어떤 회중에서 비구들이 싸우기를 좋아하고 말다툼을 좋아하고 논쟁을 좋아하고 혀를 무기로 서로에게 상처를 주면서 머문다. 비구들이여, 이를 일러 파당을 짓는 회중이라 한다."

2. "비구들이여, 어떤 것이 화합하는 회중인가?
어떤 회중에서 비구들이 화합하고 정중하고 논쟁하지 않고 물과 우유가 섞인 것 같고 애정 어린 눈으로 서로를 바라보며 머문다. 비구들이여, 이를 일러 화합하는 회중이라 한다. 비구들이여, 이러한 두 가지 회중이 있다. 비구들이여, 이러한 두 가지 회중 가운데 화합하는 회중이 뛰어나다."

훌륭함 경(A2:5:3)
Aggavati-sutta

1. "비구들이여, 두 가지 회중이 있다. 어떤 것이 둘인가?
비천한 회중과 훌륭한 회중이다.
비구들이여, 어떤 것이 비천한 회중인가?
어떤 회중에서 장로 비구들이 [옷 등 네 가지 필수품을] 너무 많이 가지고 [교법에] 방만하며 [다섯 가지 장애로 불리는] 퇴보에 앞장서고 한거하는 것에 짐을 내팽개쳐버리고271) 얻지 못한 것을 얻기 위해272) 정진을 하지 않고 증득하지 못한 것을 증득하기 위해 정진하지 않고 실현하지 못한 것을 실현하기 위해 정진하지 않는다. 비구들이여, 이를 일러 비천한 회중이라 한다."

2. "비구들이여, 어떤 것이 훌륭한 회중인가?

어떤 회중에서 장로 비구들이 [옷 등 네 가지 필수품을] 너무 많이 가지지 않고 [교법에] 방만하지 않고 [다섯 가지 장애에] 앞장서지 않고 한거하는 것에 짐을 내팽개쳐버리지 않고 얻지 못한 것을 얻기 위해 정진하고 증득하지 못한 것을 증득하기 위해 정진하고 실현하지 못한 것을 실현하기 위해 정진한다. 비구들이여, 이를 일러 훌륭한 회중이라 한다.

비구들이여, 이러한 두 가지 회중이 있다. 비구들이여, 이러한 두 가지 회중 가운데 훌륭한 회중이 뛰어나다."

성스러움 경(A2:5:4)
Ariya-sutta

1. "비구들이여, 두 가지 회중이 있다. 어떤 것이 둘인가?
세속적인 회중과 성스러운 회중이다.
비구들이여, 어떤 것이 세속적인 회중인가?

---

271) 본문의 [ ] 안은 주석서를 참조해서 넣은 것이다. 그리고 짐을 내팽개친다는 것은 열반을 얻기 위해 노력을 기울이지 않는 것이라고 주석서는 설명한다.(AA.ii.144)

272) "선(禪)과 위빳사나의 도와 과를 얻기(patti) 위해서라는 뜻이다. 나머지 두 단어 [즉 증득(adhigama)과 실현(sacchikiriya)도] 얻음(patti)과 동의어이다."(*Ibid*)

어떤 회중에서 비구들이 '이것이 괴로움이다.'라고 있는 그대로 꿰뚫어 알지 못하고 '이것이 괴로움의 일어남이다.'라고 있는 그대로 꿰뚫어 알지 못하고 '이것이 괴로움의 소멸이다.'라고 있는 그대로 꿰뚫어 알지 못하고 '이것이 괴로움의 소멸로 인도하는 도닦음이다.' 라고 있는 그대로 꿰뚫어 알지 못한다. 비구들이여, 이를 일러 세속적인 회중이라 한다."

2. "비구들이여, 어떤 것이 성스러운 회중인가?

어떤 회중에서 비구들이 '이것이 괴로움이다.'라고 있는 그대로 꿰뚫어 알고 '이것이 괴로움의 일어남이다.'라고 있는 그대로 꿰뚫어 알고 '이것이 괴로움의 소멸이다.'라고 있는 그대로 꿰뚫어 알고 '이것이 괴로움의 소멸로 인도하는 도닦음이다.'라고 있는 그대로 꿰뚫어 안다. 비구들이여, 이를 일러 성스러운 회중이라 한다.

비구들이여, 이러한 두 가지 회중이 있다. 비구들이여, 이러한 두 가지 회중 가운데 성스러운 회중이 뛰어나다."

찌꺼기 경(A2:5:5)
Kasaṭa-sutta

1. "비구들이여, 두 가지 회중이 있다. 어떤 것이 둘인가?
찌꺼기의 회중과 정수의 회중이다.
비구들이여, 어떤 것이 찌꺼기의 회중인가?
어떤 회중에서 비구들이 열의 때문에 잘못된 길을 가고, 성냄 때문에 잘못된 길을 가고, 어리석음 때문에 잘못된 길을 가고, 두려움 때문에 잘못된 길을 간다. 비구들이여, 이를 일러 찌꺼기의 회중이라

한다."

2. "비구들이여, 어떤 것이 정수(精髓)의 회중인가?

어떤 회중에서 비구들이 열의 때문에 잘못된 길을 가지 않고, 성냄 때문에 잘못된 길을 가지 않고, 어리석음 때문에 잘못된 길을 가지 않고, 두려움 때문에 잘못된 길을 가지 않는다. 비구들이여, 이를 일러 정수의 회중이라 한다.

비구들이여, 이러한 두 가지 회중이 있다. 비구들이여, 이러한 두 가지 회중 가운데 정수의 회중이 뛰어나다."

훈련됨 경(A2:5:6)
Ukkācita-sutta

1. "비구들이여, 두 가지 회중이 있다. 어떤 것이 둘인가?

질문 없이 훈련되었고 질의응답으로 훈련되지 않은 회중과 질의응답으로 훈련되었고 질문 없이 훈련되지 않은 회중이다.

비구들이여, 어떤 것이 질문 없이 훈련되었고 질의응답으로 훈련되지 않은 회중인가?

어떤 회중에서 사람들이 여래께서 설하셨고, [가르침이] 깊고, 뜻도 깊고, 출세간적이고, 공합[空性]과 관련된273) 경들을 외우면 비구들이 그것을 듣지 않고, 귀 기울이지 않고, 잘 알아서 마음에 새기지 않고, 그 법들을 잘 이해해야 하고 정통해야 한다고 생각하지 않는다.

---

273) "'공함과 관련된 것(suññatā-paṭisaṁyutta)'은 중생이 공하고(satta-suñña) 오직 법뿐임(dhammamatta)을 드러내는 형성되지 않은 것[無爲, asaṅkhata]과 함께한 [가르침]이다."(AA.ii.146)

그러나 시인이 지었고 아름다운 시어를 가졌고 외도의 제자들이 설한 경들을 사람들이 외우면 비구들이 그것을 듣고, 귀 기울이고, 잘 알아서 마음에 새기고, 그 법들을 잘 이해해야 하고 정통해야 한다고 생각한다. 그들은 그 법에 정통하고는 '이 가르침은 무엇이고, 이것은 무슨 뜻인가?'라고 서로 그것에 대해 질문하지 않고 허심탄회하게 드러내지 않는다. 그들은 드러나지 않은 것을 드러내지 않고 명확하지 않은 것을 명확하게 하지 않고 여러 가지 의심스런 법들에 대해 의심을 가시게 하지 않는다. 비구들이여, 이를 일러 질문 없이 훈련되었고 질의응답으로 훈련되지 않은 회중이라 한다."

2. "비구들이여, 어떤 것이 질의응답으로 훈련되었고 질문 없이 훈련되지 않은 회중인가?

어떤 회중에서 시인이 지었고 아름다운 시어를 가졌고 외도의 제자들이 설한 경들을 사람들이 외우면 비구들이 그것을 듣지 않고, 귀 기울이지 않고, 잘 알아서 마음에 새기지 않고, 그 법들을 잘 이해해야 하고 정통해야 한다고 생각하지 않는다.

그러나 여래께서 설하셨고, [가르침이] 깊고, 뜻도 깊고, 출세간적이고, 공함과 관련된 경들을 외우면 비구들이 그것을 듣고, 귀 기울이고, 잘 알아서 마음에 새기고, 그 법들을 잘 이해해야 하고 정통해야 한다고 생각한다. 그들은 그 법에 정통하고는 '이 가르침은 무엇이고, 이것은 무슨 뜻인가?'라고 서로 그것에 대해 질문하고 허심탄회하게 드러낸다. 그들은 드러나지 않은 것을 드러내고 명확하지 않은 것을 명확하게 하고 여러 가지 의심스런 법들에 대해 의심을 가시게 한다. 비구들이여, 이를 일러 질의응답으로 훈련되었고 질문 없이 훈련되지 않은 회중이라 한다.

비구들이여, 이러한 두 가지 회중이 있다. 비구들이여, 이러한 두 가지 회중 가운데 질의응답으로 훈련되었고 질문 없이 훈련되지 않은 회중이 뛰어나다."

세속적인 것을 중시함 경(A2:5:7)

Āmisagaru-sutta

1. "비구들이여, 두 가지 회중이 있다. 어떤 것이 둘인가?

세속적인 것을 중시하고 정법을 중시하지 않는 회중과 정법을 중시하고 세속적인 것을 중시하지 않는 회중이다.

비구들이여, 어떤 것이 세속적인 것274)을 중시하고 정법을 중시하지 않는 회중인가?

어떤 회중에서 비구들이 흰 옷을 입은 속인들 앞에서 한 명씩 칭찬을 한다. '아무개 비구는 양면으로 해탈[兩面解脫]했고,275) 아무개 비구는 통찰지로 해탈[慧解脫]했고,276) 아무개 비구는 몸으로 체험했

---

274) "'세속적인 것(āmisa)'이란 네 가지 필수품을 뜻한다."(AA.ii.148) 네 가지 필수품은 의복, 음식, 거처, 약품을 말한다.

275) "'양면으로 해탈했다.(ubhatobhāgavimutta)'는 것은 무색계의 증득으로써 물질적인 몸으로부터 해탈한 것과 도로써 정신적인 몸으로부터 해탈한 것 [둘 다를] 말한다. 여기에는 네 가지 무색계의 증득[等至]의 각각에서 나와 상카라들을 명상한 뒤 아라한과를 얻는 것과 상수멸에서 나와 아라한과를 얻는 불환자의 것을 합하여 모두 다섯 종류가 있다."(DA.iii.889)

276) 『인시설론 주석서』는 본문에 나타나는 양면으로 해탈한 자부터 신심을 따르는 자까지의 일곱 종류의 성자를 다음과 같이 설명하고 있다.
"여덟 종류의 증득[等至], 초선부터 비상비비상처까지의 8가지 본삼매를 말함]을 얻은 비구가 통찰지를 중히 여기고 사마타로 명상하면서 어떤 특정한 무색계의 증득을 기초로 하여 위빳사나를 확립하여 도와 과를 얻는 경우가 있다. 그가 예류도에 머무는 순간에는 ① '법을 따르는 자(dhamm

---

고, 아무개 비구는 견해를 얻었고, 아무개 비구는 믿음으로 해탈했고, 아무개 비구는 법을 따르는 자이고, 아무개 비구는 신심을 따르는 자이고, 아무개 비구는 계를 지니고 선한 성품을 가졌으며, 아무개 비구는 계를 파하고 나쁜 성품을 가졌다.'라고, 그렇게 함으로써277) 그

-ānusārī)'라 하고, 예류과에서부터 아라한도까지 여섯 단계에 머물 때에는 ② '몸으로 체험한 자(kāyasakhi)'라 하고, 마지막 아라한과에 이를 때에는 ③ '양면으로 해탈한 자(ubhatobhāgavimutti)'라 한다.

여덟 종류의 증득을 얻지 못했거나 혹은 색계 4禪만을 얻은 자가 오직 통찰지를 중히 여기고 위빳사나(유위법들의 무상·고·무아를 통찰하는 것)로 명상하면서 상카라들만을 명상하거나 혹은 네 가지 색계 禪 가운데 어떤 하나를 명상하여 도와 과를 얻는 경우가 있다. 그가 예류도에 머무는 순간에는 ① '법을 따르는 자(dhammānusārī)'라 하고, 예류과에서부터 아라한도까지 여섯 단계에 머물 때에는 ④ '견해를 얻은 자(diṭṭhippatta)'라 하고, 마지막 아라한과에 이를 때에는 ⑤ '통찰지로 해탈한 자(paññāvimutta)'라 한다.

여덟 종류의 증득을 얻은 자가 신심을 중히 여기고 사마타로 명상하면서 어떤 특정한 무색계의 증득을 기초로 하여 위빳사나를 확립하여 도와 과를 얻는 경우가 있다. 그가 예류도에 머무는 순간에는 ⑥ '신심을 따르는 자(saddhānusārī)'라 하고, 예류과에서부터 아라한도까지 여섯 단계에 머물 때에는 ② '몸으로 체험한 자(kāyasakhi)'라 하고, 마지막 아라한과에 이를 때에는 ③ '양면으로 해탈한 자(ubhatobhāgavimutti)'라 한다.

여덟 종류의 증득을 얻지 못했거나 혹은 색계 4禪만을 얻은 자가 오직 신심을 중히 여기고 위빳사나로 명상하면서 상카라들만을 명상하거나 혹은 네 가지 색계 禪 가운데 어떤 하나를 명상하여 도와 과를 얻는 경우가 있다. 그가 예류도에 머무는 순간에는 ⑥ '신심을 따르는 자(saddh-ānusārī)'라 하고, 예류과에서부터 아라한도까지 여섯 단계에 머물 때에는 ⑦ '믿음으로 해탈한 자(saddhāvimutti)'라 하고, 마지막 아라한과에 이를 때에는 ⑤ '통찰지로 해탈한 자(paññāvimutti)'라 한다."(PugA. 194~195)

277) "그렇게 한다는 것은 비구들이 어떤 이들에 대해서는 칭찬을 하고 또 어떤 이들에 대해서는 비난을 하면서 네 가지 필수품을 얻는다는 것이다."(AA.ii.148)

들은 물질을 많이 얻는다. 얻고서는 더 탐욕스러워지고 그것에 흠뻑 취하고 집착하고 위험을 볼 줄 모르고 벗어남에 대한 통찰지도 없이 그것을 즐긴다. 비구들이여, 이를 일러 세속적인 것을 중시하고 정법을 중시하지 않는 회중이라 한다."

2. "비구들이여, 어떤 것이 정법을 중시하고 세속적인 것을 중시하지 않는 회중인가?

어떤 회중에서 비구들이 흰 옷을 입은 속인들 앞에서 한 명씩 칭찬을 하지 않는다. '아무개 비구는 양면으로 해탈했고, 아무개 비구는 통찰지로 해탈했고, 아무개 비구는 몸으로 체험했고, 아무개 비구는 견해를 얻었고, 아무개 비구는 믿음으로 해탈했고, 아무개 비구는 법을 따르는 자이고, 아무개 비구는 신심을 따르는 자이고, 아무개 비구는 계를 지니고 선한 성품을 가졌으며, 아무개 비구는 계를 파하고 나쁜 성품을 가졌다.'라고. 그들은 그런 말을 하지 않고 물질을 얻는다. 얻고서는 탐욕을 부리지 않고 그것에 취하지 않고 집착하지 않고 위험을 보고 벗어남에 대한 통찰지를 갖고 그것을 즐긴다. 비구들이여, 이를 일러 정법을 중시하고 세속적인 것을 중시하지 않는 회중이라 한다.

비구들이여, 이러한 두 가지 회중이 있다. 비구들이여, 이러한 두 가지 회중 가운데 정법을 중시하고 세속적인 것을 중시하지 않는 회중이 뛰어나다."

비뚤어짐 경(A2:5:8)

Visama-sutta

1. "비구들이여, 두 가지 회중이 있다. 어떤 것이 둘인가?
비뚤어진 회중과 곧은 회중이다.

비구들이여, 어떤 것이 비뚤어진 회중인가?

어떤 회중에서 법답지 못한 일들이 성행하고 법다운 일들은 찾아
볼 수 없고, 율에 어긋나는 일들이 성행하고 율에 부합하는 일들은
찾아볼 수 없고, 법답지 못한 일들이 빛나고 법다운 일들은 빛나지
않고, 율에 어긋나는 일들이 빛나고 율에 부합하는 일들은 빛나지 않
는다. 비구들이여, 이를 일러 비뚤어진 회중이라 한다. 비구들이여,
비뚤어진 회중에서는 법답지 못한 일들이 성행하고 법다운 일들은
찾아볼 수 없고, 율에 어긋나는 일들이 성행하고 율에 부합하는 일들
은 찾아볼 수 없고, 법답지 못한 일들이 빛나고 법다운 일들은 빛나
지 않고, 율에 어긋나는 일들이 빛나고 율에 부합하는 일들은 빛나지
않는다."

2. "비구들이여, 어떤 것이 곧은 회중인가?

어떤 회중에서 법다운 일들이 성행하고 법답지 못한 일들은 찾아
볼 수 없고, 율에 부합하는 일들이 성행하고 율에 어긋나는 일들은
찾아볼 수 없고, 법다운 일들이 빛나고 법답지 못한 일들은 빛나지
않고, 율에 부합하는 일들이 빛나고 율에 어긋나는 일들은 빛나지 않
는다. 비구들이여, 이를 일러 곧은 회중이라 한다. 비구들이여, 곧은
회중에서는 법다운 일들이 성행하고 법답지 못한 일들은 찾아볼 수
없고, 율에 부합하는 일들이 성행하고 율에 어긋나는 일들은 찾아볼

수 없고, 법다운 일들이 빛나고 법답지 못한 일들은 빛나지 않고, 율에 부합하는 일들이 빛나고 율에 어긋나는 일들은 빛나지 않는다.

비구들이여, 이러한 두 가지 회중이 있다. 비구들이여, 이러한 두 가지 회중 가운데 곧은 회중이 뛰어나다."

법답지 못함 경(A2:5:9)
Adhammika-sutta

1. "비구들이여, 두 가지 회중이 있다. 어떤 것이 둘인가? 법답지 못한 회중과 법다운 회중이다.

비구들이여, 어떤 것이 법답지 못한 회중인가?

어떤 회중에서 법답지 못한 일들이 성행하고 ⋯ 율에 부합하는 일들은 빛나지 않는다. 비구들이여, 이를 일러 법답지 못한 회중이라 한다."

2. "비구들이여, 어떤 것이 법다운 회중인가?

어떤 회중에서 법다운 일들이 성행하고 ⋯ 율에 어긋나는 일들은 빛나지 않는다. 비구들이여, 이를 일러 법다운 회중이라 한다.

비구들이여, 이러한 두 가지 회중이 있다. 비구들이여, 이러한 두 가지 회중 가운데 법다운 회중이 뛰어나다."

법답지 않게 논의함 경(A2:5:10)
Adhammikavādi-sutta

1. "비구들이여, 두 가지 회중이 있다. 어떤 것이 둘인가? 법답지 않게 논의하는 회중과 법답게 논의하는 회중이다.

비구들이여, 어떤 것이 법답지 않게 논의하는 회중인가?

어떤 회중에서 비구들이 여법하건 여법하지 않건 간에 대중공사278)를 결정한다. 그들은 대중공사에서 서로 의논하지도 않고 의논하기 위해 회합도 갖지 않는다. 서로 화해하지도 않고 화해하기 위해 회합도 갖지 않는다. 그들은 의논할 힘도 없고 화해할 힘도 없으며 문제를 해결하기 위해 노력하지 않는다. 그들은 그 대중공사에 더욱더 고집스럽게 집착하여 '오직 이것만이 진실이고 다른 것은 거짓이다.'라고 하면서 머문다. 비구들이여, 이를 일러 법답지 않게 논의하는 회중이라 한다."

2. "비구들이여, 어떤 것이 법답게 논의하는 회중인가?

어떤 회중에서 비구들이 여법하건 여법하지 않건 간에 대중공사를 결정한다. 그들은 대중공사에서 서로 의논하고 의논하기 위해 회합도 갖는다. 서로 화해하고 화해하기 위해 회합도 갖는다. 그들은 의논할 힘도 있고 화해할 힘도 있으며 문제를 해결하기 위해 노력한다. 그들은 더욱더 고집스럽게 그 대중공사에 집착하여 '오직 이것만이 진실이고 다른 것은 거짓이다.'라고 하면서 머물지 않는다. 비구들이여, 이를 일러 법답게 논의하는 회중이라 한다.

비구들이여, 이러한 두 가지 회중이 있다. 비구들이여, 이러한 두 가지 회중 가운데 법답게 논의하는 회중이 뛰어나다."

첫 번째 50개 경들의 묶음이 끝났다.

---

278) 대중공사(大衆公事, 諍事, adhikaraṇa)에 대해서는 본서 「대중공사경」(A2:2:5) §1의 주해를 참조할 것.

II. 두 번째 50개 경들의 묶음
Dutiya-paṇṇāsaka

제6장 사람 품(A2:6:1~12)
Puggala-vagga

이익 경(A2:6:1)
Hita-sutta

"비구들이여, 두 부류의 사람이 세상에 태어난다. 그들은 많은 사람들에게 이익이 되고, 많은 사람들에게 행복이 되고, 많은 신과 인간들에게 이로움이 되고 이익이 되고 행복이 된다. 어떤 것이 둘인가?

아라한이시고 정등각이신 여래와 전륜성왕이다. 비구들이여, 이사람들은 세상에 태어나서 많은 사람들에게 이익이 되고, 많은 사람들에게 행복이 되고, 많은 신과 인간들에게 이로움이 되고 이익이 되고 행복이 된다."

경이로움 경(A2:6:2)
Accheraka-sutta

"비구들이여, 두 부류의 사람이 세상에 태어난다. 그들은 경이로운 사람들이다. 어떤 것이 둘인가?

아라한이시고 정등각이신 여래와 전륜성왕이다. 비구들이여, 그들
은 경이로운 사람들이다."

고통 경(A2:6:3)
Anutappa-sutta

"비구들이여, 두 부류의 사람의 죽음은 많은 사람들에게 고통이
된다. 어떤 것이 둘인가?
아라한이시고 정등각이신 여래와 전륜성왕이다. 비구들이여, 이러
한 두 사람의 죽음은 많은 사람들에게 고통이 된다."

탑을 세울 만함 경(A2:6:4)
Thūpāraha-sutta

"비구들이여, 두 부류의 사람의 탑은 세울 만하다. 어떤 것이 둘인가?
아라한이시고 정등각이신 여래와 전륜성왕이다. 비구들이여, 이러
한 두 부류의 사람의 탑은 세울 만하다."

부처 경(A2:6:5)
Buddha-sutta

"비구들이여, 두 부류의 부처님이 있다. 어떤 것이 둘인가?
아라한이시고 정등각이신 여래와 벽지불279)이다. 비구들이여, 이

---

279) "남들과 공유하지 않고 자기 혼자(paccekaṁ) 따로(visuṁ) 스스로 생긴
지혜(sayambhu-ñāṇa)로 [네 가지] 진리(sacca)들을 깨달았다고 해서
벽지불(獨覺, paccekabuddha)이라 한다."(SAṬ.i.62)

러한 두 부류의 부처님이 있다."280)

천둥번개 경1(A2:6:6)
Asani-sutta

"둘은 천둥번개에 놀라지 않는다. 어떤 것이 둘인가?
번뇌 다한 비구와 혈통 좋은 코끼리이다. 비구들이여, 이 둘은 천둥번개에 놀라지 않는다."

천둥번개 경2(A2:6:7)
Asani-sutta

"둘은 천둥번개에 놀라지 않는다. 어떤 것이 둘인가?
번뇌 다한 비구와 혈통 좋은 말이다. 비구들이여, 이 둘은 천둥번개에 놀라지 않는다."

"자기 혼자(paccekaṁ) [네 가지] 진리를 깨달았다고 해서 벽지불이라 한다. 만약 누군가 다음과 같이 질문할지도 모른다. '법은 스스로(paccattaṁ) 경험해야 하는 것이기 때문에 모든 성자들도 자기 혼자 [네 가지] 진리를 꿰뚫지 않는가?'라고. 그것에 대한 대답이다. 이것은 꿰뚫음을 두고 한 말이 아니다. 제자[聲聞]들은 다른 사람들을 의지하여 [네 가지] 진리를 꿰뚫는다. 왜냐하면 남이 [가르치는] 소리 없이는 견의 도[見道, 즉 예류도]가 생겨나지 않기 때문이다. 하지만 이들은 그렇지가 않다. 이들은 남의 인도 없이(apara-neyya) [네 가지] 진리를 꿰뚫는다. 그래서 '자기 혼자 [네 가지] 진리를 깨달았다고 해서 벽지불이라 한다.'고 한 것이다."(AAṬ.i.94)

280) 한편 본서 「하나의 모음」(A1:13:5)의 주석에 의하면 네 가지 부처님이 있다고 한다. 본서 A1:13:5의 주해를 참조할 것.

천둥번개 경3(A2:6:8)
Asani-sutta

"둘은 천둥번개에 놀라지 않는다. 어떤 것이 둘인가?

번뇌 다한 비구와 동물의 왕인 사자이다. 비구들이여, 이 둘은 천
둥번개에 놀라지 않는다."

낀나라 경(A2:6:9)
Kimpurisa-sutta

"두 가지 이유를 보고 낀나라281)들은 인간의 말을 사용하지 않는
다. 어떤 것이 둘인가?

'우리는 거짓말을 하지 말자.'는 것과 '우리는 거짓말로 남을 헐뜯
지 말자.'는 것이다. 비구들이여, 이러한 두 가지 이유를 보고 낀나라
들은 인간의 말을 사용하지 않는다."282)

---

281) 원어는 낌뿌리사(Kimpurisā, 어느 정도는 사람과 같다는 뜻임)인데 낀나
라(Kinnarā, 이 경우에도 nara는 사람을 뜻하는 단어임)라고도 한다. 자
따까(Jā.iv.106 등)에 의하면 이것은 인간의 머리와 비슷한 머리를 가진
신화적인 새이다. 우리에게 익숙한 낀나라로 옮겼다.

282) 주석서는 아쇼까 대왕과 낀나라에 얽힌 일화를 소개하고 있는데 그중 후
반부를 인용한다.
"어느 날 [사람들이] 낀나라 두 마리를 데리고 와서 [아쇼까 대왕에게] 보
여주었다. 왕은 '저들이 말을 하게 하라.'고 하였지만 낀나라들은 말하려고
하지 않았다. 어떤 사람이 '제가 말을 하게 하겠습니다.'라고 한 뒤 낀나라
두 마리를 데리고 시장으로 들어갔다. 거기서 낀나라 한 마리는 익은 망고
와 물고기들을 보았고 다른 낀나라는 코끼리 사과와 타마린드 열매를 보
았다. 그러자 전자는 '인간들은 큰 독약이 든 것을 먹는구나. 이러고서도
어떻게 피부병에 걸리지 않을까?'라고 하였고 후자는 '어떻게 이런 것을

출산 경(A2:6:10)

Vijāyana-sutta

"비구들이여, 두 가지에 대해서 여자들은 물리지 않고 만족을 모르고 죽는다. 어떤 것이 둘인가?

성교와 출산이다. 비구들이여, 이러한 두 가지에 대해서 여자들은 물리지 않고 만족을 모르고 죽는다."

교제 경(A2:6:11)

Sannivāsa-sutta

1. "비구들이여, 저질스런 사람들의 교제283)와 훌륭한 사람들의 교제에 대해 설하리라. 듣고 마음에 잘 새겨라. 이제 설하리라."

"그러겠습니다, 세존이시여."라고 비구들은 세존께 대답했다. 세존께서는 이렇게 말씀하셨다.

"비구들이여, 저질스런 사람들의 교제는 어떠하며, 저질스런 사람들은 어떻게 사람들과 더불어 교제하면서 지내는가?

비구들이여, 여기 장로 비구가 이렇게 생각한다.

'장로도 나에게 [훈계하는] 말을 하지 말고 중진 비구도 나에게 [훈계하는] 말을 하지 말고 신참 비구도 나에게 [훈계하는] 말을 하

먹고서도 인간들은 문둥이가 되지 않을까?'라고 하였다고 한다. 이와 같이 그들은 인간의 말을 할 수 있었지만 두 가지 의미(dve atthe)를 보기 때문에 말하지 않는 것이다."(AA.ii.151)

283) '저질스런 사람들의 교제'는 asanta-sannivāsa를 옮긴 것이다. 주석서는 바르지 못한 사람들과이 교제(asappurisānaṁ sannivāsaṁ ─ AA.ii. 151)라고 설명한다.

지 말았으면 좋겠다. 나도 장로께 [훈계하는] 말을 하지 않을 것이고, 중진 비구에게도 신참 비구에게도 [훈계하는] 말을 하지 않을 것이다. 만약 장로가 나에게 말을 한다면 나에게 손해를 바라면서[284] 말을 하지 이익을 바라면서 말을 하지 않을 것이다. 나는 '아닙니다.'[285]라고 대답할 것이고 [그의 말을 듣지 않음으로써] 그를 짜증나게 할 것이고 비록 그가 옳다는 것을 보지만 그의 말을 따르지 않을 것이다. 만약 중진 비구와 신참 비구도 나에게 말을 한다면 나에게 손해를 바라면서 말을 하지 이익을 바라면서 말을 하지 않을 것이다. 나는 '아닙니다.'라고 대답할 것이고 그리하여 그를 짜증나게 할 것이다. 비록 그가 옳다는 것을 보지만 그의 말을 따르지 않을 것이다.' 라고

비구들이여, 여기 중진 비구도 이렇게 생각한다.

'장로도 나에게 [훈계하는] 말을 하지 말고 … 나는 '아닙니다.'라고 대답할 것이고 그리하여 그를 짜증나게 할 것이다. 비록 그가 옳다는 것을 보지만 그의 말을 따르지 않을 것이다.'라고.

비구들이여, 여기 신참 비구도 이렇게 생각한다.

'장로도 나에게 [훈계하는] 말을 하지 말고 … 나는 '아닙니다.'라고 대답할 것이고 [그의 말을 듣지 않음으로써] 그를 짜증나게 할 것이다. 비록 그가 옳다는 것을 보지만 그의 말을 따르지 않을 것이다.' 라고.

비구들이여, 저질스런 사람들의 교제는 이와 같고, 저질스런 사람

---

284) "ahita-anukampi(문자적으로는 손해를 연민함)에서 anukampi(연민)는 바란다(icchamāno)는 뜻이다."(*Ibid*)

285) "즉 '나는 당신의 말대로 하지 않을 겁니다.'라고 말하는 것을 뜻한다."(*Ibid*)

들은 이와 같이 사람들과 더불어 교제하면서 지낸다."

2. "비구들이여, 훌륭한 사람들의 교제는 어떠하며, 훌륭한 사람들은 어떻게 사람들과 더불어 교제하면서 지내는가?

비구들이여, 여기 장로 비구가 이렇게 생각한다.

'장로도 나에게 [훈계하는] 말을 해주고 중진 비구도 나에게 [훈계하는] 말을 해주고 신참 비구도 나에게 [훈계하는] 말을 해주면 좋겠다. 나도 장로께 [훈계하는] 말을 할 것이고, 중진 비구에게도 신참 비구에게도 [훈계하는] 말을 할 것이다. 만약 장로가 나에게 말을 한다면 나에게 이익을 바라면서 말을 하지 손해를 바라면서 말을 하지 않을 것이다. 나는 '좋습니다.'라고 대답할 것이고 [그의 말을 들음으로써] 그를 짜증나게 하지 않을 것이고 그가 옳다는 것을 보고는 그의 말을 따를 것이다. 만약 중진 비구와 신참 비구도 나에게 말을 한다면 나에게 이익을 바라면서 말을 하지 손해를 바라면서 말을 하지 않을 것이다. 나는 '좋습니다.'라고 대답할 것이고 [그의 말을 들음으로써] 그를 짜증나게 하지 않을 것이고 그가 옳다는 것을 보고는 그의 말을 따를 것이다.'라고

비구들이여, 여기 중진 비구도 이렇게 생각한다.

'장로도 나에게 [훈계하는] 말을 해주고 … 나는 '좋습니다.'라고 대답할 것이고 [그의 말을 들음으로써] 그를 짜증나게 하지 않을 것이고 그가 옳다는 것을 보고는 그의 말을 따를 것이다.'라고

비구들이여, 여기 신참 비구도 이렇게 생각한다.

'장로도 나에게 [훈계하는] 말을 해주고 … 나는 '좋습니다.'라고 대답할 것이고 [그의 말을 들음으로써] 그를 짜증나게 하지 않을 것이고 그가 옳다는 것을 보고는 그의 말을 따를 것이다.'라고

비구들이여, 훌륭한 사람들의 교제는 이와 같고, 훌륭한 사람들은
이와 같이 사람들과 더불어 교제하면서 지낸다."

내뱉음 경(A2:6:12)
Saṁsāra-sutta

1. "비구들이여, 어떤 대중공사에서 양쪽에서 모두 [험한] 말
을 내뱉고286) 삿된 견해[邪見]를 가져 대항하고 성을 내고 불만스럽
고287) 화를 내어 자기의 내면이 고요하지 않은 경우288)가 있다. 비
구들이여, 이 대중공사에 대해서는 다음과 같은 것이 기대된다. '오
래 끌게 될 것이고 거친 말과 거친 행동이 난무할 것이다. 따라서 비
구들은 편하게 지내지 못할 것이다.'라고."

2. "비구들이여, 어떤 대중공사에서 양쪽에서 모두 [험한] 말
을 내뱉고 삿된 견해를 가져 대항하고 성을 내고 불만스럽고 화를 내
지만 자기의 내면은 고요한 경우가 있다. 비구들이여, 이 대중공사에
대해서는 다음과 같은 것이 기대된다. '오래 끌지 않을 것이고 거친

---

286) '험한 말을 내뱉음'으로 옮긴 원어는 vacī-saṁsāra인데 여기서 saṁsāra
는 윤회의 의미가 아니라 '일어난다(pavattamāna)'는 뜻이라고 복주서는
설명하고 있다.(AAṬ.ii.42) 한편 주석서는 이 단어를 "양쪽 편에서 서로
에게 험한 말을 주거니 받거니 하면서(akkosana-paccakkosana) 말을
내뱉는 것을 말한다."(AA.ii.151)고 설명하고 있다.

287) '불만스러움'으로 옮긴 원어는 appaccaya인데 만족스럽지 못한(atuṭṭhā
-kāro) 정신적 고통(domanassa)이라고 주석서는 설명하고 있다.(AA.
ii.152)

288) "자기의 안이라 불리는 자기 마음과 신심이 없는 제자들이라 불리는 자기
의 회중이 모두 고요하지 않다는 뜻이다."(AA.ii.152)

말과 거친 행동이 없을 것이다. 따라서 비구들은 편하게 지낼 것이다.'라고"

제7장 행복 품(A2:7:1~13)
Sukha-vagga

재가 경(A2:7:1)
Gihi-sutta

"비구들이여, 두 가지 행복이 있다. 어떤 것이 둘인가?
재가의 행복과 출가의 행복이다.
비구들이여, 이러한 두 가지 행복이 있다. 비구들이여, 이 두 가지 행복 가운데 출가의 행복이 뛰어나다."

감각적 욕망 경(A2:7:2)
Kāma-sutta

"비구들이여, 두 가지 행복이 있다. 어떤 것이 둘인가?
감각적 욕망에서 오는 행복과 출리(出離)에서 오는 행복이다.
비구들이여, 이러한 두 가지 행복이 있다. 비구들이여, 이 두 가지 행복 가운데 출리에서 오는 행복이 뛰어나다."

재생의 근거 경(A2:7:3)
Upadhi-sutta

"비구들이여, 두 가지 행복이 있다. 어떤 것이 둘인가?
재생의 근거에 바탕을 둔[289] 행복과 재생의 근거를 벗어난 행복이다.
비구들이여, 이러한 두 가지 행복이 있다. 비구들이여, 이 두 가지
행복 가운데 재생의 근거를 벗어난 행복이 뛰어나다."

번뇌 경(A2:7:4)
Āsava-sutta

"비구들이여, 두 가지 행복이 있다. 어떤 것이 둘인가?
번뇌에 물들기 쉬운 행복과 번뇌를 여읜 행복이다.
비구들이여, 이러한 두 가지 행복이 있다. 비구들이여, 이 두 가지
행복 가운데 번뇌를 여읜 행복이 뛰어나다."

세속 경(A2:7:5)
Sāmisa-sutta

"비구들이여, 두 가지 행복이 있다. 어떤 것이 둘인가?

---

289) "'재생의 근거에 바탕을 둔 행복(upadhi-sukha)'은 삼계에 속하는 세간
적인 행복이고 '재생의 근거를 벗어난 행복(nirupadhi-sukha)'은 출세간
적인 행복이다."(AA.ii.153)
복주서는 여기서 재생의 근거(upadhi)는 오취온(pañc-upādāna-kkhan
-dhā)을 뜻하고, 그 오취온에 바탕을 둔 행복이 재생의 근거에 바탕을 둔
행복(upadhi-sukha)이고, 그것에 반대되는 것이 재생의 근거를 벗어난
행복(nirupadhi-sukha)이라고 설명하고 있다.(AAṬ.ii.43)

세속적인 행복290)과 출세간의 행복이다.

비구들이여, 이러한 두 가지 행복이 있다. 비구들이여, 이 두 가지 행복 가운데 출세간의 행복이 뛰어나다."

성스러움 경(A2:7:6)
Ariya-sutta

"비구들이여, 두 가지 행복이 있다. 어떤 것이 둘인가?
성스러운 행복과 성스럽지 못한 행복이다.
비구들이여, 이러한 두 가지 행복이 있다. 비구들이여, 이 두 가지 행복 가운데 성스러운 행복이 뛰어나다."

육체적 행복 경(A2:7:7)
Kāyika-sutta

"비구들이여, 두 가지 행복이 있다. 어떤 것이 둘인가?
육체적인 행복과 정신적인 행복이다.
비구들이여, 이러한 두 가지 행복이 있다. 비구들이여, 이 두 가지 행복 가운데 정신적인 행복이 뛰어나다."

---

290) "'세속적인 행복(sāmisa-sukha)'이란 오염된 행복(saṁkilesa), 즉 윤회를 가져오는 행복(vaṭṭagāmi-sukha)이다. '출세간의 행복(nirāmisa-sukha)'은 오염되지 않은 행복, 즉 도와 과가 함께한 윤회를 벗어나는 행복이다."(AA.ii.153)

희열 경(A2:7:8)
Pīti-sutta

"비구들이여, 두 가지 행복이 있다. 어떤 것이 둘인가?

희열과 함께하는 행복과 희열과 함께하지 않는 행복이다.

비구들이여, 이러한 두 가지 행복이 있다. 비구들이여, 이 두 가지 행복 가운데 희열과 함께하지 않는 행복이 뛰어나다."

기쁨 경(A2:7:9)
Sāta-sutta

"비구들이여, 두 가지 행복이 있다. 어떤 것이 둘인가?

기쁨의 행복과 평온의 행복이다.

비구들이여, 이러한 두 가지 행복이 있다. 비구들이여, 이 두 가지 행복 가운데 평온의 행복이 뛰어나다."

삼매 경1(A2:7:10)
Samādhi-sutta

"비구들이여, 두 가지 행복이 있다. 어떤 것이 둘인가?

삼매와 연결된 행복과 삼매와 연결되지 않은 행복이다.

비구들이여, 이러한 두 가지 행복이 있다. 비구들이여, 이 두 가지 행복 가운데 삼매와 연결된 행복이 뛰어나다."

삼매 경2(A2:7:11)

"비구들이여, 두 가지 행복이 있다. 어떤 것이 둘인가?

희열이 있는 선(禪)을 대상으로 한 행복291)과 희열이 없는 선(禪)을 대상으로 한 행복이다.

비구들이여, 이러한 두 가지 행복이 있다. 비구들이여, 이 두 가지 행복 가운데 희열이 없는 선을 대상으로 한 행복이 뛰어나다."

삼매 경3(A2:7:12)

"비구들이여, 두 가지 행복이 있다. 어떤 것이 둘인가?

기쁨이 있는 禪을 대상으로 한 행복과 평온이 있는 禪을 대상으로 한 행복이다.

비구들이여, 이러한 두 가지 행복이 있다. 비구들이여, 이 두 가지 행복 가운데 평온이 있는 선을 대상으로 한 행복이 뛰어나다."

삼매 경4(A2:7:13)

"비구들이여, 두 가지 행복이 있다. 어떤 것이 둘인가?

물질을 대상으로 한 행복292)과 비물질(정신)을 대상으로 한(arūpā-rammaṇa) 행복293)이다.

---

291) "'희열이 있는 선(禪)을 대상으로 한 행복(sappītikārammaṇa sukha)'은 희열을 가진 두 가지 禪(즉 초선과 제2선)을 반조하는 자에게 생기는 행복이다."(AA.ii.153)

292) "여기서 '물질을 대상으로 한 행복(rūpārammaṇa sukha)'은 색계의 제4선을 대상으로 한 행복이나 혹은 어떤 물질이든 그것에 대해서 생긴 행복이다."(*Ibid*)

비구들이여, 이러한 두 가지 행복이 있다. 비구들이여, 이 두 가지 행복 가운데 비물질을 대상으로 한 행복이 뛰어나다."

제8장 표상 품(A2:8:1~10)
Nimitta-vagga

표상 경(A2:8:1)
Nimitta-sutta

"비구들이여, 표상294)이 있기 때문에 나쁜 불선법들이 일어난다. 표상 없이는 나쁜 불선법들이 일어나지 않는다. 바로 그 표상을 버림으로써 나쁜 불선법들은 일어나지 않는다."

동기 경(A2:8:2)
Nidāna-sutta

"비구들이여, 동기가 있기 때문에 나쁜 불선법들이 일어난다. 동기가 없이는 나쁜 불선법들이 일어나지 않는다. 바로 그 동기를 버림으로써 나쁜 불선법들은 일어나지 않는다."

---

293) "'비물질을 대상으로 한 행복(arūpārammaṇa sukha)'은 무색계 禪 (arūpāvacarajjhāna)을 대상으로 한 행복이나 혹은 어떤 비물질(정신)이든 그것에 대해서 생긴 행복이다."(*Ibid*)

294) "'표상(nimitta)'이란 이유(kāraṇa)를 뜻한다. 두 번째 경 등에서도 마찬가지다. 즉 [두 번째 경 이하에 나타나는] 이유(nidāna), 원인(hetu), 의도적 행위(saṅkhāra), 조건(paccaya), 물질(rūpa)의 모든 것들도 여기서는 이유(kāraṇa)와 동의어이다."(AA.ii.154)

원인 경(A2:8:3)

Hetu-sutta

"비구들이여, 원인이 있기 때문에 나쁜 불선법들이 일어난다. 원인 없이는 나쁜 불선법들이 일어나지 않는다. 바로 그 원인을 버림으로써 나쁜 불선법들은 일어나지 않는다."

의도적 행위 경(A2:8:4)

Saṅkhāra-sutta

"비구들이여, 의도적 행위[行]가 있기 때문에 나쁜 불선법들이 일어난다. 의도적 행위 없이는 나쁜 불선법들이 일어나지 않는다. 바로 그 의도적 행위를 버림으로써 나쁜 불선법들은 일어나지 않는다."

조건 경(A2:8:5)

Paccaya-sutta

"비구들이여, 조건이 있기 때문에 나쁜 불선법들이 일어난다. 조건 없이는 나쁜 불선법들이 일어나지 않는다. 바로 그 조건을 버림으로써 나쁜 불선법들은 일어나지 않는다."

물질 경(A2:8:6)

Rūpa-sutta

"비구들이여, 물질이 있기 때문에 나쁜 불선법들이 일어난다. 물질

없이는 나쁜 불선법들이 일어나지 않는다. 바로 그 물질을 버림으로써 나쁜 불선법들은 일어나지 않는다."

느낌 경(A2:8:7)
Vedanā-sutta

"비구들이여, 느낌이 있기 때문에 나쁜 불선법들이 일어난다. 느낌 없이는 나쁜 불선법들이 일어나지 않는다. 바로 그 느낌을 버림으로써 나쁜 불선법들은 일어나지 않는다."

인식 경(A2:8:8)
Saññā-sutta

"비구들이여, 인식이 있기 때문에 나쁜 불선법들이 일어난다. 인식 없이는 나쁜 불선법들이 일어나지 않는다. 바로 그 인식을 버림으로써 나쁜 불선법들은 일어나지 않는다."

알음알이 경(A2:8:9)
Viññāṇa-sutta

"비구들이여, 알음알이가 있기 때문에 나쁜 불선법들이 일어난다. 알음알이 없이는 나쁜 불선법들이 일어나지 않는다. 바로 그 알음알이를 버림으로써 나쁜 불선법들은 일어나지 않는다."

형성된 것 경(A2:8:10)
Saṅkhata-sutta

"비구들이여, 형성된 것들[有爲]을 대상으로 했기 때문에 나쁜 불
선법들이 일어난다. 형성되지 않은 것[無爲]을 대상으로 하면 나쁜 불
선법들이 일어나지 않는다. 바로 그 형성된 것을 버림으로써 나쁜 불
선법들은 일어나지 않는다."

제9장 법 품(A2:9:1~11)
Dhamma-vagga

해탈 경(A2:9:1)295)
Vimutti-sutta

"비구들이여, 두 가지 법이 있다. 어떤 것이 둘인가?
마음의 해탈[心解脫]과 통찰지를 통한 해탈[慧解脫]이다.296) 비구들
이여, 이러한 두 가지 법이 있다."

노력 경(A2:9:2)
Paggāha-sutta

"비구들이여, 두 가지 법이 있다. 어떤 것이 둘인가?

---

295) PTS본의 권말 목록에 의하면 본경과 다음의 「노력 경」은 제8장 표상 품
에 포함되어 나타나고 있다.

296) 마음의 해탈[心解脫]과 통찰지를 통한 해탈[慧解脫]에 대해서는 본서 제
2권 「흐름을 따름 경」(A4:5) §1의 주해를 참조할 것.

노력과 산란하지 않음297)이다. 비구들이여, 이러한 두 가지 법이
있다."

정신[名] 경(A2:9:3)
Nāma-sutta

"비구들이여, 두 가지 법이 있다. 어떤 것이 둘인가?
정신과 물질이다. 비구들이여, 이러한 두 가지 법이 있다."

영지(靈知) 경(A2:9:4)
Vijjā-sutta

"비구들이여, 두 가지 법이 있다. 어떤 것이 둘인가?
영지(靈知)와 해탈이다.298) 비구들이여, 이러한 두 가지 법이 있다."

견해 경(A2:9:5)
Diṭṭhi-sutta

"비구들이여, 두 가지 법이 있다. 어떤 것이 둘인가?
존재에 대한 견해와 비존재에 대한 견해이다.299) 비구들이여, 이

---

297) "'노력(paggāha)'은 정진(viriya)을, '산란하지 않음(avikkhepo)'은 마
음이 하나로 된 상태(cittekaggatā)를 뜻한다."(AA.ii.154)

298) "'영지(vijjā)'는 과의 지혜(phala-ñāṇa)이고, '해탈(vimutti)'은 과의 지
혜와 관련된 나머지 법들(taṁ-sampayuttā sesa-dhammā)이다."(Ibid)

299) "'존재에 대한 견해(bhava-diṭṭhi)'와 '비존재에 대한 견해(vibhava-
diṭṭhi)'는 각각 상견(常見, sassata-diṭṭhi)과 단견(斷見, uccheda-

러한 두 가지 법이 있다."

양심 없음 경(A2:9:6)
Ahiri-sutta

"비구들이여, 두 가지 법이 있다. 어떤 것이 둘인가?
양심 없음과 수치심 없음이다. 비구들이여, 이러한 두 가지 법이
있다."

양심 경(A2:9:7)
Hiri-sutta

"비구들이여, 두 가지 법이 있다. 어떤 것이 둘인가?
양심과 수치심이다. 비구들이여, 이러한 두 가지 법이 있다."

훈계를 받아들이지 않음 경(A2:9:8)
Dovacassa-sutta

"비구들이여, 두 가지 법이 있다. 어떤 것이 둘인가?
훈계를 받아들이지 않음과 나쁜 친구와 어울림이다. 비구들이여,
이러한 두 가지 법이 있다."

---

diṭṭhi)을 뜻한다."(*Ibid*)

훈계를 잘 받아들임 경(A2:9:9)
Sovacassa-sutta

"비구들이여, 두 가지 법이 있다. 어떤 것이 둘인가?
훈계를 잘 받아들임과 좋은 친구와 어울림이다. 비구들이여, 이러한 두 가지 법이 있다."

요소 경(A2:9:10)
Dhātu-sutta

"비구들이여, 두 가지 법이 있다. 어떤 것이 둘인가?
요소[界]에 대한 능숙함과 마음에 잡도리함에 대한 능숙함이다.300)
비구들이여, 이러한 두 가지 법이 있다."

범계 경(A2:9:11)
Āpatti-sutta

"비구들이여, 두 가지 법이 있다. 어떤 것이 둘인가?
범계(犯戒)에 대한 능숙함301)과 범계에서 벗어남에 대한 능숙함이다. 비구들이여, 이러한 두 가지 법이 있다."

---

300) "'요소[界]에 대한 능숙함(dhātu-kusalatā)'이란 요소는 [물질의 요소, 눈의 요소, 눈의 알음알이의 요소 등] 18가지가 있다고 아는 것이고 '마음에 잡도리함에 대한 능숙함(manasikāra-kusalatā)'이란 18가지 요소[十八界]에 대해 무상 등의 삼특상(lakkhaṇa-ttaya)을 적용시켜 아는 것이다."(AA.ii.155)

301) "'범계(犯戒)에 대한 능숙함(āpattikusalatā)'이란 '이것이 범계인가, 아닌가? 얼마 만큼에 해당하는 범계인가?' 등을 아는 것이다."(*Ibid*)

제10장 어리석은 자 품(A2:10:1~20)

Bāla-vagga

어리석은 자 경(A2:10:1)

Bāla-sutta

"비구들이여, 두 종류의 어리석은 자가 있다. 어떤 것이 둘인가?
아직 오지 않은 짐을 지는 자와 온 짐을 지지 않는 자이다.302) 비
구들이여, 이러한 두 종류의 어리석은 자가 있다."

·

현명한 자 경(A2:10:2)

Paṇḍita-sutta

"비구들이여, 두 종류의 현명한 자가 있다. 어떤 것이 둘인가?
온 짐을 지는 자와 아직 오지 않은 짐을 지지 않는 자이다. 비구들
이여, 이러한 두 종류의 현명한 자가 있다."

---

302) "'아직 오지 않은 짐을 지는 자(anāgataṁ bhāraṁ vahati)'란 [포살에
서] 장로의 의무(해야 할 일)를 신참(navaka)이면서 장로가 요청하지도
않았는데도 나서서 행하는 것을 아직 오지 않은 짐을 지는 자라 한다.
'온 짐을 지지 않는 자(āgataṁ bhāraṁ na vahati)'란 장로가 되어서 장
로의 의무들을 자기 스스로도 하지 않고 남에게 권장하지도 않는 것을 말
한다."(AA.ii.155)

적당함 경1(A2:10:3)
Kappiya-sutta

"비구들이여, 두 종류의 어리석은 자가 있다. 어떤 것이 둘인가?
적당하지 않은 것을 적당하다고[303] 생각하는 자와 적당한 것을 적당하지 않다고 생각하는 자이다. 비구들이여, 이러한 두 종류의 어리석은 자가 있다."

적당함 경2(A2:10:4)

"비구들이여, 두 종류의 현명한 자가 있다. 어떤 것이 둘인가?
적당하지 않은 것을 적당하지 않다고 생각하는 자와 적당한 것을 적당하다고 생각하는 자이다. 비구들이여, 이러한 두 종류의 현명한 자가 있다."

범계 경1(A2:10:5)
Āpatti-sutta

"비구들이여, 두 종류의 어리석은 자가 있다. 어떤 것이 둘인가?
범계가 아닌 것을 범계라 생각하는 자와 범계를 범계가 아니라고 생각하는 자이다. 비구들이여, 이러한 두 종류의 어리석은 자가 있다."

---

303) "'적당하지 않은 것(akappiya)을 적당하다고 생각하는 자(kappiya-saññī)'란 [음식으로] 적당하지 않은 사자 고기 등을 적당하다고 생각하는 자이다."(*Ibid*)

범계 경2(A2:10:6)

"비구들이여, 두 종류의 현명한 자가 있다. 어떤 것이 둘인가?
범계가 아닌 것을 범계가 아니라고 생각하는 자와 범계를 범계라고 생각하는 자이다. 비구들이여, 이러한 두 종류의 현명한 자가 있다."

법 아님 경1(A2:10:7)
Adhamma-sutta

"비구들이여, 두 종류의 어리석은 자가 있다. 어떤 것이 둘인가?
법이 아닌 것을 법이라고 생각하는 자와 법을 법이 아니라고 생각하는 자이다. 비구들이여, 이러한 두 종류의 어리석은 자가 있다."

법 아님 경2(A2:10:8)

"비구들이여, 두 종류의 현명한 자가 있다. 어떤 것이 둘인가?
법이 아닌 것을 법이 아니라고 생각하는 자와 법을 법이라고 생각하는 자이다. 비구들이여, 이러한 두 종류의 현명한 자가 있다."

율 경1(A2:10:9)
Vinaya-sutta

"비구들이여, 두 종류의 어리석은 자가 있다. 어떤 것이 둘인가?
율이 아닌 것을 율이라고 생각하는 자와 율을 율이 아니라고 생각하는 자이다. 비구들이여, 이러한 두 종류이 어리석은 자가 있다."

율 경2(A2:10:10)

"비구들이여, 두 종류의 현명한 자가 있다. 어떤 것이 둘인가?
율이 아닌 것을 율이 아니라고 생각하는 자와 율을 율이라고 생각하는 자이다. 비구들이여, 이러한 두 종류의 현명한 자가 있다."

후회 경1(A2:10:11)
Kukkucca-sutta

"비구들이여, 두 부류의 사람에게 번뇌가 커진다. 어떤 것이 둘인가?
후회하지 않아야 할 일에 후회하는 자와 후회해야 할 일에 후회하지 않는 자이다. 비구들이여, 이러한 두 부류의 사람에게 번뇌가 커진다."

후회 경2(A2:10:12)

"비구들이여, 두 부류의 사람에게 번뇌가 커지지 않는다. 어떤 것이 둘인가?
후회하지 않아야 할 일에 후회하지 않는 자와 후회해야 할 일에 후회하는 자이다. 비구들이여, 이러한 두 부류의 사람에게 번뇌가 커지지 않는다."

적당함 경1(A2:10:13)

"비구들이여, 두 부류의 사람에게 번뇌가 커진다. 어떤 것이 둘인가?
적당하지 않은 일을 적당하다고 생각하는 자와 적당한 일을 적당하지 않다고 생각하는 자이다. 비구들이여, 이러한 두 부류의 사람에게 번뇌가 커진다."

적당함 경2(A2:10:14)

"비구들이여, 두 부류의 사람에게 번뇌가 커지지 않는다. 어떤 것이 둘인가?
적당하지 않은 일을 적당하지 않다고 생각하는 자와 적당한 일을 적당하다고 생각하는 자이다. 비구들이여, 이러한 두 부류의 사람에게 번뇌가 커지지 않는다."

범계 경1(A2:10:15)

"비구들이여, 두 부류의 사람에게 번뇌가 커진다. 어떤 것이 둘인가?
범계가 아닌 것을 범계라고 생각하는 자와 범계를 범계가 아니라고 생각하는 자이다. 비구들이여, 이러한 두 부류의 사람에게 번뇌가 커진다."

범계 경2(A2:10:16)

"비구들이여, 두 부류의 사람에게 번뇌가 커지지 않는다. 어떤 것이 둘인가?
범계가 아닌 것을 범계가 아니라고 생각하는 자와 범계를 범계라고 생각하는 자이다. 비구들이여, 이러한 두 부류의 사람에게 번뇌가 키지지 않는다."

법 아님 경1(A2:10:17)

"비구들이여, 두 부류의 사람에게 번뇌가 커진다. 어떤 것이 둘인가?
법이 아닌 것을 법이라고 생각하는 자와 법을 법이 아니라고 생각하는 자이다. 비구들이여, 이러한 두 부류의 사람에게 번뇌가 커진다."

법 아님 경2(A2:10:18)

"비구들이여, 두 부류의 사람에게 번뇌가 커지지 않는다. 어떤 것이 둘인가?
법이 아닌 것을 법이 아니라고 생각하는 자와 법을 법이라고 생각하는 자이다. 비구들이여, 이러한 두 부류의 사람에게 번뇌가 커지지 않는다."

율 경1(A2:10:19)

"비구들이여, 두 부류의 사람에게 번뇌가 커진다. 어떤 것이 둘인가?
율이 아닌 것을 율이라고 생각하는 자와 율을 율이 아니라고 생각하는 자이다. 비구들이여, 이러한 두 부류의 사람에게 번뇌가 커진다."

율 경2(A2:10:20)

"비구들이여, 두 부류의 사람에게 번뇌가 커지지 않는다. 어떤 것이 둘인가?

율이 아닌 것을 율이 아니라고 생각하는 자와 율을 율이라고 생각
하는 자이다. 비구들이여, 이러한 두 부류의 사람에게 번뇌가 커지지
않는다.”

두 번째 50개 경들의 묶음이 끝났다.

III. 세 번째 50개 경들의 묶음

Tattiya-paṇṇāsaka

제11장 희망 품(A2:11:1~12)[304]

Āsā-vagga

희망 경(A2:11:1)

Āsā-sutta

"비구들이여, 두 가지 희망은 버리기 어렵다. 어떤 것이 둘인가?
이득에 대한 희망과 생명에 대한 희망이다. 비구들이여, 이러한 두
가지 희망은 버리기 어렵다."

사람 경1(A2:11:2)

Puggala-sutta

"비구들이여, 두 부류의 사람은 세상에서 얻기 어렵다. 어떤 것이
둘인가?
먼저 도움을 주는 자와 그 은혜를 알고 은혜에 보답할 줄 아는 자
이다. 비구들이여, 이러한 두 부류의 사람은 세상에서.얻기 어렵다."

---

304) 육차결집본의 품의 명칭은 버리기 어려운 희망 품(Āsāduppajaha-
    vagga)이다.

사람 경2(A2:11:3)

"비구들이여, 두 부류의 사람은 세상에 얻기 어렵다. 어떤 것이 둘인가?

만족하는 자와 타인에게 만족을 주는 자이다. 비구들이여, 이러한 두 부류의 사람은 세상에 얻기 어렵다."

사람 경3(A2:11:4)

"비구들이여, 두 부류의 사람은 만족할 줄 모른다. 어떤 것이 둘인가?

얻는 족족 쌓아두는 자와 얻는 족족 [모두 타인에게] 베푸는 자이다. 비구들이여, 이러한 두 부류의 사람은 만족할 줄 모른다."

사람 경4(A2:11:5)

"비구들이여, 두 부류의 사람은 쉽게 만족한다. 어떤 것이 둘인가?

얻는 족족 쌓아두지 않는 자와 얻는 족족 [모두 타인에게] 베풀지 않는 자이다.305) 비구들이여, 이러한 두 부류의 사람은 쉽게 만족한다."

---

305) "얻은 것을 모두 남에게 주지 않고 자기가 필요한 만큼 두고 남에게 주는 것을 뜻한다."(AA.ii.157)

조건 경1(A2:11:6)
Paccaya-sutta

"비구들이여, 두 가지 조건은 감각적 욕망을 일으키게 한다. 어떤 것이 둘인가?

아름다운 표상과 지혜 없이 마음에 잡도리함이다. 비구들이여, 이러한 두 가지 조건은 감각적 욕망을 일으키게 한다."

조건 경2(A2:11:7)

"비구들이여, 두 가지 조건은 화를 일으키게 한다. 어떤 것이 둘인가?

적의의 표상과 지혜 없이 마음에 잡도리함이다. 비구들이여, 이러한 두 가지 조건은 화를 일으키게 한다."

조건 경3(A2:11:8)

"비구들이여, 두 가지 조건은 삿된 견해를 일으키게 한다. 어떤 것이 둘인가?

다른 자의 소리를 듣는 것306)과 지혜 없이 마음에 잡도리함이다. 비구들이여, 이러한 두 가지 조건은 삿된 견해를 일으키게 한다."

조건 경4(A2:11:9)

"비구들이여, 두 가지 조건은 바른 견해를 일으키게 한다. 어떤 것

---

306) "다른 사람 곁에서 정법이 아닌 것을 듣는 것(assaddhamma-savana)이다."(AA.ii.157)

이 둘인가?

다른 자의 소리를 듣는 것307)과 지혜롭게 마음에 잡도리함이다. 비구들이여, 이러한 두 가지 조건은 바른 견해를 일으키게 한다."

범계 경1(A2:11:10)
Āpatti-sutta

"비구들이여, 두 가지 범계가 있다. 어떤 것이 둘인가?

가벼운 범계와 무거운 범계이다.308) 비구들이여, 이러한 두 가지 범계가 있다."

범계 경2(A2:11:11)

"비구들이여, 두 가지 범계가 있다. 어떤 것이 둘인가?

추악한 범계와 추악하지 않은 범계이다. 비구들이여, 이러한 두 가지 범계가 있다."

범계 경3(A2:11:12)

"비구들이여, 두 가지 범계가 있다. 어떤 것이 둘인가?

구제할 수 있는 범계와 구제할 수 없는 범계이다. 비구들이여, 이러한 두 가지 범계가 있다."

---

307) "다른 사람 곁에서 정법을 듣는 것(saddhamma-savana)이다."(*Ibid*)

308) 본경과 다음 경에 나오는 술어들은 본서 「하나의 모음」(A1:12:1~20)의 주해들을 참조할 것.

제12장 발원 품(A2:12:1~11)

Āyācana-vagga

발원 경1(A2:12:1)

Āyācana-sutta

"비구들이여, 신심 있는 비구가 바르게 원한다면 이렇게 원해야 한다. '나도 사리뿟따와 목갈라나처럼 되기를!'

비구들이여, 이들은 내 비구 제자들의 모범이고 표준이니 다름 아닌 사리뿟따와 목갈라나이다."

발원 경2(A2:12:2)

"비구들이여, 신심 있는 비구니가 바르게 원한다면 이렇게 원해야 한다. '나도 케마 비구니309)와 웁빨라완나 비구니처럼 되기를!'

비구들이여, 이들은 내 비구니 제자들의 모범이고 표준이니 다름 아닌 케마 비구니와 웁빨라완나이다."

발원 경3(A2:12:3)

"비구들이여, 신심 있는 남자 신도가 바르게 원한다면 이렇게 원해야 한다. '나도 찟따와 알라위의 핫타까310)처럼 되기를!'

---

309) 본경 이하에 나타나는 사람들은 본서 「하나의 모음」(A1:14:1~80)의 주해들을 참조할 것.

310) 본서 「알라와까 경」(A3:34) §1의 주해를 참조할 것.

비구들이여, 이들은 내 남자 신도 제자들의 모범이고 표준이니 다름 아닌 쩻따와 알라위의 핫타까이다."

발원 경4 (A2:12:4)

"비구들이여, 신심 있는 여자 신도가 바르게 원한다면 이렇게 원해야 한다. '나도 쿳줏따라와 웰루깐따끼 마을의 난다마따처럼 되기를!'

비구들이여, 이들은 내 여자 신도 제자들의 모범이고 표준이니 다름 아닌 쿳줏따라와 웰루깐따끼 마을의 난다마따이다."

파 엎음 경1 (A2:12:5)
Khata-sutta

1. "비구들이여, 두 가지 속성을 가진 어리석고 영민하지 못하고 참되지 못한 사람은 자신을 파서 엎어버리고 파멸시킨다. 그는 비난받아 마땅하고 지자들의 비난을 받으며 많은 악덕을 쌓는다. 어떤 것이 둘인가?

잘 알지도 못하고 충분히 검증하지도 않고서 칭찬받을 만한 가치가 없는 사람을 칭찬한다. 잘 알지도 못하고 충분히 검증하지도 않고서 칭찬받을 만한 가치가 있는 사람을 비난한다.

비구들이여, 이러한 두 가지 속성을 가진 어리석고 영민하지 못하고 참되지 못한 사람은 자신을 파서 엎어버리고 파멸시킨다. 그는 비난받아 마땅하고 지자들의 비난을 받으며 많은 악덕을 쌓는다."

2. "비구들이여, 두 가지 속성을 가진 현명하고 영민하고 참된

사람[眞人]은 자신을 파서 엎지 않고 파멸시키지 않는다. 그는 비난받을 일이 없고 지자들에게 비난받지 않고 많은 공덕을 쌓는다. 어떤 것이 둘인가?

잘 알고 충분히 검증한 뒤 칭찬받을 만한 가치가 없는 사람은 비난한다. 잘 알고 충분히 검증한 뒤 칭찬받을 만한 가치가 있는 사람은 칭찬한다.

비구들이여, 이러한 두 가지 속성을 가진 현명하고 영민하고 참된 사람은 자신을 파서 엎지 않고 파멸시키지 않는다. 그는 비난받을 일이 없고 지자들에게 비난받지 않고 많은 공덕을 쌓는다."

파 엎음 경2(A2:12:6)

1. "비구들이여, 두 가지 속성을 가진 어리석은 [사람은] … 많은 악덕을 쌓는다. 어떤 것이 둘인가?

잘 알지도 못하고 충분히 검증하지도 않고서 신뢰할 만한 가치가 없는 것을 신뢰한다. 잘 알지도 못하고 충분히 검증하지도 않고서 신뢰할 만한 가치가 있는 것을 신뢰하지 않는다.

비구들이여, 이러한 두 가지 속성을 가진 어리석은 [사람은] … 많은 악덕을 쌓는다."

2. "비구들이여, 두 가지 속성을 가진 현명한 [사람은] … 많은 공덕을 쌓는다. 어떤 것이 둘인가?

잘 알고 충분히 검증한 뒤 신뢰할 만한 가치가 없는 것은 신뢰하지 않는다. 잘 알고 충분히 검증한 뒤 신뢰할 만한 가치가 있는 것은 신뢰한다.

비구들이여, 이러한 두 가지 속성을 가진 현명한 [사람은] … 많은 공덕을 쌓는다."

파 엎음 경3(A2:12:7)

1. "비구들이여, 두 [사람]에 대해 잘못 행동하는 어리석은 [사람은] … 많은 악덕을 쌓는다. 어떤 것이 둘인가?

어머니와 아버지이다.

비구들이여, 이러한 두 [사람]에 대해 잘못 행동하는 어리석은 [사람은] … 많은 악덕을 쌓는다."

2. "비구들이여, 두 [사람]에 대해 바르게 행동하는 현명한 [사람은] … 많은 공덕을 쌓는다. 어떤 것이 둘인가?

어머니와 아버지이다.

비구들이여, 이러한 두 [사람]에 대해 바르게 행동하는 현명한 [사람은] … 많은 공덕을 쌓는다."

파 엎음 경4(A2:12:8)

1. "비구들이여, 두 [사람]에 대해 잘못 행동하는 어리석은 [사람은] … 많은 악덕을 쌓는다. 어떤 것이 둘인가?

여래와 여래의 제자이다.

비구들이여, 이러한 두 [사람]에 대해 잘못 행동하는 어리석은 [사람은] … 많은 악덕을 쌓는다."

2. "비구들이여, 두 [사람]에 대해 바르게 행동하는 현명한 [사람은] … 많은 공덕을 쌓는다. 어떤 것이 둘인가?

여래와 여래의 제자이다.

비구들이여, 이러한 두 [사람]에 대해 바르게 행동하는 현명한 [사람은] … 많은 공덕을 쌓는다."

자기 마음 경(A2:12:9)
Sacitta-sutta

"비구들이여, 두 가지 법이 있다. 어떤 것이 둘인가?

자기 마음이 깨끗한 것311)과 세상의 어떤 것에도 집착하지 않는 것이다. 비구들이여, 이러한 두 가지 법이 있다."

분노 경(A2:12:10)
Kodha-sutta312)

"비구들이여, 두 가지 법이 있다. 어떤 것이 둘인가?

분노와 원한이다. 비구들이여, 이러한 두 가지 법이 있다."

---

311) "'자기 마음이 깨끗한 것(sacitta-vodāna)'은 여덟 종류의 증득[等至, samāpatti, 초선부터 비상비비상처까지의 8가지 삼매]을 뜻하고, '세상의 어떤 것에도 집착하지 않는 것'은 세상에 있는 형상 등의 법들 가운데 어떤 하나의 법에도 집착하지 않는다는 뜻이다. 이처럼 두 번째 것은 취착하지 않음(anupādāna)을 뜻한다."(AA.ii.159)

312) 본경의 제목은 권말 목록(uddāna)에 나타나지 않는다. 앞 경의 경우를 참조해서 역자가 임의로 붙인 것이다.

길들임 경(A2:12:11)
Vinaya-sutta

"비구들이여, 두 가지 법이 있다. 어떤 것이 둘인가?
분노를 길들임과 원한을 길들임이다. 비구들이여, 이러한 두 가지
법이 있다."

제13장 보시 품(A2:13:1~10)
Dāna-vagga

보시 경(A2:13:1)
Dāna-sutta

"비구들이여, 두 가지 보시가 있다. 어떤 것이 둘인가?
재물313)의 보시와 법의 보시이다.
비구들이여, 이러한 두 가지 보시가 있다. 비구들이여, 이 두 가지
보시 가운데 법보시가 뛰어나다."

헌공 경(A2:13:2)
Yāga-sutta

"비구들이여, 두 가지 헌공이 있다. 어떤 것이 둘인가?

---

313) 본 품 전체에서 '재물'로 옮긴 원어는 āmisa인데 원 의미는 '날고기'이다.
초기경들에서는 주로 세속적인 것을 나타낼 때 쓰이는 용어이다. 다른 곳
에서는 주로 '세속적인 것'으로 옮기고 있다. 주석서에서는 본 품에 나타나
는 āmisa를 모두 의복, 음식, 거처, 약품의 네 가지 물질적인 필수품
(cattāro paccayā)이라고 설명한다.(AA.ii.159)

재물의 헌공과 법의 헌공이 있다.

비구들이여, 이러한 두 가지 헌공이 있다. 비구들이여, 이 두 가지 헌공 가운데 법의 헌공이 뛰어나다."

관대함 경(A2:13:3)

Cāga-sutta

"비구들이여, 두 가지 관대함이 있다. 어떤 것이 둘인가?

재물을 베푸는 관대함과 법을 베푸는 관대함이다.

비구들이여, 이러한 두 가지 관대함이 있다. 비구들이여, 이 두 가지 관대함 가운데 법을 베푸는 관대함이 뛰어나다."

너그러움 경(A2:13:4)

Pariccāga-sutta

"비구들이여, 두 가지 너그러움이 있다. 어떤 것이 둘인가?

재물을 베푸는 너그러움과 법을 베푸는 너그러움이다.

비구들이여, 이러한 두 가지 너그러움이 있다. 비구들이여, 이 두 가지 너그러움 가운데 법을 베푸는 너그러움이 뛰어나다."

향유 경(A2:13:5)

Bhoga-sutta

"비구들이여, 두 가지 향유가 있다. 어떤 것이 둘인가?

재물을 향유함과 법을 향유함이다.

비구들이여, 이러한 두 가지 향유가 있다. 비구들이여, 이 두 가지 향유 가운데 법을 향유함이 뛰어나다."

함께 향유함 경(A2:13:6)
Saṁbhoga-sutta

"비구들이여, 두 가지 타인과 함께 향유함이 있다. 어떤 것이 둘인가? 재물을 타인과 함께 향유함과 법을 타인과 함께 향유함이다.

비구들이여, 이러한 두 가지 타인과 함께 향유함이 있다. 비구들이여, 이 두 가지 타인과 함께 향유함 가운데 법을 타인과 함께 향유함이 뛰어나다."

나누어 가짐 경(A2:13:7)
Saṁvibhāga-sutta

"비구들이여, 두 가지 나누어 가짐이 있다. 어떤 것이 둘인가? 재물을 타인과 함께 나누어 가짐과 법을 타인과 함께 나누어 가짐이다.

비구들이여, 이러한 두 가지 나누어 가짐이 있다. 비구들이여, 이 두 가지 나누어 가짐 가운데 법을 타인과 함께 나누어 가짐이 뛰어나다."

도움 경(A2:13:8)
Saṅgaha-sutta

"비구들이여, 두 가지 도움이 있다. 어떤 것이 둘인가? 재물로 도움과 법으로 도움이다.

비구들이여, 이러한 두 가지 도움이 있다. 비구들이여, 이 두 가지 도움 가운데 법으로 도움이 뛰어나다."

호의 경(A2:13:9)
Anuggaha-sutta

"비구들이여, 두 가지 호의가 있다. 어떤 것이 둘인가?
재물로 호의를 보임과 법으로 호의를 보임이다.
비구들이여, 이러한 두 가지 호의가 있다. 비구들이여, 이 두 가지 호의 가운데 법으로 호의를 보임이 뛰어나다."

동정 경(A2:13:10)
Anukampa-sutta

"비구들이여, 두 가지 동정이 있다. 어떤 것이 둘인가?
재물로 동정을 베풂과 법으로 동정을 베풂이다.
비구들이여, 이러한 두 가지 동정이 있다. 비구들이여, 이 두 가지 동정 가운데 법으로 동정을 베풂이 뛰어나다."

제14장 환영(歡迎) 품(A2:14:1~12)
Santhāra-vagga

환영 경(A2:14:1)
Santhāra-sutta

"비구들이여, 두 가지 환영(歡迎)이 있다. 어떤 것이 둘인가?

재물로 환영함과 법으로 환영함이다. 비구들이여, 이러한 두 가지 환영이 있다. 비구들이여, 이 두 가지 환영 가운데 법으로 환영함이 뛰어나다."

친절한 환영 경(A2:14:2)
Paṭisanthāra-sutta

"비구들이여, 두 가지 친절한 환영이 있다. 어떤 것이 둘인가?
재물로 친절히 환영함과 법으로 친절히 환영함이다. 비구들이여, 이러한 두 가지 친절한 환영이 있다. 비구들이여, 이 두 가지 친절한 환영 가운데 법으로 친절히 환영함이 뛰어나다."

구함 경(A2:14:3)
Esanā-sutta

"비구들이여, 두 가지 구함이 있다. 어떤 것이 둘인가?
재물을 구함과 법을 구함이다. 비구들이여, 이러한 두 가지 구함이 있다. 비구들이여, 이 두 가지 구함 가운데 법을 구함이 뛰어나다."

추구 경(A2:14:4)
Pariyesanā-sutta

"비구들이여, 두 가지 추구가 있다. 어떤 것이 둘인가?
재물을 추구함과 법을 추구함이다. 비구들이여, 이러한 두 가지 추구가 있다. 비구들이여, 이 두 가지 추구 가운데 법을 추구함이 뛰어나다."

애써 구함 경(A2:14:5)
Pariyeṭṭhi-sutta

"비구들이여, 두 가지 애써 구함이 있다. 어떤 것이 둘인가?
재물을 애써 구함과 법을 애써 구함이다. 비구들이여, 이러한 두
가지 애써 구함이 있다. 비구들이여, 이 두 가지 애써 구함 가운데 법
을 애써 구함이 뛰어나다."

예배 경(A2:14:6)
Pūjā-sutta

"비구들이여, 두 가지 예배가 있다. 어떤 것이 둘인가?
재물로 예배함과 법으로 예배함이다. 비구들이여, 이러한 두 가지
예배가 있다. 비구들이여, 이 두 가지 예배 가운데 법으로 예배함이
뛰어나다."

손님을 환대함 경(A2:14:7)
Ātitheyya-sutta

"비구들이여, 두 가지 손님을 환대함이 있다. 어떤 것이 둘인가?
재물로 손님을 환대하는 것과 법으로 손님을 환대하는 것이다. 비
구들이여, 이러한 두 가지 손님을 환대함이 있다. 비구들이여, 이 두
가지 손님을 환대함 가운데 법으로 손님을 환대하는 것이 뛰어나다."

성취 경(A2:14:8)
Iddhi-sutta

"비구들이여, 두 가지 성취314)가 있다. 어떤 것이 둘인가?
재물의 성취와 법의 성취이다. 비구들이여, 이러한 두 가지 성취가
있다. 비구들이여, 이 두 가지 성취 가운데 법의 성취가 뛰어나다."

번영 경(A2:14:9)
Vuḍḍhi-sutta

"비구들이여, 두 가지 번영이 있다. 어떤 것이 둘인가?
재물의 번영과 법의 번영이다. 비구들이여, 이러한 두 가지 번영이
있다. 비구들이여, 이 두 가지 번영 가운데 법의 번영이 뛰어나다."

보배 경(A2:14:10)
Ratana-sutta

"비구들이여, 두 가지 보배가 있다. 어떤 것이 둘인가?
재물의 보배와 법의 보배이다. 비구들이여, 이러한 두 가지 보배가
있다. 비구들이여, 이 두 가지 보배 가운데 법의 보배가 뛰어나다."

---

314) '성취'로 옮긴 원어는 iddhi인데 문맥에 따라서 신통으로도 옮길 수 있고
성취나 성공으로도 옮길 수 있다. 그러나 여기서는 성취와 성공(ijjhanaka
-samijjhana)으로 설명한다.(AA.ii.160)

축적 경(A2:14:11)

Sannicaya-sutta

"비구들이여, 두 가지 축적이 있다. 어떤 것이 둘인가?

재물의 축적과 법의 축적이다. 비구들이여, 이러한 두 가지 축적이 있다. 비구들이여, 이 두 가지 축적 가운데 법의 축적이 뛰어나다."

충만 경(A2:14:12)

Vepulla-sutta

"비구들이여, 두 가지 충만이 있다. 어떤 것이 둘인가?

재물로 충만함과 법으로 충만함이다. 비구들이여, 이러한 두 가지 충만이 있다. 비구들이여, 이 두 가지 충만 가운데 법으로 충만함이 뛰어나다."

제15장 증득 품(A2:15:1~17)315)

Samāpatti-vagga

1. "비구들이여, 두 가지 법이 있다. 어떤 것이 둘인가?

증득[等至]에 대한 능숙함과 증득으로부터의 출정(出定)에 대한 능숙함이다.316)

---

315) 본 품과 다음 품의 경들은 짝이 되는 두 가지 법수만을 나열하고 있기 때문에 지면상 경의 이름을 명기하지 않았다.

316) "알맞은 음식과 알맞은 기후를 취하여 증득에 드는 것에 능숙한 것이 증득에 대한 능숙함(samāpatti-kusalatā)이고, 미리 결정한 시간을 다 채우고 증득에서 나오는 것에 대해서 능숙함이 출정에 대한 능숙함(samāpatti

비구들이여, 이러한 두 가지 법이 있다."

2. "… 강직함(ajjava)과 부드러움(maddava)이다. …"

3. "… 인욕(khanti)과 온화함(soracca)이다. …"

4. "… 싹싹한 말씨(sākhalya)와 친절한 환영(paṭisanthāra)이다. …"

5. "… 해코지 않음(avihiṁsā)과 [계행으로 인한] 깨끗함(soceyya)
이다. …"

6. "… 감각기능들의 문을 보호하지 않음과 음식에 적당한 양을
알지 못함이다. …"

7 "… 감각기능들의 문을 보호함과 음식에 적당한 양을 앎이다.
…"

8. "… 숙고(paṭisaṅkhāna)의 힘317)과 수행(bhāvana)의 힘이다. …"

-vuṭṭhāna-kusalatā)이다.(AA.ii.161)
'증득[等至]'으로 옮긴 사마빳띠(samāpatti)는 saṁ(함께)+ā(이리로)+
√pad(to go)에서 파생된 여성명사로 문자적으로는 '함께 받아들임'이며
'증득, 얻음, 획득'의 뜻이다. 상좌부뿐만 아니라 대승불교에서도 사마빳띠
는 구차제멸(九次第滅, anupubba-nirodha)로 표현되는 4선-4처-상수
멸의 경지(즉 초선부터 비상비비상처까지와 상수멸의 9가지 삼매) 가운데
하나를 증득한 것을 뜻하는 전문술어이다. 중국에서는 saṁ의 의미를 살
려 등지(等至)로 옮겼다. 그리고 도와 과의 성취도 증득[等至]으로 부르
고 있다. 상세한 것은 『아비담마 길라잡이』 4장 §22~23의 해설과 9장
§§42~44와 그 해설을 참조할 것.
317) "여기서 '숙고의 힘(paṭisaṅkhāna-bala)'이란 반조(paccavekkhaṇa)의
힘이다."(AA.ii.161)

9. "… 마음챙김(sati)의 힘과 삼매(samādhi)의 힘이다. …"

10. "… 사마타와 위빳사나이다. …"318)

11. "… 계의 결함(vipatti)과 견해의 결함319)이다. …"

12. "… 계의 구족(sampadā)과 견해의 구족이다. …"

13. "… 계의 청정(visuddhi)과 견해의 청정이다. …"

14. "… 견해의 청정과 그 견해에 어울리도록 노력함(padhāna)이다. …"

15. "… 유익한 법[善法]들을 행함에 만족을 모름과 부단한(appaṭivānitā) 노력이다. …"

16. "… 마음챙김을 놓아버림과 알아차리지 못함이다. …"

17. "… 마음챙김(sati)과 알아차림(sampajaññāña)이다. …"

---

318) 사마타와 위빳사나는 본서 「영지(靈知)의 일부 경」(A2:3:10)을 참조할 것.

319) 주석서에서는 본경의 '견해의 결함(diṭṭhi-vipatti)'은 삿된 견해를 뜻하고, 아래 경들의 '견해의 구족'과 '견해의 청정'은 바른 견해를 뜻한다고 설명하고 있다.(*Ibid*)

제16장 분노 품(A2:16:1~100)[320]

Kodha-vagga

1. "비구들이여, 두 가지 법이 있다. 어떤 것이 둘인가?
분노와 원한이다.
비구들이여, 이러한 두 가지 법이 있다."

2. "… 위선과 앙심을 품음이다. …"

3. "… 질투와 인색이다. …"

4. "… 속임과 사기이다. …"

5. "… 양심 없음과 수치심 없음이다. …"

6. "… 분노 없음과 원한 없음이다. …"

7. "… 위선 없음과 앙심을 품지 않음이다. …"

8. "… 질투 없음과 인색하지 않음이다. …"

9. "… 속이지 않음과 사기 치지 않음이다. …"

10. "… 양심과 수치심이다. …"

11. "비구들이여, 두 가지 법을 가진 자는 고통스럽게 산다. 어떤

---

320) 육차결집본에는 분노의 반복(Kodha-peyyāla)으로 나타난다.

것이 둘인가?

분노와 원한이다.

비구들이여, 이러한 두 가지 법을 가진 자는 고통스럽게 산다."

12~15. <위 2~5번 경들과 같은 내용임.>

16. "비구들이여, 두 가지 법을 가진 자는 행복하게 산다. 어떤 것이 둘인가?

분노 없음과 원한 없음이다.

비구들이여, 이러한 두 가지 법을 가진 자는 행복하게 산다."

17~20. <위 7~10번 경들과 같은 내용임.>

21. "비구들이여, 두 가지 법은 유학인 비구를 망가지게 한다. 어떤 것이 둘인가?

분노와 원한이다.

비구들이여, 이러한 두 가지 법은 유학인 비구를 망가지게 한다."

22~25. <위 2~5번 경들과 같은 내용임.>

26. "비구들이여, 두 가지 법은 유학인 비구를 망가지게 하지 않는다. 어떤 것이 둘인가?

분노 없음과 원한 없음이다.

비구들이여, 이러한 두 가지 법은 유학인 비구를 망가지게 하지 않는다."

27~30. <위 7~10번 경들과 같은 내용임.>

31. "비구들이여, 두 가지 법을 가진 자는 지옥에 떨어진다. 어떤 것이 둘인가?

분노와 원한이다.

비구들이여, 이러한 두 가지 법을 가진 자는 지옥에 떨어진다."

32~35. <위 2~5번 경들과 같은 내용임.>

36. "비구들이여, 두 가지 법을 가진 자는 천상에 태어난다. 어떤 것이 둘인가?

분노 없음과 원한 없음이다.

비구들이여, 이러한 두 가지 법을 가진 자는 천상에 태어난다."

37~40. <위 7~10번 경들과 같은 내용임.>

41. "비구들이여, 두 가지 법을 가진 어떤 자는 몸이 무너져 죽은 뒤 처참한 곳, 불행한 곳, 파멸처, 지옥에 태어난다. 어떤 것이 둘인가?

분노와 원한이다.

비구들이여, 이러한 두 가지 법을 가진 어떤 자는 몸이 무너져 죽은 뒤 처참한 곳, 불행한 곳, 파멸처, 지옥에 태어난다."

42~45. <위 2~5번 경들과 같은 내용임.>

46. "비구들이여, 두 가지 법을 가진 어떤 자는 몸이 무너져 죽은 뒤 좋은 곳[善處], 천상세계에 태어난다. 어떤 것이 둘인가?

분노 없음과 원한 없음이다.

비구들이여, 이러한 두 가지 법을 가진 어떤 자는 몸이 무너져 죽은 뒤 좋은 곳[善處], 천상세계에 태어난다."

47~50. <위 7~10번 경들과 같은 내용임.>

51~55.321) "비구들이여, 두 가지 불선법이 있다. …"
<위 1~5번 경들과 같은 내용임.>

56~60. "비구들이여, 두 가지 선법이 있다. …"
<위 6~10번 경들과 같은 내용임.>

61~65. "비구들이여, 두 가지 비난받아 마땅한 법이 있다. …"
<위 1~5번 경들과 같은 내용임.>

66~70. "비구들이여, 두 가지 비난받을 일이 없는 법이 있다. …"
<위 6~10번 경들과 같은 내용임.>

71~75. "비구들이여, 두 가지 괴로움을 가져오는 법이 있다. …"
<위 1~5번 경들과 같은 내용임.>

76~80. "비구들이여, 두 가지 행복을 가져오는 법이 있다. …"
<위 6~10번 경들과 같은 내용임.>

81~85. "비구들이여, 두 가지 괴로움을 익게 하는 법이 있다. …"
<위 1~5번 경들과 같은 내용임.>

86~90. "비구들이여, 두 가지 행복을 익게 하는 법이 있다. …"
<위 6~10번 경들과 같은 내용임.>

---

321) 육차결집본은 이하 본 품의 마지막까지를 해로움의 반복
(Akusala-peyyāla)이라 부르고 있다.

91~95. "비구들이여, 두 가지 악의에 찬 법이 있다. …"

<위 1~5번 경들과 같은 내용임.>

96~100. "비구들이여, 두 가지 호의적인 법이 있다. …"

<위 6~10번 경들과 같은 내용임.>

제17장 율 등의 품(A2:17:1~5)322)

Vinayādi-vagga

학습계목 경(A2:17:1)

Sikkhāpada-sutta

"비구들이여, 두 가지 이유 때문에 여래는 제자들에게 학습계목을 제정하였다. 어떤 것이 둘인가?

승가가 미덕을 갖추고 승가가 편안하게 머물도록 하기 위해 여래는 제자들에게 학습계목을 제정하였다.

계를 지키지 않는 사람들을 제어하고 계를 잘 지키는 비구들이 편안하게 머물도록 하기 위해 여래는 제자들에게 학습계목을 제정하였다.

현생에서 일어나는 번뇌, 원한, 허물, 두려움, 불선법들을 차단하고 내생에 일어날 번뇌, 원한, 허물, 두려움, 불선법들로부터 보호하기 위해 여래는 제자들에게 학습계목을 제정하였다.

재가자들에 대한 동정심과 사악한 행위를 좋아하는 자들의 파벌을

---

322) PTS본에는 본 품의 명칭이 없다. 육차결집본에는 본 품의 1~2번 경을 「율의 반복」(Vinaya-peyyala)이라고 이름하고 있고 본 품의 3번 경 이하를 「탐욕의 반복」(Rāga-peyyāla)이라 부르고 있어서 이를 참조하여 「율 등의 품」(Vinayādi-vagga)이라고 본 품의 명칭을 정하였다.

뿌리 뽑기 위해 여래는 제자들에게 학습계목을 제정하였다.

신심이 없는 자들에게 신심을 일으키고, 신심 있는 자들에게는 신심을 더욱 확고히 하기 위해 여래는 제자들에게 학습계목을 제정하였다.

정법이 머물고 율을 호지하도록 하기 위해 여래는 제자들에게 학습계목을 제정하였다.

비구들이여, 이러한 두 가지 이유 때문에 여래는 제자들에게 학습계목을 제정하였다."

빠띠목카 경(A2:17:2)323)

Pātimokkha-sutta

"비구들이여, 두 가지 이유 때문에 여래는 제자들에게 [비구 빠띠목카와 비구니 빠띠목카의 두 가지] 빠띠목카(바라제목차, 戒目)를 제정하였다.324)

··· [비구들에게 다섯 가지, 비구니들에게 네 가지로 모두 아홉 가지의] 빠띠목카의 암송(pātimokkha-uddesā)을 제정하였다.325)

---

323) 본경에 나타나는 용어들은 모두 율장의 전문술어들이다. 상세하게 언급할 수 없기 때문에 요점과 출처만을 주해에서 밝힌다.

324) '학습계목(sikkhāpada)'과 '빠띠목카(pātimokkha, 바라제목차, 계목)'의 뜻은 큰 차이가 없다. 그래서 『청정도론』에서는 "빠띠목카란 학습계율의 계목을 뜻한다."(Vis.I.43)라고 설명한다. 다만 빠띠목카는 비구 빠띠목카(비구계목)나 비구니 빠띠목카(비구니계목)라는 문맥에만 거의 사용되고 있고 이러한 빠띠목카를 포함한 5계, 8계, 10계 등의 계목을 모두 학습계목이라 부르는 것이 그 차이점이라 할 수 있겠다. 바라제목차와 학습계목에 대해서는 본서 제2권 「계 경」(A4:12) §1의 주해를 참조할 것.

325) '빠띠목카의 암송(pātimokkha-uddesā)'은 포살일에 빠띠목카를 암송하

··· [계를 범한 비구에게] 빠띠목카의 중지(pātimokkha-ṭhapana)326)
를 제정하였다.

··· [14일에 거행하고 15일에 거행하는 두 가지] 자자(pavāraṇā, 自
恣)를 제정하였다.

··· [계를 범한 비구에게] 자자(自恣)에 동참하는 것을 중지시킴
(pavāraṇa-ṭhapana)을 제정하였다.

··· [범계자를] 비난하는 갈마327)(tajjaniya-kamma, 苦切羯磨)를 제정
하였다.328)

··· [범계자를] 다른 비구의 종속 하에 두는 갈마(niyassa-kamma, 依
止羯磨)를 제정하였다.

··· [범계자를] 추방하는 갈마(pabbājaniya-kamma, 驅出羯磨)를 제정

는 방법을 말한다. 비구들이 행하는 다섯 가지는 다음과 같다. 첫 번째는
서언(nidāna)만 암송하고 나머지는 들었다고 선언함. 두 번째는 서언과
바라이를 암송하고 나머지는 들었다고 선언함. 세 번째는 서언과 바라이
와 승잔을 암송하고 나머지는 들었다고 선언함. 네 번째는 서언과 바라이
와 승잔과 부정(不定)을 암송하고 나머지는 들었다고 선언함. 다섯 번째
는 전부다 암송하는 것이다. 이것이 비구가 암송하는 다섯 가지 방법이다.
비구니들의 경우에는 부정법이 없기 때문에 네 번째를 제외한 나머지 네
가지 암송 방법이 있다.(Mhv.112)

326) 즉 포살에 동참하지 못하게 했다는 뜻이다.

327) '갈마(羯磨)'는 kamma의 음역이다. 경장에서 kamma는 의도적 행위를
뜻하며 중국에서는 업(業)으로 옮겼다. 그러나 율장에서는 승가의 공식적
인 업무를 말하며 수계식, 출죄, 징벌, 사원의 운영이나 인사(人事) 등의
승가의 공식적인 모든 업무를 뜻하는 전문술어로 정착되었다. 그래서 중
국에서는 갈마(羯磨)라 음역하여 업(業)과 구분하고 있다.

328) 여기서 언급되고 있는 고절갈마, 의지갈마, 구출갈마, 하의갈마는 징벌에
속하는 네 가지 갈마이다. 여기에 대해서는 율장 『소품』의 시작 부분인
'갈마의 무더기(kammakkhandhaka)'와 『초기불교 교단과 계율』 124
~130을 참조할 것.

하였다.

··· [재가자에게 계를 범한 비구가] 용서를 구하도록 강요하는 갈마(paṭisāraṇīyakamma, 下意羯磨)를 제정하였다.

··· [계를 범하고는 그것을 고치려고 하지 않는 자를] 승가로부터 분리하는 갈마(ukkhepanīyakamma, 擧罪羯磨)를 제정하였다.329)

··· [승잔죄를 범한 자가 고백을 하지 않은 기간만큼] 따로 머물게 하는 갈마(parivāsadāna, 別住羯磨)를 제정하였다.330)

··· [별주 중에 있는 범계자가 다른 죄를 또 범하여] 처음으로 되돌아가는(mūlāya paṭikassana) 갈마를 제정하였다.

··· [승잔죄를 범한 자가] 감추었거나 감추지 않은 승잔죄에 대해 6일간의 마나타의 기간을 주는 갈마(mānattadāna, 摩那埵羯磨)를 제정하였다.331)

··· [회과할 수 있는 계를 범한 것에 대해] 징벌을 받은 비구가 원상복귀 하는 것(abbhāna, 阿浮呵那羯磨)을 제정하였다.

··· 추방당한 자를 승가로 원상복귀시키는 것(vosāraṇiya)을 제정하였다.

··· 추방시키는 것(nissāraṇiya)을 제정하였다.

··· 구족계(upasampadā)를 제정하였다.

··· 표백[ñatti, 白]으로만 결정하는 갈마[ñatti-kamma, 單白羯磨]332)를

---

329) 거죄갈마에 대해서는 『초기불교 교단과 계율』 130~134를 참조할 것.

330) 별주갈마에 대해서는 위 책 134 이하를 참조할 것.

331) 마나타갈마에 대해서는 위 책 134를 참조할 것.

332) 아주 중요하지 않은 승가의 업무는 한 번의 표백 혹은 고지만으로 결정을 하였는데 이를 '표백으로만 결정하는 갈마(ñatti-kamma, 白羯磨, 單白羯磨)'라 한다.(이하 KankhvitrA 255~256 참조)

제정하였다.

… 표백을 두 번째로 하는 갈마[ñatti-dutiya-kamma, 白二羯磨][333]를
제정하였다.

… 표백을 네 번째로 하는 갈마[ñatti-catuttha-kamma, 白四羯磨][334]
를 제정하였다.

… 아직 제정되지 않은 것을 새로 제정하는 것을 제정하였다.

… 이미 제정된 것에 보충하는 것(anuppaññatta)을 제정하였다.

… 대면하여 수습하는 것(sammukhā-vinaya)을 제정하였다.[335]

… 범계하지 않은 비구가 범계했다고 고소당했을 때 '나는 범계한
사실이 없다'고 기억하는 것(sati-vinaya)을 제정하였다.

… 정신질환의 상태에서 범계를 하였을 경우 정신이 회복된 상
태에 대해서는 무죄를 선고하는 율(amūlha-vinaya)을 제정하였다.

… 고백을 행하는 것(paṭiññāta-karaṇa)을 제정하였다.

… 다수결로 결정하는 것(yebhuyyasikā)을 제정하였다.

… 죄를 범한 자에 대해 공사를 제기함(pāpiyyasikā)을 제정하였다.[336]

---

333) 이것은 가벼운 의제에 대한 결의를 할 때 한 번만 대중의 의견을 물어본
뒤 별다른 의의가 없으면 바로 결정하는 갈마를 말한다. 중국에서는 백이
갈마(白二羯磨)로 직역하였다.

334) 이것은 중요한 의제(구족계 등)에 대한 결의를 할 때 세 번을 물어본 뒤
결정하는 갈마이다. 중국에서는 백사갈마(白四羯磨)로 직역하였다.

335) 이 이하에 언급되는 일곱 가지는 대중공사[諍事]를 해결하는 방법인데 율
장 『쭐라왁가』(Cūḷavagga, 소품)의 「가라앉힘의 건도(犍度)」(Sama-
thakkhandhaka, Vin.ii.73ff)에서 상세하게 설명하고 있다.
한편 한역 『사분율』에서는 이 일곱을 각각 현전비니(現前毘尼), 억념비
니(憶念毘尼), 불치비니(不癡毘尼), 자언치(自言治), 다인어(多人語),
멱죄상(覓罪相), 초복지(草覆地)로 옮겼다. 이 일곱 가지에 대한 설명은
『초기불교 교단과 계율』 109~116을 참조할 것.

··· 짚으로 덮어야 하는 것(tiṇa-vatthāraka)을 제정하였다.

어떤 것이 둘인가?

승가가 미덕을 갖추고 승가가 편안하게 머물도록 하기 위해서 ···

계를 지키지 않는 사람들을 억압하고 계를 잘 지키는 비구들이 편안하게 머물도록 하기 위해서 ···

현생에서 일어나는 번뇌를 차단하고 내생에 일어날 번뇌들로부터 보호하기 위해서 ···

현생에서 일어나는 원한을 ··· 허물을 ··· 두려움을 ··· 불선법들을 차단하고 내생에 일어날 원한으로부터 ··· 허물로부터 ··· 두려움으로부터 ··· 불선법들로부터 보호하기 위해서 ··· 재가자들에 대한 동정심과 사악한 행위를 좋아하는 자들의 파벌을 뿌리 뽑기 위해서 ···

신심이 없는 자들에게 신심을 일으키고, 신심 있는 자들에게는 신심을 더욱 확고히 하기 위해서 ···

정법이 굳건히 머물고 계율을 호지하도록 하기 위해서이다.

비구들이여, 이러한 두 가지 이유 때문에 여래는 제자들에게 짚으로 덮어야 하는 것을 제정하였다."

최상의 지혜로 앎 경(A2:17:3)

Abhiññā-sutta

"비구들이여,337) 욕망(rāga)을 최상의 지혜로 알기 위해서 두 가지 법을 닦아야 한다. 어떤 것이 둘인가?

---

336) 범계한 비구가 스스로 그 죄를 드러내지 않아 대중이 갈마로써 그 죄를 묻는 것을 뜻한다.

337) 육차결집본은 이 이하를 욕망의 반복(Rāga-peyyāla)으로 부르고 있다.

사마타와 위빳사나이다.

비구들이여, 욕망을 최상의 지혜로 알기 위해서 이러한 두 가지 법을 닦아야 한다."

철저히 앎 경(A2:17:4)
Pariññā-sutta

"비구들이여, 욕망을 철저히 알기 위해서 두 가지 법을 닦아야 한다. 어떤 것이 둘인가?

사마타와 위빳사나이다.

비구들이여, 욕망을 철저히 알기 위해서 이러한 두 가지 법을 닦아야 한다. 욕망을 없애기 위해서 … 버리기 위해서 … 부수기 위해서 … 사그라지게 하기 위해서 … 빛바래게 하기 위해서 … 소멸하기 위해서 … 포기하기 위해서 … 놓아버리기 위해서 이러한 두 가지 법을 닦아야 한다."

반복(A2:17:5)
Peyyāla

"성냄(dosa)을 … 어리석음(moha)을 … 분노(kodha)를 … 원한(upanāha)을 … 위선(makkha)을 … 앙심(paḷāsa)을 … 질투(issā)를 … 인색(macchariya)을 … 속임(māyā)을 … 사기(sāṭheyya)를 … 완고(thambha)를 … 성마름(sārambha)을 … 자만(māna)을 … 거만(atimāna)을 … 교만(mada)을 … 방일(pamāda)을 최상의 지혜로 알기 위해서(abhiññāya) … 철저히 알기 위해서(pariññāya) … 완전히 없애

기 위해서(parikkhayāya) … 버리기 위해서(pahānāya) … 부수기 위해서(khayāya) … 사그라지게 하기 위해서(vayāya) … 빛바래게 하기 위해서(virāgāya) … 소멸하기 위해서(nirodhāya) … 떨어지게 하기 위해서(cāgāya) … 놓아버리기 위해서(paṭinissaggāya) 두 가지 법을 닦아야 한다.

어떤 것이 둘인가? 사마타와 위빳사나이다.

비구들이여, … 이러한 두 가지 법을 닦아야 한다."338)

세 번째 50개 경들의 묶음이 끝났다.

둘의 모음이 끝났다.

---

338) 육차결집본은 본경에 해당하는 부분에 모두 16개의 경의 번호를 붙이고 있다. 성냄부터 방일까지가 16개이기 때문이다. 그러나 더 세분해서 육차 결집본 제2권 「넷의 모음」의 마지막 경인 「마음챙김의 확립 등 경」(A4:271)에서 매긴 방법대로, 앞의 「최상의 지혜로 앎 경」(A2:17:3)부터 본경까지의 번호를 매기면 모두 17(탐, 진, 치, 분노 등) × 10(최상의 지혜로 앎, 철저히 앎 등) = 170개의 경들이 된다. 이런 방법으로 경의 수를 세분해서 계산했기 때문에 『디가 니까야 주석서』 서문 등에서는 『앙굿따라 니까야』에는 모두 9557개의 경이 있다고 한 것이다. 본서 제2권 「마음챙김의 확립 등 경」(A4:271) §4의 주해를 참조할 것.

앙굿따라 니까야

셋의 모음

Tika-nipāta

앙굿따라 니까야

셋의 모음

Tika-nipāta

I. 첫 번째 50개 경들의 묶음

Paṭhama-paṇṇāsaka

제1장 어리석은 자 품

Bāla-vagga

어리석은 자 경(A3:1)[339]

Bāla-sutta

1. 이와 같이 나는 들었다. 한때 세존께서는 사왓티에서 제따 숲의 급고독원에 머무셨다. 거기서 세존께서는 "비구들이여."라고 비구들을 부르셨다. "세존이시여."라고 비구들은 세존께 응답했다. 세존께서는 이렇게 말씀하셨다.

"비구들이여, 어떠한 두려움(bhaya)이든 그것이 일어나는 것은 모 두 어리석은 자에게서 일어난다. 현자에게서 일어나지 않는다. 어떠

---

339) 육차결집본의 경 이름은 두려움(Bhaya-sutta)이다.

한 위험(upasagga)이든 그것이 일어나는 것은 모두 어리석은 자에게서 일어난다. 현자에게서 일어나지 않는다. 어떠한 재앙(upaddava)이든 그것이 일어나는 것은 모두 어리석은 자에게서 일어난다. 현자에게서 일어나지 않는다.

비구들이여, 마치 골풀이나 짚으로 만든 오두막에서부터 시작한 불이 안팎이 회반죽으로 잘 칠해졌으며 바람막이가 잘 되었고 빗장이 채워졌고 여닫이 창문이 부착되어 있는 누각을 가진 저택을 태워버리는 것처럼, 이와 같이 어떠한 두려움이든 그것이 일어나는 것은 모두 어리석은 자에게서 일어난다. 현자에게서 일어나지 않는다. 어떠한 위험이든 그것이 일어나는 것은 모두 어리석은 자에게서 일어난다. 현자에게서 일어나지 않는다. 어떠한 재앙이든 그것이 일어나는 것은 모두 어리석은 자에게서 일어난다. 현자에게서 일어나지 않는다."

2. "비구들이여, 이처럼 어리석은 자가 두려움을 가져오지 현자는 두려움을 가져오지 않는다. 어리석은 자가 위험을 가져오지 현자는 위험을 가져오지 않는다. 어리석은 자가 재앙을 가져오지 현자는 재앙을 가져오지 않는다. 비구들이여, 현자에게 두려움은 일어나지 않는다. 현자에게 위험은 일어나지 않는다. 현자에게 재앙은 일어나지 않는다.

비구들이여, 그러므로 이와 같이 공부지어야 한다. '나는 세 가지 특징 때문에 어리석은 자라 알려지는 그 세 가지 특징을 버리고, 세 가지 특징 때문에 현자라 알려지는 그 세 가지 특징을 취하리라.'라고. 비구들이여, 그대들은 이와 같이 공부지어야 한다."

특징 경(A3:2)
Lakkhaṇa-sutta

1. "비구들이여, 어리석은 자도 행위(업, kamma)에 의해서 규정
되고[340] 현명한 자도 행위에 의해서 규정되나니, [인간의] 통찰지는
[자신의] 행동에 의해서 드러나기 때문이다.[341]
　비구들이여, 세 가지 특징을 가진 자를 어리석은 자라고 알아야 한
다. 어떤 것이 셋인가? 몸으로 짓는 나쁜 행위, 말로 짓는 나쁜 행위,
마음으로 짓는 나쁜 행위이다. 비구들이여, 이 세 가지 특징에 의해
어리석은 자라 알아야 한다."

2. "비구들이여, 세 가지 특징에 의해 현명한 자라고 알아야
한다. 어떤 것이 셋인가? 몸으로 짓는 좋은 행위, 말로 짓는 좋은 행
위, 마음으로 짓는 좋은 행위이다. 비구들이여, 이 세 가지 특징에 의
해 현명한 자라 알아야 한다.
　비구들이여, 그러므로 이와 같이 공부지어야 한다. '세 가지 특징
때문에 어리석은 자라고 알려지는 그 세 가지 특징을 버리고, 세 가
지 특징 때문에 현자라고 알려지는 그 세 가지 특징을 취하리라.'라

---

340) "'행위에 의해서 규정되고'로 의역을 한 원어는 kamma-lakkhaṇa인데
　　행위(업)를 자신의 특징으로 가지는 [자]라 직역할 수 있다. "몸의 문 등을
　　통해서 일어난 업이 특징이고, 인식하는 이유(sañjanana-kāraṇa)이기
　　때문에 행위를 그 특징으로 가진다(kamma-lakkhaṇa)라고 한다."(AA.
　　ii.169)

341) '행동에 의해서 드러난다.'로 옮긴 원어는 apadānena sobhati이다. "현명
　　한 자건 어리석은 자건 각자 자신의 행위(carita)에 의해서 분명해진다."
　　라고 설명한다.(*Ibid*)

고, 비구들이여, 그대들은 이와 같이 공부지어야 한다."

생각 경(A3:3)
Cinti-sutta

1. "비구들이여, 어리석은 자의 특징(lakkaṇa)과 표상(nimitta)과 행동(apadāna)은 세 가지가 있다. 어떤 것이 셋인가?

비구들이여, 여기 어리석은 자는 나쁜 것을 생각하고 나쁜 말을 하고 나쁜 행위를 저지른다.342) 비구들이여, 만약 그렇지 않다면 어떻게 현명한 자가 그를 '이 사람은 어리석고 나쁜 사람이다.'라고 알겠는가? 비구들이여, 어리석은 자는 나쁜 것을 생각하고 나쁜 말을 하고 나쁜 행위를 저지른다. 비구들이여, 그러므로 현명한 자가 그를 '이 사람은 어리석고 나쁜 사람이다.'라고 안다. 비구들이여, 이것이 어리석은 자의 세 가지 특징과 표상과 행동이다."

2. "비구들이여, 현명한 자의 특징과 표상과 행동은 세 가지가 있다. 어떤 것이 셋인가?

비구들이여, 여기 현명한 자는 좋은 것을 생각하고 좋은 말을 하고 좋은 행위를 한다. 비구들이여, 만약 그렇지 않다면 어떻게 현명한 자가 그를 '이 사람은 현명하고 좋은 사람이다.'라고 알겠는가? 비구들이여, 현명한 자는 좋은 것을 생각하고 좋은 말을 하고 좋은 행위를 한다.343) 비구들이여, 그러므로 현명한 자가 그를 '이 사람은 현

---

342) 주석서는 이 셋을 각각 마음으로 짓는 세 가지 불선업도(간탐, 악의, 사견), 말로 짓는 네 가지 불선업도(망어, 양설, 악구, 기어), 몸으로 짓는 세 가지 불선업도(살생, 투도, 사음)로 설명하고 있다.(*Ibid*)

명하고 좋은 사람이다.'라고 안다. 비구들이여, 이것이 현명한 자의 세 가지 특징과 표상과 행동이다."

잘못 경(A3:4)
Accaya-sutta

1. "비구들이여, 세 가지 법을 가진 자는 어리석은 자라 알아야 한다. 어떤 것이 셋인가?

잘못을 범하고도 잘못을 범했다고 보지 않는 것과 잘못을 범한 것에 대해 잘못을 범했다고 인정하면서도 법답게 고치지 않는 것과 잘못을 범한 것에 대해 다른 자가 지적함에도 불구하고 법답게 받아들이지 않는 것이다.

비구들이여, 이 세 가지 법을 가진 자는 어리석은 자라 알아야 한다."

2. "비구들이여, 세 가지 법을 가진 자는 현명한 자라 알아야 한다. 어떤 것이 셋인가?

잘못을 범하고 잘못을 범했다고 보는 것과 잘못을 범한 것에 대해 잘못을 범했다고 인정하고 법답게 고치는 것과 잘못을 범한 것에 대해 다른 자가 지적할 때 법답게 받아들이는 것이다.

비구들이여, 이 세 가지 법을 가진 자는 현명한 자라 알아야 한다."

---

343) 주석서는 같은 방법으로 이 셋을 십선업도로 설명하고 있다.(*Ibid*)

지혜 없음 경(A3:5)

Ayoniso-sutta

1. "비구들이여, 세 가지 법을 가진 자는 어리석은 자라 알아야 한다. 어떤 것이 셋인가?

지혜롭지 않게 질문하는 것과 질문에 지혜롭지 않게 대답하는 것과 다른 자가 체계적이고 적절한 문구를 갖추어 지혜로운 질문에 대답할 때 기뻐하지 않는 것이다.

비구들이여, 이러한 세 가지 법을 가진 자는 어리석은 자라 알아야 한다."

2. "비구들이여, 세 가지 법을 가진 자는 현명한 자라 알아야 한다. 어떤 것이 셋인가?

지혜롭게 질문하는 것과 질문에 지혜롭게 대답하는 것과 다른 자가 체계적이고 적절한 문구를 갖추어 지혜로운 질문에 대답할 때 기뻐하는 것이다.

비구들이여, 이러한 세 가지 법을 가진 자는 현명한 자라 알아야 한다."

해로움[不善] 경(A3:6)

Akusala-sutta

1. "비구들이여, 세 가지 법을 가진 자는 어리석은 자라 알아야 한다. 어떤 것이 셋인가?

몸으로 짓는 해로운 업[不善業], 말로 짓는 해로운 업, 마음으로 짓는 해로운 업이다.

비구들이여, 이 세 가지 법을 가진 자는 어리석은 자라 알아야 한다."

2. "비구들이여, 세 가지 법을 가진 자는 현명한 자라 알아야 한다. 어떤 것이 셋인가?

몸으로 짓는 유익한 업[善業], 말로 짓는 유익한 업, 마음으로 짓는 유익한 업이다.

비구들이여, 이 세 가지 법을 가진 자는 현명한 자라 알아야 한다."

비난받아 마땅함 경(A3:7)
Sāvajja-sutta

1. "비구들이여, 세 가지 법을 가진 자는 어리석은 자라 알아야 한다. 어떤 것이 셋인가?

몸으로 짓는 비난받아 마땅한 업, 말로 짓는 비난받아 마땅한 업, 마음으로 짓는 비난받아 마땅한 업이다.

비구들이여, 이 세 가지 법을 가진 자는 어리석은 자라 알아야 한다."

2. "비구들이여, 세 가지 법을 가진 자는 현명한 자라 알아야 한다. 어떤 것이 셋인가?

몸으로 짓는 비난받을 일이 없는 업, 말로 짓는 비난받을 일이 없는 업, 마음으로 짓는 비난받을 일이 없는 업이다.

비구들이여, 이 세 가지 법을 가진 자는 현명한 자라 알아야 한다."

악의에 참 경(A3:8)

Savyāpajjha-sutta

1. "비구들이여, 세 가지 법을 가진 자는 어리석은 자라 알아야 한다. 어떤 것이 셋인가?

몸으로 짓는 악의에 찬 업, 말로 짓는 악의에 찬 업, 마음으로 짓는 악의에 찬 업이다.

비구들이여, 이 세 가지 법을 가진 자는 어리석은 자라 알아야 한다."

2. "비구들이여, 세 가지 법을 가진 자는 현명한 자라 알아야 한다. 어떤 것이 셋인가?

몸으로 짓는 악의 없는 업, 말로 짓는 악의 없는 업, 마음으로 짓는 악의 없는 업이다.

비구들이여, 이 세 가지 법을 가진 자는 현명한 자라 알아야 한다."

나쁜 행위 경(A3:9)[344]

Duccarita-sutta

1. "비구들이여, 세 가지 법을 가진 어리석고 우둔하고 참되지 못한 사람은 자신을 파서 엎어버리고 파멸시킨다. 그는 비난받아 마땅하고 지자들의 비난을 받으며 많은 악덕을 쌓는다. 어떤 것이 셋인가?

몸으로 짓는 나쁜 행위, 말로 짓는 나쁜 행위, 마음으로 짓는 나쁜 행위이다.

비구들이여, 이 세 가지 법을 가진 어리석고 우둔하고 참되지 못한

---

344) 육차결집본의 경 이름은 파멸(Khata-sutta)이다.

사람은 자신을 파서 엎어버리고 파멸시킨다. 그는 비난받아 마땅하고 지자들의 비난을 받으며 많은 악덕을 쌓는다."

2. "비구들이여, 세 가지 법을 가진 현명하고 영민하고 참된 사람은 자신을 파서 엎지 않고 파멸시키지 않는다. 그는 비난받을 일이 없고 지자들에게 비난받지 않고 많은 공덕을 쌓는다. 어떤 것이 셋인가?

몸으로 짓는 좋은 행위, 말로 짓는 좋은 행위, 마음으로 짓는 좋은 행위이다.

비구들이여, 이 세 가지 법을 가진 현명하고 영민하고 참된 사람은 자신을 파서 엎지 않고 파멸시키지 않는다. 그는 비난받을 일이 없고 지자들에게 비난받지 않고 많은 공덕을 쌓는다."

더러움 경(A3:10)
Mala-sutta

1. "비구들이여, 세 가지 법을 가진 자가 세 가지 더러움을 버리지 않으면 마치 누가 그를 데려가서 놓는 것처럼 [반드시] 지옥에 떨어진다. 어떤 것이 셋인가?

계를 파한 자가 파계의 더러움을 버리지 않는다. 질투하는 자가 질투의 더러움을 버리지 않는다. 인색한 자가 인색의 더러움을 버리지 않는다.

비구들이여, 이러한 세 가지 법을 가진 자가 이처럼 세 가지 더러움을 버리지 않으면 지옥에 태어난다."

2. "비구들이여, 세 가지 법을 가진 자가 세 가지 더러움을 버리면 마치 누가 그를 데려가서 놓는 것처럼 [반드시] 천상에 태어난다. 어떤 것이 셋인가?

계를 지키는 자가 파계의 더러움을 버린다. 질투하지 않는 자가 질투의 더러움을 버린다. 인색하지 않은 자가 인색의 더러움을 버린다.

비구들이여, 이러한 세 가지 법을 가진 자가 이처럼 세 가지 더러움을 버리면 천상에 태어난다."

제1장 어리석은 자 품이 끝났다.

제2장 마차공 품

Rathakāra-vagga

유명함 경(A3:11)

Ñāta-sutta

1. "비구들이여, 세 가지 법으로 유명한 비구는 많은 사람들에게 손해가 되고 많은 사람들에게 불행이 되고 많은 신과 인간들에게 해로움이 되고 손해가 되고 괴로움이 된다. 어떤 것이 셋인가?

다른 자들에게 몸으로 [가르침에] 어긋나는 업을 짓도록 교사하고, 말로 [가르침에] 어긋나는 업을 짓도록 교사하고, 마음으로 [가르침에] 어긋나는 업을 짓도록 교사한다.

비구들이여, 이러한 세 가지 법으로 유명한 비구는 많은 사람들에게 손해가 되고 많은 사람들에게 불행이 되고 많은 신과 인간들에게 해로움이 되고 손해가 되고 괴로움이 된다."

2. "비구들이여, 세 가지 법으로 유명한 비구는 많은 사람들에게 이익이 되고, 많은 사람들에게 행복이 되고, 많은 신과 인간들에게 이로움이 되고 이익이 되고 행복이 된다. 어떤 것이 셋인가?

다른 자들에게 몸으로 [가르침에] 수순하는 업을 짓도록 격려하고, 말로 [가르침에] 수순하는 업을 짓도록 격려하고, 마음으로 [가르침에] 수순하는 업을 짓도록 격려한다.

비구들이여, 이러한 세 가지 법으로 유명한 비구는 많은 사람들에게 이익이 되고, 많은 사람들에게 행복이 되고, 많은 신과 인간들에게 이로움이 되고 이익이 되고 행복이 된다."

기억 경(A3:12)
Sāraṇīya-sutta

1. "비구들이여, 관정(灌頂)의 대관식을 거행한345) 끄샤뜨리야 왕은 세 가지 장소를 목숨이 붙어있는 한 기억할 것이다. 어떤 것이 셋인가?

비구들이여, 관정의 대관식을 거행한 끄샤뜨리야 왕이 태어난 곳이다. 비구들이여, 이것이 관정의 대관식을 거행한 끄샤뜨리야 왕이 기억할 첫 번째 장소이다.

다시 비구들이여, 관정의 대관식을 거행하고 끄샤뜨리야 왕이 된 곳이다. 비구들이여, 이것이 관정의 대관식을 거행한 끄샤뜨리야 왕이 기억할 두 번째 장소이다.

다시 비구들이여, 관정의 대관식을 거행한 끄샤뜨리야 왕이 전쟁에서 이기고, 그 지역의 최고 지도자가 된 곳이다. 비구들이여, 이것이 관정의 대관식을 거행한 끄샤뜨리야 왕이 기억할 세 번째 장소이다.

비구들이여, 관정(灌頂)의 대관식을 거행한 끄샤뜨리야 왕은 이러한 세 가지 장소를 목숨이 붙어있는 한 기억할 것이다."

2. "비구들이여, 그와 마찬가지로 비구도 세 가지 장소를 목숨이 붙어있는 한 기억할 것이다. 어떤 것이 셋인가?

비구들이여, 비구가 머리와 수염을 깎고 가사를 수하고 집을 나와

---

345) 관정의 대관식에 대해서는 본서 제2권 「음식 경」(A4:87) §2의 주해를 참조할 것.

출가한 곳이다. 비구들이여, 이것이 비구가 죽을 때까지 기억할 첫 번째 장소이다.

다시 비구들이여, 비구가 '이것이 괴로움이다.'라고 있는 그대로 꿰뚫어 알고 '이것이 괴로움의 일어남이다.'라고 있는 그대로 꿰뚫어 알고 '이것이 괴로움의 소멸이다.'라고 있는 그대로 꿰뚫어 알고 '이것이 괴로움의 소멸로 인도하는 도닦음이다.'라고 있는 그대로 꿰뚫어 안 곳이다. 비구들이여, 이것이 비구가 죽을 때까지 기억할 두 번째 장소이다.

다시 비구들이여, 비구가 모든 번뇌가 다하여 아무 번뇌가 없는 마음의 해탈[心解脫]과 통찰지를 통한 해탈[慧解脫]을 바로 지금여기에서 스스로 최상의 지혜로 알고 실현하고 구족하여 머무는 곳이다. 비구들이여, 이것이 비구가 죽을 때까지 기억할 세 번째 장소이다.

비구들이여, 비구도 이러한 세 가지 장소를 목숨이 붙어있는 한 기억할 것이다."

희망 없음 경(A3:13)346)
Nirāsa-sutta

1. "비구들이여, 세상에는 세 부류의 사람이 있다. 어떤 것이 셋인가?

희망이 없는 사람과 희망을 가진 사람과 [이미 희망을 이루어] 더 이상 희망을 갖지 않는 사람이다.

비구들이여, 그러면 어떤 자가 희망이 없는 사람인가?

---

346)   육차결집본의 경 이름은 희망을 가짐(Āsaṁsa-sutta)이다.

비구들이여, 여기 어떤 자는 비천한 가문에 태어나나니, 천민의 가문이나 사냥꾼의 가문이나 죽세공의 가문이나 마차공의 가문이나 넝마주이 가문에 태어난다.

그는 가난하고 먹고 마실 것이 부족하고 생계가 곤란하여 거친 음식이나 겨우 몸을 가리는 천조차도 아주 어렵게 얻는다. 그는 못생기고 보기 흉하고 기형이고 병약하고 눈멀고 손이 불구이고 절름발이이고 반신불수이다. 그는 음식과 마실 것과 의복과 탈것과 화환과 향과 바르는 것과 침상과 숙소와 불을 얻지 못한다.

그는 '끄샤뜨리야들이 어떤 특정한 끄샤뜨리야 사람을 왕으로 모시는 관정의식을 거행했다.'는 소식을 들을 때 '언제 끄샤뜨리야들이 나를 왕으로 모시는 관정의식을 거행할 것인가?'라는 생각은 아예 내지 않는다. 비구들이여, 이를 일러 희망이 없는 사람이라 한다.

비구들이여, 그러면 어떤 자가 희망을 가진 사람인가?

비구들이여, 여기 관정의 대관식을 올린 끄샤뜨리야 왕의 첫째 왕자가 있다. 그는 왕으로 모시는 관정의식을 올릴 만하고 성숙했지만 아직 관정의식을 거행하지 않았다. 그가 '끄샤뜨리야들이 어떤 특정한 끄샤뜨리야 사람을 왕으로 모시는 관정의식을 거행했다.'는 소식을 들을 때 그는 '언제 끄샤뜨리야들이 나를 왕으로 모시는 관정의식을 거행할 것인가?'라는 생각을 한다. 비구들이여, 이를 일러 희망을 가진 사람이라 한다.

비구들이여, 그러면 어떤 자가 [이미 희망을 이루어] 더 이상 희망을 갖지 않는 사람인가?

비구들이여, 여기 관정의 대관식을 거행한 끄샤뜨리야 왕이 있다. 그가 '끄샤뜨리야들이 어떤 특정한 끄사뜨리야 사람을 왕으로 모시는 관정의식을 거행했다.'는 소식을 들을 때 그는 '언제 끄샤뜨리야들이 나를 왕으로 모시는 관정의식을 거행할 것인가?'라는 생각은 더 이상 하지 않는다. 그것은 무슨 이유 때문인가? 그것은 왕으로 모시는 관정의식을 거행하지 않았을 때 왕이 되고 싶었던 이전의 희망을 이미 성취했기 때문이다. 비구들이여, 이를 일러 [이미 희망을 이루어] 더 이상 희망을 갖지 않는 사람이라 한다.

비구들이여, 세상에는 이러한 세 부류의 사람이 있다."

2. "비구들이여, 그와 마찬가지로 비구들 가운데도 세 부류의 사람이 있다. 어떤 것이 셋인가?

희망이 없는 사람과 희망을 가진 사람과 [이미 희망을 이루어] 더 이상 희망을 갖지 않는 사람이다.

비구들이여, 그러면 어떤 자가 희망이 없는 사람인가?

비구들이여, 여기 어떤 자는 계행이 나쁘고 사악한 성품을 지녔고 불결하고 의심하는 습관을 가졌고 비밀리에 행하고 사문이 아니면서 사문이라 자처하고 청정범행을 닦지 않으면서 청정범행을 닦는다고 떠벌리며 안이 썩었고 번뇌가 흐르며 청정하지 않다.347) 그가 '어떤 특정한 비구가 모든 번뇌가 다하여 아무 번뇌가 없는 마음의 해탈[心解脫]과 통찰지를 통한 해탈[慧解脫]을 바로 지금여기에서 스스로 최상의 지혜로 알고 실현하고 구족하여 머문다.'라는 소식을 들으면 '나는 언제 모든 번뇌가 다하여 아무 번뇌가 없는 마음의 해탈[心解脫]과 통찰지를 통한 해탈[慧解脫]을 바로 지금여기에서 스스로 최상의 지혜로 알고 실현하고 구족하여 머물까?'라는 생각은 아예 내지 않

---

347) "썩은 업에 의해 안이 썩었고, 여섯 감각의 문을 통해 탐욕 등 오염원들이 흐르고, [탐욕 등의 쓰레기를 가져] 청정하지 않다."(AA.ii.177)

는다. 비구들이여, 이를 일러 희망이 없는 사람이라 한다.

비구들이여, 그러면 어떤 자가 희망을 가진 사람인가?

비구들이여, 여기 어떤 비구는 계를 지니고 선한 성품을 지닌다. 그는 '어떤 비구가 모든 번뇌가 다하여 아무 번뇌가 없는 마음의 해탈[心解脫]과 통찰지를 통한 해탈[慧解脫]을 바로 지금여기에서 스스로 최상의 지혜로 알고 실현하고 구족하여 머문다.'라는 소식을 들으면 '언제 나도 모든 번뇌가 다하여 아무 번뇌가 없는 마음의 해탈[心解脫]과 통찰지를 통한 해탈[慧解脫]을 바로 지금여기에서 스스로 최상의 지혜로 알고 실현하고 구족하여 머물까?'라는 생각을 한다. 비구들이여, 이를 일러 희망을 가진 사람이라 한다.

비구들이여, 그러면 어떤 자가 [이미 희망을 이루어] 더 이상 희망을 갖지 않는 사람인가?

비구들이여, 여기 번뇌 다한 비구가 있다. 그는 '어떤 비구가 모든 번뇌가 다하여 아무 번뇌가 없는 마음의 해탈[心解脫]과 통찰지를 통한 해탈[慧解脫]을 바로 지금여기에서 스스로 최상의 지혜로 알고 실현하고 구족하여 머문다.'라는 소식을 들으면 '언제 나도 모든 번뇌가 다하여 아무 번뇌가 없는 마음의 해탈[心解脫]과 통찰지를 통한 해탈[慧解脫]을 바로 지금여기에서 스스로 최상의 지혜로 알고 실현하고 구족하여 머물까?'라는 생각은 더 이상 하지 않는다. 그것은 무슨 이유 때문인가? 번뇌로부터 벗어나고 싶었던 이전의 희망을 [이미] 성취했기 때문이다. 비구들이여, 이를 일러 [이미 희망을 이루어] 더 이상 희망을 갖지 않는 사람이라 한다.

비구들이여, 비구들 가운데도 이러한 세 부류의 사람이 있다."

전륜성왕 경(A3:14)

Cakkavatti-sutta

1. "비구들이여, 정의로운[348] 법왕인 전륜성왕도 [그가 의지할] 왕이 없으면 법륜을 굴릴 수 없다."

이와 같이 말씀하셨을 때 어떤 비구가 세존께 여쭈었다.

"세존이시여, 그러면 누가 전륜성왕의 왕입니까?"

"비구여, 그것은 바로 법[349]이다."

세존께서는 다시 이렇게 말씀하셨다.

"비구여, 여기 정의로운 법왕인 전륜성왕은 오직 법을 의지하고 법을 존경하고 법을 중히 여기고 법을 경모하고 법을 승리의 표상으로 지니고 법을 깃발로 가지며 법을 지배자로 여기고 법답게 왕가와 사람들을 보호하고 지킨다.

다시 비구여, 정의로운 법왕인 전륜성왕은 오직 법을 의지하고 … 법을 지배자로 여기고 법답게 끄샤뜨리야들과 신하들과 군대와 바라문들과 장자들과 도시와 시골에 사는 자들과 사문들과 바라문들과 짐승과 새들을 보호하고 지킨다.

비구여, 그 정의로운 법왕인 전륜성왕은 오직 법을 의지하고 … 법

---

348) '정의로운'으로 옮긴 원어는 dhammika(법을 가진, 법다운)인데 주석서에서는 "그에게 법(dhamma)이 있기 때문에 dhammika라 한다."(AA.ii.178)고 설명하고 있다. 법왕의 법과 겹치기 때문에 정의로운으로 의역을 하였다.

349) "여기서 '법(dhamma)'이란 열 가지 유익한 업의 길[十善業道, dasa-kusalakamma-patha]이라는 법이다."(*Ibid*) 즉 전륜성왕은 이러한 십선업도를 실천하기 때문에 전륜성왕인 것이다. 전륜성왕과 전륜성왕의 의무 등에 대해서는 『디가 니까야』 제3권 「전륜성왕 사자후경」(D26)을 참조할 것.

을 지배자로 여기고 법답게 끄샤뜨리야들과 신하들과 군대와 바라문들과 장자들과 도시와 시골에 사는 자들과 사문들과 바라문들과 짐승과 새들을 보호하고 지키고서 법륜을 굴린다. 어떤 사람도, 살아있는 원수라도 그것을 멈출 수 없다."

2. "비구여, 그와 마찬가지로 여래·아라한·정등각도 정의로운 법왕이니 그는 오직 법을 의지하고 법을 존경하고 법을 중히 여기고 법을 경모하고 법을 승리의 표상으로 지니고 법을 깃발로 가지며 법을 지배자로 여기고 법답게 몸의 행위를 보호하고 지킨다. '이런 몸의 업은 받들어 행해야 하고 이런 몸의 업은 받들어 행하지 말아야 한다.'라고.

비구여, 다시 여래·아라한·정등각도 정의로운 법왕이니 그는 오직 법을 의지하고 ··· 법을 지배자로 여기고 법답게 말의 행위를 보호하고 지킨다. '이런 말의 업은 받들어 행해야 하고 이런 말의 업은 받들어 행하지 말아야 한다.'라고.

비구여, 다시 여래·아라한·정등각도 정의로운 법왕이니 그는 오직 법을 의지하고 ··· 법을 지배자로 여기고 법답게 마음의 행위를 보호하고 지킨다. '이런 마음의 업은 받들어 행해야 하고 이런 마음의 업은 받들어 행하지 말아야 한다.'라고.

비구여, 여래·아라한·정등각도 정의로운 법왕이니 그는 오직 법을 의지하고 ··· 법을 지배자로 여기고 법답게 몸의 업과 말의 업과 마음의 업을 보호하고 지키고 법답게 최상의 법륜을 굴린다. 사문도 바라문도 신350)도 범천도, 이 세상 그 어느 누구도 그 법륜을 멈출 수 없다."

---

350) 신(deva)에 대해서는 본서 제2권 「세상 경」 (A4:36) §2의 주해를 참조할 것.

빠쩨따나 경(A3:15)

Pacetaṇa-sutta

1. 한때 세존께서는 바라나시[351]에서 이시빠따나[352]의 녹야원[353]에 머무셨다. 거기서 세존께서는 "비구들이여."라고 비구들을

---

351) 바라나시(Bārāṇasi)는 부처님 당시 인도 중원의 16국 가운데 하나였던 까시까(Kāsikā, 혹은 Kāsi)의 수도였고 지금도 힌두의 대표적 성지로 널리 알려진 곳이다. 현재 인도에서 사용하고 있는 공식 명칭은 Vārāṇasi(와라나시)이다. 그래서 『디가 니까야』에서는 모두 와라나시로 표기하였으나 본서에서는 빠알리 원문에 나타나는 표기를 중시하여 바라나시로 옮긴다.
한편 까시까는 부처님 당시에는 꼬살라(Kosala)로 합병되어 꼬살라의 빠세나디 왕이 다스리고 있었다고 한다. 바라나시는 강가 강 옆에 있었기 때문에 수로의 요충이었으며 특히 바라나시 혹은 까시까 비단은 초기경의 여러 곳에서 언급될 정도로 유명하다.

352) 이시빠따나(Isipatana)는 부처님의 초전법륜지로 우리에게 잘 알려진 곳이다. 지금의 사르나트(Sārnath)로 바라나시에서 15km 정도 떨어진 곳에 있다. 세존께서 우루웰라(Uruvelā)에서 고행을 그만두시자 다섯 비구는 이곳에 와서 머물렀다. 세존께서는 정등각을 성취하신 뒤 다섯 비구에게 법을 설하기 위해서 이곳으로 오셔서 중도로 표방된 팔정도를 그 내용으로 하는 최초의 가르침을 펴셨다.
『맛지마 니까야 주석서』는 "예전에 빠쩨까 부처님(벽지불)들이 간다마다나(Gandhamādana) 산(히말라야에 있음)에서 7일동안 멸진정에 들었다가 탁발을 하기 위해 허공을 날아 오다가 이곳에 내려서(nipatati) 도시로 들어가서 걸식을 하여 공양을 마친 후 다시 이곳에서 허공으로 올라(uppatati) 떠났다고 한다. 그래서 성자(isi)들이 이곳에 내리고 이곳에서 올라갔다고 해서 이시빠따나(Isi-patana)라 한다."(MA.ii.188)고 설명하고 있다.

353) 녹야원으로 옮긴 원어는 Migadāya(미가다야)이다. 주석서는 "사슴(miga)들에게 두려움 없이 머무는 장소(abhayattha)로 주어졌기 때문에 미가다야라 한다."(*Ibid*)고 설명하고 있다. 중국에서 녹야원(鹿野苑)으로 옮겼다. 부처님께서 다섯 비구에게 처음 설법을 하신 바로 그 동산이다.

부르셨다. "세존이시여."라고 비구들은 세존께 응답했다. 세존께서
는 이렇게 말씀하셨다.

"비구들이여, 이전에 빠쩨따나라는 왕이 있었다. 비구들이여, 한때
빠쩨따나 왕은 마차 만드는 사람에게 물었다.

'오 마차공이여, 6개월 후에 전쟁이 있을 것이다. 나에게 새 바퀴
한 짝을 만들어줄 수 있겠는가?'

마차공은 '왕이시여, 만들어드리겠습니다.'라고 빠쩨따나 왕에게
대답했다. 비구들이여, 마차공은 6일을 제외한 6개월 동안 오직 한
개의 바퀴밖에 만들지 못했다. 비구들이여, 그때 빠쩨따나 왕이 마차
공에게 물었다.

'마차공이여, 오늘부터 6일 후에 전쟁이 있을 것이다. 한 짝의 새
바퀴를 완성했는가?'

'왕이시여, 6개월 중에서 6일 밖에 남지 않았는데 오직 한 개의 바
퀴밖에 만들지 못했습니다.'

'마차공이여, 6일 동안 나머지 한 개의 바퀴를 만들 수 있겠는가?'

'왕이시여, 만들어드리겠습니다'라고 마차공은 대답했다."

2. "그러자 마차공은 6일 동안 나머지 바퀴를 만들어 한 짝의
새 바퀴를 가지고 빠쩨따나 왕에게 갔다. 가서는 빠쩨따나 왕에게 이
렇게 말했다.

'왕이시여, 이것이 한 짝의 새 바퀴입니다.'

한편 초기경들에는 라자가하의 맛다꿋치 녹야원(D16 §3.42), 박가의 악
어산 베사깔라 숲에 있는 녹야원(M15), 우준나의 깐나까탈라 녹야원
(M90) 등 여러 곳의 녹야원이 나타난다. 아마 각 지역에서 사슴을 보호하
는 곳으로 지정한 곳인 듯하며 당시 여러 교단의 수행자들이 유행을 하다
가 머물렀던 곳이기도 하다.

'마차공이여, 이것은 6일을 제외한 6개월을 걸려 만든 것이고, 이것은 6일 만에 만든 것이다. 이 둘에 차이점이 있는가? 나는 어떤 차이점도 볼 수 없구나.'

'왕이시여, 차이점이 있습니다. 차이점을 보십시오.'

비구들이여, 그때 마차공은 먼저 6일 만에 만든 바퀴를 굴렸다. 그것은 힘이 미친 곳까지 가서 선회하고는 땅바닥에 넘어졌다. [이번에는] 6일을 제외한 6개월을 걸려 만든 바퀴를 굴렸다. 그것은 굴러 힘이 미친 곳까지 가서 차축에 끼워 넣어진 것처럼 멈추었다."

3. "그러자 왕이 말했다.

'마차공이여, 6일 만에 만든 바퀴는 굴러 힘이 미친 곳까지 가서 선회하고는 땅바닥에 넘어지는데 그것은 무슨 이유와 무슨 조건 때문인가? 그러나 6일을 제외한 6개월을 걸려 만든 바퀴는 굴러 힘이 미친 곳까지 가서는 차축에 끼워 넣어진 것처럼 멈추는데 그것은 무슨 이유와 무슨 조건 때문인가?'

'왕이시여, 6일 만에 만든 바퀴는 테두리가 휘었고 결점이 있고 불완전합니다. 바퀴살도 휘었고 결점이 있고 불완전하고, 중심도 휘었고 결점이 있고 불완전합니다. 그것은 테두리가 휘었고 결점이 있고 불완전하고, 바퀴살도 휘었고 결점이 있고 불완전하고, 중심도 휘었고 결점이 있고 불완전하기 때문에 굴러갈 때 힘이 미친 곳까지 가서 선회하고는 땅바닥에 넘어집니다.

왕이시여, 그러나 6일을 제외한 6개월을 걸려 만든 바퀴는 그것의 테두리가 휘지 않았고 결점이 없고 완전합니다. 바퀴살도 휘지 않았고 결점이 없고 완전하고, 중심도 휘지 않았고 결점이 없고 완전합니다. 그것은 테두리가 휘지 않았고 결점이 없고 완전하고, 바퀴살도 휘지 않았고 결점이 없고 완전하고, 중심도 휘지 않았고 결점이 없고 완전하기 때문에 굴러갈 때 힘이 미친 곳까지 가서는 차축에 끼워 넣어진 것처럼 멈춥니다.'"

4. "비구들이여, 그대들은 아마 이렇게 생각할지도 모른다. '그때 그 마차공은 어떤 다른 사람이었을 것이다.' 비구들이여, 그러나 그렇게 생각해서는 안 된다. 그때 그 마차공은 바로 나였다. 비구들이여, 그때 나는 나무가 휘었고 결점이 있고 불완전한 것을 잘 알았다. 그러나 지금 나는 아라한, 정등각이니 몸이 비뚤어지고 결점이 있고 불완전한 것을 잘 알고, 말이 비뚤어지고 결점이 있고 불완전한 것을 잘 알고, 마음이 비뚤어지고 결점이 있고 불완전한 것을 잘 안다.

비구들이여, 비구 비구니를 막론하고 그 누구든지 몸의 비뚤어짐(vaṅka)과 결점(dosa)과 불완전함(kasāva)을 버리지 않고, 말의 비뚤어짐과 결점과 불완전함을 버리지 않고, 마음의 비뚤어짐과 결점과 불완전함을 버리지 않으면 법과 율에서 떨어진다. 그것은 6일 만에 만든 바퀴가 땅바닥에 넘어지는 것과 같다.

비구들이여, 그러므로 이와 같이 공부지어야 한다. '몸의 비뚤어짐과 결점과 불완전함을 버리리라. 말의 비뚤어짐과 결점과 불완전함을 버리리라. 마음의 비뚤어짐과 결점과 불완전함을 버리리라.'라고 공부지어야 한다."

티 없음 경(A3:16)
Apaṇṇaka-sutta

1. "비구들이여, 세 가지 법을 구족한 비구는 바른 도닦음을

행하는 자이니 그는 번뇌들을 소멸하기 위한 중요한 기초를 갖추었다.354) 어떤 것이 셋인가?

비구들이여, 여기 비구는 감각기능들의 문을 잘 보호하고, 음식에 적당량을 알며, 깨어있음에 전념한다."

2. "비구들이여, 그러면 어떻게 감각기능들의 문을 잘 보호하는가? 비구들이여, 여기 비구는 눈으로 형상을 봄에 그 표상[全體相, nimitta]을 취하지 않으며, 또 그 세세한 부분상[細相, anuvyañjana]을 취하지도 않는다. 만약 그의 눈의 기능[眼根]이 제어되어 있지 않으면 욕심과 싫어하는 마음이라는 나쁘고 해로운 법[不善法]들이 그에게 [물밀듯이] 흘러들어 올 것이다. 따라서 그는 눈의 감각기능을 잘 단속하기 위해 수행하며, 눈의 감각기능을 잘 방호하고, 눈의 감각기능을 잘 단속하기에 이른다.

귀로 소리를 들음에 … 코로 냄새를 맡음에 … 혀로 맛을 봄에 … 몸으로 감촉을 느낌에 … 마노[意]로 법을 지각함에 그 표상을 취하지 않으며, 그 세세한 부분상을 취하지도 않는다. 만약 그의 마노의 기능[意根]이 제어되어 있지 않으면 욕심과 싫어하는 마음이라는 나쁘고 해로운 법[不善法]들이 그에게 [물밀듯이] 흘러들어 올 것이다. 따라서 그는 마노의 감각기능을 잘 단속하기 위해 수행하며, 마노의 감각기능을 잘 방호하고, 마노의 감각기능을 잘 단속하기에 이른다. 비구들이여, 이와 같이 비구는 감각기능들의 문을 잘 보호한다."

---

354) '중요한 기초'는 yoni(모태, 자궁, 근원)의 역어이다. 주석서는 이유, 원인, 기초(kāraṇa)로 설명하고 있으며(AA.iii.105), 복주서는 다시 절대적인 이유(ekantika kāraṇa)라고 설명한다.(AAṬ.ii.286)

3. "비구들이여, 그러면 어떻게 비구는 음식에 적당량을 아는가? 비구들이여, 여기 비구는 지혜롭게 숙고하면서 음식을 수용하나니 오락을 위해서가 아니고 취하기 위해서도 아니며 장식을 위해서도 아니고 꾸미기 위해서도 아니며, 오직 이 몸을 지탱하고 유지하고 해악을 쉬고 청정범행을 잘 지키기 위해서이다. '그래서 나는 오래된 느낌355)을 물리치고 새로운 느낌을 일어나게 하지 않을 것이다. 나는 건강할 것이고 비난받지 않고 편안하게 머물 것이다'라고. 비구들이여, 이와 같이 비구는 음식에서 적당량을 안다."

4. "비구들이여, 그러면 어떻게 비구는 깨어있음에 전념하는가?

비구들이여, 비구는 낮 동안에는 경행하거나 앉아서 장애가 되는 법들로부터 마음을 청정하게 한다. 밤의 초경에는 경행하거나 앉아서 장애가 되는 법들로부터 마음을 청정하게 한다. 한밤중에는 발에 발을 포개어 마음챙기고 알아차리면서[正念正知] 일어날 시간을 인식하여 마음에 잡도리하여 오른쪽 옆구리로 사자처럼 눕는다. 밤의 삼경에는 일어나서 경행하거나 앉아서 장애가 되는 법들로부터 마음을 청정하게 한다. 비구들이여, 이와 같이 비구는 깨어있음에 전념한다.

비구들이여, 이러한 세 가지 법을 구족한 비구는 바른 도닦음을 행하는 자이니 그는 번뇌들을 소멸하기 위한 중요한 기초를 갖추었다."

---

355) "'오래된 느낌(purāṇā vedanā)'은 배고픔(abhutta)으로 인한 불편한 느낌이고 '새로운 느낌(navā vedanā)'은 [절제 없이 먹음(bhutta)으로 인한 불편한 느낌이다."(MAṬ.i.150)

자기를 해침 경(A3:17)

Attavyāpādha-sutta

1. "비구들이여, 세 가지는 자기도 해치고 남도 해치고 둘 모두를 해친다. 어떤 것이 셋인가?

몸으로 짓는 나쁜 행위, 말로 짓는 나쁜 행위, 마음으로 짓는 나쁜 행위이다. 비구들이여, 이러한 세 가지는 자기도 해치고 남도 해치고 둘 모두를 해친다."

2. "비구들이여, 세 가지는 자기도 해치지 않고 남도 해치지 않고 둘 모두 해치지 않는다. 어떤 것이 셋인가?

몸으로 짓는 좋은 행위, 말로 짓는 좋은 행위, 마음으로 짓는 좋은 행위이다. 비구들이여, 이러한 세 가지는 자기도 해치지 않고 남도 해치지 않고 둘 모두 해치지 않는다."

신의 세계 경(A3:18)

Devaloka-sutta

1. "비구들이여, 만약 외도356) 유행승357)들이 '도반들이여, 그

---

356) '외도'는 añña(다른)-titthiya(여울 혹은 성소에 있는 자)를 옮긴 것이다. 외도에 대해서는 본서 제2권 「밧디야 경」 (A4:193) §1의 주해를 참조할 것.

357) '유행승(遊行僧)'으로 옮긴 paribbājaka는 pari(*around*)+√vraj(*to proceed, to wander*)에서 파생된 명사이다. 초기경에서 많이 나타나며 집을 떠나 수행하는 부처님 제자를 제외한 출가자들을 통칭하는 말이다. 그래서 『맛지마 니까야 주석서』에서는 "재가의 속박을 버리고 출가한 자 (gihibandhanaṁ pahāya pabbajjūpagata)"(MA.ii.7)라고 설명하고 있다.

주석서와 복주서에 의하면 유행승에도 옷을 입는 유행승(channa-pari-

대들은 천상 세계에 태어나기 위해 사문 고따마 아래서 청정범행을 닦습니까?'라고 묻는다면 그것은 당혹스럽고 창피스럽고 혐오스럽지 않겠는가?"

"그렇습니다, 세존이시여."

2. "비구들이여, 만약 그대들이 신들의 수명에 대해 당혹스러워하고 창피스러워하고 혐오스러워하고, 신들의 용모와 신들의 행복과 신들의 명성과 신들의 지배력에 대해 당혹스러워하고 창피스러워하고 혐오스러워한다면 먼저 그대들의 몸으로 짓는 나쁜 행위, 말로 짓는 나쁜 행위, 마음으로 짓는 나쁜 행위에 대해 당혹스러워해야 하고 창피스러워해야 하고 혐오스러워해야 한다."[358]

상인 경1(A3:19)
Pāpaṇika-sutta

1. "비구들이여, 세 가지 특징을 가진 상인은 아직 얻지 못한 재산은 얻을 수 없고 이미 얻은 재산은 늘릴 수 없다. 어떤 것이 셋인가?

---

bbājaka)과 옷을 입지 않는 유행승(nagga-paribbājaka)이 있었으며 옷을 입지 않는 유행승을 나체수행자(acela)라 부른다.(DA.ii.349; DAṬ. i.472, 등) 초기불전연구원에서는 '이리저리(pari) 방랑하다(√vraj)'라는 원어에 충실하여 유행승으로 옮겼다.
한편 경에서 비구들의 출가를 빱빳자(pabbajjā, pra+√vraj, pabbajati)라 표현하여 일반 유행승에 관계된 빠리바자까(paribbājaka)라는 이 용어와는 구분지어 사용하고 있다.

358) 부처님 교단에 출가하는 것은 결코 천상의 신이 되기 위해서가 아니라 해탈·열반을 실현하고 삼계윤회를 벗어나는 청정범행을 완성하기 위한 것이다. 그래서 부처님께서 출가자는 우선 몸과 말과 마음으로 짓는 불선법부터 멀리 여의어야 한다는 것을 말씀하시려는 것이다.

비구들이여, 여기 상인이 새벽에도 성실히 일을 돌보지 않고, 낮 동안에도 성실히 일을 돌보지 않고, 저녁에도 성실히 일을 돌보지 않는다. 비구들이여, 이러한 세 가지 특징을 가진 상인은 아직 얻지 못한 재산은 얻을 수 없고 이미 얻은 재산은 늘릴 수 없다.

비구들이여, 그와 마찬가지로 세 가지 특징을 가진 비구는 아직 얻지 못한 유익한 법[善法]은 얻을 수 없고 이미 얻은 유익한 법은 늘릴 수 없다. 어떤 것이 셋인가?

비구들이여, 여기 비구가 새벽에도 성실히 삼매의 표상에 집중하지 않고, 낮 동안에도 성실히 삼매의 표상에 집중하지 않고, 저녁에도 성실히 삼매의 표상에 집중하지 않는다. 비구들이여, 이러한 세 가지 특징을 가진 비구는 아직 얻지 못한 유익한 법은 얻을 수 없고 이미 얻은 유익한 법은 늘릴 수 없다."

2. "비구들이여, 세 가지 특징을 가진 상인은 아직 얻지 못한 재산은 얻을 수 있고 이미 얻은 재산은 늘릴 수 있다. 어떤 것이 셋인가?

비구들이여, 여기 상인이 새벽에도 성실히 일을 돌보고, 낮 동안에도 성실히 일을 돌보고, 저녁에도 성실히 일을 돌본다. 비구들이여, 이러한 세 가지 특징을 가진 상인은 아직 얻지 못한 재산은 얻을 수 있고 이미 얻은 재산은 늘릴 수 있다.

비구들이여, 그와 마찬가지로 세 가지 특징을 가진 비구는 아직 얻지 못한 유익한 법은 얻을 수 있고 이미 얻은 유익한 법은 늘릴 수 있다. 어떤 것이 셋인가?

비구들이여, 여기 비구가 새벽에도 성실히 삼매의 표상에 집중하고, 낮 동안에도 성실히 삼매의 표상에 집중하고, 저녁에도 성실히 삼매의 표상에 집중한다. 비구들이여, 이러한 세 가지 특징을 가진 비구는 아직 얻지 못한 유익한 법은 얻을 수 있고 이미 얻은 유익한 법은 늘릴 수 있다."

상인 경2(A3:20)

1. "비구들이여, 세 가지 특징을 가진 상인은 머지않아 재산이 많게 되고 가득하게 된다. 어떤 것이 셋인가?

비구들이여, 여기 상인이 [지혜의] 눈을 가졌고 부지런하고 후원자를 가진다.

비구들이여, 그러면 어떻게 상인이 [지혜의] 눈을 가졌는가?

비구들이여, 여기 상인이 상품을 안다. 이 상품을 이렇게 사서 이렇게 팔면 자본은 이만큼 들 것이고 수익은 이만큼 될 것이다. 비구들이여, 이와 같이 상인은 [지혜의] 눈을 가졌다.

비구들이여, 그러면 어떻게 상인이 부지런한가?

비구들이여, 여기 상인이 상품을 사고파는 데 능숙하다. 비구들이여, 이와 같이 상인은 부지런하다.

비구들이여, 그러면 어떻게 상인이 후원자를 가지는가?

비구들이여, 여기 많은 재산과 재물을 가진 부자인 장자나 장자의 아들이 '이 상인은 [지혜의] 눈을 가졌고 부지런하고 처자를 부양하는 능력이 있고 우리에게 때때로 이윤을 남겨줄 것이다.'라고 안다. 그러므로 그들은 '상인이여, 이 상품을 가져가서 돈을 벌어 처자를 부양하고 우리에게도 때때로 이윤을 주시오.'라고 말하면서 그에게 상품을 넘겨준다. 비구들이여, 이와 같이 상인이 후원자를 가진다.

비구들이여, 이러한 세 가지 특징을 가진 상인은 머지않아 재산이

많게 되고 가득하게 된다."

2. "비구들이여, 그와 마찬가지로 세 가지를 가진 비구도 머지
않아 거룩한 선법을 많이 얻는다. 어떤 것이 셋인가?

비구들이여, 여기 비구는 [지혜의] 눈을 가졌고 부지런하고 후원
자를 가진다.

비구들이여, 그러면 어떻게 비구가 [지혜의] 눈을 가졌는가?

비구들이여, 여기 비구가 '이것이 괴로움이다.'라고 있는 그대로
안다. '이것이 괴로움의 일어남이다.'라고 있는 그대로 안다. '이것이
괴로움의 소멸이다.'라고 있는 그대로 안다. '이것이 괴로움의 소멸로
인도하는 도닦음이다.'라고 있는 그대로 안다. 비구들이여, 이와 같이
비구는 [지혜의] 눈을 가진다.

비구들이여, 그러면 어떻게 비구가 부지런한가?

비구들이여, 여기 비구가 해로운 법[不善法]을 버리고 유익한 법[善
法]을 일으키기 위해 열심히 정진하면서 머문다. 그는 굳세고 분투하
고 유익한 법들에 대한 짐을 내팽개치지 않는다. 비구들이여, 이와 같
이 비구는 부지런하다.

비구들이여, 그러면 어떻게 비구가 후원자를 가지는가?

비구들이여, 많이 배웠고 전승된 가르침에 능통하고359) 법(경장)을
호지하고 율[장]을 호지하고 논모(論母, 마띠까)를 호지하는360) 비구들

---

359) "'전승된 가르침에 능통한 자(āgatāgama)'에서 하나의 니까야(nikāya)
가 하나의 전승된 가르침(āgama)이다. 둘의 … 셋의 … 넷의 … 다섯의
니까야가 다섯의 전승된 가르침이다. 이러한 전승된 가르침들 가운데 단
하나의 전승된 가르침일지라도 전승 받고(āgata) 능통하고(paguṇa) 전
개하는(pavattita) 자를 전승된 가르침에 능통한 자라 한다."(AA.ii.189)

360) "'논모(論母, 마띠까)를 외우는 자(mātikā-dhara)'란 두 가지 논모를 외

이 있다. 비구가 그들에게 다가가서 묻고 질문한다. '존자들이시여, 이것은 어떻게 되며 이 뜻은 무엇입니까?' 그들은 그에게 드러나지 않은 것을 드러내고 명확하지 않은 것을 명확하게 해주고 여러 가지 의심되는 법에 대해서 의심을 없애준다. 비구들이여, 이와 같이 비구는 후원자를 가진다.

비구들이여, 이러한 세 가지를 가진 비구는 머지않아 거룩한 선법을 많이 얻는다."

제2장 마차공 품이 끝났다.

우는 자이다."(AA.ii.189)
"두 가지 논모를 외우는 자란 비구와 비구니 논모의 두 가지 마띠까를 외우는 자를 말한다. [그러나] 율과 아비담마의 마띠까를 외우는 자가 적절하다(yutta)."(AAṬ.ii.83) 즉 전통적으로 두 가지 논모는 비구계목과 비구니계목을 뜻하지만 여기서는 문맥상 율의 논모와 아비담마의 논모를 외우는 자로 보는 것이 더 타당하다는 것이 복주서의 견해이다.
논모(論母, 마띠까)에 대해서는 본서 제2권 「선서의 율 경」(A4:160) §5의 주해를 참조할 것.

제3장 사람 품

Puggala-vagga

몸으로 체험한 자 경(A3:21)[361]

Kāyasakkhī-sutta

1. 이와 같이 나는 들었다. 한때 세존께서는 사왓티에서 제따 숲의 급고독원에 머무셨다. 그때 사윗타 존자[362]와 마하꼿팃따 존 자[363]가 사리뿟따 존자에게 다가갔다. 가서는 사리뿟따 존자와 함께 환담을 나누었다. 유쾌하고 기억할 만한 이야기로 서로 담소를 한 뒤 한 곁에 앉았다. 한 곁에 앉은 사윗타 존자와 마하꼿팃따 존자에게 사리뿟따 존자는 이렇게 말했다.

2. "사윗타 존자여, 이 세상에는 세 부류의 사람이 있습니다. 어떤 것이 셋입니까? 몸으로 체험한 자, 견해를 얻은 자, 믿음으로 해탈한 자입니다.[364] 이 세상에는 이러한 세 부류의 사람이 있습니

---

361) 육차결집본의 경 이름은 사윗타(Samiddha/Saviṭṭha-sutta이다.

362) 사윗타 존자(āyasmā Saviṭṭha, 육차결집본에는 Samiddha로 나타남)에 대해서는 별다른 설명이 없다. 본경에 해당하는 주석서에 의하면 그는 믿음(saddhā)을 통해서 아라한이 되었다고 한다. 『상윳따 니까야』에도 그와 다른 장로들 간의 대화가 나타난다.(S.ii.115f)

363) 마하꼿티따 존자(āyasmā Mahākoṭṭhita)에 대해서는 본서 제2권 「마하꼿티따 경」(A4:174)의 주해를 참조할 것.

364) 몸으로 체험한 자, 견해를 얻은 자, 믿음으로 해탈한 자에 대해서는 본서 「세속적인 것을 중시함 경」(A2:5:7)의 주해를 참조할 것.

다. 도반이여, 이러한 세 부류의 사람 가운데서 존자는 누가 가장 훌륭하고 고결하다고 보십니까?"

"사리뿟따 존자여, 이 세상에는 세 부류의 사람이 있습니다. 어떤 것이 셋입니까? 몸으로 체험한 자, 견해를 얻은 자, 믿음으로 해탈한 자입니다. 이 세상에는 이러한 세 부류의 사람이 있습니다. 존자여, 이러한 세 부류의 사람 가운데서 믿음으로 해탈한 자가 가장 훌륭하고 고결하게 여겨집니다. 그것은 무슨 이유입니까? 존자여, 이 사람은 믿음의 기능[信根]이 탁월하기 때문입니다."

3. 그러자 사리뿟따 존자가 마하꼿팃따 존자에게 이렇게 말했다. "꼿팃따 존자여, 이 세상에는 세 부류의 사람이 있습니다. … 도반이여, 이러한 세 부류의 사람 가운데서 존자는 누가 가장 훌륭하고 고결하다고 보십니까?"

"사리뿟따 존자여, 이 세상에는 세 부류의 사람이 있습니다. … 존자여, 이러한 세 부류의 사람 가운데서 나는 몸으로 체험한 자가 가장 훌륭하고 고결하게 여겨집니다. 그것은 무슨 이유입니까? 존자여, 이 사람은 삼매의 기능[定根]이 탁월하기 때문입니다."

4. 그러자 마하꼿팃따 존자가 사리뿟따 존자께 이렇게 말했다. "사리뿟따 존자여, 이 세상에는 세 부류의 사람이 있습니다. … 도반이여, 이 세 부류의 사람 가운데서 존자는 누가 가장 훌륭하고 고결하다고 보십니까?"

"꼿팃따 존자여, 이 세상에는 세 부류의 사람이 있습니다. … 존자여, 이 세 부류의 사람 가운데서 나는 견해를 얻은 자가 가장 훌륭하고 고결하게 여겨집니다. 그것은 무슨 이유입니까? 존자여, 이 사람은 통찰지의 기능[慧根]이 탁월하기 때문입니다."

5. 　　그러자 사리뿟따 존자가 사윗타 존자와 마하꼿팃따 존자에게 이렇게 말했다.

"우리는 각자 우리의 영감에 따라 얘기했습니다. 도반들이여, 세존께 갑시다. 가서 이 사실을 말씀드립시다. 세존께서 말씀하시는 대로 마음에 지닙시다."

"도반이여, 그렇게 합시다."라고 사윗타 존자와 마하꼿팃따 존자가 대답했다. 그리고 사리뿟따 존자와 사윗타 존자와 마하꼿팃따 존자는 세존께 다가갔다. 가서는 세존께 절을 올리고 한 곁에 앉았다. 한 곁에 앉은 사리뿟따 존자는 세존께 세 사람이 주고받은 대화를 모두 말씀드렸다.

6. 　　[세존께서는 이렇게 말씀하셨다.]

"사리뿟따여, 이 세 사람 가운데 누가 가장 훌륭하고 고결한지를 결정적으로 말하는 것은 쉬운 일이 아니다. 사리뿟따여, 이것은 사실이다. 믿음으로 해탈한 자는 아라한과를 얻기 위해 수행했고, 몸으로 체험한 자는 일래자이거나 불환자이고, 견해를 증득한 자도 일래자이거나 불환자이다.

사리뿟따여, 이 세 사람 가운데 누가 가장 훌륭하고 고결한지를 결정적으로 말하는 것은 쉬운 일이 아니다. 사리뿟따여, 이것은 사실이다. 몸으로 체험한 자는 아라한과를 얻기 위해 수행했고, 믿음으로 해탈한 자는 일래자이거나 불환자이고, 견해를 증득한 자도 일래자이거나 불환자이다.

사리뿟따여, 이 세 사람 가운데 누가 가장 훌륭하고 고결한지를 결

정적으로 말하는 것은 쉬운 일이 아니다. 사리뿟따여, 이것은 사실이
다. 견해를 증득한 자는 아라한과를 얻기 위해 수행했고, 믿음으로
해탈한 자는 일래자이거나 불환자이고, 몸으로 체험한 자도 일래자
이거나 불환자이다.

사리뿟따여, 이 세 사람 가운데 누가 가장 훌륭하고 고결한지를 결
정적으로 말하는 것은 쉬운 일이 아니다."

환자 경(A3:22)
Gilāna-sutta

1. "비구들이여, 세상에는 세 종류의 환자가 있다. 어떤 것이
셋인가?

비구들이여, 여기 어떤 환자는 적당한 음식을 얻건 못 얻건 간에,
적당한 약을 얻건 못 얻건 간에, 적당한 간병인을 얻건 못 얻건 간에,
병이 회복되지 않는다.

비구들이여, 여기 어떤 환자는 적당한 음식을 얻건 못 얻건 간에,
적당한 약을 얻건 못 얻건 간에, 적당한 간병인을 얻건 못 얻건 간에,
병이 회복된다.

비구들이여, 여기 어떤 환자는 적당한 음식을 얻을 때에만 병이 회
복되고 적당한 음식을 얻지 못하면 병이 회복되지 않는다. 적당한 약
을 얻을 때에만 병이 회복되고 적당한 약을 얻지 못하면 병이 회복되
지 않는다. 적당한 간병인을 얻을 때에만 병이 회복되고 적당한 간병
인을 얻지 못하면 병이 회복되지 않는다.

비구들이여, 이 가운데서 적당한 음식을 얻을 때에만 병이 회복되
고 적당한 음식을 얻지 못하면 병이 회복되지 않고, 적당한 약을 얻

을 때에만 병이 회복되고 적당한 약을 얻지 못하면 병이 회복되지 않으며, 적당한 간병인을 얻을 때에만 병이 회복되고 적당한 간병인을 얻지 못하면 병이 회복되지 않는 그 환자에 대해서 적당한 음식과 적당한 약과 적당한 간병인을 허락한다. 비구들이여, 나아가서 이 환자를 [허락했기] 때문에 다른 [두 종류의] 환자도 간호해야 한다.

비구들이여, 세상에는 이러한 세 종류의 환자가 있다."

2. "비구들이여, 그와 마찬가지로 세상에는 세 종류의 환자에 비유할 수 있는 세 부류의 사람이 있다. 어떤 것이 셋인가?

비구들이여, 여기 어떤 사람은 여래를 뵙는 기회를 얻건 못 얻건 간에, 여래가 설한 법과 율을 듣건 듣지 못하건 간에, 유익한 법[善法]들에 대해 확실함과 올바름에 들지 못한다.365)

비구들이여, 여기 어떤 사람은 여래를 뵙는 기회를 얻건 못 얻건 간에, 여래가 설한 법과 율을 듣건 듣지 못하건 간에, 유익한 법들에 대해 확실함과 올바름에 든다.

비구들이여, 그러나 어떤 사람은 여래를 뵙는 기회를 얻을 때에만 유익한 법들에 대해 확실함과 올바름에 들고, 기회를 얻지 못할 때에는 유익한 법들에 대해 확실함과 올바름에 들지 못한다. 여래가 설한 법과 율을 들을 때에만 유익한 법들에 대해 확실함과 올바름에 들고, 법과 율을 듣지 못할 때에는 유익한 법들에 대해 확실함과 올바름에 들지 못한다.

비구들이여, 이 가운데서 여래를 뵙는 기회를 얻을 때에만 유익한 법들에 대해 확실함과 올바름에 들고, 기회를 얻지 못할 때에는 유익

---

365) "유익한 법[善法]들 가운데서 아라한과를 얻는 도라 불리는 올바름 (sammatta)에 들지 못한다는 말이다."(AA.ii.192)

한 법들에 대해 확실함과 올바름에 들지 못하고, 여래가 설한 법과 율을 들을 때에만 유익한 법들에 대해 확실함과 올바름에 들고, 법과 율을 듣지 못할 때에는 유익한 법들에 대해 확실함과 올바름에 들지 못하는 그 사람에게 교법을 허락한다. 비구들이여, 나아가서 이 사람 때문에 다른 사람들에게도 법을 설해야 한다.

비구들이여, 세상에는 세 종류의 환자에 비유할 수 있는 이러한 세 부류의 사람이 있다."

의도적 행위 경(A3:23)
Saṅkhāra-sutta

1. "비구들이여, 세상에는 세 부류의 사람이 있다. 어떤 것이 셋인가?

비구들이여, 여기 어떤 사람은 악의에 찬 몸의 의도적 행위[身行, kāya-saṅkhāra]를 짓는다. 악의에 찬 말의 의도적 행위[口行]를 한다. 악의에 찬 마음의 의도적 행위[心行]를 한다. 그는 악의에 찬 몸의 의도적 행위와 말의 의도적 행위와 마음의 의도적 행위를 한 뒤 악의가 가득한 세상에 태어난다. 악의가 가득한 세상에 태어나서는 악의에 찬 감각접촉을 만난다. 악의에 찬 감각접촉을 만날 때 악의에 찬 절대적인 괴로운 느낌을 느낀다. 예를 들면 지옥에 태어난 중생들이다."

2. "비구들이여, 그러나 어떤 사람은 악의 없는 몸의 의도적 행위를 짓는다. 악의 없는 말의 의도적 행위를 짓는다. 악의 없는 마음의 의도적 행위를 짓는다. 그는 악의 없는 몸의 의도적 행위와 말의 의두적 행위와 마음의 의노석 행위를 한 뒤 악의 없는 세상에 태

어난다. 악의 없는 세상에 태어나서는 악의 없는 감각접촉을 만난다. 악의 없는 감각접촉을 만날 때 악의 없는 절대적인 행복한 느낌을 느낀다. 예를 들면 변정천366)의 신들이다."

3. "비구들이여, 그러나 어떤 사람은 악의에 찬 몸의 의도적 행위도 짓고 악의 없는 몸의 의도적 행위도 짓는다. 악의에 찬 말의 의도적 행위도 짓고 악의 없는 말의 의도적 행위도 짓는다. 악의에 찬 마음의 의도적 행위도 짓고 악의 없는 마음의 의도적 행위도 짓는다. 그는 악의에 찬 몸의 의도적 행위도 짓고 악의 없는 몸의 의도적 행위도 짓고, 악의에 찬 말의 의도적 행위도 짓고 악의 없는 말의 의도적 행위도 짓고, 악의에 찬 마음의 의도적 행위도 짓고 악의 없는 마음의 의도적 행위도 지은 뒤 악의가 있기도 하고 없기도 한 세상에 태어난다. 그런 세상에 태어나서는 악의에 찬 감각접촉과 악의 없는 감각접촉을 만난다. 악의에 찬 감각접촉과 악의 없는 감각접촉을 만날 때 행복과 괴로움의 혼합인 악의 있는 느낌과 악의 없는 느낌을 느낀다. 예를 들면 인간들과 일부 신들과 일부 악처에 떨어진 자들이다.

---

366) '변정천(遍淨天)'은 Subhakiṇhā의 역어이다. 색계의 제3선천은 소정천 (Parittasubhā)과 무량정천(Appamāṇasubhā)과 변정천(Subhakiṇhā) 인데 여기서는 변정천을 대표로 들고 있다. 제3선천의 키워드는 subha (깨끗함)이다. 변정천에 대해서는 본서 제2권 「다른 점 경」1(A4:123) §3 의 주해를 참조할 것.
제3선의 키워드는 행복(sukha)이다. 본문에 나타나는 '절대적인 행복 (ekanta-sukha)'은 이러한 제3선의 키워드와 연결이 되고 이것은 색계 제3선천인 변정천과 연결이 되는 것이다. 그래서 주석서는 "더 낮은 범천 의 세상(brahma-loka, 즉 색계 초선천)은 희열(pīti)과 함께한 禪의 과 보로 태어난 곳이지만 변정천에는 절대적인 행복만이 있다. 그래서 그런 [범신천을] 택하지 않고 변정천을 언급한 것이다."(AA.ii.193)라고 설명 하고 있다.

비구들이여, 세상에는 이러한 세 부류의 사람이 있다."

크게 도움 됨 경(A3:24)
Bahukāra-sutta

1. "비구들이여, 세 부류의 사람은 사람에게 크게 도움이 되는
사람이다. 어떤 것이 셋인가?
비구들이여, 어떤 사람으로 인해 한 사람이 부처님께 귀의하고 법
에 귀의하고 승가에 귀의할 때 그 사람은 이 사람에게 크게 도움이
되는 사람이다."

2. "비구들이여, 다시 어떤 사람으로 인해 한 사람이 '이것이
괴로움이다.'라고 있는 그대로 꿰뚫어 알고 … '이것이 괴로움의 소
멸로 인도하는 도닦음이다.'라고 있는 그대로 꿰뚫어 알 때 그 사람
은 이 사람에게 크게 도움이 되는 사람이다."

3. "비구들이여, 다시 어떤 사람으로 인해 한 사람이 모든 번
뇌가 다하여 아무 번뇌가 없는 마음의 해탈[心解脫]과 통찰지를 통한
해탈[慧解脫]을 바로 지금여기에서 스스로 최상의 지혜로 알고 실현
하고 구족하여 머물 때 그 사람은 이 사람에게 크게 도움이 되는 사
람이다.
비구들이여, 사람에게 이러한 세 부류의 사람보다 더 도움이 되는
사람은 없다. 이러한 세 부류의 사람에게 입은 은혜는 절을 올리고 자
리에서 일어나 맞이하고 합장하고 경의를 표하고 의복과 음식과 거처
와 병구완을 위한 약품과 다른 필수품을 공양한다 하더라도 쉽게 보

답할 수 없다고 나는 말한다."

곪은 상처 경(A3:25)[367]
Aruka-sutta

1. "비구들이여, 세상에는 세 부류의 사람이 있다. 어떤 것이 셋인가?

곪은 종기와 같은 마음을 가진 사람, 번갯불과 같은 마음을 가진 사람, 금강석과 같은 마음을 가진 사람이다."

2. "비구들이여, 그러면 누가 곪은 종기와 같은 마음을 가진 사람인가?

비구들이여, 여기 어떤 사람은 성미가 급하고 격렬하다. 사소한 농담에도 노여워하고 화를 내고 분노하고 분개한다. 분노와 성냄과 불만족을 거침없이 드러낸다. 마치 곪은 종기가 나무 꼬챙이나 사금파리에 부딪치면 고름과 피가 많이 나오듯이 어떤 사람은 성미가 급하고 격렬하다. 사소한 농담에도 노여워하고 화를 내고 분노하고 분개한다. 분노와 성냄과 불만족을 거침없이 드러낸다. 비구들이여, 이를 일러 곪은 종기와 같은 마음을 가진 사람이라 한다."

3. "비구들이여, 그러면 누가 번갯불과 같은 마음을 가진 사람인가?

비구들이여, 여기 어떤 사람은 '이것이 괴로움이다.'라고 있는 그대로 꿰뚫어 알고 … '이것이 괴로움의 소멸로 인도하는 도닦음이다.'

---

367) 육차결집본의 경 이름은 금강석과 같음(Vajirūpama-sutta)이다.

라고 있는 그대로 꿰뚫어 안다. 비구들이여, 마치 눈을 가진 자가 칠흑 같이 어두운 밤에 번갯불로 형상을 보듯이 어떤 사람은 '이것이 괴로움이다.'라고 있는 그대로 꿰뚫어 알고 … '이것이 괴로움의 소멸로 인도하는 도닦음이다.'라고 있는 그대로 꿰뚫어 안다. 비구들이여, 이를 일러 번갯불과 같은 마음을 가진 사람이라 한다."

4. "비구들이여, 그러면 누가 금강석과 같은 마음을 가진 사람인가?

비구들이여, 여기 어떤 자는 모든 번뇌가 다하여 아무 번뇌가 없는 마음의 해탈[心解脫]과 통찰지를 통한 해탈[慧解脫]을 바로 지금여기에서 스스로 최상의 지혜로 알고 실현하고 구족하여 머문다. 비구들이여, 마치 보석이건 돌이건 금강석으로 부수지 못할 것이 없듯이 어떤 사람은 모든 번뇌가 다하여 아무 번뇌가 없는 마음의 해탈과 통찰지를 통한 해탈을 바로 지금여기에서 스스로 최상의 지혜로 알고 실현하고 구족하여 머문다. 비구들이여, 이를 일러 금강석과 같은 마음을 가진 사람이라 한다.

비구들이여, 세상에는 이러한 세 부류의 사람이 있다."

섬겨야 함 경(A3:26)
Sevitabba-sutta

1. "비구들이여, 세상에는 세 부류의 사람이 있다. 어떤 것이 셋인가?

비구들이여, 시중들지 않아야 하고 경모하지 않아야 하고 섬기지 않아야 하는 사람이 있고, 시중들어야 하고 경모해야 하고 섬겨야 하는 사람이 있고, 존경과 경의를 표하면서 시중들어야 하고 경모해야 하고 섬겨야 하는 사람이 있다."

2. "비구들이여, 그러면 누가 시중들지 않아야 하고 경모하지 않아야 하고 섬기지 않아야 하는 사람인가?

비구들이여, 여기 어떤 자는 계와 삼매와 통찰지[戒·定·慧]가 [자기보다] 저열하다. 비구들이여, 이와 같은 사람은 동정과 연민이 아닌 이상 시중들지 않아야 하고 경모하지 않아야 하고 섬기지 않아야 한다."

3. "비구들이여, 그러면 누가 시중들어야 하고 경모해야 하고 섬겨야 하는 사람인가?

비구들이여, 여기 어떤 자는 계와 삼매와 통찰지[戒·定·慧]가 [자기와] 동등하다. 비구들이여, 이와 같은 사람은 시중들어야 하고 경모해야 하고 섬겨야 한다. 그것은 무슨 이유 때문인가? '우리는 계를 가짐이 동등하기 때문에 우리의 이야기는 계에 관한 것이고, 그것은 계속될 것이고, 그런 우리는 행복하게 머물 것이다. 우리는 삼매를 얻음이 동등하기 때문에 우리의 이야기는 삼매에 관한 것이고, 그것은 계속될 것이고, 그런 우리는 행복하게 머물 것이다. 우리는 통찰지를 얻음이 동등하기 때문에 우리의 이야기는 통찰지에 관한 것이고, 그것은 계속될 것이고, 그런 우리는 행복하게 머물 것이다.'라는 생각 때문이다. 그러므로 이런 사람은 시중들어야 하고 경모해야 하고 섬겨야 한다."

4. "비구들이여, 그러면 누가 존경과 경의를 표하면서 시중들

어야 하고 경모해야 하고 섬겨야 하는 사람인가?

비구들이여, 여기 어떤 자는 계와 삼매와 통찰지[戒·定·慧]가 [자기보다] 수승하다. 비구들이여, 이와 같은 사람은 존경과 경의를 표하면서 시중들어야 하고 경모해야 하고 섬겨야 한다. 그것은 무슨 이유 때문인가? '아직 완성되지 않은 계의 무더기는 완성이 될 것이고 이미 완성된 계의 무더기는 여기저기서 통찰지로 잘 지키게 될 것이다.368) 아직 완성되지 않은 삼매의 무더기는 완성될 것이고 이미 완성된 삼매의 무더기는 여기저기서 통찰지로 잘 지키게 될 것이다. 아직 완성되지 않은 통찰지의 무더기는 완성될 것이고 이미 완성된 통찰지의 무더기는 여기저기서 통찰지로 잘 지키게 될 것이다.'라는 생각 때문이다. 그러므로 이런 사람은 존경과 경의를 표하면서 시중들어야 하고 경모해야 하고 섬겨야 한다.

비구들이여, 세상에는 이러한 세 부류의 사람이 있다."

5. "저열한 사람을 시중들면 저열하게 되고
    동등한 사람을 시중들면 저열하게 되지 않으며
    수승한 사람을 섬기면 빨리 향상하나니
    그러므로 자기보다 수승한 사람을 섬겨야 하리."

---

368) "계에 도움이 되지 않는 법(anupakāra-dhamma)들은 버리고 계에 도움이 되는 법들은 섬기면서 각각의 경우에 계의 무더기를 통찰지로 잘 지킨다는 뜻이다."(AA.ii.197)

넌더리 쳐야 함 경(A3:27)
Jigucchitabba-sutta

1. 비구들이여, 세상에는 세 부류의 사람이 있다. 어떤 것이 셋인가?

비구들이여, 넌더리 쳐야 하고 시중들지 않아야 하고 경모하지 않아야 하고 섬기지 않아야 하는 사람이 있고, 무관심해야 하고 시중들지 않아야 하고 경모하지 않아야 하고 섬기지 않아야 하는 사람이 있고, 시중들어야 하고 경모해야 하고 섬겨야 하는 사람이 있다."

2. "비구들이여, 그러면 누가 넌더리 쳐야 하고 시중들지 않아야 하고 경모하지 않아야 하고 섬기지 않아야 하는 사람인가?

비구들이여, 여기 어떤 자는 계행이 나쁘고 사악한 성품을 지녔고 불결하고 의심하는 습관을 가졌고 비밀스럽게 행하고 사문이 아니면서 사문이라 자처하고 청정범행을 닦지 않으면서 청정범행을 닦는다고 떠벌리며 안이 썩었고 번뇌가 흐르며 청정하지 않다.

비구들이여, 이와 같은 사람은 넌더리 쳐야 하고 시중들지 않아야 하고 경모하지 않아야 하고 섬기지 않아야 한다. 그것은 무슨 이유 때문인가? 비구들이여, 비록 이와 같은 사람의 견해를 본받지 않더라도 악명이 퍼지게 되기 때문이다. '이 사람은 나쁜 친구를 가졌고 나쁜 동료를 가졌고 나쁜 사람과 가깝다.'라고. 비구들이여, 마치 오물구덩이에 빠진 뱀이 사람을 물진 않더라도 사람에게 오물을 묻게는 하는 것처럼 비록 그 사람의 견해를 본받진 않더라도 악명이 퍼지게 된다. '이 사람은 나쁜 친구를 가졌고 나쁜 동료를 가졌고 나쁜 사람과 가깝다.'라고. 비구들이여, 그러므로 이와 같은 사람은 넌더리 쳐야 하고 시중들지 않아야 하고 경모하지 않아야 하고 섬기지 않아야 한다."

3. "비구들이여, 그러면 누가 무관심해야 하고 시중들지 않아야 하고 경모하지 않아야 하고 섬기지 않아야 하는 사람인가?

비구들이여, 여기 어떤 사람은 성미가 급하고 격렬하다. 사소한 농담에도 노여워하고 화를 내고 분노하고 분개한다. 화와 성냄과 불만족을 거침없이 드러낸다. 마치 곪은 종기가 나무 꼬챙이나 사금파리에 부딪치면 고름과 피가 많이 나오는 것처럼 이 사람은 성미가 급하고 격렬하다. 사소한 농담에도 노여워하고 화를 내고 분노하고 분개한다. 화와 성냄과 불만족을 거침없이 드러낸다.

비구들이여, 마치 띤두까 나무의 횃불이 나무 막대기나 사금파리에 부딪치면 지글거리는 소리가 나고 딱딱 소리를 크게 내는 것처럼 이 사람은 성미가 급하고 격렬하다. 사소한 농담에도 노여워하고 화를 내고 분노하고 분개한다. 화와 성냄과 불만족을 거침없이 드러낸다.

비구들이여, 마치 오물구덩이에 나무 막대기나 사금파리를 던지면 악취가 심하게 나는 것처럼 이 사람은 성미가 급하고 격렬하다. 사소한 농담에도 노여움을 사고 화를 내고 분노하고 분개한다. 화와 성냄과 불만족을 거침없이 드러낸다.

비구들이여, 이와 같은 사람은 무관심해야 하고 시중들지 않아야 하고 경모하지 않아야 하고 섬기지 않아야 한다. 그것은 무슨 이유 때문인가? 그 사람은 나를 욕할지도 모르고 비난할지도 모르고 해악을 끼칠지도 모르기 때문이다. 그러므로 이와 같은 사람은 무관심해야 하고 시중들지 않아야 하고 경모하지 않아야 하고 섬기지 않아야 한다."

4. "비구들이여, 그러면 누가 시중들어야 하고 경모해야 하고 섬겨야 하는 사람인가?

비구들이여, 여기 어떤 자는 계를 가지고 좋은 성품을 지녔다. 비구들이여, 이와 같은 사람은 시중들어야 하고 경모해야 하고 섬겨야 한다. 그것은 무슨 이유 때문인가? 비구들이여, 비록 그의 견해를 본받지는 못하더라도 그에게 좋은 명성이 따르기 때문이다. '이 사람은 좋은 친구를 가졌고 좋은 동료를 가졌고 좋은 사람과 가깝다.'라고. 그러므로 이와 같은 사람은 시중들어야 하고 경모해야 하고 섬겨야 한다.

비구들이여, 세상에는 이러한 세 부류의 사람이 있다."

5. "저열한 사람을 시중들면 저열하게 되고
동등한 사람을 시중들면 저열하게 되지 않으며
수승한 사람을 섬기면 빨리 향상하나니
그러므로 자기보다 수승한 사람을 섬겨야 하리."

꽃과 같은 말 경(A3:28)[369]

Pupphabhāṇī-sutta

1. "비구들이여, 세상에는 세 부류의 사람이 있다. 어떤 것이 셋인가?

똥과 같은 말을 하는 사람, 꽃과 같은 말을 하는 사람, 꿀과 같은 말을 하는 사람이 있다."

---

369) 육차결집본의 경 이름은 똥과 같은 말(Gūthabhāṇī-sutta)이다.

2. "비구들이여, 그러면 누가 똥과 같은 말을 하는 사람인가?

비구들이여, 여기 어떤 자는 회중이나 모임이나 친척들 가운데서나 조합이나 왕실에서 증인으로 출석한다. '오 훌륭한 자여, 아는 대로 말해 주십시오.'라고 요청을 하면 그는 그가 알지 못하는 것에 대해 '압니다.'라고 말하고, 아는 것에 대해서는 '알지 못합니다.'라고 말하고, 보지 못한 것에 대해 '보았습니다.'라고 말하고, 본 것에 대해 '보지 못했습니다.'라고 말한다. 이와 같이 자기를 보호하기 위해 혹은 다른 사람을 보호하기 위해 혹은 이득을 얻기 위해 일부러 거짓말을 한다. 비구들이여, 이를 일러 똥과 같은 말을 하는 사람이라 한다."

3. "비구들이여, 그러면 누가 꽃과 같은 말을 하는 사람인가?

비구들이여, 여기 어떤 자는 회중이나 모임이나 친척들 가운데서나 조합이나 왕실에서 증인으로 출석한다. '오 훌륭한 자여, 아는 대로 말해 주십시오.'라고 요청을 하면 그는 그가 알지 못하는 것에 대해 '알지 못합니다.'라고 말하고, 아는 것에 대해서는 '압니다.'라고 말하고, 보지 못한 것에 대해 '보지 못했습니다.'라고 말하고, 본 것에 대해 '보았습니다.'라고 말한다. 이와 같이 자기를 보호하기 위해 혹은 다른 사람을 보호하기 위해 혹은 이득을 얻기 위해 일부러 거짓말을 하지 않는다. 비구들이여, 이를 일러 꽃과 같은 말을 하는 사람이라 한다."

4. "비구들이여, 그러면 누가 꿀과 같은 말을 하는 사람인가?

비구들이여, 여기 어떤 자는 욕설을 버리고 욕설을 삼간다. 유순하고 귀에 즐겁고 사랑스럽고 가슴에 와 닿고 예의 바르고 많은 사람들이 좋아하고 많은 사람들의 마음에 드는 그런 말을 한다. 비구들이여, 이를 일러 꿀과 같은 말을 하는 사람이라 한다.

비구들이여, 세상에는 이러한 세 부류의 사람이 있다."

장님 경(A3:29)
Andha-sutta

1. "비구들이여, 세상에는 세 부류의 사람이 있다. 어떤 것이 셋인가?

장님과 한 개의 눈을 가진 자와 두 개의 눈을 가진 자가 있다."

2. "비구들이여, 그러면 누가 장님인가?

비구들이여, 여기 어떤 자는 얻지 못한 재산을 얻거나 이미 얻은 재산을 늘릴 그런 눈도 없고, 유익한 법[善法]과 해로운 법[不善法]을 알고 비난받을 법과 비난받을 일이 없는 법을 알고 저열한 법과 수승한 법을 알고 어두운 법과 밝은 법들이 각각 상반된다는 것을 알 그런 눈도 없다. 비구들이여, 이를 일러 장님이라 한다."

3. "비구들이여, 그러면 누가 한 개의 눈을 가진 자인가?

비구들이여, 여기 어떤 자는 얻지 못한 재산을 얻거나 이미 얻은 재산을 늘릴 그런 눈은 있지만, 유익한 법과 해로운 법을 알고 비난받을 법과 비난받을 일이 없는 법을 알고 저열한 법과 수승한 법을 알고 어두운 법과 밝은 법들이 각각 상반된다는 것을 알 그런 눈은 없다. 비구들이여, 이를 일러 한 개의 눈을 가진 자라 한다."

4. "비구들이여, 그러면 누가 두 개의 눈을 가진 자인가?

비구들이여, 여기 어떤 자는 얻지 못한 재산을 얻거나 이미 얻은 재산을 늘릴 그런 눈도 있고, 유익한 법과 해로운 법을 알고 비난받을 법과 비난받을 일이 없는 법을 알고 저열한 법과 수승한 법을 알고 어두운 법과 밝은 법들이 각각 상반된다는 것을 알 그런 눈도 있다. 비구들이여, 이를 일러 두 개의 눈을 가진 자라 한다.

비구들이여, 세상에는 이러한 세 부류의 사람이 있다."

5. "눈을 잃어버린 장님은 재물을 얻을 수도 없고
덕을 쌓을 수도 없으며 두 곳370) 모두에서 불행하다.
옳은 것과 그른 것371)을 함께 써서
재물을 쫓는 교활한 자는
한 개의 눈을 가진 자라 불린다.
그는 속임수를 써서 훔치거나 거짓말을 하거나
또는 둘 모두를 써서
재물을 얻는데 능숙하고 감각적 욕망을 즐기나니
이번 삶이 다하면 지옥으로 가서 고통 받으리.
두 개의 눈을 가진 수승한 사람
그는 바른 방법으로 재물을 얻고
열심히 얻은 재물을 보시하누나.
훌륭한 생각과 혼란스러움이 없는 마음으로
행운 가득한 곳에 태어나나니

---

370) "금생과 내생을 뜻한다."(AA.ii.200)
371) "열 가지 선업도와 열 가지 불선업도를 뜻한다."(*Ibid*)

그곳에 가서는 슬퍼하지 않으리.
그러므로 장님과 한 개의 눈을 가진 자를 멀리 여의고
두 개의 눈을 가진 수승한 자를 섬길지어다."

거꾸로 놓은 항아리 경(A3:30)

Avakujja-sutta

1. "비구들이여, 세상에는 세 부류의 사람이 있다. 어떤 것이 셋인가?

통찰지가 거꾸로 놓인 항아리와 같은 사람, 통찰지가 허리에 달린 주머니와 같은 사람, 통찰지가 광활한 사람이다."

2. "비구들이여, 그러면 누가 통찰지가 거꾸로 놓인 항아리와 같은 사람인가?

비구들이여, 여기 어떤 자는 비구들 곁에서 법을 듣기 위해 지속적으로 승원에 간다. 비구들은 그에게 시작도 훌륭하고 중간도 훌륭하고 끝도 훌륭한 법을 설하고, 의미와 표현을 구족하여 법을 설하며, 더할 나위 없이 완벽하고 지극히 청정한372) 범행을 드러낸다. 그는 그곳에 앉아 있을 때에도 그 설법의 처음도 마음에 잡도리하지 않고 중간도 마음에 잡도리하지 않고 마지막도 마음에 잡도리하지 않는

---

372) '더할 나위 없이 완벽하고 지극히 청정한(kevala-paripuṇṇaṁ pari-suddhaṁ)'은 범행(brahma-cariyaṁ)을 수식하는 것으로 이해하여 옮겼다. 그러나 주석서에서는 더할 나위 없이 완벽하게 법을 설하고, 지극히 청정하게 즉 엉킴 없이 법을 설한다고 설명한다. 그리고 범행을 드러낸다는 것은 그렇게 법을 설하면서 삼학에 포함된 여덟 가지 성스러운 도를 드러낸다고 설명한다.(AA.ii.202)

다. 그곳에서 일어날 때에도 그 설법의 처음도 마음에 잡도리하지 않고 중간도 마음에 잡도리하지 않고 마지막도 마음에 잡도리하지 않는다.

비구들이여, 예를 들면 거꾸로 놓인 항아리 위에다 물을 부으면 흘러내리기만 할 뿐 그곳에 담기지 않는 것과 같다. 비구들이여, 그와 같이 여기 어떤 자는 비구들 곁에서 법을 듣기 위해 지속적으로 승원에 간다. 비구들은 그에게 … 지극히 청정한 범행을 드러낸다. 그는 그곳에 앉아 있을 때에도 … 그곳에서 일어날 때에도 … 마음에 잡도리하지 않는다. 비구들이여, 이를 일러 통찰지가 거꾸로 놓인 항아리와 같은 사람이라 한다."

3. "비구들이여, 그러면 누가 통찰지가 허리에 달린 주머니와 같은 사람인가?

비구들이여, 여기 어떤 자는 비구들 곁에서 법을 듣기 위해 지속적으로 승원에 간다. 비구들은 그에게 … 지극히 청정한 범행을 드러낸다. 그는 그곳에 앉아 있을 때에는 그 설법의 처음도 마음에 잡도리하고 중간도 마음에 잡도리하고 마지막도 마음에 잡도리한다. 그러나 그곳에서 일어날 때에는 그 설법의 처음도 마음에 잡도리하지 않고 중간도 마음에 잡도리하지 않고 마지막도 마음에 잡도리하지 않는다.

비구들이여, 예를 들면 사람의 허리에 달린 주머니에 깨와 쌀과 사탕과 건포도 등 여러 가지 먹을 것을 넣어두고는 그 자리에서 일어날 때 마음챙김을 놓아버려 쏟아버리는 것과 같다. 비구들이여, 그와 같이 여기 어떤 자는 비구들 곁에서 법을 듣기 위해 지속적으로 승원에 간다. 비구들은 그에게 … 지극히 청정한 범행을 드러낸다. 그는 그

곳에 앉아 있을 때에는 … 마음에 잡도리한다. 그러나 그곳에서 일어날 때에는 … 마음에 잡도리하지 않는다. 비구들이여, 이를 일러 통찰지가 허리에 달린 주머니와 같은 사람이라 한다."

4. "비구들이여, 그러면 누가 통찰지가 광활한 사람인가?

비구들이여, 여기 어떤 자는 비구들 곁에서 법을 듣기 위해 지속적으로 승원에 간다. 비구들은 그에게 … 지극히 청정한 범행을 드러낸다. 그는 그곳에 앉아 있을 때에도 그 설법의 처음도 마음에 잡도리하고 중간도 마음에 잡도리하고 마지막도 마음에 잡도리한다. 그곳에서 일어날 때에도 그 설법의 처음도 마음에 잡도리하고 중간도 마음에 잡도리하고 마지막도 마음에 잡도리한다.

비구들이여, 예를 들면 바로 놓인 항아리에다 물을 부으면 흘러내리지 않고 그곳에 담기는 것과 같다. 비구들이여, 그와 같이 여기 어떤 자는 비구들 곁에서 법을 듣기 위해 지속적으로 승원에 간다. 비구들은 그에게 … 지극히 청정한 범행을 드러낸다. 그는 그곳에 앉아 있을 때에도 … 그곳에서 일어날 때에도 … 마음에 잡도리한다. 비구들이여, 이를 일러 통찰지가 광활한 사람이라 한다.

비구들이여, 세상에는 이러한 세 부류의 사람이 있다."

5. "지혜가 없고 현명하지 못하고
통찰지가 거꾸로 놓인 항아리와 같은 사람
그가 비록 지속적으로 비구 곁에 가더라도
법문의 처음과 중간과 끝을 이해할 수 없나니
그에게는 통찰지가 없기 때문이다.
통찰지가 허리에 달린 주머니와 같은 사람

그는 이 사람보다는 나아서
자주 비구 곁에 가서 자리에 앉아서는
법문의 처음과 중간과 끝을 이해지만
일어설 때 뜻과 문장을 꿰뚫어 알지 못하고
배운 것을 잊어버린다.
광활한 통찰지를 가진 사람
앞의 두 사람 보다 수승하여
자주 비구 곁에 가서 그곳에 앉아서
법문의 처음과 중간과 끝을 이해하고
뜻과 문장을 마음에 새긴다.
훌륭한 생각을 가졌고 혼란스러움이 없어
그는 법에 따라 수행하여 괴로움을 종식시킨다.”

제3장 사람 품이 끝났다.

제4장 저승사자 품

Devadūta-vagga

범천과 함께함 경(A3:31)

Sabrahmaka-sutta

1. "비구들이여, 아들들이 집에서 부모를 공경하는 그런 가문은 범천과 함께하는 가문이다. 아들들이 집에서 부모를 공경하는 그런 가문은 최초의 스승과 함께 사는 가문이다. 아들들이 집에서 부모를 공경하는 그런 가문은 공양받아 마땅한 자와 함께 사는 가문이다.

비구들이여, 여기서 범천이란 부모를 두고 한 말이다. 최초의 스승이란 부모를 두고 한 말이다. 공양물을 보시 받을만한 자란 부모를 두고 한 말이다. 그것은 무슨 이유 때문인가? 부모는 참으로 자식들에게 많은 것을 하나니, 자식들을 키워주고 먹여주고 이 세상을 가르쳐주기 때문이다."

2. "아들들에게 부모는 범천이요 최초의 스승이요
공양물을 받을만한 자이다.
그분들은 자식들에게 항상 연민을 가진다.
그러므로 현자들은 음식, 마실 것, 의복, 침상을 구비하고
문질러드리고 목욕시켜드리고 발 씻어드려
그분들께 귀의하고 존경해야 하리.
이렇게 부모를 잘 봉양하는 사람들
이생에서 현자들의 찬탄을 받고

다음 생에는 천상에서 기쁨 누리리.”

아난다 경(A3:32)
Ānanda-sutta

1. 한때 아난다 존자가 세존께 다가갔다. 가서는 세존께 절을
올리고 한 곁에 앉았다. 한 곁에 앉은 아난다 존자는 세존께 이렇게
말씀드렸다.

“세존이시여, 비구가 알음알이를 가진 이 몸에 대해서 ‘나’라는 생
각과 ‘내 것’이라는 생각과 자만의 잠재성향이 일어나지 않고, 밖의
모든 개념들에 대해서도 ‘나’라는 생각과 ‘내 것’이라는 생각과 자만
의 잠재성향이 일어나지 않는 그런 삼매를 얻을 수 있으며, ‘나’라는
생각과 ‘내 것’이라는 생각과 자만의 잠재성향이 일어나지 않는 그런
마음의 해탈[心解脫]과 통찰지를 통한 해탈[慧解脫]에 들어 머물 수 있
습니까?”

“아난다여, 비구가 알음알이를 가진 이 몸에 대해서 ‘나’라는 생각
과 ‘내 것’이라는 생각과 자만의 잠재성향이 일어나지 않고, 밖의 모
든 개념들에 대해서도 ‘나’라는 생각과 ‘내 것’이라는 생각과 자만의
잠재성향이 일어나지 않는 그런 삼매를 얻을 수 있으며, ‘나’라는 생
각과 ‘내 것’이라는 생각과 자만의 잠재성향이 일어나지 않는 그런
마음의 해탈과 통찰지를 통한 해탈에 들어 머물 수 있다.”

“세존이시여, 그러면 어떻게 비구가 알음알이를 가진 이 몸에 대
해서 ‘나’라는 생각과 ‘내 것’이라는 생각과 자만의 잠재성향이 일어
나지 않고, 밖의 모든 개념들에 대해서도 ‘나’라는 생각과 ‘내 것’이라
는 생각과 자만의 잠재성향이 일어나지 않는 그런 삼매를 얻을 수 있

으며, '나'라는 생각과 '내 것'이라는 생각과 자만의 잠재성향이 일어
나지 않는 그런 마음의 해탈과 통찰지를 통한 해탈에 들어 머물 수
있습니까?"

"아난다여, 여기 비구는 이렇게 생각한다. '이것은 고요하고 이것
은 수승하다. 이것은 모든 형성된 것들[諸行]이 가라앉음이요 모든 재
생의 근거를 놓아버림이요 갈애가 다함이요 탐욕이 빛바램이요 소멸
이요 열반이다.'373)라고. 아난다여, 이와 같이 비구가 알음알이를 가
진 이 몸에 대해서 '나'라는 생각과 '내 것'이라는 생각과 자만의 잠
재성향이 없고 밖의 모든 개념들에 대해서도 '나'라는 생각과 '내 것'
이라는 생각과 자만의 잠재성향이 없는 그런 삼매를 얻을 수 있으며,
'나'라는 생각과 '내 것'이라는 생각과 자만의 잠재성향이 없는 그런
마음의 해탈과 통찰지를 통한 해탈에 들어 머물 수 있다.

아난다여, 나는 이 점에 대해서 이미 『숫따니빠따』「도피안 품」
의374)「뿐나까의 질문」에서 이렇게 설하였다.

　　　'세상에서 높고 낮은 것375)을 지혜롭게 알고
　　　세상의 그 어떤 것에도 흔들리지 않으며
　　　고요하고376) 연기(煙氣)가 없고377)

---

373) "이 여덟 가지 관심사들 가운데 하나만을 얻으면 둘이나 모두 다를 얻는
　　　것이다."(AA.ii.207) 즉 본문에서 언급되고 있는 고요함, 수승함, … 소멸
　　　가운데 하나만 얻으면 나머지 8가지를 다 얻는 것이라는 뜻이다.

374) 『숫따니빠따』(Sn)의 마지막 품(제5장)이다.

375) "'높고 낮은 것(paropavara)'이란 세간적이고 출세간적인 것, 좋고 나쁜
　　　것, 멀고 가까운 것이다."(SnA.i.350.)
　　　"높은 것은 밖의 것이고 낮은 것은 안의 것이다."(SnA.i.410))

376) '고요하고'로 옮긴 원어는 santo이다. 그런데 본서 제2권「삼매경」

괴로움이 없고 갈애가 없는

그런 [아라한]은378) 태어남과 늙음을 건넜다고

나는 말하노라.'"

2. 379) 한때 사리뿟따 존자가 세존께 다가갔다. 가서는 세존께 절을 올리고 한 곁에 앉았다. 한 곁에 앉은 사리뿟따 존자에게 세존께서는 이렇게 말씀하셨다.

"사리뿟따여, 내가 법을 간략하게 설한다 해도, 법을 상세하게 설한다 해도, 때로는 간략하게 때로는 상세하게 법을 설한다 해도, 법에 대해 구경의 지혜를 가진 자들을 얻기란 참으로 어렵구나."

"세존이시여, 지금이 적절한 시기입니다. 선서시여, 지금이 세존께서 법을 간략하게, 법을 상세하게, 때로는 간략하게 때로는 상세하게 법을 설하실 시기입니다. 그러면 그들은 법에 대해 구경의 지혜를 가지게 될 것입니다."380)

(A4:41) §6에 꼭 같이 나타나는 게송에는 sato로 되어 있다. sato를 택하면 이 부분은 마음챙기고로 옮겨져야 한다. 그런데 육차결집본과 PTS주석서에는 santo로 나타나며 주석서에서 "반대가 되는(paccanīka) 오염원들을 가라앉혔기 때문에 고요하다."(AA.ii.207; AA.iii.85)로 설명하고 있기 때문에 '고요하고'로 옮겼다. 한편 PTS본 『숫따니빠따』에도 동일한 게송이 있는데 그곳에서도 santo로 나타난다.(Sn.201)

377) "몸으로 짓는 그릇된 행위 등의 연기(煙氣)가 없다는 뜻이다."(AA.ii. 207)

378) 주석서는 "그(so)는 번뇌 다한 아라한이다."(*Ibid*)라고 밝히고 있다.

379) 육차결집본에는 이 부분이 사리뿟따(Sāriputta-sutta)라는 독립된 경으로 편집되어 있다.

380) "장로는 '세존이시여, 저는 깊이 알 수 있습니다.'라고 말하지 않고 의도적으로 '세존이시여, 설명해주소서, 가르쳐주소서. 저는 세존께서 설해주신

"사리뿟따여, 그러면 이와 같이 공부지어야 한다. '알음알이를 가진 이 몸에 대해서 '나'라는 생각과 '내 것'이라는 생각과 자만의 잠재성향이 일어나지 않고 밖의 모든 개념들에 대해서도 '나'라는 생각과 '내 것'이라는 생각과 자만의 잠재성향이 일어나지 않으며, '나'라는 생각과 '내 것'이라는 생각과 자만의 잠재성향이 일어나지 않는 그런 마음의 해탈과 통찰지를 통한 해탈에 들어 머물리라.'라고, 사리뿟따여, 이와 같이 공부지어야 한다.

사리뿟따여, 비구가 알음알이를 가진 이 몸에 대해서 '나'라는 생각과 '내 것'이라는 생각과 자만의 잠재성향이 일어나지 않고 밖의 모든 개념들에 대해서도 '나'라는 생각과 '내 것'이라는 생각과 자만의 잠재성향이 일어나지 않으며, '나'라는 생각과 '내 것'이라는 생각과 자만의 잠재성향이 일어나지 않는 그런 마음의 해탈과 통찰지를 통한 해탈에 들어 머물 때 '비구가 갈애를 끊었고 족쇄를 버렸고 자만을 관통하여 괴로움을 종식시켰다.'라고 한다.

사리뿟따여, 나는 이 점에 대해서 이미 『숫따니빠따』「도피안 품」의 「우다야의 질문」에서 이렇게 설하였다.

> '감각적 욕망의 인식381)과 정신적 괴로움
> 이 둘 모두를 버렸고

법을 100가지 방법으로 아니 1000가지 방법으로 꿰뚫을 것입니다. 제게 짐(bhāra)을 지워주소서.'라고 스승께 설해주시기를 간청하기 위해서 이렇게 말하고 있다."(*Ibid*)

381) PTS본에는 kāmacchandānaṁ(감각적 욕망)으로 나타난다. 그러나 PTS주석서와 육차결집본에는 kāmasaññānaṁ으로 나타난다. 주석서는 여덟 가지 탐욕과 함께한 마음과 함께 생긴 인식이라고 설명하고 있다. (AA.ii.208) 역자는 주석서의 설명을 따라 옮겼다.

해태를 뿌리 뽑아 후회를 방지하고
평온에 기인한 마음챙김이 지극히 청정하며
바른 사유382)가 선행하고
무명을 부수어버린 해탈을 나는 설하노라.'"

원인 경(A3:33)
Nidāna-sutta

1. "비구들이여, 업을 유발하는 세 가지 원인이 있다. 어떤 것
이 셋인가?

탐욕이 업을 유발하는 원인이고, 성냄이 업을 유발하는 원인이고,
어리석음이 업을 유발하는 원인이다.

비구들이여, 탐욕이 만들었고, 탐욕에서 생겼고, 탐욕이 원인이고,
탐욕에서 일어난 업은 자신이 태어난 바로 그 곳에서 익는다. 업이
익는 그 곳에서 그 업의 결과를 경험한다. 그것은 금생이나 혹은 내
생에서 일어난다.

비구들이여, 성냄이 만들었고, 성냄에서 생겼고, 성냄이 원인이고,
성냄에서 일어난 업은 자신이 태어난 바로 그 곳에서 익는다. 업이
익는 그 곳에서 그 업의 결과를 경험한다. 그것은 금생이나 혹은 내
생에서 일어난다.

비구들이여, 어리석음이 만들었고, 어리석음에서 생겼고, 어리석
음이 원인이고, 어리석음에서 일어난 업은 자신이 태어난 바로 그 곳
에서 익는다. 업이 익는 그 곳에서 그 업의 결과를 경험한다. 그것은

---

382) 원문은 dhamma-takka(법에 대한 생각)인데 주석서는 sammā-saṅ-
kappo(바른 사유)를 뜻한다고 설명하고 있다.(AA.ii.209)

금생이나 혹은 내생에서 일어난다.

비구들이여, 예를 들면 씨앗들이 부서지지 않았고 썩지 않았고 바람과 태양에 상하지 않았고 완전하고 잘 보관되어 있어 비옥한 토지에 심은 뒤 비가 적절하게 내린다면 그 씨앗들은 싹이 트고 자라고 증장하고 풍성하게 되는 것과 같다. 비구들이여, 그와 같이 탐욕이 만들었고, 탐욕에서 생겼고, 탐욕이 원인이고, 탐욕에서 일어난 업은 자신이 태어난 바로 그 곳에서 익는다. 업이 익는 그 곳에서 그 업의 결과를 경험한다. 그것은 금생이나 혹은 내생에서 일어난다.

비구들이여, 성냄이 만들었고, 성냄에서 생겼고, 성냄이 원인이고, 성냄에서 일어난 업은 자신이 태어난 바로 그 곳에서 익는다. 업이 익는 그 곳에서 그 업의 결과를 경험한다. 그것은 금생이나 혹은 내생에서 일어난다.

비구들이여, 어리석음이 만들었고, 어리석음에서 생겼고, 어리석음이 원인이고, 어리석음에서 일어난 업은 자신이 태어난 바로 그 곳에서 익는다. 업이 익는 그 곳에서 그 업의 결과를 경험한다. 그것은 금생이나 혹은 내생에서 일어난다.

비구들이여, 업을 유발하는 데는 이러한 세 가지 원인이 있다."

2. "비구들이여, 업을 유발하는 세 가지 원인이 있다. 어떤 것이 셋인가?

탐욕 없음이 업을 유발하는 원인이고, 성냄 없음이 업을 유발하는 원인이고, 어리석음 없음이 업을 유발하는 원인이다.

비구들이여, 탐욕 없음이 만들었고, 탐욕 없음에서 생겼고, 탐욕 없음이 원인이고, 탐욕 없음에서 일어난 업은 탐욕을 버렸기 때문에 제거되었고 그 뿌리가 잘렸고 줄기만 남은 야자수처럼 되었고 멸절되었고 미래에 다시는 일어나지 않게끔 되었다.

비구들이여, 성냄 없음이 만들었고, 성냄 없음에서 생겼고, 성냄 없음이 원인이고, 성냄 없음에서 일어난 업은 성냄을 버렸기 때문에 제거되었고 그 뿌리가 잘렸고 줄기만 남은 야자수처럼 되었고 멸절되었고 미래에 다시는 일어나지 않게끔 되었다.

비구들이여, 어리석음 없음이 만들었고, 어리석음 없음에서 생겼고, 어리석음 없음이 원인이고, 어리석음 없음에서 일어난 업은 어리석음을 버렸기 때문에 제거되었고 그 뿌리가 잘렸고 줄기만 남은 야자수처럼 되었고 멸절되었고 미래에 다시는 일어나지 않게끔 되었다.

비구들이여, 예를 들면 씨앗들이 부서지지 않았고 썩지 않았고 바람과 태양에 상하지 않았고 완전하고 잘 보관되어 있는데 어떤 자가 그것을 불에다 태우고 태운 뒤 재로 만들어 강한 바람에 날려버리거나 물살이 센 강에다 흘려버리면 그 씨앗들은 뿌리가 잘렸고 줄기만 남은 야자수처럼 되었고 멸절되었고 미래에 다시 일어나지 않는 것과 같다. 비구들이여, 그와 같이 탐욕 없음이 만들었고, 탐욕 없음에서 생겼고, 탐욕 없음이 원인이고, 탐욕 없음에서 일어난 업은 탐욕을 버렸기 때문에 제거되었고 그 뿌리가 잘렸고 줄기만 남은 야자수처럼 되었고 멸절되었고 미래에 다시는 일어나지 않게끔 되었다.

비구들이여, 성냄 없음이 만들었고, 성냄 없음에서 생겼고, 성냄 없음이 원인이고, 성냄 없음에서 일어난 업은 성냄을 버렸기 때문에 제거되었고 그 뿌리가 잘렸고 줄기만 남은 야자수처럼 되었고 멸절되었고 미래에 다시는 일어나지 않게끔 되었다.

비구들이여, 어리석음 없음이 만들었고, 어리석음 없음에서 생겼고, 어리석음 없음이 원인이고, 어리석음 없음에서 일어난 업은 어리석음을 버렸기 때문에 제거되었고 그 뿌리가 잘렸고 줄기만 남은 야자수처럼 되었고 멸절되었고 미래에 다시는 일어나지 않게끔 되었다.

비구들이여, 업을 유발하는 데는 이러한 세 가지 원인이 있다."

3. "탐·진·치에서 기인한 행위를
    어리석은 자는 작건 많건 짓는다.
    지은 뒤에 스스로 여기서 그 [과보를] 경험한다.
    다른 사람이 경험하는 것이 아니다.
    그러므로 현명한 자는 탐·진·치를 짓지 않나니
    현명한 비구는 영지를 얻어 모든 악처 버려야 하리."

알라와까 경(A3:34)[383]
Āḷavaka-sutta

1. 이와 같이 나는 들었다. 한때 세존께서는 알라위[384]의 고막가[385]에 있는 심사빠 숲 속에 [떨어진] 나뭇잎 더미 위에서 머무셨

---

383) 육차결집본의 경 이름은 핫타까(Hatthaka-sutta)이다.

384) 알라위(Āḷavī)는 사왓티에서 30요자나 정도 떨어진 곳에 있는 지방이며 (SnA.i.220) 사왓티와 라자가하의 중간에 있었다고 한다. 부처님께서는 몇 번 알라위에서 머무셨다고 하며 16번째 안거를 알라위에서 하셨다고 한다. 알라위에는 탑묘(cetiya)들이 많았고 약카 신앙이 성행한 곳이다.(Ibid) 알라위에도 많은 비구들이 거주했던 것 같으며 특히 이들의 거처를 만들고 수리하는 일(nava-kamma) 때문에 부처님께서는 몇 가지 계율을 제정하셨다고 한다.(Vin.ii.172ff; iii.85; iv.34~35) 알라위의 왕은 알라와까(Āḷavaka)라고 불렸으며 알라위 사람들도 알라와까(Āḷavakā)라고 불렸다.

385) 고막가(Gomagga)는 문자적으로 "소들이 다니는 길(gunnaṁ gamana-magga — AA.ii.224)"이라는 뜻이다.

다. 그때 알라위의 핫타까 왕자386)가 이리저리 경행하다가 세존께서 고막가에 있는 심사빠 숲의 [떨어진] 나뭇잎 더미 위에 앉아 계시는 것을 보고 세존께 다가갔다. 가서는 세존께 절을 올리고 한 곁에 앉았다. 한 곁에 앉은 핫타까는 세존께 이렇게 말씀드렸다.

"세존이시여, 안녕히 주무셨습니까?"

"왕자여, 잘 잤노라. 나는 세상에서 잠을 잘 자는 사람들 가운데 한 사람이니라."

"세존이시여, 겨울밤은 춥고 더군다나 지금이 달 사이에 끼어있는 8일인387) 눈 내리는 계절이고 땅은 소 발자국 때문에 울퉁불퉁하고 나뭇잎 더미는 얇고 나뭇잎들은 드문드문하고 당신의 가사는 춥고 웨람비388) 바람이 차게 붑니다. 그럼에도 불구하고 세존께서는 '왕

---

386) 알라위의 핫타까(Hatthaka) 왕자는 본서 「하나의 모음」(A1:14:6-4)에서 사섭법을 실천하는 자들 가운데 최상이라고 언급되고 있다. 그리고 본서 「발원 경」3(A2:12:3)에서 재가자들이 본받아야 할 사람으로 부처님께서 말씀하고 계실만큼 그는 뛰어난 재가자였다. 그는 알라위 왕의 아들이었으며 그가 아이였을 때 알라와까의 약카(Yakkha, 야차)에게 먹힐 뻔했던 것을 세존께서 구해주셨으며 약카가 손으로 그를 세존의 손에 놓아주었기 때문에 핫타까(hattha는 손을 뜻함)라 불리게 되었다고 한다.(AA.i.391) 그만큼 세존과 인연이 많은 사람이었다.
그는 커서 세존의 법문을 듣고 불환과를 얻었으며 500명의 재가자들을 거느렸다고 한다.(AA.i.392; SnA.240) 그와 관련된 몇몇 경들이 초기경에 전해온다. DPPN은 본서 「핫타까 경」(A3:125)에 나타나는 신의 아들 핫타까는 바로 이 핫타까 왕자가 죽어서 무번천(Avihā)에 태어난 것이라고 밝히고 있다.

387) "마가(Māgha, 음력 1월) 달이 끝나는 마지막 4일과 팍구나(Phagguṇa, 음력 2월) 달이 시작되는 처음 4일을 '달 사이에 끼어있는 8일(antaraṭṭhaka)'이라 한다."(AA.ii.225)

388) "'웨람바 바람(verambha-vāta)'은 사방에서 불어오는 바람을 말한다. 한 방향이나 두 방향이나 세 방향에서 불어오는 바람을 웨람바 바람이라

자여, 잘 잤노라. 나는 세상에서 잠을 잘 자는 사람들 가운데 한 사람이니라.'라고 말씀하십니다."

2. "왕자여, 그렇다면 이제 그대에게 다시 물어 보리니 그대가 옳다고 생각하는 대로 설명하라. 왕자여, 이것을 어떻게 생각하는가? 여기 장자나 장자의 아들이 누각을 가진 저택을 갖고 있다. 그것은 안팎이 회반죽으로 잘 칠해졌고 바람막이가 잘 되었으며 빗장이 채워졌고 여닫이 창문이 부착되었고, 그곳에 있는 긴 의자에는 긴 양털의 덮개가 펴져있고 꽃무늬가 새겨져있는 흰색의 모직 천이 펴져있고 깔개는 사슴의 가죽으로 만들어졌고 침상에는 천개(天蓋)가 있고 양쪽에 받침이 있으며, 그 집은 기름등불이 잘 켜져 있고 네 명의 부인이 마음이 흡족하도록 시중을 들고 있다. 왕자여, 이를 어떻게 생각하는가? 그는 잠을 잘 자겠는가? 혹은 그렇지 않겠는가?"

"세존이시여, 그는 잠을 잘 잘 것입니다. 그는 세상에서 잠을 잘 자는 사람들 가운데 한 사람일 것입니다."

3. "왕자여, 그러면 이것은 어떻게 생각하는가?
장자나 장자의 아들에게 탐욕으로 인한 육체적인 열기와 정신적인 열기가[389] 생겨 그러한 탐욕에서 생긴 열기로 불탈 때 그는 잠을 잘 못잘 것이다. 그렇지 않겠는가?"

"그렇습니다, 세존이시여."

"왕자여, 그러하다. 장자나 장자의 아들이 탐욕의 열기로 불탈 때

고는 하지 않는다."(*Ibid*)

389) "'육체적인 열기(pariḷāha)'란 다섯 감각의 문을 통해 생긴 충격(khobha)이고 정신적인 열기는 마음의 문을 통해 생긴 충격이다."(AA.ii.226)

잠을 잘 못잘 것이다. 그러나 여래는 그러한 탐욕을 버렸고 그 뿌리를 잘랐고 줄기만 남은 야자수처럼 만들었고 멸절시켰고 미래에 다시는 일어나지 않게끔 하였다. 그러므로 나는 잠을 잘 자노라.

왕자여, 이를 어떻게 생각하는가? 장자나 장자의 아들에게 성냄에서 생긴 육체적인 열기와 정신적인 열기가 생겨 그 성냄에서 생긴 열기로 불탈 때 ··· 어리석음에서 생긴 육체적인 열기와 정신적인 열기가 생겨 그 어리석음에서 생긴 열기로 불탈 때 그는 잠을 잘 못잘 것이다. 그렇지 않겠는가?"

"그렇습니다, 세존이시여."

"왕자여, 그러하다. 장자나 장자의 아들이 어리석음의 열기로 불탈 때 잠을 잘 못잘 것이다. 그러나 여래는 그러한 어리석음을 버렸고 그 뿌리를 잘랐고 줄기만 남은 야자수처럼 만들었고 멸절시켰고 미래에 다시는 일어나지 않게끔 하였다. 그러므로 나는 잠을 잘 자노라."

4. "모든 악을 버린 진정한 바라문
    감각적 욕망에 흔들리지 않고
    편안하고 재생의 근거를 놓아버린 사람
    그는 잠을 잘 자노라.
    모든 갈애를 끊고 마음의 근심을 잠재우고
    마음을 고요함으로 향하게 한 뒤 평온하게 잘 자노라."

저승사자 경(A3:35)[390]
Devadūta-sutta

---

390) 같은 내용을 담고 있는 경으로는 『맛지마 니까야』 「저승사자 경」(天使經, Devadūta-sutta, M130)을 들 수 있다.

1. "비구들이여, 세 종류의 저승사자391)가 있다. 어떤 것이 셋
인가?

비구들이여, 여기 어떤 자는 몸으로 나쁜 행위를 저지르고 말로 나
쁜 행위를 저지르고 마음으로 나쁜 행위를 저지른다. 그는 몸과 말과
마음으로 나쁜 행위를 저지르고는 몸이 무너져 죽은 뒤 처참한 곳,
불행한 곳, 파멸처, 지옥에 태어난다.

비구들이여, 지옥지기392)들이 그의 팔을 잡아서 염라대왕393)에게

---

391) "[저승사자로 옮긴 deva-dūta에서] 데와(deva, 신)는 죽음의 신
(maccu)이다. 그의 사자(使者, dūta)라고 해서 '저승사자(deva-dūta)'
라 한다. 늙음과 병듦과 죽음은 절박함을 일으켜 '이제 염라대왕 곁으로
가야 한다.'라고 자극을 주는 것과 같다. 그래서 저승사자라 불린다.
그리고 신과 같은 사자(devā viya dūta)라고 해서 저승사자라고 한다.
마치 멋지게 장엄을 한 신이 허공에 서서 '그대는 아무개 날에 죽을 것이
다.'라고 말하면 그의 말을 믿어야 하는 것과 같다. … 청정한 신
(visuddhi-deva)들의 사자도 역시 저승사자라고 한다. 모든 보살들은 늙
음과 병듦과 죽음과 출가자를 본 뒤에 절박함이 생기고 출리하여 출가하
였기 때문이다."(AA.ii.227)

392) "여기서 어떤 장로들은 '지옥지기(niraya-pāla)들이란 없다. 마치 기계가
돌아가는 모습과도 같아서 업이 오직 행위를 하게 하는 것일 뿐이다.'라고
주장한다. 그러나 "지옥에는 분명히 지옥지기들이 있다는데 동의한다. 그
리고 심판관(kāraṇika)들이 있다."(Kv.598)라는 등의 방법으로 논장은
그들의 [주장을] 반박하고 있다. 마치 인간 세상에 행위를 심판하는 자들
이 있는 것과 같이 지옥에는 지옥지기들이 있다."(AA.ii.227)

393) "'염라대왕(Yamarāja)'은 천상에 있는 아귀의 왕(vemānika-peta-
rāja)이다. 그는 어느 때에는 천상의 궁전에서 천상의 소원성취의 나무와
천상의 정원과 천상의 무희 등 모든 번영을 경험하기도 하고 어느 때에는
업의 과보를 경험하기도 한다. 그리고 이 법다운 왕은 한 명이 아니다. 네
개의 대문에 네 명이 있다."(AA.ii.228) 이 야마라자(Yama-rāja)를 중
국에서는 閻羅大王으로 옮겼던 것 같다.
한편 이 염라대왕의 야마(Yama)와 야마천의 Yāma는 다르다. 주석서는

보인다. '염라대왕이시여, 이 사람은 어머니를 잘 모시지 못했고, 아버지, 사문, 바라문, 집안의 어른들을 잘 모시지 못했습니다. 이 사람에게 벌을 내리소서.'라고 말한다.

비구들이여, 염라대왕은 첫 번째 저승사자와 관련하여 그에게 질문을 던지고 집요하게 이유를 묻고 반복해서 질문한다. '여보시오, 사람들 가운데서 첫 번째 저승사자가 나타난 것을 보지 못했소?'

그는 이렇게 대답한다. '염라대왕이시여, 보지 못했습니다.'

비구들이여, 염라대왕은 그에게 이와 같이 말한다. '여보시오, 사람들 가운데서 나이가 여든, 아흔, 혹은 백세가 되어 등이 굽었고, 서까래처럼 구부러졌고, 막대기에 의존하여 비틀거리면서 걷고, 병들고, 늙고, 이빨이 부러지고, 백발이 되고, 머리카락이 부서지고, 대머리가 되고, 피부에 주름이 쭈글쭈글하고, 저승꽃으로 얼룩진 노쇠한 남자나 여자를 본 적이 없소?'

그는 이렇게 말한다. '염라대왕이시여, 보았습니다.'

비구들이여, 염라대왕은 그에게 이렇게 말한다. '여보시오, 지혜로운 어른으로서 이런 생각은 들지 않았소? 나도 늙기 마련인 법이다. 늙음을 극복할 순 없을 것이다. [그러니 나는 몸과 말과 마음으로] 선행을 쌓으리라.'라고.

그는 이렇게 말한다. '염라대왕이시여, 그것은 불가능했습니다. 저는 게을렀습니다.'

야마천을 "천상의 행복을 얻어서 두루 갖추고 있기 때문에(yātā payātā sampattā) 야마라 한다."(VbhA.519; PsA.441)라고 설명하고 있으며 경들에서는 삼십삼천 바로 위의 천상으로 나타난다. 그러나 Yāma를 Yama의 곡용형으로 이해해서 저열한 곳으로 이해한 곳도 있기는 하다. (KhpA.166)

비구들이여, 염라대왕은 그에게 이와 같이 말한다. '여보시오, 그대는 나태함 때문에 몸과 말과 마음으로 선행을 쌓지 않았소. 그대의 나태함에 상응하는 벌을 받을 것이오. 이 악업은 그대의 어머니가 지은 것도 아니고, 아버지, 형제, 자매, 친구, 친척, 신, 사문, 바라문이 지은 것도 아니오. 오직 그대가 이 악업을 지었소. 그대가 이 과보를 받을 것이오.'"

2. "비구들이여, 염라대왕은 첫 번째 저승사자와 관련하여 그에게 질문을 던지고 집요하게 이유를 묻고 반복해서 질문한 뒤 두 번째 저승사자와 관련하여 질문을 던지고 집요하게 이유를 묻고 반복해서 질문한다. '여보시오, 사람들 가운데서 두 번째 저승사자가 나타난 것을 보지 못했소?' 그는 이렇게 대답한다. '염라대왕이시여, 보지 못했습니다.'

비구들이여, 염라대왕은 그에게 이와 같이 말한다. '여보시오, 사람들 중에서 중병에 걸려 아픔과 고통에 시달리며, 자기의 대소변에 범벅이 되어 드러누워 있고, 남들이 일으켜 세워주고 남들이 앉혀주는 남자나 여자를 본 적이 없소?'

그는 이렇게 말한다. '염라대왕이시여, 보았습니다.'

비구들이여, 염라대왕은 그에게 이렇게 말한다. '여보시오, 지혜로운 어른으로서 이런 생각은 들지 않았소? 나도 병들기 마련인 법이다. 병을 극복할 순 없을 것이다. [그러니 나는 몸과 말과 마음으로] 선행을 쌓으리라.'라고.

그는 이렇게 말한다. '염라대왕이시여, 그것은 불가능했습니다. 저는 게을렀습니다.'

비구들이여, 염라대왕은 그에게 이와 같이 말한다. '여보시오, 그대는 나태함 때문에 몸과 말과 마음으로 선행을 쌓지 않았소. 그대의 나태함에 상응하는 벌을 받을 것이오. 이 악업은 그대의 어머니가 지은 것도 아니고, 아버지, 형제, 자매, 친구, 친척, 신, 사문, 바라문이 지은 것도 아니오. 오직 그대가 이 악업을 지었소. 그대가 이 과보를 받을 것이오.'

비구들이여, 염라대왕은 두 번째 저승사자와 관련하여 그에게 자세히 질문하고 반대심문하고 반복해서 질문한 뒤 침묵했다."

3. "비구들이여, 염라대왕은 두 번째 저승사자와 관련하여 그에게 질문을 던지고 집요하게 이유를 묻고 반복해서 질문한 뒤 세 번째 저승사자와 관련하여 질문을 던지고 집요하게 이유를 묻고 반복해서 질문한다. '여보시오, 사람들 가운데서 세 번째 저승사자가 나타난 것을 보지 못했소?' 그는 이렇게 대답한다. '염라대왕이시여, 보지 못했습니다.'

비구들이여, 염라대왕은 그에게 이와 같이 말한다. '여보시오, 사람들 중에서 죽은 지 하루나 이틀 또는 사흘이 지나 부풀고 검푸르게 되고 문드러진 남자나 여자를 본 적이 없소?'

그는 이렇게 말한다. '염라대왕이시여, 보았습니다.'

비구들이여, 염라대왕은 그에게 이렇게 말한다. '여보시오, 지혜로운 어른으로서 이런 생각은 들지 않았소? 나도 죽기 마련인 법이다. 죽음을 극복할 순 없을 것이다. [그러니 나는 몸과 말과 마음으로] 선행을 쌓으리라.'라고.

그는 이렇게 말한다. '염라대왕이시여, 그것은 불가능했습니다. 저는 게을렀습니다.'

비구들이여, 염라대왕은 그에게 이와 같이 말한다. '여보시오, 그대는 나태함 때문에 몸과 말과 마음으로 선행을 쌓지 않았소. 그대의 나태함에 상응하는 벌을 받을 것이오. 이 악업은 그대의 어머니가 지은 것도 아니고, 아버지, 형제, 자매, 친구, 친척, 신, 사문, 바라문이 지은 것도 아니오. 오직 그대가 이 악업을 지었소. 그대가 이 과보를 받을 것이오.'

비구들이여, 염라대왕은 세 번째 저승사자와 관련하여 그에게 자세히 질문하고 반대심문하고 반복해서 질문한 뒤 침묵했다."

4. "비구들이여, 그러자 지옥지기들은 그에게 다섯 가지 형태의 붙들어 매는 벌을 준다. 지옥지기들은 뜨거운 쇠말뚝을 손에 갖다 대고 뜨거운 쇠말뚝을 다른 한 손에도 갖다 대며 뜨거운 쇠말뚝을 발에도 갖다 대고 뜨거운 쇠말뚝을 다른 한 발에도 갖다 대며 뜨거운 쇠말뚝을 가슴 가운데도 갖다 댄다. 그는 그때 고통스럽고 격심하고 쓰라리고 신랄한 느낌을 느낀다. 그러나 그 악업이 다하기 전에는 그에게 죽음은 없다.

비구들이여, 지옥지기들은 그를 눕히고 도끼로 자른다. 그는 그때 고통스럽고 격심하고 쓰라리고 신랄한 느낌을 느낀다. 그러나 그 악업이 다하기 전에는 그에게 죽음은 없다.

비구들이여, 지옥지기들은 그를 발을 위로 머리를 아래로 잡고 큰 칼로 자른다. 그는 그때 고통스럽고 격심하고 쓰라리고 신랄한 느낌을 느낀다. 그러나 그 악업이 다하기 전에는 그에게 죽음은 없다.

비구들이여, 지옥지기들은 그를 마차에 묶어 불꽃이 이글거리면서 시뻘겋게 불타는 땅위를 달려가고 되돌아오게 한다. 그는 그때 고통스럽고 격심하고 쓰라리고 신랄한 느낌을 느낀다. 그러나 그 악업이 다하기 전에는 그에게 죽음은 없다.

비구들이여, 지옥지기들은 그를 불꽃이 이글거리면서 시뻘겋게 불타는 숯 산에 올려놓았다 내려놓았다 한다. 그는 그때 고통스럽고 격심하고 쓰라리고 신랄한 느낌을 느낀다. 그러나 그 악업이 다하기 전에는 그에게 죽음은 없다.

비구들이여, 지옥지기들은 그를 발을 위로 머리를 아래로 잡고 불꽃이 이글거리면서 시뻘겋게 불타는 뜨거운 무쇠 솥에다 빠뜨린다. 거품이 표면 위로 떠오르면서 그는 그 속에서 익는다. 거품이 표면 위로 떠오르면서 그가 그 속에서 익을 때 한 번은 위로 오르고 한 번은 아래로 내려가고 한 번은 가로지른다. 그는 그때 고통스럽고 격심하고 쓰라리고 신랄한 느낌을 느낀다. 그러나 그 악업이 다하기 전에는 그에게 죽음은 없다.

비구들이여, 지옥지기들은 그를 큰 지옥에 던져버린다. 비구들이여, 그 큰 지옥은,

> 네 개의 모서리와 네 개의 문이 있고 분할되어 있으며
> 철로 된 담장이 쳐져 있고 철판으로 덮여있고
> 철로 된 바닥에는 불길이 타오른다.
> 지옥의 불길은 사방 백 유순을 태우고 항상 지속되리.”

5. “비구들이여, 옛적에 염라대왕에게 이런 생각이 들었다. ‘여보게들, 세상에서 나쁜 행위를 저지른 자는 이와 같은 여러 가지 고문을 받는구나. 아, 참으로 내가 인간 세상에 태어나고, 여래·아라한·정등각께서 세상에 태어나시면 얼마나 좋을까? 그래서 내가 세존을 섬기고 세존께서 나에게 법을 설해주시고 내가 세존의 법을 이해한다면 얼마나 좋을까?’라고.

비구들이여, 나는 다른 사문이나 혹은 바라문에게 들어서 이렇게 말하는 것이 결코 아니다. 비구들이여, 나는 내 스스로 이 문제를 알고 내 스스로 보고 내 스스로 이해한 뒤에 이렇게 말하는 것이다.”

6. "저승사자에게 경고를 받은 게으른 사람들은
오랜 기간 고통 받는 낮은 존재의 무리에 태어나네.
저승사자에게 경고를 받은 훌륭하고 참된 사람들은
단 한 순간도 성스러운 교법에 게으르지 않고
생사의 원인인 취착에 두려움을 보며
취착하지 않고 생사가 멸절한 열반을 얻고 해탈하리.
안전함을 얻은 그들은 행복하고
지금여기에서 [모든 오염원을] 놓아버려 평화로우며394)
모든 원한과 두려움을 건넜고
[윤회의] 모든 고통을 초월했네."

사대천왕 경1(A3:36)
Catumahārāja-sutta

1. "비구들이여, 상현과 하현의 8일에 사대천왕395)의 신하들

---

394) "'지금여기에서 [모든 오염원을] 놓아버려 평화로우며'로 옮긴 원어는
diṭṭhadhamma-abhinibbutā(지금여기에서 완전히 평화롭게 됨)인데
주석서에서 "지금여기에서 즉 자신의 몸(atta-bhāva)에서 모든 오염원
의 적멸(kilesa-nibbāna)을 통해서 완전히 평화롭게 되었다."(AA.ii.
232)로 설명하고 있다.
아비담마에서는 ① 탐욕 ② 성냄 ③ 어리석음 ④ 자만 ⑤ 사견(邪見) ⑥
의심 ⑦ 해태 ⑧ 들뜸 ⑨ 양심 없음 ⑩ 수치심 없음의 열 가지 오염원을
들고 있다.(『아비담마 길라잡이』 7장 §12 참조)

395) '사대천왕'으로 옮긴 원어는 cattāro mahārājāno(줄여서 Catumahārāja
로도 나타남)로 직역하면 네 명의 대왕이다. 사대천왕은 사대왕천(Cātu-
mahārājika)을 관장하는 네 명의 왕들이다. 사대왕천은 문자적인 뜻 그
대로 네 가지 영역으로 구분된다. 이 넷은 동서남북의 네 방위와 일치한다.

이 이 세상을 둘러본다. 그것은 인간 세상에 많은 사람들이 자기 어머니와 아버지와 사문과 바라문들을 존경하는지, 가족 중에 연장자들을 공경하는지, 포살을 실천하는지, 해야 할 일에 전념하는지,396) 덕을 쌓는지를 보기 위해서이다.

비구들이여, 상현과 하현의 14일에 사대천왕의 아들들이 이 세상을 둘러본다. 그것은 인간 세상에 많은 사람들이 자기 어머니와 아버지와 사문과 바라문들을 존경하는지, 가족 중에 연장자들을 공경하는지, 포살을 실천하는지, 해야 할 일에 전념하는지, 덕을 쌓는지를 보기 위해서이다.

비구들이여, 보름의 포살일에는 사대천왕이 직접 이 세상을 둘러본다. 그것은 인간 세상에 많은 사람들이 자기 어머니와 아버지와 사문과 바라문들을 존경하는지, 가족 중에 연장자들을 공경하는지, 포살을 실천하는지, 해야 할 일에 전념하는지, 덕을 쌓는지를 보기 위해서이다."

2. "비구들이여, 만약 인간 세상에 자기 어머니와 아버지와 사

동쪽의 천왕은 다따랏타(Dhataraṭṭha)인데 천상의 음악가들인 간답바(gandabba, 건달바라 한역되었음)들을 통치하고, 남쪽의 천왕은 위룰하까(Virūḷhaka)인데 숲이나 산이나 숨겨진 보물을 관리하는 꿈반다(kumbhaṇḍa)들을 통치하고, 서쪽의 위루빡카(Virūpakkha) 천왕은 용들을 통치하며, 북쪽의 웻사와나(Vessavaṇa) 천왕은 약카(yakkha, 야차)들을 통치한다고 한다. 여기에 대해서는 『디가 니까야』 제3권 「아따나띠야 경」(D32) §4 이하를 참조할 것.

396) 원문은 paṭijāgaronti인데 복주서에서는 paṭi paṭi jāgaronti(매사에 깨어있다)로 분석한 뒤 "반드시 해야 하는 일(kātabba-kicca)에 전념하기 때문에(pasutattā) 깨어있다고 하고 자신의 이익과 남의 이익을 놓아버렸기 때문에 잠들었다(supati)고 한다."(AAṬ.ii.108)고 설명하고 있다.

문과 바라문들을 존경하고, 가족 중에 연장자들을 공경하고, 포살을 실천하고, 해야 할 일에 전념하고, 덕을 쌓는 사람이 적다면 사대천왕은 수담마 의회에 모여 있는 삼십삼천의 신들397)에게 '인간 세상에 자기 어머니와 아버지와 사문과 바라문들을 존경하고, 가족 중에 연장자들을 공경하고, 포살을 실천하고, 해야 할 일에 전념하고, 덕을 쌓는 사람이 적습니다.'라고 알린다. 비구들이여, 그러면 삼십삼천의 신들은 '참으로 신들의 무리는 줄어들고 아수라의 무리는 늘어날 것이다.'라고 마음이 언짢아진다.398)

비구들이여, 그러나 만약 인간 세상에 자기 어머니와 아버지와 사문과 바라문들을 존경하고, 가족 중에 연장자들을 공경하고, 포살을 실천하고, 해야 할 일에 전념하고, 덕을 쌓는 사람이 많다면 사대천왕은 수담마 의회에 모여 앉아 있는 삼십삼천의 신들에게 '인간 세상에 자기 어머니와 아버지와 사문과 바라문들을 존경하고, 가족 중에 연장자들을 공경하고, 포살을 실천하고, 해야 할 일에 전념하고, 덕을 쌓는 사람이 많습니다.'라고 알린다. 비구들이여, 그러면 삼십삼천의 신들은 '참으로 신들의 무리는 늘어나고 아수라의 무리는 줄어들 것이다.'라고 마음이 흡족해진다."

---

397) '삼십삼천(Tāvatiṁsā)'의 tāvatiṁsa는 tayo(3)+tiṁsa(30)의 합성어로서 33을 나타내는 tavatiṁsa의 곡용형이며 '33에 속하는 [천신]'이라는 의미이다. 삼십삼천의 개념은 베다에서부터 등장하며 조로아스터교의 성전인 아베스타에서도 언급될 만큼 오래된 개념이다. 베다에 의하면 신들은 33의 무리로 되어 있으며 이들의 우두머리가 인드라(Indra)라고 한다. 이런 신들이 모여서 회합을 가지는 삼십삼천의 집회소가 바로 수담마 의회(Sudhammā sabhā)이다. 수담마 의회에 모여서 회합을 가지는 삼십삼천의 모습에 대해서는 『디가 니까야』제2권 「마하수닷사나 경」(D18) §12와 「자나와사바 경」(D19) §2이하를 참조할 것.

398) 여기에 대해서도 앞의 주해에서 언급한 경들을 참조할 것.

사대천왕 경2(A3:37)399)

1. "비구들이여, 옛적에 신들의 왕 삭까(인드라)400)가 삼십삼천의 신들에게 [자신을] 알리면서 이 게송을 읊었다.

'나처럼 되기를 원하는 사람은
14일, 15일, 상현과 하현의 8일에
여덟 가지를 갖춘 포살401)을 준수해야 하고

---

399) 육차결집본에는 본경의 전반부(§§1~2)가 앞의 경에 포함된 것으로 편집되어 있다.

400) 원어는 Sakko nāma devānamindo이다. 삭까(Sk. Śakra)는 제석(帝釋) 혹은 석제(釋提)로 한역된 신이며 베다에 등장하는 인도의 유력한 신인 인드라(Indra)를 말한다. 『상윳따 니까야』에서는(S.i.229; DhpA.i. 264) 그의 여러 가지 이름들을 열거하는데 그 가운데 세 번째에서 그는 인간으로 있을 때 존경하면서 보시를 베풀었다(sakkaccam dānam adāsi)고 해서 삭까(sakka)라 한다고 설명하고 있다. 그러나 산스끄리뜨 śakra는 '힘센, 막강한'이라는 뜻이다. 베다에서 이미 인드라는 끄샤뜨리야의 신으로 등장한다. 베다의 후기 시대부터 인도의 모든 신들에게도 사성(四姓) 계급이 부여되는데 아그니(Agini, 불의 신)는 바라문 계급의 신으로 인드라는 끄샤뜨리야의 신으로 베딕 문헌에 나타난다. 베다 문헌들에서 신들은 자주 '인드라를 상수로 하는 신들(Indraśreṣṭāḥ devāḥ)'로 표현되어 나타난다. 이를 받아들여서 초기불교에서도 '신들의 왕(devānaṁ Indo, D11; M37/i.252)'으로 표현하고 있으며, 구체적으로는 삼십삼천의 신들의 왕이며 그래서 삼십삼천은 제석천이라고도 부른다.
인드라는 웨자얀따(Vejayanta) 궁전에 거주하며 수도의 이름은 수닷사나(Sudassana)이다. 초기경들 가운데 인드라가 부처님께 와서 설법을 듣고 가는 것을 묘사한 경이 몇몇 있으며 목갈라나 존자가 이 궁전을 손가락으로 진동시켜 신들에게 무상의 법칙을 일깨웠다는 경도 나타난다.(M37) 『디가 니까야』 제2권 「제석문경」(D21)은 이런 신들의 왕 삭까가 세존과의 문답을 통해서 예류자가 되는 것을 기술하고 있다. 불교에서는 불교를 보호하는 신[護法善神]으로 일찍부터 받아들여졌다.

연속적으로 행하는 [포살]402)을 해야 하리.'"

2. "비구들이여, 신들의 왕 삭까는 게송을 잘못 노래한 것이다. 잘한 것이 아니다. 그것은 무슨 이유 때문인가? 비구들이여, 신들의 왕 삭까는 탐욕을 제거하지 못했고 성냄을 제거하지 못했고 어리석음을 제거하지 못했기 때문이다. 비구들이여, 한 비구가 있어 그는 아라한이고 번뇌가 다했고 삶을 완성했으며 할 바를 다했고403) 짐을 내려놓았으며404) 참된 이상405)을 실현했고 삶의 족쇄를 부수었으며 바른 구경의 지혜로 해탈했다. 그 비구에게 이 게송은 적절하다.

'나처럼 되기를 원하는 사람은
14일, 15일, 상현과 하현의 8일에

---

401) 여덟 가지가 무엇인지 주석서는 언급하지 않지만 본서 「팔관재계 경」 (A3:70)에서 설하는 8계를 뜻하는 것으로 보인다.

402) "'연속적으로 행하는 [포살]'로 옮긴 원어는 pāṭihāriya-pakkha이다. 주석서에서는 "안거 중에 석 달 동안 매일 포살을 하는 것을 '연속적으로 행하는 포살'이라 한다. 이것이 불가능한 자는 두 자자(自恣)의 중간에 한 달 동안 매일 포살을 하는 것이다. 이것도 불가능한 자는 첫 번째 자자로부터 시작해서 반달간 하는 것을 '연속적으로 하는 포살'이라 한다."(AA. ii.234)
초기경들에서 pāṭihāriya는 일반적으로 신변(神變) 혹은 기적의 뜻으로 나타난다. 여기에 대해서는 본서 「상가라와 경」(A3:60) §4의 주해를 참조할 것.

403) "'할 바를 다한 자(katakaraṇīya)'라는 것은 네 가지 도로써 해야 할 일을 다 한 뒤 머무는 자이다."(AA.ii.234)

404) "무더기의 짐(bhāra)과 오염원의 짐과 업형성(abhisaṅkhāra)의 짐을 내려놓고 머무는 자이다."(*Ibid*)

405) "'참된 이상(sadattha)'이란 아라한과를 뜻한다."(*Ibid*)

여덟 가지를 갖춘 포살을 준수해야 하고
연속적으로 행하는 [포살]을 해야 하리.'

그것은 무슨 이유 때문인가? 비구들이여, 참으로 그 비구는 탐욕을 제거했고 성냄을 제거했고 어리석음을 제거했기 때문이다."

3. "비구들이여, 옛적에 신들의 왕, 삭까가 삼십삼천의 신들에게 [자신을] 알리면서 이 게송을 읊었다.

'나처럼 되기를 원하는 사람은
14일, 15일, 상현과 하현의 8일에
여덟 가지를 갖춘 포살을 준수해야 하고
연속적으로 행하는 [포살]을 해야 하리.'"

4. "비구들이여, 신들의 왕, 삭까는 게송을 잘못 노래한 것이다. 잘 노래한 것이 아니다. 잘못 설한 것이다. 잘 설한 것이 아니다. 그것은 무슨 이유 때문인가? 비구들이여, 신들의 왕, 삭까는 태어남과 늙음과 죽음과 근심·탄식·육체적 고통·정신적 고통·절망에서 벗어나지 못했다. 그는 또한 괴로움에서 벗어나지 못했다고 나는 말한다. 비구들이여, 그러나 한 비구가 있어 그는 아라한이고 번뇌를 다했고 삶을 완성했으며 할 바를 다했고 짐을 내려놓았으며 참된 이상을 실현했고 삶의 족쇄를 부수었으며 바른 구경의 지혜로 해탈했다. 그 비구에게 이 게송은 적절하다.

'나처럼 되기를 원하는 사람은
14일, 15일, 상현과 하현의 8일에

여덟 가지를 갖춘 포살을 준수해야 하고
연속적으로 행하는 [포살]을 해야 하리.'

그것은 무슨 이유 때문인가? 비구들이여, 참으로 그 비구는 태어남과 늙음과 죽음과 근심·탄식·육체적 고통·정신적 고통·절망에서 벗어났기 때문이다. 그는 또한 괴로움에서 벗어났다고 나는 말한다."

편안함 경(A3:38)
Sukhumāla-sutta

1. "비구들이여, 나는 편안했고 아주 편안했고 지극히 편안했다. 비구들이여, 나의 아버지는 궁궐에 연못을 만들게 했다. 한곳에는 청련이 피었고, 한곳에는 홍련이 피었고, 한곳에는 백련이 피었다. 그것은 나를 위한 것이었다. 까시406)의 전단향이 아닌 것은 사용하지 않았고, 모자는 까시의 [비단으로] 만든 것이었고 외투도 까시의 것이었고, 하의도 까시의 것이었고, 상의도 까시의 것이었다. 비구들이여, 더위, 추위, 먼지, 풀, 이슬과 닿지 않도록 하기 위해 밤낮으로 내게 하얀 일산이 씌워졌다.

비구들이여, 나는 세 개의 궁전을 가졌었는데 하나는 겨울용이었고, 하나는 여름용이었고, 하나는 우기용이었다. 비구들이여, 우기의 넉 달 동안에는 우기를 위해 지은 궁전에서 순전히 여자 악사들에 의한 연회를 즐기면서 아래로 내려가지 않았다. 비구들이여, 다른 사람

---

406) 까시(Kāsi 혹은 Kāsikā)는 부처님 당시 인도 중원의 16국 가운데 하나로 바라나시(Bārānasi)를 수도로 하였다. 까시와 바라나시는 초기경에 거의 동일시 되고 있다. 지금도 바라나시에서 만든 비단과 천과 향은 유명하다.

들의 집에서는 하인과 일꾼들에게 시큼한 죽과 함께 싸라기밥을 음식으로 주었지만 나의 아버지 집에서는 쌀밥과 고기반찬을 주었다."

2. "비구들이여, 이와 같은 영화을 누렸고 이와 같이 지극히 편안했던 나에게 이와 같은 생각이 들었다. '배우지 못한 범부는 자기 스스로도 늙기 마련이고 늙음을 극복하지 못한 채 다른 늙은 사람을 보고는 자신도 늙기 마련이라는 것을 잊어버리고 싫어하고 부끄러워하고 혐오스러워한다. 나도 또한 늙기 마련이고 늙음을 극복하지 못했다. 만약 내가 늙기 마련이고 늙음을 극복하지 못한 채 다른 늙은 사람을 보고는 싫어하고 부끄러워하고 혐오스러워한다면 그것은 나에게 적절치 않다.' 비구들이여, 이와 같이 내가 숙고했을 때 젊음에 대한 나의 자부심이 완전히 사라져버렸다.

'배우지 못한 범부는 자기 스스로도 병들기 마련이고 병을 극복하지 못한 채 다른 병든 사람을 보고는 자신도 병들기 마련이라는 것을 잊어버리고 싫어하고 부끄러워하고 혐오스러워한다. 나도 또한 병들기 마련이고 병을 극복하지 못했다. 만약 내가 병들기 마련이고 병을 극복하지 못한 채 다른 병든 사람을 보고는 싫어하고 부끄러워하고 혐오스러워한다면 그것은 나에게 적절치 않다.' 비구들이여, 이와 같이 내가 숙고했을 때 건강에 대한 나의 자부심이 완전히 사라져버렸다.

'배우지 못한 범부는 자기 스스로도 죽기 마련이고 죽음을 극복하지 못한 채 다른 죽은 사람을 보고는 자신도 죽기 마련이라는 것을 잊어버리고 싫어하고 부끄러워하고 혐오스러워한다. 나도 또한 죽기 마련이고 죽음을 극복하지 못했다. 만약 내가 죽기 마련이고 죽음을 극복하지 못한 채 다른 죽은 사람을 보고는 싫어하고 부끄러워하고 혐오스러워한다면 그것은 나에게 적절치 않다.' 비구들이여, 이와 같이 내가 숙고했을 때 장수에 대한 나의 자부심이 완전히 사라져버렸다."

자부심 경(A3:39)
Mada-sutta[407]

1. "비구들이여, 세 가지 자부심이 있다. 어떤 것이 셋인가?

젊음에 대한 자부심, 건강에 대한 자부심, 장수에 대한 자부심이다.

비구들이여, 젊음에 대한 자부심에 취한 배우지 못한 범부는 몸으로 나쁜 행위를 저지르고 말로 나쁜 행위를 저지르고 마음으로 나쁜 행위를 저지른다. 그는 몸과 말과 마음으로 나쁜 행위를 저지르고는 몸이 무너져 죽은 뒤 처참한 곳, 불행한 곳, 파멸처, 지옥에 태어난다.

건강에 대한 자부심에 취한 배우지 못한 범부는 몸으로 나쁜 행위를 저지르고 말로 나쁜 행위를 저지르고 마음으로 나쁜 행위를 저지른다. 그는 몸과 말과 마음으로 나쁜 행위를 저지르고는 몸이 무너져 죽은 뒤 처참한 곳, 불행한 곳, 파멸처, 지옥에 태어난다.

장수에 대한 자부심에 취한 배우지 못한 범부는 몸으로 나쁜 행위를 저지르고 말로 나쁜 행위를 저지르고 마음으로 나쁜 행위를 저지른다. 그는 몸과 말과 마음으로 나쁜 행위를 저지르고는 몸이 무너져 죽은 뒤 처참한 곳, 불행한 곳, 파멸처, 지옥에 태어난다.

비구들이여, 젊음에 대한 자부심에 취한 비구는 가르침을 버리고 낮은 [재가자의] 삶으로 돌아간다. 건강에 대한 자부심에 취한 비구

---

407) 육차결집본에는 본경이 앞의 경에 포함되어 나타난다. 그리고 PTS본의 권말 목록(uddāna)에도 이 경의 제목은 나타나지 않는다. 대신에 위 「아난다 경」(A3:32)의 §2가 「사리뿟따 경」으로 독립된 것으로 편집되어 본 품의 경이 모두 10개로 되어 있다. 육차결집본의 편집이 더 잘된 것이라 할 수 있겠다.

는 가르침을 버리고 낮은 [재가자의] 삶으로 돌아간다. 장수에 대한 자부심에 취한 비구는 가르침을 버리고 낮은 [재가자의] 삶으로 돌아간다."

2. "병들기 마련이고 늙기 마련이고 죽기 마련인 범부는
자신이 그러한 본성을 가졌음에도 불구하고
다른 자를 혐오스러워하는구나.
만약 내가 이러한 본성을 가진 중생들을 혐오스러워한다면
그런 태도로 사는 것은 나에게 적절치 않으리.
이와 같이 머물면서408) 나는
재생의 근거가 다 멸한 [열반의] 법 있음을 알았고
건강과 젊음과 장수에 대한 자부심을 모두 극복하였노라.
출리409)에서 안전한 상태를 보았나니
그런 나는 열반을 추구하면서 정진했노라.
내가 지금 감각적 욕망을 즐기는 것은 적당치 않으리.
되돌아감이란 없을 것이며
[도와] 청정범행을 목표로 하는 자가 되리라."

---

408) 주석서는 두 가지로 설명한다. 즉 이렇게 다른 사람들에 대해 혐오스러워하면서 머물 때와 혹은 이렇게 숙고하면서 머물 때이다.(AA.ii.242)
409) '출리(nekkhamma)'는 아랫줄에 나오는 열반과 동의어로 쓰였다고 주석서는 설명한다.(*Ibid*)

우선함 경(A3:40)
Ādhipateyya-sutta

1. "비구들이여, 세 가지 우선한 것이 있다. 어떤 것이 셋인가? 자기를 우선한 것, 세상을 우선한 것, 법을 우선한 것이다.410)

비구들이여, 어떤 것이 자기를 우선한 것인가?

비구들이여, 여기 비구가 숲으로 가거나 나무 아래로 가거나 빈집으로 가서 이와 같이 숙고한다. '나는 옷 때문에 집을 나와 출가한 것이 아니고 음식과 거처와 특정한 존재를 위해 집을 나와 출가한 것이 아니다. 사실은 다음과 같은 생각 때문이었다. '나는 태어남과 늙음과 죽음과 근심·탄식·육체적 고통·정신적 고통·절망에 빠져있고 괴로움에 빠져있고 괴로움에 압도되었다. 나에게 전 괴로움의 무더기의 끝이 드러날지도 모른다.'라고. 나는 감각적 욕망을 버리고 집을 나와 출가했다. 그런 감각적 욕망을 즐기거나 혹은 그보다 못한 감각적 욕망을 즐긴다면 그것은 나에게 적절치 않다.'

그는 [다시] 이렇게 숙고한다. '나에게는 불굴의 정진이 생기고 마음챙김은 확립되어 잊어버림이 없고 내 몸은 편안하여 동요가 없고 마음은 집중되어 하나가 될 것이다.' 그는 자신을 우선시 하고 해로운 법[不善法]을 버리고 유익한 법[善法]을 개발하고, 비난받을 만한 일을 버리고 비난받을 일이 없는 일을 개발하고 자신을 청정하게 유지한다. 비구들이여, 이것을 두고 자기를 우선한 것이라 한다."

2. "비구들이여, 어떤 것이 세상을 우선한 것인가?

---

410) 이 세 가지는 『디가 니까야』 제3권 「합송경」(D33) §1.10(56)에 명칭만 언급이 되고 있다.

비구들이여, 이 교단에 비구가 숲으로 가거나 나무 아래로 가거나 빈집으로 가서 이와 같이 숙고한다.

나는 옷 때문에 집을 나와 출가한 것이 아니고 음식과 거처와 특정한 존재를 위해 집을 나와 출가한 것이 아니다. 사실은 다음과 같은 생각 때문이었다. '나는 태어남과 늙음과 죽음과 근심·탄식·육체적 고통·정신적 고통·절망에 빠져있고 괴로움에 빠져있고 괴로움에 압도되었다. 나에게 전체 괴로움의 무더기의 끝이 드러날지도 모른다.'라고. 이와 같이 출가했음에도 불구하고 나는 감각적 욕망에 대한 생각을 일으키고 악의에 대한 생각을 일으키고 해코지할 생각을 일으킨다.

[중생들이] 무리지어 사는 세상은 실로 거대하다. [중생들이] 무리지어 사는 거대한 그 세상에 신통력을 가졌고 천안을 가졌고 다른 자의 마음을 아는 사문들과 바라문들이 있다. 그들은 멀리서도 남을 알고 가까이 있어도 남에게 보이지 않고 마음으로 다른 자의 마음을 안다. 그들은 나를 이와 같이 여길 것이다. '보시오, 이 훌륭한 가문의 아들을 보시오. 그는 신심으로 집을 나와 출가하고는 나쁜 해로운 법[不善法]들과 섞여 지낸다오.'

그리고 신통력을 가졌고 천안을 가졌고 다른 자의 마음을 아는 신들이 있다. 그들은 멀리서도 남을 알고 가까이 있어도 남에게 보이지 않고 마음으로 다른 자의 마음을 안다. 그들은 나를 이와 같이 여길 것이다. '보시오, 이 훌륭한 가문의 아들을 보시오. 그는 신심으로 집을 나와 출가하고는 나쁜 해로운 법들과 섞여 지낸다오.'

그는 [다시] 이렇게 숙고한다. '나에게는 불굴의 정진이 생기고 마음챙김은 확립되어 잊어버림이 없고 내 몸은 편안하여 동요가 없고 마음은 집중되어 하나가 될 것이다.' 그는 세상을 우선시 하고 해로운 법을 버리고 유익한 법을 개발하고, 비난받을 만한 일을 버리고 비난받을 일이 없는 일을 개발하고 자신을 청정하게 유지한다. 비구들이여, 이것을 두고 세상을 우선한 것이라 한다."

3. "비구들이여, 어떤 것이 법을 우선한 것인가?

비구들이여, 여기 비구가 숲으로 가거나 나무 아래로 가거나 빈집으로 가서 이와 같이 숙고한다.

나는 옷 때문에 집을 나와 출가한 것이 아니고 음식과 거처와 특정한 존재를 위해 집을 나와 출가한 것이 아니다. 사실은 다음과 같은 생각 때문이었다. '나는 태어남과 늙음과 죽음과 근심·탄식·육체적 고통·정신적 고통·절망에 빠져있고 괴로움에 빠져있고 괴로움에 압도되었다. 나에게 전체 괴로움의 무더기의 끝이 드러날지도 모른다.' 라고.

법은 세존에 의해서 잘 설해졌고 스스로 보아 알 수 있고 시간이 걸리지 않고 와서 보라는 것이고 향상으로 인도하고 지자들이 각자 알아야 하는 것이다. 그 법을 알고 보면서 머무는 나의 동료 수행자들이 있다. 내가 이와 같이 잘 설해진 법과 율에 출가했음에도 불구하고 게으르고 방일하게 머문다면 그것은 나에게 적절하지 않다.

그는 이렇게 숙고한다. '나에게는 불굴의 정진이 생기고 마음챙김은 확립되어 잊어버림이 없고 내 몸은 편안하여 동요가 없고 마음은 집중되어 하나가 될 것이다.' 그는 법을 우선시 하고 해로운 법을 버리고 유익한 법을 개발하고, 비난받을 만한 일을 버리고 비난받을 일이 없는 일을 개발하고 자신을 청정하게 유지한다. 비구들이여, 이것을 두고 법을 우선한 것이라 한다.

비구들이여, 이러한 세 가지 우선한 것이 있다."

4. "세상에 나쁜 짓을 한 사람의 비밀은 없으니
사람이여, 그대가 한 것이 사실인지 거짓인지
그대 스스로 알지라.
친구여, 그대의 잘못은 잘 목격하고도
애써 모른 채 하면서
그대에게 있는 자기의 나쁜 [행위는] 숨기누나.
신들과 여래는 어리석은 자가 행하는 부정(不正)을 보나니
그러므로 자신을 우선시 하여 행하라.
세상을 우선시 하는 자는 슬기로우며 깊이 사유하누나.
법을 최고로 여기는 자는 법을 따라 행하며
부단히 노력하는 성인은 실패하지 않으리.
노력하는 그는 마라를 극복하고 죽음을 정복하며
태어남이 다한 [아라한과를] 얻노라.
그러한 성인은 세상을 알고 슬기로우며
어떤 법에 대해서도 갈망하지 않노라."

제4장 저승사자 품이 끝났다.

제5장 소품
Cūḷa-vagga

현존 경(A3:41)
Sammukhībhāva-sutta

"비구들이여, 세 가지가 있기 때문에 신심 있는 좋은 가문의 아들이 많은 공덕을 쌓는다. 어떤 것이 셋인가?

비구들이여, 신심이 있기 때문에 신심 있는 좋은 가문의 아들은 많은 공덕을 쌓는다. 보시할 것이 있기 때문에 신심 있는 좋은 가문의 아들은 많은 공덕을 쌓는다. 받을 만한 사람이 있기 때문에 신심 있는 좋은 가문의 아들은 많은 공덕을 쌓는다.

비구들이여, 이러한 세 가지가 있기 때문에 신심 있는 좋은 가문의 아들은 많은 공덕을 쌓는다."

경우 경(A3:42)
Ṭhāna-sutta

1. "비구들이여, 세 가지 경우를 통해서 신심 있고 확신 있는 자를 알아야 한다. 어떤 것이 셋인가?

그는 계를 잘 지키는 자 보기를 원하고, 정법 듣기를 원하며, 인색함의 때를 여읜411) 마음으로 재가에 살고, 아낌없이 보시하고, 손은

---

411) 원문은 vigata-mala-macchera로 때와 인색함이 없음으로 직역이 되는데 주석서에서 '인색함의 때를 여읨(vigata-macchariya-mala)'으로 설

깨끗하고,412) 주는 것을 좋아하고, 다른 사람의 요구에 반드시 부응하고, 보시하고 나누어 가지는 것을 좋아한다."

2. "계를 잘 지키는 자 보기를 원하고 정법 듣기를 원하며 인색의 때를 버린 자, 그를 신심 있는 자라 한다."

다른 자들 경(A3:43)413)
Paresa-sutta

"비구들이여, 다른 사람들에게 법을 설하는 자가 세 가지 이익을 보는 것은414) 적절하다. 어떤 것이 셋인가?

[사성제에 대한] 법을 설하는 자는 [주석서에서 설하는] 뜻도 잘 체득하고 [삼장의] 법도 잘 체득한다.415) 법을 듣는 자도 [주석서에서 설하는] 뜻을 잘 체득하고 [삼장의] 법을 잘 체득한다. 법을 설하

명하고 있다.(AA.ii.245)

412) 원어 payata-pāṇi는 본문에서 보듯이 청정한 손을 가진 자(panisuddha-hattha)로 설명된다. 그래서 깨끗한 손을 가진 자라는 의미에서 '손은 깨끗하고'로 풀어서 옮겼다. 이 말은 베풀기 전에 자신의 손을 물로 적시는 인도풍습에서 유래된 것이다. 그래서 힌두 전적에서도 관대한 사람이라는 표현에 '손이 늘 물에 젖은 사람'이라는 말이 쓰이는 것도 같은 이유에서이다.

413) 육차결집본의 경 이름은 의미(Atthavasa-sutta)이다.

414) "'이익을 보는 것(atthavase sampassamāna)'이란 이유(kāraṇa)를 보는 것이다."(AA.ii.250)

415) "'법을 설하는 자(yo dhammaṁ deseti)'란 사성제의 법을 설명하는 자이다. '뜻을 잘 체득함(attha-ppaṭisaṁvedi)'이란 주석서(aṭṭhakatha)를 지혜로 잘 체득한다는 말이다. '법을 잘 체득함'이란 성전(pāli, 삼장)의 법을 잘 체득한다는 말이다."(*Ibid*)

는 자와 법을 듣는 자 모두 [주석서에서 설하는] 뜻을 잘 체득하고 [삼장의] 법을 잘 체득한다. 비구들이여, 다른 사람들에게 법을 설하는 자가 이러한 세 가지 이익을 보는 것은 적절하다."

설함 경(A3:44)[416]
Pavattanī-sutta

"비구들이여, 세 가지 이유 때문에 [법을] 설한다. 어떤 것이 셋인가?
법을 설하는 자는 [주석서에서 설하는] 뜻도 잘 체득하고 [삼장의] 법도 잘 체득하게 된다. 법을 듣는 자도 [주석서에서 설하는] 뜻을 잘 체득하고 [삼장의] 법을 잘 체득하게 된다. 법을 설하는 자와 법을 듣는 자 모두 [주석서에서 설하는] 뜻을 잘 체득하고 [삼장의] 법을 잘 체득하게 된다. 비구들이여, 이러한 세 가지 이유 때문에 [법을] 설한다."

현자 경(A3:45)
Paṇḍita-sutta

1.   "비구들이여, 세 가지는 현자가 천명하고 참된 사람[眞人]이 천명한 것이다. 어떤 것이 셋인가?
보시를 현자가 천명하고 참된 사람이 천명했다. 출가를 현자가 천명하고 참된 사람이 천명했다. 부모를 봉양하는 것을 현자가 천명하고 참된 사람이 천명했다. 비구들이여, 이 세 가지를 현자가 천명하고 참된 사람이 천명했다."

---

416)   육차결집본의 경 이름은 설명함(Kathāpavatti-sutta)이다.

2.   "참된 사람들이 실천한 보시, 해코지 않음
자제, [감각기능들을] 다스림, 부모를 봉양함 —
청정범행을 닦는 참된 사람들 이것을 [천명하였노라.]
훌륭한 분들이 [천명한] 이런 것을
실천하는 성스러운 현자는
바른 견해를 갖추어서 안전한 신의 세상에 태어난다."

계를 지님 경(A3:46)
Sīlavā-sutta

"비구들이여, 계를 잘 지키는 출가자가 마을이나 성읍을 의지해서
살 때 그곳에 사는 사람들은 세 가지를 통해서 많은 공덕을 쌓는다.
어떤 것이 셋인가?

몸과 말과 마음이다.

비구들이여, 계를 잘 지키는 출가자가 마을이나 읍을 의지해서 살
때 그곳에 사는 사람들은 이러한 세 가지를 통해서 많은 공덕을 쌓는다."

유위 경(A3:47)
Saṅkhata-sutta

1.   "비구들이여, 형성된 것[有爲]417)에는 세 가지 형성된 것의
특징이 있다. 어떤 것이 셋인가?

일어남이 알려져 있고 사그라짐이 알려져 있고 머문 것의 변화가

---

417) "'형성된 것[有爲, saṅkhata]'이란 삼계에 속하는 법들(tebhūmakā
dhammā)이다."(AA.ii.252)

알려져 있다.418) 비구들이여, 형성된 것에는 이러한 세 가지 특징이
있다."

2. "비구들이여, 형성되지 않은 것[無爲]에는 세 가지 형성되지
않은 것의 특징이 있다. 어떤 것이 셋인가?

일어남이 알려져 있지 않고 사그라짐이 알려져 있지 않고 머문 것
의 변화가 알려져 있지 않다.419) 비구들이여, 형성되지 않은 것에는
이러한 세 가지 특징이 있다."

---

418) 아비담마에서는 모든 유위법이 존재하는 순간은 일어남[生, uppāda], 머
묾[住, ṭhiti], 무너짐[壞, bhaṅga]의 세 순간(khaṇattaya, 세 아찰나)으
로 구성되어 있다고 설명한다.(여기에 대해서는 『청정도론』 XIV.190의
주해와 XX.24와 『아비담마 길라잡이』 4장 §6의 해설을 참조할 것) 본경
은 이러한 아비담마의 가르침의 근거가 되는 중요한 경이다. 복주서는 이
세 순간을 다음과 같이 설명하고 있다.
"원인과 조건이 합해져서 일어나는 것이 '일어남[生, uppāda]'인데 자기
존재를 얻는 것(atta-lābha)이다. '사라짐(vaya)'이란 무너짐[壞, bhaṅga]
이다. '머문 것(ṭhita)'이란 일어나는 순간 다음에(uddhaṁ) 머무는 순간
에 도달한 것이다. 그런데 이 상태(avatthā)는 일어남의 상태와는 다르기
때문에 '다른 상태(aññatthatta)' 즉 늙음[老, jara]이라고 불린다.
만일 법은 일어나면서 바로 무너지기 때문에 일어남과 무너짐은 같은 순
간(samānakkhaṇa)에 [존재한다고] 한다면 그것은 타당하지 않다. 그러
므로 일어남의 상태와는 다른 무너짐으로 향하는 상태가 늙음 즉 변화라
고 알아야 한다.
그런데 '형성된 것[有爲]들에는 머묾[住, ṭhiti]이란 존재하지 않는다.'라
고 주장하는 자들은 잘못이다. 동일한 법에 있어 일어남의 상태와는 다른
무너짐의 상태가 요구된다. 그렇지 않으면 일어날 때의 법과 소멸할 때의
법은 각각 다른 것이 되고 만다. 이와 같이 일어난 것이 무너짐으로 향하
는 법들이 요구된다. 그것이 바로 머묾의 순간(ṭhitikkhaṇa)이다. 일어나
면서 바로 무너지는 것은 알 수가 없기 때문이다."(AAṬ.ii.114)

419) "일어남 등이 존재하지 않기(abhāva) 때문에 형성되지 않은 것이라고 알
려지는 것이다."(*Ibid*)

산 왕 경(A3:48)

Pabbatarāja-sutta

1. "비구들이여, 산 중에서 가장 으뜸인 히말라야에서 큰 살라 나무들은 세 가지 방법으로 자란다. 어떤 것이 셋인가?

그들은 가지와 잎이 자란다. 껍질과 표피가 자란다. 연한 목재[白木質]와 심재(心材)가 자란다. 비구들이여, 산 중에서 가장 으뜸인 히말라야에서 큰 살라 나무들은 이러한 세 가지 방법으로 자란다.

비구들이여, 이와 마찬가지로 신심 있는 가장을 의지해서 사는 가족들은 세 가지 방법으로 증장한다. 어떤 것이 셋인가?

그들은 신심이 증장하고, 계가 증장하고, 통찰지가 증장한다. 비구들이여, 신심 있는 가장을 의지해서 사는 가족들은 세 가지 방법으로 증장한다."

2. "큰 숲 속에 암석으로 이루어진 산을 의지하여
큰 나무들이 자라나듯이
계를 지키고 신심 있는 가장을 의지하여 사는
자손들과 아내와 동료들과 친구들과 친척들과
그를 신뢰하는 사람들은 번영하리.
그러한 덕 있는 분의 계행과 관대함과 선행을 보고
지혜 있는 자들은 그를 본보기로 여기네.
여기 선처로 인도하는 도의 법을 행하는 자
[다음 생에는] 신의 세상에서
감각적 욕망을 즐기면서 기쁨 누리리라."

근면 경(A3:49)

Ātappa-sutta

1. "비구들이여, 세 가지 경우에 근면해야 한다. 어떤 것이 셋인가?

아직 일어나지 않은 나쁘고 해로운 법[不善法]들이 일어나지 않게 하기 위해 근면해야 한다. 아직 일어나지 않은 유익한 법[善法]들이 일어나게 하기 위해 근면해야 한다. 이미 일어난 몸의 느낌, 즉 고통스럽고 격심하고 쓰라리고 신랄하고 참혹하고 마음에 들지 않고 생명을 앗아가는 그런 느낌을 견디기 위해 근면해야 한다. 비구들이여, 이러한 세 가지 경우에 근면해야 한다."

2. "비구들이여, 비구가 아직 일어나지 않은 나쁘고 해로운 법들이 일어나지 않게 하기 위해 근면하고, 아직 일어나지 않은 유익한 법들이 일어나게 하기 위해 근면하고, 이미 일어난 몸의 느낌, 즉 고통스럽고 격심하고 쓰라리고 신랄하고 참혹하고 마음에 들지 않고 생명을 앗아가는 그런 느낌을 견디기 위해 근면할 때, 그를 일러 근면하고 슬기롭고 괴로움을 종식시키기 위해 마음챙기는 비구라 한다."

대도(大盜) 경(A3:50)

Mahācora-sutta

1. "비구들이여, 세 가지 특징을 가진 대도(大盜)는 집을 부수고 [마을을] 약탈하고 한 집을 에워싸서 약탈하고 도로를 매복하여 습격한다. 어떤 것이 셋인가?

비구들이여, 여기 대도는 접근하기 어려운 [지역에] 의지하고, 통과하기 어려운 [밀림에] 의지하고, 힘 있는 자를 의지한다.

비구들이여, 그러면 어떻게 대도가 접근하기 어려운 [지역에] 의지하는가?

비구들이여, 여기 대도는 접근하기 어려운 강이나 산을 의지한다. 비구들이여, 이와 같이 대도는 접근하기 어려운 [지역에] 의지한다.

비구들이여, 그러면 어떻게 대도가 통과하기 어려운 [밀림에] 의지하는가?

비구들이여, 여기 대도는 통과하기 어려운 풀밭이나 나무숲이나 밀림이나 큰 삼림을 의지한다. 비구들이여, 이와 같이 대도는 통과하기 어려운 [밀림에] 의지한다.

비구들이여, 그러면 어떻게 대도가 힘 있는 자를 의지하는가?

비구들이여, 여기 대도는 왕이나 왕의 대신들을 의지한다. 그는 이와 같이 생각한다. '만약 누군가 나를 비난한다면 왕이나 왕의 대신들이 나를 변호해줄 것이다.' 만약 누군가 그를 비난한다면 왕이나 왕의 대신들이 그를 변호한다. 비구들이여, 이와 같이 대도는 힘 있는 자를 의지한다. 비구들이여, 이러한 세 가지 특징을 가진 대도(大盜)는 집을 부수고 [마을을] 약탈하고 한 집을 에워싸서 약탈하고 도로를 매복하여 습격한다."

2. "비구들이여, 세 가지 특징을 가진 타락한 비구는 [자신의 덕을] 파서 엎어버리고 [자신의 덕을] 파멸시킨다. 그는 비난받아 마땅하고 지자들의 비난을 받으며 많은 악덕을 쌓는다. 어떤 것이 셋인가?

비구들이여, 여기 타락한 비구는 비뚤어진 것에 의지하고, 통과하기 어려운 [밀림에] 의지하고, 힘 있는 자를 의지한다.

비구들이여, 그러면 어떻게 타락한 비구가 비뚤어진 것에 의지하는가?

비구들이여, 여기 타락한 비구는 몸의 행위가 비뚤어졌고 말의 행위가 비뚤어졌고 마음의 행위가 비뚤어졌다. 비구들이여, 이와 같이 타락한 비구는 비뚤어진 것에 의지한다.

비구들이여, 그러면 어떻게 타락한 비구가 통과하기 어려운 [밀림에] 의지하는가?

비구들이여, 여기 타락한 비구는 삿된 견해[邪見]를 가졌고 삿된 견해를 거머쥐고 있다. 비구들이여, 이와 같이 타락한 비구는 통과하기 어려운 [밀림에] 의지한다.

비구들이여, 그러면 어떻게 타락한 비구가 힘 있는 자를 의지하는가?

비구들이여, 여기 타락한 비구는 왕이나 왕의 대신들을 의지한다. 그는 이와 같이 생각한다. '만약 누군가 나를 비난한다면 왕이나 왕의 대신들이 나를 변호해줄 것이다.' 만약 누군가 그를 비난한다면 왕이나 왕의 대신들이 그를 변호한다. 비구들이여, 이와 같이 타락한 비구는 힘 있는 자를 의지한다. 비구들이여, 이러한 세 가지 특징을 가진 타락한 비구는 [자신의 덕을] 파서 엎어버리고 [자신의 덕을] 파멸시킨다. 그는 비난받아 마땅하고 지자들의 비난을 받으며 많은 악덕을 쌓는다."

제5장 소품이 끝났다.

첫 번째 50개 경들의 묶음이 끝났다.

II. 큰 50개 경들의 묶음
Mahā-paññāsaka

제6장 바라문 품
Brāhmaṇa-vagga

두 바라문 경1(A3:51)
Dvebrāhmaṇa-sutta

1. 한때 늙고, 나이 들고, 태어난 지 오래 되었고, 오래 살았고, 생의 마지막에 이르렀고, 120살이 된 바라문 두 명이 세존께 다가갔다. 가서는 세존과 함께 환담을 나누었다. 유쾌하고 기억할 만한 이야기로 서로 담소를 한 뒤 한 곁에 앉았다. 한 곁에 앉은 두 바라문은 세존께 이렇게 말씀드렸다.

2. "고따마 존자시여, 저희들은 늙고, 나이 들고, 태어난 지 오래 되었고, 오래 살았고, 생의 마지막에 이르렀고, 120살이 된 바라문입니다. 저희들은 아직 덕행(kalyāṇa)을 하지 못했고 선행(kusala)을 하지 못했고 위험에서 보호해줄 행(bhīruttāṇa)을 하지 못했습니다. 고따마 존자께서 저희들을 훈도해 주시고 고따마 존자께서 저희들을 가르쳐주십시오. 그것은 저희들에게 오래도록 이익과 행복이 될 것입니다."

3. "참으로 그대 바라문들은 늙고, 나이 들고, 태어난 지 오래 되었고, 오래 살았고, 생의 마지막에 이르렀고, 120살이 되었습니다. 그러나 그대들은 아직 덕행을 하지 못했고 선행을 하지 못했고 위험에서 보호해줄 행을 하지 못했습니다. 바라문들이여, 늙음과 질병과 죽음이 이 세상을 휩쓸어갑니다. 바라문들이여, 이와 같이 이 세상이 늙음과 질병과 죽음에 의해 휩쓸려갈 때 몸으로 자제하고 말로 자제하고 마음으로 자제합니다. 그러면 그러한 자제가 그가 이 세상을 떠날 때 그에게 보호, 의지, 섬, 귀의처, 버팀목이 됩니다."

4. "삶은 휩쓸려가고 생명은 덧없고
늙음에 휩쓸린 자에게 보호란 없네.
죽음에 대한 두려움을 직시하면서
행복을 가져올 공덕을 지으시라.
이생에서 몸과 말과 마음으로
자제하고 살면서 공덕을 지은 것
그것이 죽을 때 그에게 행복을 가져오리."

두 바라문 경2(A3:52)

1. 한때 늙고, 나이 들고, 태어난 지 오래 되었고, 오래 살았고, 생의 마지막에 이르렀고, 120살이 된 바라문 두 명이 세존께 다가갔다. 가서는 세존과 함께 환담을 나누었다. 유쾌하고 기억할 만한 이야기로 서로 담소를 한 뒤 한 곁에 앉았다. 한 곁에 앉은 두 바라문은 세존께 이렇게 말씀드렸다.

2.　"고따마 존자시여, 저희들은 늙고, 나이 들고, 태어난 지 오래 되었고, 오래 살았고, 생의 마지막에 이르렀고, 120살이 된 바라문입니다. 저희들은 아직 덕행을 하지 못했고 선행을 하지 못했고 위험에서 보호해줄 행을 하지 못했습니다. 고따마 존자께서 저희들을 훈도해 주시고 고따마 존자께서 저희들을 가르쳐주십시오. 그것은 저희들에게 오래도록 이익과 행복이 될 것입니다."

3.　"참으로 그대 바라문들은 늙고, 나이 들고, 태어난 지 오래 되었고, 오래 살았고, 생의 마지막에 이르렀고, 120살이 되었습니다. 그러나 그대들은 아직 덕행을 하지 못했고 선행을 하지 못했고 위험에서 보호해줄 행을 하지 못했습니다. 바라문들이여, 늙음과 질병과 죽음이 이 세상을 불태우고 있습니다. 바라문들이여, 이와 같이 이 세상이 늙음과 질병과 죽음에 의해 탈 때 몸으로 자제하고 말로 자제하고 마음으로 자제합니다. 그러면 그 자제함이 그가 이 세상을 떠날 때 그에게 보호, 의지, 섬, 귀의처, 버팀목이 됩니다."

4.　"집이 불탈 때 가져나온 소유물과 타지 않은 것
　　그것은 집 주인에게 크게 쓸모가 있듯이
　　그와 같이 세상이 늙음과 죽음에 불탈 때
　　보시로써 자신을 지켜라.
　　이미 보시한 것은 잘 지킨 것이니라.
　　이생에서 몸과 말과 마음으로
　　자제하고 살면서 공덕을 지은 것
　　그것이 죽을 때 그에게 행복을 가져오리."

어떤 바라문 경(A3:53)

Aññatarabrāhmaṇa-sutta

1. 한때 어떤 바라문이 세존께 다가갔다. 가서는 세존과 함께 환담을 나누었다. 유쾌하고 기억할 만한 이야기로 서로 담소를 한 뒤 한 곁에 앉았다. 한 곁에 앉은 바라문은 세존께 이와 같이 말씀드렸다. "고따마 존자시여, '법은 스스로 보아 알 수 있는 것이다.'라고 말씀하십니다. 고따마 존자시여, 얼마만큼 법은 스스로 보아 알 수 있고, 시간이 걸리지 않고, 와서 보라는 것이고, 향상으로 인도하고, 지자들이 각자 알아야 하는 것입니까?"

2. "바라문이여, 욕망에 물들고 욕망에 사로잡히고 그것에 얼이 빠진 자는 자기를 해치는 생각을 하고 타인을 해치는 생각을 하고 둘 모두를 해치는 생각을 한다. 그는 육체적 고통과 정신적 고통을 경험한다. 욕망을 버렸을 때 그는 자기를 해치는 생각을 하지 않고 타인을 해치는 생각을 하지 않고 둘 모두를 해치는 생각을 하지 않는다. 그는 육체적 고통과 정신적 고통을 경험하지 않는다. 바라문이여, 이렇게 법은 스스로 보아 알 수 있고, 시간이 걸리지 않고, 와서 보라는 것이고, 향상으로 인도하고, 지자들이 각자 알아야 하는 것이다.

바라문이여, 성내고 성냄에 사로잡히고 성냄에 압도된 자는 자기를 해치는 생각을 하고 타인을 해치는 생각을 하고 둘 모두를 해치는 생각을 한다. 그는 육체적 고통과 정신적 고통을 경험한다. 성냄을 버렸을 때 그는 자기를 해치는 생각을 하지 않고 타인을 해치는 생각을 하지 않고 둘 모두를 해치는 생각을 하지 않는다. 그는 육체적 고통과 정신적 고통을 경험하지 않는다. 바라문이여, 이렇게 법은 스스로 보아 알 수 있고, 시간이 걸리지 않고, 와서 보라는 것이고, 항상으로 인도하고, 지자들이 각자 알아야 하는 것이다.

바라문이여, 어리석고 어리석음에 사로잡히고 어리석음에 압도된 자는 자기를 해치는 생각을 하고 타인을 해치는 생각을 하고 둘 모두를 해치는 생각을 한다. 그는 육체적 고통과 정신적 고통을 경험한다. 어리석음을 버렸을 때 그는 자기를 해치는 생각을 하지 않고 타인을 해치는 생각을 하지 않고 둘 모두를 해치는 생각을 하지 않는다. 그는 육체적 고통과 정신적 고통을 경험하지 않는다. 바라문이여, 이렇게 법은 스스로 보아 알 수 있고, 시간이 걸리지 않고, 와서 보라는 것이고, 항상으로 인도하고, 지자들이 각자 알아야 하는 것이다."

3. "경이롭습니다, 고따마 존자시여. 경이롭습니다, 고따마 존자시여. 마치 넘어진 자를 일으켜 세우시듯, 덮여있는 것을 걷어내 보이시듯, [방향을] 잃어버린 자에게 길을 가리켜주시듯, 눈 있는 자 형상을 보라고 어둠 속에서 등불을 비춰주시듯, 고따마 존자께서는 여러 가지 방편으로 법을 설해주셨습니다. 저는 이제 고따마 존자께 귀의하옵고 법과 비구승가에 귀의합니다. 고따마 존자께서는 저를 재가신자로 받아주소서. 오늘부터 목숨이 붙어 있는 그날까지 귀의하옵니다."

유행승 경(A3:54)
Paribbājaka-sutta

1. 한때 바라문 출신의 유행승이 세존께 다가갔다. 가서는 세존과 함께 환담을 나누었다. 유쾌하고 기억할 만한 이야기로 서로 담

소를 한 뒤 한 곁에 앉았다. 한 곁에 앉은 바라문 출신의 유행승은 세존께 이와 같이 말씀드렸다.

"고따마 존자시여, '법은 스스로 보아 알 수 있는 것이다.'라고 말씀하십니다. 고따마 존자시여, 도대체 얼마만큼 법은 스스로 보아 알 수 있고, 시간이 걸리지 않고, 와서 보라는 것이고, 향상으로 인도하고, 지자들이 각자 알아야 하는 것입니까?"

2.   "바라문이여, 욕망에 물들고 욕망에 사로잡히고 그것에 얼이 빠진 자는 자기를 해치는 생각을 하고 타인을 해치는 생각을 하고 둘 모두를 해치는 생각을 한다. 그는 육체적 고통과 정신적 고통을 경험한다. 욕망을 버렸을 때 그는 자기를 해치는 생각을 하지 않고 타인을 해치는 생각을 하지 않고 둘 모두를 해치는 생각을 하지 않는다. 그는 육체적 고통과 정신적 고통을 경험하지 않는다.

바라문이여, 욕망에 물들고 욕망에 사로잡히고 그것에 얼이 빠진 자는 몸으로 나쁜 행위를 저지르고 말로 나쁜 행위를 저지르고 마음으로 나쁜 행위를 저지른다. 욕망을 버렸을 때 그는 몸으로 나쁜 행위를 저지르지 않고 말로 나쁜 행위를 저지르지 않고 마음으로 나쁜 행위를 저지르지 않는다.

바라문이여, 욕망에 물들고 욕망에 사로잡히고 그것에 얼이 빠진 자는 자기에게 이로운 것을 있는 그대로 꿰뚫어 알지 못하고 타인에게 이로운 것을 있는 그대로 꿰뚫어 알지 못하고 둘 모두에게 이로운 것을 있는 그대로 꿰뚫어 알지 못한다. 욕망을 버렸을 때 그는 자기에게 이로운 것을 있는 그대로 꿰뚫어 알고 타인에게 이로운 것을 있는 그대로 꿰뚫어 알고 둘 모두에게 이로운 것을 있는 그대로 꿰뚫어 안다.

바라문이여, 이렇게 법은 스스로 보아 알 수 있고, 시간이 걸리지 않고, 와서 보라는 것이고, 향상으로 인도하고, 지자들이 각자 알아야 하는 것이다."

3. "바라문이여, 성내고 성냄에 사로잡히고 성냄에 압도된 자는 자기를 해치는 생각을 하고 타인을 해치는 생각을 하고 둘 모두를 해치는 생각을 한다. 그는 육체적 고통과 정신적 고통을 경험한다. 성냄을 버렸을 때 그는 자기를 해치는 생각을 하지 않고 타인을 해치는 생각을 하지 않고 둘 모두를 해치는 생각을 하지 않는다. 그는 육체적 고통과 정신적 고통을 경험하지 않는다.

바라문이여, 성내고 성냄에 사로잡히고 성냄에 압도된 자는 몸으로 나쁜 행위를 저지르고 말로 나쁜 행위를 저지르고 마음으로 나쁜 행위를 저지른다. 성냄을 버렸을 때 그는 몸으로 나쁜 행위를 저지르지 않고 말로 나쁜 행위를 저지르지 않고 마음으로 나쁜 행위를 저지르지 않는다.

바라문이여, 성내고 성냄에 사로잡히고 성냄에 압도된 자는 자기에게 이로운 것을 있는 그대로 꿰뚫어 알지 못하고 타인에게 이로운 것을 있는 그대로 꿰뚫어 알지 못하고 둘 모두에게 이로운 것을 있는 그대로 꿰뚫어 알지 못한다. 성냄을 버렸을 때 그는 자기에게 이로운 것을 있는 그대로 꿰뚫어 알고 타인에게 이로운 것을 있는 그대로 꿰뚫어 알고 둘 모두에게 이로운 것을 있는 그대로 꿰뚫어 안다.

바라문이여, 이렇게 법은 스스로 보아 알 수 있고, 시간이 걸리지 않고, 와서 보라는 것이고, 향상으로 인도하고, 지자들이 각자 알아야 하는 것이다."

4. "바라문이여, 어리석고 어리석음에 사로잡히고 어리석음에 압도된 자는 자기를 해치는 생각을 하고 타인을 해치는 생각을 하고 둘 모두를 해치는 생각을 한다. 그는 육체적 고통과 정신적 고통을 경험한다. 어리석음을 버렸을 때 그는 자기를 해치는 생각을 하지 않고 타인을 해치는 생각을 하지 않고 둘 모두를 해치는 생각을 하지 않는다. 그는 육체적 고통과 정신적 고통을 경험하지 않는다.

바라문이여, 어리석고 어리석음에 사로잡히고 어리석음에 압도된 자는 몸으로 나쁜 행위를 저지르고 말로 나쁜 행위를 저지르고 마음으로 나쁜 행위를 저지른다. 어리석음을 버렸을 때 그는 몸으로 나쁜 행위를 저지르지 않고 말로 나쁜 행위를 저지르지 않고 마음으로 나쁜 행위를 저지르지 않는다.

바라문이여, 어리석고 어리석음에 사로잡히고 어리석음에 압도된 자는 자기에게 이로운 것을 있는 그대로 꿰뚫어 알지 못하고 타인에게 이로운 것을 있는 그대로 꿰뚫어 알지 못하고 둘 모두에게 이로운 것을 있는 그대로 꿰뚫어 알지 못한다. 어리석음을 버렸을 때 그는 자기에게 이로운 것을 있는 그대로 꿰뚫어 알고 타인에게 이로운 것을 있는 그대로 꿰뚫어 알고 둘 모두에게 이로운 것을 있는 그대로 꿰뚫어 안다.

바라문이여, 이렇게 법은 스스로 보아 알 수 있고, 시간이 걸리지 않고, 와서 보라는 것이고, 향상으로 인도하고, 지자들이 각자 알아야 하는 것이다."

5. "경이롭습니다, 고따마 존자시여. 경이롭습니다, 고따마 존자시여. 마치 넘어진 자를 일으켜 세우시듯, 덮여있는 것을 걷어내

보이시듯, [방향을] 잃어버린 자에게 길을 가리켜주시듯, 눈 있는 자
형상을 보라고 어둠 속에서 등불을 비춰주시듯, 고따마 존자께서는
여러 가지 방편으로 법을 설해주셨습니다. 저는 이제 고따마 존자께
귀의하옵고 법과 비구승가에 귀의합니다. 고따마 존자께서는 저를
재가신자로 받아주소서. 오늘부터 목숨이 붙어 있는 그날까지 귀의
하옵니다.

열반 경(A3:55)
Nibbāna-sutta[420]

1. 한때 자눗소니 바라문[421]이 세존께 다가갔다. 가서는 세존
과 함께 환담을 나누었다. 유쾌하고 기억할 만한 이야기로 서로 담소
를 한 뒤 한 곁에 앉았다. 한 곁에 앉은 자눗소니 바라문은 세존께 이
와 같이 말씀드렸다.

"고따마 존자시여, '열반은 스스로 보아 알 수 있는 것이다.'라고
말씀하십니다. 고따마 존자시여, 얼마만큼 열반은 스스로 보아 알 수
있고, 시간이 걸리지 않고, 와서 보라는 것이고, 향상으로 인도하고,
지자들이 각자 알아야 하는 것입니까?"

2. "바라문이여, 욕망에 물들고 욕망에 사로잡히고 그것에 얼
이 빠진 자는 자기를 해치는 생각을 하고 타인을 해치는 생각을 하고
둘 모두를 해치는 생각을 한다. 그는 육체적 고통과 정신적 고통을

---

420) 육차결집본의 경 이름은 소진(Nibbuta-sutta)이다.

421) 자눗소니 바라문(Jāṇussoṇī brāhmaṇa)에 대해서는 본서 제2권 「무외
경」(A4:184) §1의 주해를 참조할 것.

경험한다. 욕망을 버렸을 때 그는 자기를 해치는 생각을 하지 않고 타인을 해치는 생각을 하지 않고 둘 모두를 해치는 생각을 하지 않는다. 그는 육체적 고통과 정신적 고통을 경험하지 않는다.

바라문이여, 이렇게 열반은 스스로 보아 알 수 있고, 시간이 걸리지 않고, 와서 보라는 것이고, 향상으로 인도하고, 지자들이 각자 알아야 하는 것이다."

3. "바라문이여, 성내고 성냄에 사로잡히고 성냄에 압도된 자는 자기를 해치는 생각을 하고 타인을 해치는 생각을 하고 둘 모두를 해치는 생각을 한다. 그는 육체적 고통과 정신적 고통을 경험한다. 성냄을 버렸을 때 그는 자기를 해치는 생각을 하지 않고 타인을 해치는 생각을 하지 않고 둘 모두를 해치는 생각을 하지 않는다. 그는 육체적 고통과 정신적 고통을 경험하지 않는다.

바라문이여, 이렇게 열반은 스스로 보아 알 수 있고, 시간이 걸리지 않고, 와서 보라는 것이고, 향상으로 인도하고, 지자들이 각자 알아야 하는 것이다."

4. "바라문이여, 어리석고 어리석음에 사로잡히고 어리석음에 압도된 자는 자기를 해치는 생각을 하고 타인을 해치는 생각을 하고 둘 모두를 해치는 생각을 한다. 그는 육체적 고통과 정신적 고통을 경험한다. 어리석음을 버렸을 때 그는 자기를 해치는 생각을 하지 않고 타인을 해치는 생각을 하지 않고 둘 모두를 해치는 생각을 하지 않는다. 그는 육체적 고통과 정신적 고통을 경험하지 않는다.

바라문이여, 이렇게 열반은 스스로 보아 알 수 있고, 시간이 걸리지 않고, 와서 보라는 것이고, 향상으로 인도하고, 지자들이 각자 알아야 하는 것이다."

5. "바라문이여, 그는 욕망이 남김없이 다한 것을 경험하고 성냄이 남김없이 다한 것을 경험하고 어리석음이 남김없이 다한 것을 경험한다. 그러므로 열반은 스스로 보아 알 수 있고, 시간이 걸리지 않고, 와서 보라는 것이고, 향상으로 인도하고, 지자들이 각자 알아야 하는 것이다."

6. "경이롭습니다, 고따마 존자시여. 경이롭습니다, 고따마 존자시여. 마치 넘어진 자를 일으켜 세우시듯, 덮여있는 것을 걷어내 보이시듯, [방향을] 잃어버린 자에게 길을 가리켜주시듯, 눈 있는 자 형상을 보라고 어둠 속에서 등불을 비춰주시듯, 고따마 존자께서는 여러 가지 방편으로 법을 설해주셨습니다. 저는 이제 고따마 존자께 귀의하옵고 법과 비구승가에 귀의합니다. 고따마 존자께서는 저를 재가신자로 받아주소서. 오늘부터 목숨이 붙어 있는 그날까지 귀의하옵니다."

부자 경(A3:56)[422]
Mahāsāla-sutta

1. 한때 어떤 부유한 바라문이 세존께 다가갔다. 가서는 세존과 함께 환담을 나누었다. 유쾌하고 기억할 만한 이야기로 서로 담소를 한 뒤 한 곁에 앉았다. 한 곁에 앉은 부유한 바라문은 세존께 이와 같이 말씀드렸다.

---

422) 육차결집본의 경 이름은 부서짐(Paloka-sutta)이다.

"고따마 존자시여, 나이 들고 태어난 지 오래 되었고 스승들의 스승들이었던 고대의 바라문들이 말씀하시기를 '옛날에 이 세상은 무간지옥을 떠올릴 만큼 사람들로 붐볐고, 마을과 성읍과 수도는 닭이 날아가서 앉을 수 있을 만큼 가까웠다.'라고 하는 것을 들었습니다.

고따마 존자시여, 그러나 지금은 사람들이 없어지고 줄어들었습니다. 마을은 더 이상 마을이 아니고, 성읍은 더 이상 성읍이 아니며, 도시는 더 이상 도시가 아니고, 지방은 더 이상 지방이 아닙니다. 이것의 원인은 무엇이고 이것의 조건은 무엇입니까?"

2. "바라문이여, 지금의 사람들은 법답지 못한 욕망에 물들고 비뚤어진 탐욕에 압도되고 삿된 교리에 빠져있다. 그들은 법답지 못한 욕망에 물들고 비뚤어진 탐욕에 압도되고 삿된 교리에 빠져서 예리한 칼을 쥐고 서로의 생명을 빼앗았다. 그리하여 많은 사람들이 죽었다.

바라문이여, 지금의 사람들이 없어지고 줄어들어서, 마을은 더 이상 마을이 아니고, 성읍은 더 이상 성읍이 아니며, 도시는 더 이상 도시가 아니고, 지방은 더 이상 지방이 아닌 것은 바로 이것이 그 원인이고 이것이 그 조건이다.

다시 바라문이여, 지금의 사람들은 법답지 못한 욕망에 물들고 비뚤어진 탐욕에 압도되고 삿된 교리에 빠져있다. 그들이 법답지 못한 욕망에 물들고 비뚤어진 탐욕에 압도되고 삿된 교리에 빠져있을 때 비가 때맞춰 내리지 않았다. 기근이 들었고 농산물은 흉작이 되었고 병이 들었고 줄기로만 남아있었다. 그리하여 많은 사람들이 굶어죽었다.

바라문이여, 지금의 사람들이 없어지고 줄어들어서, 마을은 더 이상 마을이 아니고, 성읍은 더 이상 성읍이 아니며, 도시는 더 이상 도시가 아니고, 지방은 더 이상 지방이 아닌 것은 바로 이것이 그 원인이고 이것이 그 조건이다.

다시 바라문이여, 지금의 사람들은 법답지 못한 욕망에 물들고 비뚤어진 탐욕에 압도되고 삿된 교리에 빠져있다. 그들이 법답지 못한 욕망에 물들고 비뚤어진 탐욕에 압도되고 삿된 교리에 빠져있을 때 약카423)가 그들에게 큰 괴물을 보냈다. 그리하여 많은 사람들이 죽었다.

바라문이여, 지금의 사람들이 없어지고 줄어들어서, 마을은 더 이상 마을이 아니고, 성읍은 더 이상 성읍이 아니며, 도시는 더 이상 도시가 아니고, 지방은 더 이상 지방이 아닌 것은 바로 이것이 그 원인이고 이것이 그 조건이다."

3. "경이롭습니다, 고따마 존자시여. 경이롭습니다, 고따마 존자시여. 마치 넘어진 자를 일으켜 세우시듯, 덮여있는 것을 걷어내 보이시듯, [방향을] 잃어버린 자에게 길을 가리켜주시듯, 눈 있는 자 형상을 보라고 어둠 속에서 등불을 비춰주시듯, 고따마 존자께서는 여러 가지 방편으로 법을 설해주셨습니다. 저는 이제 고따마 존자께 귀의하옵고 법과 비구승가에 귀의합니다. 고따마 존자께서는 저를 재가신자로 받아주소서. 오늘부터 목숨이 붙어 있는 그날까지 귀의하옵니다."

---

423) 주석서는 약카의 우두머리(yakkha-adhipati)가 흉포한 약카(caṇḍa-yakkha)들을 인간들에게 보낸 것이라고 설명하고 있다.(AA.ii.257) 약카(yakkha)에 대해서는 본서 제2권 「세상 경」(A4:36) §2의 주해를 참조할 것.

왓차곳따 경(A3:57)

Vacchagotta-sutta

1. 한때 왓차곳따 유행승424)이 세존께 다가갔다. 가서는 세존
과 함께 환담을 나누었다. 유쾌하고 기억할 만한 이야기로 서로 담소
를 한 뒤 한 곁에 앉았다. 한 곁에 앉은 왓차곳따 유행승은 세존께 이
와 같이 말씀드렸다.

"고따마 존자시여, 사문 고따마는 이렇게 말씀하신다고 들었습니
다. '오직 나에게만 보시를 해야 하고 다른 자에게 보시를 해서는 안
된다. 오직 나의 제자들에게만 보시를 해야 하고 다른 자의 제자들에
게 보시를 해서는 안 된다. 오직 나에게 보시한 것은 큰 결과를 가져
오고 다른 자에게 보시한 것은 큰 결과를 가져오지 않는다. 오직 나
의 제자들에게 보시한 것은 큰 결과를 가져오고 다른 자의 제자들에
게 보시한 것은 큰 결과를 가져오지 않는다.'라고.

고따마 존자시여, '오직 나에게만 보시를 해야 하고 다른 자에게
보시를 해서는 안 된다. 오직 나의 제자들에게만 보시를 해야 하고
다른 자의 제자들에게 보시를 해서는 안 된다. 오직 나에게 보시한
것은 큰 결과를 가져오고 다른 자에게 보시한 것은 큰 결과를 가져오

---

424) 왓차곳따 유행승(Vacchagotta paribbājaka)은 라자가하의 왓차라는 족
　　성을 가진 부유한 바라문 가문에 태어났다. 그래서 왓차곳따(왓차라는 족
　　성을 가진 자)라고 부른다.(ThgA.i.235) 그와 부처님이 나눈 대화들은 여
　　러 경에서 전승되어오는데 특히 『맛지마 니까야』의 세 경(M71, M72,
　　M73)은 유명하다. 그는 『맛지마 니까야』 「긴 왓차곳따 경」(M73)을 통
　　해서 부처님의 말씀에 확신을 가지고 마침내 부처님 제자로 출가하여 아
　　라한이 된 사람이다. 그리고 『상윳따 니까야』의 33번째 상응(S33)은
　　「왓차곳따 상응」(Vacchagotta Saṁyutta)이라고 불리는데 이 상응
　　의 전체가 그에 관계된 경들을 모은 것이다.

지 않는다. 오직 나의 제자들에게 보시한 것은 큰 결과를 가져오고 다른 자의 제자들에게 보시한 것은 큰 결과를 가져오지 않는다.'라고 그들이 말한 것은 고따마 존자가 설하신 것과 일치합니까? 고따마 존자를 거짓으로 헐뜯지 않고 고따마 존자께서 설한 것을 반복한425) 것입니까? [고따마 존자가 설했다고 전해진 이것을 반복하더라도] 어떤 사람도 나쁜 견해에 빠져 비난의 조건을 만나지 않겠습니까? 저희들은 고따마 존자를 비방하고 싶지 않습니다."

2. "왓차여, 그들이 말한 사문 고따마는 '오직 나에게만 보시를 해야 하고 다른 자에게 보시를 해서는 안 된다. 오직 나의 제자들에게만 보시를 해야 하고 다른 자의 제자들에게 보시를 해서는 안 된다. 오직 나에게 보시한 것은 큰 결과를 가져오고 다른 자에게 보시한 것은 큰 결과를 가져오지 않는다. 오직 나의 제자들에게 보시한 것은 큰 결과를 가져오고 다른 자의 제자들에게 보시한 것은 큰 결과를 가져오지 않는다.'라는 것은 내가 말한 것과 일치하지 않는다. 그들은 진실이 아닌 거짓으로 나를 비방한다.

왓차여, 다른 자로 하여금 보시하는 것을 막는 자는 세 사람을 방해하는 것이고 세 사람을 잃는 것이다. 어떤 것이 셋인가? 시주자가 덕을 쌓는 것을 방해하고, 보시 받을 자가 얻는 것을 방해하고, 먼저 자기 자신이 몰락하고 파멸한다. 왓차여, 다른 자로 하여금 보시하는 것을 막는 자는 이러한 세 사람을 방해하는 것이고 세 사람을 잃는 것이다.

---

425) dhamma란 일반적으로는 법이란 뜻이지만 여기서는 설한 것이란 뜻이고 anudhamma란 일반적으로 법을 따른다는 뜻이지만 여기서는 세존이 설하신 것을 반복한다는 뜻이라고 주석서는 설명하고 있다.(AA.ii.257)

왓차여, 그러나 나는 이와 같이 말한다. 만약 어떤 사람이 시궁창이나 하수구에 '이곳에 있는 중생들이 먹겠지.'하는 생각으로 항아리의 찌꺼기나 접시의 찌꺼기를 씻으면 그것으로도 그 사람은 덕을 쌓는다고 말하거늘 하물며 인간에게 보시한 것에 대해서야 말해 뭐하겠는가?"

3.   "왓차여, 또한 나는 계를 지키는 사람에게 보시한 것은 큰 결과를 가져온다고 말한다. 계를 지키지 않는 사람에게 한 것은 그렇지 않다. 계를 지키는 사람은 다섯 가지 특징을 버렸고 다섯 가지 특징을 가졌다.

그는 어떠한 다섯 가지 특징을 버렸는가?

감각적 욕망을 버렸고, 악의를 버렸고, 해태와 혼침을 버렸고, 들뜸과 후회를 버렸고, 의심을 버렸다. 그는 이러한 다섯 가지 특징을 버렸다.

그러면 그는 어떠한 다섯 가지 특징을 가졌는가?

그는 무학426)의 계의 무더기를 가졌고, 무학의 삼매의 무더기를 가졌고, 무학의 통찰지의 무더기를 가졌고, 무학의 해탈의 무더기를 가졌고, 무학의 해탈지견의 무더기를 가졌다. 그는 이러한 다섯 가지 특징을 가졌다.

이러한 다섯 가지 특징을 버렸고 다섯 가지 특징을 가진 자에게 보시한 것은 큰 결과를 가져온다고 나는 말한다."

4.   "검은 소, 흰 소, 붉은 소, 누른 소
      자기 새끼와 같은 색깔의 소, 회색 소

---

426)   무학(無學, asekha)은 아라한과를 뜻한다.

이런 소떼 중에서 길들여져 있고 [무리를] 선도하고
짐을 충분히 감당하고 힘세고
옆길로 벗어나지 않는 황소가 있으니
사람들은 그것의 색깔에 관계없이
오직 그 소에 짐을 싣는다.
마찬가지로 사람들 중에
끄샤뜨리야, 바라문, 와이샤, 수드라
불가촉천민의 어느 계급이든지
겸손하고 정직하고 법에 서있고 계를 지키고
진실을 말하고 양심이 있으며
생사를 버렸고 청정범행을 오로지하고
짐을 내려놓았고 윤회에서 벗어나고
할 일을 해 마쳤고 번뇌가 없으며
모든 법의 저쪽에 이르렀고 집착하지 않고
오염원이 소멸된 자가 있다.
오직 때427)가 없는 분, 진정한 들판인
그분에게 보시한 것은 풍성한 결과를 가져온다.
그러나 어리석은 자는 알지 못하고
통찰지가 없고 듣지 못하여
밖의 다른 교단에 보시를 하고
좋은 사람들에게428) 다가가지 않는다.

---

427) "탐·진·치의 때가 없다는 뜻이다."(AA.ii.259)

428) "좋은 사람들이란 부처님, 벽지불, 아라한 등 최고의 사람을 뜻한다."
(*Ibid*)

통찰지가 있고 지자들에 의해 존경받는

좋은 사람들을 섬기는 자는

선서에 대한 신심이 뿌리 깊숙이 확고하나니

이러한 지자들은 신의 세상에 가거나

혹은 이 인간 세상에서는 좋은 가문에 태어날 것이며

그는 서서히 열반을 증득할 것이니라.”

띠깐나 경(A3:58)

Tikaṇṇa-sutta

1. 한때 띠깐나 바라문429)이 세존께 다가갔다. 가서는 세존과 함께 환담을 나누었다. 유쾌하고 기억할 만한 이야기로 서로 담소를 한 뒤 한 곁에 앉았다. 한 곁에 앉은 띠깐나 바라문은 세존의 면전에서 삼명(三明)430)을 구족한 바라문들을 칭찬했다.

“바라문들은 이렇게 삼명에 통달했고, 이런 이유로 바라문들은 삼명에 통달했습니다.”

“바라문이여, 바라문들은 어떻게 바라문들의 삼명을 정의하는가?”

“고따마 존자시여, 바라문은 모계와 부계 양쪽 모두로부터 순수

---

429) 띠깐나 바라문(Tikaṇṇa brāhmaṇa)은 본경에만 나타나는데 주석서는 아무런 설명이 없다.

430) ‘삼명(三明)’으로 옮긴 원어는 tevijja인데 불교에서는 삼명을 가진 혹은 세 가지 영지를 가진 자를 뜻한다. tevija는 전문술어로 사용되기에 한문으로 삼명(三明)으로 옮겼다. 불교에서 삼명은 아래에서 세존께서 설하시듯 숙명통, 천안통, 누진통의 세 가지이다. 그러나 바라문들에게서 삼명은 바로 삼베다에 통달한 자를 뜻한다. 여기서 삼명은 삼베다와 그와 관련된 여러 학문의 지식들을 말한다. 더 자세한 것은 『디가 니까야』 제1권 「암밧타 경」(D3) §1.3의 주해들을 참조할 것.

혈통을 이어왔고 일곱 선대 동안 태생에 관한 한 의심할 여지가 없고 나무랄 데가 없습니다. 그는 베다를 공부하고 만뜨라를 호지하며 어휘와 제사와 음운과 어원431)에 이어 역사를 다섯 번째로 하는 삼베다432)에 통달하였고 언어와 문법에 능숙하였으며 자연의 이치와 대인상에 능통합니다. 고따마 존자시여, 바라문들은 이렇게 바라문들의 삼명을 정의합니다."

"바라문이여, 그렇다면 바라문들이 바라문들의 삼명을 정의하는 것과 성스러운 교법에서 삼명을 정의하는 것은 다르다."

"고따마 존자시여, 그렇다면 성스러운 교법에서는 어떻게 삼명을 정의합니까? 고따마 존자께서 성스러운 교법에서 정의하는 삼명을 설해주시면 고맙겠습니다."

"바라문이여, 그러면 듣고 마음에 잘 잡도리하라. 이제 설하리라."

2. "그렇게 하겠습니다."라고 띠깐나 바라문은 세존께 대답했다. 세존께서는 이렇게 말씀하셨다.

"바라문이여, 여기 비구는 감각적 욕망들을 완전히 떨쳐버리고 해

---

431) '음운과 어원'으로 옮긴 원어는 sākkharappabheda인데 '문자의 분석과 함께한'으로 직역할 수 있다. 그런데 주석서에서는 "음운(sikkhā)과 어원(nirutti)을 말한다."(AA.ii.261)라고 설명하고 있다. 이렇게 해야 전체가 다섯 가지가 된다.
한편 본문에 나타나는 여러 용어들은 바라문교에서 베다 본집 (Saṁhitā)을 바르게 이해하기 위해서 발전한 음운(Śikṣā), 제사(Kalpa), 문법(Vyākaraṇa), 어원(Nirukta), 운율(Chandas), 점성술(Jyotiṣa)의 여섯 가지 베당가(Vedāṅga)와 밀접한 관계가 있다.

432) '삼베다'는 tiṇṇaṁ vedānaṁ(소유격 복수)을 직역한 것이다. 삼베다는 『리그베다』(Ṛgveda), 『야주르베다』(Yajurveda), 『사마베다』(Sāmaveda)인데 초기경에서 『아타르와베다』(Atharvaveda)는 베다로 인정되지 않는다.

로운 법[不善法]들을 떨쳐버린 뒤, 일으킨 생각[尋]과 지속적인 고찰[伺]이 있고, 떨쳐버렸음에서 생겼으며, 희열[喜]과 행복[樂]이 있는 초선(初禪)을 구족하여 머문다.

일으킨 생각[尋]과 지속적인 고찰[伺]을 가라앉혔기 때문에 [더 이상 존재하지 않으며] 자기 내면의 것이고, 확신이 있으며, 마음의 단일한 상태이고, 일으킨 생각과 지속적인 고찰은 없고, 삼매에서 생긴 희열과 행복이 있는 제2선(二禪)을 구족하여 머문다.

그는 희열이 빛바랬기 때문에 평온하게 머물고, 마음챙기고 알아차리며[正念·正知] 몸으로 행복을 경험한다. [이 禪 때문에] 성자들이 그를 두고 '평온하고 마음챙기며 행복하게 머문다.'고 묘사하는 제3선(三禪)을 구족하여 머문다.

그는 행복도 버리고 괴로움도 버리고, 아울러 그 이전에 이미 기쁨과 슬픔을 소멸하였으므로 괴롭지도 즐겁지도 않으며, 평온으로 인해 마음챙김이 청정한[捨念淸淨] 제4선(四禪)을 구족하여 머문다."

3.　"그가 이와 같이 마음이 삼매에 들고, 청정하고, 깨끗하고, 흠이 없고 오염원이 사라지고, 유연하고, 활발발하고, 안정되고, 흔들림이 없는 상태에 이르렀을 때 전생을 기억하는 지혜[宿命通]로 마음을 향하게 하고 기울인다.

그는 수많은 전생의 갖가지 삶들을 기억한다. 즉, 한 생, 두 생, 세 생, 네 생, 다섯 생, 열 생, 스무 생, 서른 생, 마흔 생, 쉰 생, 백 생, 천 생, 십만 생, 세계가 수축하는 여러 겁, 세계가 팽창하는 여러 겁, 세계가 수축하고 팽창하는 여러 겁을 기억한다. '어느 곳에서 이런 이름을 가졌고, 이런 종족이었고, 이런 용모를 가졌고, 이런 음식을 먹었고, 이런 행복과 고통을 경험했고, 이런 수명의 한계를 가졌고, 그

곳에서 죽어 다른 어떤 곳에 다시 태어나 그곳에서도 이런 이름을 가졌고, 이런 종족이었고, 이런 용모를 가졌고, 이런 음식을 먹었고, 이런 행복과 고통을 경험했고, 이런 수명의 한계를 가졌고, 그곳에서 죽어 여기 다시 태어났다.'라고. 이처럼 한량없는 전생의 갖가지 모습들을 그 특색과 더불어 상세하게 기억해낸다.

그는 첫 번째 영지[明]를 얻는다. 마치 방일하지 않고 근면하고 스스로를 독려하며 머무는 자에게 무명은 사라지고 영지가 생기고 어둠은 사라지고 광명이 생기듯이, 그에게 무명은 사라지고 영지가 생기고 어둠은 사라지고 광명이 생긴다."

4. "그가 이와 같이 마음이 삼매에 들고, 청정하고, 깨끗하고, 흠이 없고, 오염원이 사라지고, 유연하고, 활발발하고, 안정되고, 흔들림이 없는 상태에 이르렀을 때 중생들의 죽음과 다시 태어남을 [아는] 지혜[天眼通]433)로 마음을 향하게 하고 기울인다.

그는 청정하고 인간을 넘어선 신성한 눈[天眼]으로 중생들이 죽고 태어나고, 천박하고 고상하고, 잘생기고 못생기고, 좋은 곳[善處]에 가고 나쁜 곳[惡處]에 가는 것을 보고, 중생들이 지은 바 그 업에 따라 가는 것을 꿰뚫어 안다. '이들은 몸으로 못된 짓을 골고루 하고 입으로 못된 짓을 골고루 하고 또 마음으로 못된 짓을 골고루 하고, 성자들을 비방하고, 삿된 견해를 지니고 사견업(邪見業)을 지었다. 이들은 죽어서 몸이 무너진 다음에는 처참한 곳[苦界], 불행한 곳[惡處], 파멸처, 지옥에 태어났다. 그러나 이들은 몸으로 좋은 일을 골고루 하고

---

433) 본문에 나타나는 '중생들의 죽음과 다시 태어남을 [아는] 지혜[天眼通, cutūpapata-ñāṇa]'의 정형구는 『청정도론』 XIII.72~101에 상세하게 설명되어 있다.

입으로 좋은 일을 골고루 하고 마음으로 좋은 일을 골고루 하고 성자들을 비방하지 않고 바른 견해를 지니고 정견업(正見業)을 지었다. 이들은 죽어서 몸이 무너진 다음에는 좋은 곳[善處], 천상세계에 태어났다.'라고, 이와 같이 그는 청정하고 인간을 넘어선 신성한 눈으로 중생들이 죽고 태어나고, 천박하고 고상하고, 잘생기고 못생기고, 좋은 곳[善處]에 가고 나쁜 곳[惡處]에 가는 것을 보고, 중생들이 지은 바 그 업에 따라서 가는 것을 꿰뚫어 안다.

그는 두 번째 영지를 얻는다. 마치 방일하지 않고 근면하고 스스로를 독려하며 머무는 자에게 무명은 사라지고 영지가 생기고 어둠은 사라지고 광명이 생기듯이, 그에게 무명은 사라지고 영지가 생기고 어둠은 사라지고 광명이 생긴다."

5. "그가 이와 같이 마음이 삼매에 들고, 청정하고, 깨끗하고, 흠이 없고, 오염원이 사라지고, 유연하고, 활발발하고, 안정되고, 흔들림이 없는 상태에 이르렀을 때 모든 번뇌를 소멸하는 지혜[漏盡通]434)로 마음을 향하게 하고 기울인다.

그는 '이것이 괴로움이다.'라고 있는 그대로 꿰뚫어 안다. '이것이 괴로움의 일어남이다.'라고 있는 그대로 꿰뚫어 안다. '이것이 괴로움의 소멸이다.'라고 있는 그대로 꿰뚫어 안다. '이것이 괴로움의 소멸로 인도하는 도닦음이다.'라고 있는 그대로 꿰뚫어 안다.

'이것이 번뇌다.'라고 있는 그대로 꿰뚫어 안다. '이것이 번뇌의 일

---

434) '모든 번뇌를 소멸하는 지혜(āsavakkhaya-ñāṇa, 漏盡通)'의 정형구는 『디가 니까야』 제2권 「사문과경」(D2) §97을 참조할 것. 그리고 본 정형구에서 언급되는 사성제의 관통(sacca-abhisamaya)에 대해서는 『청정도론』 XXII.92~103을 참조할 것.

어남이다.'라고 있는 그대로 꿰뚫어 안다. '이것이 번뇌의 소멸이다.' 라고 있는 그대로 꿰뚫어 안다. '이것이 번뇌의 소멸로 인도하는 도 닦음이다.'라고 있는 그대로 꿰뚫어 안다. 이와 같이 알고 이와 같이 보는 그는 감각적 욕망의 번뇌[慾漏]로부터 마음이 해탈한다. 존재의 번뇌[有漏]로부터 마음이 해탈한다. 무명의 번뇌[無明漏]로부터 마음이 해탈한다.435) 해탈했을 때 해탈했다는 지혜가 있다. '태어남은 다했 다. 청정범행은 성취되었다. 할 일을 다 해 마쳤다. 다시는 어떤 존재 로도 돌아오지 않을 것이다.'라고 꿰뚫어 안다.

그는 세 번째 영지를 얻는다. 마치 방일하지 않고 근면하고 스스로 를 독려하며 머무는 자에게 무명은 사라지고 영지가 생기고 어둠은 사라지고 광명이 생기듯이, 그에게 무명은 사라지고 영지가 생기고 어둠은 사라지고 광명이 생긴다."

6. "그는 변함없이 계를 지니고 근면하고 禪을 닦고
그의 마음은 자유자재하고 일념이 되고 잘 집중되노라.
어둠을 흩어버리고 지혜 있고 삼명을 구족했고
죽음을 정복했고 신과 인간들에게 이익을 주고
모든 [불선법을] 버렸고436)
삼명을 구족했고 더 이상 미혹에 빠져 머물지 않고

---

435) 여기서 보듯이 4부 니까야에서는 감각적 욕망(kāma), 존재(bhava), 무 명(avijjā)의 세 가지 번뇌만 나타나지만 『무애해도』 등의 『소부 니까 야』와 아비담마에서는 사견(diṭṭhi)의 번뇌가 첨가되어 네 가지로 나타난 다. 그래서 주석서들에서는 최종적으로 네 가지 번뇌로 정착이 되었다.

436) PTS본에는 saccappahāyina(진리를 버렸고)이지만 문맥에 전혀 맞지가 않다. 주석서와 복주서에서 sabbappahāyina(모든 것을 버린)로 이 단어 를 설명하고 있다.(AA.ii.265) 그래서 역자도 이를 따랐다.

깨달았고 마지막 몸을 받은 그를 고따마라 부르리.

그런 성자는 전생을 기억하고 천상과 지옥을 보며

태어남이 다 했고 해야 할 일을 다 해 마쳤고

이 세 가지 영지에 의해 삼명을 갖춘 바라문이 되나니

그를 나는 삼명을 구족한 자라 부르리.

단지 말로만 그렇게 불리는 다른 자를

나는 삼명을 구족한 자라 부르지 않노라.”

7. “바라문이여, 성스러운 교법에서는 이와 같이 삼명을 정의한다.”

“고따마 존자시여, 바라문들의 삼명과 성스러운 교법에서 가르치는 삼명은 다릅니다. 고따마 존자시여, 바라문들의 삼명은 성스러운 교법에서 가르치는 삼명의 십육 분의 일에도 미치지 못합니다.

경이롭습니다, 고따마 존자시여. 경이롭습니다, 고따마 존자시여. 마치 넘어진 자를 일으켜 세우시듯, 덮여있는 것을 걷어내 보이시듯, [방향을] 잃어버린 자에게 길을 가리켜주시듯, 눈 있는 자 형상을 보라고 어둠 속에서 등불을 비춰주시듯, 고따마 존자께서는 여러 가지 방편으로 법을 설해주셨습니다. 저는 이제 고따마 존자께 귀의하옵고 법과 비구승가에 귀의합니다. 고따마 존자께서는 저를 재가신자로 받아주소서. 오늘부터 목숨이 붙어 있는 그날까지 귀의하옵니다.”

자눗소니 경(A3:59)
Jānussoṇi-sutta

1. 한때 자눗소니 바라문437)이 세존께 다가갔다. 가서는 세존

과 함께 환담을 나누었다. 유쾌하고 기억할 만한 이야기로 서로 담소를 한 뒤 한 곁에 앉았다. 한 곁에 앉은 자눗소니 바라문은 세존께 이와 같이 말씀드렸다.

"고따마 존자시여, 만약 어떤 자에게 제사를 지낼 공물438)이 있고, 죽은 조상에게 올릴 음식이 있고, 훌륭한 자에게 올릴 음식이 있고, 보시할 다른 물건이 있다면 그것을 삼명을 구족한 자에게 보시해야 합니다."

"바라문이여, 바라문들은 어떻게 바라문들의 삼명을 정의하는가?"

"고따마 존자시여, 바라문은 모계와 부계 양쪽 모두로부터 순수 혈통을 이어왔고 일곱 선대 동안 태생에 관한 한 의심할 여지가 없고 나무랄 데가 없습니다. 그는 베다를 공부하고 만뜨라를 호지하며 어휘와 제사와 음운과 어원에 이어 역사를 다섯 번째로 하는 삼베다에 통달하였고 언어와 문법에 능숙하였으며 자연의 이치와 대인상에 능통합니다. 고따마 존자시여, 바라문들은 이렇게 바라문들의 삼명을 정의합니다."

"바라문이여, 그렇다면 바라문들이 바라문들의 삼명을 정의하는 것과 성스러운 교법에서 삼명을 정의하는 것은 다르다."

"고따마 존자시여, 그렇다면 성스러운 교법에서는 어떻게 삼명을

---

437) 자눗소니 바라문에 대해서는 본서 제2권 「무외 경」(A4:184) §1의 주해를 참조할 것.

438) 여기서 '제사를 지낼 공물'과 '죽은 조상에게 올릴 음식'과 '훌륭한 자에게 올릴 음식'은 각각 yañña와 saddha와 thālipāka를 주석서를 참조하여 옮긴 것이다. 주석서는 이를 각각 yajitabba(제사지내야 하는 것)와 mataka-bhatta(죽은 자의 음식)와 varapurisānaṁ dātabbayutta bhatta(훌륭한 사람들에게 드리기에 적합한 음식)로 설명한다.(AA.ii.265 ~266)

정의합니까? 고따마 존자께서 성스러운 교법에서 정의하는 삼명을 설해주시면 고맙겠습니다."

"바라문이여, 그렇다면 듣고 마음에 잘 잡도리하라. 이제 설할 것이다."

2. "그렇게 하겠습니다."라고 자눗소니 바라문은 세존께 대답했다.

세존께서는 이렇게 말씀하셨다.

"바라문이여, 여기 비구는 감각적 욕망들을 완전히 떨쳐버리고 해로운 법[不善法]들을 떨쳐버린 뒤, 일으킨 생각[尋]과 지속적인 고찰[伺]이 있고, 떨쳐버렸음에서 생겼으며, 희열[喜]과 행복[樂]이 있는 초선(初禪)을 구족하여 머문다. … 제2선(二禪)을 구족하여 머문다. … 제3선(三禪)을 구족하여 머문다. … 제4선(四禪)을 구족하여 머문다.

그가 이와 같이 마음이 삼매에 들고, 청정하고, 깨끗하고, 흠이 없고 오염원이 사라지고, 유연하고, 활발발하고, 안정되고, 혼들림이 없는 상태에 이르렀을 때 전생을 기억하는 지혜[宿命通]로 마음을 향하게 하고 기울인다.

그는 수많은 전생의 갖가지 삶들을 기억한다. … 한량없는 전생의 갖가지 모습들을 그 특색과 더불어 상세하게 기억해낸다.

그는 첫 번째 영지[明]를 얻는다. 마치 방일하지 않고 근면하고 스스로를 독려하며 머무는 자에게 무명은 사라지고 영지가 생기고 어둠은 사라지고 광명이 생기듯이, 그에게 무명은 사라지고 영지가 생기고 어둠은 사라지고 광명이 생긴다."

3. "그가 이와 같이 마음이 삼매에 들고, 청정하고, 깨끗하고,

흠이 없고, 오염원이 사라지고, 유연하고, 활발발하고, 안정되고, 흔들림이 없는 상태에 이르렀을 때 중생들의 죽음과 다시 태어남을 [아는] 지혜[天眼通]로 마음을 향하게 하고 기울인다.

그는 청정하고 인간을 넘어선 신성한 눈[天眼]으로 … 중생들이 지은 바 그 업에 따라서 가는 것을 꿰뚫어 안다.

그는 두 번째 영지를 얻는다. 마치 방일하지 않고 근면하고 스스로를 독려하며 머무는 자에게 무명은 사라지고 영지가 생기고 어둠은 사라지고 광명이 생기듯이, 그에게 무명은 사라지고 영지가 생기고 어둠은 사라지고 광명이 생긴다."

4. "그가 이와 같이 마음이 삼매에 들고, 청정하고, 깨끗하고, 흠이 없고, 오염원이 사라지고, 유연하고, 활발발하고, 안정되고, 흔들림이 없는 상태에 이르렀을 때 모든 번뇌를 소멸하는 지혜[漏盡通]로 마음을 향하게 하고 기울인다.

그는 '이것이 괴로움이다.'라고 있는 그대로 꿰뚫어 안다. … '태어남은 다했다. 청정범행은 성취되었다. 할 일을 다 해 마쳤다. 다시는 어떤 존재로도 돌아오지 않을 것이다.'라고 꿰뚫어 안다.

그는 세 번째 영지를 얻는다. 마치 방일하지 않고 근면하고 스스로를 독려하며 머무는 자에게 무명은 사라지고 영지가 생기고 어둠은 사라지고 광명이 생기듯이, 그에게 무명은 사라지고 영지가 생기고 어둠은 사라지고 광명이 생긴다."

5. "그는 계율과 의식을 지키고 근면하고 禪을 닦고
　　그의 마음은 자유자재하고 일념이 되고 잘 집중되나니
　　그러한 성자는 전생을 기억하고 천상과 지옥을 보며

태어남이 다 했고 해야 할 일을 다 해 마쳤으며
이러한 세 가지 영지로 삼명을 구족한 바라문이 되나니
그를 나는 삼명을 구족한 자라 부르리.
단지 말로만 그렇게 불리는 다른 자를
나는 삼명을 구족한 자라 부르지 않노라."

6. "바라문이여, 이와 같이 성스러운 교법에서는 삼명을 정의한다."

"고따마 존자시여, 바라문들의 삼명과 성스러운 교법에서 가르치는 삼명은 다릅니다. 고따마 존자시여, 바라문들의 삼명은 성스러운 교법에서 가르치는 삼명의 십육 분의 일에도 미치지 못합니다.

경이롭습니다, 고따마 존자시여. 경이롭습니다, 고따마 존자시여. 마치 넘어진 자를 일으켜 세우시듯, 덮여있는 것을 걷어내 보이시듯, [방향을] 잃어버린 자에게 길을 가리켜주시듯, 눈 있는 자 형상을 보라고 어둠 속에서 등불을 비춰주시듯, 고따마 존자께서는 여러 가지 방편으로 법을 설해주셨습니다. 저는 이제 고따마 존자께 귀의하옵고 법과 비구승가에 귀의합니다. 고따마 존자께서는 저를 재가신자로 받아주소서. 오늘부터 목숨이 붙어 있는 그날까지 귀의하옵니다."

상가라와 경(A3:60)
Saṅgārava-sutta

1. 한때 상가라와 바라문439)이 세존께 다가갔다. 가서는 세존

---

439) 본경에 해당하는 주석서에 의하면 상가라와 바라문(Saṅgārava brāhmaṇa)은 라자가하에서 오래된 건물을 수리하는 감독관이었다고 한

과 함께 환담을 나누었다. 유쾌하고 기억할 만한 이야기로 서로 담소를 한 뒤 한 곁에 앉았다. 한 곁에 앉은 상가라와 바라문은 세존께 이와 같이 말씀드렸다.

"고따마 존자시여, 저희 바라문들은 스스로 제사를 지내기도 하고 다른 자들에게 제사를 지내게 하기도 합니다. 고따마 존자시여, 스스로 제사를 지내는 자와 다른 자들에게 제사를 지내게 하는 자는 모두 많은 사람들에게 영향을 끼치는 공덕을 닦나니 그것은 바로 제사로 인한 것입니다.

고따마 존자시여, 그러나 어떤 가족이든지 그 가족을 떠나 집 없이 출가한 자는 오직 자기 한 사람만 길들이고 자기 한 사람만 고요하고 자기 한 사람만 완전한 열반으로 인도합니다. 그러므로 이 사람은 한 사람에게만 영향을 끼치는 공덕을 닦나니 그것은 바로 출가로 인한 것입니다."440)

"바라문이여, 그렇다면 이제 그대에게 다시 물어 보리니 그대가 옳다고 생각하는 대로 설명하라. 바라문이여, 이를 어떻게 생각하는가? 세상에 여래가 출현한다. 그는 아라한[應供]이며, 완전히 깨달은 분[正等覺]이며, 영지와 실천이 구족한 분[明行足]이며, 피안으로 잘 가

다. 그는 『상윳따 니까야』 몇몇 경에도 나타나는 상가라와 바라문과 같은 사람인 듯하다. 『상윳따 니까야』(S7/i.182)에 의하면 그 당시 그는 사왓티에서 물을 정화하는 사람으로 거주하고 있었다고 한다. 이 경에 해당하는 주석서에 의하면 그는 아난다 존자가 재가자였을 때 친구(gihi-sahāya)였다고 한다.(SA.i.266) 본경을 통해서도 그들이 친분이 있는 사이임을 알 수 있다. 『맛지마 니까야』「상가라와 경」(M100)에 나타나는 상가라와 바라문 학도와는 다른 사람인 듯하다.

440) 출가란 자기 혼자만의 행복을 추구하는 소승적 태도가 아니냐는 바라문의 도전적 발언이다.

신 분[善逝]이며, 세간을 잘 알고 계신 분[世間解]이며, 가장 높은 분[無上土]이며, 사람을 잘 길들이는 분[調御丈夫]이며, 하늘과 인간의 스승[天人師]이며, 깨달은 분[佛]이며, 세존(世尊)이다.

그는 이렇게 말한다. '오라. 이것이 도고, 이것이 도닦음이다. 나는 그 도를 의지하여 도를 닦아서 청정범행의 최상의 목표인 [열반을] 내 스스로 최상의 지혜로 알고 실현한 뒤 그것을 그대들에게 설한다. 오라. 그대들도 내가 말한 대로 도를 닦으면 청정범행의 최상의 목표인 [열반을] 그대 스스로 최상의 지혜로 알고 실현하고 구족하여 머물 것이다.'라고. 이와 같이 스승은 법을 설하고 다른 사람들은 그것을 얻기 위해 도를 닦는다. 그들은 수백 명, 수천 명, 수십만 명에 달한다. 바라문이여, 그대는 어떻게 생각하는가? 이러할진대 출가로 인해 공덕을 쌓는 것이 오직 한 사람에게만 영향을 끼치겠는가, 아니면 여러 사람에게 영향을 끼치겠는가?"

"고따마 존자시여, 출가로 인해 공덕을 쌓는 것은 여러 사람에게 영향을 끼칩니다."

2. 이와 같이 말씀하시자 아난다 존자가 상가라와 바라문에게 이렇게 말했다.

"바라문이여, 이러한 두 가지 도닦음 가운데서441) 어떤 것이 고통은 더 적고 일도 더 적지만 대신에 더 큰 결실과 더 큰 이익을 가져다주어서 좋다고 생각합니까?"

이와 같이 말했을 때 상가라와 바라문은 아난다 존자에게 이렇게 말했다.

"마치 고따마 존자와 아난다 존자 두 분이 [다 공경할 만하고 칭송

---

441) 즉 제사와 출가의 두 가지를 뜻한다.

할 만한 것]처럼 이 둘 모두 공경할 만하고 칭송할 만합니다."

두 번째로 아난다 존자가 상가라와 바라문에게 이와 같이 말했다.

"바라문이여, 나는 당신에게 '당신은 어떤 사람을 공경하고 어떤 사람을 칭찬합니까?'라고 질문하지 않았습니다. 나는 당신에게 '바라문이여, 이러한 두 가지 도닦음 가운데서 어떤 것이 고통은 더 적고 일도 더 적지만 대신에 더 큰 결실과 더 큰 이익을 가져다주어서 좋다고 생각합니까?'라고 질문했습니다."

상가라와 바라문은 아난다 존자에게 두 번째도 이렇게 말했다.

"마치 고따마 존자와 아난다 존자 두 분이 [다 공경할 만하고 칭송할 만한 것]처럼 이 둘 모두 공경할 만하고 칭송할 만합니다."

세 번째로 아난다 존자가 상가라와 바라문에게 이와 같이 말했다.

"바라문이여, 나는 당신에게 '당신은 어떤 사람을 공경하고 어떤 사람을 칭찬합니까?'라고 질문하지 않았습니다. 나는 당신에게 '바라문이여, 이러한 두 가지 도닦음 가운데서 어떤 것이 고통은 더 적고 일도 더 적지만 대신에 더 큰 결실과 더 큰 이익을 가져다주어서 좋다고 생각합니까?'라고 질문했습니다."

상가라와 바라문은 아난다 존자에게 세 번째도 이렇게 말했다.

"마치 고따마 존자와 아난다 존자 두 분이 [다 공경할 만하고 칭송할 만한 것]처럼 이 둘 모두 공경할 만하고 칭송할 만합니다."

3. 그때 세존께 이런 생각이 드셨다. '세 번씩이나 상가라와 바라문은 아난다의 조리 있는 질문을 받고도 피해갈 뿐 대답을 하지 않는구나. 그러니 내가 이 [두 사람을 곤경에서] 벗어나도록 해야겠다.'라고.

그때 세존께서는 상가라와 바라문에게 이렇게 말씀하셨다.

"바라문이여, 오늘 왕궁에서 조신들이 함께 모여 앉아서 무슨 얘기를 하였는가?"

"고따마 존자시여, 오늘 왕궁에서 조신들이 함께 모여 앉아서 이런 얘기를 했습니다. '옛적에는 비구들이 적었지만 많은 이들이 인간을 능가하는 법인 신통변화를 보여주었습니다. 그러나 요즈음에는 비구들은 많지만 인간을 능가하는 신통변화를 보여주는 자들은 적습니다.' 고따마 존자시여, 오늘 왕궁에서 조신들이 함께 모여 앉아서 이런 얘기를 했습니다."

4. "바라문이여, 세 가지 기적[神變]442)이 있다. 어떤 것이 셋인가? 신통의 기적과 [남의 마음을 알아] 드러내는 기적[觀察他心神變]과 가르침의 기적[敎誡神變]이다.443)

바라문이여, 그러면 어떤 것이 신통의 기적인가?

바라문이여, 여기 어떤 자는 여러 가지 신통변화[神足通]를 나툰다. 하나인 채 여럿이 되기도 하고, 여럿이 되었다가 하나가 되기도 한다. 나타났다 사라졌다 하고, 벽이나 담이나 산을 아무런 장애 없이

---

442) 기적[神變]은 pāṭihāriya를 옮긴 것이다. 빠띠하리야는 prati(~에 대하여)+√hṛ(to take, to hold)의 가능법(Pot.) 분사로서 일상적인 현상을 넘어선 것이라는 의미에서 경이로운, 놀라운, 비범한 등의 뜻을 나타낸다. 그래서 『무애해도』에서는 "반대되는 것(paṭipakkha)을 버리기(harati) 때문에 신변(pāṭihāriya)이다."(Ps.ii.229)라고 문자적으로 설명한다. 초기불전연구원에서는 신변(神變) 혹은 기적으로 옮기고 있다. 신변 가운데 쌍신변(雙神變)으로 옮기는 yamaka-pāṭihāriya가 있는데 이것은 정반대가 되는 두 가지 현상(예를 들면 물과 불)을 동시에 나투는 기적을 말한다. 빠띠하리야의 다른 의미에 대해서는 본서 「고마따까 경」(A3:123) §1의 주해와 「사대천왕 경」2(A3:37) §1의 주해를 참조할 것.

443) 『디가 니까야』 제1권 「께왓다 경」(D11) §3 이하에도 이 세 가지 기적이 언급되며 아래의 설명과 거의 같게 나타나고 있다.

통과하기를 마치 허공에서처럼 한다. 땅에서도 떠올랐다 잠겼다 하기를 물속에서처럼 한다. 물 위에서 빠지지 않고 걸어가기를 땅 위에서처럼 한다. 가부좌한 채 허공을 날아가기를 날개 달린 새처럼 한다. 저 막강하고 위력적인 태양과 달을 손으로 만져 쓰다듬기도 하며, 심지어는 저 멀리 범천의 세상에까지도 몸의 자유자재함을 발한다.444) 바라문이여, 이를 일러 신통의 기적이라 한다."

5. "바라문이여, 그러면 어떤 것이 [남의 마음을 알아] 드러내는 기적[觀察他心神變]인가?

바라문이여, 여기 어떤 자는 드러나는 몸짓으로445) [남의 마음을] 읽는다. '이런 것이 당신의 마음이다. 당신의 마음은 이러하다. 당신의 마음은 이와 같다.'라고. 그가 많은 사람에게 말을 하더라도 말한 대로 된다. 그렇지 않은 것이 없다.

바라문이여, 그러나 여기 어떤 자는 드러나는 몸짓으로 [남의 마음을] 아는 것이 아니라 인간이나 비인간이나 신의 소리를 듣고 안다. '이런 것이 당신의 마음이다. 당신의 마음은 이러하다. 당신의 마음은 이와 같다.'라고. 그가 많은 사람에게 말을 하더라도 말한 대로 된다. 그렇지 않은 것이 없다.

바라문이여, 그러나 여기 어떤 자는 드러나는 몸짓과 인간이나 비

---

444) 신통의 기적(iddhi-pāṭihāriya)의 내용을 이루고 있는 이 신통변화[神足通]의 정형구는 육신통 가운데 첫 번째이다. 『디가 니까야』 제1권 「사문과경」(D2) §87에 나타나며 『청정도론』 XII.3 이하에 상세하게 설명되어 있다.

445) 여기서 '몸짓'으로 옮긴 nimitta는 주로 표상으로 옮기는데 여기서 이 기적은 가고 오고 서있는 표상 즉 몸짓을 보고 남의 마음을 아는 기적이라고 주석서에서 설명하기 때문에(AA.ii.269) 이렇게 옮겼다.

인간이나 신의 소리를 듣고 [남의 마음을] 아는 것이 아니라 일으킨 생각과 지속적인 고찰과 일으킨 생각의 여파로 인해 무의식으로 내는 소리를 듣고 안다. '이런 것이 당신의 마음이다. 당신의 마음은 이러하다. 당신의 마음은 이와 같다.'라고. 그가 많은 사람에게 말을 하더라도 말한 대로 된다. 그렇지 않은 것이 없다.

바라문이여, 그러나 여기 어떤 자는 드러나는 몸짓과 인간이나 비인간이나 신의 소리를 듣거나 혹은 일으킨 생각과 지속적인 고찰과 일으킨 생각의 여파로 인해 무의식으로 내는 소리를 듣고 [남의 마음을] 아는 것이 아니라 일으킨 생각과 지속적인 고찰 없이 삼매에 들어 자기의 마음으로 남의 마음을 꿰뚫어 안다. '이 존자는 심행(心行)이 잘 안정되었기 때문에 지금 이 마음 바로 다음에는 이러한 생각을 일으킬 것이다.'라고. 그가 많은 사람에게 말을 하더라도 말한 대로 된다. 그렇지 않은 것이 없다. 바라문이여, 이를 일러 [남의 마음을 알아] 드러내는 기적이라 한다."

6. "바라문이여, 그러면 어떤 것이 가르침의 기적[教誡神變]인가?
바라문이여, 여기 어떤 자는 이렇게 남을 가르친다. '이렇게 생각하라. 이렇게 생각하지 마라. 이렇게 마음에 잡도리하라. 이렇게 마음에 잡도리하지 마라. 이것을 버려라. 이것에 들어 머물라.'라고. 바라문이여, 이를 일러 가르침의 기적이라 한다. 바라문이여, 이러한 세 가지 기적이 있다.

바라문이여, 그대는 이러한 세 가지 기적 가운데 어떤 것이 더 뛰어나고 더 수승하여서 좋다고 생각하는가?"

"고따마 존자시여, [고따마 존자께서는] 이러한 기적을 [말씀하셨습니다.] '여기 어떤 자는 여러 가지 신통변화[神足通]를 나툰다. 하나인 채 여럿이 되기도 하고, … 심지어는 저 멀리 범천의 세상에까지도 몸의 자유자재함을 발한다.'라고.

고따마 존자시여, 그러나 이 기적은 그것을 나투는 자만이 그것을 경험하고, 그것을 나투는 자만의 것입니다. 고따마 존자시여, 이 기적은 마치 환영과 비슷한 것으로 보입니다.

고따마 존자시여, [고따마 존자께서는] 이러한 기적을 [말씀하셨습니다.] '여기 어떤 자는 드러나는 몸짓으로 [남의 마음을] 읽는다. … '이 존자는 심행(心行)이 잘 안정되었기 때문에 지금 이 마음 바로 다음에는 이러한 생각을 일으킬 것이다.'라고. 그가 많은 사람에게 말을 하더라도 말한 대로 된다. 그렇지 않은 것이 없다.'라고.

고따마 존자시여, 그러나 이 기적도 그것을 나투는 자만이 그것을 경험하고, 그것을 나투는 자만의 것입니다. 고따마 존자시여, 이 기적도 마치 환영과 비슷한 것으로 보입니다.

고따마 존자시여, [고따마 존자께서는] 이러한 기적을 [말씀하셨습니다.] '여기 어떤 자는 이렇게 남을 가르친다. '이렇게 생각하라. 이렇게 생각하지 마라. 이렇게 마음에 잡도리하라. 이렇게 마음에 잡도리하지 마라. 이것을 버려라. 이것에 들어 머물라.'라고' 고따마 존자시여, 이 기적은 세 가지 기적 가운데서 더 뛰어나고 수승하여서 좋습니다.

경이롭습니다, 고따마 존자시여. 놀랍습니다, 고따마 존자시여. 고따마 존자께서 이것을 훌륭하게 설명해주셨습니다. 저희들은 고따마 존자께서 이 세 가지 기적을 갖추셨다고 기억할 것입니다.

고따마 존자께서는 여러 가지 신통변화[神足通]를 나투십니다. 하나인 채 여럿이 되기도 하고, 여럿이 되었다가 하나가 되기도 하니다. 나타났다 사라졌다 하고, 벽이나 담이나 산을 아무런 장애 없이 통과하기를 마치 허공에서처럼 합니다. 땅에서도 떠올랐다 잠겼다 하기를 물속에서처럼 합니다. 물 위에서 빠지지 않고 걸어가기를 땅 위에서처럼 합니다. 가부좌한 채 허공을 날아가기를 날개 달린 새처럼 합니다. 저 막강하고 위력적인 태양과 달을 손으로 만져 쓰다듬기도 하며, 심지어는 저 멀리 범천의 세상에까지도 몸의 자유자재함을 발합니다.

고따마 존자께서는 일으킨 생각과 지속적인 고찰 없이 삼매에 들어 자기의 마음으로 남의 마음을 꿰뚫어 아십니다. '이 존자는 심행(心行)이 잘 안정되었기 때문에 지금 이 마음 바로 다음에는 이러한 생각을 일으킬 것이다.'라고

고따마 존자께서는 이렇게 남을 가르치십니다. '이렇게 생각하라. 이렇게 생각하지 마라. 이렇게 마음에 잡도리하라. 이렇게 마음에 잡도리하지 마라. 이것을 버려라. 이것에 들어 머물라.'라고"

7. "바라문이여, 참으로 그대는 [나의 공덕에 대해서] 공격하고는 다시 나를 공덕의 가까이로 인도하는 말을 하였다. 그렇지만 내가 그대에게 설명하리라.

바라문이여, 나는 여러 가지 신통변화[神足通]를 나툰다. 하나인 채 여럿이 되기도 하고, 여럿이 되었다가 하나가 되기도 한다. 나타났다 사라졌다 하고, 벽이나 담이나 산을 아무런 장애 없이 통과하기를 마치 허공에서처럼 한다. 땅에서도 떠올랐다 잠겼다 하기를 물속에서처럼 한다. 물 위에서 빠지지 않고 걸어가기를 땅 위에서처럼 한다. 가부좌한 채 허공을 날아가기를 날개 달린 새처럼 한다. 저 막강하고 위력적인 태양과 달을 손으로 만져 쓰다듬기도 하며, 심지어는 저 멀

리 범천의 세상에까지도 몸의 자유자재함을 발한다.

바라문이여, 나는 일으킨 생각과 지속적인 고찰 없이 삼매에 들어 나의 마음으로 남의 마음을 꿰뚫어 안다. '이 존자는 심행(心行)이 잘 안정되었기 때문에 지금 이 마음 바로 다음에는 이러한 생각을 일으킬 것이다.'라고.

바라문이여, 나는 이렇게 남을 가르친다. '이렇게 생각하라. 이렇게 생각하지 마라. 이렇게 마음에 잡도리하라. 이렇게 마음에 잡도리하지 마라. 이것을 버려라. 이것에 들어 머물라.'라고."

8. "고따마 존자시여, 고따마 존자 이외에 이 세 가지 기적을 나툴 비구가 한 명이라도 있습니까?"

"바라문이여, 백 명, 이백 명, 삼백 명, 사백 명, 오백 명이 아니라 더 많은 비구들이 이 세 가지 기적을 나툴 수 있다."

"고따마 존자시여, 그 비구들은 지금 어디에 머물고 있습니까?"

"바라문이여, 바로 이 비구승가에 있다."

"경이롭습니다, 고따마 존자시여. 경이롭습니다, 고따마 존자시여. 마치 넘어진 자를 일으켜 세우시듯, 덮여있는 것을 걷어내 보이시듯, [방향을] 잃어버린 자에게 길을 가리켜주시듯, 눈 있는 자 형상을 보라고 어둠 속에서 등불을 비춰주시듯, 고따마 존자께서는 여러 가지 방편으로 법을 설해주셨습니다. 저는 이제 고따마 존자께 귀의하옵고 법과 비구승가에 귀의합니다. 고따마 존자께서는 저를 재가신자로 받아주소서. 오늘부터 목숨이 붙어 있는 그날까지 귀의하옵니다."

제6장 바라문 품이 끝났다.

제7장 대품446)

Mahā-vagga

외도의 주장 경(A3:61)

Tittha-sutta

1. "비구들이여, 세 가지 외도447)의 주장448)이 있다. 현자들이 그것에 대해 질문을 던지고 집요하게 이유를 묻고 반복해서 질문하면 그것은 [스승 등의] 계보에는 이르겠지만449) 결국에는 [업]지음 없음450)에 도달하고 만다. 어떤 것이 셋인가?

비구들이여, 어떤 사문·바라문은 이런 주장과 이런 견해를 가지

---

446) 「셋의 모음」 가운데 가장 길면서도 중요한 경들을 모은 품이다.

447) 여기서 '외도'라고 옮긴 원어는 tittha이다. 일반적으로 외도는 añña-titthi를 옮긴 말인데 여기서는 tittha도 외도의 주장이나 견해를 말하므로 문맥에 따라 이렇게 옮겼다. 주석서에서는 "62가지 삿된 견해를 말한다."(AA.ii.272)고 설명하고 있다. 외도(añña-titthi)에 대해서는 본서 제2권 「밧디야 경」(A4:193) §1의 주해를 참조할 것.

448) '주장'으로 옮긴 원어는 āyatana인데 주로 장소나 감각장소로 옮겨지고 있다. 그러나 주석서에서 "여기서는 생긴 장소(sañjāti-ṭṭhāna)를 말한다."(*Ibid*)고 설명하고 있고 본경에서 세 가지 외도의 주장을 소개하고 이들은 결국에는 업지음 없음, 즉 숙명론이나 창조론이나 무인론으로 흐르고 만다고 말씀하고 계셔서 주장이라고 의역을 하였다.

449) '[스승 등의] 계보에는 이르겠지만'으로 옮긴 원어는 parampi gantvā인데 주석서에서 "스승의 계보와 교리의 계보와 자신의 계보 가운데 어떤 계보(parampara)에는 이르겠지만"(AA.ii.273)으로 설명한다.

450) '[업]지음 없음(akiriya)'에 대해서는 본서 제2권 「소나까야나 경」(A4:233) §1의 주해를 참조할 것.

고 있다. '사람이 즐거운 느낌이나 괴로운 느낌이나 괴롭지도 즐겁지
도 않은 느낌을 경험하는 것은 모두 전생의 행위에 기인한 것이다.'

비구들이여, 어떤 사문·바라문은 이런 주장과 이런 견해를 가지
고 있다. '사람이 즐거운 느낌이나 괴로운 느낌이나 괴롭지도 즐겁지
도 않은 느낌을 경험하는 것은 모두 신이 창조했기 때문이다.'

비구들이여, 어떤 사문·바라문은 이런 주장과 이런 견해를 가지
고 있다. '사람이 즐거운 느낌이나 괴로운 느낌이나 괴롭지도 즐겁지
도 않은 느낌을 경험하는 것은 모두 원인도 없고 조건도 없다.'"

2.　"비구들이여, 나는 이 가운데서 '사람이 즐거운 느낌이나 괴
로운 느낌이나 괴롭지도 즐겁지도 않은 느낌을 경험하는 것은 모두
전생의 행위에 기인한 것이다.'라는 이런 주장과 이런 견해를 가진
사문·바라문들에게 다가가서 물었다.

'그대 존자들이 '사람이 즐거운 느낌이나 괴로운 느낌이나 괴롭지
도 즐겁지도 않은 느낌을 경험하는 것은 모두 전생의 행위에 기인한
것이다.'라는 이런 주장과 이런 견해를 가진 것이 사실인가?'

비구들이여, 내가 이와 같이 물었을 때 그들은 '그렇습니다.'라고
대답했다.

나는 그들에게 이렇게 말했다. '그렇다면 그대 존자들이 생명을 파
괴하더라도 그것은 전생의 행위에 기인한 것일 테고, 주지 않은 것을
가지더라도 전생의 행위에 기인한 것일 테고, 삿된 음행을 하더라도
전생의 행위에 기인한 것일 테고, 거짓말을 하더라도 전생의 행위에
기인한 것일 테고, 헐뜯는 말을 하더라도 전생의 행위에 기인한 것일
테고, 욕설을 하더라도 전생의 행위에 기인한 것일 테고, 잡담을 하
더라도 전생의 행위에 기인한 것일 테고, 탐욕스럽더라도 전생의 행

위에 기인한 것일 테고, 마음이 악의로 가득하더라도 전생의 행위에 기인한 것일 테고, 삿된 견해를 가지더라도 전생의 행위에 기인한 것일 테다.'

비구들이여, '모든 것은 전생의 행위에 기인한다.'라고 진심으로 믿는 자들에게는 해야 할 것과 하지 말아야 할 것에 대해 [하려는] 열의와 노력과 [하지 않으려는] 열의와 노력이 없다. 해야 할 것과 하지 말아야 할 것에 대해 진실함과 확고함을 얻지 못하고 마음챙김을 놓아버리고 [여섯 가지 감각기능의 문을] 보호하지 않고 머물기 때문에 그들은 자기들 스스로 정당하게 사문이라고 주장하지 못한다.

비구들이여, 이것이 그런 주장과 그런 견해를 가진 사문·바라문들에 대한 나의 첫 번째 정당한 논박이다."

3. "비구들이여, 나는 그 가운데서 '사람이 즐거운 느낌이나 괴로운 느낌이나 괴롭지도 즐겁지도 않은 느낌을 경험하는 것은 모두 신이 창조했기 때문이다.'라는 이런 주장과 이런 견해를 가진 사문·바라문들에게 다가가서 물었다.

'그대 존자들은 '사람이 즐거운 느낌이나 괴로운 느낌이나 괴롭지도 즐겁지도 않은 느낌을 경험하는 것은 모두 신이 창조했기 때문이다.'라는 이런 주장과 이런 견해를 가진 것이 사실인가?'

내가 이와 같이 물었을 때 그들은 '그렇습니다.'라고 대답했다. 나는 그들에게 이렇게 말했다. '그렇다면 그대 존자들이 생명을 파괴하더라도 그것은 신이 창조했기 때문일 테고, 주지 않은 것을 가지더라도 그것은 신이 창조했기 때문일 테고, 삿된 음행을 하더라도 그것은 신이 창조했기 때문일 테고, 거짓말을 하더라도 그것은 신이 창조했기 때문일 테고, 헐뜯는 말을 하더라도 그것은 신이 창조했기 때문일 테고, 욕설을 하더라도 그것은 신이 창조했기 때문일 테고, 잡담을 하더라도 그것은 신이 창조했기 때문일 테고, 탐욕스럽더라도 그것은 신이 창조했기 때문일 테고, 마음이 악의로 가득하더라도 그것은 신이 창조했기 때문일 테고, 삿된 견해를 가지더라도 그것은 신이 창조했기 때문일 테다.'

비구들이여, '모든 것은 신이 창조했기 때문이다.'라고 진심으로 믿는 자들에게는 해야 할 것과 하지 말아야 할 것에 대해 [하려는] 열의와 노력과 [하지 않으려는] 열의와 노력이 없다. 해야 할 것과 하지 말아야 할 것에 대해 진실함과 확고함을 얻지 못하고 마음챙김을 놓아버리고 [여섯 가지 감각기능의 문을] 보호하지 않고 머물기 때문에 그들은 자기들 스스로 정당하게 사문이라고 주장하지 못한다.

비구들이여, 이것이 그런 주장과 그런 견해를 가진 사문·바라문들에 대한 나의 두 번째 정당한 논박이다."

4. "비구들이여, 나는 그 가운데서 '사람이 즐거운 느낌이나 괴로운 느낌이나 괴롭지도 즐겁지도 않은 느낌을 경험하는 것은 모두 원인도 없고 조건도 없다.'라는 이런 주장과 이런 견해를 가진 사문·바라문들에게 다가가서 물었다.

'그대 존자들은 '사람이 즐거운 느낌이나 괴로운 느낌이나 괴롭지도 즐겁지도 않은 느낌을 경험하는 것은 모두 원인도 없고 조건도 없다.'라는 이런 주장과 이런 견해를 가진 것이 사실인가?'

내가 이와 같이 물었을 때 그들은 '그렇습니다.'라고 대답했다.

나는 그들에게 이렇게 말했다. '그렇다면 그대 존자들이 생명을 파괴하더라도 그것은 원인도 없을 것이고 조건도 없을 것이고, 주지 않은 것을 가지더라도 그것은 원인도 없을 것이고 조건도 없을 것이고,

샷된 음행을 하더라도 그것은 원인도 없을 것이고 조건도 없을 것이고, 거짓말을 하더라도 그것은 원인도 없을 것이고 조건도 없을 것이고, 헐뜯는 말을 하더라도 그것은 원인도 없을 것이고 조건도 없을 것이고, 욕설을 하더라도 그것은 원인도 없을 것이고 조건도 없을 것이고, 잡담을 하더라도 그것은 원인도 없을 것이고 조건도 없을 것이고, 탐욕스럽더라도 그것은 원인도 없을 것이고 조건도 없을 것이고, 마음이 악의로 가득하더라도 그것은 원인도 없을 것이고 조건도 없을 것이고, 샷된 견해를 가지더라도 그것은 원인도 없을 것이고 조건도 없을 것이다.'

비구들이여, '어떤 것에도 원인도 없고 조건도 없다.'라고 진심으로 믿는 자들에게는 해야 할 것과 하지 말아야 할 것에 대해 [하려는] 열의와 노력과 [하지 않으려는] 열의와 노력이 없다. 해야 할 것과 하지 말아야 할 것에 대해 진실함과 확고함을 얻지 못하고 마음챙김을 놓아버리고 [여섯 가지 감각기능의 문을] 보호하지 않고 머물기 때문에 자기들 스스로 정당하게 사문이라고 주장하지 못한다.

비구들이여, 이것이 그런 주장과 그런 견해를 가진 사문·바라문들에 대한 나의 세 번째 정당한 논박이다.

비구들이여, 이러한 세 가지 외도의 주장이 있다. 현자들이 그것에 대해 질문을 던지고 집요하게 이유를 묻고 반복해서 질문하면 그것은 [스승들의] 계보에는 이르겠지만 결국에는 [업]지음 없음에 도달하고 만다."

5. "비구들이여, 내가 설한 법은 현명한 사문·바라문들에게 논박당할 수 없고 오염될 수 없고 비난받지 않고 책망 받지 않는다. 비구들이여, 그러면 현명한 사문·바라문들에게 논박당할 수 없고

오염될 수 없고 비난받지 않고 책망 받지 않는 내가 설한 법은 어떤 것인가?

비구들이여, '이러한 여섯 가지의 요소[界]가 있다.'라고 내가 설한 이 법은 현명한 사문과 바라문들에게 논박될 수 없고 오염될 수 없고 비난받지 않고 책망 받지 않는다. 비구들이여, '이러한 여섯 가지 감각접촉의 장소[觸處]가 있다.'라고 내가 설한 이 법은 현명한 사문·바라문들에게 논박될 수 없고 오염될 수 없고 비난받지 않고 책망 받지 않는다. 비구들이여, '이러한 열여덟 가지 마음의 지속적인 고찰이 있다.'라고 내가 설한 이 법은 현명한 사문·바라문들에게 논박될 수 없고 오염될 수 없고 비난받지 않고 책망 받지 않는다. 비구들이여, '이러한 네 가지 성스러운 진리[四聖諦]가 있다.'라고 내가 설한 이 법은 현명한 사문·바라문들에게 논박될 수 없고 오염될 수 없고 비난받지 않고 책망 받지 않는다."

6. "비구들이여, '이러한 여섯 가지의 요소[界]가 있다.'라고 내가 설한 이 법은 현명한 사문·바라문들에게 논박될 수 없고 오염될 수 없고 비난받지 않고 책망 받지 않는다고 설했다. 이것은 무엇을 반연하여 설했는가?

비구들이여, 이러한 여섯 가지의 요소가 있다. 땅의 요소[地界], 물의 요소[水界], 불의 요소[火界], 바람의 요소[風界], 허공의 요소[虛空界], 알음알이의 요소[識界]이다.451) 비구들이여, '이러한 여섯 가지의 요

---

451) 일반적으로 물질의 근본 구성요소인 사대(四大)는 네 가지 근본물질[四大, cattāri mahā-bhūtāni]의 문맥에서 주로 나타난다. 그러나 여기서는 여섯 가지 요소(cha dhātuyo)라는 명칭으로 사대뿐만 아니라 허공의 요소와 알음알이의 요소를 함께 언급하여 세상을 구성하는 근본 요소가 아닌 아라한과를 성취하는 명상주제로서의 요소를 설명하고 있다.

소가 있다.'라고 내가 설한 이 법은 현명한 사문·바라문들에게 논박될 수 없고 오염될 수 없고 비난받지 않고 책망 받지 않는다고 설한 것은 이것을 반연하여 설했다."

7. "비구들이여, '이러한 여섯 가지 감각접촉의 장소[觸處]가 있다.'라고 내가 설한 이 법은 현명한 사문·바라문들에게 논박될 수 없고 오염될 수 없고 비난받지 않고 책망 받지 않는다고 설했다. 이 것은 무엇을 반연하여 설했는가?

비구들이여, 이러한 여섯 가지 감각접촉의 장소가 있다. 눈의 감각접촉의 장소, 귀의 감각접촉의 장소, 코의 감각접촉의 장소, 혀의 감각접촉의 장소, 몸의 감각접촉의 장소, 마노의 감각접촉의 장소이다. 비구들이여, '이러한 여섯 가지 감각접촉의 장소가 있다.'라고 내가

주석서는 그 방법을 설명한다. "간략하게 여섯 가지 요소를 가지고 명상주제를 취할 때 이와 같이 취해야 한다. 즉 땅의 요소, 물의 요소, 불의 요소, 바람의 요소는 네 가지 근본물질이고, 허공의 요소는 파생된 물질이다. 한 가지의 파생된 물질을 주시할 때 나머지 23가지의 파생된 물질을 파악해야 한다. 알음알이의 요소는 마음으로서 알음알이의 무더기(識蘊)이다. 알음알이의 무더기와 함께 생긴 느낌은 느낌의 무더기이고, 인식은 인식의 무더기이고, 감촉과 의도는 상카라의 무더기이다. 이 넷은 정신의 무더기라 이름 한다. 네 가지 근본물질과 파생된 물질은 물질의 무더기라 이름 한다. 그중에서 네 가지 정신의 무더기는 정신이고 물질의 무더기는 물질이다. 정신과 물질이라는 오직 두 가지 법이 있을 뿐이다. 그것을 넘어 어떤 중생이나 영혼 따위는 없다. 이와 같이 한 비구에게 간략하게 여섯 가지 요소로서 아라한과를 성취하는 명상주제를 알아야 한다."(AA.ii.278) 특히 『맛지마 니까야』 「계분별 경」(M140)이 수행의 주제로 이 여섯 요소를 설하고 있고 「라훌라 교계 경」(M62)에서 지·수·화·풍·허공의 다섯 요소가 들숨날숨 공부에서 설해지고 있는 것을 감안하면 부처님께서 여섯 요소로 정리하신 것을 명상주제로 이해하는 주석서의 설명은 좀 더 상세하다 해야 할 것이다.

설한 이 법은 현명한 사문·바라문들에게 논박될 수 없고 오염될 수 없고 비난받지 않고 책망 받지 않는다고 설한 것은 이것을 반연하여 설했다.

8. "비구들이여, '이러한 열여덟 가지 마음의 지속적인 고찰이 있다.'라고 내가 설한 이 법은 현명한 사문·바라문들에게 논박될 수 없고 오염될 수 없고 비난받지 않고 책망 받지 않는다고 설했다. 이 것은 무엇을 반연하여 설했는가?

눈으로 형상을 볼 때 정신적 즐거움의 기반이 되는 형상을 지속적으로 고찰하고452) 정신적 괴로움의 기반이 되는 형상을 지속적으로 고찰하고 평온의 기반이 되는 형상을 지속적으로 고찰한다. 귀로 소리를 들을 때 … 코로 냄새를 맡을 때 … 혀로 맛을 볼 때 … 몸으로 감촉을 촉감할 때 … 마노로 법을 알 때 정신적 즐거움의 기반이 되는 법을 지속적으로 고찰하고 정신적 괴로움의 기반이 되는 법을 지속적으로 고찰하고 평온의 기반이 되는 법을 지속적으로 고찰한다.

비구들이여, '이러한 열여덟 가지 마음의 지속적인 고찰이 있다.'라고 내가 설한 이 법은 현명한 사문·바라문들에게 논박될 수 없고 오염될 수 없고 비난받지 않고 책망 받지 않는다고 설한 것은 이것을 반연하여 설했다."

9. "비구들이여, '이러한 네 가지 성스러운 진리[四聖諦]가 있다.'라고 내가 설한 이 법은 현명한 사문·바라문들에게 논박될 수 없고 오염될 수 없고 비난받지 않고 책망 받지 않는다고 설했다. 이

---

452) "'지속적으로 고찰한다(upavicarati)'는 것은 일으킨 생각[尋 vitakka]으로 생각을 일으킨 뒤에 지속적인 고찰[伺, vicāra]로 분석하는(paricchindati) 것이다."(DA.iii.1035)

것은 무엇을 반연하여 설했는가?

　여섯 가지 요소에 의지하여 모태에 들어감이 있다. 듦이 있을 때 정신·물질[名色]이 있다. 정신·물질을 조건하여 여섯 가지 감각장소[六入]가 있다. 여섯 가지 감각장소를 조건하여 감각접촉[觸]이 있고, 감각접촉을 조건하여 느낌[受]이 있다. 비구들이여, 나는 느낌을 느끼는 자에게 '이것은 괴로움이다.'라고 천명하고, '이것은 괴로움의 일어남이다.'라고 천명하고, '이것은 괴로움의 소멸이다.'라고 천명하고, '이것은 괴로움의 소멸로 인도하는 도닦음이다.'라고 천명한다."

10.　　"비구들이여, 어떤 것이 괴로움의 성스러운 진리[苦聖諦]인가?

　태어남도 괴로움이다. 늙음도 괴로움이다. 병도 괴로움이다. 죽음도 괴로움이다. 근심·탄식·육체적 고통·정신적 고통·절망도 괴로움이다. 원하는 것을 얻지 못하는 것도 괴로움이다. 요컨대 ['나'등으로] 취착하는 다섯 가지 무더기[五取蘊]들 자체가 괴로움이다. 비구들이여, 이를 일러 괴로움의 성스러운 진리라고 한다."

11.　　"비구들이여, 어떤 것이 괴로움의 일어남의 성스러운 진리[集聖諦]인가?

　무명을 조건으로 의도적 행위[行]들이, 의도적 행위들을 조건으로 알음알이가, 알음알이를 조건으로 정신·물질이, 정신·물질을 조건으로 여섯 감각장소가, 여섯 감각장소를 조건으로 감각접촉이, 감각접촉을 조건으로 느낌이, 느낌을 조건으로 갈애가, 갈애를 조건으로 취착이, 취착을 조건으로 존재가, 존재를 조건으로 태어남이, 태어남을 조건으로 늙음·죽음과 근심·탄식·육체적 고통·정신적 고통·절망이 있다. 이와 같이 전체 괴로움의 무더기[苦蘊]가 발생한다. 비구들이여,

이를 일러 괴로움의 일어남의 성스러운 진리라고 한다."

12. "비구들이여, 어떤 것이 괴로움의 소멸의 성스러운 진리[滅聖諦]인가?

무명이 남김없이 빛바래어 소멸하기 때문에 의도적 행위[行]들이 소멸하고 의도적 행위들이 소멸하기 때문에 알음알이가 소멸하고, 알음알이가 소멸하기 때문에 정신·물질이 소멸하고, 정신·물질이 소멸하기 때문에 여섯 감각장소가 소멸하고, 여섯 감각장소가 소멸하기 때문에 감각접촉이 소멸하고, 감각접촉이 소멸하기 때문에 느낌이 소멸하고, 느낌이 소멸하기 때문에 갈애가 소멸하고, 갈애가 소멸하기 때문에 취착이 소멸하고, 취착이 소멸하기 때문에 존재가 소멸하고, 존재가 소멸하기 때문에 태어남이 소멸하고, 태어남이 소멸하기 때문에 늙음·죽음과 근심·탄식·고통·정신적 고통·절망이 소멸한다. 이와 같이 전체 괴로움의 무더기[苦蘊]가 소멸한다. 비구들이여, 이를 일러 괴로움의 소멸의 성스러운 진리라고 한다."

13. "비구들이여, 어떤 것이 괴로움의 소멸로 인도하는 도닦음의 성스러운 진리[道聖諦]인가?

그것은 바로 여덟 가지 구성요소로 된 성스러운 도[八支聖道]이니, 바른 견해, 바른 사유, 바른 말, 바른 행위, 바른 생계, 바른 정진, 바른 마음챙김, 바른 삼매이다. 비구들이여, 이를 일러 괴로움의 소멸로 인도하는 도닦음의 성스러운 진리라고 한다.

비구들이여, '이러한 네 가지 성스러운 진리가 있다.'라고 내가 설한 이 법은 현명한 사문·바라문들에게 논박될 수 없고 오염될 수 없고 비난받지 않고 책망 받지 않는다고 설한 것은 이것을 반연하여 설했다."

두려움 경(A3:62)
Bhaya-sutta

1. "비구들이여, 세 가지 두려움은 어머니와 아들이 서로 보호할 수 없다고 배우지 못한 범부들은 말한다. 어떤 것이 셋인가?

비구들이여, 큰 불이 날 때가 있다. 비구들이여, 큰 불이 나면 마을도 태우고 성읍도 태우고 도시도 태운다. 마을이 불타고 성읍도 불타고 도시도 불탈 때 그곳에서 어머니는 아들을 찾을 수 없고 아들도 어머니를 찾을 수 없다. 비구들이여, 이것이 어머니와 아들이 서로 보호할 수 없는 첫 번째 두려움이라고 배우지 못한 범부들은 말한다."

2. "다시 비구들이여, 큰 비가 내릴 때가 있다. 비구들이여, 큰 비가 내리면 대홍수가 난다. 대홍수가 나면 마을도 휩쓸리고 성읍도 휩쓸리고 도시도 휩쓸린다. 마을이 휩쓸리고 성읍도 휩쓸리고 도시도 휩쓸릴 때 어머니는 아들을 찾을 수 없고 아들도 어머니를 찾을 수 없다. 비구들이여, 이것이 어머니와 아들이 서로 보호할 수 없는 두 번째 두려움이라고 배우지 못한 범부들은 말한다."

3. "다시 비구들이여, 숲 속에 사는 도적들이 [숲에서 나와 마을을 약탈하는]453) 두려움이 있다. 사람들은 탈 것에 올라 [여기저기

---

453) "[원문의] aṭavi-saṅkopa는 숲 속에 사는 도둑들(aṭavi-vāsino corā)이라고 알아야 한다. 그들이 마을과 성읍과 도시를 습격하여 터는 것을 여기서는 aṭavisaṅkopa라고 표현하고 있다."(AA.ii.284)
PTS본의 saṅkhepa는 PED의 제안처럼 saṅkhopa가 잘못 인쇄된 것이다.

로] 달아난다. 비구들이여, 숲 속에 사는 도적들에 대한 두려움이 있어 사람들이 탈 것에 올라 달아날 때 어머니는 아들을 찾을 수 없고 아들도 어머니를 찾을 수 없다. 비구들이여, 이것이 어머니와 아들이 서로 보호할 수 없는 세 번째 두려움이라고 배우지 못한 범부들은 말한다.

비구들이여, 이러한 세 가지 두려움은 어머니와 아들이 서로 보호할 수 없다고 배우지 못한 범부들은 말한다.”

4. “비구들이여, 배우지 못한 범부들은 이러한 세 가지 두려움은 어머니와 아들이 서로 보호할 수 없다고 말하지만, 이 세 가지 두려움은 어머니와 아들이 서로 보호할 수 있다. 어떤 것이 셋인가?

비구들이여, 큰 불이 날 때가 있다. 비구들이여, 큰 불이 나면 마을도 태우고 성읍도 태우고 도시도 태운다. 마을이 불타고 성읍도 불타고 도시도 불탈 때 어머니는 아들을 찾고 아들도 어머니를 찾을 때가 있다. 비구들이여, 배우지 못한 범부들은 이러한 두려움은 어머니와 아들이 서로 보호할 수 없다고 말하지만, 어머니와 아들이 서로 보호할 수 있는 첫 번째 두려움이다.

다시 비구들이여, 큰 비가 내릴 때가 있다. 비구들이여, 큰 비가 내리면 대홍수가 난다. 대홍수가 나면 마을도 휩쓸리고 성읍도 휩쓸리고 도시도 휩쓸린다. 마을이 휩쓸리고 성읍도 휩쓸리고 도시도 휩쓸릴 때 어머니는 아들을 찾고 아들도 어머니를 찾을 때가 있다. 비구들이여, 배우지 못한 범부들은 이러한 두려움은 어머니와 아들이 서로 보호할 수 없다고 말하지만, 어머니와 아들이 서로 보호할 수 있는 두 번째 두려움이다.

다시 비구들이여, 숲 속에 사는 도적들이 [숲에서 나와 마을을 약탈하는] 두려움이 있다. 사람들은 탈 것에 올라 [여기저기로] 달아난다. 비구들이여, 숲 속에 사는 도적들에 대한 두려움이 있어 사람들이 탈 것에 올라 달아날 때 어머니는 아들을 찾고 아들도 어머니를 찾을 때가 있다. 비구들이여, 배우지 못한 범부들은 이러한 두려움은 어머니와 아들이 서로 보호할 수 없다고 말하지만, 어머니와 아들이 서로 보호할 수 있는 세 번째 두려움이다.

비구들이여, 배우지 못한 범부들은 이러한 세 가지 두려움은 어머니와 아들이 서로 보호할 수 없다고 말한다."

5. "비구들이여, 세 가지 두려움은 어머니와 아들이 서로 보호할 수 없다. 어떤 것이 셋인가?

늙음에 대한 두려움, 병에 대한 두려움, 죽음에 대한 두려움이다.

비구들이여, 어머니가 늙어가는 아들을 보고 '나는 늙지만 내 아들은 늙지 말기를!'이라면서 보호할 수 없다. 아들도 늙어가는 어머니를 보고 '나는 늙지만 내 어머니는 늙지 말기를!'이라면서 보호할 수 없다.

비구들이여, 어머니가 병들어가는 아들을 보고 '나는 병들더라도 내 아들은 병들지 말기를!'이라면서 보호할 수 없다. 아들도 병들어가는 어머니를 보고 '나는 병들더라도 내 어머니는 병들지 말기를!'이라면서 보호할 수 없다.

비구들이여, 어머니가 죽어가는 아들을 보고 '나는 죽더라도 내 아들은 죽지 말기를!'이라면서 보호할 수 없다. 아들도 죽어가는 어머니를 보고 '나는 죽더라도 내 어머니는 죽지 말기를!'이라면서 보호할 수 없다.

비구들이여, 이러한 세 가지 두려움은 어머니와 아들이 서로 보호할 수 없다.”

6. “비구들이여, 어머니와 아들이 서로 보호할 수 있는 세 가지 두려움과 어머니와 아들이 서로 보호할 수 없는 세 가지 두려움을 버리게 하고 극복하게 하는 도가 있고 도닦음이 있다. 비구들이여, 그러면 어머니와 아들이 서로 보호할 수 있는 세 가지 두려움과 어머니와 아들이 서로 보호할 수 없는 세 가지 두려움을 버리게 하고 극복하게 하는 도는 어떤 것이고, 도닦음은 어떤 것인가?

비구들이여, 그것은 바로 이 여덟 가지 구성요소를 가진 도[八支聖道]이니, 바른 견해, 바른 사유, 바른 말, 바른 행위, 바른 생계, 바른 정진, 바른 마음챙김, 바른 삼매이다.

비구들이여, 바로 이 도와 바로 이 도닦음이 어머니와 아들이 서로 보호할 수 있는 세 가지 두려움과 어머니와 아들이 서로 보호할 수 없는 세 가지 두려움을 버리게 하고 극복하게 한다.”

웨나가뿌라 경(A3:63)
Venāga-sutta

1. 한때 세존께서는 꼬살라454)에서 유행을 하시다가 많은 비구승가와 함께 웨나가뿌라455)라는 꼬살라의 바라문 마을에 도착하

---

454) 꼬살라(Kosala)는 부처님 재세 시에 인도에 있었던 16개국 가운데 하나이다. 16국은 점점 서로 병합되어 나중에는 동쪽의 마가다(Magadha)와 서쪽의 꼬살라 두 나라로 통일이 된다. 부처님 재세 시에는 빠세나디(Pasenadi) 왕이 꼬살라를 통치하였고, 그의 아들 위두다바(Viḍūḍabha)가 계승하였으며, 수도는 사왓티(Savatthi)였다. 부처님께서 말년에 24년 간을 이곳 사왓티의 제따 숲 급고독원에 머무시는 등 부처님과 아주 인연이 많은 곳이다.

셨다. 웨나가뿌라의 바라문 장자들456)은 들었다. '존자들이여, 사문 고따마는 사꺄의 후예인데 사꺄 가문으로부터 출가하여 웨나가뿌라에 도착하셨습니다. 그분 고따마 존자에게는 이러한 좋은 명성이 따릅니다. '이런 [이유로] 그분 세존께서는 아라핸[應供]이시며, 완전히 깨달은 분[正等覺]이시며, 영지와 실천이 구족한 분[明行足]이시며, 피안으로 잘 가신 분[善逝]이시며, 세간을 잘 알고 계신 분[世間解]이시며, 가장 높은 분[無上士]이시며, 사람을 잘 길들이는 분[調御丈夫]이시며, 하늘과 인간의 스승[天人師]이시며, 깨달은 분[佛]이시며, 세존(世尊)이시다.'라고. 그는 신을 포함하고 마라를 포함하고 범천을 포함하고 사문·바라문을 포함하고 신과 인간을 포함한 이 세상을 스스로 최상의 지혜로 알고 실현하여 드러냅니다. 그는 법을 설합니다. 그는 시작도 훌륭하고 중간도 훌륭하고 끝도 훌륭하며, 의미와 표현을 구족하여 법을 설하여 더할 나위 없이 완벽하고 지극히 청정한 범행을 설합니다. 참으로 그러한 아라한을 뵙는 것은 좋은 일입니다.'라고.

2. 그때 웨나가뿌라의 바라문 장자들은 세존께 다가갔다. 어떤 사람들은 세존께 절을 올리고 한 곁에 앉았다. 어떤 사람들은 세존과 함께 환담을 나누고 유쾌하고 기억할 만한 이야기로 서로 담소를 나누고 한 곁에 앉았다. 어떤 사람들은 세존께 합장하여 인사드리고서 한 곁에 앉았다. 어떤 사람들은 세존의 앞에서 이름과 성을 말씀드리고 한 곁에 앉았다. 어떤 사람들은 조용히 한 곁에 앉았다. 이렇게 한

---

455) 주석서는 웨나가뿌라(Venāgapura)에 대한 별다른 설명이 없다.

456) '바라문 장자들'로 옮긴 원문은 brāhmaṇa-gahapatikā이다. 다른 경들 (A2:4:8; A3:14; D4; D5; D17 등)에서는 문맥에 따라 바라문들과 장자들로 옮겼다.

곁에 앉은 웨나가뿌라의 왓차곳따 바라문은 세존께 이렇게 말씀드렸다.

3. "경이롭습니다, 고따마 존자시여. 놀랍습니다, 고따마 존자시여. 고따마 존자의 감각기관들은 참으로 고요하고 안색은 아주 맑고 빛납니다. 고따마 존자시여, 마치 가을에 열린 대추가 깨끗하고 투명하듯이 고따마 존자의 감각기관들은 참으로 고요하고 안색은 아주 맑고 빛납니다. 고따마 존자시여, 마치 방금 줄기에서 떨어진 야자가 깨끗하고 투명하듯이 고따마 존자의 감각기관들은 참으로 고요하고 안색은 아주 맑고 빛납니다. 고따마 존자시여, 마치 잠부 강에서 산출된 금을 숙련된 대장장이가 도가니에서 잘 정제하고 잘 두들겨서 장신구로 만든 뒤 빨간 우단 위에 놓았을 때 그것은 빛나고 반짝이고 광채가 나는 것처럼 고따마 존자의 감각기관들은 참으로 고요하고 안색은 아주 맑고 빛납니다.

고따마 존자시여, 높고 큰 침상들이 있습니다. 즉 긴 의자, 자리, 긴 털이 달린 깔개, 여러 가지 무늬를 가진 모직 덮개, 흰색 모직 덮개, 꽃무늬의 모직 덮개, 솜으로 가득 채운 침대요, 양쪽에 술 장식이 달린 덮개, 한쪽에만 술 장식이 달린 모직 덮개, 보석이 박힌 덮개, 비단 덮개, 춤추는 소녀들이 사용하던 모직 덮개, 코끼리의 깔개, 말의 깔개, 마차의 깔개, 양털로 만든 깔개, 영양 가죽으로 만든 깔개, 까달리 양 가죽으로 만든 바닥 깔개, 닫집으로 덮인 침상, 양쪽에 빨간 덧베개가 있는 침상입니다. 그런데 고따마 존자께서는 이러한 종류의 높고 넓은 침상들을 원하기만 하면 얻을 수 있고 힘들이지 않고 얻을 수 있고 어려움 없이 얻을 수 있지 않습니까?"

4. "바라문이여, 높고 넓은 침상이 있다. 즉 긴 의자, 자리, 긴

털이 달린 깔개, 여러 가지 무늬를 가진 모직 덮개, 흰색 모직 덮개, 꽃무늬의 모직 덮개, 솜으로 가득 채운 침대요, 양쪽에 술 장식이 달린 덮개, 한쪽에만 술 장식이 달린 모직 덮개, 보석이 박힌 덮개, 비단 덮개, 춤추는 소녀들이 사용하던 모직 덮개, 코끼리의 깔개, 말의 깔개, 마차의 깔개, 양털로 만든 깔개, 영양 가죽으로 만든 깔개, 까달리 양 가죽으로 만든 바닥 깔개, 닫집으로 덮인 침상, 양쪽에 빨간 덧베개가 있는 침상이 있다. 그러나 이것은 출가자들이 얻기 어려운 것이고, 또 얻더라도 사용하지 않는다.

바라문이여, 여기 세 가지 높고 넓은 침상이 있다. 나는 지금 바로 그것을 원하기만 하면 얻을 수 있고 어려움 없이 얻을 수 있고 많이 얻을 수 있다. 어떤 것이 셋인가?

바라문이여, 천상의 넓고 높은 침상과 범천의 넓고 높은 침상과 성자의 넓고 높은 침상이다. 바라문이여, 이러한 세 가지 높고 넓은 침상이 있어, 내가 지금 바로 그것을 원하기만 하면 얻을 수 있고 어려움 없이 얻을 수 있고 많이 얻을 수 있다."

5. "고따마 존자시여, 그러면 어떤 것이 천상의 넓고 높은 침상으로서 고따마 존자께서 지금 바로 그것을 원하기만 하면 얻을 수 있고 어려움 없이 얻을 수 있고 많이 얻을 수 있습니까?"

"바라문이여, 여기 나는 마을이나 성읍을 의지하여 머문다. 오전에 옷매무새를 가다듬고 발우와 가사를 수하고 그 마을이나 성읍으로 탁발을 하기 위해 들어간다. 공양을 마치고는 걸식에서 돌아와 숲으로 들어간다. 나는 [앉기 위해] 풀이나 낙엽을 한곳에 모아서 가부좌를 틀고 상체를 곧추세우고 전면에 마음챙김을 확립하여 앉는다.

나는 감각적 욕망들을 완전히 떨쳐버리고 해로운 법[不善法]들을 떨쳐버린 뒤, 일으킨 생각[尋]과 지속적인 고찰[伺]이 있고, 떨쳐버렸음에서 생겼고, 희열[喜]과 행복[樂]이 있는 초선(初禪)을 구족하여 머문다. ··· 제2선(二禪)을 ··· 제3선(三禪)을 ··· 제4선(四禪)을 구족하여 머문다.

바라문이여, 내가 이런 상태로 만약 경행을 하면 그때 나의 경행은 천상의 경행457)이다. 바라문이여, 내가 이런 상태로 만약 서있다면 그때 나의 서있음은 천상의 서있음이다. 바라문이여, 내가 이런 상태로 만약 앉는다면 그때 나의 앉음은 천상의 앉음이다. 바라문이여, 내가 이런 상태로 만약 눕는다면 그때 나의 누움은 천상의 누움이다. 바라문이여, 이것이 천상의 넓고 높은 침상으로서 내가 지금 바로 그것을 원하기만 하면 얻을 수 있고 어려움 없이 얻을 수 있고 많이 얻을 수 있다.”

“경이롭습니다, 고따마 존자시여. 놀랍습니다, 고따마 존자시여. 고따마 존자를 제외하고는 이러한 천상의 높고 넓은 침상을 누가 원하기만 하면 얻을 수 있고 어려움 없이 얻을 수 있고 많이 얻을 수 있겠습니까?”

6. “고따마 존자시여, 그러면 어떤 것이 범천458)의 넓고 높은 침상으로서 고따마 존자께서 지금 바로 그것을 원하기만 하면 얻을 수 있고 어려움 없이 얻을 수 있고 많이 얻을 수 있습니까?”

---

457) “네 가지 禪을 증득한 뒤에 경행을 하면 그것은 ‘천상의 경행(dibba caṅkama)’이다. 증득(samāpatti)으로부터 출정(出定, vuṭṭhāya)하여 경행을 하는 것도 천상의 경행이다. 서있는 경우 등에도 이 방법대로 이해하면 된다.”(AA.ii.294)

458) 범천(Brahma)에 대해서는 본서 제2권 「무외 경」(A4:8) §1의 주해를 참조할 것.

"바라문이여, 여기 나는 마을이나 성읍을 의지하여 머문다. 오전에 옷매무새를 가다듬고 발우와 가사를 수하고 그 마을이나 성읍으로 탁발을 하기 위해 들어간다. 공양을 마치고는 걸식에서 돌아와 숲으로 들어간다. 나는 [앉기 위해] 풀이나 낙엽을 한곳에 모아서 가부좌를 틀고 상체를 곧추세우고 전면에 마음챙김을 확립하여 앉는다.

나는 자애[慈]가 함께한 마음으로 한 방향을 가득 채우면서 머문다. 그처럼 두 번째 방향을, 그처럼 세 번째 방향을, 그처럼 네 번째 방향을, 이와 같이 위로, 아래로, 주위로, 모든 곳에서 모두를 자신처럼 여기고, 모든 세상을 풍만하고, 광대하고, 무량하고, 원한 없고, 악의 없는 자애가 함께한 마음으로 가득 채우고 머문다.

나는 연민[悲]이 함께한 마음으로 … 더불어 기뻐함[喜]이 함께한 마음으로 … 평온[捨]이 함께한 마음으로 한 방향을 가득 채우면서 머문다. 그처럼 두 번째 방향을, 그처럼 세 번째 방향을, 그처럼 네 번째 방향을, 이와 같이 위로, 아래로, 주위로, 모든 곳에서 모두를 자신처럼 여기고, 모든 세상을 풍만하고, 광대하고, 무량하고, 원한 없고, 악의 없는 평온이 함께한 마음으로 가득 채우고 머문다.

바라문이여, 내가 이런 상태로 만약 경행을 하면 그때 나의 경행은 범천의 경행이다. 바라문이여, 내가 이런 상태로 만약 서있다면 그때 나의 서있음은 범천의 서있음이다. 바라문이여, 내가 이런 상태로 만약 앉는다면 그때 나의 앉음은 범천의 앉음이다. 바라문이여, 내가 이런 상태로 만약 눕는다면 그때 나의 누움은 범천의 누움이다. 바라문이여, 이것이 범천의 넓고 높은 침상으로서 내가 지금 바로 그것을 원하기만 하면 얻을 수 있고 어려움 없이 얻을 수 있고 많이 얻을 수 있다."459)

"경이롭습니다, 고따마 존자시여. 놀랍습니다, 고따마 존자시여. 고따마 존자를 제외하고는 이러한 범천의 높고 넓은 침상을 누가 원하기만 하면 얻을 수 있고 어려움 없이 얻을 수 있고 많이 얻을 수 있겠습니까?"

7. "고따마 존자시여, 그러면 어떤 것이 성자의 넓고 높은 침상으로서 고따마 존자께서 지금 바로 그것을 원하기만 하면 얻을 수 있고 어려움 없이 얻을 수 있고 많이 얻을 수 있습니까?"

"바라문이여, 여기 나는 마을이나 성읍을 의지하여 머문다. 오전에 옷매무새를 가다듬고 발우와 가사를 수하고 그 마을이나 성읍으로 탁발을 하기 위해 들어간다. 공양을 마치고는 걸식에서 돌아와 숲으로 들어간다. 나는 [앉기 위해] 풀이나 낙엽을 한곳에 모아서 가부좌를 틀고 상체를 곧추세우고 전면에 마음챙김을 확립하여 앉는다.

나는 이렇게 꿰뚫어 안다. '나의 욕망은 제거되었고 그 뿌리가 잘렸고 줄기만 남은 야자수처럼 되었고 멸절되었고 미래에 다시는 일어나지 않게끔 되었다. 나의 성냄도 제거되었고 그 뿌리가 잘렸고 줄기만 남은 야자수처럼 되었고 멸절되었고 미래에 다시는 일어나지 않게끔 되었다. 나의 어리석음도 제거되었고 그 뿌리가 잘렸고 줄기만 남은 야자수처럼 되었고 멸절되었고 미래에 다시는 일어나지 않게끔 되었다.'라고.

바라문이여, 내가 이런 상태로 만약 경행을 하면 그때 나의 경행은 성자의 경행이다. 바라문이여, 내가 이런 상태로 만약 서있다면 그때 나의 서있음은 성자의 서있음이다. 바라문이여, 내가 이런 상태로 만

---

459) 이처럼 네 가지 거룩한 마음가짐[梵住, brahma-vihāra]은 늘 범천과 연결이 된다. 본서 제2권 「포살 경」(A4:190) §4를 참조할 것.

약 앉는다면 그때 나의 앉음은 성자의 앉음이다. 바라문이여, 내가 이런 상태로 만약 눕는다면 그때 나의 누움은 성자의 누움이다. 바라문이여, 이것이 성자의 넓고 높은 침상으로서 내가 지금 바로 그것을 원하기만 하면 얻을 수 있고 어려움 없이 얻을 수 있고 많이 얻을 수 있다."

"경이롭습니다, 고따마 존자시여. 놀랍습니다, 고따마 존자시여, 고따마 존자를 제외하고는 이러한 성자의 높고 넓은 침상을 누가 원하기만 하면 얻을 수 있고 어려움 없이 얻을 수 있고 많이 얻을 수 있겠습니까?

경이롭습니다, 고따마 존자시여. 경이롭습니다, 고따마 존자시여. 마치 넘어진 자를 일으켜 세우시듯, 덮여있는 것을 걷어내 보이시듯, [방향을] 잃어버린 자에게 길을 가리켜주시듯, 눈 있는 자 형상을 보라고 어둠 속에서 등불을 비춰주시듯, 고따마 존자께서는 여러 가지 방편으로 법을 설해주셨습니다. 저희들은 이제 고따마 존자께 귀의하옵고 법과 비구승가에 귀의합니다. 고따마 존자께서는 저희들을 재가신자로 받아주소서. 오늘부터 목숨이 붙어 있는 그날까지 귀의하옵니다."

사라바 경(A3:64)

Sarabha-sutta

1. 이와 같이 나는 들었다. 한때 세존께서는 왕사성의 독수리봉 산에 머무셨다. 그때 사라바460)라는 유행승이 비구승가에서 환속

---

460) 주석서에 의하면 사라바(Sarabha)는 부처님의 명성이 온 마가다에 크게 퍼지자 이를 시샘한 유행승들이 그를 일부러 비구승가로 출가하도록 하여

한지 얼마 되지 않았을 때 그는 왕사성의 대중들 앞에서 이렇게 말하였다.

"나는 사문인 사꺄의 아들의 법을 알았다. 나는 사문인 사꺄의 아들의 법을 알았기 때문에 비구승가에서 환속했다."

2. 그때 많은 비구들이 오전에 옷매무새를 가다듬고 발우와 가사를 수하고 왕사성으로 탁발을 하기 위해 들어갔다. 비구들은 사라바라는 유행승이 왕사성의 대중들 앞에서 "나는 사문인 사꺄의 아들의 법을 알았다. 내가 사문인 사꺄의 아들의 법을 알았기 때문에 비구 승가에서 나왔다."라고 말하는 것을 들었다. 비구들은 왕사성에서 탁발을 하여 공양을 마치고는 걸식에서 돌아와 세존께 다가갔다. 가서는 세존께 절을 올리고 한 곁에 앉았다. 한 곁에 앉은 비구들은 세존께 이렇게 말씀드렸다.

"세존이시여, 비구승가에서 환속한지 얼마 되지 않은 사라바라는 유행승이 있습니다. 그가 왕사성의 대중들 앞에서 '나는 사문인 사꺄의 아들의 법을 알았다. 내가 사문인 사꺄의 아들의 법을 알았기 때문에 비구 승가에서 나왔다.'라고 말하였습니다. 세존이시여, 세존

잠시 불교교단으로 출가한 유행승이었다고 한다. 유행승들은 부처님의 삶에 대해서 허물을 잡지 못하자 부처님의 위력은 필시 매번 보름마다 문을 닫고 비구들끼리 외우는 '개종시키는 요술(āvaṭṭani-māyā)' 때문일 것이라고 생각하였다고 하며 그래서 사라바를 보내서 그것을 배워오도록 하게 하였다고 한다.

사라바는 승가에 와서 비구들에게 거만하게 대했지만 어떤 장로가 그를 연민하여 출가를 허락했으며 그는 마침내 보름마다 외우는 빠띠목카(비구계목) 즉 그들이 말한 '개종시키는 요술'을 배우고 바로 환속하여 유행승들에게 가서 그것을 알려주었으며 그래서 그는 사꺄의 아들의 법을 알았노라고 떠들고 다닌 것이라고 한다.(AA.ii.295~298) 진정한 개종시키는 요술에 대해서는 본서 제2권 「밧디야 경」(A4:193)을 참조할 것.

께서는 사라바 유행승을 연민히 여기시어 그가 머물고 있는 유행승들의 거처인 삽삐니 강기슭으로 가주시면 좋겠습니다."

세존께서는 침묵으로 승낙하셨다.

3. 그러자 세존께서는 해거름에 홀로 앉음461)을 풀고 일어나 사라바 유행승이 머물고 있는 유행승들의 거처인 삽삐니 강기슭으로 가셨다. 가셔서는 마련해 드린 자리에 앉으셨다. 자리에 앉으셔서 세존께서는 사라바 유행승에게 이렇게 말씀하셨다.

"사라바여, 그대가 '나는 사문인 사꺄의 아들의 법을 알았다. 내가 사문인 사꺄의 아들의 법을 알았기 때문에 비구 승가에서 나왔다.'라고 말했다는 것이 사실인가?"

이렇게 말씀하셨지만 사라바 유행승은 침묵하고 있었다.

세존께서는 두 번째로 사라바 유행승에게 이렇게 말씀하셨다.

"사라바여, 그대가 '나는 사문인 사꺄의 아들의 법을 알았다. 내가 사문인 사꺄의 아들의 법을 알았기 때문에 비구 승가에서 나왔다.'라고 말했다는 것이 사실인가?"

두 번째도 사라바 유행승은 침묵하고 있었다.

세존께서는 세 번째로 사라바 유행승에게 이렇게 말씀하셨다.

"사라바여, 사문인 사꺄의 아들의 법은 내가 설했다. 사라바여, 말

---

461) '홀로 앉음'은 paṭisallāna의 역어이다. paṭisallāna는 prati(*against*)+ saṁ(*together*)+√lī(*to cling, to adhere*)에서 파생된 명사이다. 경에서는 주로 부처님이나 비구들이 공양을 마치고 낮 동안 나무 아래나 승원에서 홀로 앉아 지내는 것을 나타낸다. 주석서는 "홀로 앉음(paṭisallāna)이란 혼자 있는 상태(ekībhāva)이다."(DA.iii.1040)로 설명하고 있다. 비슷한 단어로 paviveka가 있는데 대중에서 살지 않고 한적한 곳에 홀로 지내는 일종의 토굴 생활을 뜻한다. 이 경우는 모두 '한거(閑居), 멀리 여읨'으로 옮겼다.

을 하라. 그대가 사문인 사꺄의 아들의 법을 알았는가? 만약 그대가 불충분하게 말을 한다면 내가 [그대를 위해] 완성시켜 주리라. 만약 그대가 충분히 말을 한다면 나는 기꺼워할 것이다."

세 번째도 사라바 유행승은 침묵하고 있었다.

4. 그때 왕사성의 유행승들은 사라바 유행승에게 이렇게 말했다.

"도반이여, 그대가 사문 고따마께 원하는 것이 그 무엇이건 사문 고따마는 그것에 대한 기회를 줄 것입니다. 도반 사라바여, 말을 하시오. 그대가 사문인 사꺄의 아들의 법을 알았습니까? 만약 그대가 불충분하게 말을 한다면 사문 고따마께서 [그대를 위해] 완성시켜 줄 것입니다. 만약 그대가 충분히 말을 한다면 사문 고따마께서 기꺼워할 것입니다."

이와 같이 말했지만 사라바 유행승은 말이 없고 당혹하고 어깨가 축 처지고 고개를 떨어뜨리고 기가 꺾여 아무런 대답을 못하고 앉아 있었다.

5. 그때 세존께서는 사라바 유행승이 말이 없고 당혹하고 어깨가 축 처지고 고개를 떨어뜨리고 기가 꺾여 아무런 대답을 못하고 앉아있는 것을 아시고 유행승들에게 이렇게 말씀하셨다.

"유행승들이여, 만약 누군가 나에게 '당신은 완전히 깨달았다고 말하지만 이런 법들은 깨닫지 못했습니다.'라고 말한다면 나는 그에게 질문을 던지고 집요하게 이유를 묻고 반복해서 질문할 것이다. 내가 그에게 질문을 던지고 집요하게 이유를 묻고 반복해서 질문하면 그는 기회를 잃을 것이고, [다음의] 세 가지 가운데 하나에 봉착할 것이다.

그는 다른 것을 질문하고 지금의 주제가 아닌 다른 주제를 꺼내어 이전의 얘기를 전환하거나, 혹은 분노와 성냄과 불만족을 드러내거나, 혹은 말이 없고 당혹하고 어깨가 축 처지고 고개를 떨어뜨리고 기가 꺾여 아무런 대답을 못하고 앉아있을 것이다.

유행승들이여, 만약 누군가 나에게 '당신은 번뇌가 다했다고 말하지만 이런 번뇌들은 다하지 못했습니다.'라고 말한다면 나는 그에게 질문을 던지고 집요하게 이유를 묻고 반복해서 질문할 것이다. 내가 그에게 질문을 던지고 집요하게 이유를 묻고 반복해서 질문하면 그는 기회를 잃을 것이고, [다음의] 세 가지 가운데 하나에 봉착할 것이다.

그는 다른 것을 질문하고 지금의 주제가 아닌 다른 주제를 꺼내어 이전의 얘기를 전환하거나, 혹은 분노와 성냄과 불만족을 드러내거나, 혹은 말이 없고 당혹하고 어깨가 축 처지고 고개를 떨어뜨리고 기가 꺾여 아무런 대답을 못하고 앉아있을 것이다.

유행승들이여, 만약 누군가 나에게 '당신은 [도와 과를 얻기] 위해서 [네 가지 성스러운 진리의] 법을 설하셨지만462) 그 법은 그것을 닦는 사람들로 하여금 고를 완전히 끝내도록 인도하지는 못했습니다.'라고 말한다면 나는 그에게 질문을 던지고 집요하게 이유를 묻고 반복해서 질문할 것이다. 내가 그에게 질문을 던지고 집요하게 이유를 묻고 반복해서 질문하면 그는 기회를 잃을 것이고, [다음의] 세 가지 가운데 하나에 봉착할 것이다.

그는 다른 것을 질문하고 지금의 주제가 아닌 다른 주제를 꺼내어 이전의 얘기를 전환하거나, 혹은 분노와 성냄과 불만족을 드러내거

---

462) [ ] 안은 주석서를 참조하여(AA.iii.303) 넣은 것이다.

나, 혹은 말이 없고 당혹하고 어깨가 축 처지고 고개를 떨어뜨리고 기가 꺾여 아무런 대답을 못하고 앉아있을 것이다."

[이렇게 말씀하신 뒤] 세존께서는 유행승들의 거처인 삽삐니 강의 기슭에서 세 번 사자후를 토하시고 허공으로 올라가셨다.[463]

6. 세존께서 떠나신지 얼마 되지 않아 그 유행승들은 사라바 유행승에게 사방에서 아주 심한 말로 야유를 퍼부으며 공격을 하였다.

"도반 사라바여, 큰 숲에 있는 늙어빠진 자칼이 사자후를 토하리라고 생각하지만 자칼의 목쉰 소리만을 내지른다네. 도반 사라바여, 그와 같이 그대도 오직 사문 고따마만이 토할 수 있는 사자후를 나도 토하리라고 생각하지만 자칼의 목쉰 소리만을 지를 뿐이라네.

도반 사라바여, 작은 암탉이 큰 수탉의 울음소리를 내리라고 생각하지만 작은 암탉의 울음소리를 낸다네. 도반 사라바여, 그와 같이 그대도 오직 사문 고따마만이 낼 수 있는 큰 수탉의 울음소리를 내리라고 생각하지만 작은 암탉의 울음소리를 낼 뿐이라네.

도반 사라바여, 마치 소가 [대장 소개] 축사에 없을 때 우렁찬 소리를 내야지 생각하는 것과 같이 그대도 오직 사문 고따마만이 낼 수 있는 우렁찬 소리를 내야지라고 생각할 뿐이라네."

이렇게 그 유행승들은 사라바 유행승에게 사방에서 아주 심한 말로 공격을 하였다.

---

463) "신통지의 기초(abhiññā-pādaka)가 되는 제4선에 들었다가 출정하여 결심(adhiṭṭhāna)과 동시에 비구 승가와 함께 허공에 올라 즉시에 독수리 봉 산에 있는 큰 사원에 도착하셨다."(AA.ii.303)

깔라마 경(A3:65)[464]

Kālāma-sutta

1.   이와 같이 나는 들었다. 한때 세존께서는 꼬살라[465]에서 유행을 하시다가 많은 비구승가와 함께 께사뿟따라는 깔라마들[466]의 성읍에 도착하셨다. 께사뿟따에 사는 깔라마들은 들었다. '존자들이여, 사꺄의 후예인 사문 고따마가 사꺄 가문으로부터 출가하여 께사뿟따에 도착하셨습니다. 그분 고따마 존자께는 이러한 좋은 명성이 따릅니다. '이런 [이유로] 그분 세존께서는 아라한[應供]이시며, 완전히 깨달은 분[正等覺]이시며, 영지와 실천이 구족한 분[明行足]이시며, 피안으로 잘 가신 분[善逝]이시며, 세간을 잘 알고 계신 분[世間解]이시며, 가장 높은 분[無上士]이시며, 사람을 잘 길들이는 분[調御丈夫]이시며, 하늘과 인간의 스승[天人師]이시며, 깨달은 분[佛]이시며, 세존(世尊)이시다.'라고, 그는 신을 포함하고 마라를 포함하고 범천을 포함하고 사문·바라문을 포함하고 신과 인간을 포함한 이 세상을 스스로 최상의 지혜로 알고 실현하여 드러냅니다. 그는 법을 설합니다.

---

464)   PTS본의 권말 목록에는 께사뿟띠야(Kesaputtiya)로 나타난다. 이 단어는 께사뿟따(Kesaputta) 마을에 사는 사람들이란 뜻으로 바로 깔라마인들을 뜻한다. DPPN에도 「께사뿟띠야 경」(Kesaputtiya Sutta)으로 언급되고 있다. 그러나 서양에서는 이 경이 「깔라마 경」(Kālāma Sutta)으로 잘 알려졌고 우리에게도 이렇게 알려져 있어서 「깔라마 경」으로 경 이름을 정했다.

465)   꼬살라(Kosala)에 대해서는 본서 「웨나가뿌라 경」(A3:63) §1의 주해를 참조할 것.

466)   깔라마 혹은 깔라마인들(Kālāmā)은 께사뿟따 성읍에 사는 사람들을 말하며 주석서는 끄샤뜨리야들이라고 적고 있다.(AA.ii.304) 께사뿟따와 깔라마에 대한 그 외의 설명은 나타나지 않는다.

그는 시작도 훌륭하고 중간도 훌륭하고 끝도 훌륭하며, 의미와 표현을 구족하여 법을 설하여 더할 나위 없이 완벽하고 지극히 청정한 범행을 설합니다. 참으로 그러한 아라한을 뵙는 것은 좋은 일입니다.'라고.

그때 께사뿟따의 깔라마들은 세존께 다가갔다. 어떤 사람들은 세존께 절을 올리고 한 곁에 앉았다. 어떤 사람들은 세존과 함께 환담을 나누고 유쾌하고 기억할 만한 이야기로 서로 담소를 나누고 한 곁에 앉았다. 어떤 사람들은 세존께 합장하여 인사드리고서 한 곁에 앉았다. 어떤 사람들은 세존의 앞에서 이름과 성을 말씀드리고 한 곁에 앉았다. 어떤 사람들은 조용히 한 곁에 앉았다. 이렇게 한 곁에 앉은 께사뿟따의 깔라마들은 세존께 이렇게 말씀드렸다.

2. "세존이시여, 어떤 사문·바라문들이 께사뿟따에 옵니다. 그들은 각자 자기의 주장을 설명하고 칭찬합니다. 다른 사람의 주장은 매도하고 욕하고 업신여기고 경멸합니다. 세존이시여, 다른 사문·바라문들 또한 께사뿟따에 옵니다. 그들도 각자 자기의 주장을 설명하고 칭찬합니다. 다른 사람의 주장은 매도하고 욕하고 업신여기고 경멸합니다. 세존이시여, 이런 존경하는 사문들 가운데 누가 진실을 얘기하고 누가 거짓을 말하는지 그들에 대해서 저희들은 미덥지 못하고 의심스럽습니다."

3. "깔라마들이여, 그대들은 당연히 미덥지 못하고 의심스러울 것이다. 미덥지 못한 곳에 의심이 일어난다. 깔라마들이여, 소문으로 들었다고 해서,467) 대대로 전승되어 온다고 해서, '그렇다 하더라.'고

---

467) "'소문으로 들었다 해서(anussavena)'는 소문으로 들은 이야기(kathā)

해서, [우리의] 성전에 써 있다고 해서,468) 논리적이라고 해서, 추론에 의해서, 이유가 적절하다고 해서,469) 우리가 사색하여 얻은 견해와 일치한다고 해서, 유력한 사람이 한 말이라고 해서,470) 혹은 '이 사문은 우리의 스승이시다.'라는 생각 때문에 [진실이라고 받아들이지 말라.] 깔라마들이여, 그대들은 참으로 스스로가 '이러한 법들은 해로운 것이고, 이러한 법들은 비난받아 마땅하고, 이런 법들은 지자들의 비난을 받을 것이고, 이러한 법들을 전적으로471) 받들어 행하면 손해와 괴로움이 있게 된다.'라고 알게 되면 그때 그것들을 버리도록 하라."

4. "깔라마들이여, 이를 어떻게 생각하는가? 사람의 내면에서 탐욕이 일어나면 그것은 그에게 이익이 되겠는가, 손해가 되겠는가?"

"손해가 됩니다, 세존이시여."

"깔라마들이여, 심한 탐욕을 가진 사람은 탐욕에 사로잡히고 그것에 얼이 빠져 생명을 죽이고, 주지 않은 것을 갖고, 남의 아내에게 접근하고, 거짓말을 하게 된다. 또한 다른 사람에게도 그렇게 하도록

를 통해서라는 뜻이다."(AA.ii.305)

468) "우리들의 경전과 더불어 일치한다(amhākaṁ piṭakatantiyā saddhiṁ sameti)는 뜻이다."(*Ibid*)

469) "이유가 적절하다고 해서는 ākāraparivitakkena를 옮긴 것이다. 이것은 멋진(sundara) 이유(kāraṇa)이다라는 뜻이다."(*Ibid*)

470) "원문의 bhavyarūpatāya(유력한 인물됨 때문에)는 '이 비구는 유력한 인물이다. 그러므로 그의 말은 받아들이기에 적합하다.'라고 여기는 것이다."(*Ibid*)

471) 원문은 samatta(완전한, 완성된)인데 주석서에서 paripuṇṇa(완전하게, 전적으로)의 뜻으로 설명하고 있다.(AA.ii.305)

유도한다. 그러면 이것은 오랜 세월을 그에게 손해와 괴로움이 되지 않겠는가?"

"그렇습니다, 세존이시여."

5. "깔라마들이여, 이를 어떻게 생각하는가? 사람의 내면에서 성냄이 일어나면 그것은 그에게 이익이 되겠는가, 손해가 되겠는가?"

"손해가 됩니다, 세존이시여."

"깔라마들이여, 포악한 사람은 성냄에 사로잡히고 그것에 얼이 빠져 생명을 죽이고, 주지 않은 것을 갖고, 남의 아내에게 접근하고, 거짓말을 하게 된다. 또한 다른 사람에게도 그렇게 하도록 유도한다. 그러면 이것은 오랜 세월을 그에게 손해와 괴로움이 되지 않겠는가?"

"그렇습니다, 세존이시여."

6. "깔라마들이여, 이를 어떻게 생각하는가? 사람의 내면에서 어리석음이 일어나면 그것은 그에게 이익이 되겠는가, 손해가 되겠는가?"

"손해가 됩니다, 세존이시여."

"깔라마들이여, 멍청한 사람은 어리석음에 사로잡히고 그것에 얼이 빠져 생명을 죽이고, 주지 않은 것을 갖고, 남의 아내에게 접근하고, 거짓말을 하게 된다. 또한 다른 사람에게도 그렇게 하도록 유도한다. 그러면 이것은 오랜 세월을 그에게 손해와 괴로움이 되지 않겠는가?"

"그렇습니다, 세존이시여."

7. "깔라마들이여, 이를 어떻게 생각하는가? 이러한 법들은 유

익한 것인가 해로운 것인가?"

"해로운 것입니다, 세존이시여."

"비난받아 마땅한 것인가, 그렇지 않은 것인가?"

"비난받아 마땅한 것입니다, 세존이시여."

"지자에 의해 비난받을 일인가, 칭찬받을 일인가?"

"비난받을 일입니다, 세존이시여."

"전적으로 받들어 행하면 손해가 있고 괴롭게 되는가, 아닌가? 그대들의 생각에는 어떠한가?"

"세존이시여, 전적으로 받들어 행하면 손해가 되고 괴롭게 됩니다. 저희들은 이렇게 생각합니다."

8. "깔라마들이여, 그래서 우리는 이와 같이 말했던 것이다. '깔라마들이여, 그대들은 소문으로 들었다고 해서, 대대로 전승되어 온다고 해서, '그렇다 하더라.'고 해서, [우리의] 성전에 써 있다고 해서, 논리적이라고 해서, 추론에 의해서, 이유가 적절하다고 해서, 우리가 사색하여 얻은 견해와 일치한다고 해서, 유력한 사람이 한 말이라고 해서, 혹은 '이 사문은 우리의 스승이시다.'라는 생각 때문에 [진실이라고 받아들이지 말라.] 깔라마들이여, 그대는 참으로 스스로가 '이러한 법들은 해로운 것이고, 이러한 법들은 비난받아 마땅하고, 이런 법들은 지자들의 비난을 받을 것이고, 이러한 법들을 전적으로 받들어 행하면 손해와 괴로움이 있게 된다.'라고 알게 되면 그때 그것들을 버리도록 하라.'라고. 이렇게 말한 것은 이것을 반연하여 말한 것이다."

9. "깔라마들이여, 그대들은 소문으로 들었다고 해서, 대대로

전승되어 온다고 해서, '그렇다 하더라.'고 해서, [우리의] 성전에 써 있다고 해서, 추측이 그렇다고 해서, 논리적이라고 해서, 추론에 의해서, 이유가 적절하다고 해서, 우리가 사색하여 얻은 견해와 일치한다고 해서, 유력한 사람이 한 말이라고 해서, 혹은 '이 사문은 우리의 스승이시다.'라는 생각 때문에 [진실이라고 받아들이지 말라.] 깔라마들이여, 그대들은 참으로 스스로가 '이러한 법들은 유익한 것이고, 이러한 법들은 비난받지 않을 것이며, 이런 법들은 지자들의 비난을 받지 않을 것이고, 이러한 법들을 전적으로 받들어 행하면 이익과 행복이 있게 된다.'라고 알게 되면, 그것들을 구족하여 머물러라."

10. "깔라마들이여, 이를 어떻게 생각하는가? 사람의 내면에서 탐욕 없음이 일어나면 그것은 그에게 이익이 되겠는가, 손해가 되겠는가?"

"이익이 됩니다, 세존이시여."

"깔라마들이여, 심한 탐욕을 가지지 않은 사람은 탐욕에 사로잡히지 않고 그것에 얼이 빠지지 않아서 생명을 죽이지 않고, 주지 않은 것을 갖지 않고, 남의 아내에게 접근하지 않고, 거짓말을 하지 않게 된다. 또한 다른 사람에게도 그렇게 하도록 격려한다. 그러면 이것은 오랜 세월을 그에게 이익과 행복이 되지 않겠는가?"

"그렇습니다, 세존이시여."

11. "깔라마들이여, 이를 어떻게 생각하는가? 사람의 내면에서 성냄 없음이 일어나면 그것은 그에게 이익이 되겠는가, 손해가 되겠는가?"

"이익이 됩니다, 세존이시여."

"깔라마들이여, 성내지 않는 사람은 성냄에 사로잡히지 않고 그것에 얼이 빠지지 않아서 생명을 죽이지 않고, 주지 않은 것을 갖지 않고, 남의 아내에게 접근하지 않고, 거짓말을 하지 않게 된다. 또한 다른 사람에게도 그렇게 하도록 격려한다. 그러면 이것은 오랜 세월을 그에게 이익과 행복이 되지 않겠는가?"

"그렇습니다, 세존이시여."

12. "깔라마들이여, 이를 어떻게 생각하는가? 사람의 내면에서 어리석음 없음이 일어나면 그것은 그에게 이익이 되겠는가, 손해가 되겠는가?"

"이익이 됩니다, 세존이시여."

"깔라마들이여, 영민한 사람은 어리석음에 사로잡히지 않고 그것에 얼이 빠지지 않아서 생명을 죽이지 않고, 주지 않은 것을 갖지 않고, 남의 아내에게 접근하지 않고, 거짓말을 하지 않게 된다. 또한 다른 사람에게도 그렇게 하도록 격려한다. 그러면 이것은 오랜 세월을 그에게 이익과 행복이 되지 않겠는가?"

"그렇습니다, 세존이시여."

13. "깔라마들이여, 이를 어떻게 생각하는가? 이러한 법들은 유익한 것인가, 해로운 것인가?"

"유익한 것입니다, 세존이시여."

"비난받아 마땅한 것인가, 그렇지 않을 일인가?"

"비난받지 않을 일입니다, 세존이시여."

"지자에 의해 비난받을 일인가, 칭찬받을 일인가?"

"칭찬받을 일입니다, 세존이시여."

"전적으로 받들어 행하면 이익이 있고 행복하게 되는가, 아닌가? 그대들의 생각에는 어떠한가?"

"세존이시여, 전적으로 받들어 행하면 이익이 있고 행복하게 됩니다. 저희들은 이렇게 생각합니다."

14. "깔라마들이여, 그래서 우리는 이와 같이 말한 것이다. '깔라마들이여, 그대들은 소문으로 들었다고 해서, 대대로 전승되어 온다고 해서, '그렇다 하더라.'고 해서, [우리의] 성전에 써 있다고 해서, 추측이 그렇다고 해서, 논리적이라고 해서, 추론에 의해서, 이유가 적절하다고 해서, 우리가 사색하여 얻은 견해와 일치한다고 해서, 유력한 사람이 한 말이라고 해서, 혹은 '이 사문은 우리의 스승이시다.'라는 생각 때문에 [진실이라고 받아들이지 말라.] 깔라마들이여, 그대는 참으로 스스로가 '이러한 법들은 유익한 것이고, 이러한 법들은 비난받지 않을 것이며, 이런 법들은 지자들의 비난을 받지 않을 것이고, 이러한 법들을 전적으로 받들어 행하면 이익과 행복이 있게 된다.'고 알게 되면, 그것들을 구족하여 머물러라.'라고. 이렇게 말한 것은 이것을 반연하여 말한 것이다."

15. "깔라마들이여, 성스러운 제자는 이와 같이 탐욕이 없고 악의가 없고 현혹됨이 없이 분명히 알아차리고 마음챙긴다.472) 그는 자애가 함께한 마음으로 … 연민이 함께한 마음으로 … 더불어 기뻐함이 함께한 마음으로 … 평온이 함께한 마음으로 한 방향을 가득 채우면서 머문다. 그처럼 두 번째 방향을, 그처럼 세 번째 방향을, 그

---

472) 여기서 '마음챙김'으로 옮긴 원어는 patissata인데 『상윳따 니까야 복주서』는 "patissata는 모든 곳에서 마음챙김(sati)과 같다."(SAT.ii.21)라고 설명하고 있다.

처럼 네 번째 방향을, 이와 같이 위로, 아래로, 주위로, 모든 곳에서 모두를 자신처럼 여기고, 모든 세상을 풍만하고, 광대하고, 무량하고, 원한 없고, 악의 없는 평온이 함께한 마음으로 가득 채우고 머문다.

깔라마들이여, 성스러운 제자는 이와 같이 마음에 원한이 없고, 마음에 악의가 없고, 마음이 오염되지 않고, 마음이 청정하여 금생에 네 가지 위안473)을 얻는다."

16. "'만약 다음 세상이 있고, 선행과 악행의 업들에 대한 결실과 과보가 있다면 나는 몸이 무너져 죽은 뒤 좋은 곳[善處], 천상세계에 태어날 것이다.'라고. 이것이 그가 얻는 첫 번째 위안이다.

'만약 다음 세상이 없고 선행과 악행의 업들에 대한 결실과 과보도 없다면 나는 금생에 원한 없고 악의 없고 고통 없이474) 행복하게 살 것이다.'라고. 이것이 그가 얻는 두 번째 위안이다.

'만약 어떤 이가 나쁜 행을 하여 죄가 된다면 내가 다른 이에게 악을 저지르도록 교사하지 않았고 내 스스로도 악업을 짓지 않았거늘 어떻게 내가 괴로움과 마주치겠는가?'라고. 이것이 그가 얻는 세 번째 위안이다.

'만약 어떤 이가 나쁜 행을 하여도 죄가 되지 않는다면 나는 양면으로 청정한 나를 볼 것이다.'475)라고. 이것이 그가 얻는 네 번째 위안이다.

---

473) '위안'으로 옮긴 원어는 assāsa인데 주석서에서 avassayā patiṭṭhā로 설명한다. 즉 위안, 도움, 보호, 지지의 뜻이다.(AA.ii.306)

474) 원어는 anīgha인데 주석서는 고통 없음(niddukkha)이라고 설명한다.(AA.ii.306)

475) "양면으로 청정하다는 것은 내가 악을 저지르지 않고 또 어떤 이가 나쁜 행을 해도 죄가 되지 않기 때문에 양면으로 청정한 자신을 본다는 뜻이다."(AA.ii.306)

깔라마들이여, 성스러운 제자는 이와 같이 마음에 원한이 없고, 마음에 악의가 없고, 마음이 오염되지 않고, 마음이 청정하여 금생에 네 가지 위안을 얻는다."

17. "세존이시여, 그러합니다. 세존이시여, 참으로 그러합니다. 세존이시여, 성스러운 제자는 이와 같이 마음에 원한이 없고, 마음에 악의가 없고, 마음이 오염되지 않고, 마음이 청정하여 금생에 네 가지 위안을 얻습니다.

'만약 다음 세상이 있고, 선행과 악행의 업들에 대한 결실과 과보가 있다면 나는 몸이 무너져 죽은 뒤 좋은 곳[善處], 천상세계에 태어날 것이다.'라고, 이것이 그가 얻는 첫 번째 위안입니다.

'만약 다음 세상이 없고 선행과 악행의 업들에 대한 결실과 과보도 없다면 나는 금생에 원한 없고 악의 없고 고통 없이 행복하게 살 것이다.'라고, 이것이 그가 얻는 두 번째 위안입니다.

'만약 어떤 이가 나쁜 행을 하여 죄가 된다면 내가 다른 이에게 악을 저지르도록 교사하지 않았고 내 스스로도 악업을 짓지 않았거늘 어떻게 내가 고통과 마주치겠는가?'라고, 이것이 그가 얻는 세 번째 위안입니다.

'만약 어떤 이가 나쁜 행을 하여도 죄가 되지 않는다면 나는 양면으로 청정한 나를 볼 것이다.'라고, 이것이 그가 얻는 네 번째 위안입니다.

세존이시여, 성스러운 제자는 이와 같이 마음에 원한이 없고, 마음에 악의가 없고, 마음이 오염되지 않고, 마음이 청정하여 금생에 네 가지 위안을 얻습니다.

경이롭습니다, 세존이시여. 경이롭습니다, 세존이시여. 마치 넘어진 자를 일으켜 세우시듯, 덮여있는 것을 걷어내 보이시듯, [방향을]

잃어버린 자에게 길을 가리켜주시듯, 눈 있는 자 형상을 보라고 어둠 속에서 등불을 비춰주시듯, 세존께서는 여러 가지 방편으로 법을 설해주셨습니다. 저희들은 이제 세존께 귀의하옵고 법과 비구승가에 귀의합니다. 세존께서는 저희들을 재가신자로 받아주소서. 오늘부터 목숨이 붙어 있는 그날까지 귀의하옵니다."

살하 경(A3:66)
Sāḷha-sutta

1. 이와 같이 나는 들었다. 한때 난다까 존자476)는 사왓티에서 동쪽 원림에 있는 미가라마따(녹자모)의 강당에 머물고 있었다. 그때 미가라의 손자477)인 살하와 뻬쿠니야의 손자 로하나가 난다까 존자에게 다가갔다. 가서는 난다까 존자께 절을 하고 한 곁에 앉았다. 한 곁에 앉은 미가라의 손자인 살하에게 난다까 존자는 이렇게 말하였다.

2. "살하들이여,478) 그대들은 소문으로 들었다고 해서, 대대로 전승되어 온다고 해서, '그렇다 하더라.'고 해서, [우리의] 성전에 써

---

476) 난다까 존자(āyasmā Nandaka)는 본서 「하나의 모음」(A1:14:4-11)에서 비구니들을 교계하는 자(bhikkhun-ovādaka)들 가운데서 으뜸이라고 거명된 분이다. 부처님의 권유로 비구니들에게 설법을 하였는데 첫째 날에 그들은 예류과를 증득하였고 둘째 날에는 500명이 아라한과를 얻었다고 한다. 그는 사왓티의 부유한 장자 집안 출신이고 제따와나를 헌정하는 날에 부처님의 설법을 듣고 출가하여 오래지 않아서 아라한이 되었다고 한다.(AA.i.312, 등) 그와 관계된 몇몇 경들이 전승되어 온다.

477) 미가라(Migāra)는 미가라마따 즉 위사카(Visākhā)의 남편이다. 그러므로 살하(Sāḷha)는 미가라마따의 손자이기도 하다.

478) 듣는 사람이 두 사람이기 때문에 이렇게 복수로 부르고 있다.

있다고 해서, 논리적이라고 해서, 추론에 의해서, 이유가 적절하다고 해서, 우리가 사색하여 얻은 견해와 일치한다고 해서, 유력한 사람이 한 말이라고 해서, 혹은 '이 사문은 우리의 스승이시다.'라는 생각 때문에 그대로 따르지는 말라. 살하들이여, 그대들은 참으로 스스로가 '이러한 법들은 해로운 것이고, 이러한 법들은 비난받아 마땅하고, 이런 법들은 지자들의 비난을 받을 것이고, 이러한 법들을 전적으로 받들어 행하면 손해와 괴로움이 있게 된다.'라고 알게 되면 그때 그것들을 버리도록 하라."

3. "살하들이여, 이를 어떻게 생각하는가? 탐욕이 있는가?"

"있습니다, 존자시여."

"살하들이여, 나는 강한 욕망이 바로 탐욕의 뜻이라고 말한다. 살하들이여, 강한 욕망을 가졌고 탐욕스러운 자는 생명을 죽이고, 주지 않은 것을 가지고, 남의 아내에게 접근하고, 거짓말을 하고, 남도 그렇게 하도록 유도한다. 그것은 오래도록 그에게 손해가 되고 괴로움이 되지 않겠는가?"

"그렇습니다, 존자시여."

4. "살하들이여, 이것을 어떻게 생각하는가? 성냄이 있는가?"

"있습니다, 존자시여."

"살하들이여, 나는 악의가 바로 성냄의 뜻이라고 말한다. 살하들이여, 성내고 악의에 찬 마음을 가진 자는 생명을 죽이고, 주지 않은 것을 가지고, 남의 아내에게 접근하고, 거짓말을 하고, 남도 그렇게 하도록 유도한다. 그것은 오래도록 그에게 손해가 되고 괴로움이 되지 않겠는가?"

"그렇습니다, 존자시여."

5. "살하들이여, 이를 어떻게 생각하는가? 어리석음이 있는가?
"있습니다, 존자시여."

"살하들이여, 나는 무명이 바로 어리석음의 뜻이라고 말한다. 어리석고 무명에 덮인 자는 생명을 죽이고, 주지 않은 것을 가지고, 남의 아내에게 접근하고, 거짓말을 하고, 남도 그렇게 하도록 유도한다. 그것은 오래도록 그에게 손해가 되고 괴로움이 되지 않겠는가?"

"그렇습니다, 존자시여."

6. "살하들이여, 이를 어떻게 생각하는가? 이러한 법들은 유익한 것인가, 해로운 것인가?"

"해로운 것입니다. 존자시여."

"비난받아 마땅한 것인가, 그렇지 않은 것인가?"

"비난받아 마땅한 것입니다, 존자시여."

"지자에 의해 비난받을 일인가, 칭찬받을 일인가?"

"비난받을 일입니다, 존자시여."

"전적으로 받들어 행하면 손해가 있고 괴롭게 되는가, 아닌가? 그대들의 생각에는 어떠한가?"

"존자시여, 전적으로 받들어 행하면 손해가 되고 괴롭게 됩니다. 저희들은 이렇게 생각합니다."

7. "살하들이여, 그래서 우리는 이렇게 말했던 것이다. '그대들은 소문으로 들었다고 해서, 대대로 전승되어 온다고 해서, '그렇다 하더라.'고 해서, [우리의] 성전에 써 있다고 해서, 논리적이라고 해

서, 추론에 의해서, 이유가 적절하다고 해서, 우리가 사색하여 얻은 견해와 일치한다고 해서, 유력한 사람이 한 말이라고 해서, 혹은 '이 사문은 우리의 스승이시다.'라는 생각 때문에 그대로 따르지는 말라. 살하들이여, 그대들은 참으로 스스로가 '이러한 법들은 해로운 것이고, 이러한 법들은 비난받아 마땅하고, 이런 법들은 지자들의 비난을 받을 것이고, 이러한 법들을 전적으로 받들어 행하면 손해와 괴로움이 있게 된다.'라고 알게 되면 그때 그것들을 버리도록 하라.'라고, 이렇게 말한 것은 이것을 반연하여 말한 것이다.

살하들이여, 그대들은 소문으로 들었다고 해서, 대대로 전승되어 온다고 해서, '그렇다 하더라.'고 해서, [우리의] 성전에 써 있다고 해서, 논리적이라고 해서, 추론에 의해서, 이유가 적절하다고 해서, 우리가 사색하여 얻은 견해와 일치한다고 해서, 유력한 사람이 한 말이라고 해서, 혹은 '이 사문은 우리의 스승이시다.'라는 생각 때문에 그대로 따르지는 말라. 살하들이여, 그대들은 참으로 스스로가 '이러한 법들은 유익한 것이고, 이러한 법들은 비난받지 않을 것이며, 이런 법들은 지자들의 비난을 받지 않을 것이고, 이러한 법들을 전적으로 받들어 행하면 이익과 행복이 있게 된다.'라고 알게 되면, 그것들을 구족하여 머물러라."

8. "살하들이여, 이를 어떻게 생각하는가? 탐욕 없음이 있는가?"
"있습니다, 존자시여."
"살하들이여, 나는 욕심 없음이 바로 탐욕 없음의 뜻이라고 말한다. 살하들이여, 욕심 없고 탐욕스럽지 않는 자는 생명을 죽이지 않고, 주지 않은 것을 가지지 않고, 남의 아내에게 접근하지 않고, 거짓말을 하지 않고, 남에게도 그렇게 하도록 격려한다. 그것은 오래도록 그에게 이익과 행복이 되지 않겠는가?"

"그렇습니다, 존자시여."

9. "살하들이여, 이것을 어떻게 생각하는가? 성냄 없음이 있는가?"

"있습니다, 존자시여."

"살하들이여, 나는 악의 없음이 바로 성냄 없음의 뜻이라고 말한다. 살하들이여, 성내지 않고 악의 없는 마음을 가진 자는 생명을 죽이지 않고, 주지 않은 것을 가지지 않고, 남의 아내에게 접근하지 않고, 거짓말을 하지 않고, 남에게도 그렇게 하도록 격려한다. 그것은 오래도록 그에게 이익과 행복이 되지 않겠는가?"

"그렇습니다, 존자시여."

10. "살하들이여, 이를 어떻게 생각하는가? 어리석음 없음이 있는가?

"있습니다, 존자시여."

"살하들이여, 나는 영지(靈知)가 바로 어리석음 없음의 뜻이라고 말한다. 어리석지 않고 영지를 가진 자는 생명을 죽이지 않고, 주지 않은 것을 가지지 않고, 남의 아내에게 접근하지 않고, 거짓말을 하지 않고, 남에게도 그렇게 하도록 격려한다. 그것은 오래도록 그에게 이익과 행복이 되지 않겠는가?"

"그렇습니다, 존자시여."

11. "살하들이여, 이를 어떻게 생각하는가? 이러한 법들은 유익한 것인가, 해로운 것인가?"

"유익한 것입니다, 존자시여."

"비난받아 마땅한 것인가, 그렇지 않을 일인가?"

"비난받지 않을 일입니다, 존자시여."

"지자에 의해 비난받을 일인가, 칭찬받을 일인가?"

"칭찬받을 일입니다, 존자시여."

"전적으로 받들어 행하면 이익이 있고 행복하게 되는가, 아닌가? 그대들의 생각에는 어떠한가?"

"존자시여, 전적으로 받들어 행하면 이익이 있고 행복하게 됩니다. 저희들은 이렇게 생각합니다."

12. "살하들이여, 그래서 우리는 이렇게 말했던 것이다. '그대들은 소문으로 들었다고 해서, 대대로 전승되어 온다고 해서, '그렇다 하더라.'고 해서, [우리의] 성전에 써 있다고 해서, 논리적이라고 해서, 추론에 의해서, 이유가 적절하다고 해서, 우리가 사색하여 얻은 견해와 일치한다고 해서, 유력한 사람이 한 말이라고 해서, 혹은 '이 사문은 우리의 스승이시다.'라는 생각 때문에 그대로 따르지는 말라. 살하들이여, 그대들은 참으로 스스로가 '이러한 법들은 유익한 것이고, 이러한 법들은 비난받지 않을 것이며, 이런 법들은 지자들의 비난을 받지 않을 것이고, 이러한 법들을 전적으로 받들어 행하면 이익과 행복이 있게 된다.'라고 알게 되면, 그것들을 구족하여 머물러라.'라고. 이렇게 말한 것은 이것을 반연하여 말한 것이다."

13. "살하들이여, 성스러운 제자는 이와 같이 탐욕이 없고 악의가 없고 현혹됨이 없이 분명히 알아차리고 마음챙긴다. 그는 자애가 함께한 마음으로 … 연민이 함께한 마음으로 … 더불어 기뻐함이 함

께한 마음으로 … 평온이 함께한 마음으로 한 방향을 가득 채우면서 머문다. 그처럼 두 번째 방향을, 그처럼 세 번째 방향을, 그처럼 네 번째 방향을, 이와 같이 위로, 아래로, 주위로, 모든 곳에서 모두를 자신처럼 여기고, 모든 세상을 풍만하고, 광대하고, 무량하고, 원한 없고, 악의 없는 평온이 함께한 마음으로 가득 채우고 머문다.

그는 이와 같이 꿰뚫어 안다. '이것이 있고,[479] 저열한 것이 있고,[480] 수승한 것이 있고, 인식을 넘어선[481] 벗어남이 있다.' 그가 이와 같이 꿰뚫어 알고 이와 같이 볼 때 감각적 욕망의 번뇌로부터 마음이 해탈하고, 존재에 대한 번뇌로부터 마음이 해탈하고, 무명의 번뇌로부터 마음이 해탈한다. 이와 같이 해탈했을 때 해탈했다는 지혜가 있다. '태어남은 다했다. 청정범행은 성취되었다. 할 일은 다 해 마쳤다. 다시는 어떤 존재로도 돌아오지 않을 것이다.'라고 꿰뚫어 안다.

그는 이와 같이 꿰뚫어 안다. '옛적에 나에게는 탐욕이 있었고 그 것은 해로운 것이었다. 그러나 지금은 더 이상 내게 그런 것은 없다. 그러므로 이것은 유익한 것이다.[482] 옛적에 나에게는 성냄이 있었고 그것은 해로운 것이었다. 그러나 지금은 더 이상 내게 그런 것은 없

---

479) "고성제라 불리는 다섯 가지 무더기(오온)를 정신·물질로 분해하여 꿰뚫어 알면서 이렇게 말했다."(AA.ii.307)

480) "저열한 것은 집성제를, 수승한 것은 도성제를, 벗어남이란 열반(멸성제)을 각각 뜻한다."(*Ibid*)

481) "인식을 넘어섰다는 것은 위빳사나의 인식이라 불리는 인식을 넘어선 벗어남을 뜻한다."(*Ibid*)

482) "'이것은 유익한 것(kusala)이다.'라는 것은 그에게 해로움(akusala)이 더 이상 존재하지 않는 유익함과 안은함(khema)을 두고 한 말이다." (*Ibid*)

다. 그러므로 이것은 유익한 것이다. 옛적에 나에게는 어리석음이 있었고 그것은 해로운 것이었다. 그러나 지금은 더 이상 내게 그런 것은 없다. 그러므로 이것은 유익한 것이다.'라고 꿰뚫어 안다. 이와 같이 그는 금생에 더 이상 갈애가 없고 고요하고 침착하고 행복을 경험하고 수승한 상태로 머문다."

대화의 주제 경(A3:67)
Kathāvatthu-sutta

1. "비구들이여, 세 가지 대화의 주제가 있다. 무엇이 셋인가?
비구들이여, '과거에 이런 것이 있었다.'라고 과거에 관하여 대화를 한다. 비구들이여, '미래에 이런 것이 있을 것이다.'라고 미래에 관하여 대화를 한다. 비구들이여, '현재에 이런 것이 있다.'라고 현재에 관하여 대화를 한다."

2. "비구들이여, 대화를 통해 그 사람이 토론하기에 적합한 사람인지, 토론하기에 적합하지 않은 사람인지 알아야 한다.
비구들이여, 만약 이 사람이 질문을 받을 때 단언적으로 설명해야 하는 질문에 대해 단언적으로 설명하지 않고, 분석해서 설명해야 하는 질문에 대해 분석해서 설명하지 않고, 되물어서 설명해야 할 질문에 대해 되물어서 설명하지 않고, 제쳐두어야 할 질문에 대해 침묵하지 않는다면, 이 사람은 토론하기에 적합하지 않은 사람이다.483)
비구들이여, 만약 이 사람이 질문을 받을 때 단언적으로 설명해야

---

483) 이 네 가지 질문에 대한 주석서의 설명은 본서 제2권 「질문 경」(A4:42)
      §1의 주해를 참조할 것.

하는 질문에 대해 단언적으로 설명하고, 분석해서 설명해야 하는 질문에 대해 분석해서 설명하고, 되물어서 설명해야 할 질문에 대해 되물어서 설명하고, 제쳐두어야 할 질문에 대해 침묵한다면, 이 사람은 토론하기에 적합한 사람이다."

3. "비구들이여, 대화를 통해 그 사람이 토론하기에 적합한 사람인지, 토론하기에 적합하지 않은 사람인지 알아야 한다.

비구들이여, 만약 이 사람이 질문을 받을 때 옳고 그른 것에 대해 확고하지 못하고, 그가 생각했던 대답에 대해 확고하지 못하고, 잘 알려진 주장에 대해 확고하지 못하고, 일상적인 생활 규칙에 확고하지 못하면, 이 사람은 토론하기에 적합하지 않은 사람이다.

비구들이여, 만약 이 사람이 질문을 받을 때 옳고 그른 것에 대해 확고하고, 그가 생각했던 대답에 대해 확고하고, 잘 알려진 주장에 대해 확고하고, 일상적인 생활 규칙에 확고하면, 이 사람은 토론하기에 적합한 사람이다."

4. "비구들이여, 대화를 통해 그 사람이 토론하기에 적합한 사람인지, 토론하기에 적합하지 않은 사람인지 알아야 한다.

비구들이여, 만약 이 사람이 질문을 받을 때 다른 질문으로 그 질문을 피해가고, 새로운 주제로 현재의 주제를 바꾸어 버리고, 노여움과 성냄과 불만족을 드러내면 이 사람은 토론하기에 적합하지 않은 사람이다.

비구들이여, 만약 이 사람이 질문을 받을 때 다른 질문으로 그 질문을 피하지 않고, 새로운 주제로 현재의 주제를 바꾸지 않고, 노여움과 성냄과 불만족을 드러내지 않으면, 이 사람은 토론하기에 적합한 사람이다."

5. "비구들이여, 대화를 통해 그 사람이 토론하기에 적합한 사람인지, 토론하기에 적합하지 않은 사람인지 알아야 한다.

비구들이여, 만약 이 사람이 질문을 받을 때 [여기저기서 경전을 끌어대어]484) 질문자를 제압하고, 논리로써 압도하고, 비웃듯이 웃고, 아주 작은 말 실수라도 붙들고 늘어지면, 이 사람은 토론하기에 적합하지 않은 사람이다.

비구들이여, 만약 이 사람이 질문을 받을 때 [여기저기서 경전을 끌어대어] 질문자를 제압하지 않고, 논리로써 압도하지 않고, 비웃듯이 웃지 않고, 아주 작은 실수를 붙들고 늘어지지 않으면, 이 사람은 토론하기에 적합한 사람이다."

6. "비구들이여, 대화를 통해 그 사람이 좋은 조건을 가진 사람인지, 좋은 조건을 갖지 않은 사람인지 알아야 한다.

비구들이여, 주의 깊게 듣지 않는 사람은 좋은 조건을 갖지 않은 사람이고, 주의 깊게 듣는 사람은 좋은 조건을 가진 사람이다. 좋은 조건을 가진 사람은 하나의 법485)을 최상의 지혜로 잘 알고, 하나의 법을 통달하여 알고,486) 하나의 법을 버리고,487) 하나의 법을 실현

---

484) [ ]안은 주석서에 나타나는 "ito cito ca suttaṁ āharitvā"(AA.ii.311)를 옮긴 것이다.

485) "여기서 하나의 법은 성스러운 도(ariya-magga)이며 이것을 최상의 지혜로 안다(abhijānāti)는 뜻이다."(AA.ii.312)

486) "여기서 하나의 법은 고성제이며, 그 고성제를 조사의 통달지(tīraṇa-pariññā)로써 통달하여 안다(parijānāti)는 말이다."(*Ibid*) 조사의 통달지는 『청정도론』(Vis.XX.3)을 참조할 것.

한다.488) 그는 하나의 법을 최상의 지혜로 잘 알고, 하나의 법을 통달하여 알고, 하나의 법을 버리고, 하나의 법을 실현하면서 바르게489) 해탈을 경험한다. 이것이 대화의 이익이고, 이것이 토론의 이익이고, 이것이 좋은 조건을 가짐의 이익이고, 이것이 주의 깊게 들음의 이익이니 그것은 바로 취착 없이 마음이 해탈하는 것이다."

7. "반감과 집착과 자만을 가진 자들은
    서로의 잘못을 찾으면서
    세속인들의 덕을 해치는 말을 한다.
    나쁜 말, 흠을 잡는 말, 어리석은 말,
    좌절시키는 말을 하면서 서로서로 즐거워하지만
    성자들은 그런 말을 하지 않는다.
    만약 현자가 이야기를 하고자 하면
    그는 시기를 알고
    법에 근거를 두고 법에 상응하는
    성스러운 행위에 대한 것을 이야기 한다.
    현명한 자는 그런 이야기를 하면서
    반감이 없고 자만이 없으며
    마음이 혼란스럽지 않고
    악의 없고 폭력적이지 않고490)

---

487) "모든 해로운 법을 버리고 흩어버리고 종식시킨다."(AA.ii.312)

488) "아라한과인 소멸을 실현한다."(*Ibid*)

489) "'바르게(sammā)'란 바른 원인(hetu)으로, 바른 방법(naya)으로, 바른 이유(kāraṇa)로 아라한과인 해탈을 경험한다는 뜻이다."(*Ibid*)

490) "탐욕, 성냄, 어리석음의 폭력(sāhasa)으로 폭력을 행사하지 않는다는 뜻

질투하지 않고 바른 지혜로써 바르게 말한다.

금언을 말하는 것에 기뻐하고

나쁜 말을 하는 것에 비방하지 않고

비난을 배우지 않고

작은 말 실수에 대해 꼬투리 잡지 않는다.

욕하지 않고 압도하지 않고

[진실과 거짓이] 섞인 말을 하지 않나니

선한 자들의 대화는 알기 위함이고 확신하기 위함이다.

성자들은 이렇게 대화하나니

이것이 참으로 성자들의 대화다.

슬기로운 자들은 이것을 알기에

자만을 갖고 대화하지 않는다."

외도 경(A3:68)

Aññatitthiyā-sutta

1. "비구들이여, 외도 유행승들이 '도반이여, 세 가지 법이 있습니다. 어떤 것이 셋입니까? 탐욕과 성냄과 어리석음입니다. 도반들이여, 이것이 세 가지 법입니다. 도반들이여, 그러면 이러한 세 가지 법들의 차이점은 무엇이고, 특별한 점은 무엇이고, 다른 점은 무엇입니까?'라고 질문을 한다면 그대들은 어떻게 설명할 것인가?"

"세존이시여, 저희들의 법은 세존을 근원으로 하며, 세존을 길잡이로 하며, 세존을 귀의처로 합니다. 세존이시여, 세존께서 방금 말씀

이다."(*Ibid*)

하신 이 뜻을 [친히] 밝혀주신다면 참으로 감사하겠습니다. 세존으로부터 잘 듣고 비구들은 마음에 새겨 지닐 것입니다."

"비구들이여, 그렇다면 잘 듣고 마음에 잡도리하라. 나는 이제 설할 것이다."

"그러겠습니다, 세존이시여."라고 비구들은 세존께 응답했다.

세존께서는 이렇게 말씀하셨다.

"비구들이여, 만일 외도 유행승들이 '도반들이여, 세 가지 법이 있습니다. 어떤 것이 셋입니까? 탐욕과 성냄과 어리석음입니다. 도반들이여, 이것이 세 가지 법입니다. 도반들이여, 그러면 이러한 세 가지 법들의 차이점은 무엇이고, 특별한 점은 무엇이고, 다른 점은 무엇입니까?'라고 질문을 한다면 그대들은 외도 유행승들에게 이와 같이 설명해야 한다. '도반들이여, 탐욕은 허물은 적지만 빛바랠 때 천천히 빛바래고, 성냄은 허물은 크지만 빨리 빛바래고, 어리석음은 허물도 크고 천천히 빛바랩니다.'"

2. "'도반들이여, 아직 일어나지 않은 탐욕이 일어나고 혹은 이미 일어난 탐욕이 점점 커져서 드세어지는 것은 무엇이 원인이고 무엇이 조건입니까?'라고 물으면,

'아름다운 표상입니다.491) 아름다운 표상을 지혜 없이 마음에 잡도리할 때 그에게 아직 일어나지 않은 탐욕이 일어나고, 이미 일어난 탐욕은 점점 커져서 드세어집니다. 도반들이여, 일어나지 않은 탐욕이 일어나거나 혹은 일어난 탐욕이 점점 커져서 드세어지는 것은 이것이 원인이고 이것이 조건입니다.'라고 대답해야 한다."

---

491) 이하 본경에 나타나는 아름다운 표상, 적의의 표상 등은 본서 「하나의 모음」(A1:2:1~10)의 주해들을 참조할 것.

3. "'도반들이여, 아직 일어나지 않은 성냄이 일어나고 혹은 이미 일어난 성냄이 점점 커져서 드세어지는 것은 무엇이 원인이고 무엇이 조건입니까?'라고 물으면,

'적의의 표상입니다. 적의의 표상을 지혜 없이 마음에 잡도리할 때 그에게 아직 일어나지 않은 성냄이 일어나고, 이미 일어난 성냄은 점점 커져서 드세어집니다. 도반들이여, 일어나지 않은 성냄이 일어나거나 혹은 일어난 성냄이 점점 커져서 드세어지는 것은 이것이 원인이고 이것이 조건입니다.'라고 대답해야 한다."

4. "'도반들이여, 아직 일어나지 않은 어리석음이 일어나고 혹은 이미 일어난 어리석음이 점점 커져서 드세어지는 것은 무엇이 원인이고 무엇이 조건입니까?'라고 물으면,

'지혜 없이 마음에 잡도리함입니다. 지혜 없이 마음에 잡도리할 때 그에게 아직 일어나지 않은 어리석음이 일어나고, 이미 일어난 어리석음은 점점 커져서 드세어집니다. 도반들이여, 일어나지 않은 어리석음이 일어나거나 혹은 일어난 어리석음이 점점 커져서 드세어지는 것은 이것이 원인이고 이것이 조건입니다.'라고 대답해야 한다."

5. "'도반들이여, 아직 일어나지 않은 탐욕은 일어나지 않고 혹은 이미 일어난 탐욕은 사라지는 것은 무엇이 원인이고 무엇이 조건입니까?'라고 물으면,

'부정(不淨)의 표상입니다. 부정(不淨)의 표상을 지혜롭게 마음에 잡도리할 때 그에게 아직 일어나지 않은 탐욕은 일어나지 않고, 이미

일어난 탐욕은 사라집니다. 도반들이여, 일어나지 않은 탐욕이 일어나지 않거나 혹은 일어난 탐욕이 사라지는 것은 이것이 원인이고 이것이 조건입니다.'라고 대답해야 한다."

6. "'도반들이여, 아직 일어나지 않은 성냄은 일어나지 않고 혹은 이미 일어난 성냄은 사라지는 것은 무엇이 원인이고 무엇이 조건입니까?'라고 물으면,

'자애를 통한 마음의 해탈입니다. 자애를 통한 마음의 해탈을 지혜롭게 마음에 잡도리할 때 그에게 아직 일어나지 않은 성냄은 일어나지 않고, 이미 일어난 성냄은 사라집니다. 도반들이여, 일어나지 않은 성냄이 일어나지 않거나 혹은 일어난 성냄이 사라지는 것은 이것이 원인이고 이것이 조건입니다.'라고 대답해야 한다."

7. "'도반들이여, 아직 일어나지 않은 어리석음은 일어나지 않고 혹은 이미 일어난 어리석음은 사라지는 것은 무엇이 원인이고 무엇이 조건입니까?'라고 물으면,

'지혜롭게 마음에 잡도리함입니다. 지혜롭게 마음에 잡도리할 때 그에게 아직 일어나지 않은 어리석음은 일어나지 않고, 이미 일어난 어리석음은 사라집니다. 도반들이여, 일어나지 않은 어리석음이 일어나지 않거나 혹은 일어난 어리석음이 사라지는 것은 이것이 원인이고 이것이 조건입니다.'라고 대답해야 한다."

불선근 경(A3:69)

Akusalamūla-sutta

1. "비구들이여, 세 가지 해로움의 뿌리[不善根]가 있다. 어떤 것이 셋인가?

탐욕이 해로움의 뿌리이고, 성냄이 해로움의 뿌리이고, 어리석음이 해로움의 뿌리이다.

비구들이여, 탐욕은 해로움이다. 탐욕스런 자가 몸과 말과 마음으로 의도적인 행위를 하는 것은 모두 해로움이다. 탐욕스럽고 탐욕에 사로잡히고 탐욕에 압도된 자는 '나는 힘 있고 능력 있는 자다.'라고 생각하면서 남에게 고문이나 구속이나 [재산의] 압수나 모욕이나 추방으로 부당하게 괴로움을 겪게 한다. 그런 괴로움을 겪게 하는 것도 해로움이다. 이리하여 그에게 탐욕에서 생겼고 탐욕이 원인이고 탐욕에서 일어났고 탐욕이 조건인 여러 가지 나쁜 해로운 법[不善法]들이 일어난다."

2. "비구들이여, 성냄은 해로움이다. 악독한 자가 몸과 말과 마음으로 의도적인 행위를 하는 것은 모두 해로움이다. 성내고 성냄에 사로잡히고 성냄에 압도된 자는 '나는 힘 있고 능력 있는 자다.'라고 생각하면서 남에게 고문이나 구속이나 [재산의] 압수나 모욕이나 추방으로 부당하게 괴로움을 겪게 한다. 그런 괴로움을 겪게 하는 것도 해로움이다. 이리하여 그에게 성냄에서 생겼고 성냄이 원인이고 성냄에서 일어났고 성냄이 조건인 여러 가지 나쁜 해로운 법[不善法]들이 일어난다."

3. "비구들이여, 어리석음은 해로움이다. 어리석은 자가 몸과 말과 마음으로 의도적인 행위를 하는 것은 모두 해로움이다. 어리석고 어리석음에 사로잡히고 어리석음에 압도된 자는 '나는 힘 있고 능력 있는 자다.'라고 생각하면서 남에게 고문이나 구속이나 [재산의] 압수나 모욕이나 추방으로 부당하게 괴로움을 겪게 한다. 그런 괴로움을 겪게 하는 것도 해로움이다. 이리하여 그에게 어리석음에서 생겼고 어리석음이 원인이고 어리석음에서 일어났고 어리석음이 조건인 여러 가지 나쁜 해로운 법[不善法]들이 일어난다."

4. "비구들이여, 이러한 사람은 부적절한 시기에 말을 하는 자이고, 거짓을 말하는 자이고, 이익이 없는 것을 말하는 자이고, 법에 어긋나게 말하는 자이고, 율에 어긋나게 말하는 자이다.

비구들이여, 그러면 무엇 때문에 이러한 사람을 부적절한 시기에 말을 하는 자, 거짓을 말하는 자, 이익이 없는 것을 말하는 자, 법에 어긋나게 말하는 자, 율에 어긋나게 말하는 자라 하는가? 비구들이여, 이 사람은 '나는 힘 있고 능력 있는 자다.'라고 생각하면서 남에게 고문이나 혹은 구속이나 재산의 압수나 모욕이나 추방으로 부당하게 괴로움을 겪게 한다. 그에게 사실을 말하면 그는 논박할 뿐 인정하지 않는다. 누가 그에게 거짓을 말하면 '이런 이유로 이것은 옳지 않고, 이런 이유로 이것은 사실이 아니다.'라고 말함으로써 그것을 바로 잡기 위해 애쓰지 않는다. 그러므로 비구들이여, 이러한 사람을 부적절한 시기에 말을 하는 자, 거짓을 말하는 자, 이익이 없는 것을 말하는 자, 법에 어긋나게 말하는 자, 율에 어긋나게 말하는 자라 한다.

비구들이여, 이러한 사람은 탐욕에서 생긴 나쁜 해로운 법들에 압도되고 마음이 그에 정복되어서 금생에 속상함과 절망과 열병이 있는 고통스런 삶을 살고, 몸이 무너져 죽은 다음에는 악처에 [태어날 것이] 예상된다. 이러한 사람은 성냄에서 생긴 나쁜 해로운 법들에 압도되고 마음이 그에 정복되어서 금생에 속상함과 절망과 열병이 있는 고통스런 삶을 살고, 몸이 무너져 죽은 다음에는 악처에 [태어날 것이] 예상된다. 이러한 사람은 어리석음에서 생긴 나쁜 해로운 법들에 압도되고 마음이 그에 정복되어서 금생에 속상함과 절망과 열병이 있는 고통스런 삶을 살고, 몸이 무너져 죽은 다음에는 악처에 [태어날 것이] 예상된다."

5. "비구들이여, 예를 들면 살라 나무, 다와 나무, 판다나 나무가 세 종류의 기생하는 담쟁이에 의해 휘감기고 온통 뒤덮이면 재난을 만나게 되고 불상사를 만나게 될 뿐만 아니라 [죽어버리는] 참극을 만나는 것과 같다.

비구들이여, 그와 같이 이러한 사람은 탐욕에서 생긴 … 성냄에서 생긴 … 어리석음에서 생긴 나쁜 해로운 법들에 압도되고 마음이 그에 정복되어서 금생에 속상함과 절망과 열병이 있는 고통스런 삶을 살고, 몸이 무너져 죽은 다음에는 악처에 [태어날 것이] 예상된다.

비구들이여, 이러한 세 가지 해로움의 뿌리가 있다."

6. "비구들이여, 세 가지 유익함의 뿌리[善根]가 있다. 어떤 것이 셋인가?

탐욕 없음이 유익함의 뿌리이고, 성냄 없음이 유익함의 뿌리이고, 어리석음 없음이 유익함의 뿌리이다.

비구들이여, 탐욕 없음은 유익함이다. 탐욕이 없는 자가 몸과 말과 마음으로 의도적인 행위를 하는 것은 모두 유익함이다. 탐욕이 없고 탐욕에 사로잡히지 않고 탐욕에 압도되지 않은 자는 '나는 힘 있고 능력 있는 자다.'라고 생각하면서 남에게 고문이나 혹은 구속이나 [재산의] 압수나 모욕이나 추방으로 부당하게 괴로움을 겪게 하지 않는다. 그런 괴로움을 겪게 하지 않는 것도 유익함이다. 이리하여 그에게 탐욕 없음에서 생겼고 탐욕 없음이 원인이고 탐욕 없음에서 일어났고 탐욕 없음이 조건인 여러 가지 유익한 법[善法]들이 일어난다."

7. "비구들이여, 성냄 없음은 유익함이다. 악독하지 않은 자가 몸과 말과 마음으로 의도적인 행위를 하는 것은 모두 유익함이다. 성냄이 없고 성냄에 사로잡히지 않고 성냄에 압도되지 않은 자는 '나는 힘 있고 능력 있는 자다.'라고 생각하면서 남에게 고문이나 혹은 구속이나 [재산의] 압수나 모욕이나 추방으로 부당하게 괴로움을 겪게 하지 않는다. 그런 괴로움을 겪게 하지 않는 것도 유익함이다. 이리하여 그에게 성냄 없음에서 생겼고 성냄 없음이 원인이고 성냄 없음에서 일어났고 성냄 없음이 조건인 여러 가지 유익한 법[善法]들이 일어난다."

8. "비구들이여, 어리석음 없음은 유익함이다. 어리석지 않은 자가 몸과 말과 마음으로 의도적인 행위를 하는 것은 모두 유익함이다. 어리석음이 없고 어리석음에 사로잡히지 않고 어리석음에 압도되지 않은 자는 '나는 힘 있고 능력 있는 자다.'라고 생각하면서 남에게 고문이나 혹은 구속이나 [재산의] 압수나 모욕이나 추방으로 부당하게 괴로움을 겪게 하지 않는다. 그런 괴로움을 겪게 하지 않는 것도 유익함이다. 이리하여 그에게 어리석음 없음에서 생겼고 어리

석음 없음이 원인이고 어리석음 없음에서 일어났고 어리석음 없음이 조건인 여러 가지 유익한 법[善法]들이 일어난다."

9. "비구들이여, 이러한 사람은 적절한 시기에 말을 하는 자이고, 사실을 말하는 자이고, 이익이 있는 것을 말하는 자이고, 법을 말하는 자이고, 율을 말하는 자이다.

비구들이여, 그러면 무엇 때문에 이러한 사람을 적절한 시기에 말을 하는 자, 사실을 말하는 자, 이익이 있는 것을 말하는 자, 법을 말하는 자, 율을 말하는 자라 하는가? 비구들이여, 이 사람은 '나는 힘 있고 능력 있는 자다.'라고 생각하면서 남에게 고문이나 혹은 구속이나 재산의 압수나 모욕이나 추방으로 부당하게 괴로움을 겪게 하지 않는다. 그에게 사실을 말하면 그는 인정하고 논박하지 않는다. 누가 그에게 거짓을 말하면 '이런 이유로 이것은 옳지 않고, 이런 이유로 이것은 사실이 아니다.'라고 말함으로써 그것을 바로 잡기 위해 애쓴다. 그러므로 비구들이여, 이러한 사람을 적절한 시기에 말을 하는 자, 사실을 말하는 자, 이익이 있는 것을 말하는 자, 법을 말하는 자, 율을 말하는 자라 한다."

10. "비구들이여, 이러한 사람은 탐욕에서 생긴 나쁜 해로운 법들이 제거되고 뿌리가 잘리고 줄기만 남은 야자수처럼 되고 멸절되고 미래에 다시는 일어나지 않게끔 되어 지금여기에서 속상함과 절망과 열병이 없는 행복한 삶을 살게 되고 바로 지금여기에서 완전한 열반을 성취한다.

이러한 사람은 성냄에서 생긴 나쁜 해로운 법들이 제거되고 뿌리가 잘리고 줄기만 남은 야자수처럼 되고 멸절되고 미래에 다시는 일어나지 않게끔 되어 지금여기에서 속상함과 절망과 열병이 없는 행복한 삶을 살게 되고 바로 지금여기에서 완전한 열반을 성취한다.

이러한 사람은 어리석음에서 생긴 나쁜 해로운 법들이 제거되고 뿌리가 잘리고 줄기만 남은 야자수처럼 되고 멸절되고 미래에 다시는 일어나지 않게끔 되어 지금여기에서 속상함과 절망과 열병이 없는 행복한 삶을 살게 되고 바로 지금여기에서 완전한 열반을 성취한다."

11. "비구들이여, 예를 들면 살라 나무, 다와 나무, 판다나 나무가 세 종류의 기생하는 담쟁이에 의해 휘감기고 온통 뒤덮일 것이다. 그때 어떤 사람이 괭이와 바구니를 가지고 와서 그 기생하는 담쟁이의 뿌리를 자를 것이다. 뿌리를 자른 뒤에는 [뿌리 주위에] 땅을 팔 것이다. 땅을 판 뒤에는 뿌리와 그 안에 있는 잔뿌리까지 모두 뽑아낼 것이다. 그런 후에 다시 담쟁이를 토막토막 자를 것이다. 토막토막 자른 뒤에 쪼개고 또 쪼개어 다시 산산조각을 내어 바람이나 햇빛에 말릴 것이다. 바람이나 햇빛에 말린 뒤에는 불에 태우고, 불에 태운 뒤에는 재로 만들고, 재로 만든 뒤에는 강한 바람에 날려 보내거나 물살이 센 강에 흩어버릴 것이다. 비구들이여, 이렇게 하면 담쟁이들은 그 뿌리가 잘린 것이 되고 줄기만 남은 야자수처럼 되고 멸절되고 미래에 다시는 일어나지 않게끔 되어버릴 것이다.

비구들이여, 그와 같이 이러한 사람은 탐욕에서 생긴 … 성냄에서 생긴 … 어리석음에서 생긴 나쁜 해로운 법들이 제거되고 뿌리가 잘리고 줄기만 남은 야자수처럼 되고 멸절되고 미래에 다시는 일어나지 않게끔 되어 지금여기에서 속상함과 절망과 열병이 없는 행복한 삶을 살게 되고 바로 지금여기에서 완전한 열반을 성취한다.

비구들이여, 이러한 세 가지 유익함의 뿌리가 있다."

팔관재계 경(A3:70)

Uposathaṅga-sutta

1. 이와 같이 나는 들었다. 한때 세존께서는 사왓티에서 동쪽 원림에 있는 미가라마따(녹자모)의 강당에 머무셨다. 그때 포살일에 미가라마따(녹자모) 위사카[492]가 세존께 다가갔다. 가서는 세존께 절을 올리고 한 곁에 앉았다. 한 곁에 앉은 미가라마따 위사카에게 세존께서는 이렇게 말씀하셨다.

"위사카여, 이 오후 시간에 어디서 오는 길인가?"

"세존이시여, 오늘은 포살일입니다. 저는 포살을 준수하고 있습니다."

"위사카여, 세 가지 포살이 있다. 어떤 것이 셋인가?

목동의 포살, 니간타의 포살, 성자의 포살이다."

2. "위사카여, 그러면 어떤 것이 목동의 포살인가?

위사카여, 예를 들면 목동이 저녁때에 소들을 주인에게 돌려주고는 다음과 같이 숙고하는 것과 같다. '오늘 소들은 이러이러한 곳에서 방목되어서 이러이러한 곳에서 물을 마셨다. 내일 그들은 이러이러한 곳에서 방목될 것이고 이러이러한 곳에서 물을 마실 것이다.'라고.

위사카여, 그와 같이 포살을 준수하는 어떤 사람은 다음과 같이 숙고한다. '나는 오늘 이런 단단한 음식을 먹었고 이런 부드러운 음식을 먹었다. 내일 나는 이러이러한 단단한 음식을 먹을 것이고, 이러이러한 부드러운 음식을 먹을 것이다.'라고. 그 사람은 탐욕에 얼빠진 채로 날을 보낼 것이다.

---

492) 미가라마따 위사카(Visākhā Migāramātā)에 대해서는 본서 「족쇄 경」
   (A2:4:5)의 주해를 참조할 것.

위사카여, 이런 것이 목동의 포살이다. 이런 포살은 큰 결실이 없고, 큰 이익이 없고, 큰 빛이 없고, 크게 [과보가] 퍼지지 않는다."

3. "위사카여, 그러면 어떤 것이 니간타의 포살인가?

위사카여, 니간타라는 사문 집단이 있다. 그들은 제자에게 이와 같이 훈계한다. '오라, 나의 동료여. 그대는 동쪽으로 백 유순 밖에 사는 중생들에 대해서는 몽둥이를 내려놓아라. 서쪽으로 백 유순 밖에 사는 중생들에 대해서는 몽둥이를 내려놓아라. 북쪽으로 백 유순 밖에 사는 중생들에 대해서는 몽둥이를 내려놓아라. 남쪽으로 백 유순 밖에 사는 중생들에 대해서는 몽둥이를 내려놓아라.'라고. 이와 같이 어떤 일부 중생들에 대해서 동정과 연민을 가지도록 권유한다. 그러나 나머지 중생들에 대해서는 동정과 연민을 갖지 않도록 권유한다.

그들은 포살일에 제자에게 포살을 준수하도록 가르친다. '오라, 나의 동료여. 그대는 모든 옷을 벗고 이와 같이 말하라. '나는 어디에도 누구에게도 결코 속하지 않는다. 어느 곳에서든 누구에게 있어서든 내 것은 결코 없다'라고. 그러나 그의 부모는 '이 사람은 우리의 아들이다.'라고 안다. 그도 또한 '이들은 나의 부모님이다.'라고 안다. 그의 아들과 아내는 '이 사람은 나의 아버지라고, 나의 남편이다.'고 안다. 그도 또한 '이 사람은 나의 아들이고, 아내이다.'라고 안다. 그의 하인과 일꾼들은 '이 사람은 우리의 주인이다.'라고 안다. 그도 또한 '이들은 나의 하인과 일꾼들이다.'라고 안다.

이처럼 가르침에 따라 진실을 준수해야 하는 [포살일]에 그들은 거짓을 준수한다. 나는 이것을 거짓말을 하는 것이라고 말한다. 그는 [의자, 자리, 죽, 음식 등의][493] 소유물이 실제 그에게 주어진 것이

---

493) [ ]안은 모두 주석서에 나타나고 있는 보기임.

아님에도 불구하고494) 밤이 지나 [포살일이 끝나면] 이런 것들을 수
용할 것이다. 나는 이것을 주지 않은 것을 가지는 것이라고 말한다.
위사카여, 이런 것이 니간타의 포살이다. 그것은 큰 결실이 없고, 큰
이익이 없고, 큰 빛이 없고, 크게 [과보가] 퍼지지 않는다."

4. "위사카여, 그러면 어떤 것이 성자의 포살인가?
위사카여, 오염된 마음을 바른 방법으로495) 청정하게 하는 것이다.
위사카여, 그러면 어떻게 오염된 마음을 바른 방법으로 청정하게 하
는가?
위사카여, 여기 성스러운 제자는 다음과 같이 여래를 계속해서 생
각한다[隨念].496) '이런 [이유로] 그분 세존께서는 아라한[應供]이시며,
완전히 깨달은 분[正等覺]이시며, 영지와 실천이 구족한 분[明行足]이
시며, 피안으로 잘 가신 분[善逝]이시며, 세간을 잘 알고 계신 분[世間
解]이시며, 가장 높은 분[無上士]이시며, 사람을 잘 길들이는 분[調御丈
夫]이시며, 하늘과 인간의 스승[天人師]이시며, 깨달은 분[佛]이시며,
세존(世尊)이시다.'라고. 그가 이와 같이 여래를 계속해서 생각할 때
마음이 고요해지고 기쁨이 솟아나고 마음의 오염이 제거된다.

---

494) 즉, 니간타들은 포살일에 이런 모든 것들이 나의 것이 아니라고 선언하였
기 때문에 이것들은 이미 나의 것이 아니라는 말이다. 그런데도 포살이 끝
나면 다음날에 다시 이런 것들을 사용하고 누리는 것은 주지 않은 것을 가
지는 도둑질과 다를 바가 없다고 세존께서는 말씀하신다.

495) '바른 방법으로'로 옮긴 원어는 upakkamena인데 주석서는 "각자 개인에
따라서(paccatta-purisa-kārena) 혹은 바른 방법으로(upāyena)"(AA.
ii.322)라고 설명하고 있다.

496) '계속해서 생각함[隨念]'은 anussati를 옮긴 것이다. 본경에 나타나는 여
섯 가지 계속해서 생각함은 『청정도론』 VII장에 상세하게 설명되어 있다.

위사카여, 이것은 마치 더러운 머리를 바른 방법으로 깨끗이 씻는 것과 같다. 위사카여, 그러면 어떻게 더러운 머리를 바른 방법으로 깨끗이 씻는가?

가루반죽과 찰흙과 물과 그 사람의 적절한 노력에 의해서 깨끗이 씻는다.

위사카여, 이와 같이 오염된 마음을 바른 방법으로 청정하게 한다. 위사카여, 그러면 어떻게 오염된 마음을 바른 방법으로 청정하게 하는가? 위사카여, 여기 성스러운 제자는 다음과 같이 여래를 계속해서 생각한다. … 마음의 오염이 제거된다.

위사카여, 이러한 성스러운 제자는 범천의 포살을 준수하는 자라 한다. 범천과 함께 살고 범천을 계속해서 생각할 때 마음이 고요해지고 기쁨이 솟아나고 마음의 오염이 제거된다. 위사카여, 이와 같이 오염된 마음을 바른 방법으로 청정하게 한다."

5. "위사카여, 오염된 마음을 바른 방법으로 청정하게 한대[고 하였다.] 위사카여, 그러면 어떻게 오염된 마음을 바른 방법으로 청정하게 하는가?

위사카여, 여기 성스러운 제자는 다음과 같이 법을 계속해서 생각한다. '법은 세존에 의해서 잘 설해졌고 스스로 보아 알 수 있고 시간이 걸리지 않고 와서 보라는 것이고 향상으로 인도하고 지자들이 각자 알아야 하는 것이다.'라고. 그가 이와 같이 법을 계속해서 생각할 때 마음이 고요해지고 기쁨이 솟아나고 마음의 오염이 제거된다.

위사카여, 이것은 마치 더러운 몸을 바른 방법으로 깨끗이 씻는 것과 같다. 위사카여, 어떻게 더러운 몸을 바른 방법으로 깨끗이 씻는가?

속돌과 가루비누와 물과 사람의 적절한 노력에 의해서 깨끗이 씻는다. 위사카여, 이처럼 오염된 몸을 바른 방법으로 깨끗이 씻는다.

위사카여, 그와 같이 오염된 마음을 바른 방법으로 청정하게 한다. 위사카여, 어떻게 오염된 마음을 바른 방법으로 청정하게 하는가? 위사카여, 여기 성스러운 제자는 다음과 같이 법을 계속해서 생각한다. … 마음의 오염이 제거된다.

위사카여, 이러한 성스러운 제자는 법의 포살을 준수하는 자라 한다. 법과 함께 살고 법을 계속해서 생각할 때 마음이 고요해지고 기쁨이 솟아나고 마음의 오염이 제거된다. 위사카여, 이와 같이 오염된 마음을 바른 방법으로 청정하게 한다."

6. "위사카여, 오염된 마음을 바른 방법으로 청정하게 한다[고 하였다.] 위사카여, 그러면 어떻게 오염된 마음을 바른 방법으로 청정하게 하는가?

위사카여, 여기 성스러운 제자는 다음과 같이 승가를 계속해서 생각한다. '세존의 제자들의 승가는 잘 도를 닦고, 세존의 제자들의 승가는 바르게 도를 닦고, 세존의 제자들의 승가는 참되게 도를 닦고, 세존의 제자들의 승가는 합당하게 도를 닦으니, 곧 네 쌍의 인간들이요[四雙] 여덟 단계에 있는 사람들[八輩]이시다. 이러한 세존의 제자들의 승가는 공양받아 마땅하고, 선사받아 마땅하고, 보시받아 마땅하고, 합장받아 마땅하며, 세상의 위없는 복밭[福田]이시다.'라고. 그가 이와 같이 승가를 계속해서 생각할 때 마음이 고요해지고 기쁨이 솟아나고 마음의 오염이 제거된다.

위사카여, 이것은 마치 더러운 옷을 바른 방법으로 깨끗이 빠는 것과 같다. 위사카여, 어떻게 더러운 옷을 바른 방법으로 깨끗이 빠는가?

수증기와 양잿물과 소 오줌과 물과 사람의 적절한 노력에 의해서 깨끗이 씻는다. 위사카여, 이처럼 더러운 옷을 바른 방법으로 깨끗이 빤다.

위사카여, 그와 같이 오염된 마음을 바른 방법으로 청정하게 한다. 위사카여, 어떻게 오염된 마음을 바른 방법으로 청정하게 하는가? 여기 성스러운 제자는 다음과 같이 승가를 계속해서 생각한다. … 마음의 오염이 제거된다.

위사카여, 이 성스러운 제자는 승가의 포살을 준수하는 자라 한다. 승가와 함께 살고 승가를 계속해서 생각할 때 마음이 고요해지고 기쁨이 솟아나고 마음의 오염이 제거된다. 위사카여, 이와 같이 오염된 마음을 바른 방법으로 청정하게 한다."

7. "위사카여, 오염된 마음을 바른 방법으로 청정하게 한다[고 하였다.] 위사카여, 그러면 어떻게 오염된 마음을 바른 방법으로 청정하게 하는가?

위사카여, 여기 성스러운 제자는 다음과 같이 자신의 계를 계속해서 생각한다. '[나의 계는] 훼손되지 않고, 뚫어지지 않고, 오점이 없고, 얼룩지지 않고, 벗어났고, 지자들이 찬탄하고, 비난받지 않고, 삼매로 인도한다.'라고. 그가 이와 같이 자신의 계를 계속해서 생각할 때 마음이 고요해지고 기쁨이 솟아나고 마음의 오염이 제거된다.

위사카여, 이것은 마치 뿌연 거울을 바른 방법으로 깨끗이 하는 것과 같다. 위사카여, 그러면 어떻게 뿌연 거울을 바른 방법으로 깨끗이 하는가?

위사카여, 기름과 재와 말 털로 만든 솔과 사람의 적절한 노력에 의해서 깨끗이 씻는다. 위사카여, 이처럼 뿌연 거울을 바른 방법으로 깨끗이 한다.

위사카여, 이와 같이 오염된 마음을 바른 방법으로 청정하게 한다. 위사카여, 어떻게 오염된 마음을 바른 방법으로 청정하게 하는가? 여기 성스러운 제자는 다음과 같이 자신의 계를 계속해서 생각한다. … 마음의 오염이 제거된다.

위사카여, 이러한 성스러운 제자는 계의 포살을 준수하는 자라 한다. 계와 함께 살고 계를 계속해서 생각할 때 마음이 고요해지고 기쁨이 솟아나고 마음의 오염이 제거된다. 위사카여, 이와 같이 오염된 마음을 바른 방법으로 청정하게 한다."

8. "위사카여, 오염된 마음을 바른 방법으로 청정하게 한다[고 하였다.] 위사카여, 그러면 어떻게 오염된 마음을 바른 방법으로 청정하게 하는가?

위사카여, 여기 성스러운 제자는 다음과 같이 천신을 계속해서 생각한다. '사대왕천497)의 신들이 있고, 삼십삼천의 신들이 있고, 야마천498)의 신들이 있고, 도솔천499)의 신들이 있고, 화락천500)의 신들

---

497) '사대왕천(Cātummahārājikā)'과 '삼십삼천(Tāvatimsā)'에 대해서는 본서 「사대천왕 경」1(A3:36) §1의 주해들을 참조할 것.

498) '야마천(Yāmā)'에 대해서는 본서 「저승사자 경」(A3:35) §1의 주해를 참조할 것.

499) '도솔천(兜率天, Tusitā)'에 대해서는 본서 제2권 「경이로움 경」1(A4:127) §1의 주해를 참조할 것.

500) '화락천'은 Nimmānaratī를 옮긴 것이다. Nimmānaratī는 nimmāna와 rati의 합성어인데 nimmāna는 nis(밖으로)+√mā(to measure)에서 파생된 중성명사로 '밖으로 재어서 [만들다]'라는 문자적인 뜻 그대로 '창조'를 뜻한다. rati는 √ram(to rejoice)에서 파생된 여성명사로 '좋아함, 사랑, 즐김'을 뜻한다. 그래서 중국에서는 化樂天으로 직역을 했다. 여기서 化는 만든다, 창조한다(māpeti)는 의미이다. 이 천상의 신들은 그들의 정

이 있고, 타화자재천501)의 신들이 있고, 범신천502)의 신들이 있고, 그보다 높은 천의 신들이 있다. 이런 신들은 믿음을 구족하여 여기서 죽은 뒤 그곳에 태어났다. 나에게도 그런 믿음이 있다. 이런 신들은 계를 구족하여 여기서 죽은 뒤 그곳에 태어났다. 나에게도 그런 계가 있다. 이런 신들은 배움을 구족하여 여기서 죽은 뒤 그곳에 태어났다. 나에게도 그런 배움이 있다. 이런 신들은 보시를 구족하여 여기서 죽은 뒤 그곳에 태어났다. 나에게도 그런 보시가 있다. 이런 신들은 통찰지를 구족하여 여기서 죽은 뒤 그곳에 태어났다. 나에게도 그런 통찰지가 있다.'라고.503) 그가 이와 같이 자신의 믿음과 계와 배

신적인 힘으로 그들이 원하는 형상(rūpa)을 창조할 능력을 갖추고 있으며 그것을 즐기는(abhiramaṇa) 신들이라고 한다.(AA.iii.248~249)

501) '타화자재천'은 Paranimmitavasavattī를 옮긴 것이다. Paranimmita-vasavattī는 para(他)+nimmita(위 nimmāna와 같은 어원으로 과거분사형이다) + vasa-vatti의 합성어이다. 전자는 '남에 의해서 창조된'의 뜻이고 후자는 '지배할 수 있는, 제어할 수 있는'의 뜻이다. 그래서 전체적으로는 '남에 의해서 창조된 것을 지배할 수 있는 [천신]'이란 의미이다. 이 단어의 뜻을 통해서도 알 수 있듯이 이곳에 거주하는 신들은 자기 스스로는 욕망의 대상을 창조하지 못하지만 시종들이 창조해 주는 것을 지배하고 제어할 수 있다고 한다.(Ibid) 중국에서는 他化自在天으로 직역했다. 타화자재천의 왕은 와사왓띠(Vasavattī)라고 한다. 마라(Māra)도 때로는 와사왓띠라고 불리는데(J.i.63, 232; iii.309) 불교에서는 마라를 타화자재천에 거주하고 있으며 무리 혹은 군대를 가지고 있다고 보기 때문이다.(MA.i.33) 마라는 이렇게 욕계의 최고 높은 천상에 있으면서 수행자들이 욕계를 벗어나지 못하도록 방해한다고 한다. 마라에 대해서는 본서 제2권 「노력 경」(A4:13) §2의 주해를 참조할 것.
사대왕천부터 타화자재천까지는 六欲天으로 우리에게 잘 알려져 있다.

502) 범신천(梵身天, Brahmakāyikā)에 대해서는 본서 제2권 「다른 점 경」 1(A4:123) §1의 주해를 참조할 것.

503) 본경의 주제는 재가자의 포살에 대한 것이다. 그래서 이처럼 천신을 계속해서 생각하고 천상에 태어나는 것이 설명되고 있음을 유념해야 한다. 천

움과 보시와 통찰지와 신들의 믿음과 계와 배움과 보시와 통찰지를 계속해서 생각할 때 마음이 고요해지고 기쁨이 솟아나고 마음의 오염이 제거된다.

위사카여, 이것은 마치 변색된 금을 바른 방법으로 정제하는 것과 같다. 위사카여, 그러면 어떻게 변색된 금을 바른 방법으로 정제하는가?

위사카여, 용광로와 소금기를 함유한 흙과 빨간 분필가루와 불부는 대롱과 집게와 사람의 적절한 노력에 의해서 정제한다. 위사카여, 이처럼 변색된 금을 바른 방법으로 정제한다.

위사카여, 그와 같이 오염된 마음을 바른 방법으로 청정하게 한다. 위사카여, 그러면 어떻게 오염된 마음을 바른 방법으로 청정하게 하는가? 여기 성스러운 제자는 다음과 같이 천신을 계속해서 생각한다. … 마음의 오염이 제거된다.

위사카여, 이러한 성스러운 제자는 천신의 포살을 준수하는 자라 한다. 천신과 함께 살고 천신을 계속해서 생각할 때 마음이 고요해지고 기쁨이 솟아나고 마음의 오염이 제거된다. 위사카여, 이와 같이 오염된 마음을 바른 방법으로 청정하게 한다."

9. "위사카여, 여기 성스러운 제자는 이와 같이 숙고한다.504)

신을 계속해서 생각하는 것은 『청정도론』 VII장에서 여섯 가지 계속해서 생각함[隨念, anussati] 수행 가운데 하나로 정리되어 있다. 그러나 『청정도론』에서 천신을 계속해서 생각하는 방법은 본경과 다르다. 『청정도론』은 40가지 명상주제를 출가 수행자를 중심으로 설명하고 있기 때문에 천신을 직접 계속해서 생각하는 수행을 설하지 않고 단지 천신을 자신의 청정한 수행의 증명(sakkhi)으로 계속해서 생각하는 것으로 설명하고 있다. 상세한 것은 『청정도론』 VII.115~117을 참조할 것.

504) 이하 포살 때 지키는 8가지 계 즉 팔관재계를 호지하는 방법을 설하고 계신다. 특히 우리 재가 불자들이 유념해서 읽어야 할 부분이라 생각된다.

'아라한들은 살아있는 동안 내내 생명을 죽이는 것을 버리고 생명을
죽이는 것을 멀리 여의고 몽둥이를 내려놓고 칼을 내려놓는다. 그분
들은 양심적이고505) 자애로워 일체 생명의 이익을 위하고 연민하며
머문다. 나 역시 오늘 이 밤과 이 낮이 다가도록 생명을 죽이는 것을
버리고 생명을 죽이는 것을 멀리 여의고 몽둥이를 내려놓고 칼을 내
려놓으리라. 나도 양심적이고 자애로운 자가 되어 일체 생명의 이익
을 위하고 연민하며 머물리라. 이러한 공덕506)으로 나는 아라한을
본받으리라. 그러면 나의 포살은 바르게 준수될 것이다.'라고."

10. "'아라한들은 살아있는 동안 내내 주지 않은 것을 가지는
것을 버리고 주지 않은 것을 가지는 것을 멀리 여의었다. 그분들은
준 것만을 받고 준 것만을 받으려고 하며 스스로 훔치지 않아 자신을
깨끗하게 하여 머문다. 나 역시 오늘 이 밤과 이 낮이 다가도록 주지
않은 것을 가지는 것을 버리고 주지 않은 것을 가지는 것을 멀리 여
의리라. 나도 준 것만을 받고 준 것만을 받으려고 하고 스스로 훔치
지 않아 자신을 깨끗하게 하여 머물리라. 이러한 공덕으로 나는 아라
한을 본받으리라. 그러면 나의 포살은 바르게 준수될 것이다.'라고."

11. "'아라한들은 살아있는 동안 내내 금욕적이지 못한 삶을 버
리고 청정범행을 닦는다. 그분들은 독신자가 되어 성행위의 저속함
을 멀리 여의었다. 나 역시 오늘 이 밤과 이 낮이 다가도록 금욕적이

---

505) '양심적이다'로 옮긴 원어는 lajji이다. 주석서에서는 "나쁜 짓하는 것에 넌
더리 치는 특징을 가진다."(AA.ii.325)라고 설명하고 있다.

506) '이러한 공덕으로'로 옮긴 원어는 aṅgena(구성요소에 의해서)이다. 주석
서는 "이러한 공덕의 구성요소로(imināpi guṇaṅgena)"(*Ibid*)라고 설명
하고 있어서 이렇게 옮겼다.

지 못한 삶을 버리고 청정범행을 닦으리라. 나도 독신자가 되어 성행위의 저속함을 멀리 여의리라. 이러한 공덕으로 나는 아라한을 본받으리라. 그러면 나의 포살은 바르게 준수될 것이다.'라고"

12. "'아라한들은 살아있는 동안 내내 거짓말을 버리고 거짓말을 멀리 여의었다. 그분들은 진실을 말하며 진실에 부합하고 굳건하고 믿음직하여 세상을 속이지 않는다. 나 역시 오늘 이 밤과 이 낮이 다가도록 거짓말을 버리고 거짓말을 멀리 여의리라. 나도 진실을 말하며 진실에 부합하고 굳건하고 믿음직하여 세상을 속이지 않으리라. 이러한 공덕으로 나는 아라한을 본받으리라. 그러면 나의 포살은 바르게 준수될 것이다.'라고"

13. "'아라한들은 살아있는 동안 내내 방일하는 근본이 되는 술과 중독성 물질을 섭취하는 것을 버리고 방일하는 근본이 되는 술과 중독성 물질을 멀리 여의었다. 나 역시 오늘 이 밤과 이 낮이 다가도록 방일하는 근본이 되는 술과 중독성 물질을 섭취하는 것을 버리고 방일하는 근본이 되는 술과 중독성 물질을 멀리 여의리라. 이러한 공덕으로 나는 아라한을 본받으리라. 그러면 나의 포살은 바르게 준수될 것이다.'라고"

14. "'아라한들은 살아있는 동안 내내 하루 한 끼만 먹는다. 그분들은 밤에 [먹는 것을] 여의고 때 아닌 때에 먹는 것을 멀리 여의었다. 나 역시 오늘 이 밤과 이 낮이 다가도록 하루 한 끼만 먹으리라. 나도 밤에 [먹는 것을] 그만두고 때 아닌 때에 먹는 것을 멀리 여의리라. 이러한 공덕으로 나는 아라한을 본받으리라. 그러면 나의 포

살은 바르게 준수될 것이다.'라고."

15. "'아라한들은 살아있는 동안 내내 춤, 노래, 음악, 연극을 관람하는 것을 멀리 여의었다. 그분들은 화환을 두르고 향과 화장품을 바르고 장신구로 꾸미는 것을 멀리 여의었다. 나 역시 오늘 이 밤과 이 낮이 다가도록 춤, 노래, 음악, 연극을 관람하는 것을 멀리 여의리라. 나도 화환을 두르고 향과 화장품을 바르고 장신구로 꾸미는 것을 멀리 여의리라. 이러한 공덕으로 나는 아라한을 본받으리라. 그러면 나의 포살은 바르게 준수될 것이다.'라고."

16. "'아라한들은 살아있는 동안 내내 높고 큰 침상을 버리고 높고 큰 침상을 멀리 여의었다. 그분들은 낮은 침상이나 골풀로 만든 돗자리를 사용한다. 나 역시 오늘 이 밤과 이 낮이 다가도록 높고 큰 침상을 버리고 높고 큰 침상을 멀리 여의리라. 나도 낮은 침상이나 골풀로 만든 돗자리를 사용하리라. 이러한 공덕으로 나는 아라한을 본받으리라. 그러면 나의 포살은 바르게 준수될 것이다.'라고.

위사카여, 이런 것이 성자의 포살이다. 위사카여, 이와 같이 준수한 성자의 포살은 큰 결실이 있고, 큰 이익이 있고, 큰 빛이 있고, 크게 [과보가] 퍼진다."

17. "그러면 얼마만큼의 큰 결실이 있고, 큰 이익이 있고, 큰 빛이 있고, 크게 [과보의] 퍼짐이 있는가?

위사카여, 예를 들면 어떤 사람이 앙가, 마가다, 까시, 꼬살라, 왓지, 말라, 쩨띠, 왕가, 꾸루, 빤짤라, 맛차, 수라세나, 앗사까, 아완띠, 간다라, 깜보자라는 칠보가 가득한 이 열여섯의 큰 나라를 다스리는 지배자가 된다고 하자. 그러나 그의 지배력은 여덟 가지 구성요소를 가진 포살[八關齋戒]507)을 준수하는 것의 16분의 1만큼의 가치도 없다. 그것은 무슨 이유인가? 위사카여, 인간들의 왕위는 천상의 행복과 비교하면 너무 작기 때문이다."

18. "위사카여, 인간들의 50년은 사대왕천의 단 하루 밤낮과 같고, 그 밤으로 [계산하여] 30일이 한 달이고, 그 달로 [계산하여] 12달이 1년이다. 그 해로 [계산하여] 사대왕천의 신들의 수명의 한계는 500년이다. 위사카여, 어떤 여자나 남자가 여덟 가지 구성요소를 가진 포살[八關齋戒]을 준수하고서 몸이 무너져 죽은 뒤 사대왕천의 신들 가운데 태어나는 것은 가능하다. 위사카여, 이것과 관련하여 나는 말했다. '인간들의 왕위는 천상의 행복과 비교하면 너무 작다.'라고."

19. "위사카여, 인간들의 100년은 삼십삼천의 신들의 하루 밤낮과 같고, 그 밤으로 [계산하여] 30일이 한 달이고, 그 달로 [계산하여] 12달이 1년이다. 그 해로 [계산하여] 삼십삼천의 신들의 수명의 한계는 1000년이다. 위사카여, 어떤 여자나 남자가 여덟 가지 구성요소를 가진 포살[八關齋戒]을 준수하고서 몸이 무너져 죽은 뒤 삼십삼천의 신들 가운데 태어나는 것은 가능하다. 위사카여, 이것과 관련하여 나는 말했다. '인간들의 왕위는 천상의 행복과 비교하면 너무

---

507) '여덟 가지 구성요소를 가진 포살'은 aṭṭhaṅga-samannāgata uposatha 를 직역한 것이다. 이를 중국에서는 팔관재계(八關齋戒)로 옮겼다. 구성요소로 번역이 되는 aṅga는 중국에서 일반적으로 지(支)로 번역되었는데 이를 관(關) 즉 빗장으로 옮긴 것은 특출하다고 생각된다. 포살에 지키는 8계의 항목은 그대로가 계의 핵심인 단속(saṁvāra)의 빗장이 되기 때문이다.

작다.'라고."

20. "위사카여, 인간들의 200년은 야마천의 신들의 하루 밤낮과 같고, 그 밤으로 [계산하여] 30일이 한 달이고, 그 달로 [계산하여] 12달이 1년이다. 그 해로 [계산하여] 야마천의 신들의 수명의 한계는 2000년이다. 위사카여, 어떤 여자나 남자가 여덟 가지 구성요소를 가진 포살[八關齋戒]을 준수하고서 몸이 무너져 죽은 뒤 야마천의 신들 가운데 태어나는 것은 가능하다. 위사카여, 이것과 관련하여 나는 말했다. '인간들의 왕위는 천상의 행복과 비교하면 너무 작다.'라고."

21. "위사카여, 인간들의 400년은 도솔천의 신들의 하루 밤낮과 같고, 그 밤으로 [계산하여] 30일이 한 달이고, 그 달로 [계산하여] 12달이 1년이다. 그 해로 [계산하여] 도솔천의 신들의 수명의 한계는 4000년이다. 위사카여, 어떤 여자나 남자가 여덟 가지 구성요소를 가진 포살[八關齋戒]을 준수하고서 몸이 무너져 죽은 뒤 도솔천의 신들 가운데 태어나는 것은 가능하다. 위사카여, 이것과 관련하여 나는 말했다. '인간들의 왕위는 천상의 행복과 비교하면 너무 작다.'라고."

22. "위사카여, 인간들의 800년은 화락천의 신들의 하루 밤낮과 같고, 그 밤으로 [계산하여] 30일이 한 달이고, 그 달로 [계산하여] 12달이 1년이다. 그 해로 [계산하여] 화락천의 신들의 수명의 한계는 8000년이다. 위사카여, 어떤 여자나 남자가 여덟 가지 구성요소를 가진 포살[八關齋戒]을 준수하고서 몸이 무너져 죽은 뒤 화락천의 신들 가운데 태어나는 것은 가능하다. 위사카여, 이것과 관련하여 나는 말했다. '인간들의 왕위는 천상의 행복과 비교하면 너무 작다.'라고."

23. "위사카여, 인간들의 1600년은 타화자재천의 신들의 하루 밤낮과 같고, 그 밤으로 [계산하여] 30일이 한 달이고, 그 달로 [계산하여] 12달이 1년이다. 그 해로 [계산하여] 타화자재천의 신들의 수명의 한계는 일만 육천년이다. 위사카여, 어떤 여자나 남자가 여덟 가지 구성요소를 가진 포살[八關齋戒]을 준수하고서 몸이 무너져 죽은 뒤 타화자재천의 신들 가운데 태어나는 것은 가능하다. 위사카여, 이것과 관련하여 나는 말했다. '인간들의 왕위는 천상의 행복과 비교하면 너무 작다.'라고"

24. "생명을 빼앗지 말고 주지 않은 것을 가지지 말고
거짓말을 하지 말고 술을 마시지 말고
순결하지 못한 삶을 멀리 여의고
밤과 때 아닌 때에 먹지 말고
화환을 두르지 말고 향을 뿌리지 말고
낮은 침상이나 땅이나 풀로 엮은 자리 위에 자야 한다.
깨달은 자는 이것을 설하였으니
그것은 바로 여덟 가지 구성요소를 가진
괴로움을 종식시키는 포살이라네.
달과 태양, 둘 다 아름답게 보이나니
이곳에서 저곳으로 움직이면서
그들이 미치는 곳마다 빛을 주기 때문이다.
그들은 어둠을 흩어버리고 허공에 떠오르며
구름을 비추고 모든 방향을 밝게 비춘다.
이 우주에 보배가 있으니

진주, 수정, 녹주석, 행운을 가져오는 청금석
금괴, 번쩍이는 금, 순금, 하따까 금이 그것이네.
그러나 이들은 여덟 가지 구성요소를 가진 포살의
16분의 1의 가치에도 미치지 못하나니
마치 모든 별들이 달의 광휘로움의
16분의 1도 얻지 못하는 것과 같도다.
그러므로 계를 가진 여자와 남자는
여덟 가지 구성요소를 가진 포살을 준수하여
비난받지 않으며 행복을 가져올 덕을 쌓아서
선처에 태어날진저."

제7장 대품이 끝났다.

제8장 아난다 품

Ānanda-vagga

찬나 경(A3:71)

Channa-sutta

1. 사왓티에서 설하셨다.

그때 찬나 유행승[508]이 아난다 존자에게 다가갔다. 가서는 아난다 존자와 함께 환담을 나누었다. 유쾌하고 기억할 만한 이야기로 서로 담소를 나누고 한 곁에 앉았다. 한 곁에 앉은 찬나 유행승은 아난다 존자에게 이렇게 말하였다.

"도반 아난다여, 그대들도 욕망의 제거를 천명하고 성냄의 제거를 천명하고 어리석음의 제거를 천명합니다. 도반이여, 우리도 역시 욕망의 제거를 천명하고 성냄의 제거를 천명하고 어리석음의 제거를 천명합니다. 도반이여, 그러면 그대들은 욕망에서 어떠한 위험을 보기 때문에 욕망의 제거를 천명합니까? 성냄에서 어떠한 위험을 보기 때문에 성냄의 제거를 천명합니까? 어리석음에서 어떠한 위험을 보기 때문에 어리석음의 제거를 천명합니까?"

---

508) 찬나 유행승(Channa paribbājaka)은 단지 본경에만 등장하는 유행승이다. 주석서와 복주서에 의하면 유행승에도 옷을 입는 유행승(channa-paribbājaka)과 옷을 입지 않는 유행승(nagga-paribbājaka)이 있었으며 옷을 입지 않는 유행승을 나체수행자(acela)라 부른다.(DA.ii.349; DAṬ.i.472 등) 본서에 해당하는 주석서는 찬나를 옷을 입는 유행승이라고만 설명한다.(AA.iii.330)

2. "도반이여, 욕망에 물들고 욕망에 사로잡히고 그것에 얼이 빠진 사람은 자기를 해치는 생각을 하고 타인을 해치는 생각을 하고 둘 모두를 해치는 생각을 합니다. 이렇게 생각하기 때문에 육체적 고통과 정신적 고통을 겪습니다. 그러나 욕망을 제거한 자는 자기를 해치는 생각을 하지 않고 타인을 해치는 생각을 하지 않고 둘 모두를 해치는 생각을 하지 않습니다. 이렇게 생각하지 않기 때문에 육체적 고통과 정신적 고통을 겪지 않습니다.

도반이여, 욕망에 물들고 욕망에 사로잡히고 그것에 얼이 빠진 사람은 몸으로 나쁜 행위를 저지르고 말로 나쁜 행위를 저지르고 마음으로 나쁜 행위를 합니다. 그러나 욕망을 제거한 자는 몸으로 나쁜 행위를 저지르지 않고 말로 나쁜 행위를 저지르지 않고 마음으로 나쁜 행위를 저지르지 않습니다.

도반이여, 욕망에 물들고 욕망에 사로잡히고 그것에 얼이 빠진 사람은 자기의 이익을 있는 그대로 꿰뚫어 알지 못하고 남의 이익을 있는 그대로 꿰뚫어 알지 못하고 둘 모두의 이익을 있는 그대로 꿰뚫어 알지 못합니다. 그러나 욕망을 제거한 자는 자기의 이익을 있는 그대로 꿰뚫어 알고 남의 이익을 있는 그대로 꿰뚫어 알고 둘 모두의 이익을 있는 그대로 꿰뚫어 압니다.

도반이여, 욕망은 어둠을 만들고 눈을 없애버리고 무지를 만들고 통찰지를 소멸시키고 곤혹스러움에 빠지게 하고 열반으로 인도하지 못합니다.

성내고 성냄에 사로잡히고 그것에 얼이 빠진 사람은 …

어리석고 어리석음에 사로잡히고 그것에 얼이 빠진 사람은 자기를 해치는 생각을 하고 … 몸으로 나쁜 행위를 저지르고 … 자기의 이익을 있는 그대로 꿰뚫어 알지 못하고 … 그러나 어리석음을 제거한 자는 자기의 이익을 있는 그대로 꿰뚫어 알고 남의 이익을 있는 그대로 꿰뚫어 알고 둘 모두의 이익을 있는 그대로 꿰뚫어 압니다.

도반이여, 어리석음은 어둠을 만들고 눈을 없애버리고 무지를 만들고 통찰지를 소멸시키고 곤혹스러움에 빠지게 하고 열반으로 인도하지 못합니다.

도반이여, 우리는 욕망에서 이러한 위험을 보기 때문에 욕망의 제거를 천명합니다. 성냄에서 이러한 위험을 보기 때문에 성냄의 제거를 천명합니다. 어리석음에서 이러한 위험을 보기 때문에 어리석음의 제거를 천명합니다."

3. "도반이여, 그러면 이러한 욕망과 성냄과 어리석음을 제거하기 위한 도가 있고 도닦음이 있습니까?"

"도반이여, 이러한 욕망과 성냄과 어리석음을 제거하기 위한 도가 있고 도닦음이 있습니다."

"도반이여, 그러면 어떤 것이 이러한 욕망과 성냄과 어리석음을 제거하기 위한 도이고 도닦음입니까?"

"도반이여, 그것은 바로 여덟 가지 구성요소로 된 성스러운 도[八支聖道]이니, 바른 견해, 바른 사유, 바른 말, 바른 행위, 바른 생계, 바른 정진, 바른 마음챙김, 바른 삼매입니다. 도반이여, 이것이 그러한 욕망과 성냄과 어리석음을 제거하기 위한 도이고 도닦음입니다."

"도반이여, 욕망과 성냄과 어리석음을 제거하기 위한 이러한 도는 참으로 경사로운 것이고 이러한 도닦음은 참으로 경사로운 것입니다. 도반 아난다여, 참으로 그대들은 방일하지 말아야겠습니다."509)

---

509) "그는 장로의 말에 기뻐하면서 '만일 이러한 도닦음이 있다면 그대들은 방

아지와까 경(A3:72)

Ājīvaka-sutta

1. 한때 아난다 존자는 꼬삼비에서 고시따 원림에 머물렀다. 그때 아지와까510)의 제자인 어떤 장자가 아난다 존자에게 다가갔다. 가서는 아난다 존자에게 절을 올리고 한 곁에 앉았다. 한 곁에 앉은 아지와까의 제자인 장자는 아난다 존자에게 이렇게 말하였다.

"존자시여, 어느 분들의 법이 잘 설해졌으며 어느 분들이 세상에서 잘 도를 닦으며 어느 분들이 세상에서 잘 가신 분[善逝]입니까?"

"장자여, 그렇다면 이제 그대에게 다시 물어 보리니 그대가 옳다고 생각하는 대로 설명해보시오. 장자여, 이를 어떻게 생각합니까? 욕망의 제거를 위해서 법을 설하고 성냄의 제거를 위해서 법을 설하고 어리석음의 제거를 위해서 법을 설하는 분들이 있습니다. 그분들의 법은 잘 설해진 것입니까, 아닙니까? 그대는 여기에 대해서 어떻게 생각합니까?"

일하지 않음에 몰두하는 것이 적합합니다. 도반이시여, 불방일을 행하십시오.'라고 한 것이다."(AA.ii.330)

510) '아지와까(Ājīvaka)'는 중국에서 사명외도(邪命外道)로 옮겨져서 우리에게 알려져 있다. 아지와까는 생계수단을 뜻하는 ājīva(命)에서 파생된 단어인데 그들은 바르지 못한 생계수단으로 삶을 영위하고 있다고 이해했기 때문에 중국에서 사명외도로 옮겼다.
주석서에 의하면 아지와까는 나체수행자(nagga-paribbājaka)들이었다.(AA.iii.334) DPPN에 의하면 그들은 막칼리 고살라(본서 「하나의 모음」(A1:18:1~17) 네 번째 경의 주해 참조)의 제자들이었다고 한다. 아지와까 교단은 불교와 자이나교와 함께 아소까 대왕 때까지도 남아있었으며 아소까 대왕이 그들을 위해서 보시를 하기도 하였다고 한다.(Hultsch: *Asoka Inscriptions, Index* 참조)

"존자시여, 욕망의 제거를 위해서 법을 설하고 성냄의 제거를 위해서 법을 설하고 어리석음의 제거를 위해서 법을 설하는 분들의 법은 잘 설해진 것이라고 저는 그렇게 생각합니다."

2. "장자여, 이를 어떻게 생각합니까? 욕망의 제거를 위해서 도를 닦고 성냄의 제거를 위해서 도를 닦고 어리석음의 제거를 위해서 도를 닦는 분들이 있습니다. 그분들은 세상에서 잘 도를 닦는 분들입니까, 아닙니까? 그대는 여기에 대해서 어떻게 생각합니까?"

"존자시여, 욕망의 제거를 위해서 도를 닦고 성냄의 제거를 위해서 도를 닦고 어리석음의 제거를 위해서 도를 닦는 분들은 세상에서 잘 도를 닦는 분들이라고 저는 그렇게 생각합니다."

3. "장자여, 이를 어떻게 생각합니까? 욕망이 제거되었고 그 뿌리가 잘렸고 줄기만 남은 야자수처럼 되었고 멸절되었고 미래에 다시는 일어나지 않게끔 되었으며, 성냄이 … 어리석음이 제거되었고 그 뿌리가 잘렸고 줄기만 남은 야자수처럼 되었고 멸절되었고 미래에 다시는 일어나지 않게끔 된 분들이 있습니다. 그분들은 세상에서 잘 가신 분[善逝]들입니까, 아닙니까? 그대는 여기에 대해서 어떻게 생각합니까?"

"존자시여, 욕망이 제거되었고 그 뿌리가 잘렸고 줄기만 남은 야자수처럼 되었고 멸절되었고 미래에 다시는 일어나지 않게끔 되었으며, 성냄이 … 어리석음이 제거되었고 그 뿌리가 잘렸고 줄기만 남은 야자수처럼 되었고 멸절되었고 미래에 다시는 일어나지 않게끔 된 분들은 세상에서 잘 가신 분들이라고 저는 그렇게 생각합니다."

4. "장자여, 그대는 '존자시여, 욕망의 제거를 위해서 법을 설하고 성냄의 제거를 위해서 법을 설하고 어리석음의 제거를 위해서 법을 설하는 분들의 법은 잘 설해진 것이라고 저는 그렇게 생각합니다.'라고 설명하였습니다.

그리고 그대는 '존자시여, 욕망의 제거를 위해서 도를 닦고 성냄의 제거를 위해서 도를 닦고 어리석음의 제거를 위해서 도를 닦는 분들은 세상에서 잘 도를 닦는 분들이라고 저는 그렇게 생각합니다.'라고 설명하였습니다.

그리고 그대는 '존자시여, 욕망이 제거되었고 그 뿌리가 잘렸고 줄기만 남은 야자수처럼 되었고 멸절되었고 미래에 다시는 일어나지 않게끔 되었으며, 성냄이 ··· 어리석음이 제거되었고 그 뿌리가 잘렸고 줄기만 남은 야자수처럼 되었고 멸절되었고 미래에 다시는 일어나지 않게끔 된 분들은 세상에서 잘 가신 분들이라고 저는 그렇게 생각합니다.'라고 설명하였습니다."

"경이롭습니다, 존자시여. 놀랍습니다, 존자시여. 참으로 자신의 법을 격찬하지도 않고 남의 법을 무시하지도 않으면서 적재적소에 법을 설하셨습니다. 그리고 [저의 질문에 대한] 의미를 분명하게 설해주셨으며 자기 자신은 드러내지도 않으셨습니다."511)

5. "아난다 존자시여, 존자들께서는 욕망의 제거를 위해서 법을 설하고 성냄의 제거를 위해서 법을 설하고 어리석음의 제거를 위해서 법을 설하십니다. 존자들의 법은 잘 설해진 것입니다.

아난다 존자시여, 존자들께서는 욕망의 제거를 위해서 도를 닦고

---

511) "우리는 이런 사람들이라고 자신을 드러내지 않았다는 뜻이다."(AA.ii.331)

성냄의 제거를 위해서 도를 닦고 어리석음의 제거를 위해서 도를 닦습니다. 존자들은 세상에서 잘 도를 닦는 분들입니다.

아난다 존자시여, 존자들께서는 욕망이 제거되었고 그 뿌리가 잘렸고 줄기만 남은 야자수처럼 되었고 멸절되었고 미래에 다시는 일어나지 않게끔 되었으며, 성냄이 … 어리석음이 제거되었고 그 뿌리가 잘렸고 줄기만 남은 야자수처럼 되었고 멸절되었고 미래에 다시는 일어나지 않게끔 된 분들입니다. 존자들은 세상에서 잘 가신 분[善逝]들입니다."

6. "경이롭습니다, 존자시여. 경이롭습니다, 존자시여. 마치 넘어진 자를 일으켜 세우시듯, 덮여있는 것을 걷어내 보이시듯, [방향을] 잃어버린 자에게 길을 가리켜주시듯, 눈 있는 자 형상을 보라고 어둠 속에서 등불을 비춰주시듯, 아난다 존자께서는 여러 가지 방편으로 법을 설해주셨습니다. 아난다 존자시여, 저는 이제 세존께 귀의하옵고 법과 비구승가에 귀의합니다. 아난다 존자께서는 저를 재가신자로 받아주소서. 오늘부터 목숨이 붙어 있는 그날까지 귀의하옵니다."

마하나마 경(A3:73)512)
Sakka-sutta

1. 한때 세존께서는 삭까에서 까빨라왓투513)의 니그로다 원림

---

512) PTS본의 권말 목록에는 경 이름이 삭까(Sakka)로 언급되고 있지만 인드라를 지칭하는 Sakka와 혼동될 우려가 있다. 그리고 육차결집본의 경 이름은 마하나마 삭까(Mahānāmasakka Sutta)이다. 마하나마가 질문을 드리는 경이기 때문에 역자는 마하나마를 경의 명칭으로 정했다.

에 머무셨다. 그 무렵에 세존께서는 병이 나아 회복되신지 얼마 되지 않았다. 그러자 삭까족 마하나마514)가 세존께 다가가서 절을 올리고 한 곁에 앉았다. 한 곁에 앉아서 삭까족 마하나마는 세존께 이렇게 말씀드렸다.

"세존이시여, 세존께서는 '삼매에 든 자의 지혜를 나는 인정하지 삼매에 들지 않은 자의 지혜는 인정하지 않는다.'라고 오랫동안 법을 설하셨습니다. 세존이시여, 그러면 삼매가 먼저 있고 지혜가 뒤에 있습니까? 아니면 지혜가 먼저 있고 삼매가 뒤에 있습니까?"

2. 그때 아난다 존자에게 이런 생각이 들었다. '세존께서는 병이 나아 회복되신지 얼마 되지 않았다. 그런데도 불구하고 이 삭까족 마하나마는 세존께 너무 심오한 질문을 드리는구나. 그러니 내가 삭까족 마하나마를 한쪽으로 데리고 가서 법을 설해주어야겠다.'

---

513) 까삘라왓투(Kapilavatthu)는 부처님의 고향이자 히말라야에 가까운 곳에 있는 사꺄 족들의 수도이며 까삘라 선인(仙人)의 충고로 옥까까 왕의 왕자들이 터를 닦은 도시이다. 그래서 까삘라왓투라고 이름 지었다.(DA.i.259) 부처님 당시에는 숫도다나를 왕으로 한 공화국이었다.

514) 마하나마(Mahānāma)는 사꺄족 왕의 한 사람이었으며 아누룻다(Anuruddha) 존자의 형이고 세존의 사촌이 된다. 본서 「하나의 모음」(A1:14:6-5)에서 그는 맛난 공양을 승가에 올린 자들 가운데 제일이라고 언급되고 있을 정도로 정성을 다하여 세존을 모시고 승가를 후원하였다. 여러 문헌(DhpA.i.339; J.i.133; iv.144 등)에 의하면 빠세나디 꼬살라 왕은 부처님과 인척 관계를 맺고 싶어 하였으며 그래서 사꺄족의 딸과 결혼하고자 하였다. 자부심이 강한 사꺄족은 마하나마와 하녀 사이에서 난 딸인 와사바캇띠야(Vāsabhakhattiyā)를 보냈으며, 이들 사이에서 난 아들이 바로 위두다바(Vidūḍabha) 왕자이다. 위두다바 왕자가 커서 까삘라왓투를 방문하였다가 이 이야기를 듣고 격분하였고, 그래서 후에 위두다바는 사꺄를 정복하여 남녀노소를 가리지 않고 무참한 살육을 하였다고 한다.

그러자 아난다 존자는 삭까족 마하나마를 밖으로 데리고 나가 한 쪽에 가서 이렇게 말했다.

3. "마하나마여, 세존께서는 유학의 계도 말씀하셨고 무학(아라한)의 계도 말씀하셨습니다. 세존께서는 유학의 삼매도 말씀하셨고 무학의 삼매도 말씀하셨습니다. 세존께서는 유학의 통찰지도 말씀하셨고 무학의 통찰지도 말씀하셨습니다."515)

4. "마하나마여, 그러면 어떤 것이 유학의 계입니까?
마하나마여, 여기 비구는 계를 잘 지킵니다. 그는 빠띠목카(계목)를 구족하여 계목의 단속으로 단속하면서 머뭅니다. 바른 행실과 행동의 영역을 갖추고, 작은 허물에 대해서도 두려움을 보며, 학습계목을 받아지녀 공부짓습니다. 마하나마여, 이것이 유학의 계입니다.

5. "마하나마여, 그러면 어떤 것이 유학의 삼매입니까?

---

515) "여기서 '유학의 계(sekha sīla)'라는 등의 방법으로 일곱 가지(예류도부터 아라한도까지 즉 아라한과를 제외한 앞의 7가지) 유학의 계와 유학의 삼매와 유학의 통찰지를 설하고 난 뒤 다시 아라한과를 통해서 무학의 계와 삼매와 통찰지를 설하면서 '유학의 삼매로부터 유학의 위빳사나와 무학의 과의 지혜가 뒤에 일어난다. 유학의 위빳사나로부터 무학의 과의 삼매가 뒤에 일어난다.'라고 설명하는 것이다. 그러나 함께하는(sampayutta) 삼매와 지혜는 앞도 없고 뒤도 없이 생긴다고 알아야 한다."(AA.ii.331)
마하나마가 삼매[定]가 먼저냐, 통찰지[慧]가 먼저냐고 질문한데 대해서 유학의 삼매와 통찰지는 분명히 무학의 삼매와 통찰지보다 먼저인 것이 분명하지만 같은 유학 안에서나 같은 무학 안에서 정과 혜는 선후를 말할 수 없다고 주석서는 해석하고 있다. 복주서는 단지 "먼저 유학의 계·정·혜를 설하고 뒤에 무학의 계 등을 설하면서 이 뜻을 드러내는 것이다."(AAṬ.ii.164)라고 간략하게 설명하고 있다.

마하나마여, 여기 비구는 감각적 욕망들을 완전히 떨쳐버리고 해로운 법[不善法]들을 떨쳐버린 뒤, 일으킨 생각과 지속적인 고찰이 있고, 떨쳐버렸음에서 생겼고, 희열과 행복이 있는 초선(初禪)을 구족하여 머뭅니다. … 제2선(二禪)을 … 제3선(三禪)을 … 제4선(四禪)을 구족하여 머뭅니다.

마하나마여, 이것이 유학의 삼매입니다."

6. "마하나마여, 그러면 어떤 것이 유학의 통찰지입니까?

마하나마여, 여기 비구는 '이것이 괴로움이다.'라고 있는 그대로 꿰뚫어 압니다. '이것이 괴로움의 일어남이다.'라고 있는 그대로 꿰뚫어 압니다. '이것이 괴로움의 소멸이다.'라고 있는 그대로 꿰뚫어 압니다. '이것이 괴로움의 소멸로 인도하는 도닦음이다.'라고 있는 그대로 꿰뚫어 압니다. 마하나마여, 이것이 유학의 통찰지입니다."

7. "마하나마여, 이러한 성스러운 제자는 이와 같이 계를 구족하고 이와 같이 삼매를 구족하고 이와 같이 통찰지를 구족하여 모든 번뇌가 다하여 아무 번뇌가 없는 마음의 해탈[心解脫]과 통찰지를 통한 해탈[慧解脫]을 바로 지금여기에서 스스로 최상의 지혜로 실현하고 구족하여 머뭅니다.(아라한과)516)

마하나마여, 이와 같이 세존께서는 유학의 계도 말씀하셨고 무학(아라한)의 계도 말씀하셨습니다. 세존께서는 유학의 삼매도 말씀하

---

516) 문맥상으로 이 아라한과의 정형구는 심해탈(삼매의 완성)과 혜해탈(통찰지의 완성)을 포함하고 있기 때문에 아난다 존자가 말하고 있는 아라한의 계와 삼매와 통찰지에 해당한다. 주석서는 별다른 설명이 없지만 복주서는 "먼저 유학의 계·정·혜를 설하고, 뒤에 무학의 계 등을 설하면서 이 뜻을 드러내는 것이다."(Ibid)라고 설명하고 있다.

셨고 무학의 삼매도 말씀하셨습니다. 세존께서는 유학의 통찰지도 말씀하셨고 무학의 통찰지도 말씀하셨습니다."517)

니간타 경(A3:74)
Nigaṇṭha-sutta

1. 한때 아난다 존자는 웨살리518)에서 큰 숲의 중각강당에 머물렀다. 그때 릿차위족 아바야519)와 릿차위족 빤디따꾸마라가 아난다 존자에게 다가갔다. 가서는 아난다 존자에게 절을 올린 뒤 한 곁에 앉았다. 한 곁에 앉은 릿차위족 아바야는 아난다 존자에게 이렇게 말하였다.

"존자시여, 니간타 나따뿟따520)는 일체를 아는 재[一切知者]요 일

---

517) 마하나마는 삼매와 통찰지 중에서 어떤 것이 먼저냐고 질문했지만 아난다 존자는 세존께서는 그 둘 중에서 선후를 말씀하신 것이 아니라 유학과 무학으로 나누어서 유학의 계나 정이나 혜는 먼저고 무학의 계나 정이나 혜는 뒤라고 말씀하셨다고 한다.
삼매가 먼저냐, 통찰지가 먼저냐 혹은 사마타가 먼저냐, 위빳사나가 먼저냐에 대한 답은 본서 제2권 「삼매 경」1/2/3(A4:92~94)의 세 개의 경에 있다고 본다. 이 경들을 통해서 살펴보면 삼매가 먼저냐 통찰지가 먼저냐 하는 것은 수행자 개인의 기질이나 성향에 달린 것이지 무엇이 먼저라고는 말할 수 없다는 것이 분명하다.

518) 웨살리(Vesāli)는 공화국 체제를 유지했던 왓지(Vajji) 족들의 수도였다. 웨살리와 큰 숲과 중각강당과 릿차위에 대해서는 본서 제2권 「밧디야 경」(A4:193) §1의 주해들을 참조할 것.

519) 릿차위의 아바야에 대해서는 본서 제2권 「살하 경」(A4:196) §1의 주해를 참조할 것.

520) 니간타 나따뿟따(Nigaṇṭha Nātaputta)는 자이나의 교주인 마하위라(Mahāvīra, 大雄)를 뜻한다. 초기경에 나타나는 니간타의 가르침에 대한 언급이 현존하는 자이나교의 가르침과 같다는 점에서 같은 인물임이 분명

체를 보는 자[一切見者]입니다. 그는 조금도 모자람이 없는 지와 견을 선언합니다. '나는 가고 서고 자고 깰 때에 언제나 한결같은 지와 견이 확립되어 있다.'라고. 그는 오래된 업들은 고행으로 끝을 내고 새로운 업들은 [더 이상] 짓지 않기 때문에 조건을 제거한다.521) 이와 같이 업이 소멸하기 때문에 괴로움이 소멸하고, 괴로움이 소멸하기 때문에 느낌도 소멸하고, 느낌이 소멸하기 때문에 일체 괴로움이 멸절할 것이다. 스스로 보아 알 수 있는 [오염원들을] 부수는 청정을 통해서 [윤회를] 건너게 된다고 합니다.522) 존자시여, 여기에 대해서

하다.

니간타(nigaṇṭha, Sk. nirgrantha)는 nis(out)+√granth(to bind)에서 파생된 명사로 문자 그대로 '묶임 혹은 집착으로부터 풀려난 자'라는 뜻이다. 그는 웨살리에서 태어났으며 와르다마나(Vardhamāna)라고도 알려졌다. 나따(Nāta)는 웨살리에 사는 종족의 이름이라 한다. 본경뿐만 아니라 다른 경들(M.ii.31; A.i.220; M.i.92; M.ii.214 등)을 통해서도 사람들이 그를 두고 지와 견(知見, ñāṇa-dassana)을 가진 자로 인정하고 있었음을 알 수 있는데 이는 자이나 경들에서도 한결같이 강조하고 있다. 육사외도 가운데 불교 문헌에 가장 많이 나타나는 자들이 니간타들이다.

그의 제자들인 닝까 나따뿟따(Niṅka Nātaputta, S.i.66), 디가 따빳시(Dīgha Tapassī, M56/i.373), 아시반다까뿟따(Asibandhakaputta, S.iv.317), 아바야 왕자(Abhayarājakumāra, M58/i.392.), 시하(Sīha, A.iv.180.) 등이 부처님과 만나서 대화하는 일화가 경에 나타나며, 특히 그의 신도인 우빨리 장자(Upāli gahapati)가 부처님의 신도가 된 것은 잘 알려져 있다.(M56/i.373). 이들 대부분은 왓지족들이었으며 웨살리가 니간타의 고향이라서 그런지는 몰라도 왓지족들은 니간타를 따르는 사람들이 많았다.

521) '조건을 제거한다'라고 옮긴 원어는 setughāta(다리를 부숨)인데 주석서에서는 조건을 부수는 것을 말한다(paccayaghātaṁ)고 설명한다.(AA. ii.332) 본서 「슬피 욺 경」(A3:103)에도 동일하게 설명되고 있다.

522) "'건넌다(samatikkamo hoti)'는 것은 모든 윤회의 괴로움(vaṭṭa-dukkha)을 건넌다는 말이다."(AA.ii.332)

세존께서는 어떻게 말씀하십니까?"523)

2.　"아바야여, 아시는 분, 보시는 분, 그분 세존 · 아라한 · 정등
각께서는 [오염원들을] 부수는 청정을 세 가지로 바르게 설하셨나니,
그것은 중생들을 청정하게 하고, 근심과 탄식을 다 건너게 하며, 육
체적 고통과 정신적 고통을 사라지게 하고, 옳은 방법을 터득하게 하
고, 열반을 실현하게 하기 위한 것입니다. 어떤 것이 셋인가요?

아바야여, 여기 비구는 계를 잘 지킵니다. 그는 빠띠목카(계목)를
구족하여 계목의 단속으로 단속하면서 머뭅니다. 바른 행실과 행동
의 영역을 갖추고, 작은 허물에 대해서도 두려움을 보며, 학습계목을
받아지녀 공부짓습니다. 그는 새로운 업을 짓지 않고 오래된 업을 닿
는 족족 끝을 냅니다. 이것이 스스로 보아 알 수 있고, [오염원들을]

---

523)　니간타의 이런 주장은 『맛지마 니까야』 「짧은 괴로움 덩어리 경」(M14)
　　　과 「데와다하 경」(M101)에도 나타난다. 니간타는 자이나교의 마하위라
　　　를 말하는데 본문에 나타나는 [오염원들을] 부숨(nijjarā, Sk. nirjarā)은
　　　자이나 교학에서 중요한 위치를 차지한다.
　　　자이나교의 교리는 전통적으로 7가지로 요약이 된다. ① jīva(지와, 영혼)
　　　② ajīva(아지와, 비영혼=물질) ③ āsrava(아스라와, 영혼이 물질로 흘러
　　　듦) ④ bandha(반다, 영혼이 거기에 묶임) ⑤ saṁvara(삼와라, 제어 —
　　　영혼이 물질에 속박되는 것을 제어하는 것으로 그 방법으로는 고행을 중
　　　시함) ⑥ nirjarā(니르자라, 풀려남 — 영혼이 물질의 속박에서 풀려남)
　　　⑦ mokṣa(목샤, 해탈)가 그것이다. 즉 지와가 아지와(물질계)에 흘러들
　　　어 윤회하는데 어떻게 이 지와를 아지와로부터 분리하여 홀로 우뚝 존재
　　　하게[獨尊, kevala, 께왈라] 할 것인가 하는 것이 자이나 수행과 교리의
　　　중심체계이며 그러한 독존과 해탈을 실현하는 가장 중요한 방법론이 ⑤
　　　제어와 ⑥ 풀려남이다.
　　　이러한 니간타가 가르치는 풀려남을 통한 청정에 대해서 아난다 존자는
　　　이제부터 부처님이 설하신 [오염원들을] 부수는 청정을 계 · 정 · 혜의 세
　　　가지로 명쾌하게 설명하고 있다.

부숨에 의한 것이고, 그것은 시간이 걸리지 않고, 와서 보라는 것이고, 향상으로 인도하고, 지자들이 각자 알아야 하는 것입니다.

아바야여, 이런 비구는 이와 같이 계를 구족하여 감각적 욕망들을 완전히 떨쳐버리고 해로운 법[不善法]들을 떨쳐버린 뒤, 일으킨 생각과 지속적인 고찰이 있고, 떨쳐버렸음에서 생겼고, 희열과 행복이 있는 초선(初禪)을 구족하여 머뭅니다. … 제2선(二禪)을 … 제3선(三禪)을 … 제4선(四禪)을 구족하여 머뭅니다. 그는 새로운 업을 짓지 않고 오래된 업을 닿는 족족 끝을 냅니다. 이것이 스스로 보아 알 수 있고, [오염원들을] 부숨에 의한 것이고, 그것은 시간이 걸리지 않고, 와서 보라는 것이고, 향상으로 인도하고, 지자들이 각자 알아야 하는 것입니다.

아바야여, 이런 비구는 이와 같이 계를 구족하고 이와 같이 삼매를 구족하여 모든 번뇌가 다하여 아무 번뇌가 없는 마음의 해탈[心解脫]과 통찰지를 통한 해탈[慧解脫]을 바로 지금여기에서 스스로 최상의 지혜로 실현하고 구족하여 머뭅니다.(아라한) 그는 새로운 업을 짓지 않고 오래된 업을 닿는 족족 끝을 냅니다. 이것이 스스로 보아 알 수 있고, [오염원들을] 부숨에 의한 것이고, 그것은 시간이 걸리지 않고, 와서 보라는 것이고, 향상으로 인도하고, 지자들이 각자 알아야 하는 것입니다.

아바야여, 아시는 분, 보시는 분, 그분 세존·아라한·정등각께서는 [오염원들을] 부수는 청정을 이와 같이 세 가지로 바르게 설하셨나니, 그것은 중생들을 청정하게 하고, 근심과 탄식을 다 건너게 하며, 육체적 고통과 정신적 고통을 사라지게 하고, 옳은 방법을 터득하게 하고, 열반을 실현하게 하기 위한 것입니다."

3. 이렇게 말하자 릿차위족 빤디따꾸마라는 릿차위족 아바야에게 이렇게 말했다.

"착한 아바야여, 그런데 그대는 왜 아난다 존자의 좋은 말씀을 좋은 말씀이라고 함께 기뻐하지 않습니까?"

"착한 자여,524) 내가 어찌 아난다 존자의 좋은 말씀을 좋은 말씀이라고 함께 기뻐하지 않겠습니까? 아난다 존자의 좋은 말씀을 좋은 말씀이라고 함께 기뻐하지 않는 자는 그의 목이 떨어질 것입니다."

격려해야 함 경(A3:75)525)
Samādapetabba-sutta

1. 그때 아난다 존자가 세존께 다가갔다. 가서는 세존께 절을 올리고 한 곁에 앉았다. 한 곁에 앉은 아난다 존자에게 세존께서는 이렇게 말씀하셨다.

"아난다여, 그대가 연민심을 가지고 있고 그대의 말이라면 귀 기울여야 한다고 생각하고 있는 그런 친구나 동료나 친지나 혈육들에게 그대는 세 가지에 대해서 격려해야 하고 안주하도록 해야 하고 [믿음을] 확립하도록 해야 한다. 무엇이 셋인가?"

2. "부처님께 흔들림 없는 청정한 믿음을 지니도록 격려해야 하고 그것에 안주하도록 해야 하고 확립하도록 해야 한다. '이런 [이유로] 그분 세존께서는 아라한[應供]이시며, 완전히 깨달은 분[正等覺]

---

524) '착한 자여'로 옮긴 원어는 samma인데 호격으로 쓰이는 말이다. 주로 낮은 신분과 동년배일 경우에 사용하고 여자에게는 사용하지 않는다.

525) 육차결집본의 경 이름은 안주(Nivesaka-sutta)이다.

이시며, 영지와 실천이 구족한 분[明行足]이시며, 피안으로 잘 가신 분[善逝]이시며, 세간을 잘 알고 계신 분[世間解]이시며, 가장 높은 분[無上士]이시며, 사람을 잘 길들이는 분[調御丈夫]이시며, 하늘과 인간의 스승[天人師]이시며, 깨달은 분[佛]이시며, 세존(世尊)이시다.'라고.

법에 흔들림 없는 청정한 믿음을 지니도록 격려해야 하고 안주하도록 해야 하고 확립하도록 해야 한다. '법은 세존에 의해서 잘 설해졌고, 스스로 보아 알 수 있고, 시간이 걸리지 않고, 와서 보라는 것이고, 향상으로 인도하고, 지자들이 각자 알아야 하는 것이다.'라고.

승가에 흔들림 없는 청정한 믿음을 지니도록 격려해야 하고 안주하도록 해야 하고 확립하도록 해야 한다. '세존의 제자들의 승가는 잘 도를 닦고, 세존의 제자들의 승가는 바르게 도를 닦고, 세존의 제자들의 승가는 참되게 도를 닦고, 세존의 제자들의 승가는 합당하게 도를 닦으니, 곧 네 쌍의 인간들이요[四雙] 여덟 단계에 있는 사람들[八輩]이다. 이러한 세존의 제자들의 승가는 공양받아 마땅하고, 선사받아 마땅하고, 보시받아 마땅하고, 합장받아 마땅하며, 세상의 위없는 복밭[福田]이다.'라고."

3. "아난다여, 네 가지 근본물질[四大], 즉 땅의 요소[地界], 물의 요소[水界], 불의 요소[火界], 바람의 요소[風界]에는 변화가 있다. 그러나 부처님께 흔들림 없는 청정한 믿음을 구족한 성스러운 제자에게는 변화란 없다. 아난다여, 내가 말한 변화가 [없다]는 것은 부처님께 흔들림 없는 청정한 믿음을 구족한 성스러운 제자가 지옥이나 축생의 모태나 아귀계에 태어나는 그런 경우란 없다는 것을 뜻한다."526)

526) "성스러운 제자는 인간도 되고 신도 되고 범천도 된다. 그러나 그의 청정한 믿음은 다른 생에 있어서도 변하지 않으며 [삼]악도(apāya-gati)라고

4. "아난다여, 네 가지 근본물질[四大], 즉 땅의 요소[地界], 물의 요소[水界], 불의 요소[火界], 바람의 요소[風界]에는 변화가 있다. 그러나 법에 … 승가에 흔들림 없는 청정한 믿음을 구족한 성스러운 제자에게는 변화란 없다. 아난다여, 내가 말한 변화가 [없다]는 것은 법에 … 승가에 흔들림 없는 청정한 믿음을 구족한 성스러운 제자가 지옥이나 축생의 모태나 아귀계에 태어나는 그런 경우란 없다는 것을 뜻한다."

5. "아난다여, 그대가 연민심을 가지고 있고 그대의 말이라면 귀 기울여야 한다고 생각하고 있는 그런 친구나 동료나 친지나 혈육들에게 그대는 이러한 세 가지에 대해서 격려해야 하고 안주하도록 해야 하고 [믿음을] 확립하도록 해야 한다."

존재 경(A3:76)
Bhava-sutta

1. 그때 아난다 존자가 세존께 다가갔다. 가서는 세존께 절을 올리고 한 곁에 앉았다. 한 곁에 앉은 아난다 존자는 세존께 이렇게 말씀드렸다.

"세존이시여, '존재, 존재'라고 말합니다. 세존이시여, 도대체 어떻게 존재가 있게 됩니까?"

"아난다여, 욕계의 과보를 가져오는 업이 존재하지 않는다면 욕계의 존재를 천명할 수 있는가?"

불리는 다른 태어날 곳을 얻지 않는다. 스승께서는 이러한 것을 보여주시기 위해서 '그런 경우란 없다.'고 말씀하시는 것이다."(AA.ii.334)

"그렇지 않습니다, 세존이시여."

"아난다여, 이처럼 업은 들판이고 알음알이는 씨앗이고 갈애는 수분이다.527) 중생들은 무명의 장애로 덮이고 갈애의 족쇄에 계박되어 저열한 [욕]계에 알음알이를 확립한다.528) 이와 같이 내생에 다시 존재[再有]529)하게 된다. 아난다여, 이런 것이 존재이다."

2. "아난다여, 색계의 과보를 가져오는 업이 존재하지 않는다면 색계의 존재를 천명할 수 있는가?"

"그렇지 않습니다, 세존이시여."

"아난다여, 이처럼 업은 들판이고 알음알이는 씨앗이고 갈애는 수분이다. 중생들은 무명의 장애로 덮이고 갈애의 족쇄에 계박되어 중간의 [색]계530)에 알음알이를 확립한다. 이와 같이 내생에 다시 존재[再有]하게 된다. 아난다여, 이런 것이 존재이다."

3. "아난다여, 무색계의 과보를 가져오는 업이 존재하지 않는다면 무색계의 존재를 천명할 수 있는가?"

"그렇지 않습니다, 세존이시여."

---

527) "선업과 불선업이 자라는 장소(ṭhāna)라는 뜻에서 업은 '들판(khetta)'이다. [업과] 함께 생긴 업을 형성하는 알음알이는 자란다는 뜻에서 '씨앗(bīja)'이다. [씨앗을] 돌보고 자라게 하기 때문에 '갈애'는 물과 같다."(AA.ii.335)

528) "저열한 세계(hīna dhātu)란 욕계(kāma-dhātu)이고 알음알이를 확립한다는 것은 업을 형성하는 알음알이를 확립한다는 뜻이다."(*Ibid*)

529) '다시 존재함'으로 옮긴 원어는 punabbhava인데 다른 곳에서는 '다시 태어남[再生]'으로 옮겼다. 여기서는 주제가 존재(bhava)이므로 다시 존재함[再有]이라고 직역하였다.

530) "중간의 세계(majjhimā dhātu)란 색계(rūpa-dhātu)이다."(*Ibid*)

"아난다여, 이처럼 업은 들판이고 알음알이는 씨앗이고 갈애는 수분이다. 중생들은 무명의 장애로 덮이고 갈애의 족쇄에 계박되어 수승한 [무색]계531)에 알음알이를 확립한다. 이와 같이 내생에 다시 존재[再有]하게 된다. 아난다여, 이런 것이 존재이다."532)

의도 경(A3:77)533)
Cetanā-sutta

1. 그때 아난다 존자가 세존께 다가갔다. 가서는 세존께 절을 올리고 한 곁에 앉았다. 한 곁에 앉은 아난다 존자는 세존께 이렇게 말씀드렸다.

"세존이시여, '존재, 존재'라고 말합니다. 세존이시여, 도대체 어떻게 존재가 있게 됩니까?"

"아난다여, 욕계의 과보를 가져오는 업이 존재하지 않는다면 욕계의 존재를 천명할 수 있는가?"

"그렇지 않습니다, 세존이시여."

"아난다여, 이처럼 업은 들판이고 알음알이는 씨앗이고 갈애는 수분이다. 중생들은 무명의 장애로 덮이고 갈애의 족쇄에 계박되어 저열한 [욕]계에 의도를 확립하고 소망을 확립한다.534) 이와 같이 내생

---

531) "수승한 세계(paṇītā dhātu)란 무색계(arūpa-dhātu)이다."(*Ibid*)

532) '어느 정도를 두고 존재(bhava)라 해야 합니까?'라는 아난다의 질문에 세존께서는 욕계 존재(kāma-bhava), 색계 존재(rūpa-bhava), 무색계 존재(arūpa-bhava)의 세 가지로 대답하셨다.

533) 육차결집본의 경 이름은 존재 2(Dutiya-bhava-sutta)이다.

534) 앞의 경과 다른 부분은 이것뿐이다. 앞의 경에서는 '알음알이를 확립한다.'고 했고 여기서는 '의도를 확립하고 소망(patthanā)을 확립한다.'고 했다.

에 다시 존재[再有]하게 된다. 아난다여, 이런 것이 존재이다."

2. "아난다여, 색계의 과보를 가져오는 업이 존재하지 않는다면 색계의 존재를 천명할 수 있는가?"

"그렇지 않습니다, 세존이시여."

"아난다여, 이처럼 업은 들판이고 알음알이는 씨앗이고 갈애는 수분이다. 중생들은 무명의 장애로 덮이고 갈애의 족쇄에 계박되어 중간의 [색]계에 의도를 확립하고 소망을 확립한다. 이와 같이 내생에 다시 존재[再有]하게 된다. 아난다여, 이런 것이 존재이다."

3. "아난다여, 무색계의 과보를 가져오는 업이 존재하지 않는다면 무색계의 존재를 천명할 수 있는가?"

"그렇지 않습니다, 세존이시여."

"아난다여, 이처럼 업은 들판이고 알음알이는 씨앗이고 갈애는 수분이다. 중생들은 무명의 장애로 덮이고 갈애의 족쇄에 계박되어 수승한 [무색]계에 의도를 확립하고 소망을 확립한다. 이와 같이 내생에 다시 존재[再有]하게 된다. 아난다여, 이런 것이 존재이다."

시중듦 경(A3:78)[535]

Upaṭṭhāna-sutta

1. 그때 아난다 존자가 세존께 다가갔다. 가서는 세존께 절을

주석서는 의도(cetanā)를 업을 지으려는 의도(kamma-cetanā)라고 설명하고 소망을 업을 지으려는 소망(kamma-patthanā)이라고 설명한다.(AA.ii.335)

535) 육차결집본의 경 이름은 계와 서계(Sīlabbata-sutta)이다.

올리고 한 곁에 앉았다. 한 곁에 앉은 아난다 존자에게 세존께서는 이렇게 말씀하셨다.

"아난다여, 계와 서계536)를 지키고, 아주 하기 힘든 일에 몰두하고,537) 청정범행을 닦고 성심으로 [남을] 시중드는 것은 모두 그 결실이 있는가?"

"세존이시여, 전적으로 그런 것은 아닙니다."

"아난다여, 그렇다면 그것을 분별해보라."

2. "세존이시여, 계와 서계를 지키고 아주 하기 힘든 일에 몰두하고, 청정범행을 닦고, 성심으로 [남을] 시중드는 자에게 해로운 법[不善法]들이 증장하고 유익한 법[善法]들이 제거된다면 이처럼 계와 서계를 지키고 아주 하기 힘든 일에 몰두하고 청정범행을 닦고 성심으로 [남을] 시중드는 것은 그 결실이 없습니다.

세존이시여, 그러나 계와 서계를 지키고 아주 하기 힘든 일에 몰두하고 청정범행을 닦고 성심으로 [남을] 시중드는 자에게 해로운 법[不善法]들이 제거되고 유익한 법[善法]들이 증장한다면 이처럼 계와 서계를 지키고 [열심히 일해서] 생계를 유지하고 청정범행을 닦고 성심으로 [남을] 시중드는 것은 그 결실이 있습니다."

아난다 존자는 이렇게 말하였고 스승께서는 그것에 동의를 하셨다.

그때 아난다 존자는 '스승께서 나의 [설명]에 동의를 하셨구나.'라고 안 뒤 자리에서 일어나 세존께 절을 올리고 오른쪽으로 [세 번]

---

536) '계와 서계'는 sīlabbata의 역어이다. 계(sīla)는 도덕적인 행위이고 서계(誓戒, vata)는 특정한 종교의식이나 금욕과 금식 등을 준수하는 것이다.

537) '아주 하기 힘든 일에 몰두하고'로 옮긴 원어는 jīvita인데 주석서에서 이렇게 설명한다.(AA.ii.335)

돌아 [경의를 표현] 뒤에 물러갔다.

세존께서는 아난다 존자가 물러간 지 오래지 않아서 비구들을 불러서 말씀하셨다.

"비구들이여, 아난다는 유학이지만 그와 동등한 통찰지를 가진 자는 쉽게 얻지 못한다."538)

향기 경(A3:79)539)
Gandha-sutta

1. 그때 아난다 존자가 세존께 다가갔다. 가서는 세존께 절을 올리고 한 곁에 앉았다. 한 곁에 앉은 아난다 존자는 세존께 이렇게 말씀드렸다.

"세존이시여, 바람을 따라 가지만 바람을 거슬러 가지 못하는 세 가지 향기가 있습니다. 무엇이 셋입니까? 뿌리의 향기와 심재의 향기와 꽃의 향기입니다. 세존이시여, 이것이 바람을 따라 가지만 바람을 거슬러 가지 못하는 세 가지 향기입니다.

세존이시여, 그런데 바람을 따라 가기도 하고 바람을 거슬러 가기도 하고 바람을 따르기도 하고 거스르기도 하는 그런 향기가 있습니까?"

"있다, 아난다여. 바람을 따라 가기도 하고 바람을 거슬러 가기도 하고 바람을 따르기도 하고 거스르기도 하는 그런 향기가 있다."

---

538) 비록 아난다가 유학의 경지에 머물러 있지만 질문에 대해 설명할 때 아난다의 통찰지와 동등한 사람은 쉽게 얻지 못한다는 뜻이다. 이 경에서는 유학의 경지에 대해 설했다.(Ibid)

539) 육차결집본의 경 이름은 향기 남(Gandhajāta-sutta)이다.

2. "세존이시여, 그러면 어떤 향기가 바람을 따라 가기도 하고 바람을 거슬러 가기도 하고 바람을 따르기도 하고 거스르기도 합니까?"

"아난다여, 여기 마을이나 성읍에 사는 여자나 남자가 부처님께 귀의하고 법에 귀의하고 승가에 귀의한다. 그는 생명을 죽이는 것을 멀리 여의고, 주지 않은 것을 가지는 것을 멀리 여의고, 삿된 음행을 멀리 여의고, 거짓말하는 것을 멀리 여의고, 방일하는 근본이 되는 술과 중독성 물질을 멀리 여의고, 계행을 구족하고, 선한 성질을 가졌고, 인색함의 때를 여읜 마음으로 재가에 머물고, 아낌없이 보시하고, 손은 깨끗하고, 주는 것을 좋아하고, 요구하는 것에 반드시 부응하고, 보시하고 나누어 가지는 것을 좋아한다.

이런 자를 사문·바라문들은 사방에서 칭송하여 말한다. '아무개 마을이나 성읍에 사는 여자나 남자가 부처님께 귀의하고 법에 귀의하고 승가에 귀의한다. 생명을 죽이는 것을 멀리 여의고, … 보시하고 나누어 가지는 것을 좋아한다.'라고.

아난다여, 바로 이러한 향기가 바람을 따라 가기도 하고 바람을 거슬러 가기도 하고 바람을 따르기도 하고 거스르기도 한다."

3. "꽃의 향기는 바람을 거슬러 오지 못하고
전단 향과 따가라와 재스민 [향기도] 마찬가지네.
여기 착한 사람 있어 그 향기는 바람을 거슬러 오나니
참사람의 [향기는] 모든 방향으로 퍼져가네."

아비부 경(A3:80)

Abhibhū-sutta

1. 그때 아난다 존자가 세존께 다가갔다. 가서는 세존께 절을 올리고 한 곁에 앉았다. 한 곁에 앉은 아난다 존자는 세존께 이렇게 말씀드렸다.

"세존이시여, 저는 세존의 면전에서 '아난다여, 아비부라는 시키 세존540)의 제자는 범천의 세상에 있으면서 1000의 세계에 목소리를 듣게 한다.'라고 들었고 면전에서 받아 지녔습니다. 세존이시여, 그런데 세존께서는 아라한이고 정등각이신데 얼마나 많은 [세계에] 세존의 목소리를 듣게 할 수 있습니까?"

"아난다여, 그는 제자였을 뿐이다. 여래들은 [그 경지를] 측량할 수가 없다."

두 번째로 아난다 존자는 세존께 이렇게 말씀 드렸다.

"세존이시여, 저는 세존의 면전에서 '아난다여, 아비부라는 식키 세존의 제자는 범천의 세상에 있으면서 1000의 세계에 목소리를 듣게 한다.'라고 들었고 면전에서 받아 지녔습니다. 세존이시여, 그런데 세존께서는 아라한이고 정등각이신데 얼마나 많은 [세계에] 세존의 목소리를 듣게 할 수 있습니까?"

"아난다여, 그는 제자였을 뿐이다. 여래들은 [그 경지를] 측량할 수가 없다."

---

540) 『디가 니까야』 제2권 「대전기경」(D14) §1.4에 의하면 시키(Sikhi) 부 처님은 7불 가운데 두 번째 부처님이며 31겁 이전에 세상에 출현하신 부 처님이라 한다. 자세한 것은 「대전기경」(D14) §1.4이하를 참조할 것.

2.　세 번째로 아난다 존자는 세존께 이렇게 말씀 드렸다.

"세존이시여, 저는 세존의 면전에서 '아난다여, 아비부라는 식키 세존의 제자는 범천의 세상에 있으면서 1000의 세계에 목소리를 듣게 한다.'라고 들었고 면전에서 받아 지녔습니다. 세존이시여, 그런데 세존께서는 아라한이고 정등각이신데 얼마나 많은 [세계에] 세존의 목소리를 듣게 할 수 있습니까?"

"아난다여, 그대는 1000의 작은 세계[小千世界]에 대해서 들어본 적이 있는가?"

"세존이시여, 지금이 바로 적절한 시기입니다. 선서시여, 지금이 세존께서 설해주실 바로 적절한 시기입니다. 세존의 말씀을 듣고 비구들은 마음에 새길 것입니다."

"아난다여, 그렇다면 들어라. 듣고 마음에 잘 새겨라. 나는 설할 것이다."

"그러겠습니다, 세존이시여."라고 아난다 존자는 세존께 대답했다. 세존께서는 이렇게 말씀하셨다.

3.　"아난다여, 그곳에 달과 태양이 움직이면서 사방을 비추고 광명이 빛나는 것을 하나의 세상이라 한다. 그러한 1000의 세상이 존재하나니 거기에는 1000의 달과 1000의 태양과 1000의 산의 왕인 수미산과 1000의 잠부디빠541)와 1000의 아빠라고야나와 1000의 웃

---

541)　잠부디빠(Jambudīpa)와 아빠라고야나(Aparagoyāna)와 웃따라꾸루 (Uttarakuru)와 뿝바위데하(Pubbavideha)는 수미산(須彌山, Sumeru) 주위에 있는 네 대륙의 이름이다. 잠부디빠는 남쪽에 있는 대륙이며 우리 같은 인간이 사는 곳이다. 아빠라고야나는 서쪽(apara)에 웃따라꾸루는 북쪽(uttara)에 뿝바위데하는 동쪽(pubba)에 있는 대륙이다. 그래서 중

따라구루와 1000의 뿝바위데하와 4000의 큰 바다와 1000의 사대왕
천과 1000의 삼십삼천과 1000의 야마천과 1000의 도솔천과 1000의
자재천과 1000의 타화자재천과 1000의 범천이 있다. 아난다여, 이를
일러 1000의 작은 세계[小千世界]542)라 한다. 아난다여, 소천세계의
1000배가 되는 세계를 일러 1000을 제곱한 중간 세계[中千世界]543)
라 한다. 아난다여 중천세계의 1000배가 되는 세계를 일러 1000을
세제곱한 큰 1000의 세계[三千大千世界]544)라 한다. 아난다여, 여래는
원하기만 하면 삼천대천세계에 여래의 목소리를 듣게 할 수 있나니
원하는 만큼 할 수 있다."545)

4. "세존이시여, 어떻게 여래는 원하기만 하면 삼천대천세계에
여래의 목소리를 듣게 할 수 있고, 원하는 만큼 할 수 있습니까?"

"아난다여, 여기 여래는 삼천대천세계를 빛으로 덮을 수 있느니라.
그곳에 사는 중생들이 그 광명을 인식할 때 여래가 음성을 내면 [중

국에서는 이 넷을 각각 남섬부주(南贍部洲), 서우화주(西牛貨洲), 동승
신주(東勝身洲), 북구로주(北俱盧洲)로 옮겼다.

542) "소천세계는 [부처님의] 제자들이 알 수 있는 경지이다."(AA.ii.341)

543) '천을 제곱한 중간의 세계[中千世界]'로 옮긴 원어는 dvisahassī majjhi
-mikā lokadhātu이다. 여기서 dvisahassi는 2000이 아니고 1000×1000
을 뜻한다. 즉 1000의 제곱 = 백만이라는 뜻이다. 복주서에서는 백만의 세
계(dasasatasahassa-cakkavāḷa)라고 밝히고 있다.(AAṬ.ii.168)

544) 여기서 삼천이란 1000의 세제곱이라는 말이다. 즉 10억을 뜻한다. 주석서
에서도 중천세계의 천배(majjhimikaṁ sahassadhā katvā)라고 밝히고
있다. 천에다 천을 곱한 것이 중천세계이고, 중천세계에다 다시 큰 천으로
곱하기 때문에 대천세계라 한다.(AA.ii.341)

545) "이것은 대상의 영역(visayakkhetta)을 말씀하시는 것이다. 부처님들의
대상의 영역은 양으로 제한할 수 없기 때문이다."(AA.ii.341)

생들이] 그 소리를 들을 수 있느니라. 아난다여, 이와 같이 여래는 삼천대천세계에 여래의 목소리를 듣게 할 수 있고, 원하는 만큼 할 수가 있느니라."

5. 이렇게 말씀하시자 아난다 존자는 우다이 존자546)에게 이렇게 말했다.

"저의 스승께서 이러한 큰 신통력과 큰 위력을 가지셨으니 이것은 참으로 내게 이득입니다. 이것은 참으로 내게 큰 이득입니다."

이렇게 말하자 우다이 존자는 아난다 존자에게 이렇게 말했다.

"도반 아난다여, 그대의 스승께서 이러한 큰 신통력과 큰 위력을 가지신 것이 그대에게 무슨 소용이 있습니까?"

이렇게 말하자 세존께서는 우다이 존자에게 이렇게 말씀하셨다.

"우다이여, 그렇게 말하지 말라. 우다이여, 그렇게 말하지 말라. 우다이여, 만일 아난다가 욕망을 다 버리지 못한 채 죽음을 맞이하면 나에 대한 깨끗한 믿음 때문에 일곱 번을 신들의 세상에서 신들의 왕이 될 것이며 다시 일곱 번을 이 잠부 섬에서 대왕이 될 것이다. 우다이여, 그러나 아난다는 지금여기에서 완전한 열반을 성취할 것이다."

제8장 아난다 품이 끝났다.

---

546) "우다이 존자는 랄루다이 존자(Lāludāyi thera)를 말한다. 그는 전에 세존의 시자인 장로들에게 적개심을 갖고 있었다. 하여 이때다 여기고 부처님의 사자후가 끝나자마자 장로의 신심을 꺾기 위해 이렇게 말했다."(AA.ii.344)

제9장 사문 품

Samaṇa-vagga

사문 경(A3:81)

Samaṇa-sutta

1. "비구들이여, 사문에게는 세 가지 사문이 해야 할 일이 있다. 무엇이 셋인가? 높은 계를 공부짓고[增上戒學] 높은 마음을 공부짓고[增上心學] 높은 통찰지를 공부짓는 것[增上慧學]이다. 비구들이여, 이것이 세 가지 사문이 해야 할 일이다.

비구들이여, 그러므로 여기서 이와 같이 공부지어야 한다. '우리는 높은 계를 공부지음에 강한 열의를 가질 것이다. 높은 마음을 공부지음에 강한 열의를 가질 것이다. 높은 통찰지를 공부지음에 강한 열의를 가질 것이다.'라고. 비구들이여, 그대들은 참으로 이와 같이 공부지어야 한다."

2. "비구들이여, 예를 들면 '나는 소다. 나는 소다.'라고 하면서 소의 무리를 뒤따르는 당나귀가 있다 하자. 그에게는 소들이 가진 그러한 색깔도 없고 소들이 가진 그러한 소리도 없고 소들이 가진 그러한 발굽도 없다. 그는 단지 '나는 소다. 나는 소다.'라고 하면서 소의 무리의 뒤를 뿐이다.

비구들이여, 그와 같이 여기 어떤 비구는 '나는 비구다. 나는 비구다.'라고 하면서 비구승가의 뒤를 따른다. 그러나 그에게는 높은 계를 공부지음에 대해서 다른 비구들과 같은 그러한 강한 열의가 없다.

그에게는 높은 마음을 공부지음에 대해서 다른 비구들과 같은 그러한 강한 열의가 없다. 그에게는 높은 통찰지를 공부지음에 대해서 다른 비구들과 같은 그러한 강한 열의가 없다. 그는 단지 '나는 비구다. 나는 비구다.'라고 하면서 비구승가의 뒤를 따를 뿐이다.

비구들이여, 그러므로 여기서 이와 같이 공부지어야 한다. '우리는 높은 계를 공부지음에 강한 열의를 가질 것이다. 높은 마음을 공부지음에 강한 열의를 가질 것이다. 높은 통찰지를 공부지음에 강한 열의를 가질 것이다.'라고. 비구들이여, 그대들은 참으로 이와 같이 공부지어야 한다."

들판 경(A3:82)
Khetta-sutta

1. "비구들이여, 농사짓는 장자에게는 먼저 해야 할 세 가지가 있다. 무엇이 셋인가?

비구들이여, 여기 농사짓는 장자는 무엇보다도 먼저 들판에 쟁기로 땅을 잘 갈아 엎고 써레질을 잘해야 한다. 들판에 쟁기질을 잘하고 써레질을 잘한 뒤에는 시기에 맞게 씨앗을 뿌려야 한다. 시기에 맞게 씨앗을 뿌린 뒤에는 적당한 때에 물을 대고 물을 빼야 한다. 비구들이여, 이것이 농사짓는 장자가 먼저 해야 할 세 가지이다."

2. "비구들이여, 그와 같이 비구에게는 먼저 해야 할 세 가지가 있다. 무엇이 셋인가? 높은 계를 공부짓고 높은 마음을 공부짓고 높은 통찰지를 공부짓는 것이다. 비구들이여, 이것이 비구가 먼저 해야 할 세 가지이다.

비구들이여, 그러므로 여기서 이와 같이 공부지어야 한다. '우리는 높은 계를 공부지음에 강한 열의를 가질 것이다. 높은 마음을 공부지음에 강한 열의를 가질 것이다. 높은 통찰지를 공부지음에 강한 열의를 가질 것이다.'라고. 비구들이여, 그대들은 참으로 이와 같이 공부지어야 한다."

왓지의 후예 경(A3:83)
Vajjiputta-sutta

1. "이와 같이 들었다. 한때 세존께서는 웨살리에서 큰 숲에 있는 중각강당에 머무셨다. 그때 어떤 왓지547)의 후예인 비구가 세존께 다가갔다. 가서는 세존께 절을 올리고 한 곁에 앉았다. 한 곁에 앉은 왓지의 후예인 비구는 세존께 이렇게 말씀드렸다.

"세존이시여, 150개가 넘는 학습계목548)이 있어서 반달마다 외워야 합니다. 세존이시여, 그런데 저는 이대로 공부지을 수가 없습니다."

"비구여, 그러면 그대는 높은 계를 공부짓고 높은 마음을 공부짓고 높은 통찰지를 공부짓는 세 가지 공부[三學]를 지을 수 있는가?"

"세존이시여, 높은 계를 공부짓고 높은 마음을 공부짓고 높은 통찰지를 공부짓는 세 가지 공부는 지을 수 있습니다."

2. "비구여, 그렇다면 그대는 높은 계를 공부짓고 높은 마음을 공부짓고 높은 통찰지를 공부짓는 세 가지 공부를 지어라. 비구여,

---

547) 왓지(Vajji)에 대해서는 본서 제2권 「깨달음 경」(A4:1) §1의 주해를 참조할 것.

548) 주석서는 "그 당시에 제정되어 있던 학습계목을 두고 한 말이다."(AA.ii.347)라고 한다.

그대가 높은 계를 공부짓고 높은 마음을 공부짓고 높은 통찰지를 공부짓는 세 가지 공부를 지을 때 탐욕이 제거될 것이고 성냄이 제거될 것이고 어리석음이 제거될 것이다. 그러면 그대는 탐욕을 제거하고 성냄을 제거하고 어리석음을 제거하기 때문에 해로운 것은 짓지 않을 것이고 악한 것을 받들어 행하지 않을 것이다."

3.   그 비구는 그 후 높은 계를 공부지었고 높은 마음을 공부지었고 높은 통찰지를 공부지었다. 그가 높은 계를 공부짓고 높은 마음을 공부짓고 높은 통찰지를 공부짓는 세 가지 공부를 지을 때 탐욕이 제거되었고 성냄이 제거되었고 어리석음이 제거되었다. 그는 탐욕을 제거하고 성냄을 제거하고 어리석음을 제거하였기 때문에 해로운 것은 짓지 않았고 악한 것을 받들어 행하지 않았다.

유학(有學) 경(A3:84)
Sekkha-sutta

1.   그때 어떤 비구가 세존께 다가갔다. 가서는 세존께 절을 올리고 한 곁에 앉았다. 한 곁에 앉은 그 비구는 세존께 이렇게 말씀드렸다.
"세존이시여, '유학, 유학'이라고들 합니다. 세존이시여, 어떤 점에서 유학이라 합니까?"
"비구여, 공부짓는다고 해서 유학이라고 불린다. 그러면 무엇을 공부짓는가? 높은 계를 공부짓고 높은 마음을 공부짓고 높은 통찰지를 공부짓는다. 비구여, 그래서 그는 유학이라 불린다."

2. "바른 길을 따르는 공부짓는 유학에게

[오염원들이] 소멸되어 먼저 [도의] 지혜가 생기고

바로 다음에 구경의 지혜가 생기느니라.549)

구경의 지혜로 해탈한 자에게

'존재에 대한 족쇄가 소멸되어

나의 해탈은 확고부동하다.'라는

[반조의] 지혜가 생기느니라.550)

외움 경1(A3:85)551)

Uddesa-sutta

1. "비구들이여. 150개가 넘는 학습계목이 있어서 반달마다 외운다. 이익을 바라는 선남자들은 여기에 [서서] 공부짓는다. 비구들이여, 세 가지 공부지음이 있으니 그 속에 이 모든 학습계목이 포함된다. 무엇이 셋인가? 높은 계를 공부지음, 높은 마음을 공부지음, 높은 통찰지를 공부지음이다. 비구들이여, 이것이 세 가지 공부지음

---

549) "네 번째 도(아라한도)의 지혜 바로 다음에 구경의 지혜(aññā)가 생긴다. 즉 아라한과가 생긴다는 뜻이다."(AA.ii.348)

550) "'지혜가 생긴다.(ñāṇaṁ ve hoti)'는 것은 반조의 지혜(paccavekkha-ṇa-ñāṇa)이다. 이처럼 경에서도 게송에서도 일곱 가지 유학을 말씀하셨고 마지막에 번뇌 다함(khīṇāsava)을 말씀하셨다."(AA.ii.348)

551) 본경을 포함한 다음의 세 경은 PTS본의 권말 목록(uddāna)에 제목이 분명하지가 않거나 큰 의미가 없다. 육차결집본의 경 이름은 공부지음(Sikkhā-sutta)으로 나타나며 모두 공부지음1/2/3으로 되어 있다. 이렇게 되면 아래 88번, 89번 경과 중복이 된다. 그래서 우드워드를 따라서 외움(Uddesa-sutta)을 경의 명칭으로 삼았다.

이니 그 속에 이 모든 학습계목이 포함된다."

2. "비구들이여, 여기 비구는 계는 완성하였지만 삼매는 어느
정도만 짓고 통찰지도 어느 정도만 짓는다. 그는 사소한 계[小小
戒]552)에 해당하는 학습계목들을 범하기도 하고 그것을 고치기도 한
다. 이것은 무슨 이유 때문인가? 나는 그것 때문에 [성자가] 될 수 없
다고 말하지 않나니553) 청정범행의 시작에 해당하고 청정범행에 어
울리는 그러한 학습계목들에 관한 한 그는 굳은 계행을 가졌고 확립
된 계행을 가졌으며 학습계목들을 받아서 공부짓기 때문이다. 그는
세 가지 족쇄를 완전히 없애고 흐름에 든 자[預流者]가 되어, [네 가지
악취에] 떨어지지 않고 [해탈이] 확실하며 정등각으로 나아가는 자
이다."

3. "비구들이여, 여기 비구는 계는 완성하였지만 삼매는 어느
정도만 짓고 통찰지도 어느 정도만 짓는다. 그는 사소한 계[小小戒]에
해당하는 학습계목들을 범하기도 하고 그것을 고치기도 한다. 이것

---

552) "'사소한 계[小小戒, khudda-anukhuddakāni sikkhā-padāni]'란 네
가지 바라이죄(波羅夷罪, pārājika)를 제외한 나머지 학습계목이다. 여기
서 승잔죄(僧殘罪, saṅghādisesa)는 사소한 것(khuddaka)이고 조죄
(粗罪, thullaccaya)는 더 사소한 것(anukhuddaka)이 된다. 조죄가 사
소한 것이면 단타죄(單墮罪, pācittiya)는 더 사소한 것이 된다. 단타죄가
사소한 것이면 회과죄(悔過罪, pāṭidesanīya)와 악작죄(惡作罪,
dukkaṭa)와 둡바시따(惡說, dubbhāsita)는 더 사소한 것이 된다. 이처
럼 위대한 『앙굿따라 니까야』를 호지하는(Aṅguttara-mahānikāya-
vaḷañjanaka) 스승들은 네 가지 바라이죄를 제외한 나머지 모두가 소소
계라고 주장한다."(*Ibid*)

553) "이러한 [소소]계를 범하고 범계로부터 벗어나는 경우에는 성자(ariya-
puggala)가 될 수 없다고 말하지 않는다고 말씀하시는 것이다."(*Ibid*)

은 무슨 이유 때문인가? 나는 그것 때문에 [성자가] 될 수 없다고 말하지 않나니 청정범행의 시작에 해당하고 청정범행에 어울리는 그러한 학습계목들에 관한 한 그는 굳은 계행을 가졌고 확립된 계행을 가졌으며 학습계목들을 받아서 공부짓기 때문이다. 그는 세 가지 족쇄를 완전히 없애고 탐욕과 성냄과 미혹이 엷어져서 한 번만 더 돌아올 자[一來者]가 되어, 한 번만 이 세상에 와서 괴로움을 끝낼 것이다."

4. "비구들이여, 여기 비구는 계도 완성하고 삼매도 완성하였지만 통찰지는 어느 정도만 짓는다. 그는 사소한 계[小小戒]에 해당하는 학습계목들을 범하기도 하고 그것을 고치기도 한다. 이것은 무슨 이유 때문인가? 나는 그것 때문에 [성자가] 될 수 없다고 말하지 않나니 청정범행의 시작에 해당하고 청정범행에 어울리는 그러한 학습계목들에 관한 한 그는 굳은 계행을 가졌고 확립된 계행을 가졌으며 학습계목들을 받아서 공부짓기 때문이다. 그는 다섯 가지 낮은 단계의 족쇄를 완전히 없애고 [정거천에] 화생하여 그곳에서 완전히 열반에 들어 그 세계로부터 다시 돌아오지 않는 법을 얻었다.[不還者]"

5. "비구들이여, 여기 비구는 계도 완성하고 삼매도 완성하고 통찰지도 완성하였다. 그는 사소한 계[小小戒]에 해당하는 학습계목들을 범하기도 하고 그것을 고치기도 한다. 이것은 무슨 이유 때문인가? 나는 그것 때문에 [성자가] 될 수 없다고 말하지 않나니. 청정범행의 시작에 해당하고 청정범행에 어울리는 그러한 학습계목들에 관한 한 그는 굳은 계행을 가졌고 확립된 계행을 가졌으며 학습계목들을 받아서 공부짓기 때문이다. 그는 모든 번뇌가 다하여 아무 번뇌가 없는 마음의 해탈[心解脫]과 통찰지를 통한 해탈[慧解脫]을 바로 지금

여기에서 스스로 최상의 지혜로 실현하고 구족하여 머문다.[阿羅漢]

비구들이여, 이와 같이 부분적으로 짓는 자는 부분적인 것을 성취한다. 완전하게 짓는 자는 완성된 것을 성취한다. 비구들이여, 그러므로 학습계목들은 결코 무익하지 않다고 나는 말한다."554)

외움 경2(A3:86)
Uddesa-sutta

1. "비구들이여, 150개가 넘는 학습계목이 있어서 반달마다 외워야 한다. 이익을 바라는 선남자들은 여기에 [서서] 공부짓는다. 비구들이여, 세 가지 공부지음이 있으니 그 속에 이 모든 학습계목이 포함된다. 무엇이 셋인가? 높은 계를 공부지음, 높은 마음을 공부지음, 높은 통찰지를 공부지음이다. 비구들이여, 이것이 세 가지 공부지음이니 그 속에 이 모든 학습계목이 포함된다."

2. "비구들이여, 여기 비구는 계는 완성하였지만 삼매는 어느 정도만 짓고 통찰지도 어느 정도만 짓는다. 그는 사소한 계[小小戒]에 해당하는 학습계목들을 범하기도 하고 그것을 고치기도 한다. 이것은 무슨 이유 때문인가? 나는 그것 때문에 [성자가] 될 수 없다고 말하지 않는다. 청정범행의 시작에 해당하고 청정범행에 어울리는 그러한 학습계목들에 관한 한 그는 굳은 계행을 가졌고 확립된 계행을 가졌으며 학습계목들을 받아서 공부짓기 때문이다.

---

554) "부분적으로 짓는 자(padesa-kāri puggala)는 예류자와 일래자와 불환자이다. 이들은 부분적으로 성취한다. 완전하게 짓는 자(paripūra-kāri)는 아라한이다. 그는 완전하게 성취한다. 무익하지 않음(avañjha)이란 헛되지 않고 결실이 있고 결과물이 있다는 뜻이다."(AA.ii.349)

그는 세 가지 족쇄를 완전히 없애고 최대로 일곱 번만 다시 태어나는 자(sattakkhattu-parama)가 되어 신이나 인간 중에 일곱 번 태어나서 윤회한 뒤 괴로움을 종식시킨다. 그는 세 가지 족쇄를 완전히 없애고 성스러운 가문에서 성스러운 가문으로 가는 자(kolaṅkola)가 되어 두 번 혹은 세 번 성스러운 가문에 태어나서 윤회한 뒤 괴로움을 종식시킨다. 그는 세 가지 족쇄를 완전히 없애고 한 번만 싹 트는 자(eka-bījī)가 되어 한 번만 더 인간 세상에 존재를 받아 태어나서 괴로움을 종식시킨다. 그는 세 가지 족쇄를 완전히 없애고 탐욕과 성냄과 미혹이 엷어져서 한 번만 더 돌아올 자[一來者]가 되어, 한 번만 이 세상에 와서 괴로움을 끝낼 것이다."555)

3. "비구들이여, 여기 비구는 계도 완성하였고 삼매도 완성하였지만 통찰지는 어느 정도만 짓는다. 그는 사소한 계[小小戒]에 해당하는 학습계목들을 범하기도 하고 그것을 고치기도 한다. …

그는 다섯 가지 낮은 단계의 족쇄를 완전히 없애고 더 높은 세계로 재생하여 색구경천에 이르는 자가 된다.556) 그는 다섯 가지 낮은

---

555) 여기에 나타나고 있는 술어들과 족쇄에 대해서는 본서 제2권 「족쇄 경」 (A4:131) §§1~2의 주해들을 참조 할 것.

556) "더 높은 세계로 재생하여(uddhaṁsoto) 색구경천에 이르는 자(Akaniṭṭhagāmī)도 있고, 더 높은 세계로 재생하여 색구경천에 이르지 않는 자도 있고, 더 높은 세계로 재생하지 않고 색구경천에 이르는 자도 있고, 더 높은 세계로 재생하지 않고 색구경천에 이르지 않는 자도 있다.
이 가운데서 여기서 불환과를 얻은 뒤 무번천 등에 태어나서 거기서 수명의 한계대로 머물다가 더 위로 재생하여 색구경천에 태어나는 자는 첫 번째 경우이다. 무번천 등에 태어나서 거기서 완전한 열반에 들지도 않고 색구경천에 태어나지도 않고 최고의 범천의 세상(uparima-brahma-loka)에서 완전한 열반에 드는 자는 두 번째 경우이다. 여기서 죽은 뒤 바로 색구경천에 태어나는 자는 세 번째 경우이다. 무번천 등 정거천의 네 곳이

단계의 족쇄를 완전히 없애고 자극을 통해서 완전한 열반에 드는 자가 된다.557) 그는 다섯 가지 낮은 단계의 족쇄를 완전히 없애고 자극없이 완전한 열반에 드는 자가 된다. 그는 다섯 가지 낮은 단계의 족쇄를 완전히 없애고 [수명의] 반이 지나서 완전한 열반에 드는 자가 된다.558) 그는 다섯 가지 낮은 단계의 족쇄를 완전히 없애고 [수명의] 중반쯤에 이르러 완전한 열반에 드는 자가 된다."559)

4. "비구들이여, 여기 비구는 계도 완성하고 삼매도 완성하고 통찰지도 완성하였다. 그는 사소한 계[小小戒]에 해당하는 학습계목들을 범하기도 하고 그것을 고치기도 한다. …

그는 모든 번뇌가 다하여 아무 번뇌가 없는 마음의 해탈[心解脫]과 통찰지를 통한 해탈[慧解脫]을 바로 지금여기에서 스스로 최상의 지

아닌 다른 곳에 태어나서 그곳에서 완전한 열반에 드는 것이 네 번째 경우이다."(AA.ii.350)

557) "어느 곳에 태어나든지 자극과 노력을 통해서 아라한과를 얻는 자를 자극을 통해서 완전한 열반에 드는 자(sasaṅkhāra-parinibbāyi)라 한다. 자극과 노력이 없이 얻는 자를 자극 없이 완전한 열반에 드는 자(a-saṅkhāra-parinibbāyi)라 한다."(*Ibid*)

558) "1000겁의 수명을 가진 무번천에 태어나서 500겁이 지난 뒤 아라한과를 얻는 자를 [수명의] 반이 지나서 완전한 열반에 드는 자(upahacca-parinibbāyi)라 한다. 무열천 등에서도 마찬가지이다."(*Ibid*)

559) "[수명의] 중반쯤에 이르러 완전한 열반에 드는 자(antarā-parinibbāyi)는 수명의 중반을 넘기지 않고 완전한 열반에 드는 자인데 이것은 세 가지가 있다. 어떤 자는 1000겁의 수명을 가진 무번천에 태어나는 날에 아라한과를 얻거나 첫 날에 얻지 못하면 처음의 100겁 안에 얻는다. 이것이 첫 번째 경우이다. 그렇지 못하면 200겁 안에 얻는다. 이것이 두 번째 경우이다. 그렇지 못하면 400겁 안에 얻는다. 이것이 세 번째 경우이다."(*Ibid*)
그 외 세 유형의 예류자와 다섯 유형의 일래자 등에 대해서는 본서 제2권 「족쇄 경」(A4:131) §§2~3의 주해들을 참조할 것.

혜로 실현하고 구족하여 머문다.[阿羅漢]

비구들이여, 이와 같이 부분적으로 짓는 자는 부분적인 것을 성취한다. 완전하게 짓는 자는 완성된 것을 성취한다. 비구들이여, 그러므로 학습계목들은 결코 무익하지 않다고 나는 말한다.”

외움 경3(A3:87)
Uddesa-sutta

1. “비구들이여. 150개가 넘는 학습계목이 있어서 반달마다 외워야 한다. 이익을 바라는 선남자들은 여기에 [서서] 공부짓는다. 비구들이여, 세 가지 공부지음이 있으니 그 속에 이 모든 학습계목이 포함된다. 무엇이 셋인가? 높은 계를 공부지음, 높은 마음을 공부지음, 높은 통찰지를 공부지음이다. 비구들이여, 이것이 세 가지 공부지음이니 그 속에 이 모든 학습계목이 포함된다.”

2. “비구들이여, 여기 비구는 계도 완성하고 삼매도 완성하고 통찰지도 완성하였다. 그는 사소한 계[小小戒]에 해당하는 학습계목들을 범하기도 하고 그것을 고치기도 한다. …

그는 모든 번뇌가 다하여 아무 번뇌가 없는 마음의 해탈[心解脫]과 통찰지를 통한 해탈[慧解脫]을 바로 지금여기에서 스스로 최상의 지혜로 실현하고 구족하여 머문다.[阿羅漢]”

3. “그러나 이것을 체험하지 못하고 꿰뚫지 못하면 그는 다섯 가지 낮은 단계의 족쇄를 완전히 없애고 수명의 중반쯤에 이르러 완전한 열반에 드는 자가 된다. 그러나 이것도 체험하지 못하고 꿰뚫지

못하면 그는 다섯 가지 낮은 단계의 족쇄를 완전히 없애고 [수명의] 반이 지나서 완전한 열반에 드는 자가 된다. … 자극 없이 완전한 열반에 드는 자가 된다. … 자극을 통해서 완전한 열반에 드는 자가 된다. … 더 높은 세계로 재생하여 색구경천(Akaniṭṭha)에 이르는 자가 된다.

그러나 이것도 체험하지 못하고 꿰뚫지 못하면 그는 세 가지 족쇄를 완전히 없애고 탐욕과 성냄과 미혹이 엷어져서 한 번만 더 돌아올 자[一來者]가 되어, 한 번만 이 세상에 와서 괴로움을 끝낼 것이다.560) 그러나 이것도 체험하지 못하고 꿰뚫지 못하면 그는 세 가지 족쇄를 완전히 없애고 한 번만 싹 트는 자(eka-bījī)가 되어 한 번만 더 인간 세상에 존재를 받아 태어나서 괴로움을 끝낸다. … 성스러운 가문에서 성스러운 가문으로 가는 자(kolaṁkola)가 되어 두 번 혹은 세 번 성스러운 가문에 태어나서 윤회한 뒤 괴로움을 종식시킨다. … 최대로 일곱 번만 다시 태어나는 자(sattakkhattu-parama)가 되어 신이나 인간 중에 일곱 번 태어나서 윤회한 뒤 괴로움을 종식시킨다.

비구들이여, 이와 같이 부분적으로 짓는 자는 부분적인 것을 성취한다. 완전하게 짓는 자는 완성된 것을 성취한다. 비구들이여, 그러므로 학습계목들은 결코 무익하지 않다고 나는 말한다."

---

560) 다섯 유형의 일래자는 본서 제2권 「족쇄 경」(A4:131) §2의 주해에 정리되어 있으니 참조할 것.

공부지음 경1(A3:88)

Sikkha-sutta

1. "비구들이여, 세 가지 공부지음이 있다. 무엇이 셋인가?

높은 계를 공부지음, 높은 마음을 공부지음, 높은 통찰지를 공부지음이다.

비구들이여, 그러면 무엇이 높은 계를 공부지음인가? 비구들이여, 여기 비구는 계를 잘 지킨다. 그는 빠띠목카(계목)를 구족하여 계목의 단속으로 단속하면서 머문다. 바른 행실과 행동의 영역을 갖추고, 작은 허물에 대해서도 두려움을 보며, 학습계목을 받아지녀 공부짓는다. 비구들이여, 이것이 높은 계를 공부지음이다."

2. "비구들이여, 그러면 무엇이 높은 삼매를 공부지음인가? 비구들이여, 여기 비구는 감각적 욕망들을 완전히 떨쳐버리고 해로운 법[不善法]들을 떨쳐버린 뒤, 일으킨 생각[尋]과 지속적인 고찰[伺]이 있고, 떨쳐버렸음에서 생겼으며, 희열[喜]과 행복[樂]이 있는 초선(初禪)을 구족하여 머문다. … 제2선(二禪)을 … 제3선(三禪)을 … 제4선(四禪)을 구족하여 머문다. 비구들이여, 이것이 높은 삼매를 공부지음이다."

3. "비구들이여, 그러면 무엇이 높은 통찰지를 공부지음인가? 비구들이여, 여기 비구는 '이것이 괴로움이다.'라고 있는 그대로 꿰뚫어 안다. '이것이 괴로움의 일어남이다.'라고 있는 그대로 꿰뚫어 안다. '이것이 괴로움의 소멸이다.'라고 있는 그대로 꿰뚫어 안다. '이것이 괴로움의 소멸로 인도하는 도닦음이다.'라고 있는 그대로 꿰뚫어 안다. 비구들이여, 이것이 높은 통찰지를 공부지음이다.

비구들이여, 이것이 세 가지 공부지음이다."

공부지음 경2(A3:89)

1. "비구들이여, 세 가지 공부지음이 있다. 무엇이 셋인가?
높은 계를 공부지음, 높은 마음을 공부지음, 높은 통찰지를 공부지음이다.

비구들이여, 그러면 무엇이 높은 계를 공부지음인가? 비구들이여,
여기 비구는 계를 잘 지킨다. … 학습계목을 받아지녀 공부짓는다.
비구들이여, 이것이 높은 계를 공부지음이다.

비구들이여, 그러면 무엇이 높은 삼매를 공부지음인가? 비구들이
여, 여기 비구는 … 초선(初禪)을 구족하여 머문다. … 제2선(二禪)을
… 제3선(三禪)을 … 제4선(四禪)을 구족하여 머문다. 비구들이여, 이
것이 높은 삼매를 공부지음이다.

비구들이여, 그러면 무엇이 높은 통찰지를 공부지음인가? 비구들
이여, 여기 비구는 모든 번뇌가 다하여 아무 번뇌가 없는 마음의 해
탈[心解脫]과 통찰지를 통한 해탈[慧解脫]을 바로 지금여기에서 스스로
최상의 지혜로 실현하고 구족하여 머문다.(아라한) 비구들이여, 이것
이 높은 통찰지를 공부지음이다.

비구들이여, 이것이 세 가지 공부지음이다."

2. "정진력을 갖추고 굳세고 활력이 넘치며
명상을 하고 마음챙기고 감각기능들을 보호하는 자
높은 계와 높은 마음과 높은 통찰지를 공부짓노라.
앞에처럼 뒤에도561) 뒤에처럼 앞에도

아래처럼 위에도 위처럼 아래도
밤에처럼 낮에도 낮에처럼 밤에도
무량한 삼매로 모든 방위를 지배하노라.
이런 자를 일러 유학이라 하고 도닦는다 하고
청정한 계행을 가졌다 하며
세상에서는 그를 일러 바르게 깨달았다 하고
활력이 넘치며 도닦음을 완성했다 하노라.
[그러나 최후의] 알음알이가 소멸하였고
갈애가 다하여 해탈한 [아라한]에게는
등불의 꺼짐과 같은562) 마음의 해탈이 있노라."563)

---

561) '앞에처럼 뒤에도'라고 옮긴 원문은 yathā pure tathā pacchā인데 주석
서에서는 처음 삼학을 공부지을 때처럼 나중에도 그렇게 한다는 뜻이라
하고, 아랫줄의 '아래처럼 위에도'라는 것은 yathā adho tathā uddha인
데 아랫부분의 몸에 대해서도 부정하다고 보고 윗부분에 대해서도 그렇게
본다는 뜻이라고 설명하고 있다.(AA.ii.352)

562) '등불의 꺼짐'은 pajjotasseva nibbānaṁ을 옮긴 것이다. nibbāna는 두
가지 의미가 있다. 하나는 불어서 꺼진 상태라는 문자적인 의미이고 다른
하나는 열반이다. 여기서는 두 가지 뜻을 다 적용할 수 있는데 문자적인
의미를 존중하여 등불의 꺼짐이라 옮겼다. 주석서도 등불의 꺼짐
(padīpa-nibbāna)이라 설명하고 있고(AA.ii.352) PED도 이렇게 설명
하고 있다.(PED s.v. pajita)

563) "여기서 알음알이(viññāṇa)란 최후(carimaka)의 알음알이이다. 갈애가
다하여 해탈한 것(taṇhākkhaya-vimutti)은 아라한과를 통한 해탈을 증
득한 것을 말한다. 즉 번뇌가 다하여 최후의 알음알이가 멸함에 의해서 반
열반과 같은 마음의 해탈이 있고 태어날 곳(gata-ṭṭhāna)은 더 이상 존
재하지 않으며 다시는 개념적 존재(paññattika-bhāva)에 들지 않는다는
뜻이다."(AA.ii.352)

빵까다 경(A3:90)564)

Paṅkadhā-sutta

1. 한때 세존께서는 많은 비구승가와 함께 꼬살라에서 유행을 하시다가 빵까다565)라는 꼬살라의 성읍에 도착하셨다. 세존께서는 거기 빵까다라는 꼬살라의 성읍에서 머무셨다.

그 무렵에 빵까다에는 깟사빠곳따566)라는 비구가 거주하고 있었다. 거기서 세존께서는 학습계목과 관련된 법에 관한 말씀으로 비구들을 가르치고 격려하고 분발하게 하고 기쁘게 하셨다. 세존께서 학습계목과 관련된 법문으로 비구들을 가르치고 격려하고 분발하게 하고 기쁘게 하시자 깟사빠곳따 비구는 '이 사문은 지나치게 엄한 자567)로군!'이라고 하면서 그것을 참지 못하고 불쾌하게 여겼다.

---

564) 육차결집본에는 상까와(Saṅkavā)로 표기되어 나타난다.

565) 빵까다(Paṅkadhā)는 본경에만 나타나며 주석서와 복주서는 별다른 설명이 없다.

566) 깟사빠곳따(Kassapagotta) 비구에 대해서도 주석서와 복주서는 설명이 없다. 깟사빠 족성(gotta)을 가진 어떤 비구였을 것인데 깟사빠는 지금도 북인도의 유력한 바라문 족성이다. DPPN에 의하면 빠알리 문헌에 나타나는 깟사빠라는 이름을 가진 사람은 30명 가까이가 된다. 그래서 그들을 구분하기 위해서 각각 다른 명칭과 함께 부르고 있다. 예를 들면, 가장 유명한 부처님의 직계 제자인 깟사빠 존자는 마하깟사빠(대가섭)라 불렀고 우루웰라에서 천 명의 제자와 함께 부처님께 귀의한 가섭 3형제 가운데 맏형은 우루웰라 깟사빠(Uruvela Kassapa)라 불렀다. 본경에 등장하는 비구는 깟사빠 족성을 가진 어떤 비구일 것이다.
『상윳따 니까야』「깟사빠곳따 경」(S9:3/i.198)과 율장(Vin.i.312ƒƒ)에도 깟사빠곳따 존자가 나타나고 있는데 『상윳따 니까야』의 주석서와 복주서에도 아무런 언급이 없다. 그래서 본경의 깟사빠곳따 비구와 같은지도 알 수가 없다. DPPN도 명확하게 설명하지 못하고 있다.

567) '지나치게 엄한 자'로 옮긴 원어는 adhisallikhata이다. 주석서에서 "지나

2. 　그 후 세존께서는 빵까다에 원하는 만큼 머무시고 라자가하를 향하여 유행을 떠나셨다. 차례차례 유행을 하시어 라자가하에 도착하셨다. 세존께서는 거기 라자가하에서 독수리봉 산에 머무셨다.

　한편 세존께서 떠나신지 얼마 되지 않았을 때 깟사빠곳따 비구에게는 이러한 후회와 회한이 생겼다.

　'참으로 세존께서는 학습계목과 관련된 법문으로 비구들을 가르치고 격려하고 분발하게 하고 기쁘게 하셨는데도 나는 '이 사문은 지나치게 엄한 자로군!'이라고 하면서 그것을 참지 못하고 불쾌하게 여겼으니 이거 참 나쁜 일이로구나. 내게 득이 되지 않는구나. 이제 나에게는 크게 나쁜 일이 생겼구나. 내게 아무 득이 되지 못하게 생겼구나. 그러니 참으로 나는 세존을 뵈러 가야겠다. 가서는 세존의 곁에서 직접 잘못을 잘못이라고 말씀드려야겠다.'

3. 　그러자 깟사빠곳따 비구는 거처를 정리한 뒤에 가사와 발우를 수하고 라자가하로 떠났다. 차례차례 유행을 하여 라자가하에서 독수리봉 산에 계신 세존께 다가갔다. 가서는 세존께 절을 올린 뒤 한 곁에 앉았다. 한 곁에 앉아서 깟사빠곳따 비구는 세존께 이렇게 말씀드렸다.

　"세존이시여, 한때 세존께서는 빵까다라는 꼬살라의 성읍에서 머무셨습니다. 거기서 참으로 세존께서는 학습계목과 관련된 법문으로 비구들을 가르치고 격려하고 분발하게 하고 기쁘게 하셨습니다. 세존께서 학습계목과 관련된 법문으로 비구들을 가르치고 격려하고 분

치게(ativiya) 엄하게(sallikhati) 아주 엄중하게 이야기한다는 뜻이다."
(AA.ii.353)라고 설명하고 있어서 이렇게 옮겼다.

발하게 하고 기쁘게 하시자, 저는 '이 사문은 지나치게 엄한 자로군!' 이라고 하면서 그것을 참지 못하고 불쾌하게 여겼습니다.

그 후 세존께서는 빵까다에 원하는 만큼 머무시고 라자가하를 향하여 유행을 떠나셨습니다. 세존께서 떠나신지 오래지 않아 제게는 이러한 후회와 회한이 생겼습니다. '참으로 세존께서 학습계목과 관련된 법문으로 비구들을 가르치고 격려하고 분발하게 하고 기쁘게 하셨는데도, 나는 '이 사문은 지나치게 엄한 자로군!'이라고 하면서 그것을 참지 못하고 불쾌하게 여겼으니 이거 참 나쁜 일이로구나. 내게 득이 되지 않는구나. 이제 나에게는 크게 나쁜 일이 생겼구나. 내게 아무 득이 되지 못하게 생겼구나. 그러니 참으로 나는 세존을 뵈러 가야겠다. 가서는 세존의 곁에서 직접 잘못을 잘못이라고 말씀 드려야겠다.'라고.

세존이시여, 저는 잘못을 범하였습니다. 세존이시여, 저는 참으로 세존께서 학습계목과 관련된 법문으로 비구들을 가르치고 격려하고 분발하게 하고 기쁘게 하셨는데도, '이 사문은 지나치게 엄한 자로군!'이라고 하면서 그것을 참지 못하고 불쾌하게 여겼으니 참으로 제가 어리석고 미혹하고 신중하지 못해서 잘못을 범하였습니다. 세존이시여, 세존께서는 제가 미래에 [다시 이와 같은 잘못을 범하지 않고] 제 자신을 단속할 수 있도록 제 잘못에 대한 참회를 섭수하여 주소서."

4. "깟사빠여, 확실히 그대는 잘못을 범하였다. 깟사빠여, 내가 학습계목과 관련된 법문으로 비구들을 가르치고 격려하고 분발하게 하고 기쁘게 하였는데도, 그대는 '이 사문은 지나치게 엄한 자로군!' 이라고 하면서 그것을 참지 못하고 불쾌하게 여겼으니 참으로 그대

는 어리석고 미혹하고 신중하지 못해서 잘못을 범하였다. 깟사빠여, 그러나 그대는 잘못을 범한 것을 잘못을 범했다고 인정하고 법답게 참회를 하였다. 그러므로 우리는 그대를 받아들인다. 깟사빠여, 잘 못을 범한 것을 잘못을 범했다고 인정한 다음 법답게 참회하고 미래에 [그러한 잘못을] 단속하는 자는 성스러운 율에서 향상하기 때문이다."

5. "깟사빠여, 여기 어떤 장로 비구가 있어 그가 만일 공부지음을 좋아하지도 않고 공부짓는 것을 칭송하지도 않고, 공부지음을 좋아하지 않는 다른 비구들에게도 공부짓게 하지 않고 공부짓기를 좋아하는 다른 비구들에 대해서 진실하고 바르게 칭송하는 말을 적당한 때에 하지 않는다면, 나는 이러한 장로 비구를 칭송하지 않는다. 그것은 무슨 이유 때문인가? '스승께서는 그를 칭송하신다.'라고 생각하면서 다른 사람들이 그 비구를 존경할지도 모르기 때문이다. 그를 존경하는 자들은 [잘못된] 견해를 본받게 될 것이고, 잘못된 견해를 본받은 자들에게는 오랜 세월을 해로움과 괴로움이 있게 될 것이다. 깟사빠여, 그래서 나는 이러한 장로 비구를 칭송하지 않는다."

6. "깟사빠여, 여기 어떤 중진 비구가 있어 … 여기 어떤 신참 비구가 있어 그가 만일 공부지음을 좋아하지도 않고 공부짓는 것을 칭송하지도 않고, 공부지음을 좋아하지 않는 다른 비구들에게도 공 부짓게 하지 않고 공부짓기를 좋아하는 다른 비구들에 대해서 진실 하고 바르게 칭송하는 말을 적당한 때에 하지 않는다면, 나는 이러한 신참 비구를 칭송하지 않는다. 그것은 무슨 이유 때문인가? '스승께 서는 참으로 그를 칭송하신다.'라고 생각하면서 다른 사람들이 그 비

구를 존경할 것이기 때문이다. 그를 존경하는 자들은 [잘못된] 견해를 본받게 될 것이고, 잘못된 견해를 본받은 자들에게는 오랜 세월을 해로움과 괴로움이 있게 될 것이다. 깟사빠여, 그래서 나는 이러한 신참 비구를 칭송하지 않는다.”

7. “깟사빠여, 그러나 여기 어떤 장로 비구가 있어 그가 만일 공부지음을 좋아하고 공부짓는 것을 칭송하고, 공부지음을 좋아하지 않는 다른 비구들에게도 공부짓게 하고 공부짓기를 좋아하는 다른 비구들에 대해서 진실하고 바르게 칭송하는 말을 적당한 때에 한다면, 나는 이러한 장로 비구를 칭송한다. 그것은 무슨 이유 때문인가? ‘스승께서는 참으로 그를 칭송하신다.’라고 생각하면서 다른 사람들이 그 비구를 존경할 것이기 때문이다. 그를 존경하는 자들은 [바른] 견해를 본받게 될 것이고, [바른] 견해를 본받은 자들에게는 오랜 세월을 이익과 행복이 있게 될 것이다. 깟사빠여, 그래서 나는 이러한 장로 비구를 칭송한다.”

8. “깟사빠여, 그러나 여기 어떤 중진 비구가 있어 그가 만일 공부지음을 좋아하고 … 여기 어떤 신참 비구가 있어 그가 만일 공부지음을 좋아하고 공부짓는 것을 칭송하고, 공부지음을 좋아하지 않는 다른 비구들에게도 공부짓게 하고 공부짓기를 좋아하는 다른 비구들에 대해서 진실하고 바르게 칭송하는 말을 적당한 때에 한다면, 나는 이러한 신참 비구를 칭송한다. 그것은 무슨 이유 때문인가? ‘스승께서는 참으로 그를 칭송하신다.’라고 생각하면서 다른 사람들이 그 비구를 존경할 것이기 때문이다. 그를 존경하는 자들은 [바른] 견해를 본받게 될 것이고, [바른] 견해를 본받은 자들에게는 오랜 세

월을 이익과 행복이 있게 될 것이다. 깟사빠여, 그래서 나는 이러한 신참 비구를 칭송한다."

제19장 사문 품이 끝났다.

제10장 소금 덩이 품

Loṇakapalla-vagga

서둘러 할 것 경(A3:91)

Accāyika-sutta

1. "비구들이여, 농사짓는 장자에게는 서둘러서 해야 할 세 가지가 있다. 무엇이 셋인가?

비구들이여, 여기 농사짓는 장자는 들판에 쟁기질과 써레질을 아주 빨리 잘해야 한다. 들판에 쟁기질과 써레질을 아주 빨리 잘한 뒤에는 씨앗을 아주 빨리 뿌려야 한다. 씨앗을 아주 빨리 뿌린 뒤에는 아주 빨리 물을 대고 물을 빼야 한다. 비구들이여, 이것이 농사짓는 장자가 서둘러서 해야 할 세 가지이다.

비구들이여, 이러한 농사짓는 장자에게는 '오늘 바로 나의 농작물들이 자라기를. 내일은 이삭이 열리기를. 모레는 익기를.'이라는 이러한 신통이나 위력은 없다. 그러나 이러한 농사짓는 장자에게는 계절의 변화에 따라 농작물들이 자라고 이삭이 열리고 익는 그러한 바른 시기가 있다."

2. "비구들이여, 그와 같이 비구에게는 서둘러서 해야 할 세 가지가 있다. 무엇이 셋인가? 높은 계를 공부짓고 높은 마음을 공부짓고 높은 통찰지를 공부짓는 것이다. 비구들이여, 이것이 비구가 서둘러서 해야 할 세 가지이다.

비구들이여, 이러한 비구에게는 '오늘이나 내일이나 모레에 바로 내가 취착 없이 번뇌들로부터 마음이 해탈하기를.'이라는 이러한 신통이나 위력은 없다. 그러나 이러한 비구에게는 높은 계를 공부짓고 높은 마음을 공부짓고 높은 통찰지를 공부지어서 취착 없이 번뇌들로부터 마음이 해탈하는 그러한 바른 시기가 있다.

비구들이여, 그러므로 여기서 이와 같이 공부지어야 한다. '우리는 높은 계를 공부지음에 강한 열의를 가질 것이다. 높은 마음을 공부지음에 강한 열의를 가질 것이다. 높은 통찰지를 공부지음에 강한 열의를 가질 것이다.'라고. 비구들이여, 그대들은 참으로 이와 같이 공부지어야 한다."

멀리 여읨 경(A3:92)
Paviveka-sutta

1. "비구들이여, 외도 유행승들은 세 가지 멀리 여읨을 천명한다. 무엇이 셋인가? 의복[과 관련된 오염원들을] 멀리 여읨,568) 탁발음식[과 관련된 오염원들을] 멀리 여읨, 거처[와 관련된 오염원들을] 멀리 여읨이다.

비구들이여, 여기 외도 유행승들은 의복[과 관련된 오염원들을] 멀리 여읨에 대해서 천명한다. 그들은 삼베로 만든 옷을 입고, 마포로 된 거친 옷을 입고, 시체를 싸맨 헝겊으로 만든 옷을 입고, 넝마로 만든 옷을 입고, 나무껍질로 만든 옷을 입고, 영양 가죽을 입고, 영양 가죽으로 만든 외투를 입고, 꾸사 풀로 만든 외투를 입고, 나무껍질

---

568) "'의복[과 관련된 오염원들을] 멀리 여읨(cīvara-paviveka)'이란 의복 때문에 생긴 오염원들로부터 멀리 떨어진 상태(vivitta-bhāva)이다. 나머지 둘도 같은 방법으로 설명한다."(AA.ii.354)

로 만든 외투를 입고, 판자로 만든 외투를 입고, 머리털로 만든 담요를 입고, 꼬리털로 만든 담요를 입고, 올빼미 털로 만든 옷을 입는다. 비구들이여, 이렇게 외도 유행승들은 의복[과 관련된 오염원들을] 멀리 여읨에 대해서 천명한다.

비구들이여, 여기 외도 유행승들은 탁발음식[과 관련된 오염원들을] 멀리 여읨에 대해서 천명한다. 그들은 채소를 먹고, 수수, 니바라 쌀, 가죽 부스러기, 수초, 등겨, 뜨물, 깻가루, 풀, 소똥을 먹는 자이며, 야생의 풀뿌리와 열매를 음식으로 해서 살고, 떨어진 열매를 먹는다. 비구들이여, 이렇게 외도 유행승들은 이러한 탁발음식[과 관련된 오염원들을] 멀리 여읨에 대해서 천명한다.

비구들이여, 여기 외도 유행승들은 거처[와 관련된 오염원들을] 멀리 여읨에 대해서 천명한다. 그들은 숲 속이나 나무 아래나 산이나 골짜기나 산속 동굴이나 묘지나 밀림이나 노지나 짚더미나 탈곡장을 [거처로 가진다.] 비구들이여, 이렇게 외도 유행승들은 거처[와 관련된 오염원들을] 멀리 여읨에 대해서 천명한다."

2. "비구들이여, 이 법과 율에 [머무는] 비구에게 세 가지 멀리 여읨이 있다. 무엇이 셋인가?

비구들이여, 여기 비구는 계를 지닌 자가 되어 나쁜 계행을 버린다. 나쁜 계행을 버림으로써 그는 멀리 여읜다. 그는 바른 견해를 가진 자가 되어 삿된 견해를 버린다. 삿된 견해를 버림으로써 그는 멀리 여읜다. 그는 번뇌 다한 자가 되어 번뇌들을 버린다. 번뇌들을 버림으로써 그는 멀리 여읜다.

비구들이여, 비구가 계를 지닌 자가 되어 나쁜 계행을 버리고 나쁜 계행을 버림으로써 멀리 여의고, 바른 견해를 가진 자가 되어 삿된 견해를 버리고 삿된 견해를 버림으로써 멀리 여의고, 번뇌 다한 자가 되어 번뇌들을 버리고 번뇌를 버림으로써 멀리 여일 때, 이와 같은 비구를 일러 '최고가 되었다, 본질을 얻었다, 청정하다, 본질에 확고하다.'고 한다."

3. "비구들이여, 예를 들면 농사짓는 장자의 벼를 심은 논이 익은 벼로 가득할 때 농사짓는 장자는 그 벼를 아주 빨리 베게 한다. 아주 빨리 베게 한 뒤 아주 빨리 모으게 한다. 아주 빨리 모으게 한 뒤 아주 빨리 탈곡장으로 나르게 한다. 아주 빨리 탈곡장으로 나르게 한 뒤 아주 빨리 쌓아 올리게 한다. 아주 빨리 쌓아 올리게 한 뒤 아주 빨리 탈곡하게 한다. 아주 빨리 탈곡하게 한 뒤 아주 빨리 짚을 제거하게 한다. 아주 빨리 짚을 제거하게 한 뒤 아주 빨리 찌꺼기를 제거하게 한다. 아주 빨리 찌꺼기를 제거하게 한 뒤 아주 빨리 키질하게 한다. 아주 빨리 키질하게 한 뒤 아주 빨리 찧는 곳으로 나르게 한다. 아주 빨리 찧는 곳으로 나르게 한 뒤 아주 빨리 찧게 한다. 아주 빨리 찧게 한 뒤 아주 빨리 왕겨를 제거한다. 비구들이여, 이와 같이 하여 농사짓는 장자의 곡식들은 최고가 되고, 본질을 얻게 되고, 깨끗하게 되고, 본질에 확고하게 된다.

비구들이여, 그와 같이 비구가 계를 지닌 자가 되어 나쁜 계행을 버리고 나쁜 계행을 버림으로써 멀리 여의고, 바른 견해를 가진 자가 되어 삿된 견해를 버리고 삿된 견해를 버림으로써 멀리 여의고, 번뇌 다한 자가 되어 번뇌들을 버리고 번뇌들을 버림으로써 멀리 여일 때, 이와 같은 비구를 일러 '최고가 되었다, 본질을 얻었다, 청정하다, 본질에 확고하다.'고 한다."

4.   569) "비구들이여, 예를 들면 가을의 구름 한 점 없는 높은 창공에 떠오르는 태양은 허공의 모든 어두움을 흩어버리면서 빛나고 반짝이고 광휘롭듯이 비구들이여, 그와 같이 성스러운 제자에게 티끌 없고 때 없는 법의 눈570)이 생긴다. 비구들이여, 견(見)이 생김과 더불어 성스러운 제자는 [불변하는] 자기 존재가 있다는 견해[有身見]와, 의심과, 계율과 서계에 대한 집착[戒禁取]의 세 가지 족쇄들571)을 제거한다. 그다음에 그는 탐욕과 악의의 두 가지 법들로부터 벗어난다. 그는 감각적 욕망들을 완전히 떨쳐버리고 해로운 법[不善法]들을 떨쳐버린 뒤, 일으킨 생각[尋]과 지속적인 고찰[伺]이 있고, 떨쳐버렸음에서 생겼고, 희열[喜]과 행복[樂]이 있는 초선(初禪)을 구족하여 머문다.

비구들이여, 이러한 때에 성스러운 제자가 임종을 맞으면 성스러운 제자에겐 다시 이 세상에 돌아오게 하는 그런 족쇄가 존재하지 않는다."572)

---

569)   육차결집본에는 다른 경으로 분리되어 편집되어 있다.

570)   "법의 눈이란 사성제의 법을 파악하는 예류도의 눈이 생긴다는 뜻이다." (AA.ii.356)

571)   세 가지 족쇄를 비롯한 열 가지 족쇄에 대해서는 본서 제2권 「족쇄 경」 (A4:131) §1의 주해를 참조할 것.

572)   "여기 [본경에서는] 이러한 禪을 통한 불환자(jhāna-anāgāmi)를 설하였다."(AA.ii.356)

으뜸가는 회중 경(A3:93)

Aggavatiparisā-sutta

1. "비구들이여, 세 가지 회중이 있다. 무엇이 셋인가?

으뜸가는 회중, 파당을 짓는 회중, 화합하는 회중이다.

비구들이여, 그러면 어떤 것이 으뜸가는 회중인가?

비구들이여, 여기 장로 비구들이 사치하지 않고 게으르지 않다. 그들은 퇴보하게 하는 짐을 내려놓고 한거를 멀리 내팽개치지 않고 얻지 못한 것을 얻고 증득하지 못한 것을 증득하고 실현하지 못한 것을 실현하기 위해서 열심히 정진한다. 그래서 그다음 세대들도 그들의 [바른] 견해를 이어받게 된다. 그래서 그들도 사치하지 않고 게으르지 않다. 그들도 향상에 앞장서고 한거를 멀리 내팽개치지 않고 얻지 못한 것을 얻고 증득하지 못한 것을 증득하고 실현하지 못한 것을 실현하기 위해서 열심히 정진한다.

비구들이여, 이를 일러 으뜸가는 회중이라 한다."

2. "비구들이여, 그러면 무엇이 파당을 짓는 회중인가?

비구들이여, 여기 비구들은 분열하여 둘로 갈라져서 입의 칼로써 서로를 찌르며 지낸다. 비구들이여, 이를 일러 파당을 짓는 회중이라 한다."

3. "비구들이여, 그러면 무엇이 화합하는 회중인가?

비구들이여, 여기 비구들은 사이좋게 화합하여 언쟁하지 않고 물과 우유가 잘 섞이듯이 서로를 우정어린 눈으로 보면서 지낸다. 비구들이여, 이를 일러 화합하는 회중이라 한다."

4. "비구들이여, 비구들이 사이좋게 화합하여 언쟁하지 않고 물과 우유가 잘 섞이듯이 서로를 우정어린 눈으로 보면서 지닐 때 비구들은 많은 공덕을 쌓는다. 비구들이여, 그때 비구들은 거룩한 마음가짐[梵住]에 머물게 되나니 그것은 바로 더불어 기뻐함[喜]이다. 더불어 기뻐함은 마음을 [오염원으로부터] 해탈케 한다[心解脫]. 환희하는 자에게 희열이 생긴다. 희열하는 자는 몸이 경안하고, 몸이 경안한 자는 행복을 느끼며, 마음이 행복한 자는 삼매에 든다."

5. "비구들이여, 예를 들면 이러하다. 산꼭대기에 억수같이 비가 내리면 경사진 곳을 따라 빗물이 흘러내려서 산의 협곡과 계곡과 지류를 가득 채운다. 협곡과 계곡과 지류를 가득 채우고는 다시 작은 못을 가득 채운다. 작은 못을 가득 채우고는 다시 큰 못을 가득 채운다. 큰 못을 가득 채우고는 다시 작은 강을 가득 채운다. 작은 강을 가득 채우고는 다시 큰 강을 가득 채운다. 큰 강을 가득 채우고는 다시 바다와 대해를 가득 채운다.

비구들이여, 그와 같이 비구들이 사이좋게 화합하여 언쟁하지 않고 물과 우유가 잘 섞이듯이 서로를 우정어린 눈으로 보면서 지닐 때 비구들은 많은 공덕을 쌓는다. 비구들이여, 그때 비구들은 거룩한 마음가짐[梵住]에 머물게 되나니 그것은 바로 더불어 기뻐함[喜]이다. 더불어 기뻐함은 마음을 [오염원으로부터] 해탈케 한다[心解脫]. 환희하는 자에게 희열이 생긴다. 희열하는 자는 몸이 경안하고, 몸이 경안한 자는 행복을 느끼며, 마음이 행복한 자는 삼매에 든다.

비구들이여, 이것이 세 가지 회중이다."

좋은 혈통 경1(A3:94)

Ājānīya-sutta

1. "비구들이여, 세 가지 요소를 구족한 혈통 좋은 멋진 말은 왕에게 어울리고 왕을 섬길 수 있으며 왕의 수족이라는 명칭을 얻는다. 무엇이 셋인가?

비구들이여, 여기 왕의 혈통 좋은 멋진 말은 용모를 구족하고 힘을 구족하고 속력을 구족하였다.

비구들이여, 이러한 세 가지 요소를 구족한 혈통 좋은 멋진 말은 왕에게 어울리고 왕을 섬길 수 있으며 왕의 수족이라는 명칭을 얻는다."

2. "비구들이여, 그와 같이 세 가지 요소를 구족한 비구는 공양받아 마땅하고, 선사받아 마땅하고, 보시받아 마땅하고, 합장받아 마땅하며, 세상의 위없는 복밭[福田]이다. 무엇이 셋인가?

비구들이여, 여기 비구는 용모를 구족하고 힘을 구족하고 속력을 구족하였다."

3. "비구들이여, 그러면 어떻게 비구는 용모를 구족하는가? 비구들이여, 여기 비구는 계를 잘 지킨다. 그는 계목의 단속으로 단속하면서 머문다. 바른 행실과 행동의 영역을 갖추고, 작은 허물에 대해서도 두려움을 보며, 학습계목을 받아 지녀 공부짓는다. 비구들이여, 이와 같이 비구는 용모를 구족한다."

4. "비구들이여, 그러면 어떻게 비구는 힘을 구족하는가? 비구들이여, 여기 비구는 해로운 법[不善法]들을 제거하고 유익한 법[善法]들을 두루 갖추기 위해서 열심히 정진하며 머문다. 그는 굳세고 분투

하고 유익한 법들에 대한 짐을 내팽개치지 않는다. 비구들이여, 이와 같이 비구는 힘을 구족한다."

5. "비구들이여, 그러면 어떻게 비구는 속력을 구족하는가? 비구들이여, 여기 비구는 '이것이 괴로움이다.'라고 있는 그대로 꿰뚫어 안다. '이것이 괴로움의 일어남이다.'라고 있는 그대로 꿰뚫어 안다. '이것이 괴로움의 소멸이다.'라고 있는 그대로 꿰뚫어 안다. '이것이 괴로움의 소멸로 인도하는 도닦음이다.'라고 있는 그대로 꿰뚫어 안다. 비구들이여, 이와 같이 비구는 속력을 구족한다.

비구들이여, 이러한 세 가지 요소를 구족한 비구는 공양받아 마땅하고, 선사받아 마땅하고, 보시받아 마땅하고, 합장받아 마땅하며, 세상의 위없는 복밭[福田]이다."

좋은 혈통 경2(A3:95)

1. "비구들이여, 세 가지 요소를 구족한 혈통 좋은 멋진 말은 왕에게 어울리고 왕을 섬길 수 있으며 왕의 수족이라는 명칭을 얻게 된다. 무엇이 셋인가?

비구들이여, 여기 왕의 혈통 좋은 멋진 말은 용모를 구족하고 힘을 구족하고 속력을 구족하였다.

비구들이여, 이러한 세 가지 요소를 구족한 혈통 좋은 멋진 말은 왕에게 어울리고 왕을 섬길 수 있으며 왕의 수족이라는 명칭을 얻게 된다."

2. "비구들이여, 그와 같이 세 가지 요소를 구족한 비구는 공

양받아 마땅하고, 선사받아 마땅하고, 보시받아 마땅하고, 합장받아 마땅하며, 세상의 위없는 복밭[福田]이다. 무엇이 셋인가?

비구들이여, 여기 비구는 용모를 구족하고 힘을 구족하고 속력을 구족하였다."

3. "비구들이여, 그러면 어떻게 비구는 용모를 구족하는가? 비구들이여, 여기 비구는 계를 잘 지킨다. … 학습계목을 받아 지녀 공부짓는다. 비구들이여, 이와 같이 비구는 용모를 구족한다."

4. "비구들이여, 그러면 어떻게 비구는 힘을 구족하는가? 비구들이여, 여기 비구는 해로운 법들을 제거하고 … 유익한 법들에 대한 짐을 내팽개치지 않는다. 비구들이여, 이와 같이 비구는 힘을 구족한다."

5. "비구들이여, 그러면 어떻게 비구는 속력을 구족하는가? 비구들이여, 여기 비구는 다섯 가지 낮은 단계의 족쇄를 완전히 없애고 [정거천에] 화생하여 그곳에서 완전히 열반에 들어 그 세계로부터 다시 돌아오지 않는 법을 얻는다.[不還者] 비구들이여, 이와 같이 비구는 속력을 구족한다.

비구들이여, 이러한 세 가지 요소를 구족한 비구는 공양받아 마땅하고, 선사받아 마땅하고, 보시받아 마땅하고, 합장받아 마땅하며, 세상의 위없는 복밭[福田]이다."

좋은 혈통 경3(A3:96)

1. "비구들이여, 세 가지 요소를 구족한 혈통 좋은 멋진 말은 왕에게 어울리고 왕을 섬길 수 있으며 왕의 수족이라는 명칭을 얻게 된다. 무엇이 셋인가?

비구들이여, 여기 왕의 혈통 좋은 멋진 말은 용모를 구족하고 힘을 구족하고 속력을 구족하였다.

비구들이여, 이러한 세 가지 요소를 구족한 혈통 좋은 멋진 말은 왕에게 어울리고 왕을 섬길 수 있으며 왕의 수족이라는 명칭을 얻게 된다."

2. "비구들이여, 그와 같이 세 가지 요소를 구족한 비구는 공양받아 마땅하고, 선사받아 마땅하고, 보시받아 마땅하고, 합장받아 마땅하며, 세상의 위없는 복밭[福田]이다. 무엇이 셋인가?

비구들이여, 여기 비구는 용모를 구족하고 힘을 구족하고 속력을 구족하였다."

3. "비구들이여, 그러면 어떻게 비구는 용모를 구족하는가? 비구들이여, 여기 비구는 계를 잘 지킨다. … 학습계목을 받아 지녀 공부짓는다. 비구들이여, 이와 같이 비구는 용모를 구족한다."

4. "비구들이여, 그러면 어떻게 비구는 힘을 구족하는가? 비구들이여, 여기 비구는 해로운 법들을 제거하고 … 유익한 법들에 대한 짐을 내팽개치지 않는다. 비구들이여, 이와 같이 비구는 힘을 구족한다."

5. "비구들이여, 그러면 어떻게 비구는 속력을 구족하는가? 비구들이여, 여기 비구는 모든 번뇌가 다하여 아무 번뇌가 없는 마음의 해탈[心解脫]과 통찰지를 통한 해탈[慧解脫]을 바로 지금여기에서 스스로 최상의 지혜로 실현하고 구족하여 머문다. 비구들이여, 이와 같이 비구는 속력을 구족한다.

비구들이여, 이러한 세 가지 요소를 구족한 비구는 공양받아 마땅하고, 선사받아 마땅하고, 보시받아 마땅하고, 합장받아 마땅하며, 세상의 위없는 복밭[福田]이다."

나무껍질로 만든 옷 경(A3:97)
Potthaka-sutta

1. "비구들이여, 나무껍질로 만든 옷은 새것이라도 색깔이 나쁘고 촉감이 거칠고 값이 나가지 않는다. 비구들이여, 나무껍질로 만든 옷은 사용하던 것이라도 색깔이 나쁘고 촉감이 거칠고 값이 나가지 않는다. 비구들이여, 나무껍질로 만든 다 낡은 옷은 색깔이 나쁘고 촉감이 거칠고 값이 나가지 않는다. 비구들이여, 나무껍질로 만든 낡은 옷은 솥단지를 닦는데 사용하거나 쓰레기 더미 위에 던져버린다."

2. "비구들이여, 그와 같이 만일 신참 비구가 계행이 나쁘고 사악한 성품을 가졌다면 이것이 그의 '나쁜 색깔'573)이라고 나는 말한다. 비구들이여, 마치 나무껍질로 만든 옷이 색깔이 나쁜 것처럼 이 사람도 그와 같다고 나는 말한다.

---

573) "여기서는 덕의 색깔이 없기 때문에 나쁜 색깔이라 한다."(AA.ii.359)

그리고 이러한 사람을 시중들고 경모하고 섬기고 행실을 본받는574) 자들에게는 오랜 세월을 해로움과 괴로움이 있게 된다. 이것이 그의 '촉감이 거침'이라고 나는 말한다. 비구들이여, 마치 나무껍질로 만든 옷이 촉감이 거친 것처럼 이 사람도 그와 같다고 나는 말한다.

그리고 그에게 의복과 음식과 거처와 병구완을 위한 약품을 공양하는 자들에게는 큰 결실이 없고 큰 이익이 없다. 이것이 그의 '값이 나가지 않음'이라고 나는 말한다. 비구들이여, 마치 나무껍질로 만든 옷이 값이 나가지 않는 것처럼 이 사람도 그와 같다고 나는 말한다."

3. "비구들이여, 만일 중진 비구도 … 장로 비구도 계행이 나쁘고 사악한 성품을 가졌다면 이것이 그의 '나쁜 색깔'이라고 나는 말한다. 비구들이여, 마치 나무껍질로 만든 옷이 색깔이 나쁜 것처럼 이 사람도 그와 같다고 나는 말한다.

그리고 이러한 사람을 시중들고 경모하고 섬기고 행실을 본받는 자들에게는 오랜 세월을 해로움과 괴로움이 있게 된다. 이것이 그의 '촉감이 거침'이라고 나는 말한다. 비구들이여, 마치 나무껍질로 만든 옷이 촉감이 거친 것처럼 이 사람도 그와 같다고 나는 말한다.

그리고 그에게 의복과 음식과 거처와 병구완을 위한 약품을 공양하는 자들에게는 큰 결실이 없고 큰 이익이 없다. 이것이 그의 '값이 나가지 않음'이라고 나는 말한다. 비구들이여, 마치 나무껍질로 만들어 이미 사용한 옷이 … 낡은 옷이 값이 나가지 않는 것처럼 이 사람도 그와 같다고 나는 말한다."

---

574) '행실을 본받는'은 diṭṭhānugatiṁ āpajjanti를 옮긴 것인데 주석서는 "그가 행한 것을 따라 한다."는 뜻으로 설명하고 있어서(*Ibid*) 이렇게 옮겼다.

4. "비구들이여, 이러한 중진 비구가 … 장로 비구가 승가 가운데서 말을 하게 되면 비구들은 그에게 이렇게 말한다. '당신 같은 어리석고 불분명한 사람의 말이 뭐 필요하겠습니까? 당신이 발언할 만하다고 생각하십니까?'라고. 그는 분노하고 마음이 언짢아서 [거친] 말을 내뱉고, 그런 말 때문에 승가는 마치 나무껍질로 만든 낡은 옷을 쓰레기 더미 위에 던져버리듯이 그를 버려버린다."

옷감 경(A3:98)575)

Vattha-sutta

1. "비구들이여, 까시576)에서 만든 옷감은 새것도 색깔이 곱고 촉감이 좋고 값이 나간다. 비구들이여, 까시에서 만든 옷감은 사용하던 것도 색깔이 곱고 촉감이 좋고 값이 나간다. 비구들이여, 까시에서 만든 옷감은 낡은 것도 색깔이 곱고 촉감이 좋고 값이 나간다. 비구들이여, 까시에서 만든 옷감은 낡은 것일지라도 보석을 닦는데 사용하거나 향을 담은 통 위에 얹어놓는다."

2. "비구들이여, 그와 같이 만일 신참 비구가 계행을 구족하고 선한 성품을 가졌다면 이것이 그의 '고운 색깔'이라고 나는 말한다. 비구들이여, 마치 까시에서 만든 옷감이 색깔이 고운 것처럼 이 사람

---

575) 육차결집본에는 본경이 앞의 경에 포함되어 편집되어 있다. 그리고 PTS 본의 권말 목록에는 본경의 이름인 Vattha가 앞 경의 이름인 Potthaka 보다 앞에 나타나고 있다.

576) 까시 즉 바라나시(Bārāṇasi)에 대해서는 본서 「빠쩨따나 경」(A3:15) §1의 주해를 참조할 것.

도 그와 같다고 나는 말한다.

그리고 이러한 사람을 시중들고 경모하고 섬기고 행실을 본받는 자들에게는 오랜 세월을 이익과 행복이 있게 된다. 이것이 그의 '촉감이 좋음'이라고 나는 말한다. 비구들이여, 마치 까시에서 만든 옷감이 촉감이 좋은 것처럼 이 사람도 그와 같다고 나는 말한다.

그리고 그에게 의복과 음식과 거처와 병구완을 위한 약품을 공양하는 자들에게는 큰 결실이 있고 큰 이익이 있다. 이것이 그의 '값이 나감'이다. 비구들이여, 마치 까시에서 만든 옷감이 값이 나가는 것처럼 이 사람도 그와 같다고 나는 말한다."

3. "비구들이여, 만일 중진 비구도 … 장로 비구도 계를 구족하고 선한 법을 가졌다면 이것이 그의 '고운 색깔'이라고 나는 말한다. 비구들이여, 마치 까시에서 만든 옷감이 사용한 것일지라도 … 낡은 것일지라도 색깔이 좋은 것처럼 이 사람도 그와 같다고 나는 말한다.

그리고 이러한 사람을 시중들고 경모하고 섬기고 행실을 본받는 자들에게는 오랜 세월을 이익과 행복이 있게 된다. 이것이 그의 '촉감이 좋음'이라고 나는 말한다. 비구들이여, 마치 까시에서 만든 옷감이 촉감이 좋은 것처럼 이 사람도 그와 같다고 나는 말한다.

그리고 그에게 의복과 음식과 거처와 병구완을 위한 약품을 공양하는 자들에게는 큰 결실이 있고 큰 이익이 있다. 이것이 그의 '값이 나감'이다. 비구들이여, 마치 까시에서 만든 옷감이 값이 나가는 것처럼 이 사람도 그와 같다고 나는 말한다."

4. "비구들이여, 이러한 장로 비구가 승가 가운데서 말을 하게

되면 비구들은 그에게 이렇게 말한다. '존자들은 소리를 내지 마십시오. 장로 비구께서 법과 율을 설하십니다.'라고. 그의 말은 마치 향을 담은 통 위에 얹어 놓은 까시에서 만든 옷감처럼 [귀한 위치에] 놓이게 된다.

비구들이여, 그러므로 여기서 '우리는 까시에서 만든 옷감처럼 되리라. 나무껍질로 만든 옷처럼 되지 않으리라.'라고 이와 같이 공부지어야 한다. 비구들이여, 그대들은 참으로 이와 같이 공부지어야 한다."

소금 덩이 경(A3:99)[577]

Loṇaphala-sutta

1. "비구들이여, 누가 말하기를 '이 사람이 어떤 업을 지었건 그 업의 결과를 그대로 경험하게 된다.'라고 한다면 청정범행을 닦음도 없고 바르게 괴로움을 종식시킬 기회도 없다. 비구들이여, 누가 말하기를 '이 사람이 어떤 형태로 겪어야 할 업을 지었건 그것의 과보를 경험하게 된다.'[578]라고 한다면 청정범행을 닦음도 있고 바르

---

577) 육차결집본에는 소금 통(Loṇakapalla-sutta)으로 나타난다.

578) 이 뜻은 다음과 같다. 일곱 개의 속행 가운데서 첫 번째 속행의 업은 만일 조건을 만나면 그 과보를 내는데 그것은 '금생에 받는 업'이다. 만일 조건을 만나지 못하면 '효력을 상실한 업'이 된다. 일곱 번째 속행의 업은 만일 조건을 만나면 그 과보를 내는데 그것은 '내생에 받는 업'이다. 만일 조건을 만나지 못하면 '효력을 상실한 업'이 된다. 그러나 중간의 다섯 개의 속행의 업은 윤회를 하는 한 그 효력이 소멸되지 않고 그 과보를 낸다. 그것은 '받는 시기가 확정되지 않은 업'이다. 이러한 형태 가운데서 그가 어떤 형태로 겪어야 할 업을 지었건 간에 그 과보를 경험한다고 하는 것이다. 주석서에서는 '어떤 형태로 겪어야 할 업'이란 과보를 내는 업을 뜻한다고

게 괴로움을 종식시킬 기회도 있다.

비구들이여, 여기 어떤 사람은 약간의 악업을 짓지만 [그 업은] 그를 지옥으로 인도한다. 비구들이여, 그러나 어떤 사람은 약간의 악업을 짓지만 지금여기에서 [다] 겪는다. 그러면 [다음 생에는] 털끝만큼도 [그 과보가] 없을 것인데 어찌 많을 것인가?579)"

2. "비구들이여, 그러면 어떤 사람이 약간의 악업을 짓지만 그 [업이] 그를 지옥으로 인도하는가?

비구들이여, 여기 어떤 사람은 몸580)을 닦지 않고 계를 닦지 않고 마음을 닦지 않고 통찰지를 닦지 않아서 [덕이] 모자라고 하찮은 존재가 되어581) 약간의 [악행에 대해서도] 괴로워한다. 비구들이여, 이러한 사람은 약간의 악업을 짓지만 그 [업이] 그를 지옥으로 인도한다.

말하였다. 이럴 경우 업을 소멸하는 청정범행을 닦음도 있고, 또 각각의 도로써 업을 형성하는 알음알이를 소멸함으로써 각각의 존재에서 미래에 윤회할 고통이 일어나지 않기 때문에 바르게 괴로움을 종식시킬 기회도 주어진다.(AA.ii.360)

『청정도론』 XIX.14 이하와 『아비담마 길라잡이』 5장 §20을 참조할 것.

579) "원문의 '털끝만큼도 없다(nāṇu pi khāyati)'는 것은 두 번째 자기의 몸(dutiya attabhāva, 내생의 자기 존재)에 털끝만큼도 나타나지 않는다, 즉 두 번째 자기 몸에서 털끝만큼의 과보(vipāka)도 주지 않는다는 뜻이다. '많을 [것인가](bhahudeva)'란 어찌 많은 과보를 줄 것인가라는 의미이다."(AA.ii.360~361)

580) "몸이란 몸에 대한 관찰[隨觀]을 뜻한다."(AA.ii.361) 즉 몸에 대한 마음챙김을 말한다.

581) "'모자라고(paritta)'란 덕(guṇa)이 모자란다는 말이다. '하찮은 존재(appātuma)'에서 ātuma는 자기 몸(atta-bhāva)을 말한다. 이러한 자기 몸이 아무리 크다 할지라도 덕이 모자라기 때문에 하찮은 존재(appa-ātuma)가 되는 것이다."(AA.ii.361)

비구들이여, '어떤 사람은 약간의 악업을 짓지만 지금여기에서 [다] 겪는다. 그러면 [다음 생에는] 털끝만큼도 [그 과보가] 없을 것인데 어찌 많을 것인가?'라고 했다. 그러면 어떤 사람이 이렇게 되는가?

비구들이여, 여기 어떤 사람은 몸을 닦고 계를 닦고 마음을 닦고 통찰지를 닦아서 [덕이] 모자라지 않고 위대한 존재가 되고 [번뇌가 다하여] 한량없이 머무는 자가 된다.582) 비구들이여, 이러한 사람은 아주 작은 악업을 지었지만 지금여기에서 [다] 겪는다. 그러면 [다음 생에는] 털끝만큼도 [그 과보가] 없을 것인데 어찌 많을 것인가?"

3. "비구들이여, 예를 들면 어떤 사람이 물이 조금 밖에 없는 잔에다 소금 덩이를 넣는다 하자. 비구들이여, 이를 어떻게 생각하는가? 물 잔에 있는 적은 물은 이 소금 덩이 때문에 마실 수 없이 짜게 되겠는가?"

"그러합니다, 세존이시여."

"그것은 무슨 이유 때문인가?"

"세존이시여, 그 물잔 속의 물이 조금 밖에 없기 때문입니다. 그것이 이 소금 덩이 때문에 마실 수 없이 짜게 되기 때문입니다."

"비구들이여, 예를 들면 어떤 사람이 강가 강에다 소금 덩이를 넣는다 하자. 비구들이여, 이를 어떻게 생각하는가? 강가 강은 이 소금 덩이 때문에 마실 수 없이 짜게 되겠는가?"

"그렇지 않습니다, 세존이시여."

"그것은 무슨 이유 때문인가?"

---

582) "'한량없이 머무는 자(appamāṇa-vihāri)'란 번뇌 다한 [아라한의] 이름이다. 그는 참으로 양을 잴 수 있는 욕망 등이 더 이상 존재하지 않기 때문에 한량없이 머무는 자라 한다."(*Ibid*)

"세존이시여, 그 강가 강은 많은 물의 적집이기 때문입니다. 그것은 이 소금 덩이로는 마실 수 없이 짜게 되지 않기 때문입니다."

"비구들이여, 그와 같이 어떤 사람은 몸을 닦지 않고 계를 닦지 않고 마음을 닦지 않고 통찰지를 닦지 않아서 [덕이] 모자라고 하찮은 존재가 되어 약간의 [악행에 대해서도] 괴로워한다. 비구들이여, 이러한 사람은 약간의 악업을 짓지만 그 [업이] 그를 지옥으로 인도한다.

비구들이여, 그와 같이 어떤 사람은 몸을 닦고 계를 닦고 마음을 닦고 통찰지를 닦아서 [덕이] 모자라지 않고 위대한 존재가 되고 [번뇌가 다하여] 한량없이 머무는 자가 된다. 비구들이여, 이러한 사람은 약간의 악업을 짓지만 지금여기에서 [다] 겪는다. 그러면 [다음 생에는] 털끝만큼도 [그 과보가] 없을 것인데 어찌 많을 것인가?"

4.   583) "비구들이여, 그러면 어떤 사람이 약간의 악업을 짓지만 그 [업이] 그를 지옥으로 인도하는가?

비구들이여, 여기 어떤 사람은 몸을 닦지 않고 … 비구들이여, 이러한 사람은 약간의 악업을 짓지만 그 [업이] 그를 지옥으로 인도한다.

비구들이여, '어떤 사람은 약간의 악업을 짓지만 지금여기에서 [다] 겪는다. 그러면 [다음 생에는] 털끝만큼도 [그 과보가] 없을 것인데 어찌 많을 것인가?'라고 했다. 그러면 어떤 사람이 이렇게 되는가?

비구들이여, 여기 어떤 사람은 몸을 닦고 … 비구들이여, 이러한 사람은 약간의 악업을 짓지만 지금여기에서 [다] 겪는다. 그러면 [다음 생에는] 털끝만큼도 [그 과보가] 없을 것인데 어찌 많을 것인가?"

5.   "비구들이여, 여기 어떤 사람은 동전 반개로도 감옥에 가고

---

583)   본경 §2가 그대로 반복되고 있음.

동전 한 개로도 감옥에 가고 동전 백 개로도 감옥에 간다. 비구들이여, 그러나 여기 어떤 사람은 동전 반개로도 감옥에 가지 않고 동전한 개로도 감옥에 가지 않고 동전 백 개로도 감옥에 가지 않는다.

비구들이여, 그러면 어떤 사람이 동전 반개로도 감옥에 가고 동전한 개로도 감옥에 가고 동전 백 개로도 감옥에 가는가? 비구들이여, 여기 어떤 사람은 가난하고 무일푼이고 재산이 없다. 비구들이여, 이러한 사람은 동전 반개로도 감옥에 가고 동전 한 개로도 감옥에 가고 동전 백 개로도 감옥에 간다.

비구들이여, 그러면 어떤 사람이 동전 반개로도 감옥에 가지 않고 동전 한 개로도 감옥에 가지 않고 동전 백 개로도 감옥에 가지 않는가? 비구들이여, 여기 어떤 사람은 부자여서 큰 재물과 큰 재산을 가졌다. 비구들이여, 이러한 사람은 동전 반개로도 감옥에 가지 않고 동전 한 개로도 감옥에 가지 않고 동전 백 개로도 감옥에 가지 않는다.

비구들이여, 그와 같이 어떤 사람은 몸을 닦지 않고 … 비구들이여, 이러한 사람은 약간의 악업을 짓지만 그 [업이] 그를 지옥으로 인도한다. 비구들이여, 그러나 어떤 사람은 몸을 닦고 … 비구들이여, 이러한 사람은 약간의 악업을 짓지만 지금여기에서 [다] 겪는다. 그러면 [다음 생에는] 털끝만큼도 [그 과보가] 없을 것인데 어찌 많을 것인가?"

6. 584) "비구들이여, 그러면 어떤 사람이 약간의 악업을 짓지만 그 [업이] 그를 지옥으로 인도하는가?

비구들이여, 여기 어떤 사람은 몸을 닦지 않고 … 비구들이여, 이러한 사람은 약간의 악업을 짓지만 그 [업이] 그를 지옥으로 인도한다.

---

584) 본경 §2가 그대로 반복되고 있음.

비구들이여, '어떤 사람은 약간의 악업을 짓지만 지금여기에서 [다] 겪는다. 그러면 [다음 생에는] 털끝만큼도 [그 과보가] 없을 것인데 어찌 많을 것인가?'라고 했다. 그러면 어떤 사람이 이렇게 되는가?

비구들이여, 여기 어떤 사람은 몸을 닦고 … 비구들이여, 이러한 사람은 약간의 악업을 짓지만 지금여기에서 [다] 겪는다. 그러면 [다음 생에는] 털끝만큼도 [그 과보가] 없을 것인데 어찌 많을 것인가?"

7. "비구들이여, 예를 들면 양고기 장사나 양을 잡는 사람은 양을 훔친 자들 가운데 어떤 자는 죽이거나 묶거나 태우거나 하고 싶은 대로 할 수가 있지만 양을 훔친 자들 가운데 어떤 자는 죽이거나 묶거나 태우거나 하고 싶은 대로 할 수가 없다.

비구들이여, 그러면 양고기 장사나 양을 잡는 사람은 양을 훔친 자들 가운데 어떤 자를 죽이거나 묶거나 태우거나 하고 싶은 대로 할 수가 있는가?

비구들이여, 여기 어떤 사람은 가난하고 무일푼이고 재산이 없다. 비구들이여, 양고기 장사나 양을 잡는 사람은 양을 훔친 자들 가운데 이런 자는 죽이거나 묶거나 태우거나 하고 싶은 대로 할 수가 있다.

비구들이여, 그러면 양고기 장사나 양을 잡는 사람은 양을 훔친 자들 가운데 어떤 자를 죽이거나 묶거나 태우거나 하고 싶은 대로 할 수가 없는가?

비구들이여, 여기 큰 재물과 큰 재산을 가져 부유한 왕이나 왕의 대신이 있다. 비구들이여, 양고기 장사나 양을 잡는 사람은 양을 훔친 자들 가운데 이런 자는 죽이거나 묶거나 태우거나 하고 싶은 대로 할 수가 없다.

비구들이여, 그와 같이 어떤 사람은 몸을 닦지 않고 … 비구들이

여, 이러한 사람은 약간의 악업을 짓지만 그 [업이] 그를 지옥으로
인도한다. 비구들이여, 그러나 어떤 사람은 몸을 닦고 … 비구들이여,
이러한 사람은 약간의 악업을 짓지만 지금여기에서 [다] 겪는다. 그
러면 [다음 생에는] 털끝만큼도 [그 과보가] 없을 것인데 어찌 많을
것인가?"

8. "비구들이여, 그러면 어떠한 사람이 약간의 악업을 짓지만
그 [업이] 그를 지옥으로 인도하는가?

비구들이여, 여기 어떤 사람은 몸을 닦지 않고 계를 닦지 않고 마
음을 닦지 않고 통찰지를 닦지 않아서 [덕이] 모자라고 하찮은 존재
가 되어 약간의 [악행에 대해서도] 괴로워한다. 비구들이여, 이러한
사람은 약간의 악업을 짓지만 그 [업이] 그를 지옥으로 인도한다.

비구들이여, '어떤 사람은 약간의 악업을 짓지만 지금여기에서
[다] 겪는다. 그러면 [다음 생에는] 털끝만큼도 [그 과보가] 없을 것
인데 어찌 많을 것인가?'라고 했다. 그러면 어떤 사람이 이렇게 되는가?

비구들이여, 여기 어떤 사람은 몸을 닦고 계를 닦고 마음을 닦고
통찰지를 닦아서 [덕이] 모자라지 않고 위대한 존재가 되고 [번뇌가
다하여] 한량없이 머무는 자가 된다. 비구들이여, 이러한 사람은 약
간의 악업을 짓지만 지금여기에서 [다] 겪는다. 그러면 [다음 생에는]
털끝만큼도 [그 과보가] 없을 것인데 어찌 많을 것인가?

비구들이여, 누가 말하기를 '이 사람이 어떤 업을 지었건 그 업의
결과를 경험하게 된다.'라고 한다면 청정범행을 닦음도 없고 바르게
괴로움을 종식시킬 기회도 없다. 비구들이여, 누가 말하기를 '이 사
람이 어떤 형태로 겪어야 할 업을 지었건 그것의 과보를 경험하게 된
다.'라고 한다면 청정범행을 닦음도 있고 바르게 괴로움을 종식시킬

기회도 있다."

불순물 제거하는 자 경(A3:100)

Paṁsudhovaka-sutta

1. "비구들이여, 금에는 흙이나 모래나 자갈이나 조약돌과 같은 거친 불순물들이 있다. 그러면 불순물을 제거하는 자나 그의 도제가 홈통에 넣어 이리 씻고 저리 씻어서 깨끗이 한다. [거친 불순물을] 버리고 없애고 나면 금에 미세한 자갈이나 거친 모래와 같은 중간 정도의 불순물들이 남게 된다. 그러면 불순물 제거하는 자나 그의 도제가 이것을 이리 씻고 저리 씻어서 깨끗이 한다. 그것을 버리고 없애고 나면 금에 미세한 모래나 검은 때와 같은 미세한 불순물들이 남게 된다. 그러면 불순물 제거하는 자나 그의 도제가 이것을 이리 씻고 저리 씻어서 깨끗이 한다. 그것을 버리고 없애고 나면 그다음에는 사금(砂金)이 남게 될 것이다."

2. "그러면 금세공인이나 그의 도제가 그 금을 도가니에 넣고 [녹을 때까지 불을 지피면서] 이리 불고 저리 불고 계속해서 분다. 하지만 그 금은 아직 녹지도 않고 불순물이 완전히 제거되지도 않는다. 그래서 그 금은 부드럽지도 않고 다루기에 적합하지도 않고 빛나지도 않고 부서지며 세공하기에 적절하지도 않다.

비구들이여, 그러나 금세공인이나 그의 도제가 그 금을 [녹을 때까지 불을 지피면서] 이리 불고 저리 불고 계속해서 분다. 그러면 그 금은 녹고 불순물도 완전히 제거된다. 그래서 그 금은 부드럽고 다루기에 적합하고, 빛나고 부서지지 않으며 세공하기에 적절하게 된다.

금세공인은 허리띠든 반지든 목걸이든 금 머리띠든 그가 원하는 모든 종류의 장식품을 [만들어] 자기의 목적을 성취한다."

3. "비구들이여, 그와 같이 높은 마음을 닦는585) 비구에게는 몸으로 지은 해로운 업[不善業], 말로 지은 해로운 업, 마음으로 지은 해로운 업이라는 거친 오염원들이 있다. 마음을 닦는 현명한 비구는 이것을 버리고 제거하고 끝내고 없앤다.

비구가 [거친 오염원들을] 버리고 제거하고 나면 높은 마음을 닦는 비구에게는 감각적 욕망에 대한 생각과, 악의에 대한 생각, 해코지에 대한 생각이라는 중간 정도의 오염원들이 남게 된다. 마음을 닦는 현명한 비구는 이것을 버리고 제거하고 끝내고 없앤다.

이것을 버리고 제거하고 나면 높은 마음을 닦는 비구에게는 친지들에 대한 생각, 지역에 대한 생각, 멸시받지 않음에 대한 생각이라는 섬세한 오염원들이 남게 된다. 마음을 닦는 현명한 비구는 이것을 버리고 제거하고 끝내고 없앤다.

이것을 버리고 제거하고 나면 이제 법에 대한 생각586)이 남게 될 것이다."

4. "이러한 삼매는 평화롭지도 않고 수승하지도 않고 [오염원들을] 가라앉혀서 얻은 것도 아니고 단일한 상태를 증득한 것도 아

---

585) "'높은 마음(adhicitta)'이란 사마타와 위빳사나의 마음(samatha-vipassanā-citta)이다. 원문의 anuyuttena는 닦는다(bhāventena)는 뜻이다."(AA.ii.362)

586) "'법에 대한 생각(dhamma-vitakka)'이란 열 가지 위빳사나의 경계(오염원)에 대한 생각(dasa-vipassan-upakkilesa-vitakkā)이다."(*Ibid*) 열 가지 위빳사나의 경계는 『청정도론』 XX.105 이하를 참조할 것.

니다. 이것은 자극과 노력으로 [오염원들을] 억누르거나 차단하여587) 얻은 마음의 상태이다. 비구들이여, 이런 마음을 안으로 확립하고 안정하고 하나에 고정하여 삼매에 들 때 그 삼매는 평화롭고 수승하고 [오염원들을] 가라앉혀서 얻은 것이고 단일한 상태를 증득한 것이다. 이것은 자극과 노력으로 [오염원들을] 억누르거나 차단하여 얻은 마음의 상태가 아니다. 그래서 최상의 지혜로 실현시킬 수 있는 법이라면 그것이 어떤 것이든지 간에, 최상의 지혜로 그 경지를 실현하기 위해서 그가 마음을 기울이면 그런 원인이 있을 때는 언제든지 그것을 실현하는 능력을 얻는다."

5. "그는 만일 원하기만 하면 신통변화[神足通]로 마음을 향하게 하고 기울게 한다. 하나인 채 여럿이 되기도 하고 여럿이 되었다가 하나가 되기도 한다. 나타났다 사라졌다 하고 벽이나 담이나 산을 아무런 장애 없이 통과하기를 마치 허공에서처럼 한다. 땅에서도 떠올랐다 잠겼다 하기를 물속에서처럼 한다. 물 위에서 빠지지 않고 걸어가기를 땅 위에서처럼 한다. 가부좌한 채 허공을 날아가기를 날개 달린 새처럼 한다. 저 막강하고 위력적인 태양과 달을 손으로 만져 쓰다듬기도 하며 심지어는 저 멀리 범천의 세상에까지도 몸의 자유자재함을 발한다. 그는 이런 원인이 있을 때는 언제든지 이런 것을 실현하는 능력을 얻는다."

6. "그는 만일 원하기만 하면 신성한 귀의 요소[天耳界, 天耳通]로 마음을 향하게 하고 기울게 한다. 그는 인간의 능력을 넘어선 청

---

587) 즉 이 삼매는 오염원들을 완전히 끊어버리고 얻은 상태가 아니라 일시적으로 억누르고 차단하여 얻은 상태라는 뜻이다.(AA.ii.363)

정하고 신성한 귀의 요소로 천상이나 인간의 소리 둘 다를 멀든 가깝든 간에 다 듣는다. 그는 이런 원인이 있을 때는 언제든지 이런 것을 실현하는 능력을 얻는다."

7. "그는 만일 원하기만 하면 자기의 마음으로 다른 중생들과 다른 인간들의 마음을 꿰뚫어 안다.[他心通] 탐욕이 있는 마음은 탐욕이 있는 마음이라고 꿰뚫어 알고 탐욕을 여읜 마음은 탐욕을 여읜 마음이라고 꿰뚫어 안다. 성냄이 있는 마음은 성냄이 있는 마음이라고 꿰뚫어 알고 성냄을 여읜 마음은 성냄을 여읜 마음이라고 꿰뚫어 안다. 어리석음이 있는 마음은 어리석음이 있는 마음이라고 꿰뚫어 알고 어리석음을 여읜 마음은 어리석음을 여읜 마음이라고 꿰뚫어 안다. 수축한 마음은 수축한 마음이라고 꿰뚫어 알고 흩어진 마음은 흩어진 마음이라고 꿰뚫어 안다. 고귀한 마음은 고귀한 마음이라고 꿰뚫어 알고 고귀하지 않은 마음은 고귀하지 않은 마음이라고 꿰뚫어 안다. 위가 있는 마음은 위가 있는 마음이라고 꿰뚫어 알고 위가 없는 마음은 위가 없는 마음이라고 꿰뚫어 안다. 삼매에 든 마음은 삼매에 든 마음이라고 꿰뚫어 알고 삼매에 들지 않은 마음은 삼매에 들지 않은 마음이라고 꿰뚫어 안다. 해탈한 마음은 해탈한 마음이라고 꿰뚫어 알고 해탈하지 않은 마음은 해탈하지 않은 마음이라고 꿰뚫어 안다. 그는 이런 원인이 있을 때는 언제든지 이런 것을 실현하는 능력을 얻는다."

8. "그는 만일 원하기만 하면 수많은 전생의 갖가지 삶들을 기억한다.[宿命通] 즉 한 생, 두 생, 세 생, 네 생, 다섯 생, 열 생, 스무 생, 서른 생, 마흔 생, 쉰 생, 백 생, 천 생, 십만 생, 세계가 수축하는 여러

겁, 세계가 팽창하는 여러 겁, 세계가 수축하고 팽창하는 여러 겁을 기억한다. '어느 곳에서 이런 이름을 가졌고, 이런 종족이었고, 이런 용모를 가졌고, 이런 음식을 먹었고, 행복과 고통을 경험했고, 이런 수명의 한계를 가졌고, 그곳에서 죽어 다른 어떤 곳에 다시 태어나 그곳에서는 이런 이름을 가졌고, 이런 종족이었고, 이런 용모를 가졌고, 이런 음식을 먹었고, 이런 행복과 고통을 경험했고, 이런 수명의 한계를 가졌고, 그곳에서 죽어 여기 다시 태어났다.'라고. 이처럼 한량없는 전생의 갖가지 모습들을 그 특색과 더불어 상세하게 기억해 낸다. 그는 이런 원인이 있을 때는 언제든지 이런 것을 실현하는 능력을 얻는다."

9. "그는 만일 원하기만 하면 청정하고 인간을 넘어선 신성한 눈[天眼]으로 중생들이 죽고 태어나고, 천박하고 고상하고, 잘생기고 못생기고, 좋은 곳[善處]에 가고 나쁜 곳[惡處]에 가는 것을 보고, 중생들이 지은 바 그 업에 따라가는 것을 꿰뚫어 안다.[天眼通] '이들은 몸으로 못된 짓을 골고루 하고 입으로 못된 짓을 골고루 하고 또 마음으로 못된 짓을 골고루 하고, 성자들을 비방하고, 삿된 견해를 지니어 사견업(邪見業)을 지었다. 이들은 죽어서 몸이 무너진 다음에는 처참한 곳, 불행한 곳, 파멸처, 지옥에 태어났다. 그러나 이들은 몸으로 좋은 일을 골고루 하고 입으로 좋은 일을 골고루 하고 마음으로 좋은 일을 골고루 하고 성자들을 비방하지 않고 바른 견해를 지니고 정견업(正見業)을 지었다. 이들은 죽어서 몸이 무너진 다음에는 좋은 곳[善處], 천상세계에 태어났다.'라고. 이와 같이 그는 청정하고 인간을 넘어선 신성한 눈으로 중생들이 죽고 태어나고, 천박하고 고상하고, 잘생기고 못생기고, 좋은 곳[善處]에 가고 나쁜 곳[惡處]에 가는 것을 보

고, 중생들이 지은 바 그 업에 따라가는 것을 꿰뚫어 안다. 그는 이런 원인이 있을 때는 언제든지 이런 것을 실현하는 능력을 얻는다."

10. "그는 만일 원하기만 하면 모든 번뇌가 다하여 아무 번뇌가 없는 마음의 해탈[心解脫]과 통찰지를 통한 해탈[慧解脫]을 바로 지금 여기에서 스스로 최상의 지혜로 실현하고 구족하여 머문다. 그는 이런 원인이 있을 때는 언제든지 이런 것을 실현하는 능력을 얻는다."

11. "비구들이여,588) 높은 마음589)을 닦는 비구는 때때로 세 가지 표상을 마음에 잡도리해야 한다. 때때로 삼매의 표상을 마음에 잡도리해야 한다. 때때로 정진의 표상을 마음에 잡도리해야 한다. 때때로 평온의 표상을 마음에 잡도리해야 한다."

12. "비구들이여, 만약 높은 마음을 닦는 비구가 오직 삼매의 표상만을 마음에 잡도리하면 그의 마음은 자칫 게을러질 수 있다. 비구들이여, 만약 높은 마음을 닦는 비구가 오직 정진의 표상만을 마음에 잡도리하면 그의 마음은 자칫 들떠버릴 수 있다. 비구들이여, 만약 높은 마음을 닦는 비구가 오직 평온의 표상만을 마음에 잡도리하면 그의 마음은 번뇌를 멸하기590) 위하여 자칫 바르게 삼매에 들지

---

588) 이하 본경의 마지막까지는 『청정도론』 VIII. 74~76에 인용될 만큼 중요하게 취급되던 가르침이다.
그리고 PTS본의 권말 목록에는 Suvaṇṇakāra(금세공인)라는 경의 이름을 하나 더 언급하고 있다. 권말 목록에 의하면 본경의 이 부분 이하는 원래 금세공인(Suvaṇṇakāra-sutta)으로 독립된 경이었던 것 같다.

589) "여기서 높은 마음은 사마타와 위빳사나의 마음이다. 삼매의 표상이란 바로 삼매를 뜻하고, 나머지 둘에도 이 방법이 적용된다."(AA.ii.364)

590) "여기서 번뇌를 멸하기 위함이란 아라한과를 얻기 위함이라는 뜻이다."

않을 수 있다.

비구들이여, 그러나 높은 마음을 닦는 비구가 때때로 삼매의 표상을 … 정진의 표상을 … 평온의 표상을 마음에 잡도리하면 그때 그의 마음은 부드럽고 적합하고 빛나고 부서지지 않고 번뇌를 멸하기 위하여 바르게 삼매에 든다."

13. "비구들이여, 이런 비유를 들 수 있다. 금세공인이나 그의 도제가 도가니를 만든다. 만든 뒤 그것에 열을 가한다. 도가니의 입구에 열을 가한 뒤에는 집게로 정제되지 않은 금을 집어 도가니에 넣고 때때로 바람을 보내고, 때때로 물을 뿌려주고, 때때로 쳐다본다. 비구들이여, 만약 금세공인이나 그의 도제가 정제되지 않은 금에 오로지 바람을 보내기만 한다면 그 금이 자칫 타버릴 수도 있다. 비구들이여, 만약 금세공인이나 그의 도제가 정제되지 않은 금에 오로지 물을 뿌리기만 한다면 그 금이 자칫 식어버릴 수도 있다. 비구들이여, 만약 금세공인이나 그의 도제가가 정제되지 않은 금을 오로지 들여다보기만 한다면 그 금이 적당하게 정제될 수가 없을 것이다. 비구들이여, 금세공인이나 그의 도제가 정제되지 않은 금에 때때로 바람을 보내고, 때때로 물을 뿌려주고, 때때로 들여다보기 때문에 그 금은 부드럽고, 적합하고, 빛나고 부서지지 않으며 세공하기에 적절하다. 금세공인은 허리띠든 반지든 목걸이든 금 머리띠든 그가 원하는 모든 종류의 장식품을 [만들어] 자기의 목적을 성취한다."

14. "비구들이여, 그와 같이 높은 마음을 닦는 비구는 때때로 세 가지 표상을 마음에 잡도리해야 한다. 때때로 삼매의 표상을 마음

_____

(*Ibid*)

에 잡도리해야 한다. 때때로 정진의 표상을 마음에 잡도리해야 한다. 때때로 평온의 표상을 마음에 잡도리해야 한다.

비구들이여, 만약 높은 마음을 닦는 비구가 오직 삼매의 표상만을 마음에 잡도리하면 그의 마음은 자칫 게을러질 수 있다. 비구들이여, 만약 높은 마음을 닦는 비구가 오직 정진의 표상만을 마음에 잡도리하면 그의 마음은 자칫 들떠버릴 수 있다. 비구들이여, 만약 높은 마음을 닦는 비구가 오직 평온의 표상만을 마음에 잡도리하면 그의 마음은 번뇌를 멸하기 위하여 자칫 바르게 삼매에 들지 않을 수 있다.

비구들이여, 그러나 높은 마음을 닦는 비구가 때때로 삼매의 표상을 … 정진의 표상을 … 평온의 표상을 마음에 잡도리하면 그때 그의 마음은 부드럽고 적합하고 빛나고 부서지지 않고 번뇌를 멸하기 위하여 바르게 삼매에 든다.

그래서 최상의 지혜로 실현시킬 수 있는 법이라면 그것이 어떤 것이든지 간에, 최상의 지혜로 그 경지를 실현하기 위해서 그가 마음을 기울이면 그런 원인이 있을 때는 언제든지 그것을 실현하는 능력을 얻는다.”

15. “그는 만일 원하기만 하면 신통변화[神足通]로 마음을 향하게 하고 기울게 한다. …

그는 만일 원하기만 하면 신성한 귀의 요소[天耳界]로 마음을 향하게 하고 기울게 한다. …

그는 만일 원하기만 하면 자기의 마음으로 다른 중생들과 다른 인간들의 마음을 꿰뚫어 안다. …

그는 만일 원하기만 하면 수많은 전생의 갖가지 삶들을 기억한다. …

그는 만일 원하기만 하면 청정하고 인간을 넘어선 신성한 눈[天眼]

으로 중생들이 죽고 태어나고, 천박하고 고상하고, 잘생기고 못생기고, 좋은 곳[善處]에 가고 나쁜 곳[惡處]에 가는 것을 보고, 중생들이 지은 바 그 업에 따라가는 것을 꿰뚫어 안다. …

그는 만일 원하기만 하면 모든 번뇌가 다하여 아무 번뇌가 없는 마음의 해탈[心解脫]과 통찰지를 통한 해탈[慧解脫]을 바로 지금여기에서 스스로 최상의 지혜로 실현하고 구족하여 머문다. 그는 그런 원인이 있을 때는 언제든지 그런 것을 실현하는 능력을 얻는다.”

제10장 소금 덩이 품이 끝났다.

큰 50개 경들의 묶음이 끝났다.

III. 작은 50개 경들의 묶음

Khuddaka-paññāsaka

제11장 바른 깨달음 품

Sambodha-vagga

이전의 탐구 경(A3:101)[591]

Pubbepariyesanā-sutta

1. "비구들이여, 내가 깨닫기 전, 아직 바른 깨달음을 성취하지 못한[592] 보살[593]이었을 때 이런 생각이 들었다. '무엇이 세상의 달 콤함이고 무엇이 위험이며 무엇이 벗어남인가?'라고.[594] 비구들이 여, 그러자 나에게 이런 생각이 들었다. '세상을 조건하여 일어나는 육체적 즐거움과 정신적 즐거움이 세상의 달콤함이다. 세상에서 무

---

591) 육차결집본의 경 이름은 깨닫기 전(Pubbevasambodha-sutta)이다.

592) "'바른 깨달음을 성취하지 못한(anabhisambuddha)'이란 네 가지 진리 (사성제)를 꿰뚫지 못한 것(appaṭividdha)이다."(AA.ii.365)

593) 초기경들에서 보살(bodhisatta)은 항상 깨닫기 전의 부처님들께만 적용 되는 술어이다. 『디가 니까야』 제2권 「대전기경」(D14)에는 위빳시 부 처님도 깨닫기 전에는 위빳시 보살(Vipassī bodhisatta)이라 칭하고 있다.

594) "'세상(loka)'이란 유위의(형성된) 세상(saṅkhāra-loka), 즉 오온을 뜻한 다. '달콤함(assāda)'이란 달콤한 상태(madhura-ākāra)이다. '위험 (ādīnava)'이란 즐거워할 수 없는 상태(anabhinanditabba-ākāra)이 다."(AA.ii.365)

상하고 괴롭고 변하기 마련인 법이 세상의 위험이다. 세상에 대한 욕탐을 몰아내고 욕탐을 버리는 것595)이 세상에서 벗어남이다.'라고."

2. "비구들이여, 만일 내가 이와 같이 세상의 달콤함을 달콤함이라고 위험을 위험이라고 벗어남을 벗어남이라고 있는 그대로 최상의 지혜로 알지 못하였다면 나는 결코 신과 마라와 범천을 포함한 세상에서, 사문·바라문과 신과 사람을 포함한 무리 가운데에서 내 스스로 위없는 바른 깨달음을 실현하였다고 인정되지 않았을 것이다. 비구들이여, 그러나 내가 이와 같이 세상의 달콤함을 달콤함이라고 위험을 위험이라고 벗어남을 벗어남이라고 있는 그대로 최상의 지혜로 알았기 때문에 나는 신과 마라와 범천을 포함한 세상에서, 사문·바라문과 신과 사람을 포함한 무리 가운데에서 내 스스로 위없는 바른 깨달음을 실현하였다고 인정되었다. 그리고 나에게는 '나의 해탈은 확고부동하다. 이것이 나의 마지막 태어남이며, 이제 더 이상의 다시 태어남[再生]은 없다.'라는 지와 견이 일어났다."

3. "비구들이여, 나는 세상의 달콤함을 찾기 위해 유행하였다. 나는 세상의 달콤함을 알았고 세상의 달콤함이라고 알려진 것을 통찰지로 분명하게 보았다. 비구들이여, 나는 세상의 위험을 찾기 위해 유행하였다. 나는 세상의 위험을 알았고 세상의 위험이라고 알려진 것을 통찰지로 분명하게 보았다. 비구들이여, 나는 세상에서 벗어남을 찾기 위해 유행하였다. 나는 세상에서 벗어남을 알았고 세상에서

---

595) "'욕탐을 몰아내고(chandarāga-vinaya) 욕탐을 버리는 것(chandarāga
-ppahāna)'이란 열반을 향하고 대상으로 하고 반연하여 욕탐을 몰아내고
버리기 때문에 열반이 바로 욕탐을 몰아내고 욕탐을 버리는 것이라고 일
컫는다."(*Ibid*)

벗어남이라고 알려진 것을 통찰지로 분명하게 보았다."596)

4. "비구들이여, 만일 내가 이와 같이 세상의 달콤함을 달콤함이라고 위험을 위험이라고 벗어남을 벗어남이라고 있는 그대로 최상의 지혜로 알지 못하였다면 나는 결코 신과 마라와 범천을 포함한 세상에서, 사문·바라문과 신과 사람을 포함한 무리 가운데에서 내 스스로 위없는 바른 깨달음을 실현하였다고 인정되지 않았을 것이다. 비구들이여, 그러나 내가 이와 같이 세상의 달콤함을 달콤함이라고 위험을 위험이라고 벗어남을 벗어남이라고 있는 그대로 최상의 지혜로 알았기 때문에 나는 신과 마라와 범천을 포함한 세상에서, 사문·바라문과 신과 사람을 포함한 무리 가운데에서 내 스스로 위없는 바른 깨달음을 실현하였다고 인정되었다. 그리고 나에게는 '나의 해탈은 확고부동하다. 이것이 나의 마지막 태어남이며, 이제 더 이상의 다시 태어남[再生]은 없다.'라는 지와 견이 일어났다."

달콤함 경(A3:102)
Assāda-sutta

1. "비구들이여, 만일 세상에 달콤함이 없다면 중생들은 세상에 집착하지 않을 것이다. 비구들이여, 세상에는 달콤함이 있다. 그래서 중생들은 세상에 집착한다. 비구들이여, 만일 세상에 위험이 없다면 중생들은 세상에 염오하지 않을 것이다. 비구들이여, 세상에는 위험이 있다. 그래서 중생들은 세상에 염오한다. 비구들이여, 만일 세상에서 벗어남이 없다면 중생들은 세상으로부터 벗어나지 못할 것

---

596) 육차결집본에는 이 부분이 독립된 경으로 편집되어 있다.

이다. 비구들이여, 세상에는 벗어남이 있다. 그래서 중생들은 세상에서 벗어난다.

2. "비구들이여, 만일 중생들이 이와 같이 세상의 달콤함을 달콤함이라고 위험을 위험이라고 벗어남을 벗어남이라고 있는 그대로 최상의 지혜로 알지 못한다면 중생들은 결코 신과 마라와 범천을 포함한 세상으로부터, 사문·바라문과 신과 사람을 포함한 무리로부터 벗어나지 못하고 풀려나지 못하고 해탈하지 못하며 한계가 없는 마음으로 머물지 못할 것이다. 비구들이여, 그러나 중생들이 이와 같이 세상의 달콤함을 달콤함이라고 위험을 위험이라고 벗어남을 벗어남이라고 있는 그대로 최상의 지혜로 알 때 중생들은 신과 마라와 범천을 포함한 세상으로부터, 사문·바라문과 신과 사람을 포함한 무리로부터 벗어나고 풀려나고 해탈하며 한계가 없는 마음으로 머문다."

3. 597) "비구들이여, 세상의 달콤함을 달콤함이라고 위험을 위험이라고 벗어남을 벗어남이라고 있는 그대로 최상의 지혜로 알지 못하는 사문들이나 바라문들은 그 누구든지, 사문들 가운데서는 사문이라 불릴 수 없고 바라문들 가운데서는 바라문이라 불릴 수 없다. 그들 존자들은 사문 생활의 결실이나 바라문 생활의 결실을 지금여기에서 스스로 최상의 지혜로 알고 실현하여 드러내지 못한다.

비구들이여, 그러나 누구든지 세상의 달콤함을 달콤함이라고 위험을 위험이라고 벗어남을 벗어남이라고 있는 그대로 최상의 지혜로 아는 사문들이나 바라문들은 사문들 가운데서는 사문이라 불릴 만하

---

597)   육차결집본에는 이 부분도 역시 독립된 경으로 편집되어 있다.

고 바라문들 가운데서는 바라문이라 불릴 만하다. 그들 존자들은 사문 생활의 결실이나 바라문 생활의 결실을 지금여기에서 스스로 최상의 지혜로 알고 실현하여 드러낸다."

슬피 욺 경(A3:103)⁵⁹⁸⁾
Ruṇṇa-sutta

"비구들이여, 성자의 율에서 노래하는 것은 슬피 우는 것이다. 비구들이여, 성자의 율에서 춤추는 것은 미친 짓이다. 비구들이여, 성자의 율에서 이빨을 드러내놓고 지나치게 웃는 것은 유치한 짓이다. 비구들이여, 그러므로 여기서 노래할 조건을 부수고599) 춤출 조건을 부수라. 그대들이 어떤 이유 때문에 즐겁다면600) 단지 미소를 짓는 것으로 충분하다."

---

598) 본경은 육군비구(六群比丘, 여섯 무리의 비구, chabbaggiya)들의 바르지 못한 행실(anācāra)을 두고 하신 말씀이라고 주석서는 설명하고 있다.(AA.ii.366) 육군비구는 율장에 자주 나타나는 여섯 비구를 상수로 한 비구들의 무리들을 말한다. 그들은 생계를 해결하기 위해서 출가한 사람들이 대부분이었고 수행에는 큰 관심이 없었다고 한다. 자연히 그들의 행실은 바르지 못했고 그래서 그들 때문에 제정된 계율이 많다. 육군비구는 앗사지(Assaji), 뿌납바수(Punabbasu), 빤두까(Paṇḍuka), 로히따까(Lohitaka), 멧띠야(Mettiya), 붐마자(Bhummaja)인데 처음의 두 무리는 끼따기리(Kīṭāgiri, 까시에 있는 마을)에, 가운데 두 무리는 라자가하에, 나머지 두 무리는 제따와나에 거주했다고 한다.(J.ii.387)

599) '조건을 부수다.'는 setu-ghāta를 옮긴 것이다. setu는 [어떤 곳으로 인도하는] 다리라는 뜻이다. 주석서는 '조건(paccaya)'이라고 설명하고 있다.(AA.ii.366)

600) 여기서 이유로 옮긴 원어는 dhamma인데 주석서는 이유(kāraṇa)라고 설명하고 있다. 즉 "어떤 이유 때문에 즐겁다면"(*Ibid*)이라고 설명하고 있다.

물림 없음 경(A3:104)
Atitti-sutta

"비구들이여, 세 가지에 탐닉하는 것은 물림이 없다. 무엇이 셋인가? 비구들이여, 잠에 탐닉하는 것은 물림이 없다. 비구들이여, 곡주와 과일주를 마심에 탐닉하는 것은 물림이 없다. 비구들이여, 성행위에 탐닉하는 것은 물림이 없다. 비구들이여, 이러한 세 가지에 탐닉하는 것은 물림이 없다."

누각(樓閣) 경1(A3:105)[601]
Kūṭa-sutta

1. 그때 급고독 장자[602]가 세존께 다가갔다. 가서는 세존께 절을 올린 뒤 한 곁에 앉았다. 한 곁에 앉은 급고독 장자에게 세존께서는 이렇게 말씀하셨다.

"장자여, 마음이 보호되지 않으면 몸의 업도 보호되지 않고 말의 업도 보호되지 않고 마음의 업도 보호되지 않는다. 몸의 업이 보호되지 않고 말의 업이 보호되지 않고 마음의 업이 보호되지 않으면 몸의 업도 [오염원들에] 젖어들고[603] 말의 업도 젖어들고 마음의 업도 젖

---

601) 육차결집본의 경 이름은 보호되지 않음(Arakkhita-sutta)이다. 그러나 DPPN에는 본서처럼 누각(Kūṭa-sutta)으로 언급되고 있다.

602) 급고독 장자(Anāthapiṇḍika gahapati)에 대해서는 본서 제2권 「수닷따 경」(A4:58) §1의 주해를 참조할 것.

603) '젖어든다'는 avassutaṃ hoti를 옮긴 것이다. 문자적으로 avassutaṃ은 '넘쳐흐르다, 흘러나오다'의 뜻인데 주석서는 젖어든다(tintaṃ hoti)로 설명하고 있어서 이렇게 옮겼다.(AA.ii.367)

어든다. 몸의 업이 [오염원들에] 젖어들고 말의 업이 젖어들고 마음의 업이 젖어들면 몸의 업도 썩게 되고 말의 업도 썩게 되고 마음의 업도 썩게 된다. 몸의 업이 썩고 말의 업이 썩고 마음의 업이 썩으면 복되게 죽지 못하고 복된 임종을 맞지 못한다."

2. "장자여, 예를 들면 누각집의 지붕이 잘못 덮이면 누각도 보호되지 못하고 서까래도 보호되지 못하고 벽도 보호되지 못하고, 누각도 [빗물에] 젖고 서까래도 젖고 벽도 젖고, 누각도 썩고 서까래도 썩고 벽도 썩는다.

장자여, 그와 같이 마음이 보호되지 않으면 몸의 업도 보호되지 않고 말의 업도 보호되지 않고 마음의 업도 보호되지 않는다. … 젖는다. … 썩는다. …… 복되게 죽지 못하고 복된 임종을 맞지 못한다."

3. "장자여, 마음이 보호되면 몸의 업도 보호되고 말의 업도 보호되고 마음의 업도 보호된다. 몸의 업이 보호되고 말의 업이 보호되고 마음의 업이 보호되면 … 젖지 않는다. … 썩지 않는다. … 복되게 죽고 복된 임종을 맞이한다.

장자여, 마치 누각집의 지붕이 잘 덮이면 누각도 보호되고 서까래도 보호되고 벽도 보호되고 누각도 [빗물에] 젖지 않고 서까래도 젖지 않고 벽도 젖지 않고, 누각도 썩지 않고 서까래도 썩지 않고 벽도 썩지 않는 것과 같다.

장자여, 그와 같이 마음이 보호되면 몸의 업도 보호되고 말의 업도 보호되고 마음의 업도 보호된다. … 젖지 않는다. … 썩지 않는다. … 복되게 죽고 복된 임종을 맞이한다."

누각 경2(A3:106)604)

1. 그때 급고독 장자가 세존께 다가갔다. 가서는 세존께 절을
올린 뒤 한 곁에 앉았다. 한 곁에 앉은 급고독 장자에게 세존께서는
이렇게 말씀하셨다.

"장자여, 마음이 비뚤어지면605) 몸의 업도 비뚤어지고 말의 업도
비뚤어지고 마음의 업도 비뚤어진다. 몸의 업이 비뚤어지고 말의 업
이 비뚤어지고 마음의 업이 비뚤어지면 복되게 죽지 못하고 복된 임
종을 맞지 못한다.

2. "장자여, 예를 들면 누각집의 지붕이 잘못 덮이면 누각도
망가지고 서까래도 망가지고 벽도 망가지는 것과 같다. 장자여, 그와
같이 마음이 망가지면 몸의 업도 망가지고 말의 업도 망가지고 마음
의 업도 망가진다. 몸의 업이 망가지고 말의 업이 망가지고 마음의
업이 망가지면 복되게 죽지 못하고 복된 임종을 맞지 못한다."

3. "장자여, 마음이 비뚤어지지 않으면 몸의 업도 비뚤어지지
않고 말의 업도 비뚤어지지 않고 마음의 업도 비뚤어지지 않는다. 몸
의 업이 비뚤어지지 않고 말의 업이 비뚤어지지 않고 마음의 업이 비
뚤어지지 않으면 복되게 죽고 복된 임종을 맞이한다.

장자여, 예를 들면 누각집의 지붕이 잘 덮이면 누각도 망가지지 않

---

604) 육차결집본의 경 이름은 비뚤어짐(Vyāpanna-sutta)이다.

605) '비뚤어지다'는 'vyāpannaṁ hoti'를 옮긴 것이다. 문자적으로는 '악의에
  찬'이라는 뜻인데 주석서는 '평소의 성품을 버리고 머무는 상태
  (pakatibhāvaṁ jahitvā ṭhitaṁ)'라고 설명하고 있어서 이렇게 옮겼
  다.(*Ibid*)

고 서까래도 망가지지 않고 벽도 망가지지 않는 것과 같다. 장자여, 그와 같이 마음이 비뚤어지지 않으면 몸의 업도 비뚤어지지 않고 말의 업도 비뚤어지지 않고 마음의 업도 비뚤어지지 않는다. 몸의 업이 비뚤어지지 않고 말의 업이 비뚤어지지 않고 마음의 업이 비뚤어지지 않으면 복되게 죽고 복된 임종을 맞이한다."

원인 경1(A3:107)

Nidāna-sutta

1. "비구들이여, 업을 유발하는 세 가지 원인이 있다. 어떤 것이 셋인가?

탐욕이 업을 유발하는 원인이고, 성냄이 업을 유발하는 원인이고, 어리석음이 업을 유발하는 원인이다."

2. "비구들이여, 탐욕이 만들었고 탐욕에서 생겼고 탐욕이 원인이고 탐욕 때문에 일어난 그 업은 해로운 것이고, 그 업은 비난받아 마땅하고, 그 업은 괴로운 과보를 가져오며, 그 업은 [다른] 업을 일어나게 하고,606) 그 업은 [다른] 업을 소멸하게 하지 않는다.

비구들이여, 성냄이 만들었고 성냄에서 생겼고 성냄이 원인이고 성냄 때문에 일어난 그 업은 해로운 것이고, 그 업은 비난받아 마땅하고, 그 업은 괴로운 과보를 가져오며, 그 업은 [다른] 업을 일어나게 하고, 그 업은 [다른] 업을 소멸하게 하지 않는다.

---

606) "즉 그 업은 윤회를 하게 만드는 다른 업(añña vaṭṭagāmi-kamma)들을 일어나게 하고 적집하게(piṇḍakaraṇa, 모으게, 쌓게 ― AAṬ.ii.94) 한다는 뜻이다."(AA.ii.367)

비구들이여, 어리석음이 만들었고 어리석음에서 생겼고 어리석음이 원인이고 어리석음 때문에 일어난 그 업은 해로운 것이고, 그 업은 비난받아 마땅하고, 그 업은 괴로운 과보를 가져오며, 그 업은 [다른] 업을 일어나게 하고, 그 업은 [다른] 업을 소멸하게 하지 않는다.

비구들이여, 업을 유발하는 이러한 세 가지 원인이 있다."

원인 경2(A3:108)[607]

1. "비구들이여, 업을 유발하는 세 가지 원인이 있다. 어떤 것이 셋인가?

탐욕 없음이 업을 유발하는 원인이고, 성냄 없음이 업을 유발하는 원인이고, 어리석음 없음이 업을 유발하는 원인이다."

2. "비구들이여, 탐욕 없음이 만들었고, 탐욕 없음에서 생겼고, 탐욕 없음이 원인이고, 탐욕 없음에서 일어난 그 업은 유익한 것이고, 그 업은 비난받을 일이 없고, 그 업은 즐거운 과보를 가져오며, 그 업은 [다른] 업을 소멸하게 하고, 그 업은 [다른] 업을 일어나게 하지 않는다.

비구들이여, 성냄 없음이 만들었고, 성냄 없음에서 생겼고, 성냄 없음이 원인이고, 성냄 없음에서 일어난 그 업은 유익한 것이고, 그 업은 비난받을 일이 없고, 그 업은 즐거운 과보를 가져오며, 그 업은 [다른] 업을 소멸하게 하고, 그 업은 [다른] 업을 일어나게 하지 않는다.

비구들이여, 어리석음 없음이 만들었고, 어리석음 없음에서 생겼

---

607) 육차결집본에는 이 부분이 앞 경에 포함된 것으로 편집되어 있다.

고, 어리석음 없음이 원인이고, 어리석음 없음에서 일어난 그 업은 유익한 것이고, 그 업은 비난받을 일이 없고, 그 업은 즐거운 과보를 가져오며, 그 업은 [다른] 업을 소멸하게 하고, 그 업은 [다른] 업을 일어나게 하지 않는다.

비구들이여, 업을 유발하는 이러한 세 가지 원인이 있다."

원인 경3(A3:109)

1. "비구들이여, 업을 유발하는 세 가지 원인이 있다. 어떤 것이 셋인가?

비구들이여, 욕탐의 원인인608) 과거의 법들을 반연하여 열망609)이 생긴다. 비구들이여, 욕탐의 원인인 미래의 법들을 반연하여 열망이 생긴다. 비구들이여, 욕탐의 원인인 현재의 법들을 반연하여 열망이 생긴다."

2. "비구들이여, 그러면 어떻게 욕탐의 원인인 과거의 법들을 반연하여 열망이 생기는가?

비구들이여, 욕탐의 원인인 과거의 법들을 반연하여 마음으로 생각을 일으키고 지속적으로 고찰한다. 이렇게 욕탐의 원인인 과거의 법들을 반연하여 마음으로 생각을 일으키고 지속적으로 고찰하기 때문에 열망이 생긴다. 열망이 생긴 자는 이러한 법들에 묶여 있다. 마음의 욕망을 나는 족쇄라고 말한다.

---

608) '욕탐의 원인'으로 옮긴 원어는 chandarāga-ṭṭhāniya인데 주석서에서 "욕탐의 원인이 되는(kāraṇa-bhūta)"(AA.ii.368)으로 설명한다.

609) "여기서 '열망(chanda)'은 갈애(taṇhā-chanda)를 뜻한다."(*Ibid*)

비구들이여, 이와 같이 욕탐의 원인인 과거의 법들을 반연하여 열망이 생긴다.”

3. “비구들이여, 그러면 어떻게 욕탐의 원인인 미래의 법들을 반연하여 열망이 생기는가?

비구들이여, 욕탐의 원인인 미래의 법들을 반연하여 마음으로 생각을 일으키고 지속적으로 고찰한다. 이렇게 욕탐의 원인인 미래의 법들을 반연하여 마음으로 생각을 일으키고 지속적으로 고찰하기 때문에 열망이 생긴다. 열망이 생긴 자는 이러한 법들에 묶여 있다. 마음의 욕망을 나는 족쇄라고 말한다.

비구들이여, 이와 같이 욕탐의 원인인 미래의 법들을 반연하여 열망이 생긴다.”

4. “비구들이여, 그러면 어떻게 욕탐의 원인인 현재의 법들을 반연하여 열망이 생기는가?

비구들이여, 욕탐의 원인인 현재의 법들을 반연하여 마음으로 생각을 일으키고 지속적으로 고찰한다. 이렇게 욕탐의 원인인 현재의 법들을 반연하여 마음으로 생각을 일으키고 지속적으로 고찰하기 때문에 열망이 생긴다. 열망이 생긴 자는 이러한 법들에 묶여 있다. 마음의 욕망을 나는 족쇄라고 말한다.

비구들이여, 이와 같이 욕탐의 원인인 현재의 법들을 반연하여 열망이 생긴다.

비구들이여, 업을 유발하는 이러한 세 가지 원인이 있다.”

원인 경4(A3:110)

1. "비구들이여, 업을 유발하는 세 가지 원인이 있다. 어떤 것이 셋인가?

비구들이여, 욕탐의 원인인 과거의 법들을 반연하여 열망이 생기지 않는다. 비구들이여, 욕탐의 원인인 미래의 법들을 반연하여 열망이 생기지 않는다. 비구들이여, 욕탐의 원인인 현재의 법들을 반연하여 열망이 생기지 않는다."

2. "비구들이여, 그러면 어떻게 욕탐의 원인인 과거의 법들을 반연하여 열망이 생기지 않는가?

비구들이여, 그는 욕탐의 원인인 과거의 법들이 가져올 미래의 과보를 꿰뚫어 안다. 미래의 과보를 안 뒤 그것을 피한다.610) 그것을 피하고 마음으로 꿰뚫고 나서611) 통찰지로써 꿰뚫어 본다.

비구들이여, 이와 같이 욕탐의 원인인 과거의 법들을 반연하여 열망이 생기지 않는다."

3. "비구들이여, 그러면 어떻게 욕탐의 원인인 미래의 법들을 반연하여 열망이 생기지 않는가?

비구들이여, 그는 욕탐의 원인이 되는 미래의 법들이 가져올 미래의 과보를 꿰뚫어 안다. 미래의 과보를 안 뒤 그것을 피한다. 그것을

---

610) "그가 과보를 꿰뚫어 알 때 그는 법들과 그 과보를 피하게 된다. 이 문장으로 위빳사나를 말씀하셨다."(*Ibid*)

611) '꿰뚫고 나서'로 옮긴 원어는 abhivirājetvā인데 사전에는 그 뜻이 나타나지 않는다. 대신에 육차결집본에는 abhinivijjhitvā로 되어있다. 육차결집본을 따라서 이렇게 옮겼다.

피하고 마음으로 꿰뚫고 나서 통찰지로써 꿰뚫어 본다.

비구들이여, 이와 같이 욕탐의 원인이 되는 미래의 법들을 반연하여 열망이 생기지 않는다."

4. "비구들이여, 그러면 어떻게 욕탐의 원인인 현재의 법들을 반연하여 열망이 생기지 않는가?

비구들이여, 그는 욕탐의 원인인 현재의 법들이 가져올 미래의 과보를 꿰뚫어 안다. 미래의 과보를 안 뒤 그것을 피한다. 그것을 피하고 마음으로 꿰뚫고 나서 통찰지로써 꿰뚫어 본다.

비구들이여, 이와 같이 욕탐의 원인인 현재의 법들을 반연하여 열망이 생기지 않는다.

비구들이여, 업을 유발하는 이러한 세 가지 원인이 있다."

제11장 바른 깨달음 품이 끝났다.

제12장 악처로 향하는 자 품
Āpāyika-vagga

악처로 향하는 자 경(A3:111)
Āpāyika-sutta

"비구들이여, [나쁜 습관을] 버리지 못하여 악처에 떨어지고 지옥에 떨어지는 세 부류의 사람이 있다. 무엇이 셋인가?

청정범행을 닦지 않는 자가 청정범행을 닦는다고 자처하는 자, 청정범행을 닦고 지극히 청정범행을 닦는 자에 대해서 근거 없이 청정범행을 닦는 자가 아니라고 힐난하는 자, 감각적 욕망들에 [빠져도] 아무런 잘못이 없다는 주장과 견해를 가지고는 실제로 감각적 욕망들에 빠져있는 자이다.

비구들이여, 이것이 [나쁜 습관을] 버리지 못하여 악처에 떨어지고 지옥에 떨어지는 세 부류의 사람이다."

얻기 어려움 경(A3:112)
Dullabha-sutta

"비구들이여, 세 사람의 출현은 세상에서 아주 드물다. 무엇이 셋인가?

비구들이여, 여래 아라한 정등각의 출현은 세상에서 아주 드물다. 여래가 설하신 법과 율을 설하는 사람은 세상에서 아주 드물다. 은혜를 알고 은혜에 보답할 줄 아는 사람은 세상에서 아주 드물다.

비구들이여, 이러한 세 사람의 출현은 세상에서 아주 드물다."

측량할 수 없음 경(A3:113)

Appameyya-sutta

1. "비구들이여, 세상에는 세 부류의 사람이 있다. 어떤 것이 셋인가?

쉽게 측량할 수 있는 자, 측량하기 어려운 자, 측량할 수 없는 자이다.

비구들이여, 그러면 어떤 사람이 쉽게 측량할 수 있는 자인가? 비구들이여, 여기 어떤 사람은 경솔하고 거들먹거리고 변덕스럽고 수다스럽고 산만하게 말하고 마음챙김을 놓아버리고 분명하게 알아차림[正知]이 없고 집중하지 못하며 마음이 산란하고 감각기능이 제어되지 않았다. 비구들이여, 이런 사람을 일러 쉽게 측량할 수 있는 자라 한다."

2. "비구들이여, 그러면 어떤 사람이 측량하기 어려운 자인가? 비구들이여, 여기 어떤 사람은 경솔하지 않고 거들먹거리지 않고 변덕스럽지 않고 수다스럽지 않고 산만하게 말하지 않고 마음챙김을 확립하며 분명하게 알아차리고 집중하며 일념이 되고 감각기능이 제어되었다. 비구들이여, 이런 사람을 일러 측량하기 어려운 자라 한다."

3. "비구들이여, 그러면 어떤 사람이 측량할 수 없는 자인가? 비구들이여, 여기 비구는 번뇌 다한 아라한이다. 비구들이여, 이를 일러 측량할 수 없는 자라 한다.

비구들이여, 세상에는 이러한 세 부류의 사람이 있다."

무변처 경(A3:114)[612]
Ānañcāyatana-sutta

1. "비구들이여, 세상에는 세 부류의 사람이 있다. 무엇이 셋인가?

비구들이여, 여기 어떤 사람은 물질[色]에 대한 인식(산냐)을 완전히 초월하고 부딪힘의 인식을 소멸하고 갖가지 인식을 마음에 잡도리하지 않기 때문에 '무한한 허공'이라고 하면서 공무변처(空無邊處)를 구족하여 머문다. 그는 이 선(禪)을 즐기고, 이것을 바라고, 이것에 만족을 느낀다. 그는 여기에 굳게 서고 여기에 확신을 가지고 여기에 많이 머물고 이것으로부터 물러섬이 없고 죽은 뒤에는 공무변처에 도달한 신들의 동료로 태어난다. 비구들이여, 공무변처에 태어난 신들의 수명의 한계는 2만 겁이다.

거기서 범부는 그 신들의 수명의 한계만큼 거기 머물다가 그 수명이 모두 다하면 지옥에도 가고 축생의 모태에도 가고 아귀계에도 간다. 그러나 세존의 제자는 그 신들의 수명의 한계만큼 거기 머물다가 그 수명이 모두 다하면 바로 그 [무색계의] 존재에서 반열반에 든다. 비구들이여, 갈 곳과 태어날 곳에 관한 한 이것이 많이 배운 성스러운 제자와 배우지 못한 범부 간의 특별함이고 차이점이고 다른 점이다."

2. "다시 비구들이여, 여기 어떤 사람은 공무변처를 완전히 초

---

612) 육차결집본의 경 이름은 흔들림 없음(Āneñja-sutta)이다. PTS본의 권말 목록(uddāna)에는 ānañcāyatana라 하여 공무변처와 식무변처와 무소유처에 공통적으로 나타나는 ānañcāyatana를 제목으로 삼았다. 그래서 무변처라 옮겼다.

월하여 '무한한 알음알이[識]'라고 하면서 식무변처(識無邊處)를 구족하여 머문다. 그는 이 선(禪)을 즐기고, 이것을 바라고, 이것에 만족을 느낀다. 그는 여기에 굳게 서고 여기에 확신을 가지고 여기에 많이 머물고 이것으로부터 물러섬이 없고 죽은 뒤에는 식무변처에 도달한 신들의 동료로 태어난다. 비구들이여, 식무변처에 태어난 신들의 수명의 한계는 4만 겁이다.

거기서 범부는 그 신들의 수명의 한계만큼 거기 머물다가 그 수명이 모두 다하면 지옥에도 가고 축생의 모태에도 가고 아귀계에도 간다. 그러나 세존의 제자는 그 신들의 수명의 한계만큼 거기 머물다가 그 수명이 모두 다하면 바로 그 [무색계의] 존재에서 반열반에 든다. 비구들이여, 갈 곳과 태어날 곳에 관한 한 이것이 많이 배운 성스러운 제자와 배우지 못한 범부 간의 특별함이고 차이점이고 다른 점이다."

3. "다시 비구들이여, 여기 어떤 사람은 일체 식무변처를 완전히 초월하여 '아무 것도 없다.'라고 하면서 무소유처(無所有處)를 구족하여 머문다. 그는 이 禪을 즐기고, 이것을 바라고, 이것으로 만족을 느낀다. 그는 여기에 굳게 서고 여기에 확신을 가지고 여기에 많이 머물고 이것으로부터 물러서지 않아서 죽은 뒤에는 무소유처에 도달한 신들의 동료로 태어난다. 비구들이여, 무소유처에 태어난 신들의 수명의 한계는 6만 겁이다.

거기서 범부는 그 신들의 수명의 한계만큼 거기 머물다가 그 수명이 모두 다하면 지옥에도 가고 축생의 모태에도 가고 아귀계에도 간다. 그러나 세존의 제자는 그 신들의 수명의 한계만큼 거기 머물다가 그 수명이 모두 다하면 바로 그 [무색계의] 존재에서 반열반에 든다. 비구들이여, 갈 곳과 태어날 곳에 관한 한 이것이 많이 배운 성스러운 제자와 배우지 못한 범부 간의 특별함이고 차이점이고 다른 점이다.

비구들이여, 세상에는 이러한 세 부류의 사람이 있다."

결함 경(A3:115)[613]

Vipatti-sutta

1. "비구들이여, 세 가지 결함이 있다. 무엇이 셋인가? 계행의 결함, 마음의 결함, 견해의 결함이다.

비구들이여, 그러면 무엇이 계행의 결함인가? 비구들이여, 여기 어떤 사람은 생명을 죽이고, 주지 않은 것을 가지고, 삿된 음행을 하고, 거짓말을 하고, 이간질을 하고, 욕설을 하고, 잡담을 한다. 비구들이여, 이를 일러 계행의 결함이라 한다."

2. "비구들이여, 그러면 무엇이 마음의 결함인가? 비구들이여, 여기 어떤 사람은 간탐하고, 악의에 찬 마음을 가졌다. 비구들이여, 이를 일러 마음의 결함이라 한다."

3. "비구들이여, 그러면 무엇이 견해의 결함인가? 비구들이여, 여기 어떤 사람은 '보시한 것도 없고 제사지낸 것도 없고 헌공(獻供)한 것도 없다. 선행과 악행의 업들에 대한 결실도 과보도 없다. 이 세상도 없고 저 세상도 없다. 어머니도 없고 아버지도 없다.[614] 화생하는 중생도 없고 이 세상과 저 세상을 스스로 최상의 지혜로 알고 실현하여 드러내는 바른 도를 구족한 사문·바라문들도 이 세상에는 없

---

613) 육차결집본의 경 이름은 결함과 구족(Vipattisampadā-sutta)이다.

614) "이것은 부모에 대한 효도와 불효에 대한 결과의 측면에서 말한 것이다."
(AA.ii.370)

다.'라는 삿된 견해를 가졌고 전도된 견해를 가졌다. 비구들이여, 이를 일러 견해의 결함이라 한다."

4. "비구들이여, 계행의 결함을 원인으로 중생들은 죽어서 몸이 무너진 다음에는 처참한 곳, 불행한 곳, 파멸처, 지옥에 태어난다. 비구들이여, 마음의 결함을 원인으로 중생들은 죽어서 몸이 무너진 다음에는 처참한 곳, 불행한 곳, 파멸처, 지옥에 태어난다. 비구들이여, 견해의 결함을 원인으로 중생들은 죽어서 몸이 무너진 다음에는 처참한 곳, 불행한 곳, 파멸처, 지옥에 태어난다.

비구들이여, 이것이 세 가지 결함이다."

5. "비구들이여, 세 가지 구족이 있다. 무엇이 셋인가? 계행의 구족, 마음의 구족, 견해의 구족이다.

비구들이여, 그러면 무엇이 계행의 구족인가? 비구들이여, 여기 어떤 사람은 생명을 죽이는 것을 멀리 여의고, 주지 않은 것을 가지는 것을 멀리 여의고, 삿된 음행을 멀리 여의고, 거짓말을 멀리 여의고, 이간질을 멀리 여의고, 욕설을 멀리 여의고, 잡담을 멀리 여읜다. 비구들이여, 이를 일러 계행의 구족이라 한다."

6. "비구들이여, 그러면 무엇이 마음의 구족인가? 비구들이여, 여기 어떤 사람은 간탐하지 않고, 악의 없는 마음을 가졌다. 비구들이여, 이를 일러 마음의 구족이라 한다."

7. "비구들이여, 그러면 무엇이 견해의 구족인가? 비구들이여, 여기 어떤 사람은 '보시한 것도 있고 제사지낸 것도 있고 헌공(獻供)한 것도 있다. 선행과 악행의 업들에 대한 결실도 과보도 있다. 이 세

상도 있고 저 세상도 있다. 어머니도 있고 아버지도 있다. 화생하는 중생도 있고 이 세상과 저 세상을 스스로 최상의 지혜로 알고 실현하여 드러내는 바른 도를 구족한 사문·바라문들도 이 세상에는 있다.'라는 바른 견해를 가졌고 전도되지 않은 견해를 가졌다. 비구들이여, 이를 일러 견해의 구족이라 한다."

8. "비구들이여, 계행의 구족을 원인으로 중생들은 죽어서 몸이 무너진 다음에는 좋은 곳[善處], 천상세계에 태어난다. 비구들이여, 마음의 구족을 원인으로 중생들은 죽어서 몸이 무너진 다음에는 좋은 곳[善處], 천상세계에 태어난다. 비구들이여, 견해의 구족을 원인으로 중생들은 죽어서 몸이 무너진 다음에는 좋은 곳[善處], 천상세계에 태어난다.

비구들이여, 이것이 세 가지 구족이다."

티 없음 경(A3:116)
Apaṇṇaka-sutta

1. "비구들이여, 세 가지 결함이 있다. 무엇이 셋인가? 계행의 결함, 마음의 결함, 견해의 결함이다.

비구들이여, 그러면 무엇이 계행의 결함인가? …

비구들이여, 그러면 무엇이 마음의 결함인가? …

비구들이여, 그러면 무엇이 견해의 결함인가? …

비구들이여, 계행의 결함을 원인으로 … 마음의 결함을 원인으로 … 견해의 결함을 원인으로 중생들은 죽어서 몸이 무너진 다음에는 처참한 곳[苦界], 불행한 곳[惡處], 파멸처, 지옥에 태어난다."

2.   "비구들이여, 예를 들면 티 없는 보배로 만든 주사위를 위로 던지면 그것이 어디에 떨어지든지 바르게 잘 놓이는 것과 같다. 비구들이여, 그와 같이 계행의 결함을 원인으로 … 마음의 결함을 원인으로 … 견해의 결함을 원인으로 중생들은 죽어서 몸이 무너진 다음에는 처참한 곳, 불행한 곳, 파멸처, 지옥에 태어난다.

비구들이여, 이것이 세 가지 결함이다."

3.   "비구들이여, 세 가지 구족이 있다. 무엇이 셋인가? 계행의 구족, 마음의 구족, 견해의 구족이다.

비구들이여, 그러면 무엇이 계행의 구족인가? …

비구들이여, 그러면 무엇이 마음의 구족인가? …

비구들이여, 그러면 무엇이 견해의 구족인가? …

비구들이여, 계행의 구족을 원인으로 … 마음의 구족을 원인으로 … 견해의 구족을 원인으로 중생들은 죽어서 몸이 무너진 다음에는 좋은 곳[善處], 천상세계에 태어난다."

4.   "비구들이여, 예를 들면 티 없는 보배로 만든 주사위를 위로 던지면 그것이 어디에 떨어지든지 바르게 잘 놓이는 것과 같다. 비구들이여, 그와 같이 계행의 구족을 원인으로 … 마음의 구족을 원인으로 … 견해의 구족을 원인으로 중생들은 죽어서 몸이 무너진 다음에는 좋은 곳[善處], 천상세계에 태어난다.

비구들이여, 이것이 세 가지 구족이다."

행위 경(A3:117)
Kammanta-sutta

1. "비구들이여, 세 가지 결함이 있다. 무엇이 셋인가? 행위의 결함, 생계의 결함, 견해의 결함이다.

비구들이여, 그러면 무엇이 행위의 결함인가? 비구들이여, 여기 어떤 사람은 생명을 죽이고, 주지 않은 것을 가지고, 삿된 음행을 하고, 거짓말을 하고, 이간질을 하고, 욕설을 하고, 잡담을 한다. 비구들이여, 이를 일러 행위의 결함이라 한다."

2. "비구들이여, 그러면 무엇이 생계의 결함인가? 비구들이여, 여기 어떤 사람은 삿된 생계를 가져 삿된 생계로 목숨을 영위한다. 비구들이여, 이를 일러 생계의 결함이라 한다."

3. "비구들이여, 그러면 무엇이 견해의 결함인가? 비구들이여, 여기 어떤 사람은 '보시한 것도 없고 제사지낸 것도 없고 … 바른 도를 구족한 사문·바라문들도 이 세상에는 없다.'라는 삿된 견해를 가졌고 전도된 견해를 가졌다. 비구들이여, 이를 일러 견해의 결함이라 한다.

비구들이여, 이것이 세 가지 결함이다."

4. "비구들이여, 세 가지 구족이 있다. 무엇이 셋인가? 행위의 구족, 생계의 구족, 견해의 구족이다.

비구들이여, 그러면 무엇이 행위의 구족인가? 비구들이여, 여기 어떤 사람은 생명을 죽이는 것을 멀리 여의고, 주지 않은 것을 가지는 것을 멀리 여의고, 삿된 음행을 멀리 여의고, 거짓말을 멀리 여의고, 이간질을 멀리 여의고, 욕설을 멀리 여의고, 잡담을 멀리 여읜다. 비구들이여, 이를 일러 행위의 구족이라 한다."

5.   "비구들이여, 그러면 무엇이 생계의 구족인가? 비구들이여, 여기 어떤 사람은 바른 생계를 가져 바른 생계로 목숨을 영위한다. 비구들이여, 이를 일러 생계의 구족이라 한다."

6.   "비구들이여, 그러면 무엇이 견해의 구족인가? 비구들이여, 여기 어떤 사람은 '보시한 것도 있고 제사지낸 것도 있고 … 바른 도를 구족한 사문·바라문들도 이 세상에는 있다.'라는 바른 견해를 가졌고 전도되지 않은 견해를 가졌다. 비구들이여, 이를 일러 견해의 구족이라 한다.

비구들이여, 이것이 세 가지 구족이다."

깨끗함 경1(A3:118)
Soceyya-sutta

1.   "비구들이여, 세 가지 깨끗함이 있다. 무엇이 셋인가?
몸이 깨끗함, 말이 깨끗함, 마음이 깨끗함이다."

2.   "비구들이여, 그러면 무엇이 몸이 깨끗함인가? 비구들이여, 여기 어떤 사람은 생명을 죽이는 것을 멀리 여의고, 주지 않은 것을 가지는 것을 멀리 여의고, 삿된 음행을 멀리 여읜다. 비구들이여, 이를 일러 몸이 깨끗함이라 한다.

비구들이여, 그러면 무엇이 말이 깨끗함인가? 비구들이여, 여기 어떤 사람은 거짓말을 멀리 여의고, 이간질을 멀리 여의고, 욕설을 멀리 여의고, 잡담을 멀리 여읜다. 비구들이여, 이를 일러 말이 깨끗함이라 한다.

비구들이여, 그러면 무엇이 마음이 깨끗함인가? 비구들이여, 여기 어떤 사람은 간탐하지 않고, 악의 없는 마음을 가지고, 바른 견해를 가졌다. 비구들이여, 이를 일러 마음이 깨끗함이라 한다.

비구들이여, 이것이 세 가지 깨끗함이다."

깨끗함 경2(A3:119)

1. "비구들이여, 세 가지 깨끗함이 있다. 무엇이 셋인가?
몸이 깨끗함, 말이 깨끗함, 마음이 깨끗함이다."

2. "비구들이여, 그러면 무엇이 몸이 깨끗함인가? 비구들이여, 여기 비구는 생명을 죽이는 것을 멀리 여의고, 주지 않은 것을 가지는 것을 멀리 여의고, 순결하지 못한 삶615)을 멀리 여읜다. 비구들이여, 이를 일러 몸이 깨끗함이라 한다."

3. "비구들이여, 그러면 무엇이 말이 깨끗함인가? 비구들이여, 여기 비구는 거짓말을 멀리 여의고, 이간질을 멀리 여의고, 욕설을 멀리 여의고, 잡담을 멀리 여읜다. 비구들이여, 이를 일러 말이 깨끗함이라 한다."

4. "비구들이여, 그러면 무엇이 마음이 깨끗함인가? 비구들이

---

615) '순결하지 못한 삶'은 abrahma-cariya를 옮긴 것이다. 이것은 성생활을 완전히 금하는 것을 말한다. 비구들이 닦는 청정범행(brahma- cariya)은 그 근본 의미가 성생활을 엄격히 금하는 것이다.

여, 여기 비구는 자기에게 감각적 욕망이 있을 때 '내게 감각적 욕망이 있다.'고 꿰뚫어 알고, 감각적 욕망이 없을 때 '내게 감각적 욕망이 없다.'고 꿰뚫어 안다. 비구는 전에 없던 감각적 욕망이 어떻게 일어나는지 꿰뚫어 알고, 일어난 감각적 욕망을 어떻게 제거하는지 꿰뚫어 알며, 어떻게 하면 제거한 감각적 욕망이 앞으로 다시 일어나지 않는지 꿰뚫어 안다."

5. "자기에게 악의가 있을 때 '내게 악의가 있다.'고 꿰뚫어 알고, 악의가 없을 때 '내게 악의가 없다.'고 꿰뚫어 안다. 비구는 전에 없던 악의가 어떻게 일어나는지 꿰뚫어 알고, 일어난 악의를 어떻게 제거하는지 꿰뚫어 알며, 어떻게 하면 제거한 악의가 앞으로 다시 일어나지 않는지 꿰뚫어 안다."

6. "자기에게 해태와 혼침이 있을 때 '내게 해태와 혼침이 있다.'고 꿰뚫어 알고, 해태와 혼침이 없을 때 '내게 해태와 혼침이 없다.'고 꿰뚫어 안다. 비구는 전에 없던 해태와 혼침이 어떻게 일어나는지 꿰뚫어 알고, 일어난 해태와 혼침을 어떻게 제거하는지 꿰뚫어 알며, 어떻게 하면 제거한 해태와 혼침이 앞으로 다시 일어나지 않는지 꿰뚫어 안다."

7. "자기에게 들뜸과 후회가 있을 때 '내게 들뜸과 후회가 있다.'고 꿰뚫어 알고, 들뜸과 후회가 없을 때 '내게 들뜸과 후회가 없다.'고 꿰뚫어 안다. 비구는 전에 없던 들뜸과 후회가 어떻게 일어나는지 꿰뚫어 알고, 일어난 들뜸과 후회를 어떻게 제거하는지 꿰뚫어 알며, 어떻게 하면 제거한 들뜸과 후회가 앞으로 다시 일어나지 않는

지 꿰뚫어 안다."

8. "자기에게 의심이 있을 때 '내게 의심이 있다.'고 꿰뚫어 알고, 의심이 없을 때 '내게 의심이 없다.'고 꿰뚫어 안다. 비구는 전에 없던 의심이 어떻게 일어나는지 꿰뚫어 알고, 일어난 의심을 어떻게 제거하는지 꿰뚫어 알며, 어떻게 하면 제거한 의심이 앞으로 다시 일어나지 않는지 꿰뚫어 안다. 비구들이여, 이를 일러 마음이 깨끗함이라 한다.

비구들이여, 이것이 세 가지 깨끗함이다."

9. "몸이 깨끗하고 말이 깨끗하고
마음이 깨끗하여 번뇌가 없으며
청결함과 깨끗함을 구족한 자를
악을 씻은 자라 부르리."

완성 경(A3:120)
Moneyya-sutta

1. "비구들이여, 세 가지 완성616)이 있다. 무엇이 셋인가?
몸의 완성,617) 말의 완성, 마음의 완성이다."

---

616) 완성으로 옮긴 원어는 moneyya이다. 문자적인 뜻은 성자의 상태, 즉 성자에게 어울리는 행위이다. 『디가니까야 주석서』는 '성자가 되게 하며 성자에게 어울리는 도닦음(paṭipadā)의 법들이다.'라고 설명한다.(DA.iii.1004)

617) "몸의 완성이란 몸의 문에서의 성자의 상태, 현자의 상태를 뜻한다. 나머지에도 이렇게 적용된다."(AA.ii.371)

2. "비구들이여, 그러면 무엇이 몸의 완성인가? 비구들이여, 여기 비구는 생명을 죽이는 것을 멀리 여의고, 주지 않은 것을 가지는 것을 멀리 여의고, 순결하지 못한 삶을 멀리 여읜다. 비구들이여, 이를 일러 몸의 완성이라 한다.

비구들이여, 그러면 무엇이 말의 완성인가? 비구들이여, 여기 비구는 거짓말을 멀리 여의고, 이간질을 멀리 여의고, 욕설을 멀리 여의고, 잡담을 멀리 여읜다. 비구들이여, 이를 일러 말의 완성이라 한다.

비구들이여, 그러면 무엇이 마음의 완성인가? 비구들이여, 여기 비구는 모든 번뇌가 다하여 아무 번뇌가 없는 마음의 해탈[心解脫]과 통찰지를 통한 해탈[慧解脫]을 바로 지금여기에서 스스로 최상의 지혜로 알고 실현하고 구족하여 머문다. 비구들이여, 이를 일러 마음의 완성이라 한다.

비구들이여, 이것이 세 가지 완성이다."

제12장 악처로 향하는 자 품이 끝났다.

제13장 꾸시나라 품

Kusinārā-vagga

꾸시나라 경(A3:121)

Kusinārā-sutta

1. 한때 세존께서는 꾸시나라618)에서 발리하라나619) 밀림에 머무셨다. 거기서 세존께서는 "비구들이여."라고 비구들을 부르셨다. "세존이시여."라고 비구들은 세존께 응답했다. 세존께서는 이렇게 말씀하셨다.

"비구들이여, 여기 비구는 어떤 마을이나 성읍을 의지하여 머문다. 이런 그에게 장자나 장자의 아들이 찾아와서 다음날 공양을 올리겠다고 청을 한다. 비구들이여, 만일 비구가 원한다면 그에 응한다. 그는 그 밤이 지나면 오전에 옷매무새를 가다듬고 발우와 가사를 수하고 그 장자나 장자의 아들의 집으로 간다. 가서는 지정된 자리에 앉는다. 그러면 장자나 장자의 아들이 딱딱하거나 부드러운 맛있는 음식을 그가 만족하고 그만두라고 할 때까지620) 자기 손으로 직접 그

---

618) 꾸시나라(Kusinārā)는 인도 중원의 16개국 가운데 하나인 말라(Malla)의 수도였으며 부처님께서 반열반에 드신 곳으로 우리에게 잘 알려진 곳이다. 말라는 왓지 족처럼 공화국 체제를 유지하였으며 말라의 수장들이 돌아가면서 정치를 하였고 그런 의무가 없을 때는 상업에 종사하였다고 한다.(DA.ii.569)

619) 주석서는 "이곳에서 정령(bhūta)들에게 제물(祭物, bali)을 바치기 위해서 제물을 가져왔기(haranti) 때문에 발리하라나(Baliharaṇa)라고 한다."(AA.ii.372)고 설명하고 있다.

에게 대접한다.

그러면 그 비구에게 '이러한 장자나 장자의 아들이 딱딱하거나 부드러운 맛있는 음식을 내가 만족하고 그만두라고 할 때까지 자기 손으로 직접 나에게 대접하다니 참으로 장하구나.'라는 생각이 든다. 그리고 다시 '이러한 장자나 장자의 아들이 미래에도 역시 딱딱하거나 부드러운 맛있는 음식을 내가 만족하고 그만두라고 할 때까지 자기 손으로 직접 나에게 대접하면 좋겠다.'라는 생각이 든다. 그는 그 음식에 묶이고 홀리고 집착하며 위험을 보지 못하고 벗어남을 통찰함이 없이[621] 수용한다. 그는 거기서 감각적 욕망을 생각하고 악의를 생각하고 해코지를 생각한다. 비구들이여, 이러한 비구에게 보시한 것은 큰 결실이 없다고 나는 말한다. 그것은 무슨 이유 때문인가? 비구들이여, 그 비구는 방일하여 지내기 때문이다."

2. "비구들이여, 여기 비구는 어떤 마을이나 성읍을 의지하여 머문다. 이런 그에게 장자나 장자의 아들이 찾아와서 다음날 공양을 올리겠다고 청을 한다. 비구들이여, 만일 비구가 원한다면 그에 응한다. 그는 그 밤이 지나면 오전에 옷매무새를 가다듬고 발우와 가사를 수하고 그 장자나 장자의 아들의 집으로 간다. 가서는 지정된 자리에 앉는다. 그러면 장자나 장자의 아들이 딱딱하거나 부드러운 맛있는 음식을 그가 만족하고 그만두라고 할 때까지 자기 손으로 직접 그에

---

620) '그만두라고 하다.'로 옮긴 원어는 sampavāreti이다. 주석서는 "충분하다, 그만하라는 말과 함께 손을 움직여 거절하는 것이다."(AA.ii.372)라고 설명한다.

621) "감각적 욕망을 버리고 다 끌어내고서 음식을 먹을 때 벗어남을 통찰하면서 수용한다고 한다. 그러나 이 사람은 그렇지가 않고 감각적 욕망을 가지고서 먹기 때문에 벗어남을 통찰함이 없이 수용한다고 한다."(AA.ii.373)

게 대접한다.

그러나 그 비구에게 '이러한 장자나 장자의 아들이 딱딱하거나 부드러운 맛있는 음식을 내가 만족하고 그만두라고 할 때까지 자기 손으로 직접 나에게 대접하다니 참으로 장하구나.'라는 생각이 들지 않는다. 그리고 다시 '이러한 장자나 장자의 아들이 미래에도 역시 딱딱하거나 부드러운 맛있는 음식을 내가 만족하고 그만두라고 할 때까지 자기 손으로 직접 나에게 대접하면 좋겠다.'라는 생각도 들지 않는다. 그는 그 음식에 묶이지 않고 홀리지 않고 집착하지 않으며 위험을 보고 벗어남을 통찰하면서 수용한다. 그는 거기서 감각적 욕망을 생각하지 않고 악의를 생각하지 않고 해코지를 생각하지 않는다. 비구들이여, 이러한 비구에게 보시한 것은 큰 결실이 있다고 나는 말한다. 그것은 무슨 이유 때문인가? 비구들이여, 그 비구는 방일하지 않고 지내기 때문이다."

다툼 경(A3:122)
Bhaṇḍana-sutta

1. "비구들이여, 비구들이 싸우기를 좋아하고 말다툼을 좋아하고 논쟁을 좋아하고 혀를 무기로 서로에게 상처를 주면서 머무는 그런 방향은 내가 생각만 해도 편하지 않은데 하물며 그곳에 가는 것임에랴. 비구들이여, 나는 여기에 대해서 이런 결론에 도달하였다. '참으로 그 존자들은 세 가지 법을 버렸고 세 가지 법을 많이 지었다.'라고.

어떤 세 가지 법을 버렸는가? 출리에 대한 사유와 악의 없음에 대한 사유와 해코지 않음에 대한 사유이다.622) 그들은 이러한 세 가지 법을 버렸다.

어떤 세 가지 법을 많이 지었는가? 감각적 욕망에 대한 사유와 악의에 대한 사유와 해코지에 대한 사유이다. 그들은 이러한 세 가지 법을 많이 지었다.

비구들이여, 비구들이 싸우기를 좋아하고 말다툼을 좋아하고 논쟁을 좋아하고 혀를 무기로 서로에게 상처를 주면서 머무는 그런 방향은 내가 생각만 해도 편하지 않는데 하물며 그곳에 가는 것임에랴. 비구들이여, 나는 여기에 대해서 이런 결론에 도달하였다. '참으로 그 존자들은 이러한 세 가지 법을 버렸고 이러한 세 가지 법을 많이 지었다.'라고."

2. "비구들이여, 비구들이 화합하고 정중하고 논쟁하지 않고 물과 우유가 섞인 것 같고 애정 어린 눈으로 서로를 바라보며 머무는 그런 방향은 내가 생각만 해도 편한데 하물며 그곳에 가는 것임에랴. 비구들이여, 나는 여기에 대해서 이런 결론에 도달하였다. '참으로 그 존자들은 세 가지 법을 버렸고 세 가지 법을 많이 지었다.'라고.

어떤 세 가지 법을 버렸는가? 감각적 욕망에 대한 사유와 악의에 대한 사유와 해코지에 대한 사유이다. 그들은 이러한 세 가지 법을 버렸다.

어떤 세 가지 법을 많이 지었는가? 출리에 대한 사유와 악의 없음에 대한 사유와 해코지 않음에 대한 사유이다. 그들은 이러한 세 가지 법을 많이 지었다.

비구들이여, 비구들이 화합하고 대중과 함께함을 좋아하고 논쟁하지 않고 물과 우유가 섞인 것 같고 애정 어린 눈으로 서로를 바라보

---

622) 이 세 가지는 8정도의 두 번째인 바른 사유[正思惟]의 내용이기도 하다.

며 머무는 그런 방향은 내가 생각만 해도 편한데 하물며 그곳에 가는 것임에랴. 비구들이여, 나는 여기에 대해서 이런 결론에 도달하였다. '참으로 그 존자들은 이러한 세 가지 법을 버렸고 이러한 세 가지 법을 많이 지었다.'라고.

고따마까 경(A3:123)
Gotamaka-sutta

1. 한때 세존께서는 웨살리623)에서 고따마까 탑묘624)에 머무셨다. 거기서 세존께서는 "비구들이여."라고 비구들을 부르셨다. "세존이시여."라고 비구들은 세존께 응답했다. 세존께서는 이렇게 말씀하셨다.

"비구들이여, 나는 최상의 지혜로 모든 법을 안 뒤에 법을 설한다. 최상의 지혜로 알지 못하고 설하지 않는다. 비구들이여, 나는 조건을 갖추어서 법을 설한다. 조건을 갖추지 않고 법을 설하지 않는다. 비구들이여, 나는 [가르침의] 기적을 갖추어625) 법을 설한다. [가르침

---

623) 웨살리(Vesāli)는 공화국 체제를 유지했던 왓지(Vajji) 족들의 수도였다. 본서 제2권 「밧디야 경」(A4:193) §1의 주해를 참조할 것.

624) 고따마까 탑묘(Gotamaka/Gotama cetiya)는 웨살리에 있던 탑묘의 이름이다. 웨살리에는 이 외에도 짜빨라(Cāpāla), 삿땀바까(Sattambaka), 바후뿟따(Bahuputta, 多子), 사란다다(Sārandada), 우데나(Udena)등의 많은 탑묘(cetiya)들이 있었으며 주석서에 의하면 이들은 약카(yakkha, 야차)를 섬기는 곳이었다고 한다.(DA.ii.554) 약카는 자이나 문헌에서도 숭배의 대상으로 많이 등장한다.

625) "반대되는 법(paccanīka)들을 제거하기 때문에 '[가르침의] 기적(sap-pāṭihāriya)'이라 한다."(AA.ii.374)
"욕망 등을 제거하기 때문에 기적(pāṭihāriya)이라 한다."(AAṬ.ii.191)

의] 기적을 갖추지 않고 법을 설하지 않는다."

2. "비구들이여, 내가 이렇게 최상의 지혜로 모든 법을 안 뒤에 법을 설하고 조건을 갖추어서 법을 설하고 [가르침의] 기적을 갖추어 법을 설하면서 나는 교계하고 가르친다. 비구들이여, 그대들은 지족하기를! 그대들은 마음이 흡족하기를! 그대들은 기뻐하기를! 세존은 정등각이고 법은 세존에 의해서 잘 설해졌으며 승가는 잘 도를 닦는다."

세존께서는 이렇게 말씀하셨다. 비구들은 흡족한 마음으로 세존의 말씀을 크게 기뻐하였다. 이 상세한 설명[授記]이 설해졌을 때 1000의 세계가 진동하였다.

같은 술어를 『디가 니까야』에서는 '[해탈을 성취하는] 기적을 갖춤(sappāṭihāriya)'으로 옮겼는데 그 주석서에서는 "[해탈의] 출구(niyyānika, 벗어남, D13 §11의 주해 참조)를 만든 뒤에 법을 설하는 것이다."(DA.ii.556)라고 설명한다.

사실 초기경들에서 pāṭihāriya는 일반적으로 신변(神變) 혹은 기적의 뜻으로 나타난다. 그래서 iddhi-pāṭihāriya는 신통의 기적으로 옮기는데 이 것은 육신통의 첫 번째인 신통변화(iddhi-vidha, 신족통)와 동의어로 쓰인다. 그리고 yamaka-pāṭihāriya는 쌍신변(雙神變)으로 옮기는데 한 번에 정반대가 되는 두 가지 현상(예를 들면 물과 불)을 나투는 기적을 말한다.(여기에 대해서는 본서 「상가라 경」(A3:60) §4의 주해를 참조할 것.)

바란두 경(A3:124)

Bharaṇḍu-sutta

1. 한때 세존께서는 꼬살라에서 유행을 하시다가 까삘라왓투에 도착하셨다. 삭까족 마하나마626)는 세존께서 까삘라왓투에 도착하셨다는 말을 들었다. 그때 삭까족 마하나마는 세존께 다가갔다. 가서는 세존께 절을 올린 뒤 한 곁에 섰다. 한 곁에 선 삭까족 마하나마에게 세존께서는 이렇게 말씀하셨다.

"마하나마여, 가서 내가 오늘 까삘라왓투에서 하룻밤 머무를 적당한 거처를 알아 보거라."

"그렇게 하겠습니다, 세존이시여."라고 삭까족 마하나마는 세존께 응답한 뒤 까삘라왓투에 들어가서 온 까삘라왓투를 돌아다녔지만 세존께서 오늘 까삘라왓투에서 하룻밤 머무를 적당한 거처를 발견하지 못했다. 그러자 삭까족 마하나마는 세존께 가서 이렇게 말씀드렸다.

2. "세존이시여, 세존께서 오늘 까삘라왓투에서 하룻밤을 머무를 적당한 거처가 없습니다. 세존이시여, 바란두까 깔라마라는 자가 있는데 그는 전에 세존과 함께 청정범행을 닦았던 자입니다.627) 세존께서는 오늘 하룻밤 그의 아쉬람에 머무십시오."

"마하나마여, 그러면 [그곳에] 가서 자리를 만들어라."

"그렇게 하겠습니다, 세존이시여."라고 삭까족 마하나마는 세존께 응답한 뒤 바란두까 깔라마의 아쉬람으로 갔다. 가서는 자리를 만들

---

626) 본서 「마하나마 경」(A3:73) §1의 주해 참조.

627) "그는 [세존께서 깨달으시기 전에 의지했던 스승인] 알라라 깔라마 때에 그 아쉬람에 있었다고 한다. 이것을 두고 한 말이다."(AA.ii.375)

고 발 씻을 물을 마련한 뒤 세존께 가서 이렇게 말씀드렸다.

"세존이시여, 자리를 펴고 발 씻을 물을 마련하였습니다. 세존이시여, 이제 [가실] 시간이 되었습니다."

3. 그러자 세존께서는 바란두까 깔라마의 아쉬람으로 가셨다. 가서는 마련된 자리에 앉으셨다. 앉아서는 발을 씻으셨다. 그러자 삭까족 마하나마에게 이런 생각이 들었다.

'오늘은 세존께 시중을 드릴 적당한 시간이 아니다. 세존께서는 피곤하시다. 내일 나는 세존께 시중을 드리리라.'라고, 그는 세존께 절을 올리고 오른쪽으로 [세 번] 돌아 [경의를 표한] 뒤에 물러갔다.

그 밤이 지나자 삭까족 마하나마는 세존께 다가갔다. 가서는 세존께 절을 올린 뒤 한 곁에 앉았다. 한 곁에 앉은 삭까족 마하나마에게 세존께서는 이렇게 말씀하셨다.

4. "마하나마여, 세상에는 세 부류의 스승이 있다. 무엇이 셋인가?

마하나마여, 여기 어떤 스승은 감각적 욕망을 넘어선628) [초선을] 천명하지만 물질을 넘어선 [무색계 증득은] 천명하지 않고 느낌을 넘어선 [열반도] 천명하지 않는다. 여기 어떤 스승은 감각적 욕망을 넘어선 [초선을] 천명하고 물질을 넘어선 [무색계 증득은] 천명하지만 느낌을 넘어선 [열반은] 천명하지 않는다. 여기 어떤 스승은 감각적 욕망을 넘어선 [초선을] 천명하고 물질을 넘어선 [무색계 증득을] 천명하고 느낌을 넘어선 [열반도] 천명한다.629) 마하나마여, 세상에

---

628) '넘어서다'는 pariñña를 옮긴 것이다. pariñña의 문자적인 뜻은 '철저하게 알다'인데 주석서에서 이 문맥에서는 넘어서다, 건너다(samati-kkamo)의 뜻이라고 설명하고 있어서 이렇게 옮겼다.(AA.ii.375)

는 이러한 세 부류의 스승이 있다. 마하나마여, 그러면 이러한 세 스승들은 궁극적으로 같은가, 아니면 다른가?"

5.   이렇게 말씀하시자 바란두 깔라마는 삭까족 마하나마에게 이렇게 말했다.

"마하나마여, 같다고 말해야 하오."

이렇게 말하자 세존께서는 삭까족 마하나마에게 이렇게 말씀하셨다.

"마하나마여, 다르다고 해야 한다."

두 번째로 … 세 번째로 바란두 깔라마는 삭까족 마하나마에게 이렇게 말했다.

"마하나마여, 같다고 말해야 하오."

이렇게 말하자 세존께서는 삭까족 마하나마에게 이렇게 말씀하셨다.

"마하나마여, 다르다고 해야 한다."

6.   그러자 바란두까 깔라마에게 이런 생각이 들었다. '큰 영향력을 가진 삭까족 마하나마의 면전에서 사문 고따마는 이처럼 세 번이나 나를 얕보았다. 그러니 나는 까삘라왓투를 떠나야겠다.'

그러자 바란두 깔라마는 까삘라왓투를 떠났다. 까삘라왓투를 떠난 그는 다시는 [그곳으로] 돌아오지 않았다.

---

629)   "각각 색계 증득을 얻은 스승, 무색계 증득을 얻은 스승, 정등각을 얻은 스승을 뜻한다."(AAṬ.ii.212)

핫타까 경(A3:125)

Hatthaka-sutta

1. 한때 세존께서는 사왓티에서 제따 숲의 급고독원에 머무셨다. 그때 신의 아들 핫타까630)가 밤이 아주 깊었을 때 아주 멋진 모습을 하고 온 제따 숲을 환하게 밝히면서 세존께 다가갔다. 가서는 '나는 세존의 앞에 서리라.'고 하였지만 땅으로 가라앉고 스며들어서 바로 설 수가 없었다. 마치 정제된 버터와 참기름을 모래에 부으면 모래 속으로 스며들고 배어들어서 설 수 없는 것처럼 신의 아들 핫타까는 '나는 세존의 앞에 서리라.'고 하였지만 가라앉고 스며들어서 바로 설 수가 없었다.

2. 그러자 세존께서는 신의 아들 핫타까에게 이렇게 말씀하셨다.

"핫타까여, 그대의 거친 몸을 만들어라."

"그렇게 하겠습니다, 세존이시여."라고 신의 아들 핫타까는 세존께 대답한 뒤 자신의 거친 몸을 만들어서 세존께 절을 올린 뒤 한 곁에 섰다. 신의 아들 핫타까가 한 곁에 섰을 때 세존께서는 이렇게 말씀하셨다.

"핫타까여, 그대가 인간이었을 때에 그대에게 나타났던 그 법들이631) 지금도 나타나는가?"

"세존이시여, 제가 인간이었을 때에 제게 나타났던 그 법들이 지금도 나타나고 있습니다. 그리고 인간이었을 때에 제게 나타나지 않

---

630) 신의 아들 핫타까(Hatthaka devaputta)는 본서 「알라위까 경」(A3:34)에 나타나는 알라위의 핫타까 왕자가 죽어서 무번천에 태어난 신이라고 DPPN은 밝히고 있다. 「알라위까 경」 §1의 주해를 참조할 것.

631) "전생에도 부처님 말씀을 익히고 실천했다는 것을 보여준다."(AA.ii.377)

왔던 법들도 지금 제게 나타납니다. 세존이시여, 예를 들면 세존께서 지금 비구들과 비구니들과 청신사들과 청신녀들과 왕들과 대신들과 외도들과 외도의 제자들에 둘러싸여서 머무시는 것처럼 저도 신의 아들들에 둘러싸여서 지냅니다. 세존이시여, 신의 아들들은 멀리서도 '신의 아들 핫타까의 곁에서 법을 들으리라.'고 하면서 옵니다.

세존이시여, 저는 세 가지 법을 충족하지 못하고 만족하지 못하고 죽었습니다. 무엇이 셋일까요?

세존이시여, 저는 세존을 친견하는 것을 충족하지 못하고 만족하지 못하고 죽었습니다. 세존이시여, 저는 정법을 듣는 것을 충족하지 못하고 만족하지 못하고 죽었습니다. 세존이시여, 저는 승가를 시중드는 것을 충족하지 못하고 만족하지 못하고 죽었습니다. 세존이시여, 저는 이러한 세 가지 법을 충족하지 못하고 만족하지 못하고 죽었습니다."

3. "저는 세존을 친견하는 것을
결코 충족하지 못하였습니다.
승가를 시중드는 것도
정법을 듣는 것도 그러하였습니다.
높은 계를 공부짓고
정법 듣는 것을 좋아하고
[이러한] 세 가지 법을 충족하지 못한 핫타까는
무번천(無煩天, Avihā)에 태어났습니다."

더러움 경(A3:126)

Kaṭuviya-sutta

1. 한때 세존께서는 바라나시에서 이시빠따나의 녹야원에서 머무셨다. 그때 세존께서는 오전에 옷매무새를 가다듬고 발우와 가사를 수하시고 걸식을 위해서 바라나시로 들어가셨다. 세존께서는 소를 매매하는 장소인 무화과나무 근처에서 탁발을 하시다가 어떤 비구가 [禪의] 행복은 없고 밖의 [감각적 욕망의] 행복에 빠져632) 마음챙김을 놓아버리고 분명하게 알아차림이 없고 집중되어 있지 않고 마음이 산란하고 감각기능이 제어되지 않은 것을 보셨다. 그 비구를 보자 이렇게 말씀하셨다.

"비구여, 비구여. 그대는 자신을 더럽게 하지마라. 비구여, 자신을 더럽게 하여 비린내를 풍기면 파리들이 그대에게 몰려들지 않을 것이고 공격하지 않을 것이라는 그런 경우는 없다."

2. 그러자 그 비구는 세존의 이러한 교계를 듣고 절박함을 일으켰다. 그때 세존께서는 바라나시에서 걸식을 하여 공양을 마치시고 걸식에서 돌아와 비구들을 불러서 말씀하셨다.

"비구들이여, 여기 나는 오전에 옷매무새를 가다듬고 발우와 가사를 수하고 걸식을 위해서 바라나시로 들어갔다. 비구들이여, 나는 소를 사고파는 장소인 무화과나무 근처에서 탁발을 하다가 어떤 비구가 [禪의] 행복은 없고 밖의 [감각적 욕망의] 행복에 빠져 마음챙김을 놓아버리고 분명하게 알아차림이 없고 집중되어 있지 않고 마음

---

632) '[禪의] 행복은 없고 밖의 [감각적 욕망의] 행복에 빠져'로 옮긴 원문은 rittassādaṁ bāhirassādaṁ이다. 주석서에서 각각 禪의 행복과 감각적 욕망의 행복으로 설명하고 있다.(AA.ii.378)

이 산란하고 감각기능이 제어되지 않은 것을 보았다. 그 비구를 보고 나는 이렇게 말하였다. '비구여, 비구여. 그대는 자신을 더럽게 하지 마라. 비구여, 자신을 더럽게 하여 비린내를 풍기면 파리들이 그대에 게 몰려들지 않을 것이고 공격하지 않을 것이라는 그런 경우는 없다.' 라고. 비구들이여, 그러자 그 비구는 나의 이러한 교계를 듣고 절박 함을 일으켰다."633)

3. 이렇게 말씀하시자 어떤 비구가 세존께 이렇게 말씀드렸다.
"세존이시여, 어떤 것이 더러움이고 어떤 것이 비린내며 어떤 것 이 파리입니까?"

"비구여, 탐욕이 더러움이고 악의가 비린내며 악하고 해로운 생각 이 파리이다. 비구여, 참으로 자신을 더럽게 하여 비린내를 풍기면 파리들이 그대에게 몰려들지 않을 것이고 공격하지 않을 것이라는 그런 경우는 없다."

4. "눈과 귀 보호하지 않고 감각기능들 제어하지 않는 자에게
욕망을 의지하는 나쁜 생각이라는 파리 떼가 몰려드나니
더러움을 만들어 비린내를 풍기는 비구는
열반으로부터 멀리 있고 오직 괴로움을 겪으리.
어리석고 현명하지 못한 그는 마을에서건 숲에서건
마음의 고요함을 얻지 못하고 파리들만 앞세우고 다니네.
그러나 계를 구족하고 통찰지와 고요함을 즐기는 자들
그들은 파리를 모두 없애버리고 평화와 행복을 누리네."

---

633) "절박함을 일으켰다는 것은 그 비구가 예류자가 되었다는 뜻이다."(*Ibid*)

아누룻다 경1(A3:127)

Anuruddha-sutta

1. 그때 아누룻다 존자[634]가 세존께 다가갔다. 가서는 세존께 절을 올린 뒤 한 곁에 앉았다. 한 곁에 앉은 아나룻다 존자는 세존께 이렇게 말씀드렸다.

"세존이시여, 여기 저는 인간을 넘어선 청정한 하늘눈[天眼]으로 여인은 대부분 몸이 무너져 죽은 뒤에 처참한 곳[苦界], 불행한 곳[惡處], 파멸처, 지옥에 태어나는 것을 봅니다. 세존이시여, 어떠한 법들을 가진 여인이 몸이 무너져 죽은 뒤에 처참한 곳, 불행한 곳, 파멸처, 지옥에 태어납니까?"

2. "아누룻다여, 세 가지 법을 가진 여인은 몸이 무너져 죽은 뒤에 처참한 곳, 불행한 곳, 파멸처, 지옥에 태어난다. 무엇이 셋인가?

아누룻다여, 여기 여인은 오전에 인색함의 때에 사로잡힌 마음으로 집에 머문다. 낮에는 질투의 때에 사로잡힌 마음으로 집에 머문다. 저녁에는 감각적 욕망의 때에 사로잡힌 마음으로 집에 머문다.

---

634) 아누룻다 존자(āyasmā Anuruddha)는 부처님의 사촌이고 사꺄의 아미또다나(Amitodāna)의 아들이다. 성도 후에 까뻴라왓투를 방문하신 부처님을 따라서 사꺄의 아누삐야(Anupiya)에서 밧디야(Bhaddiya), 아난다(Ānanda), 바구(Bhagu), 낌빌라(Kimbila), 데와닷따(Devadatta) 같은 왕자와 이발사 우빨리(Upāli)를 비롯한 많은 사꺄의 청년들과 함께 출가하였다.(Vin.ii.180; AA.i.108; DhpA.i.133; iv.127)
존자는 본서 「하나의 모음」(A1:14:1-5)에서 천안을 가진 자들 가운데 제일이라고 언급되듯이 우리에게 천안제일로 알려진 분이다. 그는 부처님께 대한 한없는 신뢰를 가진 분이었으며 부처님 입멸 후 마하깟사빠 존자가 당도할 때까지 승가를 통솔하였던 분이다. 아누룻다 존자의 일화는 여러 경들에 전해온다.

아누룻다여, 이러한 세 가지 법을 가진 여인은 몸이 무너져 죽은 뒤에 처참한 곳, 불행한 곳, 파멸처, 지옥에 태어난다."

아누룻다 경2(A3:128)

1. 그때 아누룻다 존자가 사리뿟따 존자에게 다가갔다. 가서는 사리뿟따 존자와 함께 환담을 나누었다. 유쾌하고 기억할 만한 이야기로 서로 담소를 나누고 한 곁에 앉았다. 한 곁에 앉은 아누룻다 존자는 사리뿟따 존자에게 이렇게 말하였다.

"도반 사리뿟따여, 여기 나는 인간을 넘어선 청정한 하늘눈[天眼]으로 1000의 세계를 살펴봅니다. 나에게는 불굴의 정진이 생겼고 마음챙김은 확립되어 잊어버림이 없고 내 몸은 편안하여 동요가 없고 마음은 집중되어 하나가 되었습니다. 그러나 나는 아직 취착이 없어지지 않아 번뇌들로부터 마음이 해탈하지는 못하였습니다."

2. "도반 아누룻다여, 그대가 '여기 나는 인간을 넘어선 청정한 하늘눈[天眼]으로 1000의 세계를 살펴봅니다.'라고 하는 것은 그대의 자만(māna)입니다. 도반이여, 그리고 그대가 '나에게는 불굴의 정진이 생겼고 마음챙김은 확립되어 잊어버림이 없고 내 몸은 편안하여 동요가 없고 마음은 집중되어 하나가 되었습니다.'라고 하는 것은 그대의 들뜸(uddhacca)입니다. 도반 아누룻다여, 그러나 그대가 '그러나 나는 아직 취착이 없어지지 않아 번뇌들로부터 마음이 해탈하지는 못하였습니다.'라고 하는 것은 그대의 후회(kukkucca)입니다. 아누룻다 존자는 이러한 세 가지 법을 버리고 이러한 세 가지 법을 마음에 잡도리하지 말고 불사(不死)의 경지로 마음을 향하게 하십시오."

3. 그 후 아누룻다 존자는 이러한 세 가지 법을 버리고 이러한 세 가지 법을 마음에 잡도리하지 않고 불사(不死)의 경지로 마음을 향하게 했다. 그때 아누룻다 존자는 혼자 은둔하여 방일하지 않고 열심히, 스스로 독려하며 지냈다. 그는 오래지 않아 좋은 가문의 아들들이 성취하고자 집에서 나와 출가하는 그 위없는 청정범행의 완성을 지금여기에서 최상의 지혜로 알고 실현하고 구족하여 머물렀다. '태어남은 다했다. 청정범행은 성취되었다. 할 일을 다 해 마쳤다. 다시는 어떤 존재로도 돌아오지 않을 것이다.'라고 최상의 지혜로 알았다. 그래서 아누룻다 존자는 아라한들 중의 한 분이 되었다.

비밀리 경(A3:129)
Paṭicchanna-sutta

1. "비구들이여, 세 가지는 비밀리에 행한다. 드러내지 않는다. 무엇이 셋인가?

비구들이여, 여인은 비밀리에 행한다. 드러내지 않는다. 비구들이여, 바라문들의 주문(만뜨라)은 비밀리에 행한다. 드러내지 않는다. 비구들이여, 삿된 견해는 비밀리에 행한다. 드러내지 않는다.

비구들이여, 이러한 세 가지는 비밀리에 행한다. 드러내지 않는다."

2. "비구들이여, 세 가지는 [사방으로] 드러내어 비춘다. 숨기지 않는다. 무엇이 셋인가?

비구들이여, 둥근 달은 [사방으로] 드러내어 비춘다. 숨기지 않는다. 비구들이여, 둥근 태양은 [사방으로] 드러내어 비춘다. 숨기지 않는다. 비구들이여, 여래가 설한 법과 율은 [사방으로] 드러내어 비춘다. 숨기지 않는다.

비구들이여, 이러한 세 가지는 [사방으로] 드러내어 비춘다. 숨기지 않는다."

바위에 새김 경(A3:130)
Pāsāṇalekha-sutta

1. "비구들이여, 세상에는 세 부류의 사람이 있다. 무엇이 셋인가?

바위에 새긴 비명(碑銘)과 같은 사람, 흙에 쓴 것과 같은 사람, 물에 쓴 것과 같은 사람이다.

비구들이여, 그러면 어떤 것이 바위에 새긴 비명과 같은 사람인가?

비구들이여, 여기 어떤 사람은 자주 화를 낸다. 그리고 그 화는 오래간다. 비구들이여, 예를 들면 바위에 새긴 것은 바람이나 물에 의해 즉시에 지워지지 않고 오래가는 것과 같다. 비구들이여, 그와 같이 여기 어떤 사람은 자주 화를 낸다. 그리고 그 화는 오래간다.

비구들이여, 이를 일러 바위에 새긴 비명과 같은 사람이라 한다."

2. "비구들이여, 그러면 어떤 것이 흙에 쓴 것과 같은 사람인가?

비구들이여, 여기 어떤 사람은 자주 화를 낸다. 그러나 그 화는 오래가지 않는다. 비구들이여, 예를 들면 흙에 쓴 것은 바람이나 물에 의해서 즉시에 지워지고 오래가지 않는 것과 같다. 비구들이여, 그와 같이 여기 어떤 사람은 자주 화를 낸다. 그러나 그 화는 오래가지 않는다.

비구들이여, 이를 일러 흙에 쓴 것과 같은 사람이라 한다."

3. "비구들이여, 그러면 어떤 것이 물에 쓴 것과 같은 사람인가?
비구들이여, 여기 어떤 사람은 격한 말을 듣고 거친 말을 듣고 마음에 들지 않은 말을 들어도 잘 받아들이고 교제하고 화합한다. 비구들이여, 예를 들면 물에 새긴 것은 즉시에 사라져버려 오래가지 않는 것과 같다. 비구들이여, 그와 같이 여기 어떤 사람은 격한 말을 듣고 거친 말을 듣고 마음에 들지 않은 말을 들어도 그것을 잘 받아들이고 교제하고 화합한다.
비구들이여, 이를 일러 물에 쓴 것과 같은 사람이라 한다.
비구들이여, 세상에는 이러한 세 부류의 사람이 있다."

제13장 꾸시나라 품이 끝났다.

제14장 무사 품
Yodha-vagga

무사 경(A3:131)
Yodha-sutta

1. "비구들이여, 세 가지 요소를 구족한 무사는 왕에게 어울리고 왕을 섬길 수 있으며 왕의 수족이라는 명칭을 얻게 된다. 무엇이 셋인가?

비구들이여, 여기 무사는 멀리 쏘고, 전광석화와 같이 꿰뚫고, 큰 몸을 쳐부순다. 비구들이여, 이러한 세 가지 경우를 갖춘 무사는 왕에게 어울리고 왕을 섬길 수 있으며 왕의 수족이라는 명칭을 얻게 된다."

2. "비구들이여, 그와 같이 세 가지 법을 구족한 비구는 공양받아 마땅하고, 선사받아 마땅하고, 보시받아 마땅하고, 합장받아 마땅하며, 세상의 위없는 복밭[福田]이다. 무엇이 셋인가?

비구들이여, 여기 비구는 멀리 쏘고, 전광석화와 같이 꿰뚫고, 큰 몸을 쳐부순다. 비구들이여, 이러한 세 가지 법을 구족한 비구는 공양받아 마땅하고, 선사받아 마땅하고, 보시받아 마땅하고, 합장받아 마땅하며, 세상의 위없는 복밭[福田]이다."

3. "비구들이여, 그러면 비구는 어떻게 멀리 쏘는가?

비구들이여, 여기 비구는 그것이 어떠한 물질이건, 그것이 과거의

것이건 미래의 것이건 현재의 것이건 안의 것이건 밖의 것이건 거칠
건 미세하건 저열하건 수승하건 멀리 있건 가까이 있건 '이것은 내
것이 아니요, 이것은 내가 아니며, 이것은 나의 자아가 아니다.'라고
있는 그대로 바른 통찰지로 본다.

그것이 어떠한 느낌이건 … 그것이 어떠한 인식이건 … 그것이 어
떠한 심리현상들이건 … 그것이 어떠한 알음알이건, 그것이 과거의
것이건 미래의 것이건 현재의 것이건 안의 것이건 밖의 것이건 거칠
건 미세하건 저열하건 수승하건 멀리 있건 가까이 있건 '이것은 내
것이 아니요, 이것은 내가 아니며, 이것은 나의 자아가 아니다.'라고
있는 그대로 바른 통찰지로 본다.

비구들이여, 비구는 이처럼 멀리 쏜다."

4. "비구들이여, 그러면 비구는 어떻게 전광석화와 같이 꿰뚫
는가?

비구들이여, 여기 비구는 '이것이 괴로움이다.'라고 있는 그대로
꿰뚫어 안다. '이것이 괴로움의 일어남이다.'라고 있는 그대로 꿰뚫어
안다. '이것이 괴로움의 소멸이다.'라고 있는 그대로 꿰뚫어 안다. '이
것이 괴로움의 소멸로 인도하는 도닦음이다.'라고 있는 그대로 꿰뚫
어 안다.

비구들이여, 비구는 이처럼 전광석화와 같이 꿰뚫는다."

5. "비구들이여, 그러면 비구는 어떻게 큰 몸을 쳐부수는가?
비구들이여, 여기 비구는 크나큰 무명의 무더기를 쳐부순다.
비구들이여, 비구는 이처럼 큰 몸을 쳐부순다.
비구들이여, 이러한 세 가지 법을 구족한 비구는 공양받아 마땅하

고, 선사받아 마땅하고, 보시받아 마땅하고, 합장받아 마땅하며, 세상의 위없는 복밭[福田]이다.”

회중 경(A3:132)
Parisā-sutta

“비구들이여, 세 가지 회중이 있다. 무엇이 셋인가?

질문 없이 훈련된 회중,635) 질의응답으로 훈련된 회중,636) 범위 내에서 훈련된637) 회중이다. 비구들이여, 이러한 세 가지 회중이 있다.”

친구 경(A3:133)
Mitta-sutta

“비구들이여, 세 가지 요소를 구족한 친구를 사귀어야 한다. 무엇이 셋인가?

비구들이여, 여기 비구는 주기 어려운 것을 주고, 하기 어려운 것을 하고, 견디기 어려운 것을 견딘다. 비구들이여, 이러한 세 가지 요

---

635) “질문 없이 훈련된 회중이란 '비구들이여, 이것을 어떻게 생각하는가? 물질이 영원한가, 그렇지 않은가?'등으로 질문함이 없이 단지 법을 설하여 훈련된 회중을 뜻한다.”(AAṬ.ii.216)

636) “'비구들이여, 이것을 어떻게 생각하는가?'라는 식으로 질문하여 동의를 얻은 다음 훈련된 회중을 뜻한다.”(*Ibid*)

637) '범위 내에서 훈련된'은 yāvatajjhāvinīta를 옮긴 것인데 주석서에서는 이 합성어를 yāvatā ca vinīta로 풀이하면서 '[이해할 수 있는] 범위 내에서 훈련된(pamāṇavasena vinīta)'으로 설명한다. yāvatajjhā는 성향대로, 즉 성향을 알고 나서, 그 성향에 따라서 훈련된 회중이란 뜻이다.(AA.ii.380) 육차결집본의 해당 원문은 yāvatāvinīta parisā이다.

소를 구족한 친구를 사귀어야 한다."

출현 경(A3:134)
Uppāda-sutta

1. "비구들이여, '모든 형성된 것은 무상하다.'라는 것은 여래들께서 출현하신 후거나 출현하시기 이전에도 존재하는 요소(界)이며, 법으로 확립된 것이고, 법으로 결정된 것이다. 여래는 이것을 투철하게 깨달았고 관통하였다. 투철하게 깨닫고 관통한 뒤 '모든 형성된 것은 무상하다.'라고 알게 하고 가르치고 천명하고 확립하고 드러내고 분석하고 명확하게 한다."638)

2. "비구들이여, '모든 형성된 것은 괴로움이다.'라는 것은 여래들께서 출현하신 후거나 출현하시기 이전에도 존재하는 요소(界)이며, 법으로 확립된 것이고, 법으로 결정된 것이다. 여래는 이것을 투철하게 깨달았고 관통하였다. 투철하게 깨닫고 관통한 뒤 '모든 형성된 것은 괴로움이다.'라고 알게 하고 가르치고 천명하고 확립하고 드러내고 분석하고 명확하게 한다."

3. "비구들이여, '모든 법들은 무아다.'라는 것은 여래들께서 출현하신 후거나 출현하시기 이전에도 존재하는 요소(界)이며, 법으로 확립된 것이고, 법으로 결정된 것이다. 여래는 이것을 투철하게 깨달았고 관통하였다. 투철하게 깨닫고 관통한 뒤 '모든 법들은 무아다.'라고 알게 하고 가르치고 천명하고 확립하고 드러내고

---

638)   여기 나타나는 전문술어들은 『청정도론』(Vis.XVII.5)을 참조할 것.

분석하고 명확하게 한다."

머리칼로 만든 옷감 경(A3:135)
Kesakambala-sutta

1. "비구들이여, 예를 들면 머리칼로 만든 옷이 짜서 만든 옷감 가운데서 가장 저열한 것이라고 불린다. 머리칼로 만든 옷감은 추울 때 추우며 더울 때 덥고 색깔이 나쁘고 냄새가 나쁘고 촉감이 불쾌하다.

비구들이여, 그와 같이 보통 사문들의 가르침 가운데서 막칼리639)의 교설이 저열한 것이라고 불린다. 비구들이여, '업이란 것도 없고, [도덕적] 행위를 지음도 없고, 정진이란 것도 없다.'는 이러한 교설과 이러한 견해를 가진 막칼리는 쓸모없는 인간이다."

2. "비구들이여, 과거세의 아라한 · 정등각들인 그분 세존들께서는 업을 설하셨고 [도덕적] 행위 지음을 설하셨고 정진을 설하셨다. 비구들이여, 쓸모없는 인간 막칼리는 그분들께도 그의 교설로서 다음과 같이 반박한다. '업이란 것도 없고, [도덕적] 행위를 지음도 없고, 정진이란 것도 없다.'라고"

3. "비구들이여, 미래세의 아라한 · 정등각들인 그분 세존들께서도 업을 설하고 [도덕적] 행위 지음을 설하고 정진을 설하실 것이다. 비구들이여, 쓸모없는 인간 막칼리는 그분들께도 그의 교설로서 다음과 같이 반박한다. '업이란 것도 없고, [도덕적] 행위를 지음도

---

639) 막칼리 혹은 막칼리 고살라에 대해서는 본서 「하나의 모음」(A1:18:4)의 주해를 참조할 것.

없고, 정진이란 것도 없다.'라고"

4. "비구들이여, 지금의 아라한 · 정등각인 나도 업을 설하고 [도덕적] 행위 지음을 설하고 정진을 설한다. 비구들이여, 쓸모없는 인간 막칼리는 나에게도 그의 교설로서 다음과 같이 반박한다. '업이란 것도 없고, [도덕적] 행위를 지음도 없고, 정진이란 것도 없다.'라고"

5. "비구들이여, 예를 들면 강어귀에서 그물을 치면 많은 물고기들을 불편과 괴로움과 재난과 파멸로 몰아넣는 것과 같다. 비구들이여, 그와 같이, 쓸모없는 인간 막칼리는 사람을 낚는 그물로 세상에 태어나 많은 중생들을 손해와 괴로움과 재난과 파멸로 인도한다."

구족 경(A3:136)
sampadā-sutta

"비구들이여, 세 가지 구족이 있다. 무엇이 셋인가?
믿음의 구족, 계의 구족, 통찰지의 구족이다. 비구들이여, 이것이 세 가지 구족이다.
비구들이여, 세 가지 증장이 있다. 무엇이 셋인가?
믿음의 증장, 계의 증장, 통찰지의 증장이다. 비구들이여, 이것이 세 가지 증장이다."

망아지 경(A3:137)
Assakhaḷuṅka-sutta

1. "비구들이여, 세 종류의 망아지를 설하리라. 그리고 세 부류

의 젊은 사람도 설하리라. 이제 그것을 들어라. 듣고 마음에 잘 새겨라. 나는 설할 것이다."

"그렇게 하겠습니다, 세존이시여."라고 비구들은 세존께 응답했다. 세존께서는 이렇게 말씀하셨다.

"비구들이여, 어떤 것이 세 종류의 망아지인가?

비구들이여, 여기 어떤 망아지는 속력을 구족하였지만 용모를 구족하지 못했고 균형 잡힌 몸매를 구족하지 못했다. 비구들이여, 여기 어떤 망아지는 속력을 구족하고 용모를 구족하였지만 균형 잡힌 몸매를 구족하지 못했다. 비구들이여, 여기 어떤 망아지는 속력을 구족하고 용모를 구족하고 균형 잡힌 몸매를 구족하였다.

비구들이여, 이것이 세 종류의 망아지이다.

비구들이여, 그러면 어떤 것이 세 부류의 젊은 사람인가?

비구들이여, 여기 어떤 젊은 사람은 속력을 구족하였지만 용모를 구족하지 못했고 균형 잡힌 몸매를 구족하지 못했다. 비구들이여, 여기 어떤 젊은 사람은 속력을 구족하고 용모를 구족하였지만 균형 잡힌 몸매를 구족하지 못했다. 비구들이여, 여기 어떤 젊은 사람은 속력을 구족하고 용모를 구족하고 균형 잡힌 몸매를 구족하였다."

2. "비구들이여, 그러면 어떻게 어떤 젊은 사람은 속력을 구족하였지만 용모를 구족하지 못했고 균형 잡힌 몸매를 구족하지 못했는가?

비구들이여, 여기 비구는 '이것이 괴로움이다.'라고 있는 그대로 꿰뚫어 안다. '이것이 괴로움의 일어남이다.'라고 있는 그대로 꿰뚫어 안다. '이것이 괴로움의 소멸이다.'라고 있는 그대로 꿰뚫어 안다. '이것이 괴로움의 소멸로 인도하는 도닦음이다.'라고 있는 그대로 꿰뚫어 안다. 이것이 그의 [지혜의] 속력이라고 나는 말한다.

그러나 그는 아비담마와 아비위나야[640]에 대해서 질문을 받으면 피해갈 뿐 대답을 하지 않는다. 이것이 그의 용모를 구족하지 못함이라고 나는 말한다.

아울러 그는 [적당한] 의복과 음식과 거처와 병구완을 위한 약품을 얻지 못한다. 이것이 그의 균형 잡힌 몸매를 구족하지 못함이라고 나는 말한다.

비구들이여, 이와 같이 어떤 젊은 사람은 속력을 구족하였지만 용모를 구족하지 못했고 균형 잡힌 몸매를 구족하지 못했다."

3. "비구들이여, 그러면 어떻게 어떤 젊은 사람은 속력을 구족하고 용모를 구족하였지만 균형 잡힌 몸매를 구족하지 못했는가?

비구들이여, 여기 비구는 '이것이 괴로움이다.'라고 … '이것이 괴

---

640) 본경에 해당하는 주석서에는 이 구절에 대한 설명이 없다. 그러나 『디가 니까야 주석서』에는 다음과 같이 설명을 하고 있다.
"여기서 '아비담마(abhidhamma)와 아비위나야(abhivinaya)'란 담마(法)와 아비담마(對法)와 위나야(律)와 아비위나야(對律)의 네 가지라고 알아야 한다. 이 가운데서 담마(法)는 경장이요 아비담마(對法)는 [논장의] 칠론(七論)이요 위나야(律)는 [비구 빠띠목카와 비구니 빠띠목카] 두 가지 분별이고 아비위나야(對律)는 칸다까(Khandhaka, 犍度, 品)와 빠리와라(附錄, 補遺)이다. 혹은 경장과 논장이 담마(법)이고 도(道)와 과(果)는 아비담마(대법)이며, 모든 율장은 위나야(율)이고 오염원을 가라앉게 하는 것이 아비위나야(대율)이다. 이처럼 담마와 아비담마와 위나야와 아비위나야가 모두 여기에 해당된다."(DA.iii.1047)
아비담마는 법에 대한 것[對法]이란 뜻이고 아비위나야는 율에 대한 것[對律]이란 뜻이다. 주석서의 설명처럼 일반적으로 담마(법)는 경장을, 아비담마(대법)는 논장을, 위나야(율)는 율장의 경분별(비구계목과 비구니계목)을, 아비위나야(대율)는 율장의 대품과 소품과 부록을 말한다. 아비위나야는 따로 독립된 장으로 결집하지 않고 율장에 포함시켰다.

로움의 소멸로 인도하는 도닦음이다.'라고 있는 그대로 꿰뚫어 안다. 이것이 그의 [지혜의] 속력이라고 나는 말한다.

그는 아비담마와 아비위나야에 대해서 질문을 받으면 대답을 하고 피해가지 않는다. 이것이 그의 [덕의] 용모라고 나는 말한다.

그러나 그는 [적당한] 의복과 음식과 거처와 병구완을 위한 약품을 얻지 못한다. 이것이 그의 균형 잡힌 몸매를 구족하지 못함이라고 나는 말한다.

비구들이여, 이와 같이 어떤 젊은 사람은 [지혜의] 속력을 구족하고 [덕의] 용모를 구족하였지만 균형 잡힌 몸매를 구족하지 못했다."

4. "비구들이여, 그러면 어떻게 어떤 젊은 사람은 속력을 구족하고 용모를 구족하고 균형 잡힌 몸매를 구족했는가?

비구들이여, 여기 비구는 '이것이 괴로움이다.'라고 … '이것이 괴로움의 소멸로 인도하는 도닦음이다.'라고 있는 그대로 꿰뚫어 안다. 이것이 그의 속력이라고 나는 말한다.

그리고 그는 아비담마와 아비위나야에 대해서 질문을 받으면 대답을 하고 피해가지 않는다. 이것이 그의 용모라고 나는 말한다.

그는 [적당한] 의복과 음식과 거처와 병구완을 위한 약품을 얻는다. 이것이 그의 균형 잡힌 몸매라고 나는 말한다.

비구들이여, 이와 같이 어떤 젊은 사람은 속력을 구족하고 용모를 구족하고 균형 잡힌 몸매를 구족했다.

비구들이여, 이것이 세 부류의 젊은 사람이다."

좋은 말(馬) 경(A3:138)

Assasadassa-sutta

1. "비구들이여, 세 종류의 좋은 말(馬)을 설하리라. 그리고 세 부류의 좋은 사람도 설하리라. 이제 그것을 들어라. 듣고 마음에 잘 새겨라. 나는 설할 것이다."

"그렇게 하겠습니다, 세존이시여."라고 비구들은 세존께 응답했다. 세존께서는 이렇게 말씀하셨다.

"비구들이여, 어떤 것이 세 종류의 좋은 말인가?

비구들이여, 여기 어떤 좋은 말은 속력을 구족하였지만 용모를 구족하지 못했고 균형 잡힌 몸매를 구족하지 못했다. 비구들이여, 여기 어떤 좋은 말은 속력을 구족하고 용모를 구족하였지만 균형 잡힌 몸매를 구족하지 못했다. 비구들이여, 여기 어떤 좋은 말은 속력을 구족하고 용모를 구족하고 균형 잡힌 몸매를 구족하였다.

비구들이여, 이것이 세 종류의 좋은 말이다."

2. "비구들이여, 그러면 어떤 것이 세 부류의 좋은 사람인가?

비구들이여, 여기 어떤 좋은 사람은 속력을 구족하였지만 용모를 구족하지 못했고 균형 잡힌 몸매를 구족하지 못했다. 비구들이여, 여기 어떤 좋은 사람은 속력을 구족하고 용모를 구족하였지만 균형 잡힌 몸매를 구족하지 못했다. 비구들이여, 여기 어떤 좋은 사람은 속력을 구족하고 용모를 구족하고 균형 잡힌 몸매를 구족하였다."

3. "비구들이여, 그러면 어떻게 어떤 좋은 사람은 속력을 구족하였지만 용모를 구족하지 못했고 균형 잡힌 몸매를 구족하지 못했는가?

비구들이여, 여기 비구는 다섯 가지 낮은 단계의 족쇄를 완전히 없애고 [정거천에] 화생하여 그곳에서 완전히 열반에 들어 그 세계로부터 다시 돌아오지 않는 법을 얻었다.[不還者] 이것이 그의 속력이라고 나는 말한다.

그러나 그는 아비담마와 아비위나야에 대해서 질문을 받으면 피해갈 뿐 대답을 하지 않는다. 이것이 그의 용모를 구족하지 못함이라고 나는 말한다.

아울러 그는 [적당한] 의복과 음식과 거처와 병구완을 위한 약품을 얻지 못한다. 이것이 그의 균형 잡힌 몸매를 구족하지 못함이라고 나는 말한다.

비구들이여, 이와 같이 어떤 좋은 사람은 속력을 구족하였지만 용모를 구족하지 못했고 균형 잡힌 몸매를 구족하지 못했다."

4. "비구들이여, 그러면 어떻게 어떤 좋은 사람은 속력을 구족하고 용모를 구족하였지만 균형 잡힌 몸매를 구족하지 못했는가?

비구들이여, 여기 비구는 다섯 가지 낮은 단계의 족쇄를 완전히 없애고 [정거천에] 화생하여 그곳에서 완전히 열반에 들어 그 세계로부터 다시 돌아오지 않는 법을 얻었다.[不還者] 이것이 그의 속력이라고 나는 말한다.

그는 아비담마와 아비위나야에 대해서 질문을 받으면 대답을 하고 피해가지 않는다. 이것이 그의 용모라고 나는 말한다.

그러나 그는 [적당한] 의복과 음식과 거처와 병구완을 위한 약품을 얻지 못한다. 이것이 그의 균형 잡힌 몸매를 구족하지 못함이라고 나는 말한다.

비구들이여, 이와 같이 어떤 좋은 사람은 속력을 구족하고 용모를 구족하였지만 균형 잡힌 몸매를 구족하지 못했다."

5. "비구들이여, 그러면 어떻게 어떤 좋은 사람은 속력을 구족하고 용모를 구족하고 균형 잡힌 몸매를 구족했는가?

비구들이여, 여기 비구는 다섯 가지 낮은 단계의 족쇄를 완전히 없애고 [정거천에] 화생하여 그곳에서 완전히 열반에 들어 그 세계로부터 다시 돌아오지 않는 법을 얻었다.[不還者] 이것이 그의 속력이라고 나는 말한다.

그리고 그는 아비담마와 아비위나야에 대해서 질문을 받으면 대답을 하고 피해가지 않는다. 이것이 그의 용모라고 나는 말한다.

그는 [적당한] 의복과 음식과 거처와 병구완을 위한 약품을 얻는다. 이것이 그의 균형 잡힌 몸매라고 나는 말한다.

비구들이여, 이와 같이 어떤 좋은 사람은 속력을 구족하고 용모를 구족하고 균형 잡힌 몸매를 구족했다.

비구들이여, 이것이 세 부류의 좋은 사람이다."

혈통 좋은 말 경(A3:139)
Assājānīya-sutta

1. "비구들이여, 세 종류의 혈통 좋은 멋진 말을 설하리라. 그리고 세 부류의 가문 좋은 멋진 사람도 설하리라. 이제 그것을 들어라. 듣고 마음에 잘 새겨라. 나는 설할 것이다."

"그렇게 하겠습니다, 세존이시여."라고 비구들은 세존께 응답했다. 세존께서는 이렇게 말씀하셨다.

"비구들이여, 어떤 것이 세 종류의 혈통 좋은 멋진 말인가?

비구들이여, 여기 어떤 혈통 좋은 멋진 말은 속력을 구족하였지만 용모를 구족하지 못했고 균형 잡힌 몸매를 구족하지 못했다. 비구들이여, 여기 어떤 혈통 좋은 멋진 말은 속력을 구족하고 용모를 구족하였지만 균형 잡힌 몸매를 구족하지 못했다. 비구들이여, 여기 어떤 혈통 좋은 멋진 말은 속력을 구족하고 용모를 구족하고 균형 잡힌 몸매를 구족하였다. 비구들이여, 이것이 세 종류의 혈통 좋은 멋진 말이다.

비구들이여, 그러면 어떤 것이 세 부류의 가문 좋은 멋진 사람인가?

비구들이여, 여기 어떤 가문 좋은 멋진 사람은 속력을 구족하였지만 용모를 구족하지 못했고 균형 잡힌 몸매를 구족하지 못했다. 비구들이여, 여기 어떤 혈통 좋은 멋진 사람은 속력을 구족하고 용모를 구족하였지만 균형 잡힌 몸매를 구족하지 못했다. 비구들이여, 여기 어떤 혈통 좋은 멋진 사람은 속력을 구족하고 용모를 구족하고 균형 잡힌 몸매를 구족하였다."

2. "비구들이여, 그러면 어떻게 어떤 가문 좋은 멋진 사람은 속력을 구족하고 용모를 구족하고 균형 잡힌 몸매를 구족했는가?

비구들이여, 여기 비구는 모든 번뇌가 다하여 아무 번뇌가 없는 마음의 해탈[心解脫]과 통찰지를 통한 해탈[慧解脫]을 바로 지금여기에서 스스로 최상의 지혜로 알고 실현하고 구족하여 머문다.(아라한) 이것이 그의 속력이라고 나는 말한다.

그리고 그는 아비담마와 아비위나야에 대해서 질문을 받으면 대답을 하고 피해가지 않는다. 이것이 그의 용모라고 나는 말한다.

그는 [적당한] 의복과 음식과 거처와 병구완을 위한 약품을 얻는다. 이것이 그의 균형 잡힌 몸매라고 나는 말한다.

비구들이여, 이와 같이 어떤 가문 좋은 멋진 사람은 속력을 구족하고 용모를 구족하고 균형 잡힌 몸매를 구족했다.

비구들이여, 이것이 세 부류의 가문 좋은 멋진 사람이다."

공작 보호구역 경(A3:140)

Moranivāpa-sutta

1. 한 때 세존께서는 라자가하에서 공작 보호구역641)에 있는 유행승들의 승원에 머무셨다. 그곳에서 세존께서는 "비구들이여."라고 비구들을 부르셨다. "세존이시여."라고 비구들은 세존께 응답했다. 세존께서는 이렇게 말씀하셨다.

"비구들이여, 세 가지 법을 구족한 비구는 구경의 완성을 이루었고 [네 가지] 속박으로부터 완전히 벗어났으며 구경의 청정범행을 닦았고 구경의 목적을 이루었고 신과 인간들 사이에서 최상이다. 무엇이 셋인가?

무학의 계의 무더기[戒蘊]와 무학의 삼매의 무더기[定蘊]와 무학의 통찰지의 무더기[慧蘊]이다. 비구들이여, 이러한 세 가지 법을 구족한 비구는 구경의 완성을 이루었고 [네 가지] 속박으로부터 완전히 벗어났으며 구경의 청정범행을 닦았고 구경의 목적을 이루었고 신과

---

641) '공작 보호구역'은 mora-nivāpa를 옮긴 것이다. 주석서는 "nivāpa란 먹이(bhatta)를 말한다. 공작들이 아무 두려움 없이 먹이를 먹을 수 있도록 먹이를 주는 그런 장소를 뜻한다."(DA.iii.835 등)라고 설명하고 있어서 이렇게 옮겼다. 다른 경에는 다람쥐 보호구역(kalandaka-nivāpa)도 나타나고 있다. 이처럼 여러 곳에 공작 보호구역이나 다람쥐 보호구역이나 사슴 동산(녹야원) 등 동물 보호구역이 그 당시에도 상당수 있었고 이런 곳은 자연스럽게 수행자들의 의지처가 되었다.

인간들 사이에서 최상이다.”

2.　“비구들이여, 세 가지 법을 구족한 비구는 구경의 완성을 이루었고 [네 가지] 속박으로부터 완전히 벗어났으며 구경의 청정범행을 닦았고 구경의 목적을 이루었고 신과 인간들 사이에서 최상이다. 무엇이 셋인가?

신통변화[神足通], [남의 마음을 알아] 드러내는 기적[觀察他心神變], 가르침(예언)의 기적[敎誡神變]이다.642) 비구들이여, 이러한 세 가지 법을 구족한 비구는 구경의 완성을 이루었고 [네 가지] 속박으로부터 완전히 벗어났으며 구경의 청정범행을 닦았고 구경의 목적을 이루었고 신과 인간들 사이에서 최상이다.”

3.　“비구들이여, 세 가지 법을 구족한 비구는 구경의 완성을 이루었고 [네 가지] 속박으로부터 완전히 벗어났으며 구경의 청정범행을 닦았고 구경의 목적을 이루었고 신과 인간들 사이에서 최상이다. 무엇이 셋인가? 바른 견해와 바른 지혜와 바른 해탈이다. 비구들이여, 이러한 세 가지 법을 구족한 비구는 구경의 완성을 이루었고 [네 가지] 속박으로부터 완전히 벗어났으며 구경의 청정범행을 닦았고 구경의 목적을 이루었고 신과 인간들 사이에서 최상이다.”

제14장 무사 품이 끝났다.

---

642)　이 세 가지는 본서 「상가라와 경」(A3:60) §4 이하를 참조할 것.

제15장 길상 품

Maṅgala-vagga

해로운 업 경(A3:141)

Akusala-sutta

1. "비구들이여, 세 가지 법을 갖춘 자는 마치 누가 그를 데려가서 놓는 것처럼 [반드시] 지옥에 떨어진다. 무엇이 셋인가?

몸으로 지은 해로운 업, 말로 지은 해로운 업, 마음으로 지은 해로운 업이다. 비구들이여, 이러한 세 가지 법을 갖춘 자는 마치 누가 그를 데려가서 놓는 것처럼 [반드시] 지옥에 떨어진다."

2. "비구들이여, 세 가지 법을 갖춘 자는 마치 누가 그를 데려가서 놓는 것처럼 [반드시] 천상에 태어난다. 무엇이 셋인가?

몸으로 지은 유익한 업, 말로 지은 유익한 업, 마음으로 지은 유익한 업이다. 비구들이여, 이러한 세 가지 법을 갖춘 자는 마치 누가 그를 데려가서 놓는 것처럼 [반드시] 천상에 태어난다."

비난받아 마땅함 경(A3:142)

Sāvajja-sutta

1. "비구들이여, 세 가지 법을 갖춘 자는 마치 누가 그를 데려가서 놓는 것처럼 [반드시] 지옥에 떨어진다. 무엇이 셋인가?

비난받아 마땅한 몸의 업, 비난받아 마땅한 말의 업, 비난받아 마땅한 마음의 업이다. 비구들이여, 이러한 세 가지 법을 갖춘 자는 마치 누가 그를 데려가서 놓는 것처럼 [반드시] 지옥에 떨어진다."

2. "비구들이여, 세 가지 법을 갖춘 자는 마치 누가 그를 데려가서 놓는 것처럼 [반드시] 천상에 태어난다. 무엇이 셋인가?

비난받을 일이 없는 몸의 업, 비난받을 일이 없는 말의 업, 비난받을 일이 없는 마음의 업이다. 비구들이여, 이러한 세 가지 법을 갖춘 자는 마치 누가 그를 데려가서 놓는 것처럼 [반드시] 천상에 태어난다."

비뚤어짐 경(A3:143)
Visama-sutta

1. "비구들이여, 세 가지 법을 갖춘 자는 마치 누가 그를 데려가서 놓는 것처럼 [반드시] 지옥에 떨어진다. 무엇이 셋인가?

몸으로 지은 비뚤어진 업, 말로 지은 비뚤어진 업, 마음으로 지은 비뚤어진 업이다. 비구들이여, 이러한 세 가지 법을 갖춘 자는 마치 누가 그를 데려가서 놓는 것처럼 [반드시] 지옥에 떨어진다."

2. "비구들이여, 세 가지 법을 갖춘 자는 마치 누가 그를 데려가서 놓는 것처럼 [반드시] 천상에 태어난다. 무엇이 셋인가?

몸으로 지은 곧은 업, 말로 지은 곧은 업, 마음으로 지은 곧은 업이다. 비구들이여, 이러한 세 가지 법을 갖춘 자는 마치 누가 그를 데려가서 놓는 것처럼 [반드시] 천상에 태어난다."

더러움 경(A3:144)

Asuci-sutta

1. "비구들이여, 세 가지 법을 갖춘 자는 마치 누가 그를 데려가서 놓는 것처럼 [반드시] 지옥에 떨어진다. 무엇이 셋인가?

몸으로 지은 더러운 업, 말로 지은 더러운 업, 마음으로 지은 더러운 업이다. 비구들이여, 이러한 세 가지 법을 갖춘 자는 마치 누가 그를 데려가서 놓는 것처럼 [반드시] 지옥에 떨어진다."

2. "비구들이여, 세 가지 법을 갖춘 자는 마치 누가 그를 데려가서 놓는 것처럼 [반드시] 천상에 태어난다. 무엇이 셋인가?

몸으로 지은 깨끗한 업, 말로 지은 깨끗한 업, 마음으로 지은 깨끗한 업이다. 비구들이여, 이러한 세 가지 법을 갖춘 자는 마치 누가 그를 데려가서 놓는 것처럼 [반드시] 천상에 태어난다."

해침 경1(A3:145)

Khata-sutta

1. "비구들이여, 세 가지 법을 가진 어리석고 영민하지 못하고 참되지 못한 사람은 자신을 파서 엎어버리고 파멸시킨다. 그는 비난받아 마땅하고 지자들의 비난을 받으며 많은 악덕(惡德)을 쌓는다. 무엇이 셋인가?

몸으로 지은 해로운 업, 말로 지은 해로운 업, 마음으로 지은 해로운 업이다. 비구들이여, 이러한 세 가지 법을 가진 어리석고 영민하지 못하고 참되지 못한 사람은 자신을 파서 엎어버리고 파멸시킨다. 그는 비난받아 마땅하고 지자들의 비난을 받으며 많은 악덕을 쌓는다."

2. "비구들이여, 세 가지 법을 가진 현명하고 영민하고 참된 사람은 자신을 파서 엎지 않고 파멸시키지 않는다. 그는 비난받을 일이 없고 지자들에게 비난받지 않고 많은 공덕을 쌓는다. 무엇이 셋인가?

몸으로 지은 유익한 업, 말로 지은 유익한 업, 마음으로 지은 유익한 업이다. 비구들이여, 이러한 세 가지 법을 가진 현명하고 영민하고 참된 사람은 자신을 파서 엎지 않고 파멸시키지 않는다. 그는 비난받을 일이 없고 지자들에게 비난받지 않고 많은 공덕을 쌓는다."

해침 경2(A3:146)

1. "비구들이여, 세 가지 법을 구족한 어리석고 … 많은 악덕을 쌓는다. 무엇이 셋인가?

비난받아 마땅한 몸의 업, 비난받아 마땅한 말의 업, 비난받아 마땅한 마음의 업이다. 비구들이여, 이러한 세 가지 법을 구족한 어리석고 … 많은 악덕을 쌓는다."

2. "비구들이여, 세 가지 법을 구족한 현명하고 … 많은 공덕을 쌓는다. 무엇이 셋인가? 비난받을 일이 없는 몸의 업, 비난받을 일이 없는 말의 업, 비난받을 일이 없는 마음의 업이다. 비구들이여, 이러한 세 가지 법을 구족한 현명하고 … 많은 공덕을 쌓는다."

해침 경3(A3:147)

1. "비구들이여, 세 가지 법을 가진 어리석고 … 많은 악

덕을 쌓는다. 무엇이 셋인가?

몸으로 지은 비뚤어진 업, 말로 지은 비뚤어진 업, 마음으로 지은 비뚤어진 업이다. 비구들이여, 이러한 세 가지 법을 가진 어리석고 … 많은 악덕을 쌓는다."

2. "비구들이여, 세 가지 법을 가진 현명하고 … 많은 공덕을 쌓는다. 무엇이 셋인가? 몸으로 지은 곧은 업, 말로 지은 곧은 업, 마음으로 지은 곧은 업이다. 비구들이여, 이러한 세 가지 법을 가진 현명하고 … 많은 공덕을 쌓는다."

해침 경4(A3:148)

1. "비구들이여, 세 가지 법을 가진 어리석고 … 많은 악덕을 쌓는다. 무엇이 셋인가?

몸으로 지은 더러운 업, 말로 지은 더러운 업, 마음으로 지은 더러운 업이다. 비구들이여, 이러한 세 가지 법을 가진 어리석고 … 많은 악덕을 쌓는다."

2. "비구들이여, 세 가지 법을 가진 현명하고 … 많은 공덕을 쌓는다. 무엇이 셋인가?

몸으로 지은 깨끗한 업, 말로 지은 깨끗한 업, 마음으로 지은 깨끗한 업이다. 비구들이여, 이러한 세 가지 법을 가진 현명하고 … 많은 공덕을 쌓는다."

예배 경(A3:149)

Vandanā-sutta

"비구들이여, 세 가지 예배가 있다. 어떤 것이 셋인가?
몸으로 하는 예배, 말로 하는 예배, 마음으로 하는 예배이다. 비구들이여, 이러한 세 가지 예배가 있다."

오전 경(A3:150)

Pubbaṇha-sutta

1. "비구들이여, 아침에 몸으로 좋은 행위를 하고 말로 좋은 행위를 하고 마음으로 좋은 행위를 하는 중생들은 좋은 아침을 맞는다. 비구들이여, 낮에 몸으로 좋은 행위를 하고 말로 좋은 행위를 하고 마음으로 좋은 행위를 하는 중생들은 좋은 낮을 맞는다. 비구들이여, 저녁에 몸으로 좋은 행위를 하고 말로 좋은 행위를 하고 마음으로 좋은 행위를 하는 중생들은 좋은 저녁을 맞는다."

2. "[하루가 세 가지 좋은 행위로 가득하다면]
그것은 좋은 별자리이고 아주 길상한 날[大吉]이고
그것은 좋은 아침이고 좋은 시작이고
그것은 좋은 순간이고 좋은 시각이다.
청정범행을 닦는 자들에게 잘 보시한 날이니
몸의 업이 향상하고643) 말의 업이 향상하고

---

643) '몸의 업이 향상되고'는 padakkhiṇaṁ kāyakammaṁ을 옮긴 것이다. 주석서는 그날 그가 행한 몸의 업을 '향상된 몸의 업(vaḍḍhi-kāya-kammaṁ)'이라 한다고 설명하고 있다.(AA.ii.383)

마음의 업이 향상하고 염원이 향상하고
향상된 몸의 행을 통해서 그것의 이익을 얻는다.
그들은 부처님 교법에서
이익을 얻고 행복하고 향상하기 마련이네.
부디 그들은 모든 가족들과 함께 건강하고 행복하기를!"

제15장 길상 품이 끝났다.

제16장 나체수행자 품

Acelaka-vagga

나체수행자 경1(A3:151)[644]

Acelaka-sutta

1. "비구들이여, 세 가지 도닦음이 있다. 무엇이 셋인가? 완강한 도닦음,[645] 태우는[646] 도닦음, 적당한 도닦음[中道][647]이다.

비구들이여, 그러면 무엇이 완강한 도닦음인가?

비구들이여, 여기 어떤 자는 '감각적 욕망에는 아무런 해악이 없다.'라는 이런 주장과 이런 견해를 가지고 있다. 그들은 감각적 욕망에 흠뻑 취해버린다.

비구들이여, 이를 일러 완강한 도닦음이라 한다."

2. "비구들이여, 그러면 무엇이 태우는 도닦음인가?

---

644) PTS본의 권말 목록과 육차결집본에는 이 이하에 나타나는 경들에 대해서 경의 이름이 없다. 본경도 나체수행자 품에 있는 것으로만 나타날 뿐 독립된 경의 이름은 없다. 품의 명칭을 따서 경의 제목으로 삼았다. 우드워드도 이것을 경 이름으로 삼고 있다.

645) "'완강한 도닦음(āgāḷhā paṭipadā)'이란 꽉 쥠, 고집스러움이다. 탐욕 때문에 강하게 거머쥐는 것이다."(AA.ii.383)

646) "'태움(nijjhānā)'이란 자기 학대에 몰두하여 격렬하게 태우고 열을 가하고 고통을 주는 것이다."(*Ibid*)

647) "'적당한 도닦음[中道, majjhimā paṭipadā]'이란 열광적으로 [탐닉하지도] 않고 [자기학대로] 태우지도 않는 적당한 상태(majjhe bhavā)이다."(Ibid)

비구들이여, 여기 어떤 자는 나체수행자이고, 그는 [세상살이에서 행하는 일반적인] 관습을 거부하며 살고,648) [음식을 먹은 뒤] 손을 핥아서 치우고, '오십시오'하고 불러서 준 음식은 받지 않고, '서십시오'라고 말하면서 준 음식은 받지 않으며, 가져온 음식을 받지 않고, [내 몫으로] 지칭된 것을 받지 않으며, 초청하여 주는 음식을 받지 않는다. 그는 그릇에서 떠주는 음식, 항아리에서 떠주는 음식, 문지방을 넘어서 주는 것, 막대기를 넘어서 주는 것, 절구공이를 넘어서 주는 것, 두 사람이 먹고 있을 때 주는 것, 임신부가 주는 것, [아이에게 젖을] 먹이는 여자가 주는 것, 성교를 하는 여자가 주는 것, 공동체에서 주는 것, 개가 옆에서 보는 것, 나방이 모여드는 것, 생선과 고기, 술, 과즙주, 발효주를 받지 않는다. 그는 한 집만 가서 음식을 받고 한 덩이의 음식만 먹는 자이다. 두 집만 가서 음식을 받고 두 덩이의 음식만 먹는 자이다. … 일곱 집만 가서 음식을 받고 일곱 덩이의 음식만 먹는 자이다. 한 닷띠649)의 음식만 구걸하고, 두 닷띠의 음식만 구걸하고, … 일곱 닷띠의 음식만 구걸하며, 하루에 한 번만, 이틀에 한 번만 … 이런 식으로 보름에 한 번만 방편으로 음식을 먹으며 산다.

그는 채소를 먹고, 수수, 니바라 쌀, 가죽 부스러기,650) 수초, 왕겨,

---

648) '[세상살이에서 행하는 일반적인] 관습을 거부하며 살고'는 muttācāra를 옮긴 것이다. 주석서는 "자유분방한 행위로서 대소변을 보는 행위 등에서도 세간의 선남자들의 행위와는 달리 선 채로 대소변을 보고 먹고 마시는 등을 뜻한다."(AA.ii.383)고 설명하고 있다.

649) "'닷띠(datti)'란 적은 분량의 음식을 넣어서 놓아두는 작은 그릇(pāti)을 말한다."(DA.ii.354)

650) 가죽 부스러기는 daddulabhakkho를 옮긴 것이다. 『중부 주석서』에서 daddula는 '대장장이가 가죽을 자르고 남은 부스러기'라고 설명하고 있

뜨물, 깻가루, 풀, 소똥을 먹으며, 나무뿌리와 열매를 음식으로 살고, 떨어진 열매를 먹는다.

그는 삼베로 만든 옷을 입고, 마포로 된 거친 옷을 입고, 시체를 싸맨 헝겊으로 만든 옷을 입고, 넝마로 만든 옷을 입고, 나무껍질로 만든 옷을 입고, 영양 가죽을 입고, 영양 가죽으로 만든 외투를 입고, 꾸사 풀651)로 만든 옷을 입고, 나무껍질로 만든 옷을 입고, 판자로 만든 옷을 입고, 인간의 머리털로 만든 담요를 두르고, 동물의 꼬리털로 만든 담요를 두르고, 올빼미 털로 만든 옷을 입는다. 머리카락과 수염을 뽑고 머리카락과 수염을 뽑는 수행에 몰두하고, 자리에 앉지 않고 서있으며, 쪼그리고 앉고 쪼그리고 앉는 수행에 몰입하고, 가시로 된 침상에 머물고, 가시로 된 침상에서 잠자며, 하루에 세 번 물에 들어가는 데 몰두하며 지낸다.

이와 같이 여러 가지 형태로 몸을 괴롭히고 고통을 주는 데 몰두하며 지낸다.

비구들이여, 이를 일러 태우는 도닦음이라 한다."

3. "비구들이여, 그러면 무엇이 적당한 도닦음[中道]인가?

비구들이여, 여기 비구는 몸에서 몸을 관찰하며[身隨觀] 머문다. 세

어서(MA.ii.45) 이렇게 옮겼는데 참으로 고행 중의 고행이라 여겨진다.

651) '꾸사(kusa) 풀'은 다르바(*Pāli.* dabbhā)라고도 불리는 풀이다. 이 풀은 인도의 제사에서 없어서는 안 되는 중요한 풀이다. 우리나라의 억새풀과 비슷한데 아주 억세고 뻣뻣해서 꺾을 때 조심하지 않으면 손을 베게 된다. 꾸사 풀을 벤다는 뜻으로부터 파생된 용어가 바로 중국에서 선(善)으로 옮긴 꾸살라(kusala)이며 본서에서는 유익함으로 옮기고 있다. 꾸사 풀을 베기 위해서는 조심해야 하고 능숙한 솜씨가 있어야 한다는 의미이다. 그만큼 꾸사 풀은 억세다.

상에 대한 욕심과 싫어하는 마음을 버리고 근면하게, 분명히 알아차리고 마음챙기면서 머문다. 느낌에서 느낌을 관찰하며[受隨觀] 머문다. … 마음에서 마음을 관찰하며[心隨觀] 머문다 … 법에서 법을 관찰하며[法隨觀] 머문다. 세상에 대한 욕심과 싫어하는 마음을 버리고 근면하게, 분명히 알아차리고 마음챙기면서 머문다.652)

비구들이여, 이를 일러 적당한 도닦음[中道]이라 한다.

비구들이여, 이러한 세 가지 도닦음이 있다."

나체수행자 경2(A3:152)

1. "비구들이여, 세 가지 도닦음이 있다. 무엇이 셋인가? 완강한 도닦음, 태우는 도닦음, 적당한 도닦음[中道]이다.

비구들이여, 그러면 무엇이 완강한 도닦음인가? … [A3:151 §1] … 이를 일러 완강한 도닦음이라 한다.

비구들이여, 그러면 무엇이 태우는 도닦음인가? … [A3:151 §2] … 이를 일러 태우는 도닦음이라 한다."

2. "비구들이여, 그러면 무엇이 적당한 도닦음[中道]인가?

비구들이여, 여기 비구는 아직 일어나지 않은 나쁘고 해로운 법[不善法]들은 일어나지 못하도록 하기 위해서 의욕을 일으키고 정진하고 힘을 내고 마음을 다잡고 애를 쓴다. 이미 일어난 나쁘고 해로운 법들은 제거하기 위하여 의욕을 일으키고 정진하고 힘을 내고 마음을

---

652) 네 가지 마음챙김의 확립[四念處, sati-paṭṭhāna]의 정형구이다. 본 정형구에 대한 설명은 『디가 니까야』 제2권 「대념처경」(D22) §1의 주해들을 참조할 것.

다잡고 애를 쓴다. 아직 일어나지 않은 유익한 법[善法]들은 일어나도록 하기 위해서 의욕을 일으키고 정진하고 힘을 내고 마음을 다잡고 애를 쓴다. 이미 일어난 유익한 법들은 지속하게 하고 사라지지 않게 하고 증장하게 하고 충만하게 하고 닦기 위해서 의욕을 일으키고 정진하고 힘을 내고 마음을 다잡고 애를 쓴다.

열의를 [주로 한] 삼매와 정근의 의도적 행위[行, saṅkhāra]를 갖춘 성취수단을 닦는다. 정진을 [주로 한] 삼매와 정근의 의도적 행위를 갖춘 성취수단을 닦는다. 마음을 [주로 한] 삼매와 정근의 의도적 행위를 갖춘 성취수단을 닦는다. 검증을 [주로 한] 삼매와 정근의 의도적 행위를 갖춘 성취수단을 닦는다.

믿음의 기능을 닦고 정진의 기능을 닦고 마음챙김의 기능을 닦고 삼매의 기능을 닦고 통찰지의 기능을 닦는다.

믿음의 힘을 닦고 정진의 힘을 닦고 마음챙김의 힘을 닦고 삼매의 힘을 닦고 통찰지의 힘을 닦는다.

마음챙김의 깨달음의 구성요소[念覺支]를 닦는다. … 법을 간택하는 깨달음의 구성요소[擇法覺支]를 닦는다. … 정진의 깨달음의 구성요소[精進覺支]를 닦는다. … 희열의 깨달음의 구성요소[喜覺支]를 닦는다. … 고요함의 깨달음의 구성요소[輕安覺支]를 닦는다. … 삼매의 깨달음의 구성요소[定覺支]를 닦는다. … 평온의 구성요소[捨覺支]를 닦는다.

바른 견해를 닦고 바른 사유를 닦고 바른 말을 닦고 바른 행위를 닦고 바른 생계를 닦고 바른 정진을 닦고 바른 마음챙김을 닦고 바른 삼매를 닦는다.

비구들이여, 이를 일러 적당한 도닦음[中道]이라 한다.

비구들이여, 이러한 세 가지 도닦음이 있다."

생명을 죽임 경(A3:153)653)

1. "비구들이여, 세 가지 법을 갖춘 자는 마치 누가 그를 데려가서 놓는 것처럼 [반드시] 지옥에 떨어진다. 무엇이 셋인가?

비구들이여, 여기 어떤 사람은 자기 스스로도 생명을 죽이고, 남에게도 생명을 죽이도록 교사하고, 남들이 생명을 죽이는 것에 동의한다. 비구들이여, 이러한 세 가지 법을 갖춘 자는 마치 누가 그를 데려가서 놓는 것처럼 [반드시] 지옥에 떨어진다."

2. "비구들이여, 세 가지 법을 갖춘 자는 마치 누가 그를 데려가서 놓는 것처럼 [반드시] 천상에 태어난다. 무엇이 셋인가?

비구들이여, 여기 어떤 사람은 자기 스스로도 생명을 죽이는 것을 멀리 여의고, 남에게도 생명을 죽이는 것을 멀리 여의도록 격려하고, 생명을 죽이는 것을 멀리 여의는 것에 동의한다. 비구들이여, 이러한 세 가지 법을 갖춘 자는 마치 누가 그를 데려가서 놓는 것처럼 [반드시] 천상에 태어난다."

주지 않은 것을 가짐 경(A3:154)

1. "… 자기 스스로도 주지 않은 것을 가지고, 남에게도 주지 않은 것을 가지도록 교사하고, 주지 않은 것을 가지는 것에 동의한

---

653) 육차결집본에는 본경부터 162번 경까지를 '업의 길의 반복(Kamma-patha-peyyāla)'이라 하여 독립된 품으로 다루고 있다. 이 열 개의 경들은 열 가지 유익한 업의 길[善業道]과 해로운 업의 길[不善業道]을 설명하고 있기 때문이다. 그러나 PTS본에는 이 장이 따로 구분되어 있지 않고 나체수행자 품에 포함되어 있다.

다. …"

2. "… 자기 스스로도 주지 않은 것을 가지는 것을 멀리 여의고, 남에게도 주지 않은 것을 가지는 것을 멀리 여의도록 격려하고, 주지 않은 것을 가지는 것을 멀리 여의는 것에 동의한다. …"

삿된 음행 경(A3:155)

1. "… 자기 스스로도 삿된 음행을 하고, 남에게도 삿된 음행을 하도록 교사하고, 삿된 음행하는 것에 동의한다. …"

2. "… 자기 스스로도 삿된 음행을 멀리 여의고, 남에게도 삿된 음행을 멀리 여의도록 격려하고, 삿된 음행을 멀리 여의는 것에 동의한다. …"

거짓말 경(A3:156)

1. "… 자기 스스로도 거짓말을 하고, 남에게도 거짓말을 하도록 교사하고, 거짓말하는 것에 동의한다. …"

2. "… 자기 스스로도 거짓말하는 것을 멀리 여의고, 남에게도 거짓말하는 것을 멀리 여의도록 격려하고, 거짓말하는 것을 멀리 여의는 것에 동의한다. …"

이간질 경(A3:157)

1. "… 자기 스스로도 이간질을 하고, 남에게도 이간질을 하도록 교사하고, 이간질하는 것에 동의한다. …"

2. "… 자기 스스로도 이간질하는 것을 멀리 여의고, 남에게도 이간질하는 것을 멀리 여의도록 격려하고, 이간질하는 것을 멀리 여의는 것에 동의한다. …"

욕설 경(A3:158)

1. "… 자기 스스로도 욕설을 하고, 남에게도 욕설을 하도록 교사하고, 욕설하는 것에 동의한다. …"

2. "… 자기 스스로도 욕설하는 것을 멀리 여의고, 남에게도 욕설하는 것을 멀리 여의도록 격려하고, 욕설하는 것을 멀리 여의는 것에 동의한다. …"

잡담 경(A3:159)

1. "… 자기 스스로도 잡담을 하고, 남에게도 잡담을 하도록 교사하고, 잡담하는 것에 동의한다. …"

2. "… 자기 스스로도 잡담하는 것을 멀리 여의고, 남에게도 잡담하는 것을 멀리 여의도록 격려하고, 잡담하는 것을 멀리 여의는 것에 동의한다. …"

간탐 경(A3:160)

1. "… 자기 스스로도 간탐하고, 남에게도 간탐하도록 교사하고, 남들이 간탐하는 것에 동의한다. …"

2. "… 자기 스스로도 간탐하는 것을 멀리 여의고, 남에게도 간탐하는 것을 멀리 여의도록 격려하고, 남들이 간탐하는 것을 멀리 여의는 것에 동의한다. …"

악의 경(A3:161)

1. "… 자기 스스로도 악의에 찬 마음을 가지고, 남에게도 악의에 찬 마음을 가지도록 교사하고, 남들이 악의에 찬 마음을 가짐에 동의한다. …"

2. "… 자기 스스로도 악의 없는 마음을 가지고, 남에게도 악의 없는 마음을 가지도록 격려하고, 남들이 악의 없는 마음을 가짐에 동의한다. …"

삿된 견해 경(A3:162)

1. "… 자기 스스로도 삿된 견해를 가지고, 남에게도 삿된 견해를 가지도록 교사하고, 남들의 삿된 견해에 동의한다. …"

2. "… 자기 스스로도 바른 견해를 가지고, 남에게도 바른 견

해를 가지도록 격려하고, 남들의 바른 견해에 동의한다. …"

탐욕의 반복 경(A3:163)⁶⁵⁴⁾

Rāga-peyyāla

1. "비구들이여, 탐욕을 최상의 지혜로 알기 위해서는 세 가지 법을 수행해야 한다. 무엇이 셋인가?

공한 삼매[空三昧]⁶⁵⁵⁾, 표상 없는 삼매[無相三昧], 원함 없는 삼매[無願三昧]이다. 비구들이여, 탐욕을 최상의 지혜로 알기 위해서는 이러한 세 가지 법을 수행해야 한다."

2. "성냄을 … 어리석음을 … 분노를 … 원한을 … 위선을 … 앙심을 … 질투를 … 인색을 … 속임을 … 사기를 … 완고를 … 성마름을 … 자만을 … 거만을 … 교만을 … 방일을 최상의 지혜로 알기 위해서는 … 철저히 알기 위해서는 … 완전히 없애기 위해서는

---

654) 육차결집본에는 본경을 '탐욕의 반복(Rāga-peyyāla)'이라 하여 별도의 품으로 취급하고 있다.

655) 주석서는 공한 삼매[空三昧, suññato samādhi]와 표상 없는 삼매[無相三昧, animitta samādhi]와 원함 없는 삼매[無願三昧, appaṇihita samādhi]를 다음과 같이 설명하고 있다.
　　"공한 삼매 등의 세 가지 삼매를 통해 오직 위빳사나를 설했다. 왜냐하면 위빳사나는 영원함(nicca, 常)을 천착함(abhinivesa), 영원함에 대한 표상(nimitta), 영원함을 원함(paṇidhi) 등이 없기 때문에 이러한 [세 가지] 이름을 얻기 때문이다."(AA.ii.386)
　　즉 공한 삼매 등으로 '삼매(samādhi)라는 술어를 사용하고 있지만 그 내용상 위빳사나를 뜻한다는 말이다. 위빳사나는 이처럼 무상·고·무아를 통찰해서 각각 無相·無願·空의 해탈을 실현하는 체계이다. 공·무상·무원의 해탈에 대해서는 『청정도론』 XXI.70 이하와 『아비담마 길라잡이』 9장 §36을 참조할 것.

… 버리기 위해서는 … 부서지게 하기 위해서는 … 사그라지게 하기 위해서는 … 빛바래게 하기 위해서는 … 소멸하기 위해서는 … 떨어지게 하기 위해서는 … 방기하기 위해서는 세 가지 법을 수행해야 한다. …

비구들이여, … 이러한 세 가지 법을 수행해야 한다."

세존께서는 이렇게 말씀하셨다. 그 비구들은 흡족한 마음으로 세존의 말씀을 크게 기뻐하였다.

제16장 나체수행자 품이 끝났다.

작은 50개 경들의 묶음이 끝났다.

셋의 모음이 끝났다.

역자 · 대림스님

세등선원 수인(修印) 스님을 은사로 출가. 봉녕사 승가대학 졸업.
11년간 인도 뿌나 대학교(Pune University)에서 산스끄리뜨어와 빠알리어 수학.
3년간 미얀마에서 아비담마 수학.
현재 초기불전연구원 원장 소임을 맡아 삼장 번역불사에 몰두하고 있음.

역서로 『염수경(상응부 느낌상응)』(1996), 『아비담마 길라잡이』(전2권, 2002, 12쇄 2016,
전정판 2쇄, 2018, 각묵스님과 공역), 『들숨날숨에 마음챙기는 공부』(2003, 개정판 2019),
『청정도론』(전3권, 2004, 9쇄 2023), 『맛지마니까야』(전4권, 2012, 5쇄 2021), 니까야강독
(I/II, 2013, 4쇄 2017, 각묵스님과 공역)이 있음

앙굿따라 니까야 제1권

2007년 4월 15일 초판1쇄 발행
2024년 5월 1일 초판7쇄 발행

옮긴이 | 대림스님
펴낸이 | 대림스님
펴낸 곳 | 초기불전연구원
　　　　경남 김해시 관동로 27번길 5-79
　　　　전화 (055)321-8579
홈페이지 | http://tipitaka.or.kr
　　　　http://cafe.daum.net/chobul
이 메 일 | chobulwon@gmail.com
등록번호 | 제13-790호(2002.10.9)
계좌번호 | 국민은행 604801-04-141966 차명희
　　　　하나은행 205-890015-90404 (구.외환 147-22-00676-4) 차명희
　　　　농협 053-12-113756 차명희
　　　　우체국 010579-02-062911 차명희

ISBN 89-91743-06-4 04220
ISBN 89-91743-05-6(전6권)

값 | 30,000원